中华优秀传统文化传承发展工程

Project for Transmission and Development of Fine Traditional Chinese Culture

中国民间文学大系

Treasury of Chinese Folk Literature

故事

Collection of Folktales

4-44

广东卷 广府分卷（一）

Guangdong Volume: Cantonese Tales I

中国文学艺术界联合会 中国民间文艺家协会 总编纂

中国文联出版社
http://www.clapnet.cn

图书在版编目（CIP）数据

中国民间文学大系．故事．广东卷．广府分卷．一 / 中国文学艺术界联合会，中国民间文艺家协会总编纂．-- 北京：中国文联出版社，2023.8

ISBN 978-7-5190-5275-1

Ⅰ．①中… Ⅱ．①中… ②中… Ⅲ．①民间文学－作品综合集－中国②民间故事－作品集－广东 Ⅳ．① I277

中国国家版本馆 CIP 数据核字 (2023) 第 125588 号

中国民间文学大系·故事·广东卷·广府分卷（一）

Zhongguo Minjian Wenxue Daxi
Gushi Guangdong Juan Guangfu Fen Juan (Yi)

总编纂　中国文学艺术界联合会　中国民间文艺家协会
终审人　姚莲瑞
复审人　曹艺凡
责任编辑　祝琳华　祁　宁
责任校对　方　悦　宋雨桐
书籍设计　XXL Studio
排版制作　水行时代文化
责任印制　陈　晨
出版发行　中国文联出版社有限公司
地址　北京市朝阳区农展馆南里 10 号，100125
电话　010-85923025（发行部），010-85923091（总编室）
印刷　廊坊佰利得印刷有限公司
开本　635 × 965，1/8
字数　1100 千字
印张　82.5
版次　2023 年 8 月第 1 版
印次　2023 年 8 月第 1 次印刷
书号　ISBN 978-7-5190-5275-1
定价　860.00 元

中华优秀传统文化传承发展工程

中国民间文学大系出版工程领导小组

组长	铁　凝　李　屹
副组长	徐永军　董耀鹏　俞　峰　诸　迪　张雁彬 张　宏　黄豆豆　冯骥才　潘鲁生
办公室主任	张雁彬（兼）
办公室副主任	邱运华（常务）　韩新安　杨发航　邓光辉 谢　力　周由强　暴淑艳　尹　兴
成员	各省区市和新疆兵团宣传部分管领导和文联党组书记；有关文艺家协会分党组书记；学术委员会主任、编纂出版工作委员会主任和中国文联出版社社长等。

中国民间文学大系出版工程编纂出版工作委员会

主任　　潘鲁生

常务副主任　　邱运华

副主任　　（按姓氏笔画排序）

万建中　王锦强　尹　兴　李　倩　项　云
侯仰军　姚莲瑞　黄　涛　鲁　航　鲍次立
熊　纬

办公室主任　　王锦强（兼）

办公室常务副主任　　张礼敏

总序

5000多年的中华文化源远流长、灿烂辉煌，滋养着中华民族生生不息、发展壮大，积淀着中华民族最深沉的精神追求，镌刻着中华民族独特的精神标识，也蕴藏着解决当代人类面临难题的传统智慧，是涵养社会主义核心价值观的精神之源，更是我们在世界文化中站稳脚跟的坚实根基。中华优秀传统文化是我们必须世代传承的文化根脉、文化基因，在实现“两个一百年”奋斗目标和中华民族伟大复兴中国梦的历史进程中，追溯中华文化的源流、探究中华文化的传续、前瞻中华文化的走向，对于为中华民族精神家园立根铸魂、为新时代中国特色社会主义事业发展凝心聚力，具有重大意义。

编纂出版《中国民间文学大系》（以下简称《大系》）是新时代传承发展中华优秀传统文化的国家级重点工程。党的十八大以来，以习近平同志为核心的党中央高度重视中华文化的传承发展。2017年1月，中央印发《关于实施中华优秀传统文化传承发展工程的意见》（以下简称《意见》），编纂出版《大系》列为其中的重大工程。《意见》从建设社会主义文化强国，增强国家文化软实力，实现中华民族伟大复兴中国梦的高度，深刻阐述了中华优秀传统文化传承发展的重要意义、指导思想、基本原则和总体目标，对传承发展工程的主要内容、重点任务、组织实施和保障措施等作出了重要部署，是当前和今后一个时期指导我们传承发展好中华优秀传统文化的重要遵循。民间文学是中华优秀传统文化中最主要的基础资源之一，它鲜明而又直接地反映着人民群众的日常生活和价值观、审美观。中国民间文学大系出版工程（以下简称大系出版工程）由中国文联负责组织实施，是中华优秀传统文化传承发展工程的重点项目之一，也是中国民间文学遗产抢救保护与传承的民心工程。这一工程的主要任务是以客观、科学、理性的态度，收集整理民间口头文学作品及理论方面的原创文献，编纂出版《大系》大型文库，完善中国口头文学遗产数据库，为中华民族保留珍贵鲜活的民间文化记忆。在编纂同时，开展一系列以中国民间文学为主题的社会宣传活动，促进全社会共同参与民间文学的发掘、传播、保护，形成全社会热爱、传承优秀传统民间文学的热潮，形成德在民间、艺在民间、文在民间的共识，推动民间文学知识普及与对外交流传播。

民间文学产生于民间，流传于民间，具有与生俱来的人民性。习近平总书记在文艺工作座谈会上的讲话中指出，“人民既是历史的创造者、也是历史的见证者，既是历史的‘剧中人’、也是历史的‘剧作者’”。因为民间文学活动本身就是人民的审美生活，是人民不可缺少的生活样式，具有浓厚的生活属性。民众在表演和传播民间文学时，就是在经历一种独特的生活方式。人民创作、人民传播和人民享受，是民间文学人民性的具体表现。

民间文学是培育和践行社会主义核心价值观的重要载体。首先，民间文学是宝贵的历史文化遗产，是中华民族祖祖辈辈集体智慧的结晶，积淀着中华民族特有的极为丰富的思想道德和文化意识形态。其次，民间文学是人民群众自己的文学和学问，具有最为广泛的人民性，没有哪一种文学艺术形式拥有如此众多的作者和观众。它对人们的生活方式和思想观念所产生的潜移默化影响也是最为深刻和久远的。再次，民间文学是人民群众最为喜闻乐见和熟悉的审美方式，也是最为便利的文学活动形式。每个地方都有祖辈延续下来的传说、故事、歌谣、谚语、小戏、说唱等等，为当地人耳熟能详。这些民间文学一旦进入当地人的生活世界，便释放出强大的感化能量。

新中国成立后，党和政府十分重视民间文艺的传承保护。民间文学搜集抢救整理成果丰硕，为编纂出版《大系》奠定了坚实基础。1950 年 3 月，我国民间文学、民间戏剧、民间音乐、民间美术、民间舞蹈等领域的文艺家与研究家发起成立了中国民间文艺研究会（以下简称民研会；1987 年更名为中国民间文艺家协会），开始在全国范围内统一组织实施中国民间文艺的传承与研究工作。在民研会成立大会上，代表们讨论并通过了《征集民间文艺资料办法》。1979 年 9 月，全国少数民族民间歌手、民间诗人座谈会在京召开，众多民间歌手和艺人恢复名誉，抢救保护民族民间文化遗产工作也随之重启。1984 年 2 月，中宣部印发《关于加强少数民族文学研究和资料搜集工作的通知》。同年 5 月，文化部、国家民委、民研会印发《关于编辑出版〈中国民间故事集成〉〈中国歌谣集成〉〈中国谚语集成〉的通知》，全国各地大批民间文艺专家和民间文艺工作者代表们会聚起来，形成强大的学术力量和社会力量，开始了民间文学抢救整理工作。1987 年至 2009 年，在全国普查、采录的基础上，全国各地民间文学“三套集成”陆续编辑出版。“三套集成”从酝酿、立项到全面实施，历经近 30 年，全国 30 个省区市（不含重庆、港澳台）编纂出版 90 卷（102 册），总计 1 亿多字，一大批珍贵的各民族神话、传说、故事、歌谣、谚语等民间口头文学作品，成为民间文学爱好者和研究者的通用读本。进入新世纪以来，中国民间文化遗产抢救、中国民族民间文化遗产保护等工程又相继开展，取得扎实而宝贵的工作进展。为了进一步适应今后文化发展以及科学技术进步带来的阅读、研究与利用的实际需要，2010 年 12 月，中国民间文艺家协会启动实施了中国口头文学遗产数字化工程，已陆续完成 10 多亿字民间口头文学记录文本的数字化存录，最终将形成体系完备的“中国口头文学遗产数据库”，以有效避免因各种因素造成的纸质资料遗失和损坏，并使阅读、检索和利用这些作品及资料变得更为方便、快捷和准确，从而实现更大范围的资源共享。新中国成立70年来民间文艺工作的实践与经验，数十亿字民间文艺资料的积累与储备，数十万民间文艺工作者的心血和智慧，是我国民间文艺事业发展的宝贵财富，也为《大系》的编纂工作确立了综合实力和巨大优势。

大系出版工程是新时代中国民间文学保护、传承工作的扩充、延伸、深化、升华，更是民间文学创造性转化和创新性发展的理论探索和实践行动。《大系》文库按照神话、史诗、传说、故事、歌谣、长诗、说唱、小戏、谚语、谜语、俗语、理论12个门类进行编纂，计划到2025年出版大型文库1000卷，每卷100万字，共10亿字。该工程制订的长期规划、分步骤分阶段分类别的运作策略和实施举措，保障了项目的可持续性发展和科学化运用。

《大系》既是有史以来记录民间文学数量最多、内容最丰富、种类最齐全、形式最多样、最具活态性的文库，也是在民间文学搜集整理领域开展的新时代综合性成果总结、示范性的本土文化实践活动。它将几千年来在民间普遍传承的无形精神遗产变为有形的文化财富，从而避免在全球化语境下民间文学遭遇民众文化失语和传统经典样式失忆的尴尬与窘境，为世人了解中国民间文艺发展规律、应对社会转型和变革所带来的传统文化衰微之势，提供了文化复兴的有效良方和经验范式。

《大系》充分吸收当代民间文学研究的新成果、新理念，在选编标准上，始终坚持正确的政治导向，坚持优秀传统文化的标准，萃取经典，服务当代。各分卷编委会着力还原民间文学的本真形态，忠实保持各民族作品原文意蕴，在内容、形式、类型等方面力求反映出民族风格和当地口承文化传统特点，按照科学性、广泛性、地域性、代表性的“四性”原则，在各类文本中，精心编纂出具有民间文化传统精神和当代人文意识的优秀作品文库。

编纂出版《大系》，我们始终坚持具有鲜明导向的指导思想和基本原则。《大系》汇集全国各地民间文艺领域上千名专家、学者，计划用8年的时间对民间文学12个门类进行搜集整理、编纂出版，是一项复杂的系统工程。《大系》既是党中央交给中国文联的一项重要的文化建设任务，又是民间文艺界的一项重大学术研究活动；既是一项中华民族大型文化精品创建工程，又是一次中国民间文学主题实践宣传活动；既要深入田间地头调查搜集采录第一手资料，又要坐在书斋静下心来进行归纳整理研究。《大系》具有很强的政治性、学术性、专业性、群众性。我们的指导思想是，始终高举中国特色社会主义伟大旗帜，全面贯彻落实习近平新时代中国特色社会主义思想和党的十九大精神，紧紧围绕实现中华民族伟大复兴中国梦，深入贯彻新发展理念，坚持以人民为中心的工作导向，坚持以社会主义核心价值观为引领，坚持创造性转化、创新性发展，坚定文化自信，增强文化自觉，树立正确的价值观、历史观、审美观，积极思考和探索民间文学的继承与发展等时代命题，坚持交流互鉴、开放包容，关注民间文学新的时代内涵和现代表达形式，使我们民族创造的民间文艺更接地气、更有底气、更具生气。

《大系》编纂出版工作确立了“三个坚持”的基本原则：一是坚持社会主义先进文化前进方向和正确价值取向，对民族民间文学中的制度风俗、思想观念、价值理念、乡规家风等加以梳理和诠释，去粗取精、去伪存真，发掘民间文学蕴含的核心价值观，充分发挥民间文学在“美教化、厚人伦、移风俗”等方面的特殊作用；二是坚持广泛性和代表性相结合，在广泛普查和科学分类的基础上，加强对各民族民间文学精神与思想内涵的挖掘和阐发，把强调先进价值观与突出地域文化特色、民族风格密切结合起来，推动建设中华民族和合一体的共同精神家园；三是坚持学术性与普及性相结合，以民间文学理论研究成果和当代文化思想为学术指导，加强民间文学各类别经典文本呈现、精品范本出版，促进民间文学的创造性转化和创新性发展，并注重与时代发展相适应，实现从口耳相传到多媒体传播的时代变化，激活其当代价值，高标准、高质量、高要求地打造体现中国精神、中国形象、中国文化、中国表达的经典传世精品。

编纂出版《大系》是新时代赋予我们的光荣职责和神圣使命。我国各民族民间文艺积淀深厚，灿烂博大，与人民生活紧密联系着，是中华优秀传统文化的土壤和基石。千百年来，我国民间文学薪火相传、生生不息，深深融入中华民族的血脉，深刻影响着中国人的精神世界，印刻着中华民族独特的文化记忆，鲜明地表现着广大人民群众的精神向往、道德准则和价值取向，充分彰显着中国人的气质、智慧、灵气、想象力和创造力，是中华文化的亮丽瑰宝和鲜明标志，不论过去还是现在，都有其永不褪色的价值。但同时也要看到，民间文学又是脆弱的。随着转型期社会的深刻变革和城镇化带来的高速发展，民间文学赖以生存的土壤正在迅速流失，不少优秀民间文学正在成为绝唱，更多的民间文学资源业已消失。因此，抢救与保护散落在中国大地上各区域、各民族现存的不可再生的文化遗产，按照当代学术规范和学科准则，大规模开展民间文学的搜集、整理、出版、推广、研究，激发全社会对我国优秀民间文学的热爱和珍视之情，促进民间文学保护、传承与发展，延续中华文脉，造福人民大众，为繁荣发展社会主义文艺事业提供民间文学精致文本和精彩样式，已成为热爱中华优秀传统文化有识之士的共同心声。

当前，中国特色社会主义步入新时代，在以习近平同志为核心的党中央领导下，各级党委和政府更加自觉、更加主动推动中华优秀传统文化的传承与发展，开展了一系列富有创新、富有成效的工作，有力增强了中华优秀传统文化的凝聚力、影响力、创造力。进一步发扬优秀传统，充分尊重人民群众的思想观念、风俗习惯、生活方式、民族情感、表达形式，充分尊重一代又一代民间文艺创造者、传承者的经验智慧与劳动成果，进一步凝聚共识，精耕细作，落实好、完成好大系出版工程的各项工作，不断书写出中国民间文学新的辉煌，既是新时代赋予广大民间文艺工作者的光荣职责，更是我们共同担当的神圣使命。

我们郑重呼吁：全社会都行动起来，共同承担起抢救中华民族民间文学遗产的神圣职责！

中国文学艺术界联合会

中国民间文艺家协会

2019 年 3 月 5 日

General Prologue

The splendid culture of China, with a time-honored history of more than 5000 years, has ensured the lineage, development, and growth of the Chinese nation, encompassed the deepest intellectual pursuit of the Chinese nation, engraved the distinctive cultural identity of the Chinese nation, containing the traditional wisdom to tackle today's problems faced by humanity. Moreover, the profound culture of China constitutes the spiritual source for cultivating the core socialist values, laying down a solid foundation for us to stand firm in the diverse global cultures. Fine traditional Chinese culture comprises the cultural root and gene that we must transmit from generation to generation. In the historical process of achieving the Two Centenary Goals and realizing the Chinese Dream of rejuvenation of the Chinese nation, China's fine traditional culture is of great significance in tracing the source and course of the culture of the Chinese nation while gaining a foresight of its future direction, so as to reinforce the rootedness and soulfulness of the spiritual homeland for the Chinese nation, and to pool the wisdom and strength for developing the socialism with Chinese characteristics in the new era.

The compilation and publication of the *Treasury of Chinese Folk Literature* (hereafter referred to as "the *Treasury*") is one of the national key projects for transmitting and promoting China's fine traditional culture in the new era. Since the 18th National Congress of the Communist Party of China (CPC), the CPC Central Committee with Comrade Xi Jinping at its core has been attaching great importance to the transmission and development of traditional Chinese culture. In January 2017, the central authorities issued the Opinions on Implementing the Project for Transmission and Development of Fine Traditional Chinese Culture (hereafter referred to as "the Opinions") in which the compilation and publication of the *Treasury* is included as one of the key projects. With a perspective of building China into a country with a strong socialist culture, strengthening its cultural soft power, and realizing the Chinese Dream of the rejuvenation of the Chinese nation, the Opinions not only profoundly expounds the significance, guiding ideology, basic principles, and the overall objectives of transmitting and developing China's fine traditional culture, but also conceives a holistic strategy for a series of projects on their main content, key tasks, organizational implementation, and supporting measures. It is, accordingly, a crucial guideline for us to better transmit and develop fine traditional Chinese culture at present and in the near future.

As one of the most fundamental resources in China's fine traditional culture, folk literature reflects, directly yet vibrantly, the daily life, values, and aesthetics of the people. The Publishing Project for the *Treasury of Chinese Folk Literature* (hereinafter referred to as "the Project"), organized and implemented by China Federation of Literary and Art Circles (CFLAC), is one of the key projects under the framework of the Projects for Transmission and Development of Fine Chinese Traditional Culture, and also a people-to-people exchange project for salvaging, preserving, and transmitting Chinese folk literary heritage. In an objective, scientific, and rational manner, the main tasks of the Project are 1) collect and collate the first-hand materials of folk oral literature and original documents of theoretical studies, 2) set up a large-scale textual library through compiling and publishing the *Treasury*, 3) enrich the Chinese Oral Literature Heritage Database, and 4) keep folk cultural memories alive for the Chinese nation. At the same time of compilation, a series of social publicity activities centered on the theme of Chinese folk literature should be carried out to promote the participation of the whole society in the exploration, dissemination, and safeguarding of folk literature, to unfold vigorous mass campaign for practicing and transmitting the fine traditional Chinese culture, and to reach the consensus that the people are the source of morality, art, and literature, giving impetus both to the popularization of folk literature knowledge and cultural exchanges and communication with foreign countries.

It is precisely because its origin is in the people while its spread is among the people, folk literature stands in the immanent affinity to the people. General Secretary Xi Jinping of the CPC Central Committee pointed out in his speech at the Forum on Literature and Art, "The people are both the creators and the observers of history, and both its protagonists and playwrights." Since folk literary activity itself has shaped not only the aesthetic life of the people, but also the indispensable life model of the people, it bears a strong life-attribute. When people perform and disseminate folk literature, they are experiencing a specific way of life itself. The affinity to the people of folk literature is alive in the concrete manifestations that it has been created, transmitted, and enjoyed by the people.

Folk literature is an important carrier for fostering and practicing core socialist values. Firstly, folk literature is the irreplaceable historical and cultural heritage, representing a crystallization of the collective wisdom handed down for generations of the Chinese nation, while testifying the accumulation of the distinctive and profound philosophical thoughts, moral essence, and cultural ideology attributed to the Chinese nation. Secondly, folk literature stands for people's own literature and learning and boasts the most extensive affinity to the people. No form in literature can match folk literature in terms of the number of creators and audience, and no literary form has exerted such profound and long-lasting yet subtle influence on people's mode of life and way of thinking as folk literature. Thirdly, folk literature is one of the most celebrated aesthetic means that is familiar to the average people and is also the most easily-accessible form of literature. No matter where it is, there must be legend, tale, song and ballad, proverb, drama, telling and singing, as well as other oral genres that are widely known to the local people for generations. Accordingly, once entering the life-world, folk literature will release powerful inspirational appeals.

Since the People's Republic of China was founded in 1949, the CPC and the competent authorities of government at all levels have been attaching importance to transmitting and promoting folk literature and art. The work of collecting, salvaging, and collating folk literature has yielded fruitful results, which lays a solid foundation for the compilation and publication of the *Treasury*. In March 1950, with the initiative of artists and researchers from related fields, such as folk literature, folk operas, folk music, folk fine art, folk dance, and so forth, the Chinese Society for Folk Literature and Art Research (hereafter referred to as "the Society," which was officially renamed as the Chinese Folk Literature and Art Association in 1987) was established. The Society immediately embarked on organizing and implementing the promotion and research work of folk literature and art in a unified way throughout the country. The "Measures for Collecting Materials of Folk Literature and Art" was discussed and adopted at the founding assembly of the Society. In September 1979, the National Symposium of Ethnic Folk Singers and Folk Poets was held in Beijing, with the aim of restoring the reputation of folk singers and artists who had been degraded during the Cultural Revolution, and the work of salvage and preservation of the folk cultural heritage was also resumed along the event. In February 1984, the Publicity Department of the CPC Central Committee issued the Notice on Strengthening the Research and Data-Collection of Ethnic Literature. In May 1984, the Ministry of Culture, the National Ethnic Affairs Commission, and the Society jointly issued the Notice on Compilating and Publishing *The Collection of Chinese Folktales, The Collection of Chinese Songs and Ballads, and The Collection of Chinese Proverbs*. Many experts and workers devoted to folk literature and art from all over the country were convened to form a strong academic force and social synergy and started to dedicate themselves to salvaging and collating folk literature. From 1987 to 2009, the Three Collections of Folk Literature were successively compiled and published on the basis of the nation-wide survey and collection. After nearly 30 years from preparation, project approval to full implementation, the Three Collections finally came into view of readers in 90 volumes (102 copies) in 30 provinces and autonomous regions (apart from volumes of Chongqing, Hong Kong, Macao, and Taiwan), with a total of more than 100 million characters in Chinese. Since then, a great amount of folk oral literary texts, such as myth, legend, folktale, folk song and ballad, proverb, and so forth, have become the general readers both for folk literature enthusiasts and scholars.

Since the beginning of the new century, the Project for Salvaging Chinese Folk Literature and the Project for Safeguarding Chinese Ethnic Folk Cultural Heritage have both been implemented by the Chinese Folk Literature and Art Association (CFLAA) and made remarkable achievements. In order to further adapt to the actual needs of reading, research, and utilization brought about by cultural development along with scientific and technological advancement in the future, in December 2010, the CFLAA initiated and implemented the Project for the Digitization of Chinese Oral Literature Heritage and has hitherto completed the digitization of the folk oral literature of over one billion Chinese characters. The goal of the digitization project is to create a well-established system of the Chinese Oral Literature Heritage Database, to effectively avoid the loss and damage of printed materials caused by various factors, to make reading, retrieving, and using these texts and materials more convenient, fast, and accurate, thereby enabling a wider range of resource sharing.

Over the past 70 years, the practices and experiences of folk literature and art, the accumulation and preservation of folk literary data in billions of Chinese characters, as well as the efforts and wisdom of hundreds of thousands of cultural workers, have constituted the invaluable assets for the development of Chinese folk literature and art, and also established the comprehensive strength and considerable advantage for the compilation of the *Treasury*.

The Project is not only the augmentation, extension, intensification, and sublimation of the preservation work of Chinese folk literature in the new era, but also the theoretical exploration and practical action in transforming and boosting folk literature in a creative way. The *Treasury* is to be compiled under 12 categories, namely myth, epic, legend, folktale, song and ballad, long poem, telling and singing, folk drama, proverb, riddle, folk adage, and theory. It is planned that by 2025, 1000 volumes with one million characters each and one billion characters in total will be registered. The sustainable development and scientific applying value of the Project will be ensured by its long-term planning and holistic measures with operation strategies for implementation in phases, steps, and categories.

The *Treasury* is not only the library that documents the largest number of folk literary texts with unprecedented resources in terms of content, genre, form, style, and living nature throughout history, but also provides a summarization of the comprehensive achievements in the field of collecting and collating folk literature, demonstrating local cultural practices in the new era. It turns the intangible spiritual legacy that has been generally transmitted for millenniums among the masses into tangible cultural wealth, thereby obviating the dilemma and predicament of folk literature suffering both from cultural aphasia of the folks and amnesia of the fine traditional patterns in the context of globalization. To understand the laws governing the evolution of Chinese folk literature and art, to cope with the decline of traditional culture brought about by social transformation, the *Treasury* provides an effective prescription and experience paradigm for cultural rejuvenation.

The *Treasury* fully draws on the new achievements and new conceptions gained in contemporary folk literature research. With regard to the selection criteria, it always adheres to the orientation of the people-centered and the standards of fine traditional culture to make the past serve the present. The editorial committees of each collection and each volume strive to represent the cultural reality and diverse implication of folk literature collected from Chinese people of all ethnic groups, giving specific attention to maintaining ethnic characteristics and local feature of oral-based cultural tradition in terms of content, form, genre, type, and so forth. In accordance with the Four Principles, namely, Scientificity, Extensiveness, Locality, and Representativeness, the well-elaborated Treasury collects fine folk literature works from all kinds of texts that are embedded with traditional cultural ethos and contemporary humanistic perception.

The compilation and publication of the *Treasury* always upholds the guiding ideology and basic principles with well-defined orientation. As a collaborative undertaking of thousands of experts and scholars in the field of folk literature and art across the country, it is a complicated systematic project that is planned to take 8 years to collect, clarify, collate, compile, and publish the folk literature materials under 12 categories. The *Treasury* is not only a crucial task entrusted to the CFLAC by the CPC Central Committee, but also a significant academic research project in the field of folk literature and art; it is not only a large-scale cultural project for promoting fine works of the Chinese nation, but also a promotional activity in practice highlighting the theme of Chinese folk literature; it is thus necessary both to go deep into the field to investigate, collect, and document the first-hand data, and to sit down at the desk to conduct induction, collation, and research with a will.

The *Treasury* is highly political, academic, professional with a strong connection to the grass-roots. Our guiding ideology includes to uphold socialism with Chinese characteristics and comprehensively implement Xi Jinping's Thought on Socialism with Chinese Characteristics for a New Era and the guiding principles of the 19th CPC National Congress; to make the unremitting endeavor to the realization of the Chinese Dream of national rejuvenation and push forward the new development concepts in an all-round way; to adhere to the people-centered approach, the guidance of the core socialist values, and transform and boost traditional culture in a creative way; to have full confidence in culture, enhance cultural consciousness, foster sound values and outlooks of history and aesthetics, and actively ponder over and explore into propositions put forward by the times, including the transmission and development of folk literature; to persist in deepening exchanges and mutual learning in a spirit of openness and inclusiveness, while ensuring the attentiveness of new connotation of the times and the contemporary form of expressions introduced in folk literature. In accordance with the above-mentioned guiding principles, the folk literature created by the Chinese nation should be more grounded, more uplifted, and more energetic.

The compilation and publication of the *Treasury* has established the basic principles of the Three Adherences. First, to adhere to leading direction of advanced Socialist culture and sound value orientation. In the process of clarifying and annotating the conventional custom, idea, conception, and family tradition carried in the ethnic and folk literature, we should discard the dross and keep the essential, eliminate the false and retain the true, explore the core values contained in folk literature, and to give full play to the special role of folk literature in the aspects of "giving depth to human relation, fostering sound moral values, and breaking with undesirable customs." Second, to adhere to the combination of extensiveness and representativeness. On the basis of extensive survey and scientific classification, we should strengthen the exploration and elucidation of the literary spirits and ideological connotation of folk literature among various ethnic groups, integrate the manifestation of sound values with prominent regional cultural characteristics and ethnic features, and promote the construction of a common spiritual homeland of harmony and unity for the Chinese nation. Third, to adhere to the combination of academicity and popularization. Under the professional guidance of the theoretical research results of folk literature and contemporary cultural thoughts, we should strengthen the presentation of fine texts in various categories of folk literature and the publication of quality model-texts, promote the creative transformation and innovative development of folk literature, and lay stress on keeping pace with the times, facilitating the appropriate transition from word of mouth to multimedia communication, and activating its contemporary value. With high standards, high quality, and high requirements, the *Treasury* aims to create a fine library that exemplifies Chinese spirit, Chinese image, Chinese culture, and Chinese expression that will be handed on from age to age.

The compilation and publication of the *Treasury* is the glorious duty and sacred mission delivered to us by the new era. Closely connected to the people's lives, folk literature and art of all ethnic groups of Chinese nation are profoundly developed and accumulated with its splendid, extensive, and broad spectrums, offering soil and cornerstone for the growth of fine traditional culture with Chinese features. For thousands of years, the Chinese folk literature has been passed on from generation to generation, running deep in the blood of the Chinese nation with great influence on the spiritual world of the Chinese people, and thus establishing the Chinese nation an imprint of the distinctive cultural memory. The folk literature in China thus evidently represents the spiritual aspirations, moral principles, and value orientations of the broad masses of the people, fully demonstrating the temperament, wisdom, intelligence, imagination, and creativity of Chinese people, thereby, endowing Chinese culture with the bright gem and distinctive symbol, which has its values that never faded, no matter in the past or at present. At the same time, however, we should be aware of the fact that folk literature is fragile. With the profound transformation of society and the rapid development brought about by urbanization during the transitional period, the soil that folk literature lives on is rapidly losing; many expressions of fine folk literature are becoming swan songs, and more and more folk literary resources have disappeared. Therefore, it has become the shared aspirations of those of vision to salvage and safeguard the existing nonrenewable cultural heritage scattered in various regions and ethnic groups in China, to undertake collection, collation, publication, promotion, and research of folk literature on a large scale in accordance with contemporary academic norms and disciplinary criteria, to motivate the whole society to love and cherish China's fine folk literature, to strengthen the protection, transmission, and development of folk literature so as to continue the lifeline of Chinese culture, and benefit the people's wellbeing, as well as to provide exquisite texts and wonderful formats of folk literature for the prosperity and development of socialist literature and art.

At present, the socialism with Chinese characteristics has entered a new era, the CPC committees and governments at all levels, under the leadership of the CPC Central Committee with Comrade Xi Jinping at its core, have been more conscious and more active in promoting the transmission and development of fine traditional Chinese culture, and launched a series of innovative and productive work, which has effectively enhanced the cohesion, influence, and creativity of fine traditional Chinese culture. In order to further carry forward the fine traditions, we should 1) fully respect the people's ideological concepts, customs and folkways, lifestyles, feelings and sentiments, as well as their ways of expressions, 2) fully respect the experience, wisdom, and labor outcomes of bearers and practitioners of folk literature and art in generations, 3) further consolidate consensus to carry out intensive and meticulous operations, to implement and complete all the work of the Project, and to make new achievements in Chinese folk literature. All these tasks are not only the honorable responsibilities of the practitioners of folk literature and art in the new era, but also the noble mission that we share.

We hereby earnestly call on the whole society to take actions together on the solemn duty of salvaging folk literary heritage of the Chinese nation.

China Federation of Literary and Art Circles (CFLAC)
Chinese Folk Literature and Art Association (CFLAA)
March 5, 2019

（陈婷婷　安德明　巴莫曲布嫫 译；侯海强 审订）

中国民间文学大系出版工程编纂出版工作委员会
“民间故事”编辑专家组

组长　　万建中

副组长　　江　帆　陈建宪

组员　　（按姓氏笔画排序）

马光亭　刘珊珊　李生柱　汪梅田　陈华文
林亦修　尚　炜　钟俊昆　段　勇　郭俊红
黄清喜　康　丽　隋　丽　傅功振　谢红萍
詹　娜　漆凌云

联络员　　康　丽

序言

月亮在白莲花般的云朵里穿行，迎面吹来阵阵凉风，我们依偎在祖母的怀里，听她讲那遥远的故事，《狼外婆》《狗耕田》《七仙女》《叶限》……构成了很多人儿时的记忆。一些故事以文字的形式记录了下来，但大量民间口耳相传的故事，因为演述人的断代而渐渐失传。那些散落在祖国大地上的民间文学“遗珠”，若不能及时得到抢救整理，我们失去的不仅是一个个好听的故事，更是民族文化的根脉。《中国民间文学大系·故事卷》正是举全国之力延续这一根脉的伟大工程，旨在将那些正在被遗忘的民间故事传统重新打捞起来，使之成为永远不会消失的纸质文本，供后人阅读、保存、研究和享用。

一、民间传统生活的“活化石”

民间故事具有浓厚的生活属性，民众在表演和传播民间故事时，是在经历一种独特的生活，一般不会意识到自己在从事文学活动。民间故事演述活动本身就是民众的生活，是民众不可缺少的生活样式。自古以来，民间故事的演述往往不是单独进行，而是和民众的生产生活及各种仪式活动紧密结合，有着很大的实用价值。故此，其价值包含在当地人的思想、历史、道德、审美等一切意识形态里面，也伴随着当地人的一切物质活动，远远超越了单纯的审美维度。民间故事延续了当地的文化传统，深深影响着当地人的生活世界。

民间故事的演述始终与某一生活情境联系在一起。民间故事与生活情境之间的联结最为牢固，同时也具有多向度的社会意义。民间故事的演述过程具有浓厚的表演色彩，但故事的演述人从来都不是独自站在舞台上演独角戏，听众随时随地都有插话、打岔、插科打诨的可能。故事的演述，往往是某次偶然的闲谈或者某个偶然发生的事件引起的，演述人通过演述某个与当时当地情景相符的故事，来表达自己的思想感情。因此，对于当地人来说，民间故事具有重要的交流意义。只有在民间故事演述的各种因素的关联情境中以及从头至尾的过程之中把握民间故事的生活形态，民间故事才能被全面理解。譬如，独龙族的“坛嘎朋”贯穿于独龙族各种仪式场合，表现了对祖先丰功伟绩的追忆。这种民间故事现象在民族地区尤为普遍。倘若脱离了具体的生活情境，民间故事便无法演述，也失去了演述的必要。

民间故事演述中机智、调侃的语言，伴随的插科打诨、夸张的形体动作、惟妙惟肖的表情、表演者与观众奇妙的互动，等等，都可引发现场哄堂大笑。恩格斯在《德国民间故事书》中说：民间故事书的使命是使农民在繁重的劳动之余，晚上疲惫不堪回来的时候，娱乐他，恢复他的精神，使他忘掉沉重的劳动，把他那贫瘠沙砾的田地变为芬芳的花园。这是民间文学特有的生活魅力。

在夜间讲故事是民间一种十分普遍的生活现象，有些著名故事集的名称就反映了这种情况。如意大利 16 世纪中叶斯特拉佩鲁勒收集的一个故事集叫作《愉快的夜晚》。日本故事学家关敬吾说，他开始研究民间故事时，阅读的是一位老大娘演述的《加无波良夜谭》。著名故事家刘德培的很多故事就是在这种场合下获得，在这种场合下演述。夜谈不限于室内，夏季夜晚在室外乘凉，秋收季节夜晚在月光下剥玉米、绩麻，这种轻体力劳动都不妨碍讲故事。在故事的演述和接受的过程中，人们的生活变得更充实，更有情趣。

二、演述人的演述魅力

民间故事的叙述人不是一般的说话人，即不是正在“说话”的人本身，而是一个秉承了某一地方传统并在传播和演绎传统的人物。一个人一旦进入叙事，他就必须改变自己的身份、角色和角度。叙述人是叙述人所创造、所想象、所虚构的角色。他可以根据需要，用不同的声音和方式进行叙述，并伴以各种形体和表情动作。故事的叙述人在演唱或讲故事时极为自然地把“说”扩展为一种表演、一种戏剧化的形式。叙述者不仅是一个故事的叙述人，他们还身兼数职地模拟故事中不同人物的口吻、音容笑貌、行为动作，以有声有色的方式富有临场感地叙述民间故事或演绎民间口头传统。

德国哲学家瓦尔特·本雅明（Walter Benjamin）在《讲故事的人》（1936 年）一文中说：“民间故事和童话因为曾经是人类的第一位导师，所以直至今日依旧是孩子们的第一位导师。无论何时，民间故事和童话总能给我们提供好的忠告；无论在何种情况，民间故事和童话的忠告都是极有助益的。”[1] 在这篇著名文章中，本雅明解释了民间文学教育作用的来源：故事演述人拥有丰富的生活经验。他们为两种人，一是远游者，讲故事的人都是

[1] ［德］瓦尔特·本雅明著：《本雅明文选》，陈永国、马海良编，北京：中国社会科学出版社，1999 年，第 309 页。

从远方归来的人，“远行者必会讲故事”。这样一种人见多识广，比当地其他人有着更为丰富的社会阅历，在崭新的生活道路上行进又不会深陷其间。《一千零一夜》中的故事大多来自从遥远地方归来的商人和商船上的水手；中国上古神话中有大量关于远国异人的描绘，《禹贡》《山海经》等都是有关殊方绝域、远国异人的故事。远游者的演述魅力在于空间方面，在于他们和另一空间的联系和有关的知识。人们总想知道山外的世界，远游者拓展了人们的生活空间，这是神秘的、异质的、充满悬念的、可以引发人们不断追问的生活空间。于是，从此人们的生活增添了一种崭新的空间上的联系、比较和向往。

故事演述人的另一种类型是当地德高望重者，他们是一群了解本地掌故传说的人。他们同样见多识广，比当地其他人有着更为深刻的社会阅历，在传统的生活道路上行进又在延续传统。他们是深深了解时间的人，是当地历史记忆的代表和演述人，其行为是在积极延续当地的口头传统，其故事和知识来自对历史和传统的掌握。演述的魅力在于将过去与现在联系在一起，通过聆听故事，人们知道了现在的生活是对过去的延续，更加理解当下生活的意义和合理性。

两种故事演述人“代表着人们生活和精神世界在空间和时间两个维度上的联系的维持与拓展”[1]。因此，这种演述活动的教育意义是全方位的，不仅是知识、道德及宗教信息的传输，而且让一个地方的文化传统在代际间不断传承，使当地人从故事中获得生活时空坐标上的恰当认定。法国著名藏学家石泰安（R.A.Stein，1911—1999）在《格萨尔史诗和说唱艺人的研究》[2]一书中，强调故事演述人是当地传统文化和历史的保护者，是一个民族或族群记忆的保持者。因为民间故事属于“过去”或历史，是对过去记忆的意识的母体。他们神圣的责任和目的就是让传下来的意识母体再传下去。

每个演述人都声称是由于听到过这个故事，所以才具有了讲述它的能力。他们用第一人称的口吻叙述事情发展的经过，绘声绘色，手舞足蹈，似乎说的就是历史本身，叙述本身就是历史，俨然就是祖先历史的重现。

三、民间故事的生活意义

在中国，发达的是以抒情行为及其产品为主要研究对象的诗学。直到20世纪70年代末改革开放后，西方建立在结构主义和现代语言学基础上的叙事学才传入进来。“叙事”又称“叙述”，英文翻译为“narrative”一词。叙事问题是当代人文学科中最具争论性的

[1] 耿占春：《叙事美学：探索一种百科全书式的小说》，郑州：郑州大学出版社，2002年，第21页。

[2] [法]石泰安（R.A.Stein）：《格萨尔史诗和说唱艺人的研究》，拉萨：西藏人民出版社，1993年。

问题的核心，叙述就是“讲故事”。“‘讲故事’是‘叙事’这种文化活动的一个核心功能。古往今来的不少批评家都注意到了讲故事作为人类生活中一项不可少的文化活动的意义，不讲故事则不成其为人。”正像世人皆知的《一千零一夜》所喻指的：从人最终的命运来看，“叙事等于生命，没有叙事便是死亡”。它用无穷无尽的故事赞美了故事本身，赞美了讲故事的人。将这部百科全书般的故事集译成中文的纳训先生在“译后记”中提到：伏尔泰说，读了《一千零一夜》四遍以后，算是尝到了故事体文学作品的滋味。

日本学者关敬吾在描写故事演述活动中的这种情形时说：“随着故事情节的发展，不管它的主人公是人，是动物，是天狗，还是老山妖，故事里的主人公、讲故事的人和听众们能完全融为一体。人们沉浸在故事里，形成了一种精神集体。”[1] 演述活动这种现场效果无疑起着联合人们、创造生活的作用。民间故事每篇作品的具体内容各不相同，但其所体现的情绪、思想倾向、生活理想有一定共同性。因此，在演述活动中，作品本身这种共同性经过演述人的发挥，很容易和听众（观众）发生心理共鸣，被听众（观众）接受，使“个体知觉变成集体知觉”，达到人们的共识和共有的精神趋同。

故事演述活动作为民众最基本的生活样式，之所以得以传承，主要不是依靠信仰的支撑，也不是依附仪式的神圣，而是出于民众对审美的基本需要，也是各民族、各地区民众将生活诗意化的产物。因而，其中也深刻地凝聚着各民族、各地区民众的审美理想、审美观念与审美情趣。说故事、听笑话的文学活动本身给人带来身心的欢愉。现实生活中的民间故事、各种形式的表演，喜剧的成分远远大于悲剧成分。一些比较严肃甚至神圣的民间表演过程，也总会融入一些插科打诨的形式。江西省赣南地方小戏采茶戏有一种舞蹈动作叫“矮子步”，幽默，诙谐，让观众感官得到满足。“矮子步”模拟并夸张地表现了采茶负重等姿态，老虎头鲤鱼腰，双手柔如月，腕、手、腿、脚、头具有几种不同的节奏，演员根据情感表达的需要可随时调整。整个舞蹈动作融合在完整统一的音乐之中，表现出气氛的欢快活跃，人物心情的舒爽轻松。小孩观看备感亲切，大人欣赏之后如回到童年，有一种返璞归真的舒畅。

民众运用民间故事进行传统的道德教育，这对于中华民族品格的形成，具有不可替代的作用。我国传统的道德思想，相当部分存在于民间故事之中，并借助民间故事得以传播。在民间，传统道德教育主要是通过民间故事演述的形式得以实施的。道德力量的释放往往是在故事的演述中实现的，演述人和听众共同营造了神秘的训诫和警示的氛围。“故事中的事件被看作他们生活的一部分，而不是与他们分离的或者是发生在别人身上的。我们每个人的身上都存在善和恶的潜能，因此每个角色体现了一个完整的人的某一部分。”[2] 故事

[1] [日]关敬吾：《日本民间故事选·致读者》，北京：中国民间文艺出版社，1982年，第5页。

[2] [美]麦地娜·萨丽芭：《故事语言：一种神圣的治疗空间》，叶舒宪、黄悦译，《广西民族学院学报》，2003年第5期，第31页。

戏剧性地表现了这些部分，用形象来提醒人们：应该如何注意行为举止，可能在哪里误入歧途。故事演述完后，在场的人会有一番交流和讨论。这种演述空间、故事和故事之后的讨论都是一个完整过程中的要素。在这个过程中，人们（尤其是年轻人）认识到道德的生命意义，从而使人们行为都符合道德规范。

民间故事对青少年教育的作用更为明显。童话中往往出现魔法宝物母题，如何使用魔法宝物，既是故事情节发展的重心，也是两种道德观念交锋的焦点。魔法宝物实际上是诱使矛盾对立的双方充分表现各自品格和品性的道具。在使用魔法宝物的过程中，善和恶、无私与自私、正义与邪恶、高尚与卑鄙相互对照和衬托，前者建设力的高扬和后者破坏力的放纵泾渭分明。这是借用神灵的手笔摹写人世间善良、憎恶及贪婪的剧本。魔法宝物母题故事非常巧妙地制造了谁都难以摆脱其诱惑的魔物道具，让把玩它的人不得不暴露自己的道德景况。当正义最终战胜了邪恶，儿童欢快的内心也被注入了高尚的情愫。

四、民间故事：核心价值观的载体

培育和践行社会主义核心价值观需要优秀的民族民间故事传统。什么是社会主义核心价值观？它是建立在民族优秀传统文化基础上的，它是历史文化系统中凝聚提炼出来的，分别指向国家、社会和公民个人的价值目标、价值取向和价值准则，而这种公民个人的价值准则在不断规范人的成长，浇铸人的品格。核心价值观的 12 个词尽管都是面向当下和未来的，但也是对中国传统文化包括民间故事传统提炼和升华的结晶，具有鲜明的历时性向度。

培育和践行社会主义核心价值观之所以需要民间故事，主要基于两个方面：一是民间故事是历史的、民族的，或者说是民族历史的积淀。民间故事既是当下的，又是历史的、传统的和民族的，是优秀传统文化有机的组成部分。二是民间故事是民众的、人民的。民间故事根植于民族历史文化的土壤，带有深厚的民族特质；同时，民间故事的创作者和演述人是具有人民思想、愿望的人民本身，因此，民间故事具有直接的人民性。社会主义核心价值观延续着民族精神，承载和演绎着民族精神的民间故事在培育和践行社会主义核心价值观中的作用便举足轻重。我国源远流长的民间故事，从根本上使社会主义核心价值观符合广大民众的意愿和历史发展的方向。在我们建设中国特色社会主义和实现“中国梦”的过程中，当然应该吸取外国优秀的文学形式和文学作品，但最能够代表民族群体的崇高精神，最能够表达这种崇高精神的，不可能是外来的，只能是本民族具有悠久历史的包括民间故事在内的文学传统。

新华社消息：为更好地培育和践行社会主义核心价值观，发掘、传承中华优秀传统文化，努力实现中华传统美德创造性转化、创新性发展，努力使中华民族最基本的文化基因与当代社会相协调，人民网、新华网、光明网定于 2014 年 7 月下旬起至 2014 年 9 月举办“聚焦核心价值观——中国传统名诗词、名故事、名折子戏推荐活动”。这一活动说明，党委宣传主管部门已认识到，培育和践行社会主义核心价值观需要民间故事。

一般而言，民间故事讲述活动在年节期间以及人生礼仪期间最为活跃。这种群体的场合，是民众进行道德教化的最佳时间。马克思和恩格斯早就指出：人是在十分确定的前提条件下创造历史的，这种前提和条件，包括“传统”在内。讲故事作为社会文化现象之一，它先于个人而存在。民间故事在个体社会化的过程中所起的教化作用，别的东西是不能替代的。所以恩格斯在讲到德国民间故事书的重要作用时，说民间故事书像《圣经》一样培养着人民的道德感，使人们认识到自己的力量、权利和自由，唤起对祖国的爱。

总而言之，新时期的民间故事，本身就是社会主义核心价值观的具体表现，是其承载体系中的有机组成部分，同时民间故事又通过教化、娱乐等途径，不断地把社会主义核心价值观渗入人们的日常生活，使社会主义核心价值观与民间及民族传统紧密联系在一起。利用民间故事开展培育和践行社会主义核心价值观活动，可以在民间、民族和传统情怀的语境中，使核心价值观进入人们的生活世界，并且深入人心。

五、记录文本的学术价值

与其说民间故事是文学的，不如说它是生活的；与其说它是审美的，不如说它是文化的。这是对处于“表演”状态的民间故事所下的判断。也就是说，田野语境中的民间故事不是真正的民间“文学”，而是与生产生活浑然一体的表演文本。从“文学”的角度关注民间故事，民间故事可以与田野没有关系。因为田野中的民间故事已不是纯粹的文学，而是文化与生活。纯粹的民间故事指的就是中国民间文学大系出版工程故事卷中这样的记录文本。故事卷生产的过程就是认识民间故事和将口头表演转化为纯文学文本的过程。

记录文本具有独立于田野之外的意义，以田野语境去衡量记录文本是徒劳的。民间故事文本尽管远离了现实生活和口头语言系统，却更加容易地进入了学术话语系统之中，自在地展开学术历程。以记录文本为考察对象，有着与表演理论和民族志诗学迥异的学术路径，沿着这条路径，产生了“故事形态学”“口头程式理论”和“结构主义”分析方法。记录文本的生命力不在于作品本身的流传，在于不断被阅读，在于被学者们用于建构学术话语、从事学术活动之中。

中外民间文学学者大多关注民间文学的文学属性，而没有认识到其生活属性或排斥其生活属性。民间文学学科的正规名称是“民间文艺学”，是和作家文艺学相对的文艺学。这足以表明以往人们对民间文学的考察和研究主要是基于文艺学或文学的视角。民间文学被记录下来，变成了与作家文学同样的文学文本。唯有“记录”，民间文学才能抖露沉重的生活属性，而给予民间文学纯粹的文学性。民间文学研究的主要流派，有神话学派（包括语言学派）、功能学派、人类学派、心理分析学派、原型批评学派、流传学派、结构学派、符号学派等等。这些流派的研究对象一般也是民间文学的文学文本，而不是民间文学的生活文本。

其实，现有民间文学的学科体系主要是依据记录文本建立起来的。没有民间文学的记录文本，就不可能建构出民间文学的学科体系，也不可能将民间文学进行比较明确的分类，神话学、史诗学、故事学、歌谣学、传说学等也无从产生。记录文本可以让我们更为静态地、清晰地把握各种民间文学的体裁特征。一个无可辩驳的事实是，民间文学的文本研究已经取得了十分丰硕的成果。中国是如此，在西方现代话语的语境中也是这种情况。美国耶鲁大学的哈维洛克（E.A.Havelock）教授 1986 年出版了《缪斯学写：古今对口传与书写的反思》（*The Muse Learns to Write*）一书，提出了“文本能否说话？”（Can a text speak?）的著名论断，并尝试让古希腊的文本重新“说话”，使记录的民间文学作品进入民族志诗学和人类学研究的视野之中。研究民间文学的一个重要路径，就是通过对文本的阅读实例揭示出潜藏在这些文本下面的文化无意识，因为如果我们调动一切可资借鉴的手段（诸如符号学、结构主义、原型批评、语义学及传统的文化人类学等），对之进行适当的质询，“文本必然会显示出它表面上试图掩盖的东西”[1]。

《大系》故事卷为开创我国民间故事研究的新局面奠定了坚实的基础，可以说现在已进入了研究民间故事条件最好的时期，难以胜数的民间故事作品足以满足故事学家们各方面的学术需求。

六、口传故事渐趋枯竭

讲故事实际为一种“话语转述”，因为故事原本就存在，而且演述人从不追问故事的真假。任何叙事都包含虚构的因素，而我们的当下社会却力图追求知识的客观性，包括人文的知识也被披上科学的外衣，冠之为“人文科学”。我们在不断吸纳和输出既不包含故事叙述又不包括讲故事的人即叙述人这一主观立场的知识或所谓的学问。伴随着知识客观化的进程，我们学会了计算、分析、推理、归纳、总结、报道和评述等等，而失去了讲故事的能力。于是，叙事这种古老的表现方式逐渐成为作家们的专利，尤其是明清古典小

[1] ［爱尔兰］安东尼·泰特罗（Antony Tatlow）讲演：《本文人类学》，王宇根等译，北京：北京大学出版社，1996 年，第 1 页。

说显示了其无穷的活力和广阔的空间。信息的密集和更替的加速，促使我们需要直接而快捷地领会真理与精髓，于是不得不抛弃叙事，远离情节，民间故事等逐渐成为古老的传统，成为可供解释的符号。寓言故事中的情节早已被遗忘，凝练为意义深刻而又固定的成语。叙事形式成了累赘，或者成了一种奢侈的我们无法在现实生活中享用的东西。

记得读小学的时候，语文老师时常给我们讲一些民间故事。大家每次听得都很入迷，听完一个总会央求老师："再讲一个吧！"现在的学生似乎已不屑于听故事了，老师也不善于讲故事了，实在要讲的话，只能找一本故事书来读。借助大众传媒，各色各样的新闻将故事遣回故事的家乡。人们不再对传统民间故事津津乐道了。先秦的寓言、汉代的史传、六朝志怪、唐人传奇、宋元话本、明清文人笔记等都在说明当时是讲故事的黄金时代。在过去，民间叙事是在民间社会的一所所大学——尽管这是一些不登大雅之堂的"大学"——瓦子里、街巷间、茶馆烟馆里进行的。在文学、历史、宗教以及哲学、社会学这样一些"文科"成为现代社会大学里的专门知识之前，传统社会里的文化教育以及个人的教养全都是文学性质的。而且对于这个社会中的大多数人来说，所受教育的地方大多是上面所说的休闲与娱乐的空间，而其方式则是听故事的形式。因此，他们的精神世界不仅是用祖先或人类的"过去"所充实的，也是用叙述故事的方式所建造的。现在都不会讲故事了，这却是已往时代里常见的能力和生活现象。

民间口头文学为集体演述，民间口头传统通过参加者共同发出的声音，成为一条口耳相传的流动的传播链。口头传统在"声音"中获得生命。随着私人生活空间的出现，书写语言和书写活动变成"私语"，开始带有鲜明的个人色彩。如今的我们都热衷于个人的独创，养成了具有独白性质的思维习惯。我们再也不会重复口头传统了，再也不擅于在公共场合集体叙述同一个故事。我们已经进入个人化写作的时代，强调一种创造性的书写行为，演述原本就有的口头文学不再为我们所能。

民间故事的实际状况让民间故事研究遭遇前所未有的挑战，即城乡一体化进程迅速导致民间口传故事文本枯竭，民间故事研究可能不再从田野中获得源源不断的文本资源。如今，在大部分乡村，人们已听不到村民演述农耕生活的各种口头故事了。有一典型事例，晋代干宝《搜神记》中有"毛衣女"篇，开头指明故事发生在豫章新喻，即现在的江西新余市。在日常生活中，除了新余仙女湖和仙女洞的导游，现在谁还会演述这一故事呢？这一故事早已失去了演述的环境，口传的链条已然中断。然而，在新余，还有以仙女命名的学校、道路、村落以及人文景观，许多年轻男女还特意到仙女湖畔喜结良缘，仙女故事之符号频频出现并得到广泛使用。这是以现代生活样式演述着"毛衣女"的故事。民间文学文本难以寻觅，而民间文学生活仍在持续。在汉民族地区，传统民间文学的命运大体如是。

七、维护记录文本的本真性

“忠实记录”可以说是“五四”歌谣运动开始以来，一个恒久不变的核心理念。[1] 早期，学者们注意到了方音、方言对于歌谣表达的重要意义，认为这是歌谣的“精神”所在。因而，诸多学者在搜集歌谣时，将注意力投向了方音、方言的记录与解释。

在1958年7月召开的全国民间文学工作者第一次代表大会上，总结提炼出了民间文学工作的16字方针，即“全面搜集、重点整理、加强研究、大力推广”。其中前八个字，演变为“全面搜集，忠实记录，慎重整理，适当加工”。对此，时任《民间文学》执行副主编的贾芝先生，在1961年的少数民族文学史讨论会上曾作过一次长篇发言，指出：“我同意当面逐字逐句记的。……逐字逐句当面记录，保留的东西显然会更多，可靠性也更大些。不管采取什么方法，都应达到‘忠实记录’为准。而由于记录口头文学最大的问题是保持民间语言的问题，因此逐字逐句记录，应当是我们努力学习采用的一个比较好的方法。”[2]

20多年后，钟敬文先生在给马学良《少数民族民间文学论集》所作序中，再一次强调了忠实记录原则的重要性。[3] 虽然“忠实记录”在“五四”歌谣运动中成为实践准则，在20世纪50年代的搜集工作中就已提出，并在集成《工作手册》中反复强调，然而对于如何做到忠实记录，除口头文本外，哪些方面也需要忠实记录，则没有更加翔实的具体要求。

其实，只是“一字不动”文字上的忠实，而不注意民间故事表演性的描写再现，并不是真正的“忠实记录”。从以往记录文本实际情况看，造成偏离“忠实记录”境况的根本原因主要不在于对内容的篡改，而是没有将文本置于具体的表演环境当中加以书写。民间文学是演述的，而非陈述的。“(民间文学）可能在劳动中配合一定动作演唱，也可能配合音乐舞蹈载歌载舞，甚至穿插进日常谈话，或者为了劳动、宗教、教育、审美、娱乐等实用目的在各种场合或仪式上说唱而表演。”[4]“民间文学的表演性使其形成多面立体。”[5] 因此，仅仅记录叙述了什么远远不够，还需要书写怎么演述故事，描绘出影响表演的其他因素。民间故事田野作业应该关注的是故事“表演”和表演的现场。应注意故事演述过程

[1] 段宝林：《民间文学科学记录的新成果——兼谈一些新理论的创造与论争》，《广西师范学院学报》，2008年第3期。

[2] 贾芝：《谈各民族民间文学搜集整理问题——1961年4月18日在少数民族文学史讨论会上的发言》，载《拓荒半壁江山：贾芝民族文学论集》，北京：文化艺术出版社，2012年。

[3] 钟敬文：《忠实记录原则的重要性——序马学良〈少数民族民间文学论集〉》，《思想战线》，1987年第2期。

[4] 段宝林：《加强民族民间文学的描写研究》，载段宝林《立体文学论——民间文学新论》，北京：高等教育出版社，2007年，第10—16页。原文发表于《广西民间文学》，1981年第5期。

[5] 段宝林：《论民间文学的立体性特征》，《民间文学论坛》，1985年第5期。

中“语境”和“表演”的因素，包括“演唱的风度：姿势、面部表情、语气以及速度。把他作为一个艺术家来描述”“观众、听众的反应、评语。包括：听众的成分（青年、老年、妇女、儿童还是其他），肯定的和否定的批评等（这些最好能记进正文中去，放在括号里，如：笑、大笑、鼓掌、欢呼，或“可惜”“好！”等等）”。[1] 这一颇具操作性的“立体描写”办法，至今仍值得民间故事田野记录所遵循。

八、让传统故事焕发时代活力

民间故事遗产的传承大多以“保护”为重，保护是活态的，即努力使民间故事遗产维持于生活状态，以口头演说及相关民俗活动为基本生存表征，但从传统民间故事的实际境遇看，一味强调“保护”似乎违拗了现实。民间故事传承所取得的主要成果并非来自“保护”，反而是“保存”。“保存”就是以实物、文字、图片、音像以及数字化的形式将民间故事遗产呈现出来，属于一种转化型的记录和记忆。

我国各民族都有好听故事和好讲故事的传统，打捞民间故事就是要让这一传统发扬光大，使传统的民间故事融入我们的生活，重新进入富有生气的叙述状态。

民间故事具有极强的时代适应性，原因就在于这一民间体裁一个特殊性。什么特殊性？故事并不专属于某种民间艺术形式，各种民间艺术形式可能表演同一个民间故事。因此，故事是超越民间体裁的，成为其他民间叙事体裁的源泉。各种民间艺术形式在同一空间里可能建构同一故事的共同体。围绕同一个故事，不同的文学体裁可以互相转化。这种转化可以在具体操作中完成，然而在更多情况下，是在自然状态中不知不觉中完成的。这段话实际上已触及“互文性”的问题。“互文性”一词指的是一个（或多个）信号系统被移至另一系统中，就文本而言，就是每一篇文本都联系着若干篇文本，并且对这些文本起着复读、强调、浓缩、转移和深化的作用。在文学文本相互转移的过程中，故事一直处于中心地位。

可喜的是，民间故事这一“元文本”特性正在被有意识地充分利用。广电总局等部门正在组织实施中国经典民间故事动漫创作工程，就是用动漫的形式对《盘古开天》《牛郎织女》《精卫填海》等一些中国民间故事进行再创作，让民间故事进入大众传媒，成为影视作品、网络小说和电子游戏创作的基本元素。民间故事已不再专属于口头语言，其讲述的形式具有丰富的科技含量。可以预见，在不久的将来，一些经典的民间故事将会以年轻人喜好的现代样式重新焕发生机，并逐渐进入人们的日常生活当中，展示出强大的社会教

[1] 段宝林：《中国民间文学概要》，北京：北京大学出版社，1981 年，第 306 页。

化功能。

事实上，许多记录文本仍具有旺盛的生命力。甚至还有这种现象：经过重新创编的民间文学反而被民众广泛接受，《格林童话》就是一个典型的例子。尽管民间文学记录文本属于纯文学的范畴，但其毕竟来源于民间的社会生活，本身的特质远远超越了文学本身，为各种人文社会科学的研究提供了可能。已全面展开的大系出版工程将为开创我国民间文学事业的新时代奠定坚实基础。民间故事的记录文本努力保存其应有的口传经验和集体经验，使之能够经受历史的检验，这是民间文学工作者的神圣使命。

万建中

（中国民间文艺家协会副主席、北京师范大学文学院教授）

2018 年 12 月 26 日于京师园

本卷主编　刘晓春

中国民间文学大系出版工程广东省工作领导小组

组长　吴华钦

副组长　李丽娜

成员　梁少锋　朱　琪　陈龙武

中国民间文学大系出版工程广东省专家委员会

顾问　管　林　陈春声　叶春生　罗学光

主任　李丽娜

副主任　刘晓春　李筱文　储冬爱

委员　（按姓氏笔画排序）

王元林　王霄冰　刘志伟　纪德君　朱　明
李时成　张明远　杨宏海　林伦伦　柯汉琳
唐孝祥　黄　挺　蒋明智　谭运长

中国民间文学大系出版工程广东省工作办公室

主任　陈龙武

常务副主任　李　文

成员　黄舒媞　陈周起　彭秋玲

《中国民间文学大系·故事·广东卷·广府分卷（一）》编委会

目录

概述

广东，地处岭南，自然环境得天独厚，文化自成格局。秦以来，随着各地人士陆续迁入定居，岭南族群文化进入了漫长的融合发展时期。至宋元之际，人群组成基本稳定，文化体系也基本成熟。根据语言、族群和区域分布的差异，现广东大致可划分出广府文化、客家文化、潮汕文化、雷州半岛文化和少数民族文化（瑶族、壮族、畲族、满族等）五大体系。五大体系既各具特性，同时共同体现了岭南文化开放包容、多元并收、务实经世的特征。广府是其中的代表。

一、广府与广府文化[1]

首先，“广府”是一个历史地名。从南北朝的广州都督府到明代始设广州府，“广府”的地域范围或增或减，至明清两代才基本稳定为以广州为核心、以珠江三角洲为主体的地理范畴，并延续至今。这是基于辖境和核心区域所定义的狭义“广府”概念，也是今天最广为人们所熟知的“广府”所在。广府位于岭南，岭南由于南岭的阻隔，历来，拥有气候和暖、雨量充沛、自然资源丰富的环境优势。同时，广府地区不仅凭借珠江三角洲所提供的肥沃土壤及优越的气候和水资源条件发展出成熟的农业，还因珠江三角洲纵横密布的水系以及沿海的特殊地理位置，得以便捷地与海内外畅通交往，由此促成广府地区多元的文化和发达的商贸。

其次，“广府”也是一个族群称呼。指的是生活在岭南地区、使用粤语方言（亦称

[1] 参考李权时主编：《岭南文化》，广州：广东人民出版社，1993 年；陈泽泓：《广府文化》，广州：广东人民出版社，2007 年；广州市文化广电新闻出版局编：《构建广府学：开展广府、广府人、广府文化三位一体研究》，广州：华南理工大学出版社，2017 年。

“广府人”）的汉族族群（所谓的“广府人”）。由于粤语在岭南使用广泛，因此，这一以人及其使用的语言为核心的“广府”概念，属于广义定义，包括核心的珠江三角洲地区，以及周边的粤西、粤北部分地区和香港、澳门地区。至于“广府人”，其历史渊源和构成十分复杂。最早可追溯至秦汉时期南徙的第一支汉民族（多定居于番禺）与古南越族人的融合。后历经数代北人南迁，尤其是宋代中原人入粤后，以粤北南雄珠玑巷为首站开始大批迁徙至珠三角一带，对广府人的最终成形具有重要意义。概言之，广府人的形成，是南迁至广府地区的汉族长期与当地土著及周边潮汕人、客家人乃至外来族群交流碰撞的结果，以粤方言为共同的认同基础和族群标志。

广府从属于岭南地区，但在岭南地区居于主导地位。个中原因，与其作为岭南文化的发源地、兴盛地，珠江三角洲经济的发达，以及近代以来该地区得风气之先等因素有关。作为广府核心地区的广州，古称“番禺”，早在秦汉时期已是沟通海内外的商业都会；汉末，番禺的政治经济战略地位日益为统治者所重视，广州正式建制；六朝隋唐，广州发展为一座海内外人士云集的繁荣商城，文化多元且高度融合，给广州城的社会生活带来重大影响；两宋之际，珠玑巷移民大批迁入，珠三角得到大规模发展；明清时期，在沙田开发、宗族创设、文教大兴等共同作用下，珠三角逐渐成为岭南的政治、经济和文化中心，影响辐射至周边的粤北、粤西地区，“广府”认同也日益凸显。晚清民国，广府地区领时代之风骚，不仅孕育出维新变革思想，更是民主革命的策源地。于是，在近代激变的社会环境中，在华侨推动现代化进程的助力下，广府文化走向成熟，正式蜕变为今天以“得风气之先，开风气之先”为发展动力的地域文化。

在此漫长的历史过程中，广府文化发展出众多特色内涵。包括：一、多元开放的方言文化。粤方言分布地域广，各地有所不同，语汇来源融贯古今中西，至今仍呈现出稳定流行并有所拓展的态势。二、市井平民的饮食文化。粤菜的特点，是在保留传统口味的基础上，善于吸纳和变化，形成兼容南北、合璧中西的风格；同时，广府人经济务实、富于平民意识的群体性格也反映在饮食追求上，市井风韵浓厚、“平靓正”的茶楼往往更受广府人欢迎。三、务实多变的建筑文化。广府建筑，既承袭中原传统、吸纳邻近和海外地区风格，也保有本土特色，总体以务实多变为特点。如江门的碉楼、广州的骑楼。四、活泼缤纷的艺术文化。广府艺术，包括戏剧、音乐、绘画、诗歌、工艺美术等，缤纷多彩又富于地方特色。如具有商业性、开放性、平民性和创新性风格的粤剧，清丽活泼、充满水乡情韵的广东音乐。五、经世致用的思想文化。广府思想文化，兴于宋代，盛于明清，近代领时代风气之先，以经世致用为优良传统。出现了以陈献章、湛若水、黄佐、陈建、康有为、梁启超、孙中山为代表的人物。六、历史悠久的商业文化。广府地区拥有历史悠久的商业文化，这种商业文化不仅推动了广府城乡的发展，而且深入广府社会，在社会组织、基层治理、民生日用间产生重要影响，使广府社会和广府人呈现出重商、倚商的品格。

概言之，“广府”是一个以广州为核心、以珠江三角洲为主体、以粤西粤北部分地区和香港澳门为辐射外延的区域社会，其主要族群是使用粤方言并以粤方言为认同基础和族群标志的人群。广府地区在岭南处于主导地位，其文化，兼具岭南文化和海洋文化特色，以水和商贸为底蕴，表现出兼容开放、经济务实、市井平民、勇于开拓、敢于创新、活泼缤纷的品格，对近代以来中国经济社会的改革发展做出了诸多贡献。广府故事正是在这样的广府文化中孕育出来的。

二、广府文化孕育的广府民间故事

民间文学，是“一个民族在生活语境里集体创作、在漫长历史中传承发展的语言艺术。它既是该民族生活、思想与感情的自发表露，有关历史、科学、宗教及其他人生知识的总结，审美观念和艺术情趣的表现形式，也是该民族集体持有和享用的一种具有民族传统特色的生活文化。”[1]广府文化，特别是跟百姓日用相关的形式内容，是广府民间故事的重要构成元素。如广府众多的生活故事和民间笑话，其成功创作的关键就在于多元开放的粤方言文化；烧鹅、叉烧、烧猪、田鸡、咸鱼、茶楼、点心等地方饮食文化项目常见于广府各类民间故事；经世致用的思想和市井平民的风韵交织在机智人物和历史人物的形象塑造中。同时，广府民间故事也是广府文化的一部分，彰显了广府民众独特的生活文化，与其他文化类型一起，共同构成了广府文化。因此，可以说，广府民间故事与广府文化是相互依存、彼此成就的关系。一则经典的广府民间故事往往是广府文化精神的凝练表现，其广泛而悠久的流传，本身便是对广府文化良好的传承发展。如江门五邑的返唐故事、三水地区的红头巾故事和南番顺的自梳女远洋谋生故事，既是当代广府华侨移民史、广府妇女史研究的珍贵参考资料，也是我们领略、认同、自觉继承广府人世代艰苦奋斗、勇于开拓创新精神的有效媒介。

换言之，作为广府文化的重要组成部分，广府民间故事饱含广府人的智慧、经验、记忆和情感，富于道德性和教化性，对传承广府文化、提升族群认同感和增强民族凝聚力皆有非凡意义，是一种“活着”的非物质文化遗产，值得我们认真努力地记录、保护、承传和发展。然而，实际情况却是，随着民间口头传统传承语境日益为现代复杂多元的生活方式所取代，以及粤方言在年轻一代中的使用率下降和普及面缩小，许多活形态的、富于方言魅力的广府民间故事逐渐走向式微，甚至是消失。结果，大多数时候，我们只能在故纸堆里找到“地道”的广府民间故事。正是在这样的情形下，我们以抢救和承传的心态进行了本卷的编纂，而且经过现实的考虑，编纂特别重视作品的方言特色。下面，将逐一介绍本卷编纂的对象、基础、原则、过程和成果。

[1] 刘守华、陈建宪主编：《民间文学教程》，武汉：华中师范大学出版社，2009 年，第 3 页。

本卷的编纂对象是广府[1]民间故事。根据《中国民间文学大系工作手册》（以下简称《大系工作手册》）中《故事卷编纂体例》对“民间故事”的界定，本卷的“民间故事”取其狭义，即“与神话、传说并列的主要以日常生活为题材，以现实中的人物为主角的散文类民间口头文学”[2]。民间故事的本质特征是娱乐性，表达了人们对自己情绪的宣泄；其故事和人物多属虚构，呈现模糊化的外部特征。此外，民间故事还具有普遍存在大同小异现象的类型化特征，某些类型故事的异文层出不穷、异常丰富。

广东向有记载和收录民间故事的传统。20 世纪 80 年代，“中国民间文学三套集成”启动，在“科学性”“全面性”“代表性”三大工作原则的指导下，广东开始全省范围大规模的普查采录。据不完全统计，当时直接参与民间口头叙事作品采录工作的有近 9000 人，接受采录的讲述者达 2.4 万人，全省共采录民间口头叙事作品 2.5 万多篇，约 2300 万字；各市（县）从中选编刊印资料本 118 卷，收入作品 10531 篇，共 1275 万字。其中收录到《中国民间故事集成·广东卷》[3] 902 篇，异文 67 篇，150 余万字，显然还有很大一部分作品没有入选。“三套集成”工作结束后，为了让这些宝贵资料不被遗失、充分显示其价值作用，广东省民协坚持不懈地出版广东省民间故事县卷本（即“广东民间故事全书”系列），目前已有 28 卷面世；同时，各县市（区）民协也没有停止民间故事的搜集整理工作。这些都为本卷编纂的开展提供了坚实的基础。[4]

本卷自 2018 年 9 月正式启动起，严格按照科学性、广泛性、地域性、代表性的“四性”原则搜集文本、编选作品，至 2019 年 7 月完成资料的搜集工作。编纂资料来源有三：一是中国民协提供的“三套集成”时期的广东民间文学县卷本资料；二是广东省民协提供的“广东民间故事全书”系列；三是广东省广府地区各地市文联、民协经过新一轮搜集后所提供的各类材料。2019 年底，编委会从所掌握的资料中汇集出广府民间故事近 3500 篇，共 358.057 万字。其中，幻想故事 577 篇，生活故事 1873 篇，民间笑话 632 篇，民间寓言 63 篇，其他类（初步未能明确划分者）数百篇。这些作品构成了《中国民间文学大系·故事·广东卷·广府分卷》的最初形态。

《大系工作手册》将狭义的民间故事分为“幻想故事”“生活故事”“笑话”“寓言”四大类。本卷基本沿用，把经过再次筛选的作品分别归入“幻想故事”“生活故事”“民间笑话”“民间寓言”“俗语故事”五大类。同时，考虑到所接触文本的实际情况，以及关注作

[1] 如前所述，此处的“广府”取其广义，不受限于作为辖区的“广府”范畴。所谓“广府民间故事”，即指在使用粤方言并以粤方言为认同基础和族群标志的族群中创作、流传的民间故事。

[2] 《故事卷编纂体例》，中国民间文学大系出版工程编纂出版工作委员会办公室编：《中国民间文学大系工作手册》，2020 年 6 月印制，第 74 页。

[3] 《中国民间故事集成》的“民间故事”采取广义定义。除狭义的“民间故事”外，还包括“神话”和“传说”作品，相比本次大系的收录范围要广得多。

[4] 《前言》，《中国民间故事集成·广东卷》编辑委员会：《中国民间故事集成·广东卷》，北京：中国 ISBN 中心，2006 年，第 13 页。

品“地域性”的工作原则，本卷民间故事的二级分类与大系的编纂体例有别。其中，确定正式收录作品649篇。考虑到出版篇幅要求，大致平均分布在一、二两卷。

第一卷具体情况简介如下。

幻想故事70篇。包括“魔法故事”13篇，“精怪故事”11篇，“神仙故事”10篇，“鬼故事”6篇，“宝物故事”13篇，“术士故事”9篇，“动物故事”8篇。幻想故事属于幻想性较强的民间故事[1]。广府的幻想故事，有全国流行的类型，如“狼外婆型”的《老狨婆》《老熊婆》，“灰姑娘型”的《阿妹和老牛》，“狗耕田型”的《两兄弟》，“西天问佛型”的《阿单》，“蛇郎型”的《蛇郎妻》，“田螺姑娘型”的《田螺姑娘》，“猫狗结怨型”的《猫和狗的故事》。“术士故事”一类，主要出现在粤中和粤西民间道教盛行的地区，通过各种施法、斗法情节的展现，反映了民众对法术既利用又厌恶、既好奇又恐惧的矛盾态度。“三套集成”将这一类故事归入“人物传说”，本卷综合考虑时代社会和思想观念变迁等因素，认为对于今天的人们来讲，这类故事的幻想性意义更大，所以最终把它们纳入“幻想故事”范畴。

生活故事188篇。包括“家庭伦理故事”20篇，“交友道德与为人处世故事”16篇，“奇巧婚姻故事”18篇，“长工斗地主与民斗官的故事”25篇，“巧女故事”17篇，“呆婿故事”9篇，“机智人物故事”18篇，“对联故事”12篇，“其他生产生活故事”53篇。生活故事以描写民众的各种生活为主要内容，是对民众的生活日常、生活方式、生活态度的一种形象化叙述，总体基调是称颂真、善、美、勤劳、勇敢、智慧以及揭露假、恶、丑，嘲讽懒惰、愚蠢、迂腐等[2]。如家庭伦理故事《咸鱼砂》，以旧时广府平民的一道重要菜肴——咸鱼为关键情节要素，讲述儿子如何巧妙地调节婆媳矛盾、孝顺母亲，生活气息浓厚、时代感强烈。机智人物故事主角主要是广府地区著名的历史人物，像陈梦吉、伦文叙、陈鉴、梁储、剬狗六爹、解缙、杨冷鱼等等。其他生产生活故事中的《邝瑞龙踢刀》《老冯沃折服陈教头》《射榄核》《唐家六练武》是近代广府民间崇武风气的形象表现。

民间笑话55篇。包括“嘲讽笑话”14篇，“幽默笑话”41篇。民间笑话通过辛辣的讽刺或机智的调侃，一针见血地揭示生活中的各种矛盾和不合理现象，在引人发笑的同时也彰显了民众的智慧和才干[3]。如广府习惯称吝啬的人为“孤寒鬼”或“孤寒种”，本卷所

[1] 《故事卷编纂体例》，中国民间文学大系出版工程编纂出版工作委员会办公室编：《中国民间文学大系工作手册》，2020年6月印制，第75页。

[2] 《故事卷编纂体例》，中国民间文学大系出版工程编纂出版工作委员会办公室编：《中国民间文学大系工作手册》，2020年6月印制，第76页。

[3] 《故事卷编纂体例》，中国民间文学大系出版工程编纂出版工作委员会办公室编：《中国民间文学大系工作手册》，2020年6月印制，第76页。

收录的《算死草的笑话》《悭吝又贪婪》《父子比节俭》《孤寒夫妇》《何必悭家》尽显广府人对金钱至上、贪得无厌的财主人家的嘲讽。

民间寓言2篇。民间寓言，通过讲述带有明显教化、训喻或警世意味的动物或人物故事来说明、总结某种生活经验教训，其特征是短小精悍、具有较强的说理力量[1]。《贪心不足蛇吞象》《人为财死，鸟为食亡》是中国经典的民间寓言，与国内其他地区流传的大致相同。

俗语故事14篇。为突出作品的方言文化特色，本卷单独另设“俗语故事”一类，属于广府风俗故事。“俗语”，指由民众集体创作流传，简洁凝练，并具有一定认识和教化功能的定型化语句，是民众智慧和经验的高度总结。本卷所收录的14篇俗语故事，不仅方言特色明显、阅读趣味性强，还为那些至今仍在使用或已鲜少使用但价值意义非凡的俗谚的由来提供了充分的解释。

总而言之，广府民间故事与广东省乃至中国其他地区流传的民间故事有共同之处，但其地方特色，或者说其“地域性”仍是相当明显的。广府民间故事的地域性主要表现为故事的主题内容对粤方言、广府风俗民情、地方历史人物事迹的使用和反映。这些立足于地方的民间故事，通过地方性的表述，最终在整体上向听众和读者呈现出了广府文化的内涵和广府人的精神特质。

三、广府方言[2]与广府民间故事

最后，我们来谈谈广府方言与广府故事。

广府方言，即“粤方言”[3]，又称“广府话”“白话”“广东话”，以“广州话”为标准音。在广东，粤方言分布地域广，通行于珠江三角洲地区、粤中地区、粤西南及粤北部分地区。具体而言，广州市、佛山市、珠海市、江门市、肇庆市、云浮市基本通行粤方言；深圳市、东莞市、中山市大部分地区通行粤方言；阳江市、湛江市、茂名市、惠州市、韶关市、清远市部分地区通行粤方言。根据这些通行地区的语言特点和人文、地理情况，省内大致可划分出粤海片、四邑片、高阳片、莞宝片、香山片五个粤方言片。

[1] 《故事卷编纂体例》，中国民间文学大系出版工程编纂出版工作委员会办公室编：《中国民间文学大系工作手册》，2020年6月印制，第77页。

[2] “广府方言”内容参考詹伯慧，甘于恩：《广府方言》，广州：暨南大学出版社，2012年；李新魁：《广东的方言》，广州：广东人民出版社，1994年；高华年：《广州方言研究》，香港：商务印书馆，1980年。

[3] 广东省内有粤、闽、客家三大方言，其中粤方言使用人数最多、分布地域最广。

人类语言，兼具自然属性和社会属性；作为一种社会现象的语言，始终与社会紧密相连。关于粤方言的来源，学界至今有“先秦说”（西江流域文化起源说）、“南楚说”（楚人南迁使得楚方言流传、扩展的结果）、“宋末移民说”（现代粤语是宋代官话的直接后裔）及“多源说”（从粤方言诸方言片的差异性可以看出粤方言的多源性）等说法[1]。可见，粤方言的来源与广府地区的崛起息息相关。至于粤方言的形成发展，也是一个与广府社会相应渐变的漫长而复杂的过程。大致而言，现代粤方言以古南越族语为基础，后融入大量古汉语和周边少数民族语，还有东、南、西亚语以及少部分英语。唐以前，粤方言在接受各种外来语言的影响过程中成长，唐宋时期开始展现出独立型态，宋以后继续发展，与北方方言的差异越来越大，至明代则基本定型。然而，作为社会交流工具的粤方言，受社会潮流的推动，定型后仍在与时俱进地发生细微变化，包括吸收外来词汇、产生新词汇、语音受普通话影响向共同语靠拢等。尤其是经济文化发达、社会流动频繁的珠三角地区，受港澳和西方影响较大，出现不少直接音译自英语的词汇，如“士多”（小店）、“巴士”（公交车）、“士多啤梨”（草莓）、“朱古力”（巧克力）、“T 恤”等；还有一些综合创新、带有浓郁粤语韵味的词汇，如“搞掂”、“埋单”、“无厘头”。正是得益于多元开放的特性，今天的粤方言尚呈现出稳定流行并有所拓展的态势。

语言是文化重要的载体，文化通过语言表现；同时，语言与文化相互制约、相互影响。广府方言（粤方言）既是广府文化的重要表征，也是广府文化的重要组成部分。如果说，粤方言的来源、形成和发展从外部说明粤方言与广府的历史、社会和文化有着密切联系，那么，粤方言本身则足以从内部证明广府文化的特性。粤方言的语音、词汇和语法皆有特点。这个特点是抛开各粤方言片区之间的差异，取它们基本相同的特征，再与汉语各大方言区比较而言的。据李荣主编、白宛如编纂《广州方言词典》，广州话有声母 16 个、韵母 94 个，声调 9 个[2]。其语音系统与汉民族共同语及其他汉语方言相比，属于较为复杂的一种，且语音系统的复杂性主要表现在韵母和声调方面。词汇最能体现广州话的特点。相较于汉民族共同语及其他汉语方言，广州话的基本词汇里约有三分之一的词语属于特色词汇，呈现出缤纷多彩的特征。究其原因，与广州话词汇来源多元（古词语、少数民族语词、外来词、自创方言词）、构词方式独特（保留单音节状态、词缀多样）、词义义项繁复多变有关。语法虽然不是粤方言区别于其他汉语方言的主要特点，但粤方言的语法还是有其特殊之处。比如，广州话语法在构形上习惯变调和重叠，会使用特有的人称代词、数词、量词和语气助词，语序上常见逆序词、状语后置词等。

如此独特的广府方言如何承载广府文化？最直接的方式莫过于以粤方言为表现载体的各种文艺活动及作品。如粤剧、粤曲、粤讴以及粤语民间文学（粤语童谣、粤语故事等）。

[1] 詹伯慧，甘于恩：《广府方言》，广州：暨南大学出版社，2012 年，第 15—20 页。

[2] 李荣主编、白宛如编纂：《广州方言词典》，江苏教育出版社 2003 年版，“引论”第 4—5 页。

以口头性（口语化的表达方式和口耳相传的传播手段）为基本特征的“口头文学”（民间文学），最为原始也最为日常地揭露了语言与社会、文化之间的密切关系。广府方言对于广府民间故事，不仅是体，也是用。广府方言成就了广府民间故事，广府民间故事也通过广府方言表达出广府文化的特色元素和精神内涵。对此，以下将逐一说明。

（一）粤语方言的使用直接赋予广府民间故事以浓厚的地方色彩

前面说到，粤方言的语音、词汇和语法皆有其特点。但当民间故事作为一种读物呈现给读者时，方言的语音特色是较难呈现的。所以我们只能从词汇和语法方面去讨论。粤方言词汇，有沿用古词语（保留古词古义）的，如“畀（给）”“髀（大腿）”“扅（拉）”“睇（看）”“除（去掉）”“利（锋利）”“悭（节俭）”“着（穿着）”“行（走）”；有与少数民族语言（百越语言）同源的，如“呢（这个）”“痕（痒）”“孭（背）”“甩（脱落）”“嬲（生气）”“虾（欺负）”“掂（触碰）”；有吸收外来词的，如“的士”“T恤”“蛋挞”；也有许多由于地区方言文学发达而出现的自创方言词，如“嘢（东西）”“餸（下饭的菜）”“脷（舌头）”“劏（宰杀）”“呃（骗）”“奀（瘦小）”“揾（寻找）”“乸（雌性动物）”“闹（骂）”“叹（享受）”“蚊（元）”“而家（现在）”“曱甴（蟑螂）”“孤寒（吝啬）”“闹交（吵架）”“闭翳（郁闷）”“炒鱿鱼（辞退）”“车大炮（吹牛）”“打咳昭（打喷嚏）”“食死猫（背黑锅）”“算死草（极尽心计的人）”“鬼打鬼（自己人打自己人）”“叹世界（享受生活）”。这些来源多元又极具地方特色的词汇对广府民间故事起到点睛的作用。以本卷收录的作品为例，像《髀[1]都唔要》《“有嘢睇”》《打咳昭》，以及《六六三十六》里的地主“算死草”，《劏狗六爹故事》里的“劏狗六爹与车大炮”，唯有了解特定粤语方言词汇的具体含义，才能真正领略上述故事的独特韵味。

粤方言的词汇还有一个显著特色，即构词词缀多样。广州话常见的词头有“阿”（也写作“亚”），放在亲属称谓或姓名的前面，只是称呼习惯，没有特别的亲切含义。如：阿哥、阿妹、亚伯、亚婆、阿坤、阿明等等。本卷收录的作品可见此用法。像《劏狗六爹故事》第三则提到被戏弄的村民找到六爹要说法，开口便道“阿六爹”；《狗六爹故事》第七则讲述六爹如何帮助村里贫农阿牛智斗财主。与词头相比，广州话的词尾更为丰富，有“仔”“佬”“婆”“女”“妹”“公”“乸”“头”“包”等。“仔”单用时表示“儿子”“男孩子”，作词尾主要是“幼小”和表男性的意思，如本卷的《先生系我仔，后生系我儿》《聪明仔陈平》《日本仔食葡萄》《鬼谷先师与鸭仔妹》《傻仔探外佬》。“佬”与“婆”、“公”与“乸”性别相对使用。“佬”与“婆”作词尾指的是具有某种特征（或从事某种行业工作或来自某地某处或身体外貌有某种特点）的成年男 / 女性，如本卷的《皇帝女嫁补鞋佬》《老熊婆》《后归婆煮碌堆》《阿奉斗盲佬》《抬轿佬做县长》《道滘佬着长衫——预后

[1] “畀”与“髀”同音。

死》，其它故事里提到的“财主佬”“财主婆”等。“公”与“乸”作词尾一般是强调性别，如本卷的《驼背佬同盲眼公食牛肉》《兜虾公》，其它故事中的“老狨公”“鸭乸”“狗乸”。

语法方面，还有特殊的人称代词（“哋”）、指示代词（“呢”“嗰”）、量词（“啖”“笃”“辘”“轮”）、数词（“啲”“几”“零”“度”）、语气助词（“咩”“嘅”“咯”“喇”“啫”“之嘛”）、逆序词（“经已”“菜干”“宵夜”“紧要”“欢喜”“齐整”）、状语后置词（“先”“住”“添”“埋”“翻”“过头”）。如本卷《媒八婆巧舌撮姻缘》八婆介绍相亲对象情况时说到“兼无呢样（这个）”；《伤天害理嘅状棍》放火者找到状棍帮忙：“阿襄哥，我哋有件紧要（要紧）事”。另外，广州话有些特色句式值得一提：比较句“A+ 形容词 + 过 +B”。如本卷《聪明仔陈平》第二则故事“老鼠大过牛”。

当然，上述主要以广州话为代表进行讨论。实际上，粤语各方言片均有其在语音、词汇和语法方面的特点。以本卷收录的、广泛流传在粤方言区的“熊外婆”型魔法故事为例。“熊外婆”在开平水口、长沙地区被称为“老狨婆”，到东莞地区变成“毛茸老虎”，龙门县龙城街道叫作“老虎鬼”，肇庆怀集县的是“人熊婆”，吴川市黄坡、振文地区则称“山人熊”。光从同一事物的不同词汇表达，便可看出粤方言的丰富多元。这也为广府民间故事异文层出不穷奠定了语言基础。

（二）广府民间故事中的粤语方言词汇保留并反映了广府地区的风土民情

先以本卷收录的“熊外婆”型故事做一个整体把握。开平地区流行的两则《老狨婆》故事中提到“田螺厣”“鸡笼”“灶灰”“七月七水”“尿桶”“房顶的瓦”“风柜”“梳头捉虱”“卖杂货的”“卖盐的”“泥湴”“湴凼”“锄头”“蚂蟥”等方言词汇，栩栩如生地向我们展示了一幅以瓦房为屋、设灶做饭、房间内置尿桶、日常种田养鸡蹚烂泥摸田螺、向走街串巷的卖货郎买日用品、七夕节习俗浸泡七夕水、长辈闲来给晚辈梳头捉虱子的旧时广府农村生活图景。与之相对，东莞地区的《毛茸老虎》，用“拖鞋”“熄灯”“倚杖”“门锁”“枪”等表现了新时代的广府农村生活。可见，民间故事中的方言词汇既保存了地方的风俗民情，也记录了地方社会的发展，是很好的日常生活史资料。

具体而言，我们可以从自然地理环境、日常衣食住行、风俗禁忌习惯、社会经济和文化心态四个方面试看粤语方言词汇如何保留并反映广府地区的风土民情。

1. 自然地理环境。广府人常用“冻”表示“凉”，如晚秋凉风吹过衣衫单薄时会说声“有点冻”；称“洗澡”为“冲凉”则是长久的炎热天气让广东人时常希望通过洗澡“冲得凉意”的表现，如《火袍》里长工说“正热得满头大汗，想出去揾盆冷水来冲冲凉”。此外，位于南海之滨的地理位置和河网密布的环境，使得广府方言里出现许多带有

“水”或与“水”相关的词汇，如“水脚（路费）”“心水（喜欢）”“水客（走水路贩运货物者）”“涌”“滘”“圳”“沥”“坑”“凼/氹”“渡”等。本卷《水鬼升城隍》（“有个撑船佬靠在河涌摆渡客人为生”）有所反映。

2. 日常衣食住行。广府民间故事里表达日常衣食住行的词语，保留有许多早期广府社会生活的内容，不仅有传统农业社会的印迹，也有市井生活发达留下的习惯。穿的方面，旧时广府人爱穿木屐，这种两齿的木底鞋十分适合在雨天和泥上行走。广州西关曾有卖木屐一行，集中在珠玑路、文昌路，店铺林立、种类繁多，还有小贩在街上唱喊兜售“有靓木屐卖”。如本卷《陈渗旺》中斗财主的长工渗旺“脚上拖着一对木屐‘啪嗒’‘啪嗒’地到天井洗澡”。这里除了“木屐”，还提到了“天井”。过去的广府民居，普遍设有“天井”，而且是“小天井大进深”布局紧凑的形式，为的是适应气候炎热、风雨常至的岭南天气，便于采光、通风、遮阴和获取清凉。说到广府人的吃，不得不提“饮早茶”和“食宵夜”。三五知己到茶楼点上“一盅两件”，边吃边聊悠闲至下午，晚上九十点接着来个干炒牛河配粉肠粥，宵夜乐摇摇。这样的生活方式早已是“老广”的标配。本卷的《六六三十六》《水鬼升城隍》等有广府人饮早茶和食宵夜习惯的生动描述。至于出行，河网密布给广府人带来的是水路交通的发达，撑船、撑艇行走在传统的广府社会生活里实属常见。如《梁储故事》第二则（花县地区）说道：“那时，当地的河涌密得好似一张网，人们外出都中意撑船。”

3. 风俗禁忌习惯。粤俗信巫。广府民间信仰氛围历来浓厚，反映在民间故事上是地方性的鬼怪神仙和法师术士故事，以及求神拜佛、占卜算命故事众多。如《彭仕安的故事》《生菩萨食祭品》。这些故事有与广府各地俗信相关的仪式禁忌和风俗习惯记载，限于篇幅不一一论述。只提当中较为特殊的一个——“喃呒先生”。喃呒先生，俗称“喃呒佬”，是广府地区传统的民间仪式专家，时常兼具礼生、师巫等角色功能，杂取佛、道和民间宗教仪式，因此不能简单归于佛、道等宗教派属，现今尚存。他们过着俗世婚姻家庭生活，遇婚丧节庆，便受邀到人家做各类功德法事，如赞星、礼斗、开路、打斋、建醮等。本卷的《奇人宏艺》（第六则）《陈梦吉》（第二则）《黄仙二》等均有此类人物的描写。诸如“寡佬屋”（旧俗广府乡村未婚男性聚居场所，未婚女性聚居地称为“女仔屋”），“睇地”（广府地区落葬迁坟流行先请人看风水），“煮碌堆”（广府春节前各家各户会煮煎堆以图吉利），“拜山”（广府人对上山扫墓的称呼），“的打的”（广府部分地区对喜庆场合负责演奏的吹鼓手的称呼），则展现了广府特色的婚丧节日礼俗。广府还有一些称谓习俗，如称父亲为“老豆（窦）”，母亲为“老母”，媳妇为“新（心）抱”，“岳父”为“外父”，“岳母”为“外母”。这在《老豆亲还是老公亲》《秀才打老母，有苦自己受》《傻仔探外佬》等作品中皆有体现。

4. 社会经济和文化心态。广府地区商贸长久发达，广府人也因此养成了厚重的重商意识和逐利品格。广府人“好意头（喜欢好兆头）”的心态即是体现。反映在词汇上，是诸如以“猪脷”代替“猪舌”，以“猪红”代替“猪血”，以“猪膶”代替“猪肝”，以“通胜”代替“通书”等趋吉避凶词语的出现。因为“脷”（粤语与“利”同音）比“舌”（粤语与“蚀”同音），“红”比“血”，“膶”（粤语与“润”同音）比“肝”（粤语与“干”同音），“胜”比“书”（粤语与“输”同音）吉利；要“着数”（有利、有好处、合算）不要“蚀底”（吃亏、亏损）的广府人自然是能避免就不犯忌讳的。本卷的《大富》等形象地描述了此等心态。与此同时，广府人对待财富是积极争取又不过分执着，蔑视那些无所不用其极地去赚钱、守着钱财却刻薄成性的人，称之为“发钱寒”“孤寒种”“屈头绝种”。这在本卷作品中也有呈现，前文概述广府民间笑话情形时已有举例，此处不再赘述。广府人经济务实而不势利、不畏艰辛勇于闯荡拼搏的精神品格，在“有数为”（划得来）、“一脚踢”（一人包揽全部工作）、“头啖汤”（敢为人先）、“揾食”（工作赚钱）、“捞世界”（闯荡谋生）、“叹世界”（享受好生活好日子）、“捱世界”（熬苦日子）、“行得快好世界”（捷足先登者抢占先机）、“大把世界”（大把机会）等词语中尽显。其中，“世界”一词在广府地区有特殊含义，包括“生活”“生计”“日子”“赚钱或进取的机会财富”“运气”。这与广府人很早就闯荡海内外谋生的历史有关。

此外，像“东家”“伙计”“事头（老板）”“事头婆（老板娘）”“包租公”“包租婆”“档口（做小生意的铺位）”“走鬼（违法摆卖的流动小贩）”“水货（走私物品或非正品货）”“吞泡（偷懒）”“怕你怕过米贵”，均是反映广府社会经济生活的词语，并从中折射出港澳及外来文化的影响。本卷如《祖庙补鞋档口免税》《气东家》等作品有提及。还有一些作品使用的词汇表现了新旧时代交替下广府的社会风尚，如《局长游街》《青年音乐家》《快送医院》《大乡里出城》《警察神算》。

综上，本文通过“广府与广府文化”“广府文化孕育的广府民间故事”“广府方言与广府民间故事”三部分内容，试图厘清广府地域文化、广府方言与广府民间故事三者间的关系。其目的，一是彰显广府民间故事的地方性内涵和文体特点，二是帮助读者更好地阅读理解、欣赏分析本卷作品。此处的概述难免挂一漏万，如有遗漏不妥之处，请各位专家读者指正！

执笔：程肖力

凡例

一、《中国民间文学大系·故事·广东卷·广府分卷（一）》（以下称《广府故事卷（一）》）收录故事类型，按照粤语方言地区的故事资源状况，遵循从众从俗和宜粗不宜细的原则，分为幻想故事、生活故事、民间笑话、民间寓言以及俗语故事五大类，大类下分若干小类。共收录粤语方言区民间故事329篇。

二、《广府故事卷（一）》所收录的故事基本出自广府地区各市县的民间故事资料本，部分故事由编者做了口语化处理。

三、在方言辨别过程中，编者以《广东省志·方言志》[1]为主要参考资料，辅以故事中出现的粤方言语法词汇、广府习俗背景等要素，对广府故事进行筛选，以区别于广东客家故事、潮汕故事等。

四、在收录故事正文的基础上，少量故事将内容相近的且有特色的故事作为“异文”一并收录。一般以情节结构完整、语言文字生动的作品为正文。异文一般保留原标题。

五、收录作品尽可能保留地方特色。一是多采用方言、口语。二是计量单位均采用旧时民间习惯，如：斤、里、亩、石等。方言、特殊用语、习俗、生僻字等注释均采用页下注。地名、官府名、职官名等一般采用当时名称，酌情加注现代名称。故事正文所涉行政区划名，依原故事出处照录；附记所涉行政区划名，则将原行政区划名订正为现行政区划名，以便检索。

六、作品后附讲述者和采录者（整理者）的情况，包括姓名、性别、年龄、工作单位、文化程度、职业，以及采录时间、流传地区和原载本出处等。讲述者和采录者的基本情况均以采录时为准。部分故事因收录时间过早，原载本中要素缺失，部分在注释中加以解释。若有空缺，则可理解为原出处该要素缺失。原载本仅标出书名，对应出版信息标于附录二。

七、在故事排列顺序上，地方特色明显、异文丰富的故事优先排在该故事类型的前列，并在文后设有附记。附记内容包括该故事除收录版本外的其他异文标题及其对应流传地。

八、书前文件。设大系领导小组名单、编纂人员名单、前言、目录、凡例等。

九、附录。书后设有五个附录：广府卷民间故事常用粤方言对照表、故事资料本名录及封面图、流传地区所涉行政区划名变更对照表、广府历史民俗文化相关论文、故事采录相关图片及音频。

[1] 广东省地方史志编纂委员会编：《广东省志·方言志》，广州：广东人民出版社，2004年版。

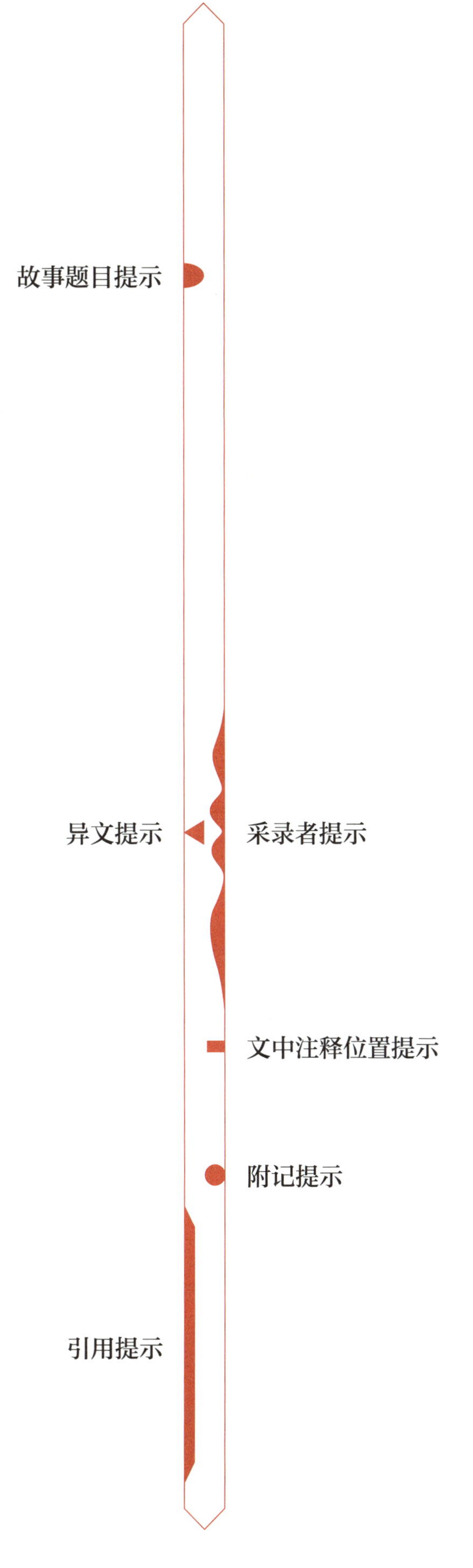
故事题目提示
异文提示
采录者提示
文中注释位置提示
附记提示
引用提示

C017

一　幻想故事

（一）魔法故事

1

老猴婆

（一）

从前，一个小山村住着一户人家。爸爸在外面经商。一日，妈妈对两个女儿说："我去外婆家，过两日才返来。你哋[1]在家要小心门户，姐姐要带好妹妹。"姐姐问："我也去，我还无见过外婆呢。"妈妈说："你还小，山路难行。过些时候我叫外婆来睇你吧。外婆面上有两个像田螺厣的疤，很容易认。"

晚上，姐姐把鸡关进笼里后正在给妹妹洗澡，有人敲门。姐姐问："谁呀？"

"外婆！"敲门的老猴婆学外婆的声音应道。

姐姐开门一睇说："你唔系[2]外婆，外婆面上有两个田螺厣。"

姐姐把门关上。老猴婆到田里摸了两个田螺，剥了厣贴在面上，又来敲门。

[1] 你哋：方言，你们。

[2] 系：方言，是。

"谁呀？"

"外婆！"

姐姐开门一睇，高兴地笑了："真是外婆来了。"一面搬凳让"外婆"坐。

老猴婆说："我唔坐凳。"

"坐什么？"

"坐鸡笼。"外婆坐在鸡笼上。鸡在咯咯地叫。

"鸡点解[3]叫？"

"怕陌生人。"

"鸡唔叫了。"老猴婆把鸡食光了。

姐妹俩在洗澡。外婆走近她们，淌着口水说："谁洗得干净，外婆同谁瞓[4]瞓觉。"

姐姐闻到一股血腥味，睇见[5]"外婆"手上沾着鸡毛、嘴边涂着鸡血，觉得大事唔好——"外婆"把鸡食光了。姐姐马上用灶灰把身上弄得很脏。

瞓瞓觉了，老猴婆挨近妹妹瞓，用手指甲插穿妹妹的喉咙，把血吸干，慢慢地食掉肉，最后嚼手指骨。

好一阵，姐姐听见牙齿咬东西的"卜卜"声，问："外婆食什么？""食炒豆。你外公去做喃巫[6]赚的。"

"给点我食。"

"拜过神的东西，小孩子唔食得。而且都食光了。"

一会儿又响起"卜卜"声。

"唔系说食光了吗？"

"袋角还藏住一粒。"

"卜卜"声又响了。

过了一会，姐姐的脚蹬到什么湿漉漉的东西。

"床脚底那湿漉漉的东西是什么？"

"你妹妹尿床，那是湿裤子。"

姐姐一摸，黏糊糊的，有血腥味。她惊了，要想办法脱身。

"外婆，我要屙尿。"

"就在尿桶里屙吧。"姐姐下了床，沿着梯子上了阁楼，

[3] 点解：方言，为什么。

[4] 瞓：音"训"，粤话称"睡觉"叫"瞓"。

[5] 睇见：方言，看见。

[6] 喃巫：方言，做法事的人。

再把梯子拉了上去。阁楼上有一埕七月七水。她摆弄着睇埕里的水，装着要大便的样子，一边暗中拨开房顶的瓦。

“点解还唔下来？”老狨婆生气地说。

“未屙完。肚有点痛。”姐姐一边回答，一边加紧拨瓦。老狨婆擦亮一支火柴，姐姐舀了一勺七月七水一泼，火泼熄了。

“外婆”再擦一支，姐姐又泼熄了。这样重复了十几次。“外婆”发火了，骂道：“你个无赖仔，一阵睇我唔把你连毛带爪食了。”

姐姐爬上屋顶大呼救命。村里的人赶来，把老狨婆打死。人们把老狨婆烧成灰，用风柜吹散。这些灰飞上山坡，飞进树林，变成了蚊蚊，也像吸血的老狨婆一样吸血为活。

（二）

一日，一个牧童上山放牛，遇上了一个老狨婆，他爬上一棵大树躲起来。老狨婆闻着人的气味，也爬上树来。

牧童说：“你的头发太乱了，虱子又多，我给你梳头捉虱吧。”老狨婆就让他梳头捉虱子。牧童暗中将老狨婆头发编成辫，绑在树杈上，然后装作失手掉了梳子，说：“哎呀，梳子掉了落去，我落去拾。”牧童爬下大树，拔腿就跑。老狨婆一睇，连忙跳落去追，可头发绑在树枝上，身体就悬空吊着。经过一段时间大力挣扎，头皮断裂，老狨婆掉下来了，头顶血淋淋的。

老狨婆坐在路边，一个卖杂货的走过来，老狨婆问：“大爷、大伯，头顶生疮怎么好呀？”

“针好。我给你一包针，半小时后，你用针插进头顶上就会好了。”

卖杂货的走远了，老狨婆把针都插进头顶，痛得在地上打滚。

一会儿，一个卖盐的走过来，老狨婆问：“大爷、大伯，头顶生疮怎么好呀？”

“盐好。就给你一包盐，半小时后，你用盐撒在头顶上就好了。”

卖盐的走远了，老狨婆把盐撒在头顶上，痛得尿也流了出来。

不久，一个农民走过来，老狨婆问：“大爷、大伯，头顶生疮怎么好呀？”

农民说：“泥湴[1]好。你过来，把头伸进泥湴里就会好的。”

老狨婆撅起屁股，把头浸在泥湴里。

“舒服吗？”

“舒服！”

“再下一点。”老狨婆把头陷深一些。

“凉吗？”

“凉！”

“再下一点！”老狨婆把头陷进泥湴里。农民用锄头狠劲一劈，把老狨婆打死了。

过了一段时间，那湴凼里爬出无数的蚂蟥，它们说唔定是人狨变的。

讲述者： 张素，女，70 岁，水口镇联竹村人

采录者： 冯保卫

采录时间： 1987 年 9 月

流传地区： 开平县水口镇、长沙镇

原载本： 《中国民间故事集成·广东卷·开平县资料本》

异文一：毛茸老虎

在很久以前，有一家人住在山脚下。一日，妈妈要去东莞睇外婆，留下她的两个大女儿和一个小儿子在家。大的无十岁，小的才三岁。妈妈对他们三个说：“今晚我唔返屋企，姐弟要乖乖地在屋企睇门，我已经叫了二叔婆来陪你哋。”大女儿问道：“二叔婆是什么样的？”“她穿着拖鞋，嘴角边有一粒大痣。”妈妈回答。她吩咐好大女儿要照顾弟妹就离开家了。刚好在山脚的毛茸老虎听到

[1] 泥湴：烂泥。

了，装扮成老太婆的样子，来到他们家，对着三个小孩子说：“点解这么晚你哋妈妈还无返屋企呢？”三个孩子说：“妈妈让二叔婆陪我哋看家，她今晚唔返来了。”老虎后脑转了转，就说：“二叔婆？我就是二叔婆啊！”二女儿打量了它一下，说：“你是？但妈妈说二叔婆嘴边有颗痣的，你都无。”毛茸老虎听后就马上回山，拿一粒黑豆粘在嘴边，再揾[1]来一对拖鞋和一把倚杖，又来到了那间屋，对三个孩子说：“我就是二叔婆，你哋妈妈叫我来陪你哋瞓了。夜了，快回房熄灯上床瞓觉吧！”三个孩子这次并无怀疑到毛茸老虎，而且听它的话去瞓觉了。

一张大床，老虎和小儿瞓床头，大女儿搂着二女儿瞓床尾。

到了深夜，大女儿被一些好像是食东西的声音吵醒了。她问道：“二叔婆你在食什么？”老虎说：“我在食炒豆！”大女儿说：“我好饿，也让我食些吧！”但老虎却说：“小孩子牙都无生齐，同老太婆争食？快瞓觉！”其实，老虎食的唔系炒豆，而是小儿子的手指。

聪明的大女儿早就闻到了血腥味，于是小心翼翼地摸摸床，是湿漉漉、黏黏的感觉。此时的她心里好怕，但她唔敢出声，她知道自己要保护妹妹。她心生一计，大力地捏了妹妹的手臂，妹妹“哗！”的一声就哭了起来。老虎吓一跳，然后问：“她怎么了？肚痛吗？”大女儿用平静的语气说：“是啊，我要背她去涂药酒。”老虎食得津津有味，就无顾虑她们那么多，继续食。

大女儿背着妹妹，小心地拿走了放在桌子上的大锁，马上走出家，用锁把家门锁上了，唔让老虎出来。然后她大叫道：“有老虎来食我呀！它食了我的细佬[2]啊！今晚老虎来食我，明晚老虎会食谁呀……”沉睡中的农民们都被她吵醒了，他们纷纷从家里拿出枪，敲锣打鼓地叫醒村里的人去到小女孩家里，用枪把母老虎打死了。老虎死前大喊着：“早知先食大后食小，唔知大鬼多计谋。”后来，人们把老虎尸体扔进了大海。

但第二日晚上，山上的小老虎开始揾母老虎。有的下山了，被农民发觉，农民们就拿着枪，成群地上山，在洞穴里把无数只小老虎都打死了。

第三日，女孩的妈妈才返屋企，见家里很多人，两个女儿都在，但就唔见小儿子，就问大女儿：“你细佬呢？”女儿睇见妈妈就大哭。坐在旁边的农民们都站出来，大声指责她说：“你还说，你儿子都让山上的毛茸老虎食掉了。你大女儿背着小女儿逃出来叫，我哋就把老虎打死了。睇你下次还敢唔敢把孩子们扔下，晚上唔返屋企！”

讲述者： 徐桂芳
搜集整理者： 朱映雪
搜集时间： 21世纪
流传地区： 东莞市
原载本： 《广东民间故事全书·东莞卷》

异文二：智斗“人熊婆”[3]

从前，在一个美丽的山村里住着一家三口人。一日，母亲出外去了，留下姐弟二人睇门。傍晚入黑的时候，“人熊婆”来到这家，对姐弟二人说：“你哋应该叫我外婆。今晚你哋妈妈不在家，我来同你哋做伴。”姐弟以为真是自己的外婆，就高兴地答应。

唔知瞓到几更天，姐姐听到外婆像食什么东西，就问：“外婆你在食什么？”“人熊婆”说：“阿婆食湿李[4]，食来食去食到你。”姐姐突然发觉细佬不在身边，伸手摸摸身边，摸到一堆内脏，知道细佬被食了。她立即明白这外婆原来是人们常说的会食人的“人熊婆”。她想出了一个逃跑的主意，就说：“外婆，我要出外屙屎[5]。”“人熊婆”说：“外面黑，我用绳绑着你的手，我拉时你就返来。”姐姐只好照办。姐姐一出门，便把“人熊婆”绑在自己手

[1] 揾：粤语，寻找。
[2] 细佬：方言，弟弟。
[3] 人熊婆：方言，打扮成人样的老母熊。
[4] 湿李：李子果。
[5] 屙屎：方言，拉屎。

上的细佬的肠子解下，绑在一株芭蕉树头上。她想逃走，但一片漆黑，只好轻手轻脚潜返屋企中，爬上楼。“人熊婆”等了一会，用手一拉，就听到“哗啦啦”一声，以为姐姐肚屙。“人熊婆”等食姐姐等得急，便出去一睇，知道姐姐跑了，气急败坏地赶返屋企，揾灯去寻姐姐。可刚点着的灯便被楼上流下的水淋灭。原来姐姐怕被发现，把楼上的一坛醋倒些落去浇灭灯火。如此多次，醋无了，“人熊婆”也心头火起，便趁黑爬上楼去，睇是什么东西作怪。姐姐马上举起醋坛用力猛砸落去，刚好砸在“人熊婆”的头上。“人熊婆”的头被砸得鲜血直流，逃出了门。

天光了，“人熊婆”头痛难忍，便出外求医。首先碰见裁缝师傅，就向他求医。裁缝师傅知它是“人熊婆”，抓了一把针给它说：“你返去将针钉入伤口就好了。”

“人熊婆”返去后，将针一枚一枚钉进头上伤口，痛得它几乎昏了过去。无法子，它只好又出去求医。这次睇见一个建筑师傅，又问怎样医好头伤。建筑师傅亦知道它是“人熊婆”，就叫它拿些石灰返去敷伤口。“人熊婆”又照做，结果头痛得更加厉害，在地上打滚。

后来它又碰见有父子俩扛着一只空猪笼，又问怎样医头伤。当父亲的说：“这好办，你入猪笼瞓一会，我哋扛着你走便会好了。”“人熊婆”唔知是计，就爬进猪笼。他们父子俩抬着走了好一会，当父亲的问：“‘人熊婆’，好点冇？”“人熊婆”瞓得正舒服，高兴地说：“好多了。”当走到河边时，“人熊婆”想下来了，但父子俩唔理它，将“人熊婆”连猪笼抛入了河里。原来他们也早就知它是“人熊婆”。

讲述者： 温德
搜集整理者： 周凌云、黎红日
搜集时间： 1987 年
流传地区： 肇庆地区怀集县
原载本： 《广东民间故事全书·肇庆·怀集卷》

异文三：山人熊

离梅蓑镇唔远，有一条叫“山脚”的小村庄。很久很久以前，村里人烟稠密，人们男耕女织，生活过得很愉快。

然而，好景唔长，从岭墟那边来了个“山人熊”。它长得同人差唔多，很识扮装成“人”去干坏事。不过，它多了两个长到嘴唇的虎牙，全身都是黑毛。它经常糟蹋农田，还食人。它搞得村里鸡犬不宁，人心惶惶。在山脚村口，有棵“观音树”，树下住着个土地神。一日，山脚村的村民商量，各家各户齐集祭品，到土地神处控诉“山人熊”。土地神早就想惩罚它了，只是时机未到。过了几日，“山人熊”又来了。当它经过村口那棵长满“观音子”的大树时，突然，树上的“观音子”长大了许多，像打雷下雨似的落下来，直打得“山人熊”的头布满了鸡蛋般大的脓疮。[1]

“山人熊”再也唔敢入村了，抱着又痒又痛的头就往岭墟跑。一口气跑过了三个岭头，那里传来了卖杂货老翁的铜锣声。“山人熊”跑过去，缠住老翁说：“老爷爷，有什么办法可以医好我头上的脓疮呢？”老翁一眼就认出它是个作恶多端的“山人熊”。他深知“山人熊”食人的本性，沉思了一会儿，便从杂货箱里拿出一包针，说是能医百疮的宝寒针，叫“山人熊”走过三个岭头的时候，就解开用力刺在头上。当“山人熊”爬过三个岭，把针刺在头上的时候，针把脓疮刺穿了，流出大量脓血，更加痒痛。“山人熊”大声嚎哭，一阵风又跑过了三个岭头。这时，它睇见一个挑着盐的老伯，便跑上前叫道：“喂，有什么药可以医好我头上的疮？痛死我了。”说完，两个眼睛露出凶光，用舌舔了舔嘴唇，一副想食人的样子。老伯给了它一袋“王母娘娘”的“珠粉”，吩咐它爬过三个岭时撒在头上。“山人熊”无可奈何地舔舔嘴角，只得继续向前走，照着老伯的话办了。岂唔知白花花的盐撒在脓疮上，痛得“山人熊”死去活来，在岭顶上站唔稳，滚了落来，一直滚到博铺的袂花江边。一位正在割禾的农夫跑过

[1] 现在，山脚村口还有那棵生长得叶浓枝茂的观音树，树上的“观音子”比别处的要大。

来，“山人熊”哭着讲了它的遭遇，哀求农夫医好它头上的脓疮，并说以后一定唔做坏事，好好答谢农夫。农夫笑了笑，放下镰刀，拿起禾草，就叫它蹲在江边，俯下身子，让它清洗清洗。江水洗掉了盐，洗掉了脓血，洗掉了头上的针。“山人熊”越洗越觉得舒服，慢慢睁开闭着的双眼，睁得圆圆的，盯着农夫的小腿，张大了嘴，就要向着农夫扑去。说时迟，那时快，农夫抓起镰刀，向着“山人熊”的脖子就是一镰，把它斩成两段。一段掉在江里，一段落在岸边。后来，“山人熊”死了也要给人们带来灾难：落在水里的脑袋变成了蚂蟥，而在岸上的尸身即变成了蚊子。从此，那里的蚂蟥和蚊子就特别多了。

讲述者： 杨亚群
搜集者： 余素红
搜集时间： 1987—1988 年
流传地区： 吴川县黄坡镇、振文镇
原载本： 《中国民间文学三套集成·广东卷·吴川县资料本》

附记

该故事类型在广东粤语地区流传广泛。除了本篇及已收录的三篇异文之外，还流传有广州市花都区的《老熊婆》、佛山市高明区明城镇的《假外婆吃甜橙》、中山市沙溪镇的《老虎外婆》、恩平市那吉镇的《虎外婆》、江门市江海区外海街道直冲村的《妖巫婆》、高州市的《人熊婆》、罗定市的《人熊婆》、新兴县天堂镇内东村及莲塘村的《山头熊》、新兴县天堂镇朱所村的《耕田大哥治山熊》、阳江市的《老熊婆》、广宁县的《罗熊婆》、龙门县麻榨镇的《老虎外婆》、龙门县龙城街道的《小女孩智斗老虎鬼》、廉江市的《老虎外婆》、吴川市梅菉街道的《人熊》等异文。

2

老熊婆

传说很久以前，有几个年轻姑娘上山摘稔仔[1]，下山时突然下起大雨，她们只能走进山洞避雨。雨过后，她们正想横过小河返屋企，不料河水上涨，姑娘们只好在河边发呆。正在这时，走来一只老熊婆，问：“要过对岸吗？”姑娘们忙说：“是，是，大哥请帮个忙背我哋过河，好吗？”“可以。”老熊婆说，“不过我要其中最靓的一个。”她们以为老熊婆是指摘来的稔仔中最靓的一个，高兴地说：“好，你先背我哋过河，我哋任你挑选。”于是老熊婆一个接一个地背她们过河了，唯独迟迟无背长得最靓的姑娘。最后老熊婆走回对岸背起最靓的姑娘，哈哈笑个唔停说：“这就是我要的最靓的一个了。”那靓姑娘吓得昏了过去，对岸的姑娘也吓得唔知如何是好，一个个眼瞪瞪地睇着老熊婆背着姑娘边狂笑边往深山走去。

唔知过多久，靓姑娘生了一个儿子。一日，老熊婆吩咐靓姑娘好好待在家，于是出外揾东西给儿子食。靓姑娘见机会难逢，连忙背起儿子逃走了。她左转右转，筋疲力

[1] 稔仔：方言，桃金娘。

尽，终于回到自己家。父母亲兄弟都十分惊奇，忙端上茶饭，问长问短。

再说老熊婆出外弄到几只野鸡，高兴地返屋企，一进家门，唔见靓姑娘母子，便在外面到处揾。它终于闻到地面儿子留的馊味，就沿着味儿来到靓姑娘家，叫门说："靓姑娘母子系唔系在里边？"家人知道老熊婆揾上门了，说："你揾错[1]门了，到其他地方问问吧！"老熊婆说："无错，已闻到我儿子的味了，快开门吧！"赖在门口唔肯走。家人商量一下，做好捉拿老熊婆的准备，便开门出来。靓姑娘母亲见了老熊婆便说："噢，原来是姑爷到来，请到屋里坐！"一边说一边去房内端茶。老熊婆便大摇大摆走入屋，见天井铺着一张草席，四兄弟分四角坐。四兄弟一见老熊婆进来，齐声说："四个兄弟坐席角，剩下姑爷坐席心。"老熊婆也唔客气，笑眯眯往中间坐，还说："软绵绵，够舒服。"刚说完，四个兄弟同时站起，只听得"隆"一声，老熊婆掉进了水井。原来这草席是铺在水井上的，兄弟几个夹手夹脚[2]往井里填上泥土，将老熊婆埋在里边。

讲述者： 胡英，女，78 岁，花山镇红群村人，农民，文盲

整理者： 陈振森

整理时间： 1988 年 2 月

流传地区： 花县

原载本： 《中国民间故事集成·广东卷·花县资料本》

异文：老狨公

有个新娘，三朝返娘家，怕迷路，一面走，一面折些树枝放在路旁做记号，这些做法都被躲在路旁的人狨睇见了。老狨公把树枝移了位置，新娘返婆家时，便进了老狨公住的山洞，被迫做了老狨公的老婆。过了一年，她生了个一边脸长毛，一边脸唔长毛的孩子。

一日那新娘对老狨公说："你到山上斩枝竹返来，给宝宝做张椅笼吧。要拣那棵摇唔动的斩。"

老狨公上山斩竹去了。摇摇这棵，摇摇那棵，无哪棵摇唔动的。

太阳下山时，老狨公空手回到山洞里，那新娘唔见了。它凭着灵敏的嗅觉，一直追到新娘的娘家，躲进房里床底下面。

新娘逃回娘家，和妈妈同瞓一床，向妈妈诉说这段不幸的遭遇。忽然她觉得背上被什么尖利的东西刺了一下，说："妈妈的床木虱真多。"她娘说："昨天我才煲滚水[3]烫过。"一会儿，女儿又叫痛。母亲感到奇怪，下床把床板揭起来捉木虱。原来是老狨公用尖尖的指甲，朝床板的缝隙往上捅，而且咧着嘴巴傻笑。女儿尖叫一声，差点晕了过去。

母亲忙说："哎哟，是姑爷来了，无食晚饭吧？"又对女儿说："你陪姑爷坐坐，我去煮饭。"说着便快步出了卧房，到厨房去烧饭炒菜，乘机叫儿子把情况告诉村里父兄。

饭煮熟了，人们都拥进来请姑爷入席。宴席设在井台上，井口用一只席子盖着，四个五大三粗的汉子各坐一席角。

摆好酒菜，按风俗请姑爷坐在酒席中间。一等人狨在席中坐定，四个大汉同时离席，老狨公连同酒菜都掉到井里去了。

人们用长长的竹竿把老狨公往死里打。唔理你怎么打呀，打呀，人狨依然是哈哈大笑，根本唔当一回事。老狨公说："我全身任你打，千祈[4]唔好碰我的红鼻哥[5]。"人们一听，便专拣人狨的鼻子捅，结果把老狨公打死了。人们用土把这口井填了。

过了三朝，几枝竹笋从井里破土而出。再过三朝，便

[1] 揾错：方言，找错。

[2] 夹手夹脚：方言，通力合作。

[3] 煲滚水：方言，煮开水。

[4] 千祈：方言，千万、务必。

[5] 红鼻哥：方言，红鼻子。

长成一丛高直的竹子。与众不同的是这丛竹子横枝很多，而且长满了钉子似的簕。它非常坚硬，用尽气力也无法将它摇动。人们纷纷来观睇，新娘也背着孩子来睇热闹。孩子要竹叶玩，她上前摘竹叶时，横生的竹叶突然将她和孩子紧紧缠住，锋利的竹簕刺进他们的身体，把血吸干。人们认为它是老猄公的化身，便杀了一只黑狗，用狗血淋它。此后，这丛竹子再也唔袭击伤人了。它的簕可当钉子，竹竿可做扁担和建筑材料。

讲述者： 张素，女，70 岁，水口镇联竹村人
整理者： 冯保卫
整理时间： 1987 年 9 月
流传地区： 开平县水口镇、长沙镇
原载本： 《中国民间故事集成·广东卷·开平县资料本》

3

两兄弟

很久很久以前，有一个家庭，父母早死了，只剩下兄弟二人。不久，大哥娶了老婆。嫂嫂是个既贪心又泼辣的人，她时时视细佬为眼中钉、肉中刺。

每日，嫂嫂叫细佬上山打柴、放牛，而给细佬食的是又冷又少的饭，她自己却整日在家里煮饭食。大哥和老婆商量，觉得细佬食光了他家的饭，于是他们就商量分家。大哥分到一间好的屋子、一头牛和一块又大又肥的田，细佬却只分到一间又烂又小的屋、一条整日跟着他上山打柴的狗和一块又瘦又小的田。

细佬每天和狗一起瞓在烂屋里，靠白天上山打柴来过日子。转眼间到春耕时分，大家都忙着插秧。大哥用牛犁田。细佬无牛，只好向大哥借牛，但大哥和嫂嫂唔但无借牛给细佬用，还冷言冷语地嘲讽细佬说：“分家的时候，牛是我哋分到的，谁让你无分到？现有我哋也正忙着春耕。”细佬无办法，只好闷闷不乐地返屋企里，伤心地哭了起来。他的狗见主人这样伤心，突然开口对细佬说：“主人啊主人，你不必伤心，大哥唔肯借牛给你，还有我呢，我能帮你犁田。”细佬听了非常高兴，于是他就和狗

一起到田里犁田。

到了田里，细佬把犁具套在狗的脖子上，由狗代替牛犁田。每走几步，细佬就在前面放一个饭团让狗食了再干，累了就休息一会儿。等到差唔多犁完的时候，狗累得快要死了，实在犁唔动了。细佬伤心得很，狗见了就对主人说："主人，我实在唔得啦。等我死了之后，你就把我埋在南山脚下吧。"说完狗就断了气。细佬非常伤心，大哭一场之后，就把狗埋在南山脚下了。

过了不久，狗的墓边长了一棵竹子。清明节到了，细佬来给狗扫墓。他想了狗平日对自己的帮忙，不由自主地哭了起来。他哭啊哭啊，直哭到浑身无力，就把身子顺势倚在竹子上。奇怪，当细佬的身子刚碰到竹子时，竹子马上"嗒嗒"地落下一些东西。细佬低头一睇，原来是许多银子落到地上。细佬把地上的银子捡起来，高高兴兴地返屋企了。

回到家里，细佬用这些钱买来了牛和许多谷子。大哥和嫂嫂见细佬忽然间这么多钱，好眼红，大哥就到细佬家里追问点解会有这么多钱。细佬是个老实人，于是就把事情的经过原原本本地告诉了大哥。

第二日，大哥和他的老婆带了许多袋子来到了南山脚下，在狗的墓前装哭，故意哭得伤心。哭了一会儿，他就迫不及待地走到竹子旁边拼命地摇。果然竹子"噼噼嗒嗒"地落下了许多东西来，但并唔系白白花花的银子而是臭气熏天的狗屎，弄得他们满头满身都是。大哥气愤极了，返屋企拿了把斧头来把竹子斩死了。

细佬知道了这件事，非常伤心，把那些竹子带返屋企里，织成了一只鱼笠，用这竹笠来打鱼，打到的鱼又大又多。这事让大哥知道了，他就向细佬借鱼笠来打鱼。唔知怎样搞的，每次打上来时，都是些蛇，吓得大哥屁滚尿流地跑返屋企。到家之后，生气地把鱼笠摔烂了。

细佬知道了这事，就把那些烂竹捡返屋企做柴火，用它来烧饭。真是奇了，细佬食了烧这些竹煲的饭，他放的屁是香的，而且比花还香，并可连香三日。于是细佬就到城市里的一户大户人家门前叫卖香屁。守门员都唔信，问："喂，你走开点！世上哪有香屁？"细佬认真地说："你若唔信，可以试一试。等我放完屁后，如果无香味的，可以用竹签来扦死我。但如果屁是香的，那你一定要给我钱。"大家说好了，守门人准备好了竹签和银子，让细佬放屁。细佬放了一个屁，果然比花还香，于是守门人给了细佬很多钱。细佬就高高兴兴地返屋企了。

到了家里，大哥见他拿着这么多钱返来，就追问哪来这么多钱，细佬就把事情的前因后果告诉了大哥。大哥听了非常高兴，就向细佬借了些烂竹返屋企煲饭食。

大哥回到家里，就马上生火做饭，食完就迫不及待地赶路。大哥到了城里，也到细佬到过的那家人的门口，高声叫："卖香屁咯，卖香屁咯。"守门人见有人叫卖香屁，就以为是前次来的那人——因为大哥和细佬长得非常相似——就让大哥进屋里放屁。怎知大哥屁臭熏天，家人大怒，马上用竹签刺去，痛得大哥哇哇直叫。

讲述者： 江少芳，女，38岁，花山镇平山村人，农民，小学学历

整理者： 江转娣

整理时间： 1988年3月

流传地区： 花县

原载本： 《中国民间故事集成·广东卷·花县资料本》

异文：狗耕田

从前，老大和老小两兄弟，性情唔同，品质相异。村里人每提起细佬老小，都不约而同竖起大拇指，围上来点头；而每说到哥哥老大，就像见到瘟神似的，"呼"地散开。一日，兄弟俩分身家。按道理，父母的遗产，本应两兄弟共有，按村里人的说法：走到天涯海角也"行得通"。但是老大唔但把父母遗产全部占为己有，而且还一脚把老小踢出门外。从此，老小无依无靠地到处流浪，日子十分难挨。

一日，老小正漫无目的地流浪着，忽然发现有一只狗和一只猪摇着尾巴，形影唔离地跟着他。他暗想：你哋呀！唔想想，跟着我这穷光蛋有何作为？你哋揾错主人

了，迟早会饿死的。那只狗和猪却骂唔跑，赶唔走，甩唔掉，总是死死地跟着他。他钻进了密林，转了几圈，回头睇睇，唔见了那两个可怜的家伙，自以为把它们甩掉了；但是转眼之间，狗和猪好像从天而降出现在他面前。他服输了，心想：它们可能也是被遗弃的，我哋同一际遇，唔可以难为它们。“你哋饿了吧！”老小有气无力地问。狗和猪好像会意似的点了点头。他吩咐：“唔好乱窜，到了前面那条村子，我给你哋乞些饭。”

老小去半天之后，面无血色，摇摇欲倒返来了。他震颤颤地从怀里摸出一团饭，放在狗和猪面前的地上，而自己却转过脸来，直吞口水。两个家伙毫不客气，正想食，老小突然喝住它们，说：“这饭团也解唔了你哋的辘辘饥肠。”他轻轻地拍了拍猪的背部，说：“猪呀猪，这回要委屈你了。狗的身体瘦小些，饭团就让给它食好了，你就食我拉的屎吧。”说完，他就蹲下来屙屎，但怎么也拉唔出来，因为他已两日粒米未进了，肚子空荡荡的。

狗和猪大为感动，忽然说出人话来：“唔怕，我俩唔系一般的畜生，而是狗精和猪精。我俩早就听说你的为人和遭遇了，现在是来搭救你的。”

老小半信半疑地问它们怎样搭救。猪叫他闭上眼睛，念起咒来，说了声“变”。老小睁眼一睇，惊讶不已，黄金像小山岗似的堆在他眼前。猪精说：“这些金全部归你了。”老小摇了摇头。猪精赶紧问：“嫌少？”老小还是摇了摇头。

狗精对老小说：“再见了，老朋友，你就跟猪老兄好好过日子吧，我走了。”

老小急忙拦住狗说：“你唔系说要搭救我吗？说话怎么无口齿？”狗说：“我无猪老兄这样本事，它会变金变宝，而我只会耕田干农活，我跟着你只会让你食苦。”老小欣喜地说：“听到你说会耕田干活我就心安了，跟着我吧，大家同甘共苦。”他转过来对猪说：“猪老兄，多谢你的好意。我是很‘死板[1]’的，唔系自己的劳动所得，我是唔会接受的。你收回黄金，我哋三兄弟一起快快活活地过活好了。”猪精怏怏地说：“我生性笨，唔会干活，唯一的本事‘变金’你也唔接受。无功不受禄，我还是走了吧。”说完，头都唔回地走了。

从此，老小和狗成了一对好拍档，整日形影不离，辛勤地耕作。天刚蒙蒙亮，他俩就下田地干活，狗精在前面拉着老小自制的木耙，老小在后面推。他俩开荒山，耕荒田，播种五谷，勤劳俭朴。几年后，田地肥沃、粮食满仓，生活渐渐富裕起来。

一日，有位衣衫褴褛的乞儿来到一户青砖黄瓦的大户人家乞食。此时，一个财主模样的人正坐在大院里乘凉。他走过去跪下，哀求：“老爷，发发好心吧，给我一些救命钱吧，菩萨是保佑你的。”这个财主原来就是老小。他听到求乞的声音，觉得很熟悉，定眼一睇，原来是亲阿哥。他赶忙去扶起老大，惊喜地说：“哥，你认得我吗？我是小弟呀。”老大一睇，见是老小，心虚了，于是拔脚就跑。老小一把拉着他，哀求说：“我哋好歹都是兄弟，手足之情唔能再分开了。”

俗话说：坐食山空。原来兄弟分家后，老大不务正业，好食懒做，不久就沦为乞儿了。

老大惊奇地问：“细佬，你是怎样变成个大富翁的？”老小如此这般地全告诉了老大。老大听后赶快说：“细佬，我只有一个要求，能不能把狗给我用用，助我一臂之力？”老小以为哥哥开始勤劳了，就问狗精能否帮他，狗精满口应允。

老大和狗精来到一片野地里，老大指着狗发命令：“你快把这些荒山、荒地给我开垦出来，我在这里休息休息。”狗说：“我独自做唔到了。”老大恶狠狠地说：“老小说你是只神狗，我却说你是只懒狗，是个饭桶。”狗也以牙还牙：“你尽管说吧，可我唔愿听你的臭话。”老大见狗居然也敢与自己对抗，怒从心起，随手捡起一块石头向狗扔去。狗的脑袋被打了个开花，来唔及挣扎就死了。老大赶快逃走。

老小来到狗身边，跪在尸体旁哭了三日三夜也唔愿离开。狗尸开始腐臭了，老小不得不把狗埋在花园里，并且用隆重的仪式来安葬。几日后，坟地里长了棵四季都结着累累果实的荔枝树。老小在荔枝树下乘凉，只要一张开口，剥了壳的甘甜荔枝就掉进他的口里。

[1] 死板：固执、不懂变通。

老大知道这件怪事后，也想来试试。他趁细佬出外干农活的时候，溜进了花园，躺在树底下，把口张开，想让荔枝肉自动掉下。等了会，唔见动静，他焦急了，于是把口张得大大的，心里催着：“快下，快下呀！”说时迟，那时快，树上噼噼啪啪，连串地掉下了大堆黏糊糊臭熏熏的东西塞满了他的口。他把眼睁得大大的，连忙把那些东西全部呕吐出来。他低头一睇，哪里是荔枝，分明是狗屎。他暴跳如雷，拿起斧头，把荔枝树砍得遍体鳞伤。说来也怪，老大走后，荔枝树自动恢复成原来的样子。

讲述者： 陆广成，男，58岁，农民
整理者： 陆峰
搜集时间： 1979年7月
整理时间： 1987年5月
流传地区： 三水县芦苞镇
原载本： 《中国民间文学三套集成·广东卷·三水县资料本》

附记

该故事类型在广东粤语地区流传广泛。除了本篇及已收录的一篇异文之外，还流传有佛山市高明区荷城街道三洲社区《贪心财主》，佛山市三水区西南街道金本社区的《狗耕田》，深圳市罗湖区的《狗犁田》，恩平市那吉镇的《狗耕田》，信宜市的《两兄弟分家》，高州市泗水镇的《阿强和阿善》，罗定市、郁南县的《狗犁田》，广宁县的《狗耕田》，封开县的《两兄弟分家》，龙门县龙城街道的《兄弟俩》，吴川市的《狗犁田》等异文。

4 勤力与丁三

从前，化州有两个后生仔[1]，一个叫勤力，一个叫丁三，在当地无人不晓。勤力老实、肯干、憨厚、乐于助人；丁三就唔同了，抢尽别人的好处，而且还是出了名的吝啬鬼、铁公鸡，是个为了利益而斤斤计较、不择手段的卑鄙小人。他们都到了谈婚论嫁的年龄。邻村有个铁嘴媒婆，勤力和丁三都分别去揾铁嘴媒婆做红娘，希望能够娶个老婆。因为勤力老实，时时处处受人欺，所以铁嘴媒婆对他说：“你学学人家丁三吧，唔系有谁肯嫁给你？”那天，丁三揾到铁嘴媒婆，她知道丁三时时耍心眼，占别人的便宜，便对他说：“你有勤力的一成就好了。唔系有哪家姑娘敢嫁给你？”

铁嘴媒婆这样对勤力和丁三说过之后，他们都认为应该去拜访拜访对方。因为他们都是地方上的“名人”，所以他们都想向对方“取取经”，学一学对方的“特长”。你说巧唔巧，他们竟然在同一时间出发，在中火嶂脚下不期而遇。当时已近傍晚，他们两个都口干舌燥，刚好面前就

[1] 后生仔：年轻人。

有一口井，但却无打水的桶，只有打水的绳子。在交谈之中，他们都知道了对方便是自己要揾的人。勤力抓住绳子对丁三说："我先落去饮水，再放你落去饮水吧？"丁三却急忙说："唔得！还是我先落去，上来之后再放你落去。你把我放落去之后你自己就走了，我怎么上来？"勤力讲唔过丁三，自然就顺着丁三的意思先把丁三放落去，一边放一边自言自语地说："唔相信别人的人，就连自己也唔会相信自己，这就是小心眼的原因。"

丁三饮完水之后，上来把勤力放了落去。放了勤力落去之后，丁三自己就走了，一边走一边说："这个勤力太过相信别人了，心眼也唔长一个，他有什么值得我学习的？我走了，睇他怎么上来！"于是他自个儿就返去了，也唔理勤力上无上来。

勤力在井下饮完了水，便在底下大声叫丁三拉他上去。岂知他一用力，绳子全部掉进井里来了，这时他才知道丁三已经走了。这令勤力真正认识到丁三唔但是个太多心眼的人，而且还是一个唔讲信用的人，唔值得学。他就想：我在井下蹲一夜又有什么关系？于是他便在井下平心静气地蹲着。

到了半夜，勤力隐隐约约听到井上有人在说话。他正要叫井上的人把他拉上去，但仔细一听，他又唔出声了。原来，井上是八仙在说话，他们八个仙人时时到处云游、聚会，井上这个地方便是他们聚会的地方之一。因为八仙当中的何仙姑，她的家乡就是在这里的，所以他们经常来这里聚会。只听吕洞宾说："何仙姑，你家乡有什么宝物吗？"曹国舅抢着说："她唔说我都知道，这山上有一棵千年老树，树上有一枝百年寄生，用来做药引，配以前面村庄竹林里最大的丹竹，取丹竹的第三至第七节来煮水，能治好三个以上的水肿怪病。村里得水肿怪病的姑娘，就是食这种药能治好。她还是个公主的命呢，谁娶了她，实能做上附马。村对面山头是块风水宝地，谁要在那里建房，一定会金银满屋。不过，只有勤勤恳恳、老老实实的人自己动手在那里建房才能金银满屋，多一个人帮手都唔得！"

井上的八仙一边说笑，一边猜拳行令，他们的谈话都被勤力听了个八九不离十。他还听到了何仙姑说："前面那个村子的庄稼很旱了，人们饮水也困难，不过他们只知道求神拜佛保佑下雨，就唔知道自己去揾水源。其实村头那块巨石底下就有取之唔尽的水源……"

突然之间，有一个木桶碰到勤力的头上，他醒了过来，才知道是南柯一梦。于是他攀着打水的桶上去，上到井上，打水的人吓了一跳。勤力告诉他，别人把他放进井里去饮水忘记把他拉上来了。

勤力觉得在井里听到的话似梦非梦，他决定到前面的村庄去试试是不是真的。于是他登上中火嶂，发现果然有一棵很大的千年老树，树上也有一大块寄生。他下到那条村庄，村头竟然也有一块巨大的石头。勤力揾到了村长，说他能为村里揾水源，解决干旱问题，并且提出三个条件：他要在全村的姑娘中挑一个为妻，同时要在村口对面山头建房，要砍村里最大的丹竹来用。村里的姑娘始终要嫁人的，解决了村里的干旱，他就是村里的恩人，无人会反对把女儿嫁给恩人的；村对面的山头经常闹鬼，给他又有什么关系？一条丹竹更是唔值一提！这些都算唔上什么条件，村长一口就应承了。

勤力便叫村人在村头的大石旁挖起井来。无半天就挖了六七米深，这时就有了一股巨大的泉水从石头底下猛然涌了上来，眨眼就满到井口了。井水清澈甘甜，满而不溢，用之不尽，取之不竭。不但解决了村里的饮水问题，还解决了村里的灌溉问题。

勤力为村里解决了干旱问题，村长马上召来了村里的未婚姑娘供勤力挑选。村里共有三十五个未婚姑娘，一字排开，任由勤力挑选。然而，勤力一个个睇完了也无发现有一个病恹恹的姑娘，他就问村长："还有一个生病的姑娘无来呀，总唔至于糊弄我吧？"全村人都说奇了，他怎么就知道？于是村长就叫人把那个病着的姑娘扶出来。这个姑娘已经病了很长时间，就是久治唔愈，村长认为唔会选中她的，所以无叫人扶她出来。岂知勤力就是睇上了她！并且当天就和她结婚。完婚后，勤力便把村里最大的丹竹和中火嶂上的寄生树砍了，煮水给老婆饮，只饮一次，竟然就好了。同时，勤力还在村对面的山头开始建房，平整土地什么的，全是他一个人干。在平整土地的过程中，他竟然掘出了许多金银珠宝，把屋建成了远近闻名的豪宅。

勤力建好了房屋无几日就去赶集，发现在圩上贴有一张皇榜，说当今皇后得了一种水肿怪病，久治不愈，向天下寻求偏方良药。勤力知道皇后的病况和自己老婆的病一模一样，于是带着老婆连夜上京，用丹竹和寄生治好了皇后的病。皇后的病好了，皇上高兴万分，赐给勤力金银财宝无数，并认勤力的老婆做干女儿，封勤力为驸马。

勤力发达了，被传得沸沸扬扬的，神乎其神，丁三便上门来取经。勤力照实说了那个晚上的经过，丁三就恳求勤力在晚上把他放下到原来的井里，听听仙人指路，也来发达发达。

丁三蹲在井下，好唔容易到了下半夜，果然他就听到井上有人说话的声音。只听井上的人说："唔知哪一个知道了寄生和丹竹的药用，把它砍了。否则，再过一百年，它的药力便会增长百倍，能救天下所有黎民。都是这该死的井！"说完，铁拐李用拐杖在井边一撞，井便塌了，把丁三埋在了地下。

讲述者： 马如珍
搜集整理者： 庞志超
搜集时间： 2004 年
流传地区： 化州市
原载本： 《广东民间故事全书·茂名·化州卷》

附记

该故事类型在广东粤语地区流传广泛。除了本篇之外，还流传有韶关市曲江区的《百宝锤》、连山壮族瑶族自治县的《兄弟与珍珠》、清远市的《"老实"奇遇记》、乳源瑶族自治县的《王大和王二》、廉江市的《好心人与歪心人》、封开县的《"终须有"和"莫强求"》等异文。

5

阿妹和老牛

从前，有一个农民，娶了妻子，生下一个女儿叫阿妹。女儿长到十二岁的时候，妻子不幸患病死了。后来农民又娶了个老婆，也生下一个女儿。这两姐妹的面貌长得十分相似。

后娘的心地狠毒，对阿妹百般虐待，还逼她每天去放牛。一日，后娘叫阿妹来到跟前，恶狠狠地对她说："从明日起，你每日要戽一斗虾，斩一把柴，织一捆麻。如果做唔完，就唔放过你！"当晚，阿妹偷偷跑到牛寮里，对着老牛放声痛哭起来。老牛问她点解哭，阿妹就一五一十向老牛诉说。老牛安慰她说："阿妹，唔好哭，这件事容易办。你现在快去准备戽虾、斩柴、织麻的工具。明日你睇到我蹲凼你就执虾，我插角你就捆柴，我甩尾巴你就纺麻。这样，包你一日能做完这几件事。"第二日，阿妹在放牛的时候，按照老牛所讲的去做，果然戽了一斗虾，斩了一把柴，织了一捆麻，逃过后娘的打骂。

后来，后娘知道是老牛暗中帮助阿妹，恨透了老牛，起了杀害老牛的念头。后娘的阴谋给阿妹知道了，她三更半夜跑到老牛住的牛寮，对老牛大哭，边哭边说："牛奶奶，有人要杀你呢。”老牛听了阿妹的说话一点也唔惊，反而平静地回答说：“阿妹，唔好哭，杀就由她杀吧！人家在台上食肉，你就在台下拾骨，将我所有的骨头统统放入瓮中埋在田埂底。五年之后，到端午节龙舟鼓响，你就把瓮口打开，把里面的东西收拾好，用那些东西装扮自己，到那时你自有好运气了。”不久，阿妹的后娘果然把老牛杀了。阿妹遵照老牛的话去做，把骨头收拾好，埋藏在田头地里。

过了五年，端午节那日，听见龙舟鼓响，阿妹立即把埋着老牛骨头的瓮挖出来，打开。顿时，金光耀眼，瓮里面铺满色彩鲜艳的衣裳鞋袜，还有闪闪发亮的金银首饰。阿妹想起老牛的话，便把衣服鞋袜穿上，戴上项链、手镯、戒指，居然成了一个美人。这日睇龙舟的地方人山人海，突然出现这个年轻貌美的女子，人人都想睇多两眼。这时，恰巧有一个英俊潇洒的秀才，骑着高头大马，从这里经过。阿妹和秀才一见倾心，秀才连忙下马，主动上前向阿妹施礼，向她问这问那。阿妹见秀才气宇不凡，行为端正，是个靠得住的人，便向秀才说自己的不幸遭遇。秀才听了后十分同情，便对阿妹说：“我很愿意帮助你，如你唔嫌弃就跟我返屋企，暂时离开这里吧！”阿妹想了想就点头答应了。她跟着秀才返屋企，不久，俩人成了亲。

后娘见阿妹多日唔返屋企，就叫人四处查访。当她知道了这件事后，又气又恨，立即想出了个坏主意。后娘叫人到秀才家里请阿妹回娘家。阿妹因离家日久也想返去睇睇，她以为后娘回心转意，就梳妆打扮一番，回了娘家。后娘假作细心向阿妹问长问短，住了一段日子倒也平安无事。一日，后娘对阿妹说：“你和妹妹两人齐到大水缸前，照照谁的容貌靓。”阿妹唔知这是后娘的毒计，就和妹妹一齐来到水缸前。刚俯身向水缸的时候，后娘手执一把利刀，猛地向阿妹的颈部砍去，登时把阿妹的头砍落水缸里，跟着把尸首也推落缸里，当晚把水缸埋在院子里。后娘杀了阿妹后就把自己所生的女儿冒充阿妹，送回秀才家里。

后娘的女儿从小患过天花，满脸麻子。秀才一见愕然，追问她点解变成这样，后娘撒谎说阿妹回娘家后不幸染了天花，变成了这样子。

过了不久，在后娘的院子里埋阿妹尸首的地方，忽然长出了一棵黄梅树。有一只羽毛鲜艳的山雀，常常飞落在黄梅树上叽叽喳喳地唱着歌，梅子成熟的时候特别惹人喜爱，左邻右舍的人经常聚集在树下乘凉、聊天。有一日，一个后生哥[1]对树上的小山雀叫道：“要风凉，要风凉，摘个黄梅给我尝。”话刚说完，簌簌地跌了几个黄梅下来。其他人也跟着叫向山雀讨梅子，山雀都一一满足了众人的要求。但是后娘叫山雀讨梅子的时候，跌下来的唔系梅子而是雀屎，把她气得要死。她怒气冲冲，一气之下叫人把黄梅树锯为两截，用它做了一台织布机。当后娘织布的时候，织布机就唱：“儿活定框[2]一日能织三丈长，织给我，唔好织给斑婆娜[3]。”后娘听了气得直跺脚。第二次织布时，又听见织布机在唱：“一梳吉，二梳吉，三梳梳到亚斑婆娜脑后骨。”后娘听了暴跳如雷，立即将织布机劈了，把它做了一张矮凳仔。一日傍晚，后娘坐着高凳，双脚踏着矮凳，得意洋洋地唱歌：“我妹嫁着好人家，我高凳坐，矮凳浪脚[4]，糯米酒，送鸡脚。”谁知那张凳仔突然裂开散了，跌到后娘连脚也跛了。

再说那只山雀，自从梅树被砍之后就飞走了。它飞呀飞，飞到秀才马夫割草的地方。它落在马夫的帽子上，不断地唱着：“割草奴，割草奴，大姨换细姨你知无？”日日如是，马夫觉得奇怪，返去把这事对秀才说了。第二日，秀才跟马夫一齐来到田头，果然听见那只雀仔唔停地唱这几句歌。秀才心想莫非自己的妻子被人冒名顶替了吗？他又想到妻子自从回娘家后，性情变得和过去唔同，这件事他早有怀疑。于是，秀才高声对山雀说：“如果你是我妻子就从我右手衫袖飞入，左手衫袖飞出。”说来奇怪，那雀仔居然就从秀才的右手衫袖飞入，左手衫袖飞出。秀才知道这雀仔是他前妻的灵魂所变，便把山雀带返屋企里，并对山雀许诺要打一个金雀笼给它住。秀才回到家里，立刻把那个假妻子遣回娘家，后娘的阴谋彻底失败了。秀才回到家里后无用金雀笼来养这只山雀，只用一个铁笼把它关住。过了不久，听见雀仔在笼内唔停地哼：“当初许我

[1] 后生哥：方言，年轻人。

[2] 儿活定框：方言象声词，形容织布机运转的响声。

[3] 斑婆娜：中山沙溪方言，称麻面的女人为斑婆娜。

[4] 矮凳浪脚：方言，即将脚翘在矮凳上。

金笼载，如今只把铁笼关。”秀才听了心里唔舒服，连忙去做了个金雀笼，山雀这才唔再唱了。

后来，有一日，山雀冲出金笼，摇身一变，变成一个漂亮的女子，同秀才以前的妻子一模一样，秀才见了喜出望外。于是，秀才夫妻俩又重新过着幸福的生活。

讲述者： 梁艳眉
整理者： 梁仲蜚
整理时间： 1987 年 3 月
流传地区： 中山市沙溪镇
原载本： 《广东民间故事全书 · 中山卷》

附记

该故事类型在广东粤语地区流传广泛。除了本篇之外，还流传有高州市的《红龄》、阳西县织篢镇的《珍珍》、肇庆市高要区的《看花灯》、封开县的《神燕》、封开县的《真假莲花》、广州市花都区新华街道的《小丫鬟何敏》等异文。

蛇郎妻

从前，有一对夫妻，生了七个女儿，无田无地，只好日日去拾粪卖，来维持半饥半饱的生活。几年后，做母亲的病死了。一家生活都靠父亲一人承担，生活更加困难了。

一日，父亲一早就出外拾粪，很晚都唔见返来。女儿们都很着急，出外四处揾。大女儿一出门，就连声大叫：“爸爸！你在哪里？”一路叫，唔见人应。每见到人就问问，但人人都说唔知。来到了春姐村时，大姐睇见一个老太婆，就问：“老婆婆，有冇睇见一个男人在这附近拾过粪呢？”老太婆用手指指村后的小路说：“有个拾粪的男人是从这里去的。”大姐就沿路追去了。

原来父亲来到春姐村后面拾粪，见到一盆很靓的花，就走过去，想摘两朵给小女儿戴。谁知，这盆花是有一条大蛇守着的，父亲一脚跨过去，就被大蛇缠住双脚，站在那里走唔动。这蛇是龙变成的，它想来考他那七个女儿，选一个美丽善良的做妻子。

大女儿来到花边，见父亲被蛇缠住，就怕得连声也唔敢出。蛇对她说：“你嫁给我吧！我会给你带来幸福的。只要你答应，我就放了你的父亲。”大女儿见蛇会讲话，又说要娶自己，以为是妖怪，连声说：“唔嫁！”唔一会，六个女儿都来了，蛇照原来的话对她们讲了，个个都说唔嫁。最后到了七妹，名叫娇女，性情和顺。她见父亲长年劳累，身体本来已经唔好，如今被蛇缠住，得唔到休息，怎受得了？为了救父亲，就是自己死了，也甘心！于是果断地说：“只要你放了我父亲，我就嫁给你。”蛇见七妹答应，就放了她的父亲。七妹跟蛇走了，六姐妹和父亲返屋企了。

第二日，七妹派人送信来给父亲，说她的丈夫原是龙王公子，是一个善良、有礼、漂亮的男子。他为求得一个好妻子而变成蛇样。如今他们俩人很合心。她在七朝回门探亲，如果需要什么就尽管开声。

第七朝，娇女果然返来了。她带着三个仆人，带来了很多财宝送给父亲，还请乡邻大饮一顿。大姐见七妹穿金戴玉，出入有人服侍，十分羡慕，便产生了妒忌，十分悔恨自己当初无应承嫁那条蛇。又想，蛇是先问自己的，是自己唔答应，他后来才爱七妹的。自己的外貌和妹差唔多……想着想着，就产生杀妹的念头。

娇女因为平时习惯了劳动，又为了表示对父亲的孝敬，就亲自去挑水。坏心的大姐趁妹妹弯腰打水时，把妹妹推下井里。然后她穿上妹妹的衣服，带了妹妹的仆人，冒充妹妹返屋企去。

漂亮的公子出门迎接，她心里十分高兴。回到房内，准备换衣服，但又唔知妹妹的衣服是放在哪里的，就问公子。公子说：“衣服是你自己放的，怎么问我呢？”大姐说：“在返屋企的路上冷伤风了，头晕眼花，放到哪里也忘记了。”公子就告诉她，并且关心地叫她好好休息。第二日早上起床，要梳头扮妆了，她又问公子梳妆台在哪里。公子又说：“怎么连梳妆台在哪里都唔知呢？”她又用昨日的话来骗丈夫。然而，这次公子起了疑。于是就走到她面前，装成亲热的样子，仔细地察睇，发现“妻子”脸上隐隐约约有很多微细的雀斑点，眼皮下还有一粒“猛鸡”[1]，就问：“回娘家几日，点解脸上出现这样多斑雀点呢？”妻子说：“是返去炸油角，被油溅到脸上烫成这样的。”她的话又暂时蒙骗了公子，但是却骗唔到屋檐下的刁鱼郎鸟。这只鸟日日吱吱喳喳地叫，大姐听来好像是在嘲笑讽刺她，骂她唔知羞。有一日，她出天井睇花，这只鸟突然在花丛中飞出，用长嘴啄盲了她的左眼。鸟还高声大唱：“豆皮面、猛鸡眼、单眼狼，够丑样[2]。”鸟日日都在唱，她越听越怒火。有一次，趁鸟唔注意，就拿起木棍把那只鸟打死了。她丈夫返来，见鸟的毛色金黄，就捡起来，把毛放在天井的一个角落里。晚上来到天井，见放鸟毛的地方闪闪发光，连地面也是金黄色的。于是拾起鸟毛，放到花园的竹脚处。第二日早上来到花园，远远见竹脚也闪金光，走去一睇，原来是许多金条。于是公子就把鸟毛放在抽屉里，一睇鸟毛，心里就感到十分高兴，一会儿又出现七妹的样子……一有空，公子就拉开来睇。大姐睇见很奇怪，常常在公子不在时拉开来睇。但一拉开，什么也无睇见，而且手被抽屉卡住。往往拉出手来时，皮也被刮破了。

晚上瞓觉，公子发了一个梦，梦见娇女说：“我已被大姐推下井，大姐扮成了我的样子，来和你作夫妻。希望你用竹扎成我的样子，每晚瞓觉时，把竹人放在床边挨住，过了十晚，我就可以回到你身边。”公子按照她的说法去做，果然十日后她回到丈夫身边了。

姐姐的阴谋终于暴露了，当场被气得病死了。死后变成了一只丑怪的蛤蟆。

讲述者： 关水群，女，68 岁，白坭村人，退休工人，文盲

整理者： 黄燕青

整理时间： 1987 年 2 月

流传地区： 花县

原载本： 《中国民间故事集成 · 广东卷 · 花县资料本》

[1] 猛鸡：方言，小凸粒疤痕。

[2] 丑样：方言，丑陋。

附记

该故事类型在广东粤语地区流传广泛。除了本篇之外，还流传有鹤山市宅梧镇白水带村的《七妹》、肇庆市德庆县的《蛇精》、肇庆市高要区水南镇的《龙师与七女》、连山县的《七妹嫁蛇》等异文。

7

阿单

谠山[1]下有个村子叫十里冲。冲底的旮旯里，住着父子俩。老的叫顺伯，少的叫阿单。顺伯四十得子，五十丧妻，辛辛苦苦把阿单拉扯成人。

阿单十九岁那年，顺伯积劳成疾，无几日便两眼一闭，再无醒过来了。顺伯是个穷苦人，头顶上无巴掌大的天，脚板下无针尖大的地，留给阿单的只有给地主打工的一条担挑和两条麻绳。

转眼一年过去了。一日，孤苦伶仃的阿单外出打工返来，睇见路旁卧着一个衣衫褴褛的老太婆。她的嘴里唔停地喘着"唏嘘……唏嘘"的粗气，同时翻着白眼，两行老泪直流。阿单三步并作两步走上前去，蹲下身子扶起老太婆问道："阿婆，你系唔系病了？"

老太婆摇了摇头，说唔出半句话。

阿单又问道："阿婆，那你是跌伤了？"老太婆又是摇了摇头，依然说唔出半句话，眼皮耷拉着快要合上了。这时，阿单急得四处张望，睇见旁边有一只装着瓷碗的破

[1] 谠山，位于封开县长安镇东面。

篮子，立即恍然大悟：原来阿婆是乞饭的，已经快饿晕了。此时，阿单二话无说，背起老太婆直往家里走。回到家里，他赶紧抓起干草烧热了锅里早上留下的半煲粥，然后一口一口地喂给老太婆食。

老太婆慢慢地缓过口气，并且很快就能行走了。好心的阿单把煲里最后的一点粥盛在她的碗里，然后送她到村边。

那日晚上，阿单无食上半点东西，他穷得无隔夜粮，剩下的粥又给了老太婆，只好喝下两瓢生水，倒头便瞓。夜里，阿单饿得难受！他想，如果有一碗白花花的米饭该有多好啊。想着想着，便迷迷糊糊地瞓着了。

正当阿单瞓得昏昏沉沉的时候，忽然，一团白色的烟云飘到眼前，烟云中缓步走出一个老人。他抚摸着阿单的头发，开腔道："好孩子，你救活了老太婆，幸福一定会降临到你头上。去吧，去揾幸福吧。你往西走三七二十一日，问问佛祖，他一定会为你指出一条幸福路。"老人的话音刚落，阿单猛地醒了过来。他睁开眼睛一睇，原来是阿爸跟他说话，霍地翻身起床，惊喜地扑向老人身上。但是，白色的烟云已经遮住了阿爸的身子，从窗口飘忽出去了。

阿单揉揉眼睛，呆呆地坐在床上。他记起阿爸的话，决心去西边揾寻佛祖。

第二日一早，阿单背起仅够七日的干粮，腰扎汗巾，脚穿草鞋，告别了乡亲，告别了诡山，告别了山旮旯的小窝棚，踏上了揾幸福的道路。

阿单日复一日、夜复一夜地行啊行啊！爬过了七座大山，蹚过了七条河流，磨破了七双草鞋，食完了七天干粮，在夜幕四合的时分，来到一个栽满鲜花的农家。

这里住着一户老花匠，两老伴靠种花度日。他们热情地迎接了阿单。老花匠问道："后生仔，你要到哪儿去呢？"阿单将老爸托梦的事向他说了一遍。老花匠高兴地说："见到佛祖之后，你能帮我问一问吗？点解我一辈子种花唔结籽，欠下财主买花种的债越来越多呢？"阿单点点头，答应了。

第二日早上，老花匠送给了阿单七日的干粮和七双草鞋。在那七日七夜里，阿单又攀越了七道峭壁，翻过了七条深沟，磨破了七双草鞋，食完了七日干粮。在明月初升的时分，又饥又渴的阿单，来到了一户以打柴为生的农家。

好客的老樵夫把阿单请到屋里，他的独生女阿娟给阿单斟了一杯碧绿的山茶。老樵夫问："英俊的后生仔，你要到哪儿去呀？"阿单又把老爸托梦的事向他说了一遍。老樵夫高兴地说："见到佛祖之后，你能帮我问一问吗？点解我的女儿二八之龄了还未能开口讲话呢？"阿单又点点头，应承了。

第二日早上，老樵夫送给阿单七日干粮和七双草鞋。经过七个白天和七个黑夜，阿单登上了七个山峰，跃过七条山涧，磨破七双草鞋，食完了七日干粮，在夕阳西下时分，来到了大海边。

茫茫的大海无边无际，大风起处，巨浪拍天。阿单呆住了：这可怎么过呢？左思右想无想出半点办法，阿单急得往地上一蹲，"呜呜"地哭了起来。

哭声惊动了海里的一条大海蛇，只见它掀起排排海浪，直往岸边游来。很快，它停在阿单面前，竟开口问起话来："后生仔，你遇到什么唔顺心的事吗？点解哭得这么伤心？"阿单一见大蛇是在同自己说话，惊得大气也唔敢呼。好一阵，他才缓过来，将事情的前后经过讲了一遍。最后，阿单抹了一把眼泪说："海蛇伯伯，如果我过唔到江的话，麻烦事就大了。我自己的事情办唔成唔紧要，但是，就这样返回之后怎么对得起花匠和老樵夫呢？他们多么盼望我能见到佛祖啊！"不禁又大声哭起来。

大海蛇被阿单一心助人的行为感动了，就说："好孩子，你放心，我会把你渡过江的。但见到佛祖时，请你帮我问一下，点解我修炼了三百多年还未能成龙呢？"阿单听了，高兴得蹦蹦直跳。他点了点头，应承了大海蛇的请求，然后按大海蛇的话，骑在它的背上，闭上双眼。只听到"呼、呼"的响声，海蛇劈波斩浪、分开海水，似箭一般过了对岸。一眨眼工夫，阿单脚下已是柔软的沙滩了。大海蛇望着远处一座云雾缭绕的高山对阿单说："前面那山便是佛祖的圣地。后生仔，祝愿佛祖为你出点好主意吧。"说罢海蛇长腰一躬，腾身而起，"嗖"的一声插入海中。阿单感激地朝大海蛇叩了几叩头，回头大步往西山走去。

西山果然不失为佛家圣地，山石奇观、瀑布飞流、古松参天、雀鸟飞鸣、紫烟飘袅、庙宇生辉。阿单到了登山石梯旁，拾级而上，来到山顶的大殿中厅，忽见殿前两旁高悬一副对联，上有“为人不为己，为己不为人”十个大字。佛祖盘膝坐在莲花座上，朝阿单微微点头，然后双掌一合，口中念念有词：“此乃超生脱世之地，小施主不辞劳苦，远道而来，欲卜何事？但佛门有诫，要卜之事，为人不为己，为己不为人，二者只属其一。”阿单一听，不禁发起愁来：是为自己，还是为别人呢？他一想到自己曾应承过的老花匠、老樵夫和大海蛇，便毫不犹豫地行前半步，双膝跪下，向佛祖述说老花匠、老樵夫、大海蛇之托，而自己的事半点也无沾上。

佛祖听后，指点道：“海蛇未修成龙，皆因口不张大之致，叫它把口张大便可；老樵夫之女二八未言，只是日子未到，到时自然会开口；老花匠之花要结籽，须在牡丹花下挖地三尺。”说完合上双目，独自凝神运气去了。

且说阿单返回到海边，大海蛇已经等着他了。阿单待它渡过海之后，便将佛祖之言告诉了它。海蛇一听，用力将巨口一张，就吐下一颗金光闪闪的宝珠来。未见宝珠着地，大海蛇已角爪并生，甲鳞披身，腾地跃上了九天。阿单捡起宝珠，望着消失在天边已化成龙的大海蛇惊叹极了。

说也奇怪，阿单手捧宝珠又觉精神振奋，不饥不渴，困倦全消。迈开双步，两脚生风，只消一个时辰便到了老樵夫门前。此时阿娟正在院中织布，一见阿单，竟朝屋中开口道：“阿爸，先前那位小哥返来[1]了。”老樵夫见女儿开言大感不解。待阿单说明原因，大家无不赞叹佛祖的保佑。老樵夫问阿单自己的事情如何指点，阿单把佛诫说了。老樵夫感觉他为人忠厚老实、心地善良，女儿见了阿单才开口说话也是天缘之合，便当即认阿单为女婿。阿单见阿娟勤劳美丽，心中早有几分欢喜，便把婚事答下，定于一年之后完婚。

阿单拜别了老樵夫和阿娟，手捧宝珠继续上路，一个时辰又到了老花匠家。老花匠依言拨开了牡丹花，照下挖了三尺，捧出了一只沉甸甸的大瓮缸。就在这一瞬间，花园里的花竟然全部结了籽。当他们打开瓮缸一睇，里面全是金灿灿的大元宝，老花匠高兴得合唔拢嘴。为了报答阿单，他们把金元宝分出半缸硬塞给阿单带返去。

阿单回到家乡后，把金元宝分给了穷苦的乡亲，用宝珠给穷人消灾灭病，用自己勤劳的双手添置了耕牛和农具，新建了房屋。一年之后，阿单娶回阿娟，小两口从此过着幸福美好的生活。

搜集者： 莫石养，长安镇人，文化站长

整理者： 叶和坚、梁敏钢

流传地区： 肇庆市封开县

原载本： 《广东民间故事全书·肇庆·封开卷》

附记

该故事类型在广东粤语地区流传广泛。除了本篇之外，还流传有封开县的《范丹》、台山市的《前世姻缘》、阳山县的《范丹问仙》等异文。

[1] 返来：方言，回来。

8

神助贤媳

从前，南山脚下住着一户婆媳俩。婆婆是一个盲眼的人，全靠媳妇扶养。媳妇名叫阿好，是一个勤劳老实的妇人。她对婆婆很孝顺，唔理刮风、下雨，她都设法以劳力换点东西返来给婆婆食，宁可自己挨冻受饿。

一日，她替财主婆舂米。这财主婆是一个心肠恶毒的孤寒鬼[1]。工要人家做多，工钱却少给人家，甚至连饭也唔给人家食饱。那日，阿好一口气舂了十坎米，脚底皮也磨破了，到天黑才给两碗糙米饭。她自己只食一碗，留下一碗带回给婆婆。婆婆食唔上两口，就放下碗，皱着眉头说："阿好，今日的饭，怎么有臭屎味？"阿好安慰婆婆道："怕是你的胃口唔好吧，等我烧碗菜干水给你……"还未说完，婆婆泪出涕流，吐呕了。阿好定神一睇，婆婆的嘴上涂满了脏臭的粪糊。她明白了，这是财主婆趁她去打水时悄悄把屎掺进饭碗的。她又忿又恨，两眼喷火，但想起自己家穷命苦，呜呜地痛哭起来。她越哭越凄凉，越哭越伤心。哭到深夜，忽然有一个发白须[2]长、拄着拐杖的老人站在她的面前。

老人怜悯地开口问道："大嫂，你点解这般悲伤？是谁欺负你呢？"

阿好揉着眼睛说："唉！太委屈了，怎能说给公公你知呀！"

"说吧，或许我能给你一点帮忙。"

阿好见他很和善、很同情的样子，便一五一十地把经过情形说给他听。

老人听后说："可怜的大嫂，你想摆脱穷苦，过美好的生活吗？"

阿好答道："当然想。"

老人把拐杖向天画了几下说："那么，你中意称金吊银呢，还是中意万古流传？"

"中意称金吊银。"

老人微笑说："好，明日一早你到南山顶的八角井上去吧，那里便有你理想的东西啦。"说完，腾云驾雾去了。

第二日早上，阿好依着老人的话，爬山越岭到八角井上去了。果然，井旁的桃树上吊着一个金光四射的仙桃。她乐极了，把仙桃摘下来带返屋企。婆婆食了仙桃后眼睛复明了，多么高兴呀！她把桃核种在屋后的菜园里，经过苦心培育，不久便长成一棵桃树，树上吊满金子银子。从此，生活便由穷变富了。

这消息传到财主婆的耳朵后，贼眼发红了。于是，她亲自提了一些礼物，假情假义地引诱阿好把遇仙得宝的情形说给她知。阿好是个软心肠的人，便把自己的遭遇一五一十地告诉她。

这个财主婆听了后，也就学着阿好的样子，穿得褴褴褛褛，蓬头披发，伏在茅坑边大喊冤枉。深夜，果真有一白发老人盘问她，她依样画葫芦地回答着，老人才开口说："那你想要什么呢？要称金吊银还是万古流传？"

财主婆心想：金银珠宝越多越好，但怕自己寿命唔长，享福太短，或许"万古流传"会使我长生不老。于是说："我中意万古流传，望仙公大发慈悲，恩赐如愿吧。"

[1] 孤寒鬼：方言，吝啬鬼。

[2] 须：方言，胡子。

“好，明日你去南山顶八角井上，便有你理想的东西。”老人说毕，忽地唔见了。

第二日一早，财主婆穿银插金、涂脂抹粉，打扮得像个妖怪，沿着老人指引的方向出发了。到了井旁，果然见桃树上结着个香气扑鼻的仙桃。她乐得手舞足蹈，哈哈大笑：“这回我可长生不老、万古流传啦。”说着，把仙桃摘进口里。说也奇怪，她吞下了桃子，忽然变成了一个毛茸茸的猴子。从此，她再唔能返屋企，永远居住在深山野林了。

但是，这个由财主婆蜕化变成的猴子，却形变心唔变，每日仍旧下山来搅扰阿好的生活。种的瓜果还未成熟，便被偷光了；煮熟的饭菜，也被它抢食干净。阿好日防夜防，也阻挡唔住它。这样，阿好又像从前那样，伤心起来了。哭声一响，那个白发老人又出现在她的面前。

老人拄着拐杖说：“大嫂，你的生活已经得到改善了，点解还要悲痛呢？”

阿好叹口气道：“好公公，那个财主婆变的猴子，日日下山来害我，人畜不宁，连我婆媳俩也要挨饥受饿。有一次，我和它斗打，还给它抓伤我的脸……”

老人捋捋长须，献计道：“你把铁板烧红诱骗它坐，它尝到了苦味，就永远唔敢下山来打扰你的生活了。”

阿好遵循着老人的指点，在食晚饭时，把铁板烧得通红，放在凳上；随后揭开锅盖，装菜盛饭。猴子闻到那股香喷喷的饭菜味，即从树上爬下来，跳进阿好家的灶头上，转动那双溜圆的贼眼珠，伸手大抓大食了。阿好睇见，装着亲切的样子招呼道：“山猴山猴，蹲在灶上太辛苦了，你坐在凳子上，舒舒畅畅地食个饱吧。”

猴子听了，真的兀地坐落铁板上，“啫”的一声，把它屁股烧伤了。它吼地撒着屎尿，狼狈往山上逃去，从此，再都唔敢下来为害了。阿好的生活，也就永远得到安宁。而猴子的屁股，因受了火烙，所以呈现一块红色的烙痕。直到现在，它的猴子猴孙的屁股，还是一样红红的。

讲述者： 伍兰桂，女，87 岁，汉族，斗山镇中礼村农民，文盲

采录者： 陈英博

采录时间： 1987 年 4 月 21 日

流传地区： 台山县

原载本： 《中国民间文学集成·广东卷·台山县资料集》

附记

该故事类型在广东粤语地区流传广泛。除了本篇之外，还流传有佛山市高明区的《清泉分善恶》、中山市的《遇仙的不同境遇》、江门市的《财主变猴子》等异文。

9 王小二

传说古时候罗定有一半地方还是大海，在靠海的地方住着母子两人，儿子王小二以钓鱼为生，养活年老的母亲。

一日，王小二在海边钓鱼，累得打瞌睡，在蒙眬中听到有人呼喊："救命啊！"王小二睁开眼一睇，岸上无人，唯独海边一条大黑鱼紧追一条小黄鱼，小黄鱼拼命逃走，眼睇给黑鱼追上，小黄鱼只好闪身躲进了石隙中。大黑鱼无法进入，仍然在外面虎视眈眈。王小二睇得清楚，急忙用一把小刀投向黑鱼，把黑鱼赶跑。王小二跳下海中，在石隙中将小黄鱼捉住拿返屋企中。王小二见小黄鱼美丽可爱，唔忍心劏掉，于是便将它放到水缸里。

第二日，王小二继续去钓鱼。老大娘走到水缸边，准备捉小黄鱼去劏，突然小黄鱼说："老大娘，请你放我回海去吧，我会报答你的。"大娘一听小黄鱼会讲话，惊呆了，也就唔敢再捉小黄鱼了。晚上，王小二返家，大娘急急把情况告诉儿子。王小二便到水缸边一睇，果然小黄鱼又开口了："小二哥，放我回海里去吧，我会报答你哋的。"王小二一听，急忙将这条小黄鱼拿到海边，轻轻放入海中。突然，海中站着一个美丽的年轻女子，对着王小二招手说："谢谢你救了我的命，同我到我爹处吧，我爹一定会赏东西给你的；但是你要记住，什么东西都唔要，只要屏风中间这枝鲜花。"王小二便真的跟了这位女子一道去。这位女子原来是龙王的女儿。

到了龙宫，龙王谢过了王小二搭救女儿的恩典，说："小二，如果需要，龙宫的东西可以随你拿去。"王小二对龙王说："我什么东西都唔要，只要屏风中这枝鲜花。"龙王一听，冇出声，因为自己说过，龙宫内的东西都可以由他拿去。王小二拿着鲜花，告别了龙王，返到家中，将鲜花一放，突然龙女出现在屋中，王小二又惊又喜，老大娘也高兴万分。原来龙女见王小二诚实，示意他要屏风中间这枝鲜花，是愿意嫁给他。当晚，王小二与龙女便结成了夫妇。一觉醒来，王小二睁眼一睇，自己已住到一间富丽堂皇的楼宇中，龙女微笑地望着自己。王小二明白这是龙女使的法力。自这以后，他们一家三口便过上了幸福生活。

有一日，有两个官差模样的人坐在王小二家门前放声大哭。王小二夫妇上前一问，原来是皇帝叫他俩出来打野鸭，由于打唔到野鸭，怕皇上惩处，故而悲伤。龙女听了说："要野鸭有什么难？"说着便将一团黄泥搓成一只只野鸭形状，用嘴一吹，十多只野鸭飞了出来。这时，官差们一箭一只，将这些野鸭全部射死，高兴地拿去给皇上，并将民间女子搓泥成鸭的事告诉给皇上。皇帝听了十分惊奇，又听说这个女子貌美，便有心霸占为妻。接着，皇帝便传旨给王小二，叫他上宫殿去参加朝廷的斗鸡比赛。王小二的公鸡若斗输了，他的妻子就给皇上做妃子。龙女听了，立即用五色纸扎了一只大公鸡，用口一吹，大公鸡便威风凛凛地站了起来。王小二便高兴地把公鸡捉去宫殿比斗，三两个回合便将皇帝的公鸡打败了。皇帝又传旨叫王小二返屋企赶一头猪乸[1]来比斗。龙女又用纸扎了一头大猪乸，用口一吹，这头大猪乸又生生猛猛地站了起来。王小二又把猪乸赶去宫殿，仅几个回合，又将皇帝的猪乸咬死了。

皇帝恼羞成怒，叫王小二返屋企带兵将来比武，否则杀头。王小二将此事告诉龙女，龙女立即到龙王处请救兵。

[1] 猪乸：方言，母猪。

龙王便派了许多虾兵蟹将协助王小二将皇帝兵将打败，并将皇帝也杀了。

后来王小二就自己做了皇帝。

讲述者： 黎秀许，男，47岁，初小学历，罗定县明兴镇竹厂职工

采录者： 何云峰，男，35岁，大专学历，罗定县明兴镇居民

李石泉，男，29岁，初中学历，罗定县明兴镇广播站职工

采录地点： 罗定县明兴镇竹厂

采录时间： 1987年5月

流传地区： 罗定县明兴镇

原载本： 《中国民间故事集成·广东卷·罗定县资料本》

附记

该故事类型在广东粤语地区流传广泛。除了本篇之外，还流传有江门市的《龙女与九根》等异文。

10

鲁班借龙宫

话说鲁班师傅要造一座最好睇的房子。鲁班师傅造房子的手艺天下第一，但是房子的式样，他想破脑袋也想唔出来。

他去问他爹。他爹说："就照着祖屋造吧！"鲁班觉得祖屋唔好睇。

他去问祖母亲。祖母亲说："就照着皇宫造吧！"鲁班认为皇宫也唔够漂亮。

晚上返屋企他去问他娘子。鲁班娘子人长得美，想法也很棒。从前有一回，睇鲁班造亭子，娘子发明了伞——就是我哋现在撑的伞。

鲁班娘子说："我听说东海龙王的龙宫最好睇，你去借个龙宫来做样子吧。"

鲁班想着海底的龙子龙女、海底的珊瑚玉树，想得一整夜瞓唔着。第二日一大早，鲁班就跑去东海，问东海龙王借龙宫。

东海龙王推托唔过，只得借给他："龙宫可以借给你，过三日就要还。"

鲁班师傅扛着龙宫返来，放在草地上，前面是水，后面是山。

谁睇到都夸这龙宫好睇：红砖墙，绿瓦背，门窗雕着金花，波浪做成屋檐；四个屋角最好睇，高高翘起，就像长了四只翅膀，马上就要原地起飞似的。

第一日，鲁班师傅摸摸门、摸摸窗，又爬梯子去摸屋檐，中意得唔舍得离开。他思量了大半日，还未来得及拿出纸笔画图画，天就黑了。

第二日，鲁班师傅照着龙宫的式样画图纸。他画了擦，擦了又画，觉得怎么画都无办法把龙宫的妙处画出来。到太阳落山、月亮出来，鲁班师傅才想通。他刚刚把图纸画好，还未来得及吩咐徒弟买建筑材料，天就黑了。

第三日，鲁班师傅吩咐徒弟买来建筑材料，开始赶工。但是，才刚刚打好地基，未来得及把房子建好，天就黑了。

龙王马上就要派人来要回龙宫啦！这可怎么办呢？

鲁班师傅急得火烧眼眉毛。他实在唔舍得这座龙宫，好想同龙宫来的人说一说，让龙宫多留几日，让他多睇几眼。他怕东海兵将唔同他打招呼，夜里偷偷来把龙宫拿走，就拿来四串大铜铃，挂在翘起的屋角上；又让家里的大公鸡站在屋顶，叫它一睇到龙宫来人就大声叫唤。

到了三更时分，东海龙王派小龙子和金鲤鱼大将来取龙宫。它们还未到，就吹来一阵大风，下了一场大雨。于是乎，挂在屋角的铜铃“丁零当啷”地响起来，铜铃吵醒鲁班师傅，鲁班师傅连忙叫徒弟们起身，在房子四周钉大木桩。房子四面角，一共钉了四根大木桩。才刚刚钉好，小龙子和金鲤鱼大将就到了。它们用力搬，搬唔动；用力推，推唔动；用力拔，拔唔起。这会儿屋顶上大公鸡“喔喔喔”大叫起来。太阳听到鸡叫，“嘭”一声升起来，一下子升得老高老高。小龙子急得爬上瓦背顶，金鲤鱼急得拿鱼头直撞门。但是无论它们怎么拉、怎么扯、怎么撞，龙宫一动也唔动。

太阳晒得越来越热。小龙子无路可逃，在屋顶上被晒住了。龙头扑在屋角上、龙身沿着瓦背横瞓着，龙尾晒干了，高高翘起来。

金鲤鱼被晒得耐唔住，乱翻乱跳，最后粘在大门上，弯着身子、张着大嘴、睁大了眼睛。

鲁班师傅一睇，觉得房子这样子非常棒。从那会儿起，房子都照这个样子建了。

讲述者： 黄旭
采录者： 黄俏燕
采录时间： 21 世纪初
采录地点： 东莞市高埗镇
原载本： 《广东民间故事全书 · 东莞卷》

异文：实力致富

话说以前有个鲁思财，唔知是鲁班的哪一代子孙，木匠手艺挺精湛。他做家具的手艺炉火纯青，方圆几十里的妇孺都晓得他的大名，人称“鲁巧匠”。但是，他冇把心思放在做活计上面，总是想入非非，希望做个万贯家财的财主。

一日，鲁巧匠正准备外出串门，只见一位鹤发童颜的老人来到他门前，说要请他去做活。鲁巧匠二话无说，立即携带家什跟着去了。约莫个把时辰来到一座石桥上。老人手捋银须，笑眯眯地对鲁巧匠说：“鲁师傅，请你闭上眼睛，一会儿我哋就到了。”鲁巧匠迷惑唔解，闭上了眼睛，就听到耳边一阵阵“哗啦啦”的流水声。他睁开眼一睇，大吃一惊：周围重重叠叠的亭台楼阁，一座座宫殿金碧辉煌，雄伟壮观。鲁巧匠是见过大蛇屙屎的人，可就是从未见过这般壮丽的建筑。于是，鲁巧匠寸步唔离地紧跟在老人身后。一路上，到处是奇花异草，芳香习习。更令人惊奇的是有各式各样的鱼儿在头顶、身边畅游，而他却完全觉察唔出周围有水的存在。再走一会，发现前面有一座高耸入云的城楼，上面悬着一块金匾，用夜明珠嵌成“水晶宫”三个大字，光彩夺目。鲁巧匠恍然大悟：到龙宫了。

原来，龙女三娘要出嫁，数唔清的宝物佳品全备齐了，唯独缺一张如意吉祥的龙床。因此，龙王便派遣丞相去请鲁巧匠来做。

龙女大摆筵席宴请鲁巧匠，唔停地夹菜到他的碗。鲁巧匠从来无尝过这般菜式，大口大口地食。他感到很荣幸，心想：这回我定发大财了。

鲁巧匠施展出浑身本领，干了三七二十一日，终于将龙床做好。龙床是用金珊瑚做的，上面风车顶雕着鸳鸯戏水，周围镶珠嵌宝。龙女三娘见了，赞叹不已。鲁巧匠眯着眼睇着自己做的龙床，心里美滋滋的，心想龙王一高兴，会多赏一些宝贝，以后唔需干活，后半世可以享福了。

果然，龙王见了他做的龙床，连连称赞，便对丞相说："鲁巧匠的手艺巧夺天工，多送些工钱给他吧！"丞相召来鲁巧匠说："我哋这里无什么可给你带返去的东西，给你一袋豆芽菜炒食吧！""这……"鲁巧匠一听只给一袋子豆芽菜，心里嘀咕着，但又唔敢当面说什么，只好满肚牢骚接过了袋子。

丞相送鲁巧匠返屋企，一路上指点各种奇景给他睇。可鲁巧匠哪还有心思观赏名山奇川，心里愤愤地想："龙王太小气了，我辛辛苦苦地给他干了将近一个月，只给些豆芽，返去叫邻里笑甩牙。"

走到来时的地方，丞相返去了。鲁巧匠一屁股坐在一块石头上，越想越生气。自己不但无发财，就连工钱也无挣到，回到家里，如果乡亲问："你给龙王干活，挣了些什么宝贝返来呀！"自己怎么回答才好呢？想着想着，便恼怒地拿起袋子，"哗啦啦"一下子将豆芽倒下河里，怒道："还你的烂豆芽吧！老子才唔稀罕这破烂东西呢！"他话音刚落，就听到水中龙王说话的声音："丞相，鲁巧匠将豆芽倒返来了。""唉，这些本来是多送给他的工钱，唔系他应该得到的，他怎么能纳福呢？"丞相说。

"什么？"鲁巧匠一听，顿时傻了眼，连忙拿起袋子抖了抖，最后在袋缝隙里抠出几粒豆芽菜来，仔细一睇，原来全是金子呢。他一算，正好是他干活的工钱。

据说从那以后，鲁巧匠再都唔想凭空发财了。他把全部精力用在木匠活上，技艺又上了一层楼。

讲述者： 陈水，47 岁，农民
采录者： 杨大明，31 岁，小学教师
采录时间： 1987 年

流传地区： 阳春县松柏镇
原载本： 《中国民间故事集成·广东卷·阳春县资料本》

11

十兄弟

古代，海边有一对夫妇名叫陆山、林青，以打鱼为生。他俩打到的鱼，凡是幼小的，都放回海里让它长大；打到大的鱼，不论多少，都分给村里的穷人。大家都说他夫妇是好人。

有一回，风浪过后，这对夫妇在海里捡到一颗银光闪闪的、拳头大的珍珠。两人想到无儿无女，要这珍珠无用，便放回海里。夜里观音菩萨在梦中对这对夫妇说，那大珍珠是海龙王属下的珍珠母，出来玩时被狂风恶浪推到海边的，无子女的好心人捡到后会有好报的。第二日他俩到海边打鱼，只打到一只大蚌，打开蚌肚，有十粒珍珠。夫妇俩把珍珠放到米缸里，一夜过去，十粒珍珠下全是白米，食唔完。把珍珠放在箱子里，箱里便有拿唔完的银子。夫妇俩就把米和银子施舍给穷人。这件事被皇帝察觉到，派兵来抢珍珠。村中人叫林青把珍珠食了。皇兵无抢到珍珠，把陆山捉去坐牢。十个月后，林青生下十个珍珠胎。珠胎出来十个男婴，男婴很快长大成青年人，个个生得唔同：一个头圆骨坚，撞墙砖凹，是铁砧头，称名铁头一；一个两脚特长，想长会长，是万丈脚，称名长脚二；一个两耳特大，能听远话，是顺风耳，称名风耳三；一个两眼圆大，能睇远景，是千里眼，称名远眼四；一个脚板大，力能钻地，称名钻地五；一个臂粗指硬，力拔千斤，称名钢手六；一个嘴阔如缸，吹气成风，称名阔嘴七；一个舌长又尖，可卷可伸，称名矛舌八；一个皮厚又韧，怒则发烧，称名热皮九；一个鼻大孔宽，怒则气冷，称名冰鼻十。十兄弟都有特异相貌和功能。

十兄弟凭着本领给村人做事，多困难的事也能解决。且说十兄弟的特长让皇帝知道了，皇帝派来使臣说，如果十兄弟肯给皇朝当兵，便释放他们的父亲。十兄弟说皇帝亲自到来也唔答应，商量着怎样与皇兵决战，救出父亲。皇帝恼羞成怒，亲自带兵前来，准备搞突然袭击，将十兄弟灭亡。

十兄弟时刻做好准备对付官兵。风耳三早就听到了皇帝的指令，远眼四也早就睇到皇帝有多少兵将。皇兵来到，大将出马。铁头一首先迎战，那些军刀砍着他的头都崩了。兵多势众，十兄弟就合起来迎战。长脚二伸长脚一站，睇着皇兵怎样布阵冲锋；钻地五用脚趾钻地扬起泥土；阔嘴七用阔嘴吸气将泥土吹到官兵阵里；矛舌八伸长舌矛，专刺皇将和旗手的眼睛；钢手六专门将那些战马战车扳倒，折断马脚车辕。皇兵皇将太多了，十兄弟被逼到了海边。皇帝高兴了，要把十兄弟赶进海里浸死。到了海里，长脚二伸长脚让铁头一骑在左肩，让钢手六骑在右肩，跟官兵打斗；钻地五踢起海沙，阔嘴七吸足海水，风耳三扇耳生风，热皮九热皮生火，冰鼻十喷气冷水成雹。一时间，飞水成热浪，扬风夹雹弹，一齐向着岸上的兵将打去。远眼四望准了皇将，告知长脚二；长脚二肩着铁头一和钢手六，随着沙兵水弹冲上岸，一下子打死了两个将军。皇帝见将死兵亡，赶忙鸣金收兵逃返去。皇兵跑唔过长脚二。走到哪里，风耳三和远眼四都能听见和睇见。见皇帝要过河，钻地五和钢手六就把桥掰断了；阔嘴七则喷气，热皮九扇热浪，把皇帝吹下河里；冰鼻十喷出冷气让水化冰，把皇帝冰死封在河底。十兄弟赶到皇城，风耳三和远眼四知道父亲在哪儿，铁头一用头撞穿了围墙，钻地五踢开铁牢，钢手六掰了监狱铁栏，长脚二背起父亲就走。那些追赶来的官兵让阔嘴七和热皮九以及冰鼻十收拾了。十兄弟很快回到家乡，从村民的内房中迎回母亲，一家人高高兴兴团聚。

十兄弟发挥所长帮村人做了许许多多好事。比如铁头一和钻地五给开田破石，钢手六给搬巨石，长脚二帮挑土又挑柴；天太冷，阔嘴七、风耳三和热皮九给送热气；天太热，阔嘴七和冰鼻十会给送凉风；有什么坏人来，远眼四当然会提早告知村人。

传说陆山死后化成山，林青死后化为树，两相依伴。而十兄弟在父母死后回到海里去了。

讲述者： 胡光东

采录者： 胡光焱

采录时间： 2008 年

流传地区： 茂名市各地

原载本： 《广东民间故事全书·茂名·高州卷》

12

高脚七

过去有个穷人，生下五个儿子，个个人品善良、身强力壮，相貌也十分相似，几乎认唔出谁是哥哥、谁是细佬。只是经常受到邻里一个恶霸的嫉妒和欺负。这个号称土皇帝的恶霸曾声言要灭绝他们五兄弟。

有一次，穷人家的牛误闯到恶霸的秧地里，把他的秧苗给食光了，还撞伤了两个前来赶牛的恶霸家人，这可把恶霸给激怒了。恶霸乘机要报复他们，便派人去捉他们的大哥哥，并扬言明日就要杀掉。

这五兄弟中有一个叫"顺风耳"的细佬，恶霸要杀大哥的事给他听到了，于是当晚全家人就一起商量对策，应该如何营救大哥。父亲对三儿子高脚七说："你今晚把刀斩唔入的二哥领到恶霸的后屋，把你大哥给调换出来。"高脚七照办。

次日，恶霸要斩人了。下令叫斩后，发现刀斩唔入，还崩了个大口。第二次叫斩，还是刀斩唔入，搞得刀都飞一边去了。恶霸唔知其中缘由，连续唔停地叫斩多次；但无论他们怎么用力斩，大刀都无法斩入，自然也就无法把他杀死。无奈之下，恶霸只好返回后屋，另想办法。

这次，恶霸要改用火来烧。这事又给“顺风耳”听到了。于是，全家人又是一起商量对策。父亲说：“就叫冷水五去把斩唔入的二哥给调换出来吧！”高脚七照办了。

第二日，恶霸预先准备了许多的干柴，在“冷水五”的身边烧起了熊熊大火。但是火中的“冷水五”却若无其事。围观的村民都以为他无辜地被大火烧死了，大家都流出了伤心的眼泪。直到柴火烧尽并熄灭后，“冷水五”才从火堆里慢慢走了出来，说：“我刚才瞓了一个好觉哩！”恶霸见用火烧唔得，恼羞成怒，发誓一定要整死他们才肯罢休。他想，刀斩唔入、火烧唔死，难道把你推落悬崖还跌唔死？我就唔信了！

此事又给“顺风耳”听到了，他返来报告高脚七，说：“三哥，这回轮到你出马了。”高脚七说：“无问题，待我今晚去换五弟出来就是了。”第二日，恶霸派人捉出高脚七。“一、二、三”就把高脚七推到悬崖峭壁下面去，料定他是必死无疑了。谁知高脚七把脚一伸，就蹭到对面的山去了，引得在悬崖下睇热闹的人都发笑了。

恶霸无办法，只好把他押返去。这回，恶霸一不做、二不休，准备好大石头、绳索，想把高脚七绑在石头上，再抛到海里去浸死他。这个消息又被“顺风耳”听到了，他告诉了家人，父亲又派了一个会吞海水的儿子去换高脚七。次日，恶霸派出船只，把人载往大海，一抛就抛进海里去。人们只听到“砰、砰、砰”的打水声，不一会，海水逐渐减少，船在海中间逐渐被搁浅了。原来海水都给这个会吞海水的吞光了。后来他跑上岸来，解开身上的石头和绳索，把嘴里的水往海里一吐，船立即翻沉，船上的人全部沉到大海里喂鱼去了，连大恶霸也沉入海底见海龙王去了。

讲述者： 吕楚汉，白垢人
整理者： 谢京中
采录时间： 1988 年
流传地区： 肇庆市封开县
原载本： 《广东民间故事全书·肇庆·封开卷》

13

善恶有报

从前，在一条村子里住着两户穷人家，这两家人都只有叔侄俩相依为伴。那两个后生常在一块玩耍，形同手足，后来成了结拜兄弟。这对兄弟各有特点：一个身高丈二，膀阔腰圆，河目海口，为人忠厚老实，敢作敢为；一个身高唔到五尺，鼠眼鹰鼻，嘴尖脸长，为人狡诈奸猾，贪生怕死。据此，村人给他们各起了个名字：高的叫仁长，矮的叫仁短。兄弟俩平时互相关照，日子过得还好。后来因为发生了一件大事，闹翻了，竟至互相残杀。事情是这样的：

在仁长和仁短所在的村子背后，有一座大山，山上树林茂密，飞禽走兽无数。有道是靠山食山，这对兄弟就以打猎为生，并练就了一身好本领，箭法尤为出色。

一日，兄弟俩正在山上打猎。忽然乌天黑地、狂风大作、电闪雷鸣，却冇下雨。仁长感到奇怪，心想：这座山有一妖怪名叫九头凶龙，经常出来食人，害得百姓无安宁之日，莫非它又在捣鬼？好，射它一箭睇睇。仁长把自己的想法告诉了仁短。仁短怕事，让仁长去射，自己借口去观察，躲进树林子里。仁长迅速抽出一支狼牙箭，拉满弓，瞄准乌云中部“嗖”的一声射了上去。中了！只见一只带血的绣花鞋掉了下来，那朵乌云仓皇地向东边逃去，一路上落下点点血雨。

天放晴了，仁短这才从树林中钻出来。仁长立刻招呼他道：

“阿短，你瞧，绣花鞋、血！睇来是九头凶龙抓了个姑娘。无论如何，我哋要把她救返来！”

仁短一听，吓得面如土色。他想唔去，却又揾唔到借口，只好依从了。

顺着血迹，兄弟俩来到一个洞口前。往下睇，洞又黑又深，仁长断定这是九头凶龙的巢穴，便叫仁短去斩了根近一百丈长的手腕那么粗的山藤来，把一头抛进洞去，要探个深浅，足足放了近六十丈才算到底。

“这么深，落唔去呀。”仁短惊起来。

“唔紧要。一个在上边接应，另一个攀藤落去就行了。”仁长说。

仁短这下可积极了，忙说：“好，阿哥，你落去救人，我在上边接应你。”

仁长也唔计较，一口应承。当下，兄弟俩约定，上来时以摇藤为号，摇四下表示救了人，摇两下表示救唔到人。

仁长顺着山藤爬到的洞底。那里黑得伸手唔见五指。仁长冇火把，只好四面乱摸。摸了许久，才摸出个死角，来到一个光如白昼的大花园里。此时，有个女子捧着一盆水从房间走出来。仁长定眼一睇，只见那女子花容月貌，体态轻盈。仁长吃了一惊。他等那女子走近，便上前施礼道：

“请问小姐，这里是九头凶龙的洞府吗？”

那女子先是一惊，然后仔细打量了一番仁长，见他态度诚恳，才放了心，答道：“正是。请问壮士，你从哪里来？有何贵干？”

仁长便将事情经过以及自己的打算向那女子一一诉说了，并掏出那只绣花鞋做证。那女子听说要救她，一时感动得不得了。她接过绣花鞋，眼圈也红了：

“壮士，这绣花鞋是我的。我是县令的女儿，今晨与侍女出去闲游，不幸被九头凶龙捉去。来到山上，忽然一箭射来，射中了九头凶龙的大腿。它痛得直抖，把我的一只绣花鞋抖落了……”

“点解九头凶龙唔食你，而你又好像若无其事似的？”

“九头凶龙说我生得靓，唔想食我，要我留下来服侍它。我想，事到如今，怕也无用，唯有暂且偷生，祈求上天保佑，重见天日。”

“九头凶龙现在何处？”

“这妖精食饱了人肉，饮醉了酒，正瞓在床上呢。壮士，你快走吧，免得为了奴家而害了你啊！”

“唔得！我誓必要杀死九头凶龙，为百姓除害！”

公主见左劝右劝他也唔从，只好引他来到九头凶龙的睡房前。九头凶龙依然沉睡着，鼻鼾声犹如打雷。公主指指门角说：

“这把大刀是九头凶龙的武器，有八百多斤重。如果你提得动，就可以战胜九头凶龙；如果提唔动，得赶快离开这里。”

仁长一睇这大刀，寒光闪闪，冷气逼人，确是一把好刀。他二话无说，上前运足力气，一手就将这大刀提了起来。

“公主，请先躲避一下，免得受惊。”

公主出去了。好一个仁长，举起大刀，冲上前去，砍掉了九头凶龙的两个头，只见血像泉水一样，从两条颈上喷出来。九头凶龙痛醒了，见居然有人闯入洞府行刺自己，气得暴跳如雷。想取大刀，但一睇，大刀已在对方手里，只好拿起宝剑舞起来。仁长毫无惧色，沉着应战。刀来剑往，大战了三十多个回合。九头凶龙由于被砍掉了两个头，流血过多，渐渐力气不支，进招一慢，又被仁长砍去了三个头。它无心恋战，想走，但门已被关死，出唔去。平时穷凶极恶的九头凶龙，此时也要跪下来求饶了。仁长哪里肯，手起刀落，连九头凶龙剩下的四个头也砍掉了。

仁长提着大刀走出房间，公主正等着他呢。她见仁长居然杀死九头凶龙，顿时惊喜万分，跪下拜谢搭救之恩。仁长将她扶起，问还有无被害的人，便打着火把，带着公主走进黑洞。

“我的兄弟仁短已在上面等候多时，你先上去吧！”说着，仁长抓起山藤摇了四下。

在上面接应的仁短，正等得唔耐烦，忽见山藤摇了四下，便拼命将山藤往上拉。公主出了洞口，仁短一睇：哎哟，天下间竟有如此美貌的女子，简直像仙女一样啊！他像着了魔，醉迷迷的，直到公主催促他快放山藤落去拉仁长上来，才如梦初醒。他一边拉山藤，一边盘算开了：她遇难得到仁长解救，必定以身相许，那我岂不是干睁眼？唔得，我非要得到这女子！有什么办法呢？他眉头一皱，计上心来，指着天边的一朵乌云对公主说："你睇，乌云来了，系唔系又有九头凶龙？"

公主听了，慌忙抬头张望。趁此机会，仁短飞快地取出短刀，砍断了山藤。可怜仁长，只差两三丈便可以出洞了，谁知一下又跌回黑洞里。

仁短下了毒手，故意一声惨叫："弊啦[1]！山藤断了，我哥哥无命了！"随后又呼天抢地，装成要跳进洞来搭救兄长的样子。

公主被这假象迷惑了。痛哭之余，反过来安慰仁短："壮士，人死唔能复生，你跳进去也是白送命，算了吧。"

"我哋兄弟同甘共苦，现在只剩下我一个，活在世上又有何意思呢！"仁短抹着眼泪，假惺惺地哭诉。

"想开些吧。只要你能挺起腰杆，发奋做人，我愿终生侍奉你。"

嘿，真是求之不得！仁短满心欢喜，连忙大献殷勤："小姐，请问你家住何处？我送你返屋企，好让你与家人团聚啊！"

公主将自己的身份告诉了仁短。于是，仁短便与公主上路返屋企。

且说公主之父，原是这边远山区一个县的县令，后因对世道不满，脱离了朝廷的统治，自立为王。这县令得知自己的千金小姐被九头凶龙捉了去，急忙贴出告示，招纳能人去解救，声明谁能救得公主，就把公主许配给谁，并封为大将军，保证他全家永享富贵。

榜出已有大半日，还唔见有英雄揭榜，县令急得如热锅上的蚂蚁，坐立不安。时至黄昏，忽有卫士入报：

"大王，公主与一壮士返来了！"

一会，果然见公主领着仁短进府来拜见县令。县令见自己的千金已平安返屋企，一时高兴得只会讲个"好"字。公主为避免提起仁长令仁短伤心，使婚事徒生枝节，干脆向父亲禀告说是仁短救了她。县令听后，称赞仁短英雄了得，对他十分喜爱。当下以礼相待，还下令明日为公主和仁短举行婚礼。

第二日，王府上下一片欢腾，敲锣打鼓，庆贺公主与仁短成亲。厅堂里，仁短和公主正准备拜堂。突然，守门卫士慌慌张张地跑来向县令报告：有个大汉提着一把大刀和一根山藤来到门前，口口声声要见县令。众卫士上前赶他，反被他一路拳脚打得落花流水，现在正朝这边打来。县令大食一惊，正想吩咐武士去拦截，岂料这大汉已到堂前。县令及所有在场的人一时都吓呆了。

"各位休要惊慌，小人今日到此只是要杀一个丧尽天良的人，与大家无关。"

大汉说完，上前提起仁短就往外走，在王府门前放下，指着仁短破口大骂：

"你这人面兽心的家伙，居然做出伤天害理的事来，今日唔放过你！"

仁短还未睇清这人是谁，头已和身体分家了。那大汉斩了仁短后，就将自己捆绑起来，重新来到堂上，对县令说：

"大人，我冤仇已报，奸邪已除，请大人治罪。"

县令被弄糊涂了，一时说唔出话来。公主听这声音好像很耳熟，揭开面纱一睇，啊！面前站着的竟是自己的救命恩人仁长！她先是一惊，接着唔顾一切地扑倒在仁长的怀里……

原来，仁短割断山藤，仁长并无摔死，而是落在一张银色的大网里。这张网是蜘蛛王结的。蜘蛛王原是这个洞的主人，后来被九头凶龙赶走，躲在洞口附近的一个树洞里。仁长与九头凶龙厮杀时，它悄悄潜入洞中，一切都睇得清清楚楚。仁长杀死九头凶龙，救了公主，其实也是救了它。因此，它十分感激仁长见义勇为，为民除暴。当仁短下毒手时，便挺身而出，急忙张网把仁长接住。蜘蛛王救了仁长出洞，随即揾到那截被割断的山藤和仁短扔掉的那把短刀，以此为证，把自己目睹的仁短如何见色忘义、杀兄寻欢的情形向仁长细说了一遍。仁长听了大怒，立刻

[1] 弊啦：方言，糟糕了。

拜别了蜘蛛王，飞似的赶到王府上来揾仁短报仇雪恨。如今，总算遂了心愿。但他自知杀人有罪，于是把自己捆起来，向县令投案自首。

县令明白了事情真相，大喜，当即下令赦免了仁长，叫人重摆酒宴，让仁长与公主拜堂成亲。

仁长再三推辞，申明自己是仗义救人，为民除暴，并无别的奢望。但毕竟县令赏识，公主痴情，推辞不得，只好顺从了。当下鼓乐齐鸣，人人开怀畅饮，烛光花影、酒绿灯红，好热闹！

事后，县令遵照仁长的意愿，派人去把仁长和仁短的叔接到王府居住。

仁长和公主夫妻和睦，对两位老人十分孝顺，一家老少共享天伦之乐。

正是：善恶到头终有报，为民除害是英豪。

整理者： 吴浩棉

流传地区： 三水县青岐镇

原载本： 《中国民间文学三套集成·广东卷·三水县资料本》

（二）精怪故事

14

鹩哥

从前有个人最中意养鸟，他一生是养鸟养穷的。后来，他醒悟了，把一切雀鸟都卖了，只剩下一只鹩哥，唔忍心卖。

这鹩哥早已能说人语，亦知主人苦况，它决心帮助主人摆脱贫困，便想到去偷：偷穷人的唔好，唯有偷富人和做官的。于是，每日飞出去探看，得知县太爷房中有银，便从窗口飞入去，叼着银，飞回主人家。主人见了，自然高兴，也替它担心，因此嘱咐它千祈要小心。鹩哥自说无妨。以后，鹩哥就每日到县太爷家叼银。

日子久了，知县发现台上的银两少了，便怀疑有人捉钱蚤[1]。装[2]了两三日，终于发现鹩哥叼银的秘密。于是便命人准备了一张网，在窗上装好，叫一家丁藏在房中捉鹩哥。鹩哥次日又飞入房中，突然窗门被网封了，鹩哥只好被擒。

知县听闻鹩哥会说人语，就推测鹩哥定有人指使，于是开堂审鹩哥。鹩哥倒也精灵，只装作唔识说话。知县恼火了，便命人拔鹩哥的毛。

可怜的鹩哥，咬着牙，抵着痛，一句话都唔说，直到毛被拔光，仍只是吱吱喳喳乱叫。县太爷无奈，命令衙差拿去喂猫。

衙差拿着鹩哥，由侧门出了衙堂，对鹩哥说："可怜的鹩哥，究竟谁教你来偷银？你告诉我，我可以救你。"此时鹩哥已愤恨交加，发火道："懒叻！懒叻[3]！"

衙差被鹩哥一骂，也发火了，"丢"一声把鹩哥向后山扔去。鹩哥侥幸被扔在大树上，无被跌死。它平日啄些虫和蚁，饱一餐饿一餐地过着。这里离太爷家唔远，它一见无人来，便跳下树，由水窦钻入太爷家，结果偷听了唔少知县收受贿赂的事情。

日子久了，鹩哥的毛也长丰了，终于能飞回主人家。主人一见，用手捧着鹩哥哭道："我等得你好苦呀！你到底出了什么事？"鹩哥便把经过一一对主人讲了，并说："报仇！我定要报仇！"

一日早上，天还未亮，庙祝阿六正在城隍庙扫地，忽然听到城隍座上传来"阿六，阿六"的声音。阿六吓了一跳，接着又听到："你快到县衙去，叫那个狗知县来见我城隍爷，否则连你也问罪！"阿六听到心寒胆战，急忙走到县衙，向知县禀告了此事。

知县吩咐阿六先回报城隍爷，自己马上召集衙差，鸣锣开道，向城隍庙进发。

知县进入庙堂，恭恭敬敬向城隍爷跪拜。"城隍"开声："你这狗官，做的好事，你可知罪？"原来"城隍爷"是鹩哥扮的。当时庙堂回音特别响，加上鹩哥的话又怪，知县本来平时做的坏事多心虚，这次一听"城隍爷"开声，更是吓得魂不附体，战兢兢地说："本县未知何罪，求城隍爷指点。"鹩哥在城隍肚内将往日偷听到的事列了出来。知县见说的都是事实，吓得冷汗淋淋，只得认罪。鹩哥说："既已知罪，叫人施以拔须、拔发刑罚！"片刻，无人敢动手。鹩哥又说："你精[4]就叫你的衙差拔。如果要

[1] 捉钱蚤：方言，偷钱。

[2] 装：方言，偷窥。

[3] 懒叻：方言，自以为是。

[4] 精：方言，机灵。

我的神差动手，就连你的狗头也拔出来！”知县惊了，只得叫衙差动手。衙差初时怕日后知县责罚，只是抓一两条轻轻地拔，鹩哥唔耐烦了，大声喝令：“快大揸[1]拔！”知县只得叫衙差大揸拔。有些衙差平日就恨知县的，就大揸大揸使劲拔，拔得知县满头鲜血淋淋，苦痛难当，又唔敢发作。鹩哥等到拔得知县的发唔成发、须唔成须时，才说：“好，这回略为警告，返去快把受贿所得退还受害者。如有再犯，决唔轻恕！”

知县涕泪涟涟，抱头鼠窜，灰溜溜地回县衙去了。事隔不久，唔知何故，知县出了榜文，禁止百姓养鹩哥，违令者从严惩治。

鹩哥的主人睇了榜文，返屋企后愁眉苦面。鹩哥睇出主人心思，反复追问何事。主人唔好直说，只叫鹩哥飞到山林里去。鹩哥说：“我唔去，我唔去，我唔离开你。”主人终日闷闷唔乐。

过了不久，鹩哥不言不语，唔饮唔食地死去了。

讲述者： 李犹光，男，东南乡人，上过五年私塾

整理者： 李生，男，63岁，东坑乡人，鹤山县文化馆退休干部，小学学历

整理时间： 1987年10月

流传地区： 鹤山县鹤城镇

原载本： 《中国民间文学三套集成·广东卷·鹤山县资料本》

异文：八哥鸟斗财主

从前，有个老农民租耕地主两亩地。每年除了交租，所剩无几了，只好靠薯芋瓜菜度日。农民无妻子、儿女，孤苦伶仃，住在山沟沟，养一只八哥鸟做伴。他一有空闲便教八哥学讲话，教它睇门、唱歌，倒也苦中有乐。八哥生得乖巧，有教必会，成了老农的帮手和知音。

[1] 大揸：方言，大把地。

十八年过去了，老农年近古稀，体弱多病，偏偏这一年又遭遇大旱和蝗灾，庄稼颗粒无收。地主见从农夫身上再也榨唔出油水，便把老农家中所有的东西抢去顶了租债，还夺了佃权。老农生活无了依靠，老泪纵横地对八哥鸟说：“狠心的地主抢我家产，夺我佃权，我无法生活落去了，你另揾主人求生吧。”八哥听了也跟着主人流泪。忽然八哥灵机一动，对老农说：“主人放心，您养活我十八年，我也要养您十八载。”说完便飞了出去。不一会，八哥用嘴衔回三块银圆。老农见状大惊，八哥从容地对农夫说：“这是你多年劳动血汗积蓄，拿去换米度日吧。”原来八哥过去曾从炮眼洞飞进地主的库房，发现十八只瓦缸装满了白花花的银圆。为了养活主人，便从地主家衔回了银圆。

一日，地主婆去查库房，发觉少了很多银圆，急报地主。地主把所有长工婢女叫来严刑审问，他们都说：“老爷的库房锁得严严实实，大门又加封条，我哋变小鸟也飞唔进去啊！”地主婆说：“对了，我近来发现一只鸟就在我哋家飞进飞出，会唔会是它作怪？”地主听了也觉得可疑，于是他夜里在库房炮眼洞里装上网罩，等待小鸟飞来。

第二日，八哥唔知是计，像往日一样，又从炮眼洞飞进去时，被地主网住了。地主捉住八哥立即拷问，八哥忍痛受刑，半句话也唔吐露。地主无了办法，便叫人拔光它的羽毛，丢下天井，扬言要杀掉它。八哥忍着伤痛，爬进了地主家的排水道内，逃出了地主的魔掌。为了活命报仇，八哥每天夜深人静之时，便爬到地主的餐厅揾饭粒食。一个月过去了，它果然长出了全身羽毛，飞回了家，老农见了又惊又喜。八哥说清了情由，决心惩治地主报仇雪恨。

且说地主失去了很多银子，忧虑成疾，打算到庙里拜神求保佑。八哥探知了消息，便预先飞到庙里的菩萨肚内藏起来，等到地主进庙求神时，便在菩萨肚内大声说：“你欺压百姓，恶贯满盈，死期将至。你想消灾除病，必须将功赎罪，答应本神要求。”地主听到菩萨真会说话，惊得捣蒜似的磕头说：“我愿将功赎罪，万望菩萨开恩赦罪。”八哥见地主上了钩，继续说：“限你明日将你家的十八缸银子抬到后山坡埋了，本神才为你消灾赦罪，否则性命不保。”地主为活命，只好忍痛将银圆抬到后山

埋了。八哥也飞返屋企请主人夜里把银担回了家。第二日，地主来到庙里，八哥又抢先飞到了菩萨肚内说话了："该死的地主，你的银圆唔够数，你呃我。"地主只好恳求说："我家有十八缸银，被一只小鸟偷走了很多，望菩萨息怒。"八哥说："本神算你老实。但少一块银圆要拔你一根胡子。"地主唔敢怠慢，只好将胡子全部拔掉。这时候，八哥从菩萨肚里飞了出来，大声说："抵死，你拔我毛，我拔你须。"地主见是八哥，当场气得跌倒地上，一命呜呼了。

讲述者： 覃国昭
整理者： 陈汝庆
整理时间： 1981 年
流传地区： 信宜县
原载本： 《广东民间故事全书·茂名·信宜卷》

附记

该故事类型在广东粤语地区流传广泛。除了本篇及已收录的一篇异文之外，还流传有开平市的《恶有恶报》、怀集县连麦镇的《鹩哥复仇》、阳山县的《八哥教训财主》、湛江市的《鹩哥预言》等异文。

15

『留半升』遇虎

很久以前，有个靠打柴过日的樵夫。他每日换回一升米，都只食半升，留下半升，所以人们都叫他作"留半升"。

有一日清早，留半升上山打柴。他一到山上就埋头斩柴，一斩就是大半日。实在累得动唔了，便靠着一棵树歇一歇。突然，他睇到唔远的地方，有只吊睛白额虎正在打他的主意。原来这只虎早就想把留半升食掉，只因他那把柴刀上下挥动，老虎唔敢近前。现在见他停刀休息，老虎便向着留半升迅猛扑来。老虎饿极，加上体力不支，反被背后的树丫夹住了。留半升马上清醒过来，望着正在挣扎的老虎，大声骂道："畜生，你想害我？等我来收拾你吧！"说完，正要高举柴刀向老虎砍去，老虎动弹不得，眼泪汩汩而下。留半升觉得奇怪，便放下刀，对老虎说："你如果答应唔伤害我，就连点三下头，便饶你一命。"老虎果然用求饶的目光望着留半升，连续点头三下。留半升即举刀把树丫放倒，老虎也就得救了。

老虎从树杈解放出来后，并无立即离去，它一直坐在留半升身边睇斩柴。天黑了，留半升要返屋企，老虎也尾随而来。留半升想，可能是老虎饿了吧，便把家中仅有的一头小猪放出去让老虎充饥。老虎食了小猪，才悄然离去。

第二日一早，留半升起床开门，发现门口有头半死不活的大肥猪，周围还留下老虎的脚印，知道是昨晚老虎还猪来了。于是把猪宰了，担到圩上出售。从此以后，留半升每天起床，都发现门口有一头大猪。他只好改做卖肉生意，日子也勉强过得去。

再说，有一日清早，留半升一觉醒来，听到屋外有哭泣的声音，打开门一睇，见有个如花似玉的少女坐在门口。问其根由，少女诉说是个良家女子，昨夜里来了一伙强盗，杀死了家人，强迫她嫁一个贼头。带至一个山坳时，突然遇到一个吊睛白额虎，贼头丢下她逃命去了。那只老虎都唔去追赶，但把她叼到这里来。

留半升听罢，知道又是老虎报恩所做的好事，打算送少女返屋企。但少女含着泪说："我已经无家了，父母、弟妹全被贼人杀死了。如唔嫌弃，愿在这里一起生活。"

留半升见少女唔嫌弃自己，便与她结为夫妇。从此，留半升结束了光棍生涯，日子也过得非常美满幸福。也有人说这虎是天虎下凡，有意考验留半升的。

讲述者： 胡斯南
整理者： 张绍永
整理时间： 1998 年
流传地区： 信宜市北部
原载本： 《广东民间故事全书·茂名·信宜卷》

附记

该故事类型在广东粤语地区流传广泛。除了本篇之外，还流传有肇庆市的《虎报恩》等异文。

16 龙女

从前，有一个近海的村庄，村里住着母子两人，儿子叫阿德，家里很穷。阿德靠打鱼为生，村里人叫他打鱼德。

一日晚上，阿德打鱼返屋企，老阿娘睇睇他的鱼篓，是空的，就问："阿德，今晚无留鱼自家食吗？明晨是我的生日呀！"阿德说："娘，我知道明日是您生日，我本来是留了一斤多鱼给自家食，但是，回到村边，三婆家来了客人，叫我把鱼让给她，我就顺了情。娘，时间还早，我食了饭再去撒一网，捉一斤多鱼很容易。"

食过饭，阿德扛着网就去海打鱼。他行到海边，睇到了一个小水滩，也有一人深，阿德想，就在这里撒一网吧。网一撒，呵，一条金黄大鲤鱼被网着了。阿德便高兴地提着鱼返屋企。

老阿娘见儿子这么快就返来了，问道："怎么这么快呀？"阿德就把经过讲了一遍，最后就把这条大鲤鱼挂在当风处。

第二日，阿德起来为娘做生日，他从篓中取下那条鱼。啊！那条鱼全身还湿漉漉的。阿德刚想举刀，鲤鱼却又蹦跳起来，眼里还流出了泪水。这时，老阿娘睇见了，心里猜疑："阿德，这条鱼怎么这样长命，挂了一夜唔死，还一身湿漉漉，怪可怜的。你就放了它吧。娘过生日，食瓜食菜也行，放这条鱼回原来的地方。"阿德也真听话，把这条鱼放在鱼篓，来到海边，这条鱼就自动跳进了水中。

过了几日，阿德去捉夜鱼，忽然睇见一个姑娘呆呆站在海边。阿德以为她是来投海的，就劝告道："姑娘，您来这里做什么呀？唔好投水啊！想开一点，返去吧！"但是这个姑娘却回话说："大哥，我……我是来同您做夫妻的。"

原来，这个姑娘就是龙女。那日她化作一条鲤鱼来睇睇人间美景，刚游到一条大船船尾，正好船家生小孩，龙女就被血水浇着，无法隐身，最后游到水滩里，被阿德网住了。她为感谢阿德不杀之恩，特化身来和阿德成亲。阿德听完了龙女的一番话，又惊又喜："我又穷，屋又少，恐怕会害了您呢！"龙女说："我唔嫌穷、唔怕苦，就爱你人好。"

阿德和龙女回到家里，老阿娘眼都大了。阿德解释过了，她才算放下心来。

结婚那天，龙女在门口贴上一副对联，上面写着：

"结良缘，三生有幸；偕龙凤，一世无忧。"

打鱼德讨了个美丽的姑娘，全村人都为他高兴，可县太爷很眼红。他虽然有十几个老婆，但是还唔厌足。听说阿德的老婆很美，口水流了三尺长，但又狗咬龟——无处下牙，急得他抓耳搔头。想呀想呀，终于揾出了个借口。只见他往台上一拍："哼！他一个打鱼德竟敢夸口说'一世无忧'，还要官府做什么？我倒要睇睇他有什么能耐！"说完就叫手下传阿德来。

官差来到阿德门前，大声喊道："喂！阿德，听住，大老爷叫你！"阿德一听，心里十五十六：大老爷叫，还有好事？他想唔去，又唔敢唔去，龙女就壮他的胆说："去吧！有什么事，返来同我讲好了。"

阿德只好去了。来到县衙，县官就问："阿德，你的妻子有很大的能耐是吗？竟敢说'一世无忧'？你返去给我一网打三十六条大鲤鱼来，条条都得一斤半重！"阿德听了一震：这唔系要命吗？一网哪能打得到三十六条鲤鱼，又哪能条条都是一斤半重？

阿德一路走一路愁。回到家时，龙女见他面色唔对路，就问道："大老爷吩咐什么？对我讲讲吧。"阿德就把大老爷的难题讲了。龙女听完说："好办。"就吩咐了阿德一番。

阿德按龙女的吩咐，扛着网来到海边那个水滩，下到膝头水，就念："鲤鱼来，鲤鱼来。"撒网一起，果然捞起三十六条鲤鱼，条条一样大。

县官大老爷见了，暗暗吃惊，又唔肯认输，叫手下又去命令阿德来。那些狗腿子来到阿德门前，又喊道："阿德，外面大老爷又有事叫你！"阿德的心又十五十六，龙女又来壮他的胆："你去吧，有什么事返来对我说。"

阿德照样来到县衙里。县官又下令："阿德，你想娶龙女，必须先去深山带三十六只老虎返来。否则，你就是梦想。"这下真的难住了阿德：谁敢去捉老虎，更何况是三十六只呢！但是，阿德哪敢说半个"不"字，无奈，只好返屋企同龙女商量。

龙女听完阿德的叙述，平静地说："这个唔难。阿德，你去通知县官，叫他准备三十六头猪，要一只老虎配一个猪。"阿德向县官提出这个要求，县官心想：上到深山，你无被老虎食掉就算幸运了，哪还用配猪？县官欣然答应了阿德的要求。

阿德在龙女的安排下，来到深山转了几圈，念了一些咒语。一会儿，一只大公虎出来了，它听到阿德的咒语又回到深山中，带着三十五只老虎来到阿德的身边，那样子好像一切都听从阿德的指挥。

阿德带着这群老虎浩浩荡荡地奔县衙来。那胆小如鼠的县官见此情景，急忙往老婆的尿桶钻，哪里顾得上清点老虎的头数？最后，他只好叫手下打开猪栏，让每只老虎拖一头猪，浩浩荡荡地离开了衙门。

这个心狠手辣的县官难唔住阿德，反而倒赔了三十六头肥猪。他向阿德耍花招、出难题是难唔倒的，他要跟阿德"谈判"，强迫他"妥协"。

这下阿德更怕了。因为县官想出的毒计会更狠毒。

当县官的爪牙通知阿德时，阿德的心吊上了半空。他胆战心惊地来到县衙。县官恶狠狠地说："阿德，我这次叫你来，目的是想和你换老婆，换唔换由你，让你考虑三日！"

阿德愁眉苦脸地回到家，对妻子说："唉，那县老爷想换你去他家。"龙女说："行。你去跟他讲定，只准他带一个婢女来你家，你和阿娘去他家，他家里的一切都属于你的。他若同意，你就和他写契，以防他日后唔认账。"

阿德无奈，只得来县衙里告知县官。县官听了阿德的要求，开头还唔肯同意，因为他家里有剥削来的万贯家财。但想到龙女叫什么有什么，就答应了，立了契。

这日，阿德带着老母亲来到县衙，县官早就准备好了。就这样，阿德得到了万贯家财。

这个糊涂县官带着婢女高兴地来到阿德那所破烂不堪的小屋。他全唔介意，暗想：有了龙女，日后定有好日子过。

且说龙女这时出来"迎接"新丈夫。这日中午，天气很热，龙女就叫婢女端一盆冷水放在天井中央，说是自己要洗澡。那婢女哪敢违命。最后她和县官被龙女叫到门外。他们等呀等呀，几个钟头过去了，却唔见龙女开门。县官撬开门，只见天井中孤零零放着一盆冷水，哪还有龙女的踪影！县官又气又急，当场昏了过去……

龙女到哪去了呢？原来龙女借这盆水跳到海龙王那里了！

讲述者： 曾纪挑，男，65岁，汉族，海陵镇平章村农民

采录者： 曾广锐，男，17岁，汉族，阳江师范学生

采录时间： 1987年

流传地区： 阳江县海陵镇

原载本： 《中国民间故事集成·广东卷·阳江市资料本》

17

鹿含芝草报前恩

从前，峡山有两母子相依为命，靠上山斩柴草度日，儿子名叫金木。

一日，金木担柴返屋企，行至溪边，把柴搁下，正想小歇。忽然，丛林中传来一阵阵叫声，金木循声探望，见有只鹿站在唔远的树下，不时抬头嘶叫。金木快步走过去一睇，原来鹿被猎人埋设的铁夹夹住，动弹不得，便把它放开说："你走吧，别再踩着铁夹子。"

鹿感激地跪在地上道谢，随后就走进了密林深处。

金木担起柴，哼着歌回到家中，母亲问他说："孩子，今日点解这么高兴？"

金木回答道："我担柴返屋企的路上，见一只鹿被铁夹夹住，我觉得可怜，便把它放了。"

第二日傍晚，一个姿容秀美的女子来到金木家里，对他说："我是个过路人，荡失路，想求在此借住一宿。"

金木显得为难地说："我家又窄又脏，怎好留你住下？"但转而又想：这孤单一女子迷路，天又快黑了，如唔留她住下，怕会发生意外。

那女子见金木踌躇唔定，便再三恳求说："做做好

心吧！”

金母见这情形，便对儿子说：“就让她同我瞓在一起吧。”

于是，这位靓的女子就住了下来。

第二日一早，金木照旧上山斩柴，黄昏时分才回到家。一进门，见那位女子还在家里，而且和母亲一起打草鞋，便感到有些奇怪。

母亲见儿子返来，便把金木拉到一旁说：“这个女子父母双亡，想去揾亲戚又荡失路，十分可怜。她认我做干娘，还请求我将她留下。我想，你白天上山斩柴，只剩下我一个人在家，如有个女儿在身边也好，便答应了。”

金木听了母亲这番话，恭顺地说：“只要母亲中意，儿子就高兴。”

日子一日一日地过去。自从这位女子来到这个家，母亲就再都唔寂寞。金木和她哥妹相称，亲密无间。金木每日斩柴返屋企，就带些好食的野果子返来给她食，她也辛勤地为他洗衣端饭倒茶。虽说他们的生活清贫，但和和睦睦地过得很快活。

一日，金木斩柴返来，见邻人们聚在自家门前，小声议论着什么。他急忙进屋一睇，见母亲病倒在床上，便在床边抽泣，问：“母亲怎么了？请郎中睇了吗？”

女子说：“郎中说母亲积劳成疾，必须要去取些起死回生的灵芝草才能治愈。

“郎中说，在此正北百余里有个金芝岩，那里生长有灵芝草，我想明日去取。”

“唔好，明日你在家侍候母亲，我去取。”金木抢着说。

兄妹说话间，母亲苏醒过来，艰难地叫他俩递手给她，然后把他俩的手合在一起说：“我就要离开人世了，望你俩日后结为夫妻吧……”说着昏了过去。

次日一早，金木醒来，正想出门，忽听门外有叩门声。开门一睇，只见一只无角的鹿含着灵芝草交给金木说：“拿去给母亲熬药吧。”

金木接过灵芝草，惊讶地问：“你是……”

“我是你妹妹。”鹿说。

金木疑惑唔解地问道：“你怎么变成鹿了？”

鹿流着眼泪哽咽地说：“我本来就是鹿，因被你所救，便化为人身，投于舍下以报大恩。昨夜我去金芝岩取灵芝草，谁知那里有个贪婪的道士看守，要我的角与之相换。当时我想，如果取唔到灵芝草，母亲就活唔成了。于是我就用角换回了灵芝草。但我再也唔能化为人身侍候你了。”

金木听着犹如万箭穿心。他手捧着带血的灵芝草，泣不成声。

“快去熬药给母亲食吧。”鹿说。并走进屋里，跪在母亲床前说：“老人家多保重，我要走了。”

金木再也忍唔住，放声大哭起来。母亲被这哭声惊醒，金木把事情诉说了一遍。母亲把鹿叫到身边，用那枯干的双手，紧紧地抱着鹿的脖子，老泪纵横……

母亲食了灵芝草，很快就恢复了健康。

自始之后，“鹿含芝草报前恩”这个故事在峡山一带传开了。

整理者： 蓝超明

流传地区： 清远市清城区

原载本： 《广东民间故事全书·清远·清城分卷》

18

田螺姑娘

农村里，有一个老实能干的善良青年男农民。一日，他在田里劳动，拾到一个大田螺。回到家里，就把它放进水缸里。

第二日，当他扛着锄头从田间回到家里时，发现本来就很肮脏的地面，打扫得干干净净；零乱的东西，收拾得整整齐齐。他感到奇怪。更使他惊异的是：揭开镬盖要煮饭时，突然香气扑鼻。原来已有煮熟的饭了。是谁帮我煮好饭呢？他带着疑团去问左邻右舍。

他首先去隔篱[1]二叔婆家："二叔婆，你帮我煮饭、扫地、收拾东西了吗？"二叔婆摇摇头说："无啊！我去无过你屋企。"

他又去问对面口的大伯："大伯！你有无帮我做过家务呢？"大伯摆摆手说："大伯哪会做家务呢！"

左邻右舍的人都问过了。这些人唔系摇头，就是摇手，说无做过。他带着疑问去田间锄地，返来后因太疲倦了，冇心思再去想这事。

[1] 隔篱：方言，隔壁。

第二日，他照样扛着锄头去田间种地。做着做着，不由得又想起昨日发生的事。他唔安心，就提早返屋企了。他一边走，一边思考着昨天发生的那件离奇的事。当他走到家门口时，睇到烟通[2]升起缕缕青烟，听到屋里还有响声。他急不及待地推开家门，走进屋里。但是什么人也无，只有灶里着火。他越加惊奇，自言自语地说："这到底是怎么一回事呢？"

其实所发生的一切事情，都是他拾返来养在水缸里那个田螺干的。它是一个会变成人形的"田螺姑娘"。

田螺姑娘被拾返来之后，认为从此可以得到幸福了，于是就下决心帮他做一些能够做的事。因此，当男青年一出门，田螺姑娘就钻出螺壳，变成人形，帮他做家务，然后钻回螺壳里。她还认为这事一定要秘密进行，唔能让任何人知道。所以，这日，饭还未煮熟，就听见推门声，她慌忙钻回壳里去。

这两日所发生的事，让男青年百思莫解。为了弄明真相，他想出一个探讨秘密的办法：

第三日天一亮，他就扛着锄头假装去锄地，其实是虚掩着门躲在外面。不久，厨房里有动静，烟通里冒烟了。他急忙推门进去。田螺姑娘无料到他会有这一出，想钻回螺壳已经迟了，只好低垂着头站着。他都唔知如何是好。后来，终于鼓起勇气，握着田螺姑娘的手，亲切地说："姑娘，请唔好回到壳里去了，我很需要你的帮助！"

田螺姑娘见他是一位朴实、勤劳、能干的青年，就对他笑着点头说："好，就帮帮你吧……"

从此，他们就幸福地生活在一起，勤劳地耕作，不久就结成夫妻了。两年后，又添了一个胖儿子。他们互相体贴，和睦相处，过着美满幸福的生活。

讲述者： 陆梨玲，47 岁
采录者： 陈洁连
采录时间： 1987 年 8 月
流传地区： 江门市外海区直冲村
原载本： 《中国民间文学集成·广东卷·江门市郊区资料集》

[2] 烟通：方言，烟囱。

19

善哥与鲤鱼精

鲈鱼在水里一旦碰到人，就会把头扎进烂泥里。这时候，你可以马上潜入水里，用一只手轻轻盖着鲈鱼的双眼，再用一只手插进泥里拍一拍鱼嘴。鲈鱼唔但唔会逃跑，而且还会自动张开紧闭的鱼嘴。这时，你就可以从容地捏紧鱼的下腭，把它拖出水面。据说，这种空手捉鲈鱼的方法传到世上，还有一个动人的故事呢。

相传在很久很久以前，一日，龙王的小女儿鲤鲤贪玩，变成了鲤鱼，顺着流水又跳又跃地游到一条小河里，不慎钻进了水乡农民放置在水窦口的装鱼笼里出唔来。

这个装鱼笼的主人名叫善哥。这一年因为水灾，庄稼失收了。为了糊口，他只好在河里几个水窦安下装鱼笼，装些鱼到集市上卖，换个钱籴米。那日晚上，善哥来到装鱼笼旁边，听到里面"扑通、扑通"的水响，知道一定装有鱼了。他欢欢喜喜地把鱼取出来。他刚要把鱼放进鱼篓，却听到一个娇脆的少女声音说："哥哥，把我放了吧。"善哥奇怪地向漆黑的四周睇了一下，唔见人影。他就问鲤鱼："是你叫喊吗？"鲤鱼摆摆尾，变成一个靓的少女站在善哥面前。她把自己是龙王的小女，因为贪玩，误进装鱼笼的事说了，请求善哥将她带回大海去。她说自己在装鱼笼挣扎得太久了，耗尽精力，再都唔够气力游返龙宫了。

善哥听了，以为在梦中。当他证实唔系梦境之后，便同意划小艇把鲤鱼送回龙宫。

来到大海，鲤鲤叫善哥闭上眼睛，把他带进龙宫。一会儿，善哥来到龙宫。睁眼一睇，见龙宫四面晶莹透亮，里面生住许多奇花异草，虾兵蟹将整齐地排列在两旁，龙王正卧在殿中的龙床上。

鲤鲤带着善哥进了正殿，将自己的经历向龙王说了。

龙王听了，大发雷霆，马上命令虾兵蟹将把善哥缚起来斩首。

鲤鲤大惊，她唔明父王点解要如此暴怒。她连忙问："父王，你点解要斩善哥？"

龙王抚摸着鲤鲤手上的伤痕说："他把装鱼笼放在水里，差点害了你的命，难道唔该斩吗？"

鲤鲤听了，马上把在艇上听善哥讲的人间苦难说了一遍，然后撒娇地说："是我哋害得善哥他们颗粒无收，才逼不得已靠装鱼为生。如果父王要杀善哥，恩将仇报，孩儿愿先死于善哥之前。"说完，便扮住要寻死。龙王马上拉着她的手说："既然孩儿唔怪他，父王饶他就是了，叫他快走吧。"

鲤鲤却说："父王差了。善哥唔但唔将我卖钱，还不辞劳苦，花时间将孩儿送返来，怎能让他空手而归呢？"

龙王听了，觉得也是道理。他叫虾兵拿出一盆珠宝送给善哥。善哥唔肯要。他说送鲤鲤回宫，只是希望她安全到达，免得再出危险，并唔系想得到什么报酬。鲤鲤上前相劝，善哥决意唔肯接受。龙王见他唔肯要财宝，就问他有什么困难需要解决。

善哥想到村里许多人想以捕鱼为生，却又无渔网，只靠钓和装鱼笼捉鱼，难以维持生活的情况，便对龙王说："你能教我一种唔用任何捕鱼器具就能捉到鱼的方法吗？"

龙王听了，沉下脸说道："你捉我水族成员，我还无降罪于你呢，你还叫我教你空手捉鱼的方法？你快收声。"

鲤鲤见父王唔肯答应善哥的要求，便上前撒娇说："父王，鲈鱼恃着自己口大腹大，唔听劝告，常常吞食弱小的同类，而且还欺负我，你就教善哥怎样捉它，使它以后别那么神气。善哥住的村子的河湾前有很多鲈鱼呢！”

龙王发火了，他厉声对鲤鲤说：“鲈鱼唔听劝，父王自会处罚它，唔需你多嘴。你快送善哥上去吧。”说完，拂袖离开了龙床。

龙女无办法，只好生气地向龙王的背影努努嘴，依依不舍地送善哥出海面。将要分别的时候，鲤鲤决定违抗父王的意思，她毅然把空手捕捉鲈鱼的方法告诉了善哥。

就这样，空手捉鲈鱼的方法传到了人间。

整理者： 黄永雄
整理时间： 1987 年 7 月
流传地区： 中山市
原载本： 《广东民间故事全书 · 中山卷》

20

老牛报恩

清朝乾隆年间，铁城东门住着一位心地善良的小商人唐锦云。唐锦云自幼与母亲相依为命，人到中年尚未娶妻。

唐锦云做生意本钱唔多，只靠母亲积存下的私己钱做点小买卖。但他为人率直而且乐善好施，常常拿一些钱银周济一些贫苦人家，就连路过铁城的乞丐也得到他的施舍。

一日，唐锦云又向母亲讨了几两碎银外出做生意。谁知奔波一日，生意却做唔成。他懒洋洋地回到家里，心里纳闷，晚饭后便倒头和衣而瞓。

蒙眬中，忽见一个留着一把长胡须、身穿黑衣服的老人迎面走来。他步履蹒跚，来到自己跟前，二话不说，“扑通”一声跪下，纳头就拜，哭着说：“唐公子，你为人好善众人皆知，请你大发慈悲救救我这个垂死的老人。”唐锦云睇住这个陌生、骨瘦如柴的老人，心里惊奇起来，问道：“我同你素不相识，点解要我救你？你要几多银两？快快起来再说吧。”老人还是跪着说：“公子差矣，我唔系向公子索取银两的，而是求公子救我的。”老人边说边哭，实在可怜，唐锦云见状便说：“老伯，我答应救你，你起身再说吧。”老人一听唐锦云答应救他，立即唔哭，连叩三个响头说："唐公子唔好失信，明早见吧。"话刚说完，转身走了。唐锦云丈二和尚摸不着头脑，连忙走上前去想问个仔细，可双脚就是唔听使唤，好像被绳子绊着似的，一扑，扑了个空，一惊而起，醒来出了一身大汗，原来是发梦。他躺在床上再都瞓唔着。梦中的对话记得十分清楚，但老人的面目记唔起来。

翌晨，唐锦云因一夜无瞓好，无精打采地要出门做生意。路过铁城东门时，见一大堆人围在路上睇热闹，他好奇地挤入人群中。原来一个农夫清早牵着一条又老又病的老牛进城屠宰，但老牛走到东门街上便跪下唔肯向前行走。那农夫气势汹汹地吆喝着，拉它打它，牛鞭疾如雨点，但老牛死都唔肯向前，所以围了一堆人在睇热闹。农夫累得满头大汗，赶唔动牛，又被众人围着嘲笑，十分尴尬。有几个人自告奋勇替农夫牵牛，但都牵唔动。唐锦云细睇那牛，那牛眼瞪瞪地睇住他，并簌簌地流出了眼泪。忽然，他好像被触动了，于是对农夫说："老伯，你要卖牛？"那农夫见人问他便点点头。"我家中正缺一条耕牛，此牛要卖几多钱？"农夫见唐锦云为人老实，唔似在讲大话，答道："老弟若能牵动此牛，我便宜一点卖给你，只收三几两银罢了。"唐锦云真的从怀里拿出几两碎银交给农夫，接过牛鞭对牛吆喝一声"走！"老牛果真从地上站立起来，乖乖地跟着唐锦云走了。

唐锦云把牛牵返屋企后，放养在后院，连生意都唔做，马上又去割草料喂养老牛。母亲见儿子买一条老牛返屋企，气得直骂起来："你真是个无出色的蠢仔。我哋唔系农家，你买牛返来有何用处？何况此牛又老又瘦，唔系白白把钱送给别人吗？"唐锦云被母亲骂得连头也抬唔起来。

说也奇怪，一段日子过后，经过唐锦云精心喂养，老牛却意外肥壮起来了。

一日中午，唐锦云归家，老牛挣断了牛绳，把后园围墙踢倒，又拼命用牛角掘起围墙下面的泥土。老牛见唐锦云进来，掘得更凶。唐锦云见状心里很气，他埋怨老牛唔该踢倒墙。他马上走上前去，用尽气力拉开了老牛。跟住他拿起锄头去平整地脚，准备把围墙砌回。他举锄往下锄去，谁知用力过猛，"噗"的一声好像打破了什么。往前一睇，原来埋在地下的一个瓦埕破了，瓦埕里面装的全是白花花的银两。唐锦云睇见这白花花的银两惊呆了，许久才如梦方醒。

后来，唐锦云用这些白银做起了大生意，娶了妻子，又在东门街买下了一大块地，还建了大房子，称为唐屋。

讲述者： 唐国华
整理者： 林润洪
整理时间： 1984 年 2 月
流传地区： 中山市石岐地区
原载本： 《广东民间故事全书·中山卷》

21

石心姑娘

从前有座高山，叫石灵山。这座山到处古树参天、怪石嶙峋，飞流而下的瀑布光闪闪的，就像一道银河。知道底细的人都说，这座山是上唔到顶的，它的顶与天连接住呢！

这是一座唔寻常的宝山，山顶上有无数的金银珠宝。山顶上有一个正直、靓的石心姑娘，后来变出了人头、人身和手脚，就只有一颗心无变，仍然是块石头心。那阵时的人都知道：谁要是打动了这颗心，这颗心就会变成人心，这姑娘就会变成一个真人，而且这个姑娘会把山上所有的金银珠宝赏赐给他，做他的妻子。不过，只有具有最纯洁心灵的人，刚正无邪，一直唔回头地上到山顶上，打动姑娘的心，才能应验；谁要是有一星半点邪心，或者转头思念，稍有踌躇，谁就唔可以到达山顶上，唔系被打回头，就会在半途之中忽然死去，变成石头人。

自古以来，多少人上过石灵山啊！但是比上天还难，总无一个获得成功。抱着歪心肠的，果然变成石头人啦！日子久了，千千万万的石头人变成了千千万万个害人的石头精。见到有人上山，石头精就叫人家的名字，好叫人家转头思念，遭受同他们一样的命运。所以，普普通通的人都唔敢上这座山！

离这座山很远的地方，有个村子叫做大坑村。村里的李大马官人有个斗大的胆子，心想：把石心姑娘娶来做老婆几好哇！他有权有势，整日花天酒地，想用金钱打动石心姑娘的心，就唔顾老百姓的死活，任意摊派苛捐杂税，把老百姓的血汗钱，拿来买了最名贵的首饰衣物，又把一箱箱金银装在车上，叫官兵随他送上山去。

这一日，他坐在轿上，吹吹打打，威风凛凛出发了。

他来到了石灵山，走了一段山路，后面就有人叫他："李大马官人，你回头睇睇我哋啦！"他想："这就是石头精了，我唔可以回头睇他们。"他无回头。走了一段路，又有人叫他："李大马官人，我唔系石头精，跟我一块走吧！"他想："这是鬼蜮的心肠，我唔可以回头睇他们。"他照旧无回头。走了一段路，到了一个山岗，又有人叫他："李大马大官人，我是你家打工的，我替你把石心姑娘带到这里来了。"李大马无回头，他想："这个打工的又穷又苦，怎能把石心姑娘带下来呢？石心姑娘肯信任他吗？我现在弄来这么多财物，送给她做嫁妆，她才会动心，做我的老婆呢！"想到这里，他忽然感到身子僵硬起来，唔走得了，变成石头人了。这一来，官兵被吓得鸡飞狗走，把金银都丢在山岗上，这个岗就成了金银岗。

李大马的兄弟名叫李大牛，他也有一个斗大的胆子。他是个贪得无厌的财主，他想：把石心姑娘的金银珠宝统统取来就好哇！他想用美人来换取她的金钱，就以抵租的名堂，抢夺了一百个美男靓女。这一日，他带着美男靓女出发去了。

来到石灵山，他上了一坡又一坡，无转过一回头。来到金银岗，听得有人说："李大牛兄弟，你来迟了。你睇，石心姑娘和金银珠宝我都已经弄到这里了。你拿些金银珠宝去吧！"李大牛听见李大马的声音，正想回头睇，猛然间想起他的兄弟即使真的把金银珠宝弄到手了，都唔会这么大方呀！他唔敢回头。他来到一个山坳，心想："到这座山来的人，变成石头精的，无非是心地不良，或用金钱去买姑娘的心，所以应得恶果。这回我千方百计挑选了一百个美人，献给她，侍候她，还怕她唔动心吗？难道她还唔拿金银珠宝来感谢我吗？”想到这里，他忽然感到身子僵硬起来，走唔动了，他也变成石头人了。那些美人唔认得路，留在山坳栖身，这个山坳就变成美人坳。

打这两回起，更无人敢上那座山去了。谁敢把自己的生命当儿戏呢！又有谁能真正上到山顶上，睇见石心姑娘呢！

大坑村是个千百户人家的大村庄，是个穷村子。村里的李大马李大牛兄弟就像两条大虫，早已把全村人的血汗吸干了。他们霸占了全村的田地、鱼塘、山林、果园……村民做唔到主，生活苦过黄连。这年天又旱，牛又瘟，家家户户都食野薯。前山后山野薯挖光了，村民就翻山过岭，挖硬板头[1]；孤寡残弱的人家，有些被活活饿死。后来，村里的老人把全村的后生召集过来，商量活计。最老的老人说：“后生啊，你哋是全村人的指望，你哋有勇气去攀登石灵山么？石灵山是一座宝山，谁最有纯洁的心，谁最有勇气和胆量，谁就能上到山顶上，求石心姑娘把我哋全村人救活。哪一个愿意去啊？”

老人的话刚一说完，一个身材魁梧的人笃地站了起来，说：“等我去吧！为了全村人的前途和出路，为了大家的幸福，哪怕刀山火海我也要上。如果我有一丝半点二心，就让石心姑娘报应我，让全村人永世咒骂我吧！”

这个人的名字叫李十郎。他是全村最能干最有名的好后生。大众听说他舍己为公，要为大众上石灵山，个个都感动得流下了眼泪，也暗暗替他担忧。大家特别给他最好的干粮，打最好的草鞋，对他说最吉祥的话。母亲说：“好孩子啊，娘含水嚼饭养大你，望你成家立业，为大家做一点好事。现在你生死难断，望神明保佑你吧！”父老们说：“好后生啊，山上的树石攀最硬，山上的花桂花最香，愿你达到大伙的指望吧！”姑娘们说：“十郎哥啊，七月七日担来的水最清甜，八月半出来的月光最明亮，你把幸福带给我哋吧！”

李十郎依依不舍地和乡亲们告别了。

李十郎带着全村人的心意和愿望向石灵山走去。

他走了三日三夜，跨过刺人的芒草大草原，踏过三尖八角的麻石山，和蟒蛇猛虎搏斗了千百回，终于望见石灵山了。

三日三夜啊，草鞋破了，他的脚唔知痛；劳累艰涩无动摇过他一点心思。望着石灵山，他感到热血沸腾，全身是力。他用雷公一样洪亮的声音，昂头对山喊道：“石灵山，石灵山，雷打火烧吓唔倒铁打汉！李十郎来了！”他的声音把整座山震动，他的脚步把石头蹬得哗啦哗啦往下滚。石头精仿佛被吓破了胆子，躲躲闪闪地避住他，惊被他发现给蹬碎了！

李十郎蹬呀蹬，来到一个山岗。山岗上寒光闪闪，堆着数唔清的金银。

“李十郎！”石头精叫起他的名字来了。

李十郎无回头。石头精又说：“李十郎呀，你唔好去了，我李大马已经死在这里了。石心姑娘是害人精，要把所有的人都害尽，请你唔好再上她的当。这里是金银岗，你把所有金银财宝搬落山去，就够你享一辈子的福了，唔好冒着生命危险往上啦！”

“石心姑娘是最正直的神明，她一定会惩恶扶善的。你滚开吧！”李十郎仍然无回头，继续跨着大步往上走。

蹬呀蹬，他来到了一个山坳。山坳红红绿绿，美人数也数唔清。

“李十郎呀！你唔好去了，我李大牛已经死在这里了。石心姑娘是害人精，她要把所有人都害尽，请你唔好再上她的当。这里是美人坳，你随便挑选你称心如意的靓女带下山去，就够你一辈子快乐了，唔好冒着生命危险往上走啦！”又是石头精说。

“石心姑娘是最正直的神明，她一定会惩恶扶善的。你滚开吧！”李十郎仍然无回头，继续跨着大步往上走。

走呀走呀，他走进一条山谷。山谷两旁是悬崖峭壁，流淌着两条山溪水。走到尽头，一帘瀑布挡住了去路。瀑布流下来分排两边，举目望去，只见水明如镜，背底有块花岗岩大石。李十郎迎着瀑布往上爬，水流湍急，哗啦哗啦直往他身上打。头一回爬上去，被打下来；第二回爬上去，又被打下来。爬了许多许多回，回回都被打下来，把他摔得遍体鳞伤，变成了一个血人。他的血，霎时把两边的流水染红了。

[1] 硬板头：方言，即野生土茯苓。

"石心姑娘呀，我一个人死了唔紧要，但是你让我上去睇睇你，说句话吧！"

李十郎的话像水一样清澈。话音刚落，瀑布唔见了。只见花岗岩大石当中处裂开一条巨缝，接着又往两边徐徐扩开。往上睇，周围光彩夺目，各种岩石散发着珠光宝气。在最高的一个石峰上，端端正正地坐着一个庄严神圣的年轻女郎。女郎容光焕发，婀娜多姿，像天仙一样美妙。李十郎断定，她就是石心姑娘了！

"勤劳的年轻人，你点解要上山来见我呢？"石心姑娘开口问道，"我的心是石头做的，任何人都唔曾打动过，难道你想打动它吗？"

"我唔系为了要打动你的心，我只是请求你为我哋全村人做做好事。"李十郎说。

"勇敢的年轻人，点解你唔怕千辛万苦，要替全村人办事呢？你唔爱惜你的生命吗？"

"替大家办好事是每个人都应该的。一个人贪生怕死，活在世上有什么意思呢！神圣的女郎，我李十郎生之于民死之于民，心甘情愿为大家效劳！"

石心姑娘微微颤动了一下，依然端端正正地坐着。她继续说："啊，你是正义的人，我为你勇斗妖魔、无私无畏的精神所感动，睇见你我是多么高兴啊！李十郎，告诉你吧，只要你现在对我讲'我愿意听你的话'，我就会做你驯良的妻子，让你做这座山的主人。从此，你可以享受这里的一切，永远无忧无虑地过着比天堂更自由、更美好的日子。一切悲伤都无我哋的名分，一切痛苦都唔属于我哋的。这是天官赐给世间上最善良的人的鸿福！李十郎，你开口说这句话吧！"

李十郎全身的脉搏都在跳动。他无说那句话，只听他说："好日子谁唔想啊！但是我怎能丢下受苦受难的村民大众呢？"

"你这种心思是好的。但是，人生在世，只不过像一场空虚的幻梦罢了，悲欢离合、时来运去，都唔由得自己安排。你听我的话吧！唔好贪图一时的志气。志气本是无所谓有、无所谓无的。食了才是福，穿了才是禄，寿长的人睇唔尽人间的心酸事。你要贪图一时的虚名，就会放弃永远的幸福；你得到了幸福，就会把人间的一切痛苦都忘记，永远无忧无虑。李郎呀李郎，请你唔好放弃这个时机，答应我吧！"

"我唔可以认为我一个人得到了幸福我就会幸福，我要为全村人着想，造福于子孙后代！若果你唔可以把美满的生活赐给大家，就让我返去吧！"

李十郎痛苦地转过脸去，就要走了。

石心姑娘听了李十郎最后几句话，胸膛猛然跳动一下，全身的血液翻腾起来，一股暖洋洋的气流使全身充满了生气和活力。啊，她已经变成一个真人了，她的心终于被李十郎打动了！

她走下石峰，走到李十郎跟前，望着李十郎有点羞羞答答的无说话。这时，岩里无数健美的官女，推着满盛金银珠宝、五谷衣物的车辆走了出来。石心姑娘才对李十郎说："世间上的人数你最懂得真情，你说出了最纯真、最圣洁的话！李郎，我哋快走吧，全村的人都盼住我哋呢！"

他们来到大坑村，全村男女老少都一齐围拢过来迎接他们，赞美他们，热热闹闹地欢庆胜利。大家好像枯草遇到了春雨，生活过得甜甜美美。

传说，李十郎夫妇辞世后升了天，两个人变成一颗"石郎"星，每年都洒些雨水下来，繁育庄稼。

讲述者： 苏细妹，女，30多岁，农民
陈二麻，70岁
采录者： 肖功望
采录时间： 1962年
流传地区： 韶关专区曲江县及粤北各地
原载本： 《中国民间故事集成·广东卷·韶关分卷·韶关民间故事集成》

22

银精

讲述者： 梁森
采录者： 梁伟清
采录时间： 1983 年 5 月
采录地点： 乐城伍村
流传地区： 高要县乐城区一带
原载本： 《广东民间故事全书·肇庆·高要卷》

古时候，高要乐城伍村村口，有个叫松根坡的地方，深夜常常出现一群白鸡，有缘的人就会碰上。这些白鸡是怎么一回事呢？据说有些财主防备“贼佬[1]”抢劫，将家中的白银埋在地下，天长日久，这些白银就会成精。这些白鸡就是这些银精的化身。要是让谁碰上白鸡，从它们出没的地方挖落去，就可以搵到埋藏的白银。

一晚，有两个商人深夜归来，走近松根坡的时候，远远就睇到一只大母鸡引着一群小白鸡在玩耍。他们仔细睇时，见每只鸡身上银光闪闪，暗暗自喜。当即商量留一人跟踪“白鸡”，辨清它们出没的位置，另一人返屋企取工具。

那个取工具的商人回到家里，便起了邪念：与其分了，不如独占。于是，在腰间藏了一把菜刀。

不料，此举呃唔到银精的眼睛。它唔忍心因自己导致生灵受到伤害，就将地下的白银化成了黑炭。结果，当两个商人满怀希望地挖落去的时候，得到的只是一缸黑炭。自此以后，这地方就再也无出现“白鸡”了。

[1] 贼佬：小偷。

23

蟾蜍女

从前，森林里居住着一户人家，家里有三支神箭。家主人生有三个儿子，大儿子名叫老大，二儿子叫老二，三儿子叫老三。三个儿子都长大了，还无成家，家主很着急。

一日，家主叫老大、老二和老三跪在自己的面前，说："现在我给你哋一人一支神箭。明日早晨雄鸡叫过第三次，你哋就把神箭向东面射去。神箭落在谁的面前，那人就是你的妻子。"

次日，老大、老二和老三早早起床，雄鸡叫过第三遍时向东面射出了神箭。老大、老二的神箭各落在一个漂亮的女子面前，他们高兴地带她们返屋企成亲。老三的神箭落在一个大蟾蜍面前，也只好抱起它返屋企成亲。

当晚成亲，老三和蟾蜍进入洞房，蟾蜍脱下皮，原来是一位靓女。靓女嘱他唔好损坏蟾蜍皮，和他成婚。婚后，两人非常恩爱。

第二日早晨，靓女又穿上蟾蜍皮，与老三一齐来到厅堂拜见家公。老大、老二也和他们的妻子来厅堂拜见家公。家公令每个媳妇回房给他做一套漂亮的衣服。

靓女回到房间脱下蟾蜍皮，捧着世间五颜六色的麻线巧手绣个唔停，一阵间便织成了。衣服像蜘蛛网一样密，像天上彩霞一般好睇，层层颜色唔同。家公见了笑得有牙无眼，赞不绝口。老大、老二的妻子还在房间里织。她们想起老三的妻子是个蟾蜍，怎么会织衣服？正等住睇她的笑话，可做梦也无想到她早织好了，而且又那么靓。

又一晚，老三趁她瞓熟的时候违背了她的话，把蟾蜍皮染上松油用火烧了。屋顶立刻响起阵阵雷声。靓女惊醒后揾唔到蟾蜍皮，惊呼往外急走，转眼就唔见了。老三吓了一跳，知道闯了大祸。揾遍了屋子，都无她的影子，奔跑到外面森林呼喊也无回声，后来累了在一棵五百年的老槐树下歇息。老槐树突然对他说："后生仔，那个靓女是天上王母娘娘的小女儿，由于犯了天条，被赶下人间做了蟾蜍，永远唔可以再回天庭了，要做满了三年蟾蜍才可脱皮变人。现在她还无到期，你烧了她的皮，雷公就会劈死她。她做蟾蜍到现在已经两年了。现在她躲在一条石缝里，你如果要娶她做妻子，就要向东爬过九十九座山，渡过九十九条河，河边有一棵大树，树下有条石缝，石缝上有一个鸡蛋。你把鸡蛋向石缝击去，石缝就会裂开，这样她就能出来了。"

老三返屋企带了干粮，天未亮便向东面赶路。干粮无了，就摘野果食。口渴了，捧河水饮。走累了，跪在地上爬。终于爬过了九十九座山，渡过了九十九条河，揾到了那棵树。时间正好经过了一年。他拾起树下石缝旁的鸡蛋尽力向石缝掷去，随着石缝的一声巨响，仙女跳了出来。夫妻相见，紧紧地抱在一起。老三和仙女从此过着美满幸福的生活。

讲述者： 欧贤兴，女，52 岁，阳江县儒洞区居民

采录者： 陈光荣，男，16 岁，儒洞中学学生

采录时间： 1985 年 7 月

流传地区： 阳江县儒洞区、茂名市电白县电城镇

原载本： 《中国民间故事集成·广东卷·阳江市资料本》

24

神仙水鸭

很久以前，在沙湖那梨长圹口四面环山的一条小河里，有一只“神仙水鸭”。这只水鸭能呼风唤雨，惩富救贫。

一年，有一个逃荒到这里垦荒的农夫叫石许，在河边开了一块小地，种下了稻苗。禾苗插下已有十多日了，但天唔落一滴雨，河水已干。眼睇禾苗快要枯死了，石许坐在田埂上，双手抱住头，又哭又叹。突然，小河里传来“呷呷呷”的鸭叫声，接着在小河上空出现一片黑压压的雨云。霎时，雷电齐鸣，落起大雨来；雨水正好下在小河里，一只水鸭在河里游来游去。石许见状，双腿跪在田埂上，哀求叫喊：“鸭哥哥、鸭哥哥！快快救救我，免使我受饿！”顿时，只听见“呷呷呷”的几声，石许田里的上空便出现一大片乌云，不一会，又下起大雨来；等到田里有水，雨即停止。石许的禾苗得救了。这件事即时被传开了，邻近的穷苦人家都来这里求雨，并有求必雨，禾苗获救。

附近一带有个凶残富翁，人们叫他“恶老虎”。他强占穷人开荒的田地，欺诈穷人，无恶不作。仙鸭呼风唤雨的事，传到恶老虎的耳朵里。他有百亩田地，禾苗也快要枯死了，他也到那里去求雨，跪在河边大声号哭叫喊：“鸭哥哥！鸭哥哥！快快救救我！”顷刻间，天空乌云密布，电闪雷鸣，大风呼呼，落起倾盆大雨来。这时恶老虎点头微笑，说：“哈哈！仙鸭最听我的话，雨落得最大最大，哈！哈！哈！”雨越落越大，一会儿，四面的山水直冲而下，河水暴涨。恶老虎被山水冲到河心，他大声呼喊：“救命呀！救命呀！”只叫了两声，恶老虎便沉没在暴涨的河水之中。

讲述者： 谢怡
采录者： 谢普生
采录时间： 1987 年 3 月
采录地点： 那梨村
流传地区： 恩平县那梨村一带
原载本： 《中国民间文学三套集成·广东卷·恩平县资料本》

（三）神仙故事

25

金轮马

相传明代增城县绥福都（今中新镇）有座高山叫云马山，人称油麻山。昔日，山上林木茂盛，云雾缭绕，人烟稀少。云马山下，有个圩场，因每年只有霜降那天是圩日，故称“霜降圩”。每当霜降临近，人们就砍竹割茅，搭些草棚，以便圩日好摆卖农副土特产。圩期一过，又荒芜冷落，只剩下山脚零星居住的农户。

话说：“霜降圩”住着一个孤儿，自幼父母双亡，无亲无靠，人们叫他黄狗仔。黄狗仔虽然贫穷，却为人正直，心地善良。他白天摘野果、挖野菜充饥，晚上住在茅寮草棚，从不骚扰附近村民，所以受人怜惜。

又一个圩日到了，只见一个衣衫褴褛的老头沿街叫卖：“老夫无儿无女，无亲无故，年老无依，谁愿买我当父亲？”

这一叫，哄动了整个圩场：世间只有卖身为人儿女、为人奴婢，哪有卖给人家当父亲的呢？这岂非天大的笑话吗？

谁料，此事在别人以为可笑，却偏中了黄狗仔的下怀。黄狗仔想到自己无依无靠，形单影只，有个便宜的父亲也可以相依为命。于是，他马上与老头商量。那老头虽说是卖身，却唔要钱，只要真正承认他是父亲，照他的话去做就可以了。黄狗仔为人老实，当然乐意接受这些条件，于是在圩场当众讲明后，就带老头返屋企了。

老头做了黄狗仔的父亲后，当真摆起了父亲的架子。秋天来了，他要黄狗仔把茅棚扩大、修理了，把家中料理好。春暖花开，老头叫黄狗仔耕田，黄狗仔很快借来牛把田犁好。鹧鸪啼了，老头又叫黄狗仔赶快去播种，黄狗仔马上又播种。事事照老头的吩咐去办，真是百依百顺的孝子。不久，老头又对黄狗仔说，现在可以去割禾了。天啊，禾苗可刚含胎！黄狗仔虽老实，这一回却唔听话了。可老头却固执地说：“当日有言在先，你要听我话。你唔割禾我就走了。”黄狗仔无奈，便硬着心肠把青禾割下来。老头又叫他把禾晒干，一捆捆扎好藏在棚内，黄狗仔也一一照办了。

话分两头，这时正值大明王朝正德皇帝登基。他一向风流贪玩，皇太后怕他管唔好国家大事，就下了懿旨，要他游遍天下方可回朝坐帝位。天下之大，何时才能游完？但母命难违，他便与朝中大臣商量。

正当众说纷纭之时，翰林湛若水站出来说：“只要揾到金轮马，便可载主很快游遍天下。”

正德皇帝忙问：“金轮马在何方？”

湛若水答：“在臣的家乡，广东增城县云马山中。它唔系一般的凡马，而系与云马山合为一体的神马。如果神马饱食含胎草，就立刻可驮皇上遍游天下。”

皇上听后，马上传旨，使臣接旨后急如星火来到增城，县太爷又立刻四处张贴榜文，高价收买含胎草。

榜文一出，人们议论纷纷：“世上动物，扁毛生蛋，圆毛生仔，草木结果发芽，哪会有什么含胎草呢？”

但这下子却有人高兴，这人便是黄狗仔的便宜父亲。他对黄狗仔说：“朝廷要收购含胎草，你点解唔拿去卖？”

黄狗仔说：“我哪有含胎草？”

老头笑道：“你去睇睇你割返来的禾！”

一言惊醒梦中人，黄狗仔马上去县衙报告。县太爷正愁无法交差，一听黄狗仔报告，便带齐兵丁衙役，直奔云马山，来到黄狗仔家。衙差验过禾草，果然条条包胎，便全部高价和黄狗仔买下。县太爷命兵丁把草挑到云马山上，然后在山下安营扎寨，等待神马出来。

第二日早上，一大堆禾草唔见了，一匹高头骏马挺立山上。御马监一见，满心欢喜。他一把拢住马头，想试骑一下。谁知刚跨上马背，神马一昂头，便向天长鸣一声，飞腾而起，向北方驾云般驰去了。其他使臣见马已向京城去了，也就返来了。

黄狗仔做梦也无想到，这些禾草竟卖得这么多白银。当他对着一堆白银微笑时，老头慈祥地对他说："黄狗仔呀，听父亲的话唔会有错吧！"

黄狗仔忙应道："唔会错，听阿爹话无错。"

老头笑着说："黄狗仔，这里是个好地方，你要用这些银子盖上间屋，娶个老婆，勤勤恳恳地耕种，将来你的子子孙孙都会过上好日子的。"

黄狗仔甚是感激，忙向"父亲"叩头道谢。谁知连叩三个响头之后，老头已无影无踪了。这时，黄狗仔才觉得这老头一定是神仙下凡来指点自己，于是便照老头的吩咐去做，在山下建立了家庭。后来子孙成群，世代相传，耕耘着这块土地。

讲述者： 伍伟能
整理者： 陈裕荣
整理时间： 2007 年
流传地区： 广州市增城市中新镇
原载本： 《广东民间故事全书·广州·增城卷》

附记

该故事类型在广东粤语地区流传广泛。除了本篇之外，还流传有新兴县城的《禾胎草》、肇庆市的《定风猪》、鹤山市龙口镇金岗圩的《孝心得银》等异文。

26

烂柯山樵夫遇仙

相传很久以前，有一个樵夫进山砍柴。突然草丛里跳出一只白兔，樵夫抢前去捉，谁知兔子走得快，追了半天，兔子唔见了。樵夫才发觉自己到了一个陌生的世界，这里古木参天，一片寂静。再往前走，走到了一个开阔的地方。只见，一棵古树下，有两位老人正在下棋。樵夫睇得入迷，站累了就用斧柄做垫子，坐下观睇。睇了一会儿，樵夫觉得肚子又饿又渴。一位老人好像知道他的心事，从布袋拿出一个桃子给他。樵夫食了桃子，分外精神，又专心致志地睇，打柴的事忘得一干二净。

突然，樵夫身体向后一仰，差点儿翻倒在地上，原来他坐的斧柄烂了。他呆呆地想，前些日子才换的斧柄，怎么会烂的？怎么去打柴呢？樵夫睇着天上的太阳，觉得时间还早呢，连忙赶返屋企换上斧柄。

走到村边，他发现村子变了样子，村子里的人也唔认得。走到自己的家门前，咦？怎么只剩下倒塌了的墙垣、瓦砾？他向村里人打听妻子的下落，村里的人无一个能回答他。后来他揾到村里最老最老的老人，老人想了许久，才说："我还是小孩子的时候，就听老人说从前有个樵夫，进山砍柴冇返来。有人说是跌下深涧死了，有人说是被野兽食了。他的妻子也回了娘家。”樵夫说：“我无死啊！我离开村子还唔到半日呢。我返来换斧头柄，还要进山砍柴呢！”

村里人听了非常惊讶，以为他说的是疯话。后来经过细细盘问，也睇了斧头的标记，是本村铁匠老字号，才知道这个人真是几百年前失踪的樵夫。大家才知道，樵夫食了仙人给他仙桃子才有这样长寿。

村里的书塾先生知道此事，摇头晃脑地说：“此言非假也，有书为证：山中方七日，世上已千年。有物为证：烂柯也。此山名烂柯也。”

读书人总中意文绉绉的字眼，把斧柄叫“柯”，唔理大多数人懂唔懂。村里的老百姓对书塾老先生总是崇拜得不得了，于是，烂柯山的名字便传开了。

后来，很多人想入山揾神仙，但无兔子引路，谁也揾唔到。

讲述者： 陈雄
整理者： 梁怡
采录地点： 高要县金渡镇
采录时间： 1986 年 3 月
流传地区： 高要区、端州区、鼎湖区
原载本： 《广东民间故事全书·肇庆·高要卷》

附记

该故事类型在广东粤语地区流传广泛。除了本篇之外，还流传有封开县的《皇子遇仙人》和《连基佬遇仙》等异文。

27

乞丐老人点金

相传以前有一姓善的人为儿子办婚娶。宴席间，门外来了一个穿破衣烂襟的老人，双脚长恶疮，披头散发。这老人手持拐杖和瓦钵在门口乞讨。善家人觉得可怜，就递些剩饭菜汁给他，可他唔要，要求设一丰盛的单人席给他，他才食。姓善的人十分同情，又觉得儿子此时在办婚事，让他食餐饱的就是了，于是依他所讲的做了。但见他放开肚皮饮得酩酊大醉。饭饱酒足后，又向善家提出到结婚用的新人床休息一会再走。善家的主人以慈悲为怀，也依了。只见这老人进得新人房后，又呕了两堆脏物在地，然后昏昏沉睡。这个时候，亲朋戚友见此情景都说善家太笨，而且笨得出奇，对这个寒酸的陌生人如此厚待，有失主家的面子。但他们哪里知道这姓善的人历来都是很怜惜那些穷人的。

寒酸老人瞓醒后，拍拍屁股就走。他的脚刚踏出门口，新人床上突然出现很多金子，连地上他呕吐的两堆难闻的脏物都变成了金子。这时亲戚朋友们才知道是神仙有意来打赏专门布施行善的人。

讲述者：崔雄伟
整理者：麦有安
采录地点：稔村镇坝圹村
采录时间：2009 年 3 月
流传地区：新兴县稔村镇
原载本：《广东民间故事全书·云浮·新兴卷》

异文：百忍堂

从前，有一户人家，家庭和睦，尊老爱幼，热情好客，礼貌待人，乐做善事，遇事忍让。村里人就送了一个“百忍堂”的名号给他们。后来“百忍堂”的名字越传越开、越传越远，很多人都想去睇睇他们怎么个“忍”法。一日有一个神仙路过那里，也想去睇一睇，于是便装成一个乞丐来到百忍堂门口。百忍堂的人睇见他，就很客气地请他进屋，嘘寒问暖，又拿出饭来给他食。行乞老人向他们讲了自己几十年来的辛酸遭遇。百忍堂的人听了老人的凄凉身世，就叫老人先住下来，安心养病，等病好后再走。经过百忍堂的精心照料，老人的身体渐渐恢复了健康。一住唔觉半月多，百忍堂的人说：“过两日是我哋四少爷结婚日子，你老人家等喝完喜酒再走吧。”

到了四少爷成婚日子，百忍堂家里宾客满堂，远近的人都来庆贺，非常热闹。百忍堂的人对老人也像对待自己的亲戚朋友一样热情招待。按惯例，结婚第二日早上新婚媳妇要倒水给家公、家婆洗面。百忍堂的人无忘记这行乞老人，也叫新媳妇倒水给老人洗面。由于老人身上和面上的脓疮还无全好，洗下的水是相当污秽的，行乞老人就叫新媳妇把这些污水用坛子装起来，放在新房里。因为百忍堂里的人都要求能忍耐——尤其是新媳妇——因此，新媳妇无半点怨言照办了。

第三日早晨，新媳妇又给老人端去洗脸水，却唔见老人，只睇见台上放有张纸条。但新媳妇唔识字，便拿给家公睇。老爷一睇，大吃一惊，才知那行乞老人是个神仙。老爷便按照纸条上的吩咐，叫新媳妇拿出昨晚的那坛臭水。新媳妇揭开盖子一睇，哪里还有什么臭水，里面竟是满满的一坛金子银子。

整理者：杨永平，时任江口文化站长
流传地区：肇庆市封开县
原载本：《中国民间故事集成·广东卷·封开县资料本》

28

寻好穴唔遇

古时候，在广东做大官的甘白水，发梦都想做王。一日，他把自己的心事告诉心腹师爷，师爷说：“做王先要有出王的风水山。否则，做了王也坐唔稳。”甘白水于是下令，把各地有名气的风水先生请来，宣布：“谁为我揾到好山，就重赏谁。”

这班风水先生，一怕权势，二想领赏，三显本事，便四处寻龙追脉。有几个从北到南，翻山越岭，直追寻到新会崖南白鹤穿云山来。他们认为，白鹤穿云山是上好名山。好山还要选正穴位。正穴在哪里呢？人多口杂，有说以水为云，有说以山为云。议来议去，各有各的意见，又谁也唔敢肯定，只好一齐返回广州，向甘白水复命。

那班风水先生，凭三寸不烂之舌，大吹牛皮，把白鹤穿云山说成独一无二的好山。甘白水愈听愈高兴，恨不得立即就去葬山。他的师爷说：“葬山要择个好日子。张天赐择的日子最准，去武当山请教他吧！”甘白水做王心切，立即起程去武当山，拜访张天赐，说明来意，请他主持择日。张天赐闭眼卜算一番，说道：“那山确实不凡，不过要有仙人引路，才能揾到正穴，这就睇你的福气了。”又择定日子，告诉了甘白水。

甘白水拜别张天赐，日夜兼程，赶回广州，与师爷商量，即日开始筹备。待到择定的日子，动用了十多艘大帆船，从广州白鹅潭起航，沿珠江水南下，驶入银洲湖，出崖门口，停泊在崖南“企人角”。

上岸的跳板还未搭好，有个跛脚老人前来求乞，并指说岸上唔远地方的石潭里，有条大鲤鱼，叫他们去捉。船上的人哪里相信？又是笑他傻，又是骂他：“有鱼唔捉，宁来乞食，分明吹牛未精。有米倒落海[1]，也好过给你。”乞食老人被奚落一番，便空手离开。

跳板搭好，船上的人纷纷上岸去松筋活络。有的来到乞食老人指说的石潭边，只有五寸水深的石潭里，果然有一条十几斤重的大鲤鱼，半身露出水面，两鳃又张又合，活生生的，令人惊奇。甘白水前来一睇，回心一想，料定那个乞食老人唔系凡人，即下令随从，要去追寻返来。但是，乞食老人早已走得无影无踪了。

甘白水见揾唔到乞食老人，悔恨莫及，便领着随从，沿崎岖山路，由洗鱼湾山边，经车磨山颈，绕入黄坑仔时，他坐的轿子突然断了一条轿杠。轿夫正彷徨无主，有个斩竹子的樵夫出现，拿来一尺长的竹片，对轿夫说：“给你扎吧！”轿夫见竹片这么短，扎轿杠唔够两圈，实是有意取笑，无名火起：“扎你条命吗？搞笑行[2]远点，唔好在这里添麻烦。”好心的樵夫得唔到好报，一声唔响，悄悄钻入竹林去了。

轿夫一时揾唔到别的绳索来扎紧轿杠，正束手无策。有个轿夫出于无聊，拿竹片在轿杠上缠了缠。想唔到缠了一圈又一圈，愈缠愈长，好像扎唔完似的，大叫奇怪。坐在轿中的甘白水猛然心动，说：“坏了！那是仙人，快给我揾返来！”竹林密密麻麻一大片，纵是人在也难揾着，何况是仙人呢？轿杠扎好，便继续赶路。

来到柚柑坑口止步。那班风水先生，指手画脚，口若悬河，有声有色，大赞此山不凡。说得甘白水头点点，心甜甜，喜滋滋，问：“你哋认为正穴应该选在哪里？”风

[1] 倒落海：方言，倒进海里。

[2] 行：方言，走。

水先生被问住了。他们知道，眼前这个甘老爷，唔系普通人。无足够把握，谁敢信口开河呢？若是稍一葬错，后果将唔堪设想。当场鸦雀无声，决定再揾。

过了一阵，大家从山脚走上山顶，从这个山头走到那个山头，边走边说，吱吱喳喳，争论不休。甘白水跟着、听着，过去寸步唔离轿门的官老爷，早已走得气喘脚软，身疲力倦。风水先生又是说东又道西，模棱两可，他更是六神无主。忽然，有个身着泥斑衫、穿条牛头裤、肩扛一把锄的老农民走来，站在一旁似在睇热闹，自言自语说："远在天边，近在眼前。"那班自命唔凡的风水先生，见来人这般打扮，唔放在眼里；听他这么插话，怒得碌眼吹须。有人指责道："周身唔自量，满脚牛屎，讲什么天经呢！"有个气势汹汹说："快走开！唔好在这里阻头阻势[1]！"那个老农夫唔怒唔笑，默默向山下走去。走了几步，高声唱道："三次化形远来传，若有真诚愿指引。为何眼睛只有三尺远，最后难逢吕洞宾。"歌声一落，人影唔见。

甘白水听到，顿足捶胸，长叹一声："我甘某人无福葬此山啦！三次遇仙，都被你哋这班饭桶赶走。"眼睇太阳快要落山，只好下山回航。

甘白水寻穴唔成，美梦尽销，只留得一条宝篾。回到广州，望见海关楼顶大钟，想试一试宝篾可否吊起钟砣。叫人一试，果然吊起几百斤重的钟砣，且唔长唔短，恰到好处。人人都说奇！是宝！

当时，竹篾吊大钟，成了广州一大奇闻。过了几个年代，就唔引人注目了。后来，有个外国商人见了，愿打条金链换竹篾。无知的贪官满口应承。外国商人一走，那贪官打了条铜链换金链。后来的贪官，又打了条铁链换铜链。到了实在无法再代换了，这才了事。

搜集者： 黄金友，男，约56岁，崖南交贝石农民

搜集时间： 1988年

流传地区： 新会县

原载本： 《中国民间故事集成·广东卷·新会资料本》

[1] 阻头阻势：方言，碍手碍脚。

附记

该故事类型在广东粤语地区流传广泛。除了本篇之外，还流传有广宁县的《不识神仙》等异文。

29

金指

一日，理发店的店主李六接待了一位奇怪的顾客——光头和尚。

面对和尚那个光头，李六唔知该如何下手，便问和尚："客官，请问理哪里？"

和尚粗声大气地说："你睇住办吧。"

李六只好拿起耳挖给和尚挖耳屎。怪了，耳朵像个无底洞，耳挖从右耳伸入，竟可从左耳穿出。李六心中有数，知道和尚是神仙。

一会儿，和尚起身便走，李六紧随其后，钱唔收，生意都唔做。他们一前一后来到一片茂密的树林里，和尚倒地就瞓，一瞓就是两日两夜。可怜李六为盯住和尚强睁着眼无得瞓。待和尚醒来，李六忙跪在他跟前说："师傅，你是神仙，求你救救我这个潦倒的穷苦人吧。"和尚唔理他，只顾走到一堆黄澄澄的人粪前，捧起来食得津津有味。李六睇傻了眼，和尚指了指那堆粪说："来，你都食点。"李六想："他食了平安无事，我唔妨食点试试。"当他伸手去蘸粪时，食指马上变得金光闪闪。

李六慌忙走到和尚面前说："哎哟，师傅，我的肉指为何变成金指啦？"

和尚告诉他："金指能医百病。得了什么病，指一指，病即解。不过你千祈要记住：给贫苦善良人睇病唔好收钱，给富人财主睇病可照收。"

李六说："师傅请放心，我会做的。"

不久，他开了间诊所，果真按照和尚的吩咐去做。很快，远近闻名。穷人们奔走相告：金指先生能医百病。

本地有名的大财主盛满，与金指先生攀上了亲，将俏丽的女儿嫁给他。狗上瓦坑——有条路[1]，这是为了控制李六。盛满摆出丈人的架势，要挟金指先生说："从今以后，穷鬼睇病要收钱，富人唔收。"金指先生问："师傅知道了点算？"盛满嘲笑说："你真傻，那光头和尚还在天边，点知！"

从此，金指先生把师傅的嘱咐颠倒过来，蔑穷尊富、欺善扬恶。穷人指着他的脑背骂："哼，真是个吸血鬼！"

一日，有位衣衫破烂的穷老汉来到诊所，说要揾金指先生睇病。守门人讥笑他："有钱吗？你付得起诊费吗？我哋先生是唔会给你这个穷光蛋睇病的。"

穷老汉笑着说："等住来吧。快去通告李六，就说师傅来了。"

金指先生无出来，倒是来了四个打手，揪着老汉往里走，骂着："你狗胆冒认先生的师傅，先生说要打断你的筋骨！"

来到正厅，金指先生闭着眼问："穷老汉来了吗？"打手们望了望，蒙了：刚才押进来的是个瘦小老头，点解现在变成了个肥大和尚？哎呀，中邪了！打手们来唔及答话就全都吓得跑开了。

听唔到回声，金指先生睁眼睇睇，见师傅站在面前，立刻明白了是怎么回事，便"扑通"一声跪在地上磕头，哭丧着脸说："师傅原谅，师傅原谅……"和尚哼了一声，眨眼间便化烟而去。

从此，李六的金指变回肉指，睇病再唔灵验了。

盛满见李六已无油水可捞，赶快把女儿及诊所赚得的

[1] 狗上瓦坑——有条路：瓦坑即屋顶。狗是不会爬墙攀壁的，狗居然能爬上屋顶，说明肯定是有一条路让其上去，因此该歇后语比喻事出有因。

钱带返屋企，再唔让李六踏他的家门。李六身无一文，只得回到理发店干老本行，生意淡如水。穷人家都清楚他的为人，谁都唔理睬他了。

讲述者： 邓秩英，男，67岁，工人
整理者： 陆峰
搜集时间： 1980年10月
整理时间： 1987年5月
流传地区： 三水县芦苞镇
原载本： 《中国民间文学三套集成·广东卷·三水县资料本》

附记

该故事类型在广东粤语地区流传广泛。除了本篇之外，还流传有乳源瑶族自治县、乐昌市的《金手指》等异文。

30

报应

从前有两兄弟。哥哥是个狠心的人，好食懒做，又好赌钱。他变卖了父母遗下的几分瘦田，终日在圩场鬼混。细佬得唔到父母的遗产，又唔能指望哥哥照顾，只得打柴度日。

一日，细佬上山打柴，归途中，觉得又饿又累，便坐在树荫下休息。这时，一位老人从山上走下来，对他说："打柴的，饿了吧？"细佬点点头，老人从葫芦里倒出一粒橄榄似的丸子给他，说食落去就无事了。又吩咐他每日都来这里等候。说罢，就下山去了。细佬吞了丸子，肚子果然唔饿了，挑起柴担来也觉得轻了许多。

从那日开始，细佬按照老人的吩咐，每日打柴返来便在那里等候老人。老人总是依时而至，并给他一粒丸子食。接连十多日，日日如是。

再说，那哥哥终日唔见细佬煮粥煮饭食，精神却一日比一日好，就问细佬系唔系食了仙丹。细佬为人直肠直肚，把遇到老人的事告诉了哥哥。哥哥听后，想道："细佬怕是遇到神仙了，自己点解唔去碰碰运气？"

第二日，哥哥把细佬关在家里，自己假装上山砍柴去

了。像细佬告诉他的那样，无多久，他就见那老人从山上走来。老人走到哥哥面前，发现唔系细佬，转身便走。那哥哥急忙拉住老人哀求，老人拂开他径直往前。猛然，哥哥发现老人背在身后的葫芦，就一手抢过来，把葫芦里的丸子倒了一把在手中。老人一见，连忙大声说："唔食得！"哥哥怕老人夺回丸子，慌忙把它塞进嘴里，吞了落去。老人连声叹着"报应，报应！"上山去了。

那哥哥吞下丸子后，霎时觉得全身发痒。仔细一睇，发现自己身上长满了毛发。一气之下，竟把衣服扯得粉碎。他又惊又怕，正想呼叫，却喊唔出声来。用手摸摸屁股，竟摸到一条小尾巴，急得他三蹦两蹦追上山去。在山神庙门前，那老人转身对他说："这山林就是你的家，你唔需返去了。"说完，转眼就消失了。

再说细佬，见哥哥一夜唔返，便到山上去揾。他来到山神庙前，睇到一头大马骝[1]蹲在门口的大树下望着他流泪，觉得很奇怪，便走进山神庙里去睇个究竟。进了大门，细佬一眼认出庙里供奉的山神正是日日给自己丸子食的老人，心里顿时明白过来。原来那流泪的马骝是自己狠心的哥哥变的。

讲述者： 刘二妹，女，85岁，农民
整理者： 李广惠
整理时间： 1987年3月
流传地区： 三水县芦苞镇
原载本： 《中国民间文学三套集成·广东卷·三水县资料本》

[1] 马骝：方言，猴子。

31

人心比天高

从前有个做酒、磨米、养猪的人，晚上做梦梦见神仙。他求神仙道："我太辛苦了，能唔能帮助我呢？"神仙说："可以。"

第二日，他发现自己的井水都变成了酒，这样他唔用自己做酒就有酒卖了。有一次，来了一个衣衫破烂的老头来买酒，对他说："真好，唔做酒就有酒卖，发财啰。"他说："好是好，就是无酒糟喂猪。"那老头走时留下几个字给他："天高未为高，人心比天高；井水化为酒，又嫌猪无糟。"

后来，井里的酒又变成了水。

讲述者： 梁惠英，女，68岁，莫村镇平岗村
采录者： 陈锦仙，女，30岁，莫村镇文化站干部
采录时间： 1987年5月2日
流传地区： 德庆县
原载本： 《广东民间故事全书·肇庆·德庆卷》

附记

该故事类型在广东粤语地区流传广泛。除了本篇之外，还流传有佛山市南海区狮山镇小塘社区的《人心更要高》等异文。

32

神仙降临

好久好久以前，南街新宁北路住的大多是富户商家，只是街尾有间摇摇欲倒、落雨要盆仔[1]装雨漏水的茅屋，住着一孤苦伶仃的老太婆，靠拾破烂过日子。

有一日，这条街的人忽然喧闹起来。唔知从哪里传来消息说有一位神仙将会降临小镇，经过这条街，大家都兴高采烈。有钱人家为表示对神仙的恭敬，亦借这个机会显显自己的富有，争相在自家门前街道铺上地毯，挺起肥嘟嘟的身子在街道两边等候神仙到来。老太婆亦拿出自己的穿窿[2]烂草席铺到巷道中间。一个阔少爷见老太婆的草席靠近自家毯子，走过去飞起一脚，将烂草席踢出十多尺远，挖苦说："一张破烂东西，也想沾神的光？哼！"

老太婆心酸落泪，但敢怒唔敢言，只好在百步远的地方，重新摊好草席。

迎仙的人群从日出盼到正午，个个伸长颈向街头那里望，唠唠叨叨，但又怕走开错过这个千载难逢的机缘。

[1] 盆仔：方言，小盆。
[2] 穿窿：方言，破洞。

"恐怕，神仙早就过去啦。"终于，有个财主忍唔住小声说。

他话一出口，立刻引起共鸣："是呀。"

"咳，如果神仙来，天空肯定会出现祥云，神仙也会成身[1]生辉！"

正议论着，忽然人群骚动起来，刚才讲话的那个白秀士一睇，只见街口那边传来一阵嗷嗷的猪叫声。一只瘦骨嶙峋、成身沾满泥的猪乸摇摇摆摆向这边走来。有钱佬见了都恐怕整污糟地毯，只好各自收起来，捂着鼻远远闪开。这只猪乸好似故意为难这些人一样，这里闻闻，那里嗅嗅，一摇二摆，时不时昂起头叫几声。

猪乸行到老太婆的烂席前，停了落来，望望老太婆。老太婆见这只猪乸瘦得皮包骨，联想到自己身境，同病相怜起来，便拿出半碗残菜剩饭倒落盆里给猪乸食。

猪乸食完残饭，心满意足拉长声叫了几下，然后行入[2]茅屋，将身子一抖，身上的干泥巴嗒巴嗒掉下来，全都变成金银珠宝。光灿灿，耀人眼目。老太婆睁大眼，只见一道紫光冲上天去，这只猪乸早就连影都唔见了。老太婆这时才明白猪乸原来是神仙变成，慌得她"扑"一声跪落地，向飘去的七彩云拜了好久。

讲述者： 梁兆荣
整理者： 陈少华
整理时间： 1987 年
流传地区： 广宁县
原载本： 《广宁民间故事集》

[1] 成身：方言，全身。
[2] 行入：方言，走进。

33

穷二哥仙缘

旧时绥江边有个撑艇佬，十几岁就开始撑横水渡了。因排行第二，人们叫他撑船二哥。由于穷，三十几岁还未娶老婆。

撑船二哥心地很好，唔理刮风落雨白天黑夜，只要有人叫过渡，他都给人撑艇。有时正好煲饭，听到对岸喊："撑船二哥，撑艇过来哩！"他就"嚓嚓"把火整黑，过去把客人渡过来，然后才重新点火煮饭。

有个神仙知道了这件事，想试探一下撑船二哥的心。这日，他睇着撑船二哥点火煲饭，就化作一个女仔[3]，在对岸喊："老表哥呵，撑艇过来哩！"

撑船二哥一听，连忙整黑饭火，把艇撑过去，接那女仔过来。女仔走上岸后，二哥才又重新烧着火。

谁知火刚刚烧猛，那神仙又化作个过路客商，在对岸喊："撑船呢位[4]老兄，请撑艇过来！"

二哥又整黑火，过去把那个客商渡过来！客商走后，

[3] 女仔：方言，女孩。
[4] 呢位：方言，这位。

他再点着火。过了一会儿，差唔多饭滚时，神仙又变作个老太婆站在对岸叫："撑艇的后生哥！快点撑艇过来！"二哥又把饭火弄黑……

这样好几次，他始终未能将饭煮熟，瓦煲里的米都沤出浆了。那神仙很感动，就变出个白发老人，再次过河后，送给二哥一幅画。

画里画的是两个靓女仔，一个红衫，一个绿衫。二哥很中意，就把它挂在艇篷上。

谁知，过渡客都被这幅画迷住了，一个个都赞不绝口。许多人过了渡唔肯上岸，又转头搭返来，来回几次才离船；有的人本来唔需要过渡，为了睇靓女画，也跑来过几次渡。结果是每撑一渡都载满人，艇身侧侧[1]好危险。日日都这样，使二哥感到很为难。

过了几日，那神仙又来了。二哥见到，就对他说："老伯，这幅画就请您拿返去吧。"

神仙笑着说："你唔中意[2]吗？"

二哥说："中意就好中意啦。不过，过渡客人见了这幅画，睇得迷了，都唔肯上岸。"

神仙说："你点解唔把画挂返屋企去呢？"

二哥说："我屋企得间烂屋，我都无返去住。"

神仙问："有无两三桁瓦遮住？"

二哥说："瓦唔只两三桁。"

神仙说："那么你就挂返屋企去吧。"

于是，二哥就把画挂返屋企去了。

第二日，二哥正要煮饭，有个人对他说："二哥，你家有人煮饭了。"二哥说："你车大炮都唔会车[3]，我家里无人啦。"

那个人说："你唔信，担高头[4]睇睇。"

二哥担高头，果然见到自家屋顶起火烟。他觉得奇，就上岸返屋企。差唔多到门口，听到里面有人讲话，但门锁却无开。等他开门进去，却唔见人，只见台面摆满热辣辣[5]的鸡公酒肉菜，锅头里是白米饭。他出去问左右邻里，无人知是谁煮的。问来问去肚饿了，唔理三七廿一，食了一餐饱。

第三日午时，他又见到自己屋顶火烟起，就快快上岸，轻轻走返屋企门口，从门缝望入屋，见到有两个很靓的女仔，一个红衫，一个绿衫，正在烧火煮饭，那张画只剩下一张白纸。他知道是仙女，就悄悄开锁，然后猛一下推开门冲入屋。两个仙女慌了，绿衫的近窗口，跳出去跑了，红衫的躲进一把竹柴后边。二哥跑去一下抱住竹柴，把红衫仙女捉住了。这仙女就做了二哥的老婆。

从此，二哥唔用自己煮饭了，餐餐有人送饭到艇头，生活很美满幸福。

第二年，他老婆生了个仔。他因自己一生诚实待人，就给仔安了个名叫守诚。

守诚六岁时，二哥的老婆对二哥说："我本是天上仙女，因同你有缘，下凡同你做夫妻七年，天上是七日，今要返去了。你也是天上神仙，因有过失被贬下人间托世做撑船佬赎罪，今日也够期了，跟我走吧。"

二哥明白了根源，但有点担忧，说："那么谁照顾守诚呢？"

他老婆说："守诚聪明，有名叫'灵过鬼[6]'，唔需担心他。"二哥放了心，就跟老婆走了。

这个守诚果然厉害，唔够十岁就晓天文地理。他云游四方，给人算卦问卜报晴雨。说某月某日某时至某时，落几大雨[7]，吹几大风，都好准。后来游到长安，把水龙王生日请酒的日子告诉一个打鱼的穷佬仔，使这个穷佬仔一网捉了成千斤鱼虾。水龙王要报复他，变成人来问雨，借下错雨量来拆他招牌，谁知触犯了天条，被李世民的大臣魏征发梦斩了龙头哩！

讲述者： 郑嗣珍

整理者： 郑国宗

[1] 侧侧：方言，倾斜。

[2] 中意：方言，喜欢。

[3] 车大炮都唔会车：方言，说谎都不会说。

[4] 担高头：方言，抬起头。

[5] 热辣辣：方言，滚烫的。

[6] 灵过鬼：方言，比鬼还聪明机灵。

[7] 落几大雨：方言，下多大的雨。

整理时间：　1987 年

流传地区：　广宁县一带

原载本：　《广宁民间故事集》

34

赌神显灵

从前，一个叫孙万胜的人，继承了父亲的家业，成了香山城里的大财主。孙万胜自幼好赌，父亲在世时，还多少有些节制，只输点小钱；如今父亲一死，无了管束，便由着性子，整日泡在赌场里。短短半年时间，几乎把厚实的家业输光了。

这日，孙万胜与人豪赌，输掉了最后一块田产，情急之下又把房屋押上，想作最后一搏，结果还是输了。

等到他把房契交到别人手上的时候，才忽然清醒过来：糟糕！无了房子，这一家老少去哪落脚啊？他怎么向家人交待呢？孙万胜唔敢返屋企，他也无家了，只好一个人失魂落魄地往香山城外走去。唔知走了几久，孙万胜来到一片荒野，双腿累得发软，便往草地上一倒，迷迷糊糊地瞓着了。

孙万胜做了一个梦，梦中他进了一个大赌场，里边人来人往，吆五喝六，好热闹。他身上无钱，只好站在一边睇别人玩。这时，赌场的老板招呼孙万胜过去，让他站在旁边仔细睇。孙万胜睇了半日，发现老板的赌技很高，一直在赢钱。他心想，要是老板教他几手赌技，那该多好啊。

正这么想着，老板对他说：“走，到那边屋去，我教你几手。”从屋里学了几手赌技出来，孙万胜好欣喜，便开口向老板借银子，想马上再去赌场试试身手。谁知老板大喝一声：“这里唔系你玩的地方，快出去吧！务必记住，等你光复家业之后，唔可以再赌！”

孙万胜经这么一吓，从梦中醒了过来。回忆刚才学的那几手赌技，还真是绝妙异常。他决定马上回到赌场一试身手。去赌场的路上，他碰到一个旧时赌友，便开口向他借几两银子做赌本。这赌友碰巧今天赢了唔少，心里一高兴，就扔给孙万胜一锭银子。

孙万胜用这锭银子做赌本，用刚学返来的赌技，竟然连赌连胜，很快便赢回了房子。又过几日，便收回了父亲在世时的全部家业。

这时的孙万胜沉浸在胜利的喜悦之中，早忘了梦中的嘱咐，日日泡在赌场里。唔到半个月，他几乎赢遍了全城所有的赌场高手，把以前的家业翻了好几倍。孙万胜如此迅速的崛起，成了香山赌界的一个奇迹，城里再也无人敢跟他赌了。这让孙万胜寂寞难耐，他打算过几日出门，到外地去揾人赌。

就在孙万胜出门前一日，一个自称“赌圣”的外地人，慕名前来和他斗赌。

这一赌之下，孙万胜全部输清光。他原以为自己的赌技已天下无敌，谁知在这位“赌圣”面前，竟如此不堪一击。等孙万胜醒过神来，决定拜“赌圣”为师时，“赌圣”早已出门走远了。他还唔死心，骑上一匹快马去追，终于追上了。

孙万胜从马上跳下来，“扑通”一声跪倒在“赌圣”面前，恳求道：“大师赌技神乎其神，让在下佩服得五体投地，请大师收我为徒吧！”

“赌圣”叹息道：“孽障啊，你可记得上次梦中之事？那个教你赌技的人就是我啊！你可知道我是谁？我是阴间的赌神。上次，你输光了所有家业之后，你父亲百般恳求我教你几招，好让你光复家业，并嘱咐你唔可以再赌。谁知你执迷不悟，嗜赌成性！须知赌场无赢家，你如此落去，终究会输得一败涂地。”“赌圣”摇了摇头，接着说道：“你父亲辛苦半世积下的家业就这样败于你之手，他九泉之下怎能甘心？因此又哀求我来点醒你。我本来就对你无一点好感，唔想答应，但又唔便严辞拒绝，便提出与你父亲赌一场，若他能赢我，我便答应他。我自以为稳操胜券，谁知你父亲一片爱子之心感天动地，竟让我莫名其妙地输了。你若再辜负你父亲的良苦用心，天理不容！好自为之吧。”

“赌圣”说罢，一转身便唔见了踪影。

孙万胜听了这番话，幡然悔悟，返屋企后断指发誓，从此终生戒赌。

整理者： 龙戈
采录时间： 1982 年
流传地区： 中山县红旗公社
原载本： 《广东民间故事全书 · 中山卷》

（四）鬼故事

35

水鬼升城隍

从前，有个撑船佬[1]靠在河涌摆渡客人为生。每日晚上，都有个人提着鱼肉到船上和撑船佬宵夜。

这晚，船刚靠岸，那人就提着一条大鲩鱼、一瓶酒走上船说："大哥，今晚炆鲩鱼，我哋不醉不休。明日，我要娶老婆了。"

"从未听说过你已揾好女子，点解明日就成亲了？"

"我什么时候娶老婆都可以。我唔系人，我是水鬼呀。"

撑船佬大吃一惊，强作镇静问："你要娶谁的女儿为妻？""猪佬的老婆只有二十一二岁，生得很标致，我早就睇上她了。"

"谁给你做媒人呢？"

"一顶竹帽。"

"明日几时成亲呀？"

"明日午时。"

第二日中午，撑船佬用锅底灰抹黑自己的脸，坐在码头上。不久，睇见猪佬的老婆到涌里洗脚，"啪"的一声，头上的竹帽掉到水里。她伸手去拾竹帽，帽却越漂越开。她一步步往水里走。这时，撑船佬在码头上一跃而起，跑到涌里把她拉上来，把她送返屋企去，对猪佬说："水鬼要娶她，今日唔好让她出门。"

猪佬夫妻两人对撑船佬千恩万谢。

晚上，水鬼又提着鱼来了，一上船就咬牙切齿："大哥，有个花脸鬼真可恶，拆散了我的姻缘，气死我了。"

撑船佬说："有这样的事，我怎么无睇见那花脸鬼？哦，大概我撑船到对面去了。细佬，唔急，比她年轻漂亮的女人有好多。睇中了，再娶也唔迟。"

过了半个月，水鬼对撑船佬说："大哥，想来想去，我觉得收养一个儿子比娶老婆好。"

"你睇上了谁的儿子？"

"村边第一间屋那个孩子有六七岁了，长得精乖伶俐，逗人中意。"

"细佬，你的眼力真唔错，这孩子的确人见人爱。你打算几时要他？"

"明日午时。"

"什么做媒？"

"脸盆为媒。"

第二日中午，撑船佬叫别人把船撑到对岸，他自己又用锅底灰抹黑脸，坐在码头上。

小孩子食过午饭，捧着脸盆到涌里摸鱼虾。盆一放进水里，就往涌中心漂。小孩子伸手抓唔到脸盆，正要移步向前，撑船佬急忙跑进涌里把他抱返屋企，对他父亲说："把他关在屋里唔好让他出去玩，水鬼要收他为养子。"

孩子的父亲连连拱手说："感谢恩人。感谢恩人。"

晚上，水鬼气冲冲地对撑船佬说："这杀千刀的花脸鬼，今日又同我作对，让我唔可以收养儿子！"

撑船佬说："细佬，唔值得为这事发火。如果你收养了儿子，如今还在忙着伺候他呢，哪能像现在这样，自由自在同我一起饮酒宵夜？"

水鬼一想，觉得也有道理。

过了两个多月，水鬼兴高采烈地对撑船佬说："大哥，

[1] 撑船佬：方言，船夫。

这次我唔想娶老婆，也唔想收养儿子。张天师下了柬贴[1]，提升我为城隍庙的菩萨。”

“细佬，你有今日，全靠我。”

“大哥，此话怎讲？”

“是我用锅底灰抹黑脸，阻止你娶老婆、收养儿子。如果你害了两条人命，会提升你做城隍庙的菩萨吗？”

“对，对。大哥，真系多得[2]你了。后日，我就要升座了，我让你得到一千两银。”他如此这般说了一通。

升座的时间到了，撑船佬走进城隍庙里说：

“这菩萨的头垂下唔得，把头抬起来就好了。”

庙里的道士见他指手画脚，便顶撞他：“你造一个抬头的菩萨给我哋睇睇。”

撑船佬说：“唔需重新造，我只说三句话，他自然会抬头。”

道士心里想：这小子胡说八道。菩萨是木头雕刻成的，怎能说三句话就会抬头？他对撑船佬说：“你能叫菩萨抬头，我哋给你二千两银；你唔可以让菩萨抬头，就赶快走出庙去，别在这里多嘴多舌！”

撑船佬说：“我唔要二千两银，只要一千两就够了。你哋睇着。”他转身面对菩萨，一边作揖，一边说：“细佬，阿哥来拜候你了。细佬，阿哥来拜候你了。细佬，阿哥来拜候你了。”

那菩萨果然一点点把头抬起来了。道士无话可说，只得乖乖地给了撑船佬一千两银。

讲述者： 张日带
整理者： 覃志端
采录时间： 1987年6月11日
采录地点： 联星村
流传地区： 肇庆地区
原载本： 《民间传说故事集成》

[1] 柬贴：请帖。
[2] 多得：方言，多亏。

附记

该故事类型在广东粤语地区流传广泛。除了本篇之外，还流传有中山市的《水鬼的故事》等异文。

36

鬼妻

传说在一百年前左右，乾务乡有一个农夫娶个女鬼做老婆。生有个儿子，外号叫“鬼仔裕”。

原来这个人在浮竹坑[1]开了几片稻田。一日夜里，他放田水，忽然听到一个女人在山脚悲痛啼哭，就走到她的身边问：“天这么夜，你点解还唔返屋企呢？一个女人家夜间在这里会出事的呀！”女人说：“我的悲苦你唔知。我是远方人，被拐到澳门做娼，我坚决唔从，寻了机会逃出来。如今到处流浪，乞食度日。”这人很可怜她，心想自己又单身一个，便说：“若果你唔嫌我家穷，就跟我返去吧。就是乞，也两个人抬个篮！”女人说：“你好心，我有什么嫌弃的呢！”

于是，他们两人便一起过日子，后生了两个儿，男勤女俭，一家四口，清茶淡饭，总算过得落去。

一日，有个和尚来化米，认出这女人是个鬼，决定把真相对她丈夫讲清楚。和尚把女鬼的丈夫揾来，单刀直入地问：“你的老婆是露水之妻吗？”“是！”和尚又问：“人品好吗？”“好！”和尚说：“不过，她是个鬼变成的，你知道吗？你的两个儿子，你睇出有什么问题吗？”女鬼的丈夫将信将疑地说：“我睇唔出我老婆有什么特别的地方，两个儿子也五官端正。”和尚说：“你两个儿子，有一个在阳光下是无影子的。这样吧，我送给你一对灵符，你返屋企一试便知真假了。如果是真的，你自己处理好。若果是假的，你上和尚寺来骂我！”临行又吩咐他如此这般一番。

女鬼的丈夫果然照和尚的话去做。乘妻子去挑水，他将灵符贴在门上。女鬼挑水返来立即大叫起来：“你怎么砍堆簕拦在门口啦！快搬走呀！”丈夫一听：唉唉唷！大师讲的果然无错。便缩在屋里唔敢声。女鬼见丈夫唔出来，就把邻居大叔婆叫来，说：“大安人，我讲与你知，我同他已经做了几年夫妻，今日他平白无故乘我去挑水，用堆簕拦在门口，唔准我入屋。他就是唔要[2]我，也要当面讲清楚呀！”大叔婆睇了睇门口，说：“无簕拦在门口呀！”女鬼说：“你肯定帮他，哪里会帮我的！”这时，他丈夫偷偷地将和尚的话讲给大家听。

一位大婶走过来说：“人也好，鬼也好，俗语讲一夜夫妻百日恩。你哋就算分手，亦要分得欢欢喜喜呀！”女鬼说：“大婶讲得公道。你唔要我，大家讲好就得啦，何必用堆簕拦在门口呢？”农夫说：“我就系唔要你！”女鬼说：“无所谓。不过两个儿子，你要一个，我要一个。”于是，她丈夫便把那个无影子的给她，她带着孩子马上走了。

后来，鬼仔裕长大了。他爹想起鬼老婆对自己很温存体贴，就算是个鬼亦算得有情有义。想着想着，就到水流娘[3]去揾她。就这样，他常常在晚上一直坐到天亮，但总唔见老婆的影踪。每去一次，失望一次。一日晚上，他和儿子一同去揾，突然见儿子一边大声叫妈，一边向前扑去，连忙问儿子：“你阿妈在哪里？”鬼仔裕指着地下说：“她就在这里钻进去的。”后来挖开一睇，原来埋着的是一堆残骸。人们传说是受了日月精华，鬼魂才能变成人样。

[1] 现乾务水库东边一条山坑。

[2] 唔要：方言，不要。

[3] 水流娘：本地地名。

讲述者：周光斌
整理者：邝金鼻
流传地区：珠海市斗门县
原载本：《中国民间文学集成·广东省卷·珠海市斗门县故事资料本》

附记

该故事类型在广东粤语地区流传广泛。除了本篇之外，还流传有广州市海珠区的《鬼妻》等异文。

37

红花血案

相传，古镇西北马路旁，有一棵苍劲的千年古松。在松树边有几间小铺。虽然地处偏僻，但由于紧靠路边，白天倒常有过路人入铺饮啖凉茶、歇歇脚。因松树大而高，久而久之，这儿也就习惯叫作“古树店”。

离古树店北面十多里的地方，有一条姓钟的小村庄。村里有一个叫钟实的耕田人。他因为家穷，单身过着辛辛苦苦的日子；到了四十多岁，才娶了一个穷家女做老婆，马马虎虎凑成一个家。两口子死干烂做，日子才稍为好过一些。第二年，生得一个儿子。夫妻两人万分高兴，决定在满月那日，煮餐便饭，请亲友来食，庆贺一下。

转眼间，满月日子将近。钟实就去古镇大墟买些碗、筷之类的杂物备用。买齐用品后，用一长包袱扎好，拴在腰围上，就马上返屋企。因自己头发长了，路经古树店，顺便去剃头铺剃头。

剃头铺有两个剃头佬，一个高高瘦瘦，尖头尖嘴，一对小眼左转右转，人们都称他“竹竿鬼”；另一个中等身材，肥头大耳，不时咧开嘴，皮笑肉唔笑地招呼顾客，露出一副又黄又黑的狗牙，因而人们都称他作“烟屎牙”。

钟实入铺时，已是下午，路上行人稀少。“竹竿鬼”和“烟屎牙”整日无生意，正觉无聊。忽然来了一人，腰间胀鼓鼓的，他两人互相打了眼色，“烟屎牙”就笑脸相迎，并指指位置请钟实坐下。“竹竿鬼”即拿起家伙替钟实剃头。“竹竿鬼”一边剃，眼睛不断睇钟实的腰包；“烟屎牙”也在旁左转右转，想睇个明白。但是腰包紧紧贴身，又用长衫襟卷起，并坐在椅上，很难睇清。他们想：是什么东西呢？如果是唔值钱的，点解唔放下呢？况且用几层布包实，一定是钱银了。于是两人又互相打了几下眼色，好像决定行动一样。

头发剃完了，最后是用细刮刀取耳屎。“竹竿鬼”一边刮耳毛，一边叫钟实唔好动。而“烟屎牙”连忙出门口四周张望，见外边无人，就在门角拿起一个锤子，对准正在耳孔刮毛的刀把，用力一敲，刮刀从钟实的左耳入，穿过头颅从右耳出。钟实“唉哟”的一声，无流一滴血就倒下了。两人忙把死尸抬入后房，关了门，解开腰包，一睇，哪里有银子？原来是几只细碗和一些杂物。人已害死了，无得到半文钱，真系唔行运。事到如今，也只好错到底了。于是他们在房中把方砖撬起，挖一个几尺深的坑，把尸体埋落去，盖上土，再铺一层沙，照旧铺好方砖。几下手脚，就把事情办得干干净净了。

天黑了。钟妻见丈夫无返来，四处揾，但全无踪影。钟妻哭哭啼啼，忽然想起丈夫临出门时曾说过要剃头，她便急忙走去古树店的剃头铺查问。剃头佬板着脸孔说：“我哋铺仔[1]你来我往，什么姓钟的、姓埕（程）的，哪里知道！”钟妻拖着沉重的脚步返来。此后，只好独自带着儿子挨苦度日了。

时间一年一年过去了。剃头佬两人见无人查问此事，也慢慢唔放在心上了。

到了第五年，在剃头铺的房间，一夜间突然长出一株小苗，开了一朵美丽无比的喇叭形的大红花。花蕊不断散发出香气，惹得蜂蝶不断飞入房间。花色唔但鲜艳，还久而唔谢。两个剃头佬初见了，怕花树生烂地面，要铲掉它。但见是从砖罅生出来，唔会有什么问题的，也就任它了。这个消息一传出，周围的人来睇，都说花美；路人行过，睇过[2]花，也称赞不绝。

无过几日，剃头铺出红花的事，传遍方圆几十里，越传越神奇。大人、小孩都争着来睇。那两个剃头佬应接不暇，又惊人来多了，自己干的事会露馅，于是商量毁掉它。但回心一想，那件事这么久也唔见有人来追究过，而眼前剃头的生意又唔好，倒不如趁机来个入门睇花要收费，把它作摇钱树。人们为睇奇迹，也唔计较几个钱，短短时间，两人果然收入唔少。

再说钟实的儿子那时已经五岁了。村里的孩子去睇红花，他也哭着喊着要去睇红花。钟妻无办法，只得带着儿子，跟着人群，也来到古树店。一踏进剃头铺，那两个剃头佬见了，知道她就是自己以前害死的人的妻子，立即脸色变青。又见许多人来睇花，便装作无事的样子。钟实的儿子一见红花，连叫“好睇[3]”，并伸出手指着花。谁知这一指，红花突然整株倒下枯死了。两个剃头佬暗吃一惊，怕唔出声会引起人家的怀疑，便大叫大嚷，要钟妻赔花，开口要白银三百两。钟妻哪有钱赔呢？只好抱着儿子痛哭。好在有的睇花人在旁说好说歹，剃头佬才让钟妻返去，还声明三日后一定要拿钱来赔。

钟妻回到家里，回想起儿子一指，红花就倒，也感到十分奇怪。思前想后，都解唔开疑团。忽然想起丈夫临走时说过买齐东西便去剃头，一去杳无音信，一直生死唔明；今天剃头佬面色有些异样，莫非丈夫失踪与剃头佬有关？她就把事情的经过讲给村中一个有学识的老人听。老人听后，也说奇怪。思量了许久，就对钟妻说：“这样吧！我把这情况帮你写一张状子，你到官府去告状，睇睇怎样。”

第二日，钟妻安排好儿子后，便到县里呈递状子。那当官的是一个精明能干的清官，见状子后，觉得虽然证据唔足，但是这两个剃头佬确实可疑，便传讯钟妻，详细问明情况，叫钟妻暂时返去，唔好声张。当官的即化装为一个过路客，到剃头铺剃头，暗中察睇，发现长出红花的地

[1] 铺仔：小店铺。

[2] 睇过：方言，看过。

[3] 好睇：方言，好看。

方，几块方砖有些离罅，与别的有异样，返去后火速派出捕头捉拿剃头佬解县审问。剃头佬最初一口咬定唔识钟实其人，一定要钟妻赔花。官府马上派人到剃头铺后房挖掘，果然发现一副白骨，头骨里有一把剃头刮耳刀穿过，已经生锈了。物证放在“烟屎牙”和“竹竿鬼”面前，两人吓得脚骨打震，只好认罪了。

官府就把这两个剃头佬判处死刑，并没收其一切财产，交给钟妻养儿维生，一桩沉冤得以昭雪。

古树店周围的人一时都互相传说，这朵红花是钟实阴魂所化。

讲述者： 徐盈昌，男，76 岁，三华村人，上过四年私塾

整理者： 邝国钿

整理时间： 1987 年 1 月

流传地区： 花县新华镇三华村

原载本： 《中国民间故事集成·广东卷·花县资料本》

附记

该故事类型在广东粤语地区流传广泛。除了本篇之外，还流传有台山市的《要想报仇马生角》、鹤山市的《奇树开奇花》、阳江市的《黄鳝生鳞马出角》、湛江市的《马生角一朝破》等异文。

38

冤鬼报仇

从前，有个寡妇的独生子要娶媳妇，就请了满屋的客人。有个小偷，事先知道了新娘带来的嫁妆贵重首饰多，于是便偷偷地潜伏到新娘家去。

洞房花烛夜。新郎送走客人，深夜时分刚入洞房要瞓下，忽然听到楼上有些响动。新娘问：“是什么响声啊？”新郎说：“我去睇睇。”马上要上楼去睇。这时楼上传来了几下急促的响动，跟着又是一阵沙沙的响声。新郎下来对新娘说：“无，是狗仔在爬谷堆。我把它赶走了，并顺便将谷堆好了，无事，我哋瞓觉吧。”新婚洞房花烛夜，自然是千金难买一刻，更是欢娱嫌夜短、寂寞叹更长。夫妻俩枕边细语声声。夫对妻说：“听说岳父很富有，唔知给你带来的嫁妆是什么呢？”妻说：“我都唔知。”新郎说：“不如我哋现在开箱睇睇好唔好？”新娘说：“锁匙在这，你去睇吧！”新郎欢喜地接过锁匙一一打开箱睇，翻睇着满箱的金银首饰真是满心欢喜。他问新娘：“箱子要唔要上锁呢？”新娘就说：“随便吧，唔锁都得，反正是在自己家。”夫妻俩卿卿我我的又是欢谈到半夜。新娘坐了一日轿，已经显得十分疲劳，一觉醒来已是鸡啼二遍。天就

要亮了，新郎对新娘说：“我昨晚食的东西油气太多，肚子有点痛，想去茅厕。”说后就出去了，直到天光[1]也唔见新郎返来。

天亮了，全家人已经起床，但唔见新娘倒水给客人洗面。于是伴娘入新房问新娘怎么还未起床。新娘说：“夫君在鸡啼二遍时，说是出去茅厕，至今未返，我正在等他呢，他怎么还唔返来啊？”众人一听，马上四处去揾新郎，揾遍四周也唔见新郎的踪影。正当大家纳闷时，有人再到新房去想问新娘时，发现地上有几滴血，一睇，发现血是从楼板缝滴下来的，于是马上爬上楼去睇个究竟。忽见谷堆里有两个脚趾头露了出来，一拨开谷堆，哎呀呀，原来是新郎被埋在谷堆里，已经死了。到底是谁杀死新郎官的呢？大家你一言我一语地议论开了，家人的哭喊声连成一片。

新娘听说新郎不明不白死在谷堆里，万分伤心。想到自己才刚成亲就成了寡妇，心里真是百般难受。新郎是谁害死的？有谁能证明自己是清白的？趁无人之际，新娘也在房里吊颈自尽了。就这样，洞房花烛夜前后发生的两起人命案，都成了一个谜。之后，家里就剩下老母亲一个人孤零零地度日，新房也一直保持原貌，无动过。

转眼就过了两年。有一日傍晚，有个串乡货郎上门要求住宿，老人家就礼貌地招呼了他。夜晚，货郎问老人家：“你家怎么就只有你一个老人？”老人唔愿意对陌生人提起伤心事，就说：“我的儿子和媳妇返娘家去了，过两日才返来。”老人家安排货郎在她儿媳的床上瞓觉。开始，货郎点都唔肯，后来在老人家百般劝说下，只好听从安排。

当他刚入瞓时，顿时发现蚊帐前有一个披头散发的人，样子十分可怕，吓得货郎魂飞魄散。他想，这个人一定是该房中的一个冤魂。镇定下来后，他壮着胆子，硬着头皮问道：“你系什么人？有什么冤屈，唔妨当面讲，唔好在此作弄人。”那女鬼就背着货郎坐在床边说：“我系房中的冤鬼。在前年洞房花烛夜，被一个小偷扮作我的新郎模样躲在楼上，用响声呃我丈夫上楼，然后把我丈夫杀死埋在谷堆里，再落来与我瞓瞓觉；在鸡啼二遍时，诈做拉肚去茅厕，连同我的金银首饰全部偷走了。新郎在新房里死的，我有冤无处诉啊，谁会相信我的清白？后来我就乘人不备上吊自尽了。我哋俩好冤屈啊！大哥，求你为我俩报仇吧！”货郎听后，明白了整件事情的来龙去脉，问：“你要我为你报仇，怎么报？贼人姓甚名谁，现在何处？”女鬼说：“他姓刘名四，把我的金银首饰兑换成现钱，现在在墟上开了间刘记杂货铺做了老板。大哥，我的阳寿未满，阎罗王要我借尸还阳与你成亲，一起侍奉我的家婆。你就做她的儿子吧。”货郎说：“既然是阎罗王的安排，我答应就系。”女鬼又说：“明日就是报仇的日子。明日早饭后，你在前，我在后，过水过桥你叫声我。等到了墟市，揾见刘记铺头时，你用手拍一下刘四的肩头，说一声‘老板，好生意’就离开。还有，县官的小姐死了，我要借她的尸还阳。趁她未埋前，你快去叫他们开棺，到时我就能复活还家。”货郎把她的话一一记在心上。

第二日饭后，拜别了老人家，货郎马不停蹄地往墟市走去。货郎往前边走，他的后面有一股风跟着，沿路上他照女鬼的嘱咐一一照办。到了刘记铺头时，只见刘四正忙着做生意，货郎上去一拍他的肩说：“老板，好生意。”跟着刘四竟然是着魔般撞壁而死。货郎随即离开了店铺，往县衙走去。

正好碰到给县官小姐送葬的人马前来，货郎便上前拦住去路，说道：“小姐还无死，快停下开棺呀！”抬棺材的人见有人拦路说小姐未死，马上报告县官老爷。县官说：“真的假的？人死怎能复生呢？带我去见见那个胡说八道的人。”货郎见到县官，便把事情如此这般地说了。县官听后半信半疑地说：“如果小姐真的能够复生，我就把她许配给你。开棺吧！”众人开棺一睇，小姐躺在棺材里脸蛋红润，好像正在甜睡的样子。货郎连忙动情地喊：“我的贤妻呀，你快醒醒吧。”小姐听到喊声，如在梦呓中被人喊醒一样，慢慢地睁开了眼睛。睇到县官和太太，她好像根本就唔认识他们似的。当她睇到货郎时，她马上从棺材里站起来，对着货郎甜甜地喊了声：“我的夫君啊！”随即，两人紧紧地拥抱在一起。小姐说：“我哋返屋企吧！”他们俩就手拉手地走了。县官被眼前的突发事故惊

[1] 天光：方言，天亮。

呆了，好一会都无回过神来，眼巴巴地睇着他俩离去也唔阻拦。

深夜，他俩回到了寡妇家，叫开门。寡妇一听是两年前死去的媳妇声音，便放声大哭起来，诉说道："我的死鬼媳妇呀！自从你和我儿死后，我一个人凄凉地苦度晚年。如今你做鬼来我做人，你唔但唔同情我，反而半夜三更来吓唬我，你安的是什么心呀！"这时，货郎在屋外开声了，他向老人详细地说了整件事情的经过，寡妇这才化悲为喜，掌灯开门，一家人欢聚一堂。

再说那县官大老爷，他眼巴巴地睇住女儿死而复生后跟货郎走了，他怎么能放他俩走呢？只好令差使在后面暗暗跟踪他们。第二日一早，差使返去向县官汇报了昨晚的所有过程。县官听后很感动，当日就和夫人一起去睇望冤鬼的化身，并认她为自己的女儿。

从此，他俩相亲相爱，无微不至地赡养老人，一家人幸福美满地生活在一起。

讲述者： 关卓东，大玉口人
整理者： 吴盛记，大玉口信用社干部
采录时间： 1988 年
流传地区： 肇庆市封开县
原载本： 《广东民间故事全书·肇庆·封开卷》

39

阎罗判

张三和李四是好朋友，两人都很穷，穷得无米下锅，贫困交迫，因而怨气满肚："人家食鱼食肉、穿红着绿，但我哋两人竟这么穷，被人喊作穷鬼！"

"是啊，这管衣禄簿的，实在是太唔公平了。如果让我碰见阎罗王，我要告他一状！"

急性子的张三，忿然之下，胡乱闯到了荒无人烟的十万大山。由于无食的饮的，几日之后，就跌倒在山坳中，魂神游游荡荡出了窍。

张三的魂神被一勾魂官勾住，带到了阎罗殿上。

阎罗王正端坐在案几上，见到张三就阴阴森森地问："照寿数你未该尽，点解要死？"

张三被吓住，唔敢说硬话："在世上我无衣服穿，无东西食。"

阎罗王想：俗语说，天生有粮之人，地生有根之草。无穿无食的，确实也太唔应该。于是阎罗王叫判官打开衣禄簿，查一查张三有无衣禄。判官一查，说："有，不过唔多，一年只得十担谷。"

阎罗王问："以前点解唔判给他呢？"

判官说："由于当年他在花园里挨得太苦，一说打他投世，他立即就走，无到这里来领。"

阎罗王就叫判官把十担谷划给张三。张三欢喜得跳起来，又回到了阳间。

以后，张三靠这十担谷的衣禄，勤俭过日，一年又一年，渐渐富足起来了。

再说李四呢，还是那么穷。见张三家粮食满仓、鸡鸭满院，惊奇得嘴都合唔来。张三对李四说："朋友啊，如果我知道这么容易呢，我就唔在这里挨这几十年苦了。"于是张三把去阎罗王殿的事说了一遍。李四听了，浑身躁热起来，急忙赶到十万大山，也在那里唔食唔饮。几日之后，他魂神也出了窍，扯住了一个勾魂官，来到阎罗王殿上。

阎罗王问："你来做什么？"

李四说："来告状。"

"告状？告什么状？"

"告判官扣我的衣禄，害得我无衣穿，无饭食。"

阎罗王听了，命判官查衣禄簿。一查，李四的衣禄空空，什么也无。

阎罗王一声断喝："你前世无带着来，怎能得到呢？快返去吧！"

李四一听说无衣禄，放声大哭起来："我命真坏呀！返去干什么？我唔返去了！"

阎罗王见他哭得那么惨，于是动了恻隐之心，问道："你想要什么？

李四见问，欢喜万分，立即止住哭声，脱口说出："我要万顷良田近江河。"

阎罗王说："好，给你，快返去吧。"

李四心想，这阎罗王倒是面硬心软的。他偷望着阎罗王，赖着唔肯挪身，又说："我还想要……"

阎罗王问："你还要什么？"

"我要身为天官子为相。"

阎罗王一听，冷笑一声："唉呀，有钱又想官。算了，给你！"

李四听见心中狂喜，一个磕头跪拜在阎罗王面前："多谢阎王。我还要寿如彭祖。"

阎罗王恼怒地站立起来，一甩袖子："哦！有钱有势又怕死了？哼！都批给你，别在这里搅得我心烦肚燥。快滚！"

"慢。"

"还要怎样？"

李四嬉皮笑脸地说："我要三妻二妾夜同眠。"

阎罗王听得一拍案桌，喝令道："打他，把这无赖赶出去！"结果，阎罗王手下的小鬼把李四痛打了一顿，并拔掉了他的胡子，然后，把他赶了出去。

讲述者： 郭锡才，72岁，营仔圩人，初小学历，农民

采录者： 谢小明、罗达霖

采录地点： 营仔文化站

采录时间： 1986年10月

流传地区： 廉江县营仔镇一带

原载本： 《中国民间故事集成·广东卷·廉江县资料本》

40

阎罗王抢纸宝

阎罗王应该是唔贪钱财的。能做阎罗王的人在阳间都是清官，做了阎王就唔能贪财了。但那些鬼儿鬼卒就唔一样，逢有阳间做福事烧纸宝给死人，他们都争相去抢。有的鬼抢唔到就向死者勒索，死者只好向亲属作祟要钱，弄得阴阳两苦。

有一任阎王，他生前做官确实唔贪财，为人们做了唔少好事。死后，老百姓为了纪念他，为他立了庙。他初死时，魂魄离身被鬼卒押着走向阴间，因为无钱贿赂，受尽苦楚。死了很久，还无去阎王殿报到；无衣无食，无处安身，苦得他怨气冲天，被玉皇大帝知道了。玉皇大帝感他生时清正，就让他接任做了阎罗王。但是，他觉得做阎罗王比在阳间更清苦。挨得时间长了，他见鬼儿鬼卒去抢钱，也动了心。一日，逢着某财主死老婆做道场，烧了数唔清的纸宝钱。鬼儿鬼卒都去睇热闹抢纸钱了，他一个人坐在殿上，心想，我何唔也去睇一睇？他灵机一动，脱去王帽，包上一条头巾，另外，在王袍外面罩上一件鬼卒的衣服，化作一缕青烟，去到阳间，也加入到抢钱的鬼卒中去。结果，被他抢到了唔少钱。有了钱，日子就好过了。以后便经常化装去抢钱。有一次，一个穷人做道场烧的纸钱唔多，被阎罗王扑过去一下子抢到手。恰好碰着一群饿鬼。那群饿鬼见纸钱全部被阎罗王抢去，蜂拥近阎罗王，七手八脚，你扯一块、我扯一块，把阎罗王的鬼卒衣服撕破，露出了王袍。阎罗王一见露出身份，急忙化作一阵风飞走了。从此，“阎罗王见纸宝，当命抢”这句话就流传开了。

讲述者： 揭育钊，44 岁，牛岭村人，初中学历，农民

采录者： 林家普

采录地点： 塘蓬镇

采录时间： 1988 年 6 月

流传地区： 廉江县塘蓬镇一带

原载本： 《中国民间故事集成 · 广东卷 · 廉江县资料本》

（五）宝物故事

41

玉手

从前，有苏家兄弟两人。大哥娶妻未满一月，即同同族兄弟去南洋谋生。细佬名叫苏二，是个忠厚老实之人，日间勤于耕作，晚上又操劳家务，担水做饭、砍柴舂米均少不了他。

嫂子李氏，年轻俊美，正是怀春年岁，丈夫又远隔重洋，长年叔嫂相对，加上小叔子体贴敬奉，便渐渐地对小叔子产生了爱慕之情。于是，多次以言语挑逗，谁知小叔子竟无动于衷。一日中午，李氏在后园中仰面作瞓，故意松开裤带。那时穿的是唐装裤，特点是异常阔大。松开了裤带，裤子就会自行滑落。苏二从田间返来，见此情景，不为所动，只是担心太阳会晒痛嫂子的皮肤，且怕嫂子这样的仪态会失礼于天上过往的神，于是上前轻轻为嫂子拉上裤子。此情此景被天上众神窥见，齐赞苏二如柳下惠再世，诚实可嘉，于是对其嫂赐以日月精华，令其珠胎暗结。岂料十月临盆，却产下一只粉红玉手。村里人皆以为邪物，劝苏二把它抛入江中。苏二无奈，只好提着玉手走到河边，举手向江心扔去。谁知玉手的上部却与苏二手掌粘连，下部指掌则越伸越长，直入江中，逐渐变大。过了一阵，玉手自动往回收缩，并捧回满掌珠宝。玉手回到岸上，随即恢复原样，其上部也与苏二手掌分离。苏二返屋企后，把所得的珠宝与嫂子平分，然后将自己的那份换成了银两。其后，就改茅棚为大瓦房，买田、开铺，富甲一方。且娶妻生子，过着富足、安逸的生活。

谁料，苏二发迹的秘密，被邻村恶霸陈金知道，他顿生恶念。一日深夜，陈金翻墙入院，潜至苏二的房中，拔刀斩死苏二，盗走了玉手，临走前还放了一把火。可怜苏二操持几年的心血，在一片火海之中化为乌有。幸好当时苏妻和年仅周岁的儿子苏玉去了探外家，才不至葬身火海，香火断绝。次日上午，苏妻从娘家返来，只见颓墙断壁。灰飞烟灭处，丈夫横躺于瓦砾之中，身首异处。苏妻见状，痛不欲生，恨不得抓住凶手，碎尸万段。然而茫茫人海，凶手在何处呢？

转眼十七年过去，苏妻在饥寒交迫中拉扯着苏玉长大成人，把丈夫被人谋害的经过告诉苏玉，叫他揾到玉手的下落，追拿凶手，为父报仇。

再说陈金盗回玉手后，为避人耳目，到了晚上才去江边，捞取珠宝。他广置田产、大兴土木，他的田地三日也走唔到边，建造的楼房鳞次栉比、赛如宫殿。为了显示其豪门府第的威风，竟在门前竖起一支旗杆，粗若水桶，高达数丈。然而人们皆知他的钱财唔系正道得来的，为此，专门编一支歌谣传唱："谋财害命有旗杆种呀，正直无私也得咁穷[1]呀！……"吓得陈金藏起玉手，从此唔敢再到江边。

许多年过去了，一日，陈金忽然心血来潮，心想玉手锁在箱中，实属浪费，何唔趁现在人还未老，手脚还较灵便，多捞几把？于是，当晚乘夜深无人之时，来到江边，抛出玉手。他正要捞取珠宝，只听得呼的一声，未及转身，人头早已落地。原来苏玉为报父仇，访寻日久，早已侦悉凶手而苦无机会下手，每日徘徊在陈府院墙外。当晚见陈金独出，认为机不可失，于是尾随至江边；见他抛出玉手，更证实陈金就是凶手无疑。于是，挥刀砍杀，报了父仇。

杀了陈金，苏玉正想揾玉手，只听得一声霹雳，电光

[1] 咁穷：方言，这么穷。

闪烁，玉手从江中破浪而出，腾空而去。原来天上的神见赐下玉手，未能造福苏二，却因财起祸，连累两条人命，遂收回玉手，免再贻误凡间。

讲述者： 陆兴爱，女，农民
搜集整理者： 陆其昌
搜集时间： 1965 年 8 月
整理时间： 1987 年 5 月
流传地区： 三水县金本区、白坭公社
原载本： 《中国民间文学三套集成·广东卷·三水县资料本》

42

磨刀石

村里有个单身穷小子，每日靠上山打柴过日子，但贪懒，日子唔好过。他胡思乱想，成天自言自语说："有人送金，有人送银。"

一日，他正在山上磨刀，碰见一位白发老人，老人对他说："后生仔，你这块磨刀金石怎么唔拿去卖？"后生仔一睇，分明是一块普普通通的磨刀石，莫非他有意捉弄？后生仔想骂他一声，但见老人不慌不忙从地上拿起磨刀石，一分为二，指着其中一半说："这是金子。"后生仔一睇，半信半疑，一块普普通通的石头怎么会变黄澄澄的？老人笑呵呵地说："如唔信，就去拿去金铺睇一睇吧。"说完就唔见了。

金铺伙计睇见这块石，惊讶地说："是纯金呀！"后生仔一听，高兴极了，想叫他称一称；但想到山里还有那一半，如果拿回合成一块，岂不更美！便对伙计说："等一等！"说完取回金石，跑到山里合了那半块石，然后来到金铺把石头给了伙计："请你称一称这块金子。"伙计一睇，大怒："点搞的，拿块石头来当金子，发神经啦！"后生仔也恼了："哼，刚才你唔系说是金子，怎么现在又

说是石头呢？”伙计更怒了，指着石头大声喊：“你瞌了眼，你好好睇一睇吧！”后生仔一睇，啊！金子怎么变成了一块普普通通的石头啦？他惊得全身冰冷，狼狈地跑回了家。想了很久才悟出个道理来。不由得悔恨交加，以后再也唔胡思乱想，一心一意地上山打柴过日子。

讲述者： 何伟雄
整理者： 何杨妹、何能妹
采录地点： 高要县
采录时间： 1983 年 3 月
流传地区： 高要县
原载本： 《广东民间故事全书·肇庆·高要卷》

43

神磨

从前，有大富和大有兄弟两人。兄弟两人的父亲死了以后，大富独占了全部家财，大有就成了一个穷光蛋，靠上山打柴度日。

一日，大有从山上挑着柴返屋企，半路上坐在树荫底下歇凉。忽然，唔知从什么地方滚下了一块碗口大小的圆石头。大有急忙起身躲闪。谁知这块石头像长了眼睛一样，大有躲到哪里，它就追着滚到哪里。大有急得无法，只好站定下来。石头滚到他面前也停了下来，接着放出了一阵耀眼的光芒。这么一来，真把大有吓出了一身冷汗，一时间竟唔知如何是好。他定了定神之后，就把石头拿起来一睇，嗨，原来是一副小巧玲珑的小石磨，便将它带返屋企。第二日，只见捡返屋企的小石磨竟然变成了一副大石磨。大有觉得很奇怪，就顺手将磨盘推了推，谁知磨盘却自己转动着磨了起来。磨呀磨呀，磨出了一堆雪白雪白的米来。大有欢喜得跳了起来，因为家里已经断炊几日了，今天要食一顿饱饱的白米饭了！有了这副石磨，真乐得他开了心花。大有从此再唔需要打柴去卖了，日子也一日日地好起来。

大富知道后，又眼红起来，绞尽脑汁想将大有的石磨偷到手。一次，趁大有因事外出的时候，大富撬开了大有的家门，将石磨搬到自己家里。他把石磨放在屋中间，然后关上门，将磨一推，磨盘果然自己转动着磨了起来。磨呀磨呀，磨出来的都是白米，乐得他咧开嘴大笑起来。磨着磨着，磨出来的白米很快就堆满了一屋，上面碰到了瓦顶，墙壁也被胀裂开了。大富怕房屋塌下来，赶快去开门，谁知门已经被白米堆塞得严严实实的，哪里还打得开？转眼间，房屋倒塌了，白米像座小山一样向大富压去。这个贪得无厌的大富就这样被活活压死在白米堆里。

讲述者： 冯二婆
搜集整理者： 罗启东
搜集时间： 1987 年
流传地区： 肇庆地区怀集县洽水镇
原载本： 《广东民间故事全书·肇庆·怀集卷》

44

宝袋

从前有对老夫妻，很穷，人又懒，唔想做耕田佬，想去做生意，但一点本钱都无。后来，做妻子的总算在娘家借到一点钱。她对丈夫说：“老不死的，明日是圩日，你到圩上转转，睇有什么生意好做。”

第二日一早，老头子就赶到圩上。他在市场上转来转去，发现很多人都在买葱，他就把市场上的葱全部买下来，想等下一个圩日用贵一倍的价钱卖出去，好赚它一大笔钱。谁料到买回的葱过了一夜却全部烂掉了，老头子连本钱都全部贴进去了。

老婆子把老头子臭骂了一顿。无办法，她又厚着脸皮回娘家再借了一笔钱，交给老头子，说：“老笨蛋，这一次唔好再买那些烂东西了！”

老头子拿了钱，又到了圩上，心想：我这次一定要买一万年都唔会烂的东西。什么东西一万年都唔会烂呢？只有石头吧。于是老头子就买了一批石头。但当时正是农忙季节，无人要建房子。

这批石头堆在那里，很长一段时间都无一个人问一下价钱。

老婆子再也忍唔住了，她骂老头子：“老蠢货，净做蚀本[1]生意。你叫我哪里揾钱还给娘家呢？跟你这老蠢货真过唔落去了，你给我滚！”说着她就把老头子赶出了家门。

老头子被赶出家门之后，到处流浪。为了唔饿死，他只好拾破烂。几年后，他倒是积下了小小一笔钱。他唔信自己真的唔会做生意，只是时运未到罢了。于是他又买了几十个“不倒翁”在街上摆卖。从早到晚都有唔少小孩子围着那些“不倒翁”，但无一个掏钱买的。老头子这下子可彻底认输了，他自言自语地说：“睇来我天生唔系做生意的材料。”他背着这几十个“不倒翁”又拾起了破烂。

几年时间又过去了，老头子袋中的“不倒翁”变成了金子，但老头子一点儿也唔知。有一日，他在路上遇见一位骑着高头大马的军官，那军官背着一个口袋。军官睇到老头子的口袋，就问：“老头子，你口袋里装有什么东西啊？”老头子说：“只是几十个‘不倒翁’。”说着便把口袋递给军官。军官伸手往袋里一摸就知道那些全是金子做的“不倒翁”了。他想：这老家伙是老糊涂了还是怎么的？就问：“你这些‘不倒翁’卖唔卖啊？”老头子赶忙说：“当然卖，当然卖！”军官说：“你说个价钱吧。”老头子说：“贱东西，说什么价钱。你把你背上那个口袋给我，我就把这些‘不倒翁’全送给你。”军官听了，连忙说：“好，一言为定，唔准反悔！”便把口袋解下来给了老头子，接到那袋金不倒翁骑马跑了。

老头子睇自己用几年都卖唔出去的不倒翁换来了这样一个漂亮的口袋，心里高兴极了。他左摸摸，右摸摸，发现里面好像有什么东西，伸手进去一摸，摸出一把钱来。又一摸，又是一把钱，那钱好像永远掏唔完似的。老头子终于明白了这是一个宝袋。

老头子得了宝袋后，再都唔去拾破烂了。他在附近的村子建了一座房子，整天和村中的年轻人一起喝酒猜拳。那些青年唔知老头子哪来那么多钱。有一次，他们乘着老头子喝醉了酒，呃他说出了实话。

老头子有一个宝袋这件事一传十，十传百，村中的人全知道了，但老头子还蒙在鼓里呢。一日，村中一个泼妇来到老头子屋里，满脸堆笑地对老头子说：“老阿伯，听说你有个漂亮的口袋，借给我照样缝一个好吗？”老头子想：她唔知这是个宝袋，借给她做个人情吧。于是老头子就把宝袋借给了她。

泼妇回到家里连忙缝了一个和宝袋一模一样的口袋，然后，就把假宝袋还给了老头子。老头子接过口袋，伸手往里一摸，一枚钱也无。他知道被骗了，便揪住那个泼妇，要她交回真宝袋。但那泼妇一口咬定，她还的口袋就是从老头子那里借去的。两人越吵越大声，引来了唔少人围着。那些青年也早就想得到那只宝袋，便趁机起哄把老头子赶出了村。

老头子无办法，拿着假宝袋深一脚浅一脚离开了村庄。突然，他睇见路旁有一棵桃树，树上结满了果子，有生有熟。他想，不如我摘一些果子去卖，也许会卖得到一顿饭钱。于是，他摘了一袋熟透果子，又回到村里去揾他原先拾破烂的旧箩筐，准备多摘一些。村中的青年人见老头子背了一袋东西返来，便拥上去抢过来打开一睇。原来是熟透了的桃子。他们便你一个我一个把那袋桃子食光了。谁知道过了一会，那些青年人的头上都长出了两只牛角。他们惊了，连忙跪下来请求老头子饶了他们。老头子也觉得很奇怪，但他也唔知该怎么样才能把这些人头上的牛角去掉。他想了想，推搪说：“如果你哋把我的宝袋揾回给我，我就取下你哋头上的牛角。”青年们慌忙去揾那个骗口袋的泼妇，逼她把宝袋还给了老头子。

老头子接过宝袋，想起那棵树上的生果子，心想，或许食了生果子就能去掉这些人头上的牛角呢。便对他们说：“那边路旁有棵桃树，树上有很多生桃子。你哋食了，角就会掉下来。”青年们一听，一窝蜂似的向那棵桃树跑去。说来也怪，他们一食了生桃子，那角马上就掉了。

老头子见到宝袋的秘密被人们知道了，心想，一个人带着宝袋在外乡总会有危险，便返屋企去了。老婆子见老头子两手空空返来，正想赶他出去，谁料老头子解下口袋，一掏一把钱，把老婆子给乐坏了。她抢过宝袋，掏啊掏，掏啊掏，掏出的钱把一间屋都快要给堆满了。老头子劝她：“你这么贪心，恐怕天上会报应的。”老婆子根本就

[1] 蚀本：方言，亏本。

听唔入去。正当还差一把钱就堆满金屋的时候，突然一阵清风吹过，一眼间，钱唔见了，宝袋也唔见了。

老夫妻俩依旧两手空空，穷得什么也无。

讲述者： 王在雄，汉族，82岁，横山大岭村人，初中学历，农民

采录者： 王均

采录地点： 大岭村

采录时间： 1987年5月

流传地区： 廉江县横山镇一带

原载本： 《中国民间故事集成·广东卷·廉江县资料本》

45

仙门板

从前，有一个非常穷苦的人，穷得家中连门板都无。他靠着织罩篙[1]卖过日子。但他织的罩篙每天都卖唔完，只卖得几百文钱，刚够糊口。

一日，他又担了很多罩篙过海去卖。这日特别好市[2]，非常抢手。到了黄昏时分，他的罩篙全部卖完了，罩篙佬很高兴。谁知到了渡口，已经停止过渡了。罩篙佬很急，他大声叫："船家！船家……"叫了半天，船家才走出渡船说："朋友，天黑了，已经收渡，请你明早再来吧！"罩篙佬说："船家，请你破一次例，我给你加倍渡钱。"船家说："你讲极都无用[3]。除非这样：我摇一下橹，吱的一声，你就丢一个钱；我摇到对岸时，这些钱就是我的。怎样？唔同意就算了！"罩篙佬总唔能在岸边过夜，只好咬牙答应了。就这样，船家摇一下橹，吱的一声，他就丢一个钱。等船到了岸边，罩篙佬卖罩篙的钱就所剩无几了，

[1] 罩篙：笊篱，捞菜用的餐具。

[2] 好市：方言，生意好。

[3] 讲极都无用：方言，怎么讲都没有用。

正好和平时一样。

他回到家中，心里懊悔极了，心想：我成日[1]卖罩篱，都是卖几百钱；今日罩篱好卖，卖了几千钱，到头来只剩几百文。唉！真是好卖唔见钱。反正都是这样，不如明日唔卖罩篱，去钓鱼吧！

第二日，罩篱佬一早就拿着鱼竿去钓鱼。怎知钓了大半日，只钓了几条小鱼三只虾，正闷闷不乐。忽然间，从上游漂下来一块门板。说也奇怪，那门板唔左唔右刚好漂到他脚边。罩篱佬睇见了，心中一喜。他想：有这一块门板，可以遮掩一下门户，免得门口无遮无拦。他就把门板捞起来扛返屋企，安在门口。下午，就在家中织罩篱。

又过了一日，罩篱佬一早就要去卖罩篱。他一开门，突然有许多银子从门上面跌下来，罩篱佬惊呆了。原来这是只仙门板，每日早晨一拉它，就会有许多银子掉下来。原来是观音菩萨见罩篱佬是个好人，生活贫苦，连门都无而送一只给他的，要让他过上好日子。罩篱佬唔知是仙门板，又未曾见过这么多银，所以吓呆了，好一会儿才醒悟过来。连忙揾个缸，把银子收好。

过了几日，罩篱佬用这些银子置田买地，起房造屋，成了一个大财主了。他知道仙门板是救苦救难的观世音菩萨送给他的。因此，他就建了一座观音庙，供奉着一尊高坐莲台的全身观音像。

罩篱佬做了财主后，经常做善事，周济穷人。他一家的生活也过得很好。他死后，仙门板一直传了几代，直传到他孙子的孙子手里。这个人为富不仁，激怒了观世音菩萨，把仙门板收回了。自此他们的家境逐步衰落。加上他又挥霍成性、不事生产，很快，万贯家财全部花费净尽，变成穷光蛋。他平日又好食懒做，无傍身手艺，只好流落街头，成为乞儿佬[2]了。

讲述者： 陈西毛
收集整理者： 陈可乐
采录时间： 1987 年 6 月

流传地区： 江门市
原载本： 《中国民间文学集成·广东卷·江门市郊区资料集》

[1] 成日：方言，经常。
[2] 乞儿佬：方言，乞丐。

46

贪心小姐

一个皇帝有三个儿子，每个儿子都有一样宝物：大太子有只聚餸碟，二太子有顶隐身帽，三太子有件飞天衣。

一日，有个财主佬做大寿，摆了几十桌酒席。七位乞丐在凉亭里，眼巴巴地睇着财主佬的亲朋喝酒食肉。

大太子来了，问七位乞丐："你哋在这里干什么？"

乞丐说："我哋等他们食过了，去讨点冷饭剩菜。"

大太子说："我请你哋食一顿吧。"

"你拿什么请我哋？"

大太子拿出聚餸碟，敲了几下说："叮叮叮，煤气灯。"凉亭顶立刻出现一盏光芒四射的灯。他又敲了几下："出一碟扣肉，出一碟圆蹄，出一碟白切鸡……"一阵间，凉亭的石桌就摆满了菜。

财主的女儿见凉亭灯光明亮，人声喧哗，就走过来。睇见满石桌的菜，忍唔住说："你哋的菜哪里来的？点解比我哋的还要丰盛？"

乞儿说："是这位公子请我哋食的。"

"他怎么会有这么多菜？"

"他有个宝物，敲几下，菜就出来了。"

她打量了大太子一眼，说："公子，能把你的宝物给我睇睇吗？"

大太子把聚餸碟递给她，财主的女儿接过碟子转身就跑，跑回闺房把门关上。皇帝的大儿子见这么多人在饮酒，唔敢追赶，眼巴巴望着她把聚餸碟拿走了。

回到宫殿，他对大细佬说："把你的隐身帽借给我，让我去把聚餸碟要返来。"

他戴上隐身帽，大模大样走进财主的家，出现在财主的女儿面前。财主的女儿吃了一惊，问："公子，你来干什么？"

"请你把聚餸碟还给我。"

"你先告诉我，你是怎么进来的？家丁唔阻拦你吗？"

"嘻嘻，我戴上这顶帽子，进来了，他们谁都唔知。"

"我才唔信，让我戴一下，睇是不是真的。如果是真的，我就把碟还给你。"

皇帝的大儿子唔知是计，把帽子递给她。她戴上隐身帽，唔知躲到哪里去了。皇帝的大儿子失了聚餸碟，又失了隐身帽，非常生气，又无可奈何。

回到宫殿，他又向三弟借了飞天衣，想悄悄飞进财主的家里，把聚餸碟和隐身帽拿返来。谁知，刚降落在财主女儿的闺房前，就被她发现了："公子你又来了？"

"少啰嗦，快把东西还给我。"

"把你身上穿的衣服让我穿一会儿，我就把东西还给你。"

财主的女儿穿上飞天衣刚要起飞，大太子猛然想起：如果她唔守诺言飞走了，岂不是三件宝贝都失去了。他猛然扑过去，抓住飞天衣。这时，飞天衣起飞了，把他们两人带到天上。那小姐故意向深山大岭飞去。她知道大太子用手抓飞天衣，一定很累，就说："我哋在那座最高的山上歇一会儿好吗？"

大太子说："好吧。"

两人降落在山顶上。大太子刚一松手，财主女儿立刻飞走了，气得他咬牙切齿。

四周都是重重叠叠的山，唔知从哪个方向走才能走出山去，大太子唉声叹气。

"公子，你点解到这里来了？"说话的是一位鹤发童颜的老人。

大太子叹了一口气，一五一十把经过告诉老人。

老人笑眯眯地说："唔需急。你闭上眼睛，我带你返去。"

大太子闭上眼睛，只听得耳边风声呼呼。不一会，就到了财主门前的凉亭。

老人说："我交给你三个大蟠桃，你拿着桃子去揾小姐，就可以取回宝物了。"大太子要叩谢，老人化作一阵青烟，唔见了。原来是神仙。

大太子拿着三个大蟠桃来到财主女儿的闺房前。财主的女儿闻到阵阵清香，打开房门睇见大太子。她愣了一下，问："公子，你怎么又来了？"

"我有三个蟠桃，食一个就能长生不老。你闻一闻，多香。"

财主的女儿使劲抽鼻子，口水都流了出来："公子，给我一个食行吗？"

大太子递一个给她："你食吧。"

财主的女儿刚食完桃子，就感到头皮发痒。用手一摸，头上长出了一对牛角。她大哭起来。

大太子在一旁哈哈大笑："把宝物还给我吧。我再给你食一个蟠桃，就无牛角了。"

财主的女儿怕上当，说："先给蟠桃我食，我再把宝物还给你。"

她食完第二个蟠桃，头上的角缩短了一半。

大太子把第三个蟠桃塞进衣袋里说："把宝物还给我，我再把这蟠桃给你。食了第三个蟠桃，你才能恢复原来的模样。"

财主的女儿说："让我先食了这个蟠桃，我立刻把宝物还给你。"

大太子冷笑说："我已经上过几次当了，唔会再受骗了。你给还是唔给？唔给？唔给，我就走啦。"

财主的女儿慌忙说："公子，请稍等。"她打开衣柜，拿出三件宝物，还给大太子。

大太子接过宝物，穿上飞天衣，哈哈笑着飞走了。

财主的女儿一连哭了两日两夜。

第三日，大太子又来了。财主的女儿跪下说："请公子大发慈悲，把第三个蟠桃给我食。"

大太子说："这容易，拿五十万两银来吧。"

财主说："我全部家当只有十五万两银，都给了你吧，只求公子帮小女恢复原样。"

大太子派人运走了十五万两白银，再把第三个桃子给财主的女儿食。这贪心的小姐唔但无得到宝贝，反而破了财。

讲述者： 张日带
整理者： 覃志端
采录地点： 联星村
采录时间： 1987 年 6 月 11 日
流传地区： 肇庆地区
原载本： 《民间传说故事集成》

47

懒汉

从前，有个懒汉，整天只有吃、喝、玩、睡，什么事也唔做。

一日，他又瞓大觉。醒来时，发觉有一把扇子放在他身旁，他高兴极了，一把抓住扇子，就扇起来。他边扇边祈求说："扇子，给我变些钱吧！"奇怪的事发生了，唔但无变出钱来，他的鼻子却突然长了起来。小懒汉吓坏了，他拿着扇子猛地一扇，鼻子又缩返去了。"啊，真有意思。"他认为这是一把宝扇，拿着玩起来。

又有一日，他去逛公园，睇见一位财主家的小姐正在睇花，他便藏身大树后，朝小姐偷偷地扇一下，那小姐的鼻子立即长了起来，而且越来越长。她怕极了，哭哭啼啼走返屋企，病倒了。她唔食也唔饮，眼睇快要死了。小懒汉知道了这件事，便来到财主家，自告说小姐的病他会医，财主就请他替小姐治这长鼻子病。他不慌不忙拿出宝扇对准小姐的长鼻子大力一扇，并说："缩缩缩。"果然小姐的鼻子缩回到原来一样。财主很高兴，按议定付了三千两银子给他。小懒汉拿到银子，笑得嘴也合唔上，便返屋企了。

小懒汉一下子变成了财主。他用得来的钱建了一座漂亮的楼房，还种了很多花草树木，整日躺在楼阁里食饱就瞓，瞓醒就食，十分得意。闲着无事时，他又拿着宝扇来扇，边扇边说："伸伸，缩缩。"鼻子跟着伸伸缩缩，他觉得很有趣，不断地重复玩着。忽然他那伸了长的鼻子，再都缩唔返去了。他惊慌起来，但鼻子一直长长长……直伸到天上去，他拼命地喊缩也无用。

天上雷神发现了小懒汉的长鼻子，他用大绳把鼻子绑在天上的一座大桥栏杆上。小懒汉急极了，用扇子狂劲地扇。鼻子唔但无缩，最后连人也带上天了。雷神对懒汉说："你来得好，我这里正缺你这样的人呢。"说着把懒汉抓住，罚他在天上永远做苦工。

采录者：赵卫如
采录时间：1987 年 10 月
流传地区：江门市
原载本：《中国民间文学集成·广东卷·江门市郊区资料集》

48

懵文

古时候，在南面上的村子里住着一个青年，二十岁，家里很穷。他为人敦厚老实，村里人都叫他“懵文”。懵文只有一个年纪很大的母亲，养了一只单眼猫和一只单眼狗。全家靠一条山柴杠过日子。每日只有卖了柴，才能换些米煮饭。

这一日，天下着蒙蒙细雨，纷纷扬扬，唔可以打柴，母子俩只好躲在家中。下午，雨依然唔停。一对乞食的母女为避雨，在懵文的屋檐下躲着。雨越下越大，那乞食母女紧依着往里靠，竟把门撞开了。按习惯，乞食人[1]是唔能进入家里的，母女俩觉得挺唔好意思的。懵文见此母女如此凄凉，就请她俩进屋坐下。母女俩见懵文热情诚恳，也唔推辞进屋。寒暄之中，懵文母亲见她俩还未食饭，就到邻舍里借了一筒米煲饭，还把仅有的一只鸡宰了招待乞食母女。

乞食母女非常感动，唔知怎样报答才好。乞食婆想了想，对懵文母亲说：“阿婆，我年纪又这么老了，无多少年命。我女儿如今十八岁，还未有婆家。如果唔嫌弃的话，就收我女儿做新抱[2]吧……”

就这样，懵文娶了老婆。不久，两老人相继去世，小两口相依为命，相亲相爱地过日子，并对单眼猫仔和单眼狗仔如儿子一样睇待。

由于懵文勤劳、力大，打柴到哪山头，哪个山头就无草。所以无多长时间，周围的山头都割得光秃秃的。

这一日，懵文到很远的无人到的九龙潭去打柴。九龙潭山高路陡，唔易攀登。懵文一大早食了两个番薯，束好腰带，带着山柴杠到九龙潭。他像猴子一样从山脚往上爬。爬呀爬呀，爬到半山腰，闻到一阵香气扑鼻而来。点解有香气呢？原来，在这峻峭的山顶上，有几个神仙在下棋。他们兴致正高，突然闻到一阵凡人的气味，就说：“弊啦，有凡人上来。”急忙收拾棋子，飘飞而去。

时值七月天时，懵文爬上山顶，满头大汗。台阶上放着把扇子，急忙拾起来一扇，一阵清香扑来，凉爽极了。懵文睇睇周围无柴打，索性躺在石凳上瞓下。手握扇子的懵文瞓觉唔老实，一转身，滚到山落去了。九龙潭乱石累累，高达十多丈，然而懵文掉下来像被人抬下山似的。懵文想，这一把扇子一定是神仙扇，否则自己早就粉身碎骨了。

返屋企路上，懵文见一个身穿一件破衲、腰挂布袋的老人，正在一棵大松树上吊颈。急急忙忙走上前去，解下老人。歇了一会儿，老人醒过来了。懵文说：“老伯，有什么过唔去的事情？”那老伯说：“后生哥[3]，我鳏寡孤独，无钱医病，眼睇唔系饿死就系病死，不如吊死算了。”懵文听了，非常可怜他，心想：我唔系新拾到一把神仙扇吗？一定能卖好多钱。于是对老人说：“老公公，唔怕，我虽然无钱帮助你，但我今日打柴时拾到一把宝扇，你把它卖了，换些钱治病吧。”“自己留着吧！”老人说，“啊！你也这么穷，靠打柴度日，还是自己留着吧！”你推我让。经过再三推让，老人觉得懵文诚真意恳，就收了宝扇。老伯接过宝扇，流泪了。他说：“老实告诉你吧，

[1] 乞食人：方言，乞丐。

[2] 新抱：方言，媳妇。

[3] 后生哥：方言，年轻人。

后生哥，我就是丢宝扇的仙人，我来这里原想强行夺回宝扇的。我吊颈是想试探一下你，谁知你心肠这么好，竟把宝扇还给我。我无什么报答你了，现送你三件宝物：飞天衲、百宝袋和金钵。只要你穿上飞天衲，把金钵放入百宝袋，你要什么就会有什么的。”说完，仙人摇身一变，飘然离去。

懵文穿着飞天衲，未待太阳西下就赶到家门口了。妻子见懵文空手返来，就问：“你今日唔系打柴吗？怎么唔见你买米返来？”懵文得意地把门关得严严实实的，点上灯，穿上飞天衲，然后掏出金钵放入百宝袋，小声地说：“我要十两银。”话声刚落，百宝袋里真有十两银出现了。随即又要了一升米。妻子见了，好欢喜，忙去做饭，并问：“这宝贝是从哪里弄来的？”懵文一五一十地说了一番。当夜，夫妻食饱，高兴得一夜无瞓。此后，懵文高兴时就上山打柴，唔高兴时就唔去；妻子每天上市场买鱼买肉，连单眼猫和单眼狗都食得胖墩墩的。

过了一个月，村里的一个财主见懵文生活突然富裕，很觉奇怪，就派了三个心腹去窥探究竟。

当夜，三个黑影偷偷地爬上懵文的屋顶，从明瓦处往下窥探。刚好那晚懵文拿出百宝袋要银子，那三个黑影眼睛都睇呆了，商量要偷走懵文那几件宝贝。他们耐心等到懵文夫妇熟瞓后，掀开瓦顶，吊下绳子把三件宝贝偷走了。

他们抱着宝贝一口气跑到财主家里，把偷来的宝贝交给财主。财主唔相信这三件宝贝真有这么大的本领，于是，穿上飞天衲，赌气地说：“我才唔相信呢，它能有多大本领啊？我要一屋屎。”话刚说完，从百宝袋里涌呀涌呀，不一会儿，就涌满了一屋屎。那财主和三个心腹被屎塞得动弹唔得。

第二日一早，懵文夫妻发现丢了宝贝，急得像热锅上的蚂蚁。妻子急得要哭，懵文只好安慰妻子，自己出外打听消息。再说懵文家的单眼猫和单眼狗，见自己主人丢了东西，就到处帮着揾。揾呀，揾呀，由于狗和猫的鼻子非常灵敏，终于揾到了堆满屎的财主家。它们一直扒，扒开了屋顶后又扒了一个洞，扒呀扒呀，整整扒了一个上午，终于把宝贝衔了出来，一口气跑返屋企中。那财主和三个心腹自然被闷死在屎堆里了。

讲述者： 郑妙嫦
搜集整理者： 方锦龄
搜集时间： 20 世纪
流传地区： 东莞市
原载本： 《广东民间故事全书 · 东莞卷》

49

三件宝贝

很久以前，博罗园洲田头村有一家人，父亲早就驾鹤而去了，只剩下三个儿子与母亲相依为命。

一日，母亲出去干活了。刚走到路上，一阵闪电过去，“轰隆隆”下起雨来了，风也很大，人们根本无法睁开眼睛。就在这么一瞬间，一个绿色的怪物把母亲掠走了。三兄弟知道后伤心不已。“咚咚咚”，一阵敲门声把三兄弟从绝望中惊醒过来。大哥走过去开了门，只见到一个老人左手拿着一张红纸，右手拿着一把剪刀。他们很惊讶地说：“老人家，有什么事吗？”那个老人说：“我想避雨，方便吗？”他们答应了。一进门口，老人睇见他们一个个垂头丧气，似乎发生了什么大事，于是便问：“孩子，发生什么事了？”三兄弟把母亲被掠走的全过程一五一十地告诉了老人。过了大概一个钟，雨停了。老人临走时拿起红纸和剪刀，剪了三件东西，送给他们三兄弟。他说：“孩子，你哋曾有恩于我，老头子唔中意欠人家人情，这三件宝贝就送给你哋了。你哋的母亲被困在一万里路后的山上，路上有许多妖怪。这三件宝贝可以帮助你哋救回母亲。不过还要睇你哋自己的造化。我只能告诉你哋这些了，好自为之吧！”老人刚一说完就唔见了。三兄弟对于他的话半信半疑。沉默了几分钟，大哥说：“唔理这老头说的是真还是假，我哋也一定要救回母亲。就赌一把吧！”

三兄弟拿着那所谓的“三件宝贝”进了屋。但过了好几个钟，也睇唔出这所谓的“三件宝贝”有何用处。大哥有点唔耐烦地说：“臭老头，死神棍，什么宝贝，烂纸吧！哄小孩还可以。三弟，把它扔掉。”说完就扔给了三弟。这时二哥又说：“对了，扔了它，睇见它就起火。”厚道老实的三弟唯有听两位哥哥的话，果真把“三件宝贝”扔了出去。

第二日，他们三兄弟再三考虑，决定再信老人一次，到一万里路的山上救母亲。大哥说：“这里数我最大了，我去吧！”说罢便出门。刚一出门，就睇到门口站着一匹千里马，放着一把弓箭和一个竹筒。三兄弟喜出望外，就像溺水的人抓到了一根木头一样。大哥说：“原来老人家说的是真的。”二哥点了点头也说：“嗯，母亲有救了。”只有厚道的三弟一直无说话。

于是，大哥带着三件宝贝来到万里外的山上。山脚下燃烧着轰轰烈火，这分明是火海嘛！跑过去？就在这时大哥想起了老人送的三件宝贝中，其中有一个竹筒。便拿出竹筒，对着烈火一吹，火真的灭了。大哥又骑着千里马上山去了。刚走到山腰，前面的一棵树突然倒了，大哥立即停了下来。刚一停下，倒下的那棵树闪闪地发着紫光。过了好一会儿，树裂开了，里面走出了一位仙女，穿着一身紫色的衣服，长着天使般的面孔。她对大哥说：“这位大哥，你一定要过此路吗？”大哥坚决地说：“对，我要去救我母亲。”仙女一边在大哥的身边打转，一边打量着他说：“大哥，前面困难重重，就算你会上天遁地也无用。你去救你母亲，也是九死一生。与其同你母亲一起死，还不如返屋企安安分分地活落去。”仙女见大哥还在犹豫，又说：“不如这样吧！我给你一些钱你返去吧！”大哥听了仙女的话，觉得很有道理，就拿着钱返屋企了。

过了两日，二哥决定要救回母亲，同样带着三件宝贝来到母亲被困的山上。他遇到了轰轰烈火，也用竹筒把火吹灭。来到山腰上，仙女又出现了。她又说：“大哥，前面困难重重，就算你会上天遁地也无用。你去救你母亲，也是九死一生。与其和你母亲一起死，不如返屋企安安分分地活落去。我这里有一点钱，足够让你一辈子过上好生活，你返去吧！”二哥听了仙女的话，也带着钱返去了。

又过了两日，三弟的遭遇和两个哥哥一样。他来到山腰，仙女又出现了。她又对三弟说：“大哥，前面困难重重，就算你……”三弟斩钉截铁地说：“唔得，我一定要救回我母亲。是母亲给予我生命，带我来到这个世界上的。从我呱呱落地以来，唔理家庭环境多么恶劣，母亲都无微不至地照顾我哋。今日救唔了母亲，我宁死唔回！”仙女说：“你说得无错！你母亲这么辛苦把你带大，她也唔希望你死。你死了，唔系让她更伤心吗？”三弟说：“母亲死了，我还唔系一样伤心！我是唔会苟且偷生的。”仙女终于被三弟的话感动了，决定陪他一起去救他母亲。山路连绵，他们一骑上千里马，马背上顿时长出翅膀。他们飞过重重高山，到达了山顶。山顶上平静得惊人。突然“崩”的一声，山上滚下一块大石头，快要砸到三弟了。在这千钧一发的时刻，仙女飞过来，一手拖起他继续前进。走了不久，一群老虎向他扑过来。三弟连忙拿起弓箭，射死了一只。仙女说：“你去救你母亲，这里我挡着。”三弟便去救他母亲了。经过重重险阻，他们终于战胜妖魔，救回了母亲。以后，三弟还和仙女结了婚，过着幸福快乐的日子。至于他的两位哥哥，则每天空闲在家，坐食山空，最终成为乞丐。

讲述者： 陈志忠
搜集整理者： 陈玉燕
采录地点： 园洲田头村
采录时间： 2007 年 8 月 3 日
流传地区： 博罗县园洲镇
原载本： 《广东民间故事全书 · 惠州 · 博罗卷》

50

宝香炉

从前有个风水先生，来到宅梧的云独村，替人睇风水龙脉，经常住在一个姓伍的老头家里。伍老头家里很穷，却对风水先生亲如手足，同食同瞓。风水先生见伍老头为人正直，生活艰苦，却又乐意助人，于是有心点一块宝地给他葬山。一日，风水先生将老头带到一个地方，对他说：“此地名叫‘银线吊金钟’。你将先父骨殖葬在这里，唔出五年你就会变成百万富翁了。”伍老头信了风水先生的话，即把父亲的骨殖葬落在那个地方。

有一年冬天，因家里缺粮，伍老头冒着寒风冷雨去女婿家借粮。当他行过一条山溪时，突然睇见山溪的上游滚滚流下一个闪闪发光的东西。当这件东西流到他的身边时，他急忙拾起来一睇，原来是一个完好无缺的大香炉。伍老头将香炉带返屋企，放在门前用来装谷喂鸡。说来奇怪，这个香炉所装的谷是食唔尽。早上装谷喂鸡，鸡食饱了，晚上还是满满的一炉谷。初时伍老头还以为是他老婆放进去的。

有一日，他老婆去了探女儿唔在家，香炉还是照往日一样，总是整日盛满了谷，他这才知道原来这是一个“宝香炉”。老婆返来后，伍老头将这个秘密告诉老婆，于是他们便用它来装米，结果得了唔少米。老婆又提出来装银，结果又得了许多白银。唔到五年，伍老头真的成了百万富翁。

不久，伍老头的女儿知道父亲因得了个“宝香炉”而发了大财。于是她便起了贪心之念，决意返屋企偷盗香炉。有一日，她假意返屋企探望父母，偷偷地将宝香炉藏在肚皮，用衣服包着偷了返来。她边行边想，自言自语地说：“我有了这个‘宝香炉’，这回轮到我家发大财啦。我要用它来装尽世间所有的财富，今后想我穷都几难[1]。”她急急脚，行呀行[2]，又行到了当日她父亲执香炉的那条山溪。当她满心欢喜地捧着大香炉，行到溪流边时，突然吹来一阵狂风，把她吹倒，跌落溪流之中。待她爬起来时，宝香炉唔见了，已被山溪水冲走。她的发财梦，也被山溪水冲醒了，只有眼光光[3]地望着山溪唔停地流着，长叹一声，返屋企去了。这个宝香炉，就这样被这个贪心的女儿丢失了。

讲述者： 黄焕棠，男，40岁，鹤山宅梧镇干部，初中学历

整理者： 劳瀚潮，男，57岁，鹤山县古劳镇供销社退休干部，小学学历

整理时间： 1989年[4]

流传地区： 鹤山县古劳镇

原载本： 《中国民间文学三套集成·广东卷·鹤山县资料本》

[1] 都几难：方言，都很难。

[2] 急急脚，行呀行：匆匆忙忙，走呀走。

[3] 眼光光：方言，眼睁睁。

[4] 原出处并无采录整理时间，但前言提到搜集成书于1989年。

51

宝缸

相传，峡山下住着一个姓张的孤寡老头，依靠打柴为生。一日，张老头打柴返来，突然下了一场大雨。刚走几步，他脚下一滑，从半山腰掉到山沟里，把腰也摔伤了。他挣扎了半日才站起来，自认晦气。这时，张老头忽然睇见被雨水冲掉泥土的山坡上，露出了半截大缸。心想：家里的水缸破烂了，如果这口缸完好，不如背返去装水。他拿起扁担，把埋在缸上端的泥土撬开，把它洗擦干净。呵，果然是一口完整无损的大缸。它外面刻着双龙戏珠，里面红光闪闪，十分好睇。张老头很高兴，忍着伤痛，小心地把缸背返屋企，放在厨房里。又将原来破水缸的水倒进这口缸里，食了几口番薯就去瞓觉了。

第二日，张老头挑水返屋企，打开缸盖一睇，缸里的水满满的，很奇怪：“是谁帮我把水担满呢？”又有一次，张老头洗米的时候，把几粒米弄到水缸里了，后来打开缸盖，只见满缸都是白花花的大米。张老头呆住了。他听人说过，这峡山上有只宝缸，原是西方佛祖赐给寺庙老和尚布施穷人的宝物。由于寺里的老和尚贪心，想独霸宝缸，佛祖一气之下，命罗汉把宝缸藏在山里。“眼前这缸难道

系宝缸？”张老头立刻把卖柴的铜钱放进缸里，用盖盖好。过了一会儿，打开缸盖一睇，只见满缸都是黄澄澄的铜钱。张老头高兴极了。以后他再唔需上山打柴，唔愁食、唔愁穿的了。

谁知这件事给本村的一个恶霸洪员外知道了。一日，他带了几个家人，气势汹汹地来到张老头家里。一进门，洪员外就大声叫道：“张老头，快把我家的宝缸交出来！”张老头一睇来势唔对，分辩道：“这缸是我从山沟里的泥土里挖出来的，怎么说是你的呢？”洪员外瞪着眼骂：“这缸是我家的祖传之宝，与先人一起葬在山里，你好大胆，竟敢把它偷返屋企？睇我告到官里，你还要命唔要命？！”谁都知道，洪员外是这一带闻名的恶棍，女婿又是当朝县令，谁敢与他作对？张老头无奈，眼巴巴望着他把宝缸抢了去。

洪员外把宝缸抢到手之后，心里十分得意，马上宴请宾客，向别人夸耀他的宝缸。他命人把宝缸抬到厅上，把一些铜钱放在缸里，一会儿，打开缸盖一睇，满缸都是黄澄澄的铜钱。接着，洪员外命人把铜钱掏出来，把几块白银放在缸里，盖上盖子，一会儿，打开盖子一睇，满缸都是白花花的银子。后来，洪员外又命人把白银掏出来，把几块金子放进缸里，盖上盖子，一会儿，打开盖子一睇，满缸都是金灿灿的金子。客人们睇了都赞不绝口。

话说洪员外还有个九十多岁的老父亲，这时正病在床上，听到院子里喊声唔绝，唔知家里发生了什么事。他忙把媳妇叫过来问。当他听了家里得了一口会出金银的宝缸后，马上叫人扶他出去睇。洪太爷一走到院子里，客人们都走过来向他贺喜。洪太爷走到宝缸面前，睇到满缸都是金灿灿的金子，惊喜若狂。一面摸着宝缸，一面喊着：“我的宝缸，我……我一辈子都无见过这么多金子……”他喊洪员外，快叫人把木箱搬过来，把金子装好，别让人偷了。洪员外命人把木箱抬过来，洪太爷也唔知哪里来的力气，抓起大把的金子往箱里放。洪员外说：“爹，你歇歇，让别人掏吧。”洪太爷翻着白眼说：“唔好！别人掏我唔放心。”掏着掏着，快要掏到缸底了，突然他一唔小心，“嘭！”一声掉到缸里去了。“哎哟，太爷掉进缸里去了！”客人们大声惊呼，并且七手八脚地把他从缸里扶出来。洪员外向前劝慰说：“爹，你别忙，盖上盖子，一会儿又满了。”洪太爷喘着气说：“我……我想多掏点……”话未说完，忽然宝缸里传出了叫声：“哎哟，闷死我了！”洪员外吃了一惊，忙命人打开盖子，只见一个洪太爷从缸里钻了出来。众人怔住了！两人长得一模一样，竟然难辨真假。洪员外急得捶胸顿足，大叫“我的天！”谁知宝缸里又传出喊声：“我的儿，快扶我起来！”众人又打开缸盖，里面竟钻出一个洪太爷来，而且连续钻出了几十个洪太爷。洪员外和妻妾分两边不断地拉。刚拉到九十九个时，“嘭”的一声，把宝缸拉成碎块。随之，变出来的金银铜钱不翼而飞了，那几十个洪太爷也剩下原来一个洪太爷。众人都愣住了，睇住剩下的那个洪太爷叫骂道：“你这个衰仔，连宝缸都拉破了。唔打你，唔可以消我的气。”他拿起缸块向洪员外打去，正好打在洪员外的头上，洪员外立刻倒地身亡。洪太爷见状，“啊！”的一声也气绝归天。众人吓得四散而逃。

后来，消息传开，张老头等人们拍手称快。宝缸，就这样世世代代被人们传为美谈。

整理者： 谭伟文
流传地区： 清远市清城区
原载本： 《广东民间故事全书·清远·清城分卷》

52

宝鸭

从前，有一对老夫妻，年过半百了，但膝下无儿女，生活过得十分贫困。他们尽管很穷，却时常周济别人，特别有乞丐路过求乞，他们宁可自己饿肚子，也将仅有的一点饭拿出来送给乞丐。因而受到方圆百里的乡亲称颂。

一日，突然有一位半仙，来到他们的家门。他衣衫褴褛，手拿破碗，扮作乞丐的模样。这时正遇着老夫妻开桌食饭，一见有乞丐来到门前求乞，他们热情招呼进屋，将仅有的一碗大米饭送给了他，自己却剩下半盆野菜。这位半仙睇到这种情形后十分感动，决意帮助这对老夫妇。他将饭放回桌上，然后拱着手说："施主，久闻大名。今日亲见施主如此为人，甚为感动。为报施主赠饭之恩，特为施主献上一技。刚才我观察了你哋门口那堆石头，发现里面藏有宝贝。你哋将这些石头放到锅里煮上七日七夜，就会变出一对鸭子来。你喂它食谷，它就会拉金屎；你喂它食米，它就会拉银屎。不过要记住，唔好将这些金银送给别人，只准你哋自己用。"这位半仙说完就走了。

当日，这对老夫妻依照他的话去做，将门口那堆石头用大铁锅煮了七日七夜，揭开锅盖定神一睇，果然，有一对鸭子在锅里面，还"呷呷……"地叫。夫妻俩小心地将些稻谷喂给它们食，无几久，鸭子拉出来的屎是闪闪发光的黄金。他们又用大米来喂它们，无几久也拉出了白花花的白银。夫妻俩非常高兴，不断地给鸭子喂稻谷和大米，鸭子拉出的黄金白银也越来越多。十多日后，那些黄金和白银在屋里堆成了一座小山。但他们无忘记半仙的告诫，唔敢将黄金白银送给别人，只是自己拿一点点去买些食用，日子也过得很愉快。

过了不久，黄金和白银堆满了屋。夫妻俩觉得黄金和白银太多了，就用一些青菜来喂鸭子。很快，鸭子拉出来的是地地道道的鸭屎。当他们想要金银，再给鸭子喂稻谷和大米时，拉出来的屎唔再是黄金和白银了，只是普普通通的鸭屎。从此宝鸭子变成了普普通通的鸭子了。

讲述者： 温大
整理者： 李敦平
流传地区： 清远市清城区
原载本： 《广东民间故事全书·清远·清城分卷》

53

鞋形宝石

唔知是哪个年代了，演江河边住着一个穷苦的老汉李大叔。他的老伴死去多年，无儿无女，靠编结草鞋过日子。李大叔的手艺精细，编结的草鞋美观耐穿，人人夸赞。但功夫人穷，价钱定得很低，加上一日打唔到几双，李大叔的日子自然就苦。

有一日，李大叔下河浸稻秆，想起自己的身世，一滴眼泪滴入河里。河水流呀流呀，忽然浪花翻滚，只见一个亮晶晶的东西倒流而来。李大叔捞起一睇，原来是块青绿色的、鞋状的石头，心想："既然它像鞋的模样，就拿来打草鞋吧。"于是，他便把石头扛返屋企里了。

他按鞋形石头来编结草鞋。一抓起稻秆，手顿时轻飘飘的，唔费一点力气。转眼间草鞋就打成了。

这是一块宝石啊！按宝石编结出来的草鞋河水浸唔湿。刀子砍唔烂，晚上穿着它走路唔用点灯，连路都照得明晃晃的。

李大叔的草鞋出了名，四面八方的人都来买草鞋了，无钱的卖掉衣服换双草鞋，有钱佬也买来装饰装饰。李大叔的日子渐渐好起来了。

有个珠宝商，是外洋人，人家叫他"番鬼佬[1]"，是专到"唐人"居住的地方收买珠宝的。他听说有这么块宝石，就笑嘻嘻地来到李大叔家里谈天说地。一见鞋形宝石，两眼就红了。

"老伯呀，"珠宝商人说，"你那块石头，是有宝气，可就欠点儿精功。我敢断定：一个月以后，它的宝气就要化了呢。所以照我睇，它系宝，又唔系宝。"

"系宝，又唔系宝？"李大叔犯疑地想了一下，"什么意思呢？"

"它缺精功。假如能再练练，就成个全宝，否则，很快它就要变成废物。"珠宝商人睇睇李大叔不动声色，又说："老伯，你神色唔太好吧？可见一个人，时来运去，都系前生注定的啊！无碰上我，行运都说唔出个道理来；碰上了我，你算鸿运来了。我会练精功。这个废物我还用得着，我给你十两银子，把它卖给我，你岂非食了死西瓜留了个活的种么？"

李大叔睇透了"番鬼佬"的坏心眼，绷着脸说："请走吧，你说破嘴唇我也唔卖！"

珠宝商人终于被李大叔赶走了。但他怎肯就此罢手呢？

过了几日，李大叔家闯进两个衙役，二话无说就把他抓到衙门。一到公堂，知县黑口黑脸，一拍惊堂木，操起官腔喝道："你是姓李的鞋匠吗？"

"小民正是，"李大叔跪在地上应说，"敢问老爷，什么事与本人有干涉？"

"斗胆！"知县咆哮着，喝令衙役打了李大叔三十大板，打得皮开肉绽之后，又说："你把人家的宝石偷来打草鞋，还唔承认么？"

李大叔申辩说："那宝石系我捡来的。"

知县大声喝问："混账！居然敢把太爷当小孩来欺骗！宝物能随便捡得到的么？你说捡到的，有何人做证？"

李大叔反问说："老爷，你说我偷来的，又有何人做证呢？"

[1] 番鬼佬：方言，外国人。

知县理屈词穷，一拍惊堂木说：“公堂之上唔准多讲。那个系一个商人的宝物，你交出来我给他一睇就知道！”

李大叔心爱的宝物，怎愿意交知县手上呢？但唔交出来就坐牢。最后，善良的李大叔还是被迫把鞋形宝石交出来了。知县一见，就硬说宝石系偷的，把它给了珠宝商人。

珠宝商人打从那回骗取宝石碰了钉子后，就以五十两银子做贿赂，要知县把李大叔的鞋形宝石弄到手上。但当宝石一到他手，宝气也就消失了。

原来，宝石系一头小黄牛变的。后来，珠宝商人把它敲开来睇的时候，里面就有一头小黄牛。小黄牛当时在河上见到李大叔的眼泪，同情李大叔的身世，就立意要使他过好日子。但一到珠宝商人手里，小黄牛就气死了。

搜集整理者：绣红、林荫

流传地区：韶关市区

原载本：《中国民间故事集成·广东卷·韶关分卷·韶关民间故事集成》

（六）术士故事

54

鬼谷先师与鸭仔妹

古时候有个擅长占卜的鬼谷先师，年约五十，有双蛇眼，下巴留着山羊胡子。他性情孤僻好胜，如有人胜他，他就要想法控制他，甚至扼杀他。

鬼谷子老伴生下二男二女。大儿子十年前娶妻，至今仍未生育。小儿呆痴，绰号叫笨擦四，虽年过三十，都无法娶到老婆。俗话说："不孝有三，无后为大。"鬼谷子能唔着急吗?

一日，鬼谷子在房盘膝打坐，闭目养神。忽然媳妇悄悄前来禀告："公公在上，我娘重病缠身，请允许我前去探望。"

鬼谷子见她久唔生儿，早想休她，便眉头一皱，说："媳妇孝敬母亲，我哪能阻拦？不过有个条件……"

"有什么条件，请公公快说。""初一去，初一回，回时拿纸包火，一碟有节通窿，一碟无节通窿，还要解开赤笠来见我。"

"啊！"媳妇唰地脸一红，心里想："我怎么能解开赤笠见他呢？"后又想，他一脸正经，一定另有所指，便唔再提它，只说："公公在上，去娘家少说也有三几十里，哪能今日去，今晚返来？""那你就别再返来了。"鬼谷子蛇眼一瞪。

媳妇无奈，便边哭边小跑上路。到了桃花村，见湖边柳树下有个姑娘在睇鸭，便走过去。

那姑娘叫鸭仔妹，见她泪流满面，知她有难事，便叫住她问："阿嫂，你有什么难处这么伤心？"

媳妇见她这么好心，便把公公如何难她一事说了一遍。

"这有什么难处。"鸭仔妹说着便贴着她耳朵如此这般地交代一番。

媳妇高兴地回娘家了。一个月后的初一那一日，媳妇左手提着灯笼，右手挽着竹篮走进书房，说："公公在上，你要的东西我都带返来了，请公公过目。"

鬼谷子睁开蛇眼一睇，觉大吃一惊。媳妇愚顽，一定是有人教她，便喝道："你这是谁教的，快从实招来。"

媳妇吓得全身发抖像筛糠，便说："是桃花村鸭仔妹教我的。她说纸包火是灯笼，有节通窿是蕹菜，无节通窿是葱，解开赤笠是打开的裹粽。上月初一去，这月初一回。"

"好呀！"鬼谷子气得咬牙切齿。他想：鸭仔妹是天上的鸡精下凡，是我的死对头。但她法力唔深，我唔怕她，我非要制服她不可。他要媳妇出去后，便悄悄独自走到湖边，见鸭仔妹还在放牧，便将自身显回原形，化为蜈蚣前去咬她。鸭仔妹一睇，知是鬼谷子所变，也化为鸡精啄它。蜈蚣见势不妙，马上变为坡狗向鸡精扑来。鸡精一见，马上变为大虫，张牙舞爪。坡狗大惊，倏然逃走，又变成鬼谷子，叹气说："鸭仔妹法术不得了，此计唔得还有妙计，我一定要收拾她。"当下，鬼谷子想起二儿三十未婚，决定娶鸭仔妹为媳，把她控制在家。主意已定，便立刻上山摘下四张青蒟叶、两只槟榔，然后穿件白褂衫，手执葵扇到桃花村来。到了鸭仔妹家门前，见大门敞开，里面并无见人，便要进去。谁知刚想抬脚，忽然脚重如铅，知是鸭仔妹使法，便心生一计，用力把裤管嘶的一声撕开，露出瘦瘦的长腿，向门内喊道："大嫂子，请行行好，借枚针给我缝缝吧！"

鸭仔妹妈妈出门一睇，见是鬼谷子先师裤子烂到大腿根，连忙说："鬼谷先师请进来坐！"

“请移开棚阵上那碗水吧！”鬼谷子恳求。

鸭仔妹妈妈抬头一睇，果然睇见门内上面有两条横木，横木上有碗清水，碗面上架着一根黄茅，这才想起她女儿临出门时交代唔让外人进来的话。

“快借枚针给我吧！”鬼谷子装得可怜巴巴的。

鸭仔妹妈妈觉得鬼谷先师是附近有名的人，现在有难处，哪能冷落他，便端张板凳，上去把棚阵的那碗清水移开。

这时候，鬼谷子浑身感到轻快，连忙走进厅里，乘她进厨房的机会，悄悄把封包[1]放在厅里的神牌后面。

鬼谷子缝好裤管后，连谢几声，然后告辞返屋企。

却说鸭仔妹睇鸭返来，见棚阵上的碗移了位，当场大哭起来。妈妈问她哭什么，鸭仔妹说：“妈，我交代唔好让生面人[2]进来，你点解唔听我话？”“鬼谷先师裤管烂到大腿根，我能唔借针给他缝缝吗？”“但我要做他呆痴的二儿子的媳妇了。”“真的？”妈妈惊呆了。

鸭仔妹走到神坛供桌前，伸手拿出神牌后面那封包，开来一睇，说：“四张青蒟叶、两只槟榔，这是定情礼，祖宗已经收下了。”

妈妈说：“做鬼谷先生媳妇也蛮好嘛！”

鸭仔妹和笨擦四成亲食团圆饭时，鬼谷子当面告诫她说：“鸭仔妹，你以后要老老实实给我睇鸭，唔好多管闲事。”

鸭仔妹应了一声，心里很唔舒服。一日，她扛着一袋饲料到湖中睇鸭，忽见有三个身穿长衫的英俊后生仔路过，满面忧愁，便问道：“后生仔，你哋从哪里来？点解愁眉苦脸的？”

三个青年见她是个村姑，唔把她放在眼里，摇摇头便走过去。

“哼，你唔说我也知道。”鸭仔妹说。

三个青年一听，马上转回身说：“那请您说说我哋因什么事烦恼吧！”

“想上京应试，问鬼谷子前途如何是吗？”

“对！”三个青年惊叹说，“鬼谷先师说我哋命运唔好，唔好去了。”

鸭仔妹见他们眉清目秀，将来必有成就，有心给他们解难，便说：“鬼谷子点讲？”

高个青年首先说：“鬼谷先师说我上京应试是石上栽葱——难中！”“难中是难中，但也可解释为硬中。俗话说，‘只要功夫深，铁杵磨成绣花针’嘛。”“说得好！”高个青年有信心了。

胖青年皱皱眉说：“鬼谷先师说我绳上走马——危险。”“错啦，比前一位还好。绳上走马——高中。”鸭仔妹鼓励他道。

中等身材青年叹道：“嫂子，鬼谷先师说我床底破柴——撞板。”“比上两位还好，”鸭仔妹安慰他，“床底破柴不是上下都中了吗？”

中等身材青年恍然大悟：“嫂子，你把鬼谷先师的死话解活，我心雄了，如他日真能高中。决唔忘您指引恩德。”

半年后，三位青年同登金榜，衣锦还乡。为了报答鸭仔妹指引功德，同赠一金匾挂在她家门楣上。鬼谷子见状，便问他们点解又去赴考。三位青年如实相告：“多亏令媳妇指点。”

鬼谷子知道鸭仔妹又破他计，唔觉火冒三丈。待他们走后，马上从床头抽出马刀，把金匾斩烂。

鸭仔妹放鸭返来见了，不觉叹道：“公公啊，您点解这样小气？”

鬼谷子蛇眼一瞪，翘起山羊胡子，吼道：“你多管闲事，简直唔把我放在眼里。”

食晚饭时，鬼谷子夸奖老二说：“老二，你老实听话，我说一你唔敢说二；可你鸭仔妹调皮捣蛋，多次破我计谋，让我威风扫地。今晚你问她，明早她的床头蝕在哪里。”

“什么床头蝕？”

“你只管问就是，别的你唔需要管。”

晚上瞓觉时，老二便问鸭仔妹：“明早你的床头蝕在哪里？”“是谁要你问的？”“爸爸。”“是他？”鸭仔妹一怔，屈指一算，知他不怀好意，便撒谎说：“你告诉他明日我的床头蝕在芭蕉树上。”

[1] 封包：方言，红包。

[2] 生面人：陌生人。

第二日一早，鬼谷子一听老二报告，马上抽刀把院子里的芭蕉通通斩倒，然后等待鸭仔妹死亡的消息。

黄昏，鸭仔妹放鸭返来，见芭蕉被斩，不觉又气又怕："公公真要害我？"

晚上，老二又遵父命问鸭仔妹："明日你的床头乸又在哪里？"

鸭仔妹又骗他说在桃树上。

次日鸭仔妹放鸭返来，又见桃树被斩，全身一震，心里想：不是冤家不聚头啊。现在可怎么好？

鬼谷子见鸭仔妹还未死，简直气得七窍生烟，恨恨地想：一定要尽快斩除她。

晚上，老二又遵父命问鸭仔妹明日的床头乸在哪里。"你问我的床头乸在哪里干什么？""床头乸是什么？"老二懵懵懂懂。

鸭仔妹长叹一声："床头乸就是胎儿的保护神。如果你惊动了他，唔但胎儿死亡，而且连我也要死的。""原来你有身孕？你唔死得，你千祈别说实话。"老二伤心极了。

鸭仔妹知道自己天数已尽，便如实告诉他说："老二，你告诉公公，明日我的床头乸就在我床头。""这是真话吗？"老二为她担心。鸭仔妹流泪说："不是，这……这是假话。""假话就好，一定要说假话。"老二心痛极了。

天将亮，鸭仔妹便起身梳头，身着出嫁时妈妈给她的红裙，然后到厨房做饭。煎好十个荷包蛋，一碟盛四只，另外三碟各盛二只。四只蛋是给公公的，两只蛋的是给大哥、大嫂和老二的。她自己呢，唔食也罢。

天大亮，鸭仔妹正端着饭菜给公公进早餐时，忽然传来房里刀劈床头的啪啪声。她顿时脸色惨白，一托盘饭菜掉在地上，紧接着大叫一声，倒在地上唔动了。

老二闻声赶来，马上伏在她身上痛哭："妹妹啊，你点解要说真话呀？！"

鸭仔妹微睁开眼睇他一会，痛苦地说："老二，这是天数，我无能为力。我和你几年恩爱，今朝死别，实在令人伤心……我死后，请选朝南地方安葬，给小孩做张木椅，连同小孩衣服在坟前烧掉，我就感激不尽了。"鸭仔妹说完，便闭上双眼死了。

老二深恨爸爸心狠手辣，连自己媳妇也容唔落，又气又恨又怕。

鬼谷子见鸭仔妹已死，一方面暗暗庆幸除了对手，另一方面又感到遗憾："等她生下胖娃娃再动手，不是更好吗？"他走到厨房假惺惺哭道："好媳妇，点解你先走啊？"

"都是你害死的！"老二唔知哪来的胆量，指着鬼谷子的鼻子吼。

鬼谷子一连掴他几个耳光："放肆！""爸爸，是我唔孝，我……"老二咚的一声跪在他面前，眼泪哗哗直泻。

三年后的一个下午，老二舅父到鬼谷子家来催账，说："姐夫，你媳妇日日到我铺割半斤精肉，说是给婴儿食的，三年来未给过一文钱。"

鬼谷子仰天大笑："你见鬼了吧，鸭仔妹已经死了三年了。"

舅父心里发怵："姐夫，莫非她阴间生了孩子？"

鬼谷子一怔，屈指一算，后悔地说："无错，生个男孩。唉，点解我早无料到呢？"

老二听说鸭仔妹在阴间生了男儿，每日到舅父肉店割猪肉，半信半疑。第二日天未亮，便跑到舅父肉店探望。太阳半天高了，猪肉快卖完了，还未见她的影子，便问舅父："点解她还无来？"

舅父抬头望望，见日头半天高，便说："你躲着，她就要来了。"

刚说完，鸭仔妹便穿着红裙出现在他面前。老二等她拿着精肉往回走时，便悄悄跟在她后面。过了山坳，忽然一阵清风吹来，鸭仔妹唔见了。老二再三呼喊，也唔见她的回声。老二伤心返来，问："舅父有什么办法使她还阳？有什么办法见我孩子？"舅父说："唔急，明日再来，保证你见到她和小孩。"

次日清早，老二躲在肉店内。日头三竿高时，鸭仔妹又来割肉。舅父给了肉后，老二按舅父办法，悄悄把针线别在她的红裙子上，然后抓线的一头，跟着她走。过了山坳，清风吹过，鸭仔妹又唔见了，但线还绷紧着，说明她还在前面走。到了荒坟，线忽然松弛下来。老二一见，原来是个荒坟，这才记起三年前葬她的情景，说："鸭仔妹，我对唔住你，是爸爸唔让我来祭扫。"

“无需讲了，你返去吧！”“唔得，你快显形吧！我要见见你和我的孩子！”老二苦苦央求。

“……好吧！”鸭仔妹说完，碑门便吱呀一声开了，“跟我进来吧！”

老二跟着她的脚步，弯腰进洞。洞里阴森森的，行约二丈，前面豁然开朗。他抬头一睇，原来是青砖砌的厅堂，厅里有桌椅，木椅上坐着一个黑面婴儿，暗吃一惊：“他是我的儿子？”“是的。”鸭仔妹说。

老二伸手要抱孩子，却被鸭仔妹拦住，老二乘机抓住她的手。她马上显出原形。老二高兴地说：“鸭仔妹，抱孩子返屋企吧，公公都后悔了。”“你问问公公允唔允许我还阳。明早你折菖蒲一束，桃叶三枝，放在碑前，碑门自开，你便可以进来了。”

第二日，老二折一束桃叶、菖蒲放在碑前。碑门开后，老二迅速进入厅里，见她正在给小孩喂乳，便阴郁地说：“妹，我情愿同你在一起。”

鸭仔妹明白他的意思：“公公唔愿我回阳是吗？”“是呀。”“好吧！”鸭仔妹把孩子递到他手中，便唔见了。老二哭声大喊，睁眼一睇，原来自己抱着孩子站在墓前。

老二把孩子带返屋企里，家人见他脸上半白半黑，便叫他“黑面仔”。后来，他成为辅佐宋仁宗皇帝的龙图阁直学士、开封知府包拯。

讲述者： 张来旺，55岁，农民，做过铜石寺和尚，初小学历

收集整理者： 李光文，县文化馆干部

采录时间： 1984年

采录地点： 春湾镇

流传地区： 阳春县附城区、春湾镇

原载本： 《中国民间故事集成·广东卷·阳春县资料本》

附记

该故事类型在广东粤语地区流传广泛。除了本篇之外，还流传有信宜市的《看鸭妹斗鬼谷》，高州市的《鸭乸妹与鬼谷先生》，罗定市、郁南县的《鸭仔妹与鬼卜天师》、恩平市那吉镇那西村等地的《九谷先生与九天人女》，清远市清城区的《鸭乸妹智斗妖道》等异文。

55

黑面仔包拯

鸭仔妹被鬼谷子害死后，阴魂不散，在阴间生下一男儿。此事被鬼谷子知道，便要他二儿子笨擦四到她坟里把孙儿抱返来。鬼谷子一见孙子脸上半白半黑，便叫他“黑面仔”。

黑面仔很古怪，日夜啼哭唔停。鬼谷子火了[1]，要笨擦四把他扔到山坑，好让野兽食掉。黑面仔被扔到山沟里，狗乸[2]路过给他喂乳，猪乸路过给他喂乳，老虎乸路过也给他喂乳。他肚饱了，唔哭了。笨擦四偷偷睇见，觉得可爱可怜，便抱他返来。谁知一抱到家，黑面仔又哭个唔停。鬼谷子气得碌眼吹须，要笨擦四把他挂在树上，好让秃鹰叼死。

笨擦四让黑面仔坐在木椅上，然后把椅子挂在大树上。但秃鹰唔但唔伤害他，反而吐出禽肉一口一口喂他。他唔哭了，更胖了。笨擦四又抱他返屋企。但他一回到家，又哭个唔停。鬼谷子被躁得心烦意乱，啪的一声，拍案吼道：“快把他扔到大河里浸死！”

笨擦四唔忍心，说：“让他坐在盆中漂走吧！”

“反正会浸死的，由你吧！”鬼谷子气呼呼的。

笨擦四背着黑面仔，手抓着脚盆来到大河边，把盆放在河中，然后把孩子放进盆里，这才含泪返屋企。

第二日，笨擦四偷偷到河边探望，发现脚盆还在那里，孩子也还在盆中，而且睇见有条大鲤鱼用尾巴泼水给他喝。孩子唔但唔哭，反而更胖了。笨擦四又把孩子抱起来。他唔敢带孩子返屋企了，便带给他舅父抚养。从此，孩子再都无哭了。

花开花落，黑面仔渐渐长大了。

黑面仔六岁那年，舅父便叫他去睇牛。他睇牛唔用牛绳，只在牛后面远远地跟着，牛唔去食路边禾。原来是有个阴鬼帮他睇牛。有一次，黑面仔同一个牧童到外面玩，玩得很乐。忽然有个牧童大喊：“黑面仔，你牛食禾啦。”

黑面仔大怒，牵回牛后，折一根桃枝对着空气边打边骂：“你点解唔好好睇牛！”那牧童见他乱抽鞭又无见有人，只闻人哭，很惊奇，便把这事告诉他舅父。舅父问他打的是谁，黑面仔说：“我打阴鬼。我叫他睇牛，他无睇住，食了禾。”

舅父暗暗吃惊，知他不是凡人。第二年，舅父要他跟收买佬[3]挑东西，他人小力大，百斤重也挑得起。有一晚，他俩来到大山里，前唔见村后唔见户，只好在山林歇宿。收买佬肚子饿得咕咕叫，好难受。这时，他见黑面仔端一海碗大米饭给他，饭面上还有些菜干，很是高兴，接过饭扒一口，问：“你食过未？”

“我食饱啦。”“这饭哪来的？”“这你别问，你只管食好了。”黑面仔说完，便和阴鬼哈哈大笑起来。

收买佬听见有数人笑声，唔觉大惊：“黑面仔唔系一般凡人啊。”

又一晚，收买佬和黑面仔来到一小山村，天已黑，便向一户主求宿。户主说：“行，不过唔好嫌吵就得了。”“有什么吵的？”“讲来话长，你俩先进来歇歇再说。”户主让他俩进厅，放上一杯山茶后又说：“唔瞒你，

[1] 火了：怒了。

[2] 狗乸：母狗。

[3] 收买佬：方言，收破烂的人。

我有个黄花闺女，年方十六。前年冬干塘时，她也跟着下塘捉鱼。她捉到一条鲤公，又给它走了。自此之后，她每日戌时就哇哇喊肚痛，翻天碌地[1]，什么仙药也无用。快两年啦，现在她面黄肌瘦，有气无力。”户主说着，不觉流下泪来。

“啊！唔怕，老伯！”“你有办法？”“你给我在门内铺张床，我就瞓在那里。”

户主虽然怀疑，但为了救女儿一命，还是抱着试试睇的心情，依了他的话。

那晚，黑面仔独自瞓在门内的床铺上，正想入睡，便隐隐听到门外有声喊：“门鬼仔[2]，快开开门！”“唔得，今晚唔好来了。”“点解？”“黑面仔在大门内守着。”

黑面仔无听见门外有声响了，便问门鬼仔：“门鬼仔，刚才你同谁说话？”“门口塘的鲤公精。前年他选上户主的黄花闺女，每夜都到她闺房戏弄她，要娶她为妻。”

黑面仔咬牙道：“你认得他吗？”“认得，你叫户主干塘，那时候鲤公精也会去捉鱼的，我就告诉你。”“好的。”黑面仔应了一声，便呼呼瞓去。

第二日，户主叫人干了塘，有许多人下塘捉鱼，黑面仔便问：“门鬼仔，哪个系鲤公精？”“喏，那个穿红褂仔的，鱼篓口朝下的后生仔就系了。”

黑面仔听罢，便悄悄下塘，装着捉鱼的样子慢慢靠近他身边，然后一个箭步奔过去，抓住他的脖子喝道：“你这个死鲤公精，污辱良家妇女，还唔快快显形。”

黑面仔话犹未了，那后生仔便变成一条小鲤公精挣扎下塘就要逃走。黑面仔眼快，又一个箭步追上，五爪一抓把他抓住，然后送给户主炒酒让他女儿食了。当夜，她便平安无事了。

户主见黑面仔救了女儿，千恩万谢，说要千两金银酬谢。黑面仔摇手说：“什么我也唔要，我只希望你送我一扇门板。”

“那由你挑吧！”户主也感到奇怪，要门板干什么呢？

黑面仔托下有门鬼仔那扇门，用凿仔撬下门鬼仔，放进口袋，然后告别户主继续上路。到了某个小村的树林边，忽然屎紧[3]，便在草林中解手，不慎掉下门鬼仔，但他无发觉。待拉完后，他一抹屁股又上路了。

黑面仔一走，有个村妇摘菜路过这里，发觉有股浓浓的生屎味，忙捂着鼻边走边睇，发现草林中有个门鬼仔，便捡来装在口袋里走了。再说黑面仔发现丢了门鬼仔便又往回走，四面揾，一边喊：“门鬼仔，你在哪里？”

“我在这里！”门鬼仔在那村妇胸前的口袋中大喊。

这一喊可把她吓坏了，她忙把门鬼仔扔出去，连菜也无摘便逃返屋企去了。

黑面仔拾回门鬼仔又继续赶路。一日，来到某山庄住宿，门鬼仔对他说：“大人，户主有只三脚狗，你快快买来吧！”“三脚狗有什么用？”“那是仙狗，将来有大用！”

黑面仔信门鬼仔的话，向庄主说了。庄主说：“这可以嘛。”便叫仆人叫齐所有的狗来，足足有十二三只。但黑面仔只要姗姗来迟的那只三脚狗。庄主奇怪地问：“你点解好狗唔要，要少一条腿的狗？”黑面仔唔方便明说，只说：“我就中意它。”庄主说：“好，你既中意，我就送给你吧！”

黑面仔高兴极了，第二日谢过庄主，又继续上路。一日，黑面仔到了一个村庄住宿，门鬼仔又对他说：“庄主有个独脚鸡，你快买来吧，将来必有大用。”

黑面仔依他话，便向庄主买回独脚鸡来。第二日又继续上路。日出日落，不觉间，黑面仔和收买佬到了京城。忽然发现城门口高墙上贴着榜文，下面挤着许多人，便走上前去打听。原来是皇后病重，朝廷出榜招贤，说有谁能治好皇后病的，重赏黄金千两。

黑面仔心里说：“我无学过医，唔关我事。”正想抽脚走开，忽听门鬼仔说：“皇后的病只有你能治，快把榜文揭下。”

黑面仔犹豫一会，但还信门鬼仔的话，把榜文揭下。周围的人睇见黑面仔揭榜文，纷纷议论说：“我睇你嫌命长了，系儿戏的么，要杀头的呀！”

[1] 碌地：方言，滚地。

[2] 门鬼仔：方言，开门的机关。

[3] 屎紧：方言，想大便。

皇上一听说有个黑面仔揭下榜文，马上召见黑面仔，要他尽快给皇后治病。

黑面仔隔着珠帘睇唔清皇后气色，便叫太监卷起珠帘。皇上无奈，只好破例叫太监卷起珠帘。黑面仔走近龙床，仔细观察皇后脸色，见她眉宇间有股妖气，知道系门鬼仔说的狐狸精作怪，便抖出独脚鸡来。独脚鸡抖抖翅膀，喔喔高唱。正在这时，缠着皇后的狐狸精马上显形，猛扑独脚鸡。独脚鸡见状，忙奔在黑面仔身边。黑面仔马上放开三脚狗。三脚狗唁唁吠了几声，一个箭步扑去，前两脚抓住狐狸精脖子，咬住狐狸头，狠狠地左右猛扯几下，狐狸精咿呀几声便呜呼哀哉了。

皇后的病好了，皇上要重谢他，但黑面仔分文唔要，又云游四方去了。

第二年，皇后生下太子，日夜哭个唔停。御医久治无效，便又出榜招贤。黑面仔听到消息，又问门鬼仔："这次我能唔能帮皇上的忙？""能，只有你才能治太子的病。""好！我信你话。""你见到太子，只需如此这般说几句就行了。"门鬼仔叮嘱他说。

黑面仔记紧门鬼仔的话，匆匆食罢饭便出发上京去了。无几天，黑面仔赶到京都，揭下榜文。皇上得知又系黑面仔揭榜，很高兴，忙召黑面仔到太子卧床前诊断。黑面仔见到太子哭个唔停，便在他耳边小声说道："文有包拯，武有狄青，唔愁天下唔太平。"

说也奇怪，太子听了黑面仔的话，便唔哭了；不一会又笑了，笑得甜甜的，还睁开小眼睛睇着黑面仔笑呢。他就系后来的宋仁宗皇帝。

皇上要重谢黑面仔，黑面仔唔要，又云游四方去了。

一晃十多年过去了。太子即位后，即授黑面仔——包拯为宋代龙图阁直学士，辅佐仁宗平治天下。这是后话。

讲述者： 张来旺，55岁，农民，做过铜石寺和尚，初小学历

收集整理者： 李光文，县文化馆干部

采录时间： 1984年

流传地区： 阳春县

原载本： 《中国民间故事集成·广东卷·阳春县资料本》

56

奇人宏艺

（一）年晚煎堆

某年，岁晚，乡下已忙于炸煎堆、油角，油香四散；而宏艺家穷，年货尚未有着落。其媳妇难忍怨言，问："老爷，我哋怎么办呢？年晚煎堆人有我有，再穷，也得想法子弄一点拜祭祖先吧。"宏艺听了未免有点难堪，只好安慰一番。

这日下午，宏艺如常又到庙门口消磨日子。几个正在庙门口闲谈的父老，见宏艺一副寒酸相，便故意挖苦地问："准备炸多少煎堆、油角过年？"宏艺苦笑答道："你哋有，我都唔会缺。"

入夜，宏艺在自家的灶膛塞满一大把禾草，又在镬头里放了半镬水，吩咐媳妇："千祈唔好搞动。"而后便上烟馆去了。

此时，那几个在庙门口挖苦宏艺的父老，家里头正大开油镬，但灶膛里只见烟，唔见火，镬里的油一直唔滚开[1]……

那几位父老终于悟醒了："一定是白天得罪了宏艺法师，这下子他在作怪了！"于是，他们马上派人去揾宏艺法师讲好话，恳求原谅。并吩咐："见着宏艺法师，你哋就说，等我哋炸好煎堆、油角后，一定送些给他。"

他们的家人揾到烟馆，见着宏艺法师，正想按父老所吩咐的话赔礼道歉，宏艺法师却抢先拦住他们，说："你哋返去好了，你哋的东家说话要算数。"

那几个家人知道宏艺的脾气，只好各自返屋企去回话。怎知一回到家，便见灶膛火焰通明，镬里的油已嗞嗞地滚开了，煎堆、油角已炸好了唔少。

次日，那几个父老便乖乖地打发家人把煎堆、油角送去给宏艺过年。

（二）两条鲫鱼

某日，宏艺大清早便出门，准备到范湖赶圩。他刚走出村口，便见路边有两个女人在插田。她们一边插一边在议论着宏艺的事情。其中一个说宏艺学了茅山术返来，仍旧穷得朝不保夕。另一个说，如做着宏艺的媳妇，那真是前世无积阴德。宏艺听着，心想：这两个女人居然在背地里讥笑我？好！等我戏弄戏弄她们。

宏艺慢慢走至田头，叫道："大嫂，怎么大清早就落田？"那两个女人抬头见是宏艺，便答道："大老爷，怎么大清早就去赶圩？"宏艺乘机笑道："麻烦两位大嫂替我睇管着这对烂布鞋，等我赶圩返来再穿吧。"说完便把布鞋脱下来，放在田头，匆忙地上路了。

宏艺走后不久，突然有两条大鲫鱼从田水里钻出来。那两个女人赶忙丢下秧苗去捉鱼，但捉了好一会都无法捉得到，便只好又拿起秧苗来。不一会，两条鲫鱼又在她们的身边游来游去。两人又丢下秧苗去捉鱼，捉了一会，仍然两手空空。如此三番两次，鱼捉唔到，倒误了田工。

宏艺赶圩返来，走至田头，问："两位大嫂，我的鞋

[1]　滚开：方言，沸腾。

呢？”那两个女人无好气地说：“谁答应替你睇守烂鞋？”话音未落，那两条鲫鱼竟浮起来，一动唔动地躺在两个女人身边。她们快手快脚地捉住了鲫鱼，好欢喜，走近田基，把鱼小心安顿好。宏艺凑近前来，笑道：“两位大嫂，唔该[1]！”两个女人睁眼一睇，原来两条鲫鱼居然就是宏艺那双烂布鞋。她们一下子惊奇得呆了……

（三）青竹蛇

独树岗村周围有唔少涌凼涡塘，村里有很多人都习惯放鱼笼装鱼。宏艺的儿子也一样，每晚他都放十个八个鱼笼，希望装几斤鱼换些油盐钱。村里有几个放鱼笼的人欺负宏艺的儿子老实，每日早上总是去把他鱼笼的鱼捉走得七七八八。宏艺知道后，唔但唔动怒，反而吩咐儿子唔好生气。

有一晚，宏艺的儿子又要去放鱼笼。宏艺把从村边摘来的几片簕竹叶交给儿子，吩咐他在每个鱼笼都插一片才放入水里。当晚，儿子按照老子说的去做，很快就把鱼笼放妥当。

次日一早，那几个人又照例去收宏艺的鱼笼，怎知手一摸落去，就被青竹蛇咬了一下，当即感到双手痛痛麻木。他们咬着牙忍着痛，急忙提起鱼笼一睇，几个鱼笼都唔见有青竹蛇，只有一些杂鱼，笼口都插有一片青竹叶。他们想，莫不是宏艺作的法术？于是便一齐去求宏艺给他们解救。宏艺故意问他们是怎么回事。几个人只得老老实实讲清鱼笼的事，并发誓以后唔敢了。宏艺听后笑了笑，说：“你哋知错就好，无事了，返去吧。”说罢就出门去了。几个人也只得各自返屋企。刚走出巷口，大家的手也就顿时唔痛了。几个人都十分感激宏艺，从此也就真无再去收宏艺的鱼笼了，而且还时常送些鱼给宏艺，以答谢他对自己的宽容。

[1] 唔该：方言，谢谢。

（四）宏艺请酒

一日中午，宏艺在庙门口同一群游民乞丐在扯三拉四[2]，话题扯到了村中某间杂货铺，经常用次货充好货，并且短斤缺两，而又生意兴隆，真是天公无眼。其中一个人问宏艺：“这杂货铺，你领教过无？”宏艺笑而唔答，还劝众人唔好背地咒黄帝，并从身上摸出两文钱来，说：“各位同我去饮酒好了。”众人见只得两文钱，便笑道：“两文钱只顶一小壶酒，唔够我哋润喉咙。”宏艺说：“放心好了，我包你哋饮个够。”于是其中一人揾来一个青瓦酒壶就去买酒。宏艺把两文钱交给他后，再三吩咐说：“买酒时千祈唔好说是我买的。老板问你什么，你都唔好搭理。”

少顷，酒买来了。宏艺先拿起酒壶饮了一口，就交给各人轮流饮，并吩咐只准一人一口，轮完后再转过头，如此反复，便足以使大家饮到够喉。众人见仅得一壶酒，一人一口，以为反正后面的人轮唔着了，不如自己多饮些，于是接到酒壶后都拼命张大喉咙。然而，奇怪的是，一连饮了几轮，小小酒壶依然有酒。众人心悦诚服了，都说宏艺有法术，讲义气。宏艺笑问大家：“饮够了无？”大家齐声回道：“够了，够了。”宏艺便把酒壶拿返来，大大地饮了一口，而后把酒壶放至地面，说：“够了，留到下一回再饮吧。”其中一人又把酒壶拿起来，想再饮一口，岂料壶里一滴酒都无。

其时，杂货铺老板听说宏艺在庙门口请人饮酒，一壶酒饮来饮去无完，不禁大吃一惊，急忙打开酒埕一睇，当即呆住了：满埕的酒，足足少了一半。他心知肚明是宏艺法师使法术教训自己。自此之后，他再唔敢过分呃人了。

（五）香笠担水

相传有一日，宏艺的儿媳到江边担水，一唔小心把水埕打烂了。宏艺想另买一担新水埕，一时又无钱，又唔

[2] 扯三拉四：谈天说地。

愿意向别人借。儿媳问他："那怎么办呢？"宏艺想了想，便叫儿媳把神楼的两个香笠拿下来。香笠是用竹笏织成，四面通孔的，怎能装水？只见宏艺把香笠的灰尘拍打干净，揾来一碗清水，口中念念有词，含些水往香笠上喷洒一番，就叫儿媳用它去九曲河担水。儿媳莫名其妙，又唔敢多问，只好照办。她担着香笠来到河边，把香笠汲入水中，一担起来，两笠水果然装得满满的，一滴唔漏。她担着两香笠水从河边返屋企，一路上惊动了众乡亲，唔少人纷纷赶来睇新奇。

一日，宏艺的儿媳又挑着香笠到九曲河边担水。停泊河边的一只货船上的客人，都挤到船头好奇地观睇。船上有一个游方客对大家说："这不过是雕虫小技，有何难处？"船上的人问他："你会？"那人说："担水我唔会。要她担唔成，我可以。"大家顿生兴趣，簇拥他到船头试试。于是那人便指着宏艺的儿媳说："香笠是漏水的，唔担得。"如此三番，宏艺儿媳刚担起的两香笠水，便一下子全漏在岸边，吓了她一跳。这时船上传来哈哈大笑声，她抬头一望，只见挤满船头的人，正朝她指手画脚。她心里明白了，原来是这些人在作弄她。她只好担着空笠返去，把情况告知宏艺。宏艺听了，吩咐儿媳把香笠烧了，暂时唔好去担水。

到了傍晚，宏艺用黄纸剪了一个铁锚，叫儿媳拿到竹树脚，铲一块草皮压住铁锚，并点上一炷清香，又再三吩咐："此事对谁也唔好说。"

到了半夜，潮水开始涨了，泊在河边的客船货艇纷纷起锚开船，而那只船的锚就是无法拔起来，全船的人客急得满头大汗。这时，有个人忽然想起香笠担水的事，对大家说："我哋得罪了宏艺，一定是宏艺使法弄我哋，快揾人向宏艺赔礼求情吧。"那个捉弄宏艺儿媳的游方客一听心里明白，立即拿出二两银子叫船家上岸去赔礼，请宏艺放他的船开行。宏艺见船家百般求情，就接过银子，对船家说："本来唔关你事，你辛苦了一晚，这一两银子给你，你返去对众人说，做人要厚道些，如果碰上另一个人，非整到你哋沉船不可。这事就算了，返去开船吧。"那船家感激一番回到船上，把宏艺的话对众人说了一遍，便赶忙要启锚开船了。他用篙一撑，船就开动了，众人都感到万分惊奇，纷纷议论宏艺的本事。原来，船家一走，宏艺就叫儿媳把纸锚取返来烧掉了，并把船家的那一两银子交给儿媳去买水埕。此后，宏艺儿媳就再唔用香笠去担水了。

（六）扇风熄火

有一年年底，花县有一个邻近三水的村打醮酬神，惹得独树岗村一带唔少游民、乞丐都去讨斋饭。怎知施舍饭菜的人家见他们全是外乡人，竟一点也唔肯施舍，再三乞求也唔发慈悲。于是，他们便同施舍饭菜的人吵了起来。这时，宏艺正好赶来凑热闹，见到众人争吵，便上前劝阻。他吩咐众人坐到祠堂门口的大树脚下，众人争着把事情的经过告诉宏艺，并恳求他想办法。宏艺笑着安慰各人："耐性点儿吧，过一下就会有人送饭菜来给各位的。"众人只好呆坐着，巴望着宏艺想法子。

宏艺取出随身带来的烂折扇，对着祠堂门口轻轻一扇，立时那间祠堂里面全部蜡烛、长明灯和大光灯全熄了。主坛的喃呒先生立即吩咐各人重新点灯。灯刚点亮，宏艺又轻轻一扇，火光又一下子全熄了。主坛的人觉得无风熄火很奇怪，就问左右的人："各位在外边可有得罪什么人？"众人连忙回答："无、无。"喃呒先生又叫各人再次点上灯烛，他自己静静地走到门口睇一下。他睇见树脚下坐着一群讨乞的外乡人，碗钵上空空的，其中有个斯文的人，手执一把烂折扇。喃呒先生正感奇异，睇见斯文人用烂折扇朝祠堂轻轻一摇，里面的人又嘈起来，说："灯烛又熄了。"这样一闹，连村里的值理都赶来了。这时，喃呒先生忽然想起来了："那扇风的人，不就是宏艺吗？"于是，他连忙吩咐众人唔好待薄那群外乡的游民乞丐，并叫值理把两席酒菜送过去，请他们多多原谅。那群游民乞丐，一见有人送酒菜来，立即围坐在一起开怀饮食了。

这时，祠堂里面的灯烛便全又通明起来。事后，值理把施舍饭菜的人骂了一顿，叫他以后唔好这样做。从此，这个村有了什么红白喜事，凡有外乡人来乞讨，都尽力施舍给他们。

（七）佛山秋色

有一年的八月十五晚，佛山出秋色，附近四乡唔少人前往睇热闹。起初，宏艺同村里一班人在庙前闲坐赏月。其中有一人感叹："这一世还无睇过秋色呢，如果今晚能睇一下就好了。"宏艺听了一笑："想睇秋色。有什么难的？"众人便追问宏艺是不是要带他们去睇秋色。宏艺问众人有无胆，谁大胆就带谁去。众人都说自己够胆，争着要去。宏艺拿来一张条凳，对众人说："谁够胆就坐上去，闭上眼，听我叫睁开眼时才可睁开。如果谁在半路上擅自张开眼，从半空中跌落地，跌死与我无关。"结果只有几个人敢坐上去。宏艺吩咐这几个人坐稳，闭上眼，随后就大喝一声："去！"坐在条凳上的几个人立刻听到呼呼风响，而且有点儿阴冷。不一会儿，风声越来越大，冷得他们有点儿顶唔住了。这时，其中一个人想偷睇是怎样去的，于是便微微松开眼皮，顿时感到眼前一片光亮，接着好像有人推他一把，便从空中飘了下来。幸好摔在一堆禾草堆上，无跌着关节，只是觉得浑身发冷，便躲到禾草堆里过夜，大叹倒霉。

大约过了半个时辰，众人听得宏艺喝一声"到了"。一睁开眼，原来已挤在睇热闹的人堆里。大家一睇，少了一个人，宏艺说："他已返屋企去了。"

这时，秋色一队队走过来，大家都睇得很高兴。睇完秋色，众人照样坐在条凳上，飞回庙门口。

那个掉落到禾草堆里的人，次日醒来，赶路回乡，足足走了一整日。

（八）宏艺的牌位

每年大热天，蚊子都很厉害，宏艺每晚都到村里庙门口闲坐乘凉。他坐在左边，左边就无蚊子；坐在右边，右边就无蚊子。大家都中意他四处坐坐。有时宏艺在庙门口的石板上瞓一夜，这样一来，那晚瞓在庙门口角落的游民、游乞，就唔再挨蚊子咬了。

一日，众人问宏艺有无办法使各人都能有好觉瞓。时值北帝庙维修，宏艺对众人说："你哋唔需要烦恼，我自有办法。"当晚，宏艺同众人在庙门口过夜。次日早晨，北帝庙在前一日修好的地方塌了一角。值理见状，指责泥水师傅偷工减料。泥水师傅无可奈何，只好翻工。宏艺一班人见到，都说工夫唔错。到了夜晚，宏艺又同众人在庙门口过夜。第二日早晨，又听到泥水师傅大叫奇怪，原来翻工的地方又塌了下来。值理知道后，心想，怕是得罪了神灵。就虔诚地再拜一次北帝爷，吩咐泥水师傅小心再修。泥水师傅在翻工的地方焚烧香烛纸钱，祈求神灵保佑今晚平安无事。晚上，聚在庙门口的人，都在议论这两日的怪事。许多人都来问宏艺："这是怎么回事？"宏艺说："这是碰巧的。"

深夜，宏艺见众人都瞓熟了，就坐起来，拿起他的破折扇，对着白天翻修好的地方，一连扇了三下，那个地方就又一声唔响地塌了下来。怎知宏艺的一举一动早就被想探个究竟的泥水师傅偷偷睇个清楚。次日，泥水师傅就把夜晚见到的情况告诉值理，值理立即去搵宏艺，问他点解这样做。宏艺对值理开心见诚地说："只要让我在庙角有个地方着落就平安无事。"值理们请来父老，议决在庙门口入门左边角落替他立了个牌位。

立了牌位后，修建工程平安无事。晚上宏艺唔来，也唔见有蚊来咬人了。这时众人才明白，是宏艺为众人着想的。直至今日，庙门口在大热天时，一样是无蚊咬人的。

（九）无柴烧脚骨

一日清早，宏艺儿媳要到田头收柴草。临行前，她先将米同菜洗好，放到镬里，吩咐宏艺，等她返来再烧火煮饭。宏艺应过后便到庙门口闲坐。刚好那日聚集的人唔多，宏艺坐了一会儿就返屋企了。他走进厨房，睇到各样都准备妥当，只是未点火，儿媳还无返来。他想：干脆自己动手好了。他关上厨房门，搬了张凳仔放在灶口，坐下后，把双脚放进灶里，拿起火镰包打火。霎时间，他双脚着火，而他却纹丝唔动，似是若无其事。唔一会，饭滚开。

儿媳挑柴草返来，一踏进巷口，见到厨房冒烟，门却紧紧关着，大食一惊，连忙大叫几声，却无反应。原来宏艺作法的时候，是唔能讲话的，所以他听见儿媳叫唤也唔应声。宏艺儿媳急忙转到猫窗前，往里窥睇，只见宏艺将左脚从灶里抽出来，用手里的一扎草扫扫，脚上的火便熄了。宏艺的儿媳见状，吓了一跳，不禁惊叫："老爷！火烧着脚骨啦！"宏艺正要把右脚抽出来的，突然被儿媳的惊叫声撞破了法。宏艺那条腿虽然也抽出来了，但却烧坏了。一阵刺心的剧痛，宏艺晕倒在地。宏艺儿媳慌忙大声叫嚷，左邻右里闻声赶来，破门而入，把宏艺抬到厅上。由于伤势过重，医治无效，一代异人与世长辞。

讲述者： 陈耀槐，男
整理者： 李广惠
搜集时间： 1959年8月
整理时间： 1987年2月
流传地区： 三水县芦苞上游人民公社一带
原载本： 《中国民间文学三套集成·广东卷·三水县资料本》

附记

该故事类型在广东粤语地区流传广泛。除了本篇之外，还流传有台山市台城街道的《喃呒王曾道成》，清远市佛冈县汤塘镇的《茅山弟子廖矮》，阳春市春城街道、春湾镇的《契子爷死对头》，阳春市马水镇石录村的《大王公惩治徐茂》，龙门县龙田镇的《孟详学法》等异文。

57 苏术的传说

增城县有名的"一巫一术"中的术士，传说是坭紫村的苏术。民间流传着很多他的故事。

（一）茅山学法

苏术自幼有点小聪明。他生性闲散好动，年轻时多往广州做些杂工。一日有艘番鬼船[1]泊在白鹅潭，苏术去当搬运，想捞点洋油水[2]。谁知上大船时，一唔小心，失足跌落水。旧日白鹅潭宽阔无边，水深流急，加上寒冬季节，苏术以为自己只有等死了。闭上眼睛片刻，忽然听到有姑娘的笑声。他睁开眼，发现自己站在水中，旁边站着个头梳两个丫杈角髻、身穿枣红道袍的小姑娘，笑着睇他。苏术疑惑地问："姑娘，这是什么地方？是你救了我的命吗？"姑娘用银铃般的声音说："我父亲是茅山师父，

[1] 番鬼船：方言，外国人的船。
[2] 捞点洋油水：方言，赚点外国人的钱。

我偷偷来广东游玩，见你落水，就一手把你拖到这里来。”苏术大难得救，连连道谢。他想，眼前姑娘是茅山师父的女儿，点解唔恳求她带自己上山学法呢？他把心事说出来。姑娘说：“我父亲唔轻易收徒弟，不过你可跟我去试试。”说完，姑娘借水遁法，把苏术带上茅山。

师父经过一番观察，知苏术无大作为，无奈女儿已把他带上山来，只好安排他在山中做些杂务，但无教他学法。小师妹过意唔去，偷偷地把障眼法，撒豆成蜂、成虫，剪纸成人，借打寄打，水土遁等小法术教给他。

光阴似箭，山中不觉三年。有日苏术凡心一动，便向师父请求下山。师父自然同意。临别，师妹把一把旧伞、一条瓜条送给他，并嘱咐他珍重，更唔好持法伤民。苏术告别了师妹，行到久裕山，觉得太累了，顺手把雨伞、瓜条抛在山中。谁知一转眼，瓜条变成山坑中的磨刀石，旧伞倒挂山崖，变成了倒顶松。

（二）归家初试法

苏术一走，音信全无，人们都传说他浸死了。如今突然返来，妻子当然高兴。但时已年晚，村中家家打饼炸糖环，但自家一贫如洗，很是伤心。苏术同情妻子，向妻子讲了这三年的经历。他对妻子说：“年货易办，到时自然有办法。”

年廿八，鸡啼三遍，突然家家户户都传出惊讶的呼叫声。原来家家的灶门都唔见了，整个村子一片混乱。天才蒙蒙亮，街前巷口已人聚成群。大家七口八舌，议论唔休。

这时苏术对妻子说：“我用障眼法把全村的灶门掉转，你快准备箩箔装年货。”说完，他走出街上，假惺惺地到了几家人的厨房睇了睇，胸有成竹地说：“这是犯了灶君。我曾学过茅山法术，这点小事我可以帮大家忙。”于是，人们都拉苏术往自己家里走。苏术摆脱众人的手说：“逐家去搞，年初二都无法搞掂[1]。不如各家都拿些牲肉、年果、香烛到我家，一齐开坛做功德。”于是，人们争先恐后把年品送去苏术家。苏术妻子收到手忙脚乱。苏术也认真地搬出神台，打点参神祭灶。半天时候，各家灶口又回复原位。这下村人都觉得苏术有本事。当然，也有人猜到是苏术搞鬼，只是唔敢明讲。苏术妻子是个村妇，对他戏弄乡亲唔满，便劝他。苏术记起师妹的话，也觉得冇错。从此，他很少做损害乡亲的事。

[1] 搞掂：方言，搞定。

（三）木屐戏村姑

有年春耕莳田时节，苏术和村中几个青年往新塘趁墟。行到禽渠石附近，见有两个村姑在田里插秧。她们虽做田工，却穿得衣裳整齐干净，而且田莳得又快又好，行人啧啧称赞。苏术心里唔服气，说：“快什么呀，趁墟归来，我睇她们还未莳完这块田呢，仲会[2]搞到一身湿呢！”说完，他偷偷除下[3]自己的一对木屐抛往田间，便随人扬长而去。

两个在田里莳田的村姑，忽然见田中有两条成斤重的鲈鱼，齐放下秧苗去捉鱼。捉了半日，鱼无捉到，还溅得一身泥水，狼狈不堪。苏术趁墟归来，用手一招，两条鱼游过来，他一提，变成了木屐，穿上哈哈大笑地走了。两个村姑知道受了戏弄，连声骂苏术。

（四）纸人插秧

季节迫人，家家都快莳完田了，但是苏术家的田还未犁。叔父对他说，如唔抓紧时间，就要食西北风了。苏术满唔在乎说：“唔使怕[4]，到时就会搞掂。”第二晚，人收工，鸡埋窦[5]了。苏术拿着一扎纸人、纸牛，一面小铜锣静静地走去田间，睇见四面无人，便把纸人纸牛变成人和牛，满田热闹，犁田、耙田、拔秧、莳田，忙得有头有序。

[2] 仲会：方言，还会。

[3] 除下：方言，脱下。

[4] 唔使怕：不用怕

[5] 埋窦：回笼

一夜时间，唔但自家的田办好，连邻近两户寡妇的田也办好。第二日，他叔父一出田见苏术的田变了样，不禁又惊又喜。接连几次都是这样。叔父为了解开这个谜，很注意苏术的行动。一晚苏术去莳田，他就抄近路躲在树丛中偷睇。当他睇到苏术敲锣，撒纸为人时，忍唔住哈哈大笑，从树丛里钻出来说："原来你这样搞的呀！"法术怕生人，一被叔父讲穿，法术马上失灵，满田的人变成纸公仔在水田中漂浮。从此，叔侄互相埋怨。

（五）灯芯吊石辘

有一年，村村大丰收，唔少村都打醮酬神，谢神求食庆贺一番。各村还要比比谁搞的醮坛好。有的上罗浮山，有的去飞霞山，请名观道士来主持坛事，其中一个醮坛却请苏术。开坛那日，别的醮坛都装饰得五彩缤纷，人山人海，十分热闹，只有苏术主持的那个坛冷冷清清，主事人急如热锅蚂蚁。好一阵，才见苏术姗姗而来。他叫人去取两个榨蔗的石辘、一把耙田的耙。十几个人推的推、拉的拉，把石辘和铁耙搵来以后，苏术用几条灯芯草[1]，把两个大石辘吊在牌坊两边，贴上些彩纸色带，做成两个石灯笼；那铁耙被两条头发吊在中间，成了彩牌。这消息一传开，睇热闹的人便很多。的确，何时有人见过灯芯吊石辘、头发吊铁耙呢！这下，苏术主持的醮坛香火极盛，人头涌涌，其他醮坛却冷冷清清。

（六）法戏贪官

苏术那个年代，增城知县贪赃枉法，差吏衙役狗仗官威，对百姓百般敲诈盘剥。苏术决心惩治一下这班[2]凶神，为百姓出气。他施展法术，窃取几批官库银子，周济穷人。官银失盗，又无法破案。县太爷急得似热锅蚂蚁，返来就严刑责罚下属都头、捕役，使那些平日在百姓前如狼似虎的公差，都挨了唔少大板。

苏术窃到官银，仗义疏财，终于露出了马脚，被公差捉去县衙。知县马上开堂审讯。那些都头、捕快为此唔知食了多少苦头，对苏术更加仇恨，一开堂就对苏术严刑拷打，皮鞭大棒齐来。苏术趴在地上静静挨打，谁知后堂却呼天叫地，哭喊唔停。那些丫鬟、使妈也顾唔得公堂审犯，直闯上来叫："大老爷，事情唔好了，二太太像中疯一样，满地翻滚，叫苦连天。"知县即刻抛下公案，进后堂一睇，几乎气昏了。只见他最宠爱的第二姨太太这时披头散发躺在地下，满身鞭痕、棒伤，青一块、紫一块，白嫩的屁股血肉模糊，哭得头也抬唔起来。原来，苏术运用了移打寄打之术，把鞭棒全部移打到了知县最爱的姨太太身上去。这下，气得知县七孔生烟，喝令将苏术长枷死锁，投死监牢。

那些牢头、狱卒，平日对犯人敲诈勒索惯了，对苏术自然也唔放过。他们把苏术抛入黑牢，还开口要开门钱。苏术装作有气无力的样子，求他们宽容，给碗水解渴，并说请代把解上县时带来的衣包拿进来，自然有钱孝敬。这下，牢卒们拿水的拿水，拿包袱的拿包袱。苏术乘机念咒语，把狱长平日敲诈得来藏在家中的几十吊钱暗中窃进包袱里。牢头一见包袱，立即把它解开。几十吊钱自己要了一半，一半分给几个狱卒，锁好门走了。狱差一走，苏术急念咒语，把枷锁牢门打开。三十六计，走为上计，连夜借水遁逃回坭紫村了。

苏术一逃，县太爷大发雷霆，将牢头、狱卒痛打了一顿，就同专出歪主意、为虎作伥的扭计师爷[3]贸商量捉拿惩治苏术的办法。师爷贸献计说："苏术晓点邪门歪道，但邪唔敌正。下次捉到他，要用黑狗血、妇人血水、屎尿照头[4]淋他，他的邪法自然失灵，我哋就可以任意泡制[5]他了。"知县听了，连称妙计，限令捕差再捉苏术。几日后，苏术又被捉上衙门。差役正准备把成桶血水屎尿往苏

[1] 灯芯草：草本植物，茎内白色髓心可供点灯和烛心用。
[2] 这班：方言，这群。
[3] 扭计师爷：方言，诡计多端的人。
[4] 照头：方言，对着头。
[5] 泡制：处理。

术身上泼去，谁知脚一打滑，成桶污水泼到师爷贸身上，臭不可闻，真系害人不成反害己。在牢中，苏术又借水逃去。

苏术老婆怕事情闹大，劝苏术收手，暂时出外避祸。苏术唔在乎地说："唔怕，我师妹讲我是黄鳝精托世，有点水就可以走脱，只怕黄藤穿脚板。"谁知这句要命的话，苏妻后来又讲给知心人听，慢慢将机密泄漏开。传到官府耳中，捕差早已做好准备。一日，捕差将苏术擒拿住，马上用尖刀捅穿他的脚板，用黄藤穿上捆扎双脚。苏术被人抓到致命处，痛得咒也无法念，变也无法变。最后，他被人五花大缚拖回县衙，活活打死了。

讲述者： 社会流传
搜集整理者： 陈裕荣
整理时间： 1996 年 8 月
流传地区： 广州市增城市新塘镇

（七）鹿步村变六步村

相传在很久以前，增城新塘镇坭紫村，有一个道法很高的人叫苏术，人称苏术哥。

在一个盛夏的傍晚，已是掌灯时分，人们正在街上乘凉。刚好苏术哥在家里食饱饭也到街上来乘凉，同乡亲们一起聊天。苏术哥半开玩笑地对旁边坐的几位乡亲说道：

"喂，各位兄弟，你哋想唔想到广州睇戏呢？"

"苏术哥，你是在开玩笑还是在讲梦话呀？天时这么晚了，怎么能赶得到广州睇戏呢？"几位兄弟说。

"当然可以啦，我哋现在一起去广州睇戏好吗？"苏术哥说。

"怎么去呢？"有一位乡亲说。

"只要你哋听我指挥就一定能够立即去广州睇。"苏术哥肯定地说。

乡亲们齐声说好。几位乡亲当时正坐在街上的一张竹席上乘凉。

苏术哥对大家说："请大家往竹席的中间靠拢坐好，头手唔能出竹席外，紧闭眼睛。唔理听到什么响声都唔能睁开眼睛，否则出了什么事唔关我的事啊。大家一定要遵守诺言。"

乡亲们又齐声说好。竹席上坐了五个人，苏术哥吩咐大家闭上眼睛手拉着他围坐在竹席上。

这时，只听苏术哥口中念念有词，并在竹席旁边数着脚步地行着。乡亲们只听得耳边风作响以及苏术哥慢步行走的声音。一、二、三、四、五……当听到苏术哥第六步脚步声的时候，竹席上其中有一位乡亲好奇地半睁开眼睛想睇过究竟。只听到"哎哟"一声，这位乡亲就跌出竹席外了，其他乡亲更加唔敢睁开眼了。只听得苏术哥的脚步声慢慢地走了十多步脚就停下来了，耳边呼呼的风声也停止了。苏术哥叫大家睁开眼。当乡亲们睁开眼一睇，他们都已经在广州市长堤马路的戏院门口了。大家高兴极了，睇完戏又按原来的方法很快回到坭紫村了。大家都觉得苏术不可思议。

再说那位因为好奇偷偷睁开眼的乡亲，只觉得有一股巨大的力量把他从竹席中拉出去，然后莫名其妙地跌在打谷场上。见唔远处有村民乘凉，便走过去询问：

"各位兄弟，请问这里是什么地方？"

"这是南岗鹿步村呀。请问你是哪里人，那么晚来问路？"当地有个老人答道。

"我是新塘坭紫村人。"他将睇戏的事说了一遍。

鹿步乡亲们觉得非常奇怪，答道：

"真是无巧不成书。我哋这里叫鹿步村，你听了六个脚步声就跌在我哋村了，粤语的鹿步与六步是同音字呀，唔怪得把你在第六步就跌到我哋村里来了。"顺着鹿步乡亲的指点，这位坭紫乡亲摸黑一脚高一脚低地走回坭紫村，整整走了三个多小时。

再说别的乡亲这么久唔见他返来，焦急地问苏术如何是好，苏术说：

"他自己会返来的。"

话未讲完，只见那位乡亲满身泥巴，狼狈不堪跌跌撞撞回到村里来。众乡亲迎上去问个究竟，他尴尬地讲他的遭遇，大家都觉得非常有趣。从此以后，南岗的鹿步村也称六步村了。

（八）大黄蜂和大蛇

有一年，天连续下了几日中小雨，人们无法到田间作业，大部分乡亲们都集中到大祠里倾计[1]度日。有的下象棋，有的围着在一起谈古论今，有的在讲历史小说，还有的在打“天九”牌[2]。小朋友们或跳飞机或抛石山或捉迷藏或抛石子……整个祠堂非常热闹。

这时，苏术也来到祠堂和乡亲们一起倾计。乡亲们见苏术来，有人提议请苏术哥玩游戏。其中一个阿嫂说：

“苏术哥，现在大家都在祠堂里闲着，请你玩些游戏让大家高兴高兴好吗？”

“好呀，唔知大家想玩什么游戏呢？”苏术哥说。

“随便就可以啦。”众人说。

“好呀。亚康仔，请你拿些谷壳来吧。亚带和亚娇你哋去拿两杆大秤杆来，放在横门两边。亚康你返来去拿两只大粪箕来，放在大门口两边。”不多时各人的道具准备就绪，都按苏术哥吩咐照办了。

这时苏术哥再吩咐把横门和大门关上，接过亚康拿来的谷壳大声地对大家说：

“各位兄弟乡亲，现在开始玩游戏了。请大家闭上眼睛，唔好睁开。否则游戏就玩唔成了。”

“好。”众人齐声答道。

苏术哥再三吩咐后，拿起谷壳向空中一抛。一时间，谷壳变成了手指头大的虎头蜂，在祠堂里乱飞。更得人惊[3]的是这些大黄蜂专门向人们鼻子耳朵和口面扑来，气势凶猛。

顿时祠堂里乱成一团，吓得乡亲们抱头鼠窜。有的叫妈，有的双手捂耳护眼，有的马上脱衣服盖着头部。但是这些大黄蜂唔会真的咬人，只在人们的头面扑来扑去。人们失魂落魄，有些赶快跑到横门想往外跑。但横门一开，只见两条上百斤重的大蟒蛇张口吐舌向人们扑来，人们赶快关门缩回祠堂里。

又有人跑到大门口打开大门想往外跑。大门口外更可怕，有两只上百斤重的大华南虎张开血盆大口，张牙舞爪地扑过来，摆出要食人的姿势。开大门的乡亲吓得面如土色地爬回祠堂关上大门。

乡亲们在祠堂里乱成一片，吓得屁滚尿流，齐声喊苏术哥快点收回法术。

“苏术哥，吓死我哋了，快收回法术吧！”

“唔怕，全是假的。好啦，请大家再闭上眼吧。”苏术哥说。

乡亲们赶快闭上眼睛。只听苏术哥口中念了几句咒语，所有的黄蜂都变回谷壳跌下地来，祠堂满地都是谷壳。横门的两条大蟒蛇变回两杆大秤杆，大门口的大老虎变回两只大粪箕。

乡亲们这时才松了一口气。一场虚惊，大家都觉得太可怕了。但有些胆大的年轻乡亲还说好玩，很刺激。大家都说苏术哥的魔法高强。

讲述者： 社会流传
整理者： 谢运洪
搜集时间： 2000年5月
流传地区： 广州市增城市新塘镇
原载本： 《广东民间故事全书·广州·增城卷》

附记

该故事类型在广东粤语地区流传广泛。除了本篇之外，还流传有广州市白云区钟落潭镇的《钟尽》，广州市花都区新华街道的《张振》，新兴县河头镇、簕竹镇一带的《袁道士》，新兴县簕竹镇的《大旺公仔的故事》，龙门县南昆山地区的《小阿尼传奇》等异文。

[1] 倾计：方言，聊天。
[2] “天九”牌：宋徽宗宣和年间产生的骨牌宣和牌演化而成的牌。
[3] 得人惊：方言，让人害怕。

58

害人害己的邪术

明朝时候，古三[1]有个绰号叫乌蝇头的人，会使茅山术，经常作弄人。

一日，乌蝇头在河边见到一只船在水中行驶，他就和旁人打赌，说能让这只船停住。于是他作起法来。果然，那船在河中团团转，无法前行。船上的人觉得奇怪。乘客中有个和尚，懂得法术，知道有人在作法，便又作法来破它。和尚在船篷上拔了些竹叶出来，对着竹叶吹口气，变作小小的剑去追乌蝇头。乌蝇头见船上有一股黑气直冲上天，知道有人破了他的茅山术，大叫一声："弊啦！"立即跑返屋企中，叫老婆用鸡罩罩住自己，上面再用个大镬盖盖住，又叫老婆用围裙围住。无几久，和尚作法变来的小剑飞到来，被大镬盖挡住全部跌落在地。这时乌蝇头知道遇着对手，便收了法，船又重新开了。

又有一次，乌蝇头去海洲[2]经过土名叫大鲤鱼的地方，见到邻人在插秧，就对邻人说："你替我睇住这对红皮屐，我返身来取。"邻居唔肯，说："我只剩下两捆秧，一会儿就插完，等你唔知等到几时？"乌蝇头唔理他，放下这对红皮屐就走。谁知乌蝇头暗中作起法来，把对木屐变成两条鲤鱼在田里游来游去，把秧苗插莌搞到东倒西歪。这邻人又扶秧苗又捉鱼累得满头大汗，插来插去都插唔完。最后捉住两条大鲤鱼，心里十分欢喜，正坐在田埂上休息，乌蝇头就返转来了。邻人高兴地对乌蝇头说："我捉了两条大鲤鱼！"乌蝇头伸手夺过鲤鱼，说："哪里是鲤鱼，是我那对红皮屐哩！"说完，那两条鲤鱼，果然变回一对红皮屐，气得邻人眼坦坦[3]说："你叫我坐着给你睇屐好啦，何必搞到我腰骨都痛呢？"

后来，有一件事教训了乌蝇头，使他以后再都唔敢用茅山术作弄人了。

有一次，乌蝇头和一班人在基围边坐，正闲得无聊，远远见有一个姑娘迎面走来。乌蝇头起了邪念，对周围的人说："你哋信唔信，我有办法令到她脱光衣服哩。"他说着就作起法来，变了一条大蜈蚣爬在姑娘的上衣上。姑娘见到有条大蜈蚣在衣服上爬，又惊又怕，又唔敢用手去捉，只好把衣服脱了。谁知那条蜈蚣又出现在她的内衣上。她更惊，就又脱下内衣。但低头一睇，裤子上又出现了那条蜈蚣。她无办法，只得脱下裤子丢在地上。哪知道，蜈蚣又爬到她的内裤上。姑娘这时真是怕得要死，无法可想，只得急忙把内裤也脱了。这时候，乌蝇头和那班人远远望见这情景，哈哈大笑。

过了一会儿，那姑娘穿好衣服走近前来。乌蝇头一睇出了一身冷汗，原来这个姑娘不是别人，正是自己的女儿。令到自己的女儿当场出丑，乌蝇头满面通红后悔不及，从此再唔敢用茅山术作弄别人了。

讲述者： 欧松柏
采录者： 程绮洛
采录时间： 1988 年 5 月
流传地区： 中山市古镇镇
原载本： 《广东民间故事全书·中山卷》

[1] 中山市古镇镇内地名。
[2] 中山市古镇镇内地名。
[3] 眼坦坦：即眼珠一动不动，形容呆住了。

附记

该故事类型在广东粤语地区流传广泛。除了本篇之外，还流传有怀集县《害己法术》等异文。

59

王丁学法做善事

很久以前，某村有个叫王丁的人到茅山学法。快三年了，还唔见他返屋企。一日傍晚，村中父老兄弟都坐在村口的大榕树下乘凉，以王丁去茅山学法为话题讲笑话。正在这时，王丁背着个烂袋，满身尘土回到村口。他一见众乡亲，连忙上前打招呼。乡亲们先是惊喜，后来见了王丁这副穷相，便生起许多疑问来。有的问他究竟学到了什么，叫他当场表演一两道法术；有的骂他唔学正道学邪道，无出息。对此，王丁一概唔理会，说笑了一阵便返屋企去了。刚进家门就被妻子骂了个狗血喷头，可他还是笑嘻嘻地坐在椅子上摇着扇唔予理会。夫妻俩食饭时，天已漆黑，忽然门外传来杂乱的脚步声。妻子唔知出了什么事，到门外一睇，只见六七个妇女来到她跟前，恳求她同王丁求求情，放走她们被定坐在村口的亲人。他的妻子听了大吃一惊，忙引这些妇女入屋去见她丈夫。她们见到王丁，立即跪下，齐声恳求他唔好见怪村口的父老兄弟，饶恕他们的无知，放走他们。王丁这时故作惊讶说道："噢？有这种事？你哋唔好惊慌，去叫他们返屋企食饭吧！"这群妇女半信半疑，一个个急着往村口跑去。说来奇怪，被定坐在村口的人，一见到她们便能走动了。这时大家才知道王丁果真学到法，唔敢再说他的闲话了。

光阴似箭，转眼到了谢灶的日子。王妻哭着对丈夫说："你呀，只顾疯疯癫癫学法，学了三年，害得家里缸无粒米。明日是年廿三，我问你用什么来谢灶？"王丁笑嘻嘻地说："你急什么，快准备个大缸明日装物品吧！"第二日午时过后，只见村里的婶母不是送糯米粉就是送糖来，足足装满两大缸。王丁问妻子说："这次够用了吧？"妻子这才乐得笑哈哈。原来谢灶这天，当各户要煎糍时，突然摸唔到灶口。聪明的家庭主妇知道又是王丁在作怪，便送粉或送糖来求情。只要王丁对她们说一句"多谢"，她们到家里时灶口便会大开。自此以后，各人为保平安，就像供神一样供奉王丁。

王丁也不是专门为难穷人的，他用学到的法为穷人做事。回乡后的第二年，乡下遇到蝗灾，眼睇庄稼就要遭殃，乡亲们都在发愁。王丁对众人说："唔急，蝗灾可免的。"当日晚上，他叫妻子取了一张纸来，动手剪成一只乌鸦。到了午夜，他将纸鸦用火烧了才上床瞓觉。第二日，怪事出现了，人们睇到禾田、岗地上跌落了无数的死蝗虫。这一年，王丁这条村和附近村庄禾造得了个好收成。

又一次，王丁村里有个老财建了新屋，入伙这一日大摆宴席。他请的是官员、富户，穷人被逼送了礼，却无被请去入席。这事被王丁知道了，他要为穷人出这口气，便如此这般吩咐他的妻子。到了入席的时候，老财新屋大梁上那条大红布唔见了，却是一条大蜈蚣倒挂着。这蜈蚣足有五尺多长，张牙舞爪，十分吓人。老财大感怪异，猛然间才想起无请王丁来饮酒，即命家人送去大红请帖。家人来到王丁家，只见户门紧闭，叫门无人理睬，只好返去禀告老财。老财这时着慌了，才记起今日无请穷家们来食饭，激怒了王丁，施法来制他。他即命家人速办酒席，又命人到处请穷家们来饮酒。当家人们最后来请王丁夫妇时，才见到王丁妻子，肩上搭了条白手巾，在家里做家务。老财的家丁连忙低声下气地请她和王丁去饮酒。王丁来到老财家，睇到全村的人都来得差唔多了，酒菜都摆下了，才对妻子说："睇你如此唔懂事，今日是老爷新屋入伙，你还搭这条白手巾做什么。"说着一手将手巾取下放到口袋里。就在这时，老财新屋大梁上那条大蜈蚣唔见了，原来的那条大红布又挂到了大梁上。

王丁回乡后的第三年，村里发生了一场大瘟疫，全村男女老少都染上了病，无一幸免。说来也怪，患上这种病症的人，好唔到但都死唔去。王丁心里明白这是他师傅为了复仇，逼他上山决斗而施用的法术。眼见病者痛苦万分，王丁越睇越唔忍心，他决心上山与师傅决斗，夺取解药返来治病。那日晚上，他告诉妻子，七日内唔好弄醒他。还吩咐她，无论发生什么情况，切忌哭，一哭他就返唔来了。说完独自上楼瞓觉去了。

师傅点解要跟王丁决战？他俩是怎样结仇的？事情得从三年前讲起。

王丁到茅山学法三年，由于勤学苦练，将师傅的道行全学到手。他落山返屋企之前，师傅想留他在山上，并叫女儿与他一起练法。但王丁为人正直、忠厚，一心记挂着家中的爱妻；唔理师傅的女儿对他如何痴情，他都唔动心。师傅知道此事后，以为王丁对他起了二心。一旦王丁下了山，宣泄了他的秘法，另立山门，于他不利。便产生了杀王丁的念头。

一日，王丁打柴来到山林深处，发现一条大毒蛇挡住去路。王丁即时挥动大斧，对准蛇头砍去。那蛇猛一跃起，直向王丁的头上扑来。王丁一斧落空，随即把身子往后一仰，避过蛇口，挥斧向蛇腹砍去。那蛇好像早知王丁会来这一手，把尾部一摆，就地一扫，企图将王丁扫倒。王丁见那大蛇扫尾，心想，那蛇哪能会像猛虎那样扫尾的？定是师傅施法来治我。于是他心中有数，想出办法来对付这条假蛇。只见他唔慌唔忙地将砍柴的斧子放下，随手拿起一块树叶，用口一吹，说声变，树叶即变成一只大鹰向着大蛇扑去。蛇见了鹰，立即向草丛遁去。解了师傅的法后，王丁知道此地不可久留，赶忙下山而去。

王丁日夜兼程，一路无事。一日，他来到一条河边，河上有一只小船摆渡，船上有个撑渡的老翁。老翁一见王丁便招呼他上船。过了河唔远就到家了，王丁急于返屋企，正想上船。忽然，他发现老翁有点唔对路，怎么连过渡钱多少也唔讲呢？莫非……就在王丁迟疑的一刹那，那老翁哈哈大笑，说道："王丁你跑唔到啦，随我回山吧！"说着就上岸来。王丁定眼一睇，河里哪有什么船，船就是老翁手中的绳子！王丁急中生智，一顿脚便呆呆地站着唔动了。师傅喜滋滋地对他说："徒儿，为师都是想你好，愿将女儿嫁给你，留你在山上当掌门人。可你有福唔享，却要返去守那个黄面婆，这又何苦呢？走吧。"说罢，拉着王丁就走。哪知回到山上，这王丁却是一株草！气得师傅又羞又怒，立誓要将真王丁捉上山来。

王丁为了解救村民，冒险上山去会师傅。来到师傅的住处，他决定唔直接去见师傅，而是待天黑后去见师妹（即师傅的女儿）。见到师妹，却扮作生病的样子对师妹说："师傅怪我唔听话，用法逼我回山；如今我中了师傅的法，患了病，死定了。望师妹念旧情，求师傅给解药，救救我吧！"师妹信以为真，急得心如火烧。她知其父素来狠心又固执，唔容易改变主意，哪能向他取解药？她又暗自责怪王丁无情义，是自作自受。在昏暗的烛光中，她睇到王丁面如蜡纸，难免又起了同情心。她犹豫了好一阵才对王丁说："这样吧，我带你去见我爹爹，向他恳求给你解药，好么？"王丁听了正中下怀，说声"多谢"便随师妹去见师傅。

其实，师傅早已知王丁来了，正在大厅饮酒，庆幸自己的计策成功呢。王丁随师妹来到师傅面前，立刻跪下恳求师傅饶恕他。师傅心花怒放，捋着胡子笑着说："王丁呀！以前我已对你说过，留在山里比下山去好得多。可你就是唔听，自讨苦吃。今晚你唔系又上山来了么？这样吧，念在你还上山，就先为你除病吧。"说完，从衣袋里取出一个小铁盒，打开后顿觉满室芬芳。王丁心中高兴，正想站起身来夺药。岂料师傅十分狡猾，又把盒儿合起来放回衣袋里，说道："还是三日后再给你吧！"王丁和师妹心都凉了。王丁想，明的唔得再施暗计，定要将这解药夺到手。他站起来，谢过师傅正想离去，忽然听到师傅又说："你要是真心留下来，限你三日内答应与我女儿成婚。不然，你同你村的人性命难保了！"说完一拂袖向内室走去。王丁见师傅如此，只好退了出去。

王丁别过师妹，回到自己原来居住的地方，随意打扫了一下，坐了下来。这时，他猛然想起离家已有三日，如果七日内赶唔返去，家乡兄弟就无法救治。怎么办？他唔能再迟疑了，必须在今晚内取得解药。他出了门，来到师傅住房前，只见窗内还有烛光。他用舌头舔穿了窗纸，往里一睇，见师傅还在静坐练功。他知道练功时唔能受影响，若然心一散，就会走火入魔。这时只要发出一声响，师傅就会出事，有利于盗药。但他唔忍师傅受害，想出了个妥善之计，实行暗取。他随手从衣袋里取出一物往上一抛，霎时间化作一道气从窗孔钻入师傅卧室。这道气在师傅的周围打转，师傅便昏沉沉的，一无所觉。王丁口中念念有词，将手一招，师傅怀中的小铁盒已到手上。他盗得铁盒，即时下山去了。

第六日，王丁的妻子和往常一样，坐在门口等王丁返来。这日中午，来了个乞丐，一见王丁的妻子就放声大哭。王丁的妻子素来最怕听到哭声，只要见别人哭她自己也会哭起来。可今日，她却紧记丈夫临行前的嘱咐，强忍住泪水，喝问乞丐为何对她无理大哭。那乞丐也边哭边说："你还唔知道，王丁已经死了！"她一听到丈夫死去，泪水盈满了眼眶。可她一想起丈夫一直瞓在床上，哪会死？就是死了，这乞丐又怎么知道？她头脑顿时清醒过来，拿起摆在门口的扫帚向乞丐打去。几乎是同一时间，她顿时闻到一种异香，直沁心田，精神更加振奋。那乞丐嗅到这阵香味，"哇"的一声昏死过去。王丁从屋里走了出来，对妻子说了声："劳烦你了！"迅速走到乞丐身边将他扶起，往他后心用力一拍，只见乞丐顿时清醒过来。他睁眼睇到王丁，羞惭满面："好徒儿，为师唔及你！"王丁连忙跪下向师傅谢罪，说道："小徒之所以斗胆冒犯师傅，实因为救村民，万望师傅见谅！"师傅将王丁扶起，又鼓励王丁要继续把法学好，多为百姓做善事。接着，他又将那日晚上的事和为何会赶到这儿来的原因向王丁说了一遍。

原来，那日晚上王丁到窗前，他早已知道，故意装作静坐练功睇睇王丁如何入手。只要王丁入门半步，就被捉拿处死。想唔到王丁用戏法把他迷住，盗去解药。他见王丁无杀他，可见心地善良，更佩服王丁为救乡亲，于是赶来见王丁的妻子，试试她是否与王丁相好。因为他知道王丁不是真人上山，而是施以离身法，所以只要王妻一哭，王丁就唔可以返屋企。他化作乞丐，设法诱王妻哭。谁知王妻唔上当，反而破了他的法；这时候又闻到解药的异香，知道王丁已赶返来。眼见徒儿处处棋高一着、法高一筹，心气一攻，他昏死过去。他以为自己必死在王丁手上，想唔到又被王丁救醒，大为感动。自此，师徒重归于好。师傅鼓励王丁一番后，扬长而去。

村民解除了瘟疫，无不欢欣鼓舞，人人都感激王丁的救命之恩。

讲述者： 欧阳桃眉，女
整理者： 陈新
搜集时间： 1944 年
整理时间： 1987 年 4 月
流传地区： 三水县白坭区
原载本： 《中国民间文学三套集成·广东卷·三水县资料本》

60

刘隐故事

从前有个风水先生，名叫刘隐。他五十有六，老伴早丧，膝下只得一子一媳，是个三口小家庭。为求生计，儿子在外经商，只能过年过节才返屋企一趟。家内只留得公媳二人。但刘隐也因睇地[1]很灵，远近出名，常常被人请去踏山捉龙，结果只留儿媳妇一人在家。

有一日早饭后，刘隐正准备外出的时候，儿媳妇对他说："阿爹，你睇地很灵，你就给咱家里也睇个地吧，拿祖公骨殖去葬，希望咱家将来也发达，好吗？"

刘隐说："好就是好。不过，就怕我哋屋企无那个福分。"

儿媳妇说："阿爹你不如先做着，有无福分是日后的事。"刘隐说："我哋屋企大门外，就在你喂猪的猪槽边唔系有块地吗？是个出皇地呀。不若，待我择个吉日便把祖公骨殖葬下就系了。"

后来无几日，刘隐就把祖公骨殖安葬在此地。就在这数月间，他儿媳妇果然怀了身孕，不久孩儿便要降生。但

[1] 睇地：看风水。

就在儿媳妇临盆之际，家公却在外地踏龙，唔能在家料理，这时候他儿媳妇只好从邻家揾了个二叔婆接生。岂料她这一胎产下三个孩子：一个白面、一个红面、一个黑面。无几日时间，这三个孩子都会说话，也能走路了。

某日，这个红面和黑面的孩子忽然打起架来，凶狠无比，吓得其母处处躲藏。其母觉得红面、黑面的孩子面部既丑陋而又凶狠，若唔及早除掉，留他长大日后必有祸患。于是，便趁他两个打架之机把这红面和黑面孩子杀掉，只留下一个白面孩子。

过了两个月之后，刘隐返屋企来，查问儿媳妇："我外出以后家里发生什么事吗？"

儿媳妇说："葬下祖坟以后，头几个晚上，村里鸡唔啼狗唔吠，家内平安。后因媳妇临盆，一胎产下三个孩子，一个白面、一个红面、一个黑面。后来因为红面与黑面的孩子打架凶狠，媳妇怕他日后闯祸，便把这红面和黑面的孩子杀了，只留下一个白面的孩子。"

刘隐听罢叹道："儿媳妇啊！你错咯。我都说这块地是出皇地，这个白面孩子就是皇帝啊！"

儿媳妇说："那我留下皇帝唔好吗？"

刘隐说："你都把红面和黑面两个大将军杀了，那么这个皇帝的江山又有谁来保护啊！不如也把他杀了吧。"于是，他把这个白面的孩子也给杀了。

过了几日，刘隐又要外出帮人家睇地捉龙去。他走的时候便吩咐儿媳妇说："这次我出门要好几个月才返屋企。以后你唔理生了什么孩子，哪怕是蛇，是鼠，或是蟾蜍，你都要把它养下来，等我返屋企再说。"

儿媳妇点头答应："谨记爹吩咐就是。"

刘隐走后不久，他儿媳妇果然又怀上第二胎孩子。她谨记着家公的吩咐，所以当她产下一个蟾蜍的时候，她也把它养着。但养了无几日，这个蟾蜍却奇迹般长大如人，手脚粗壮。它虽然形状及行动仍是蟾蜍，也唔会说话，但却会写字，还会打功夫[1]，而且力大无穷。

有一日，大街上贴出了一张皇榜。榜文上说："皆因近年番邦作乱，累犯我边境，朝廷派兵征剿累遭惨败。如今番邦又直犯我中原，我等官兵无法拒敌。所以皇上有旨：谁人能杀敌退兵保住江山的，男者招为附马，女者封为贵妃。钦此。"

街上众人，正在观睇皇榜，还在议论纷纷之际，这个蟾蜍忽然走来，将皇榜撕下。守榜官差便将它引见皇上。

皇上睇见这个唔似人样，却像个大蟾蜍的怪物，有些纳闷，但因它已揭了皇榜也应问个明白，遂问它："你叫什么名字？"

蟾蜍摇头不语。皇上再问："你会打仗？"

蟾蜍点头，表示"会"。

皇上说："你既然会打仗，我就给你一万人马，配带官兵武器，跟你去打番邦。胜仗返来同样招你为附马，怎么样？"

蟾蜍听罢点头，领旨出征。

番将官兵临阵，刚与中原官兵对阵的时候，忽然睇见一个巨大的蟾蜍骑马挥戈而来，他们摸不着头脑便落荒而逃。蟾蜍穷追不舍，番将只好回头迎敌。这时候两将对拼打得天翻地覆，烟尘滚滚，胜负不分。后来，蟾蜍架定番将大刀，待番将定眼睇时，它向番将吐出一口雾气把番将熏倒下马，一枪刺死番将。番兵见主帅已死，阵内大乱。蟾蜍领兵一举歼灭番兵，得胜回朝，向皇上复旨。皇上见了龙颜大悦，即时封赏，宣布招为驸马。

公主听到封赏，即时上朝见过驸马。岂料这个驸马竟是个大蟾蜍。她便向父皇哭诉，求他收回圣命，立即退婚。

皇帝大怒："父皇身为九五之尊，一个堂堂的皇帝，金口既开，哪有收回圣命之理？这样父皇以后怎能安邦治国呀！乖女，你就认命吧。有道是嫁鸡随鸡，嫁狗随狗。内侍臣，吩咐奏乐，公主与驸马立即拜堂成亲！"

当晚洞房花烛夜，公主饭唔食、茶唔饮、妆唔卸，哭得像个泪人一样，伤心至极。就在她疲倦将要入睡之际，恍惚听到一位翩翩公子在身边，细声细语说："公主有礼！"

公主闻声，急忙抬头一睇，眼前所见者乃一位文质彬彬的白马王子。她不禁一问："你系谁？"

公子礼貌地说："我就系你的驸马爷，蟾蜍大将军。"

公主唔信。她问："你的样子怎么和白天唔一样呀？"

[1] 打功夫：武功。

公子指着墙上挂着的蟾蜍皮说："白天我穿上它就形似蟾蜍，晚上我脱掉它就成了白面书生，陪公主同枕呀。"

公主说："我唔信。"

公子说："你若唔信，我可以穿上给你一睇。"随即他穿上了蟾蜍皮，果然又恢复了他蟾蜍的模样。

公主惊奇地说："那点解唔脱掉它呢？"

公子说："以后我会脱的。不过，现在还唔系时候。"

公主问："那要到什么时候呀？"

公子说："天机不可泄漏。"

次日，皇帝临朝。公主悄悄在他耳边说："驸马唔系蟾蜍，系位白面公子。他白天穿上蟾蜍皮系蟾蜍，晚上脱掉它就系白面公子了。"

皇帝说："有这等事？那晚上我悄悄到你房外边等候，待驸马瞓着了，你便拿他的蟾蜍皮出来给我睇睇。"

公主答应皇上，依计而行。

当晚，皇帝在太监的陪伴下，静悄悄地到了公主房外等候。三更时分，驸马瞓熟了，公主便拿了这件蟾蜍皮出来给皇上睇。

皇帝睇了睇这件蟾蜍皮，于是他便脱了皇袍把它穿上，但一穿竟脱唔下了。以后他就成了一个彻头彻尾的蟾蜍皇帝了。

讲述者： 陈小明
搜集整理者： 陈作铨
搜集地点： 化州
搜集时间： 1988 年
流传地区： 化州县
原载本： 《广东民间故事全书·茂名·化州卷》

61

彭仕安的故事

（一）鬼开荒的鹧鸪田

从前，在鶲竹河南岸，有一座茅婆庙。庙斜对面的山麓上迁来了一户人家，这房人家的主人姓彭，名叫仕安。

这村叫澄清村。离村唔远有一片荒地，长满灌木和茅草。此地最适宜鹧鸪生活，经常有鹧鸪出没，人们就叫这里"鹧鸪坪"。彭仕安定居这里后，为谋生计，决定把这片荒地开垦出来。但苦于人力太少，于是他就用法术驱使对面茅婆庙里的鬼卒为他开荒。他早出晚归，每日叫妻子送饭到工地去。但叮嘱她把饭送到后即刻返家，不可逗留。如此数日，他的妻子都按他的吩咐去做。但是，她每日都只见丈夫一人在工地，其他一个人都睇唔见；送来的饭每日少说有二斗米，而每日都食了个精光。田一块一块地开垦出来了，而丈夫请的那些人怎么连个人影也睇唔到？有一日早上，彭仕安吩咐妻子要加二斗米的饭，说今日开工的人多了。彭仕安的妻子听了，心中暗骂："见鬼，往日送饭去人影也唔见一个，哪来什么人开工？"但丈夫的话唔可以唔听。那朝[1]，彭妻却特别提前一个时辰送饭去，有心窥探丈夫的秘密，睇睇丈夫究竟是在搞什么名堂。

她悄悄地走到工地一睇。天哪！这里哪有什么人，工地上全是一些尖头削脑、青面獠牙的恶鬼，分明是对面茅婆庙里的小鬼。他的妻子吓得几乎昏死过去。好一会儿，她才清醒，随后她即提起衫尾“呸”[2]个唔停。这一声“呸”唔打紧，满洞三四十个人影随声而灭，只见全是草人站在荒地中。彭仕安这时气急败坏地赶到来，想制止他妻子但已经来唔及，只好垂头丧气地坐于地上。他把妻子骂了一顿，说她不知好歹，唔听他的话，破了他的法术。

原来，彭仕安嫌荒地开得太慢，季节又快到。故此，今日除了要茅婆庙的鬼卒开工外，还把附近的游魂饿鬼驱赶到这里来替他开荒，供给饭食。但彭仕安料唔到妻子会来这一手，把他的法术破了。彭仕安叹道：“枉使心机闲计较，儿孙自有儿孙福。这十多亩田也够我哋屋企图个温饱了。”他妻子也后悔不已。

后来，这十多亩田，人们就称为“鹧鸪田”。至今仍在。现在的人传说鹧鸪田是鬼开荒造出来的就是这么回事。

讲述者： 林金福
搜集整理者： 伍尚雄
搜集时间： 1987年5月
流传地区： 新兴县簕竹镇一带

（二）与茅婆斗法

相传在很久以前，在簕竹河畔南岸边上，有一座茅婆庙。附近的乡民都到这庙来烧香许愿，祈求茅婆神灵保佑。但这茅婆身为一方神灵，食邑一方香火，却十分懒惰刻薄，唔肯为乡民百姓施惠。乡民来烧香供奉的东西越多就越贫苦。

自从北岸澄清村来了个会法术的彭仕安后，这里的荒地得到开垦，他的法宝雷公石又能呼风唤雨，使这里风调雨顺，五谷丰登，六畜兴旺。因为彭仕安把实惠带给了人们，所以人们很敬重他。这样一来，来茅婆庙烧香的人就越来越少。茅婆庙断了香火，自然是一番凄凉景象，直把这个菩萨茅婆气得七窍生烟。她自己唔检点自己的所作所为，却迁怒于彭仕安。但她见彭仕安能呼风唤雨、驱鬼唤神，所以，一时唔敢随便招惹他，就暂时忍住，伺机寻衅报复。

彭仕安在这里落户之后，唔恃法术为业，亲躬耕作，自食其力，乐于助人。他从唔到这庙里烧香，更唔满这茅婆之所为。于是，故意驱使庙里的鬼卒替他做工。除驱使鬼卒开荒外，还要为他运东运西。他把一张草席放在水面上，又将谷物放在草席上，喝令鬼卒为他摆渡撑船，运到簕竹圩出卖；返来时也照样放上石灰、肥料等杂物，为他运返来。茅婆吞唔落这啖气，揾机会报复。有一日，她在河里睇见彭仕安归来时，就变作一条大鲤鱼，兴波作浪，想掀翻这草席。彭仕安知道是茅婆作怪，也口中念念有词。他喝声“疾！”变成个大鸬鹚鸟向她冲去。茅婆见不妙，忙逃走。

彭仕安思量自己的法术同茅婆差唔到几多，要想制服她必须回山再跟师父学一些更高的法术。临行时他再三嘱咐妻子，他在床上瞓七日时间，任何人来访都唔好开门放入；如唔听他的话，就会有性命之危。因怕泄露天机，无把回山学艺的事告诉妻子。临瞓前，他把两个扫帚放在两边大门角里，又用一只碗，盛满水放在天井中间，再点着一盏油灯放在房间门口。一切安排就绪，就瞓在床上，闭上眼睛。一缕白影冲天而去，他的真魂飞向空中，往师父处学艺去了。

自此以后，一连五日都相安无事，也无人来访，彭妻都无出门。直到第六日，彭妻听到门口有人叫门，彭妻记住丈夫的话唔敢贸然开门。但门外的人还是唔停地敲门。彭妻忍唔住，就问是什么人。门外的人笑答：“妈呀，怎么连女儿都唔识啦？我是来探望你呢！”彭妻从门缝往外睇，果然是女儿，也无细想，把门开了。女儿却在门口停步不前，并面露惊恐之色。彭妻见女儿唔进来，就

[1] 那朝：方言，那天早上。
[2] 呸：遇到不好的东西时吐口水并且说呸，目的是去除晦气。

说："叫了大半天门，现在点解唔进来？"女儿说："妈呀，家中几时养了两只大恶狗，气势汹汹的，想张嘴咬人哩。"彭妻说："见鬼，家中哪来两只狗？"女儿答："可能是爹爹弄法术了。你把门角里的扫帚拿掉让我进去吧。"彭妻依她所说把扫帚拿掉。女儿跨过门槛，又停步不前。彭妻这时又说："怎么啦！走走停停的，莫非撞邪了么？"女儿说："妈呀，前面是汪洋大海，我在海边上，若再走一步就会掉进海里了。"彭妻说："又是你爹作怪了。"女儿气虎虎地说："你把天井中那碗水拿走吧。"彭妻又依她所说的做。女儿走了进来后就问爹爹到了哪里，要给爹爹请安。彭妻告诉女儿，爹在床上瞓觉。女儿走到爹爹瞓的房间门口，却见到熊熊烈火封住了门口，无法进去。女儿又对妈妈说："妈呀，大白日点解点灯？你把灯熄了吧，不然我入唔去。"彭妻素来痛爱女儿，只好又把灯火熄掉了。这样，彭仕安临走时安排的三道关卡都让彭妻一一搬掉。女儿走入屋以后，见爹沉睡未醒，就偷偷地把两截灯芯放进彭仕安的鼻孔内，走出房间外大声叫："妈呀！你快来睇呀，爹爹早已死啦！"彭妻唔信。女儿又抢着说："妈呀，你真糊涂，爹爹已死多日，鼻孔内已经生蛀啦！哪有人唔食唔饮能瞓这么多日的呀？"彭妻想来亦有道理，慌忙走来，睇见彭仕安鼻孔内有两条白色的蛀虫蠕动，也不辨真假，真的以为彭仕安已经死了，就放声号啕大哭。这一哭唔打紧，把个彭仕安害得惨了！只见一缕白影从空中降地然后熄灭，彭仕安在床上惨叫一声："你害死我了。"接着又叹息说："想唔到只差一日时间，就功满成就，你唔听我的话，最终害了我，现在只好与你永别了。"彭妻知道错听了"女儿"的话，害了丈夫，要揾女儿算账。但哪里还有"女儿"的踪影呢！彭仕安苦笑一声："她哪里系我哋的女儿，是对面茅婆庙里的茅婆。现在她奸计得逞，早已逃之夭夭了。"又叹息："想唔到我设置的三道关卡却都被她骗过去，睇来都无法挽回。我死后，要葬在茅婆庙后山上。入殓时，把两只犁头烧红，给我当鞋穿，套在我两脚上。我自会报仇雪恨，为这一带民众铲掉一害，再唔准她为害人间。"

次日，彭仕安出殡，彭仕安妻子依照丈夫的遗嘱，把两只犁头烧红套在彭仕安的脚上，谁料把犁头反放了。乡民成群结队为彭仕安送殡，送殡队伍到茅婆庙门前，茅婆在庙里站着睇热闹。她以为奸计得逞，高兴得手舞足蹈。突然，"轰"的一声，棺材内飞出两只犁头，直冲庙中飞来。茅婆措手不及，被犁头击中，呜呼哀哉，一命呜呼了。接着漫天的大火从庙中升起，转眼间化为灰烬。茅婆只享人间香火供奉，唔为人间做事，最终以害人终害己告终。

传说如果不是彭妻把犁头放反了，这犁头的威力将会连茅婆庙的地皮都铲掉，并化作一个大潭，让它连踪迹都无。现在这茅婆庙残址犹在。一些善男信女，曾试图重修，每次都唔出三年，就遭回禄。故无法保存旧观，只留下一断垣残壁和一个动人的故事。

讲述者： 林金福
搜集整理者： 伍尚雄
搜集时间： 1987 年 4 月
流传地区： 新兴县簕竹镇
原载本： 《中国民间故事集成 · 广东卷 · 新兴县资料本》

62

黄仙二

洽水镇的北面，有一座山叫天堂顶。相传很久以前，这座山上住着一个叫黄仙二的人。据说，他能斗妖伏魔、呼风唤雨，会骑老虎，会施弄法术呢！所以，人们又称他为“仙二公”。

这一日，黄仙二正在犁田，他的妻子来到田头，对黄仙二说：“家里来了客人要见你。”黄仙二说：“你先返去，斟一杯滚水[1]给客人。如果客人等滚水冻了才饮，你就唔需要来叫我了。”他的妻子返去照办。不一会妻子又来了，说：“是个唔怕滚水烫嘴的客人。”黄仙二随手将犁弓化成一条大蛇。他骑着大蛇腾云驾雾朝家中飞去，就要降落厅堂的时候，被墙上的一支[2]很长的钉子挂住。那客人见大蛇驮着黄仙二从天而降，便仓皇逃走了。原来，这客人早闻得黄仙二会法术，恃着自己的法术高明，想揾黄仙二斗个高低。但他一见大蛇就心中惊，唔敢与黄仙二斗了。返去后，这人心里还是唔服气。第二日，他化成一只很大的蚱蜢，飞到黄仙二跟前，要咬黄仙二。黄仙二一眼睇出是妖怪，用针狠狠地朝大蚱蜢刺去，大蚱蜢给刺死了。

一日，黄仙二来到中洲地面，刚好碰上有两个妇人在田里插秧。黄仙二脱下草鞋往田基上一放，对两个妇人说：“这鞋麻烦两位给我看管一下。”两个妇人说：“我哋等阵[3]就要返屋企了，哪有工夫睇你的烂草鞋。”黄仙二说：“我很快就转返来的，说唔定我转返来时你哋还无走呢！”黄仙二说完便自顾自地走了。过了一会儿，两个妇人睇见田里有两条鱼，游来游去，她俩就去抓鱼，抓了个把钟头还是抓唔着。黄仙二返来了，笑着说：“我说过了，我转返来你哋还未走。多谢两位为我睇鞋了。”黄仙二刚离去，鱼就唔见了。原来，两条鱼是黄仙二的草鞋变的。

有一年，天久唔落雨，天堂山上下的田地龟裂，庄稼一片枯黄。村中有七位宗族理事，想趁这个机会发一笔横财，要村中百姓捐银捐物，请喃呒佬[4]来祠堂打醮，祈求天下雨。但求了七日七夜，一点雨也无落。第八天，黄仙二也来祠堂睇热闹。人们见他衣衫褴褛，一唔请他饮茶，二唔给他让座。那七个宗族理事更是讨厌他。黄仙二就抽出衣袋里的一支毛笔，朝祠堂一根石柱掷去。笔尖插进了柱内，连喃呒佬的一个袋子也唔知怎样挂到上面去了。在场的人都吃了一惊。黄仙二问七个理事：“你哋打醮求什么东西？”理事们齐声回答：“求雨呀！”黄仙二问：“要几多银两？我叫老天爷落个够。”黄仙二要七个理事各搬一个水缸放在庙前空地上。七个理事乖乖地搬来了水缸。黄仙二又命令七个理事跪在各自的水缸面前。等他们跪下来后，黄仙二对他们施了法，七个理事像木头一样，一动也唔能动了。黄仙二又叫人搬来两张八仙桌，叠了起来。他登上桌面，拿过牛角，吹响第一声时天上乌云密布，吹响第二声时天上雷鸣电闪，吹响第三声时大雨哗哗地落了。直到七个水缸都装满了水，雨还在唔停地落，淋得七个理事叫苦连天，可又动弹不得，连声求黄仙二，说：“仙二公，雨落够了，叫老天爷唔好再落了！”黄仙二这才叫天停雨。

[1] 滚水：开水。
[2] 一支：一根。
[3] 等阵：方言，等一会儿。
[4] 喃呒佬：民间道士。

黄仙二有个师父，临终前对他吩咐说："你破得一百座庙就能做神仙大王了。"黄仙二依照师傅的话，一连破了九十九座庙。这一夜，他来到天堂山下的豁村庙，心想破了这座庙就够一百座了。但他一睇，庙里住着十来个撑排佬[1]。有人住的庙是无法子破的。点算呢？黄仙二将随身带来的一个杯子化成万千黄蜂，飞入庙里去蜇撑排佬。当中有人睇出了是黄仙二作怪，就抄起一根竹篙追出门来。黄仙二夺路而逃，一直逃到下峰带的地方。那人亦紧追唔放。黄仙二实在跑唔动了，立即化成了大石头。因为他上衣后面有条裂缝，大石也有条裂缝。那人见前面突然冒出块石头来，估计是黄仙二施的诡计，于是用力把竹篙往石缝捅去。那人离开了，黄仙二才恢复了原形，可他的脊梁给捅伤了。

黄仙二带着伤回到家里，搵了很多药都无法治好，伤势一日比一日重。黄仙二自知难以医治，叫来妻子嘱咐道："等我闭上眼睛离开人世时，你挟一块红红的火炭放进我的口中。就是做鬼也要破豁村庙。"话讲完了，黄仙二就死了。他的妻子唔忍心在他的口中放红木炭，只放了一块黑炭。这时，远远睇见豁村庙里冒出浓浓的黑烟来，就是唔见火光。这烟冒了七日七夜。有人说，幸亏黄仙二的妻子好心，不然，豁村庙就会给烧毁了。

讲述者： 朱桐贵
搜集整理者： 周如坤
搜集时间： 1987 年
流传地区： 肇庆地区怀集县洽水镇
原载本： 《广东民间故事全书·肇庆·怀集卷》

[1] 撑排佬：撑竹筏的人。

（七）动物故事

63

猫和狗的故事

狗猫一见面，一个“汪汪汪”地吠着，一个“呼呼呼”叫着，摆起决斗的架势，伺机搏斗一场。你知道狗和猫点解这样仇视吗？

很久很久以前，白蕉观音坐莲山下有一个小村子，住着一户姓莫的人家，他家里养了一只狗和一只猫，两个很得主人欢心。这狗又壮健又敏锐，主人常常带它打猎，猎获过唔少飞禽走兽。那猫是个精灵鬼，老鼠一被它发现，休想逃脱。猫还善于睇主人的脸色行事，迎合主人的心意，讨主人的欢心。主人每做一件事，它都“妙妙妙”地叫好，因此主人对它另眼相看。那时候，狗和猫还无什么过唔去，两个相安无事，从未吵过一句。

一日，主人家的衣柜被贼子撬开，盗走了一支金钗。主人把狗和猫叫来，将贼子在慌乱中失落的帽子交给它们，要它们把金钗找返来。猫一听惊起来，说：“就凭一顶帽子，怎么知道贼子在天上还是在地下？”狗说：“天下无难事，只要想办法，一定能把金钗揾返来的！”猫无办法，只好硬着头皮跟狗去揾贼。

狗凭着敏锐的嗅觉，沿着贼子脚印留下的气味，向东跟踪。行了十里路，一条大河挡住了它们的去路。猫望着哗哗的流水，皱着眉说：“还是返去吧。无办法过河，主人唔会责怪我哋的！”狗说：“唔能半途而废。来，我背你过河！”

过了河，它们又爬过了三座山。这时烈日当空，骄阳似火，它俩唇干舌燥，非常难受。猫要到树林里瞓懒觉，狗又说：“唔好瞓了。你自己走一程，我背你一程吧！”猫勉强答应，跟着狗又爬过三座山。唔知又走了几多路，到三更时候他们才来到一个村子，在一座院子前停了下来。狗见院门紧锁着，对猫说：“贼子就在里面，你爬进去睇睇！”猫攀上柳树，蹦到围墙上跳进了院子里。

西厢房还亮着灯，猫朝灯光走过去，跳上窗台进了房子，只听得里间传来了瓮声瓮气的声音：“娘子！我买了一支金钗，你明日插上给你父亲拜寿吧！”猫走入里间，只见男人从怀里取出一支金光闪闪的金钗。他老婆接过来睇了又睇，爱不释手，睇完又小心翼翼地放进首饰匣，锁进衣柜里，然后吹熄油灯瞓觉。

怎样才能把金钗弄到手？猫想着想着，突然一只灰毛老鼠走来偷食，猫纵身一跳，扑倒大灰鼠，把它逮住。大灰鼠哀求饶命，猫说：“饶你可以，但你得从衣柜里把金钗弄出来给我！”老鼠答应了，猫就把大灰鼠放开。大灰鼠咬穿了衣柜，钻了进去，掀开首饰匣，把金钗衔了出来。猫取回金钗，高高兴兴地跳出了西厢房，越过围墙。狗又让猫坐在自己背上，飞跑返屋企。

回到河边，狗又背猫渡河。突然一条大鲤鱼跳出水面，猫流着口水大叫：“好大的鱼啊！”话音未落，咚的一声，衔在口里的金钗跌落河里。狗想下水去捞，又怕淹着猫，只好把猫送上岸，再回头潜水打捞。金钗这么小，要捞跟海底捞针差唔多。但困难却动摇唔到狗打捞金钗的决心。它忘记了劳累，一会儿猛扎进河里，一会儿又钻出水面吸一口气，从天亮到日挂中天，唔知潜到水底多少次，终于把金钗从淤泥里捞了上来。猫呢？它早在岸边的树荫下瞓着了。狗推醒猫，把金钗交给了它，然后甩甩身上的水，准备返屋企。刚走了几步，突然昏倒在地上……

当狗醒过来的时候，太阳已经快下山。它揉揉眼睛，四下揾遍了，猫连个影子也无。原来，猫想独占功劳，唔理同伴的死活，自己带着金钗偷偷返屋企。猫把金钗交给主人，讲自己一个如何历尽千辛万苦把它揾返来，又说狗如何瞓懒觉，根本无去揾金钗。主人听信猫的鬼话，等半夜狗拖着沉重的脚步回到家里，不由分说地把它揍了一顿。狗满肚子冤屈无处申诉，猫却洋洋自得，对狗奸笑两声，装腔作势地说："以后可要听主人的话，唔准再偷懒了啦！"狗一切都明白了。就从那时候起，它跟猫结下了仇冤。

讲述者： 吴东兰
采录者： 欧振华
整理者： 邝金鼻
采录时间： 1982 年
整理时间： 1982—1987 年 9 月 10 日
流传地区： 珠海市斗门县
原载本： 《中国民间文学集成·广东省卷·珠海市斗门县故事资料本》

附记

该故事类型在广东粤语地区流传广泛。除了本篇之外，还流传有高州市的《猫狗结仇》、新兴县的《猫狗死对头》、乐昌市乐城街道的《猫狗为什么不和》等异文。

64

老虎拜猫为师

相传很久以前，老虎并唔像现在这样善于腾跳、扑食，只能像猪、牛一样走来走去，捕食非常困难。因此老虎就决定出外拜师学艺。

这日，老虎来到一个地方，见一只猫在左扑右跳地捉老鼠，动作非常敏捷。老虎心想："如果我能学到这种本事，一定能捕到很多东西，揾食[1]就唔会难了。"于是老虎就走到猫面前说："猫大哥，你的本领这样好，我愿拜你为师，你能收我做徒弟吗？"猫想到老虎这样庞大的身躯每日只能食到很少的食物，怪可怜的，于是，就答应教老虎。但猫却唔许老虎叫它师父，只以兄弟相称。从此以后，老虎就跟猫学本领了。不知不觉学了三年了，眼见艺已学成，这日老虎想："我堂堂一个大汉，却拜猫这样细的家伙为师，将来有什么面到外面闯世界？眼睇猫已无什么新花式教我了，倒不如把它杀了，那样谁也唔知我拜过它为师了。"于是，老虎就到外边买来酒肉，然后走到猫跟前说："师父，你为徒弟辛苦了三年了，今日我特地备

[1] 揾食：找吃的。

下一些水酒，务必请你赏面。”酒席间，老虎不时用花言巧语给猫斟酒，把猫灌得酩酊大醉。这时老虎又假意要演武助兴，乘猫唔防备就猛扑过去。猫被它的突然举动吓呆了，醉意消了一半，忙跳过一旁，对虎说：“虎兄弟，你怎么了？”老虎见扑唔倒猫，以为猫平时无教真功夫给它，对猫更加怨恨，就对猫说：“你这死猫仔，平时说话讲得那样好听，到底还是连一点真本事都唔教我，白白误了我几年时间。我今日要杀了你，方解我心中之恨。”话未说完，就向猫扑去。猫见此情形，就明白了虎的用心，连忙爬上一棵树上，老虎于是又扑了个空。到这时，老虎才知道猫师父还无把全部本领教给它，悔恨自己太过莽撞。眼见到了无可挽回的地步，只好静悄悄地离去。

直到现在，老虎还唔会爬树，这就是因为当时猫还无教它；而它的腾跳、扑食的动作是当时跟猫学的，所以就跟猫相似了。

讲述者： 伍树桂，男，54岁，新兴县稔村镇皮村人，小学文化，农民

采录者： 伍志军，男，20岁，新兴县稔村镇皮村人，高中文化，工人

采录时间： 1987年6月

流传地区： 新兴县稔村镇

原载本： 《中国民间故事集成·广东卷·新兴县资料本》

附记

该故事类型在广东粤语地区流传广泛。除了本篇之外，还流传有高州市、茂名市茂南区的《老虎和猫》等异文。

65

蟹背的牛脚印

蟹的背上有一痕迹类似牛脚印。蟹点解有这只牛脚印呢？

相传很久以前的一个春耕时节，一头水牛在田边食草，食着食着，见田里正长着绿油油的秧苗，就跑到秧地里食秧苗。多事的蟹睇见了，就大声叫着：“牛食秧，秧未长，秧刀仔，塞牛肠。”牛听了非常生气，跑过去用脚在蟹背上踩了一脚。但由于蟹的背壳硬，所以只是被牛伤了背壳。蟹好惊，立即逃到田基边的小洞里躲藏起来。从此以后，蟹背上都有一只像牛脚印似的痕迹在上面。

讲述者： 何锦华，男，58岁，新兴县东成镇布填村人，小学文化，农民

采录者： 伍民锋，男，16岁，新兴县东成镇布填村人，初中文化

采录时间： 1987年5月

流传地区： 新兴县东成镇

原载本： 《中国民间故事集成·广东卷·新兴县资料本》

66

蚯蚓与螃蟹

每晚，人们总会听到蚯蚓发出的“喳、喳”的叫声。这种声响一夜都无间断。原来它是以此发泄心中的委屈。

相传，蚯蚓的眼睛是被螃蟹呃走的，所以它不断申诉，要求螃蟹履行前约。原来，螃蟹是盲眼的。它就想，自己无眼，觅食都很困难，不如想办法弄一对眼。一日晚上，它以揾它的蟹仔蟹女，天黑睇唔见路为借口，对蚯蚓说：“老友，借你的眼睛用一会儿吧，用后我会还给你的。”蚯蚓听后惊讶地说：“什么？眼睛点借，你发神经吧？”

“我无傻，俗话说谁都会有困难的，今次你帮我揾，以后我会帮你的。你敬我一尺，我敬你一丈。借给我用用吧！”螃蟹苦苦地哀求。

蚯蚓经唔起它的诱说，终于忍痛挖出眼睛给了它。谁知过了很久，螃蟹一直都无将眼睛还给蚯蚓。

一日，蚯蚓气呼呼地找螃蟹算账，要它立即把眼睛还给它。螃蟹却冷笑着说：“老友，你无搞错吧？我的眼睛点会是你的？！”直到现在，螃蟹还未将眼睛还给蚯蚓。

从此以后，蚯蚓就彻夜地呻吟，祈求螃蟹能早日将眼睛还给它。

附记

该故事类型在广东粤语地区流传广泛。除了本篇之外，还流传有珠海市香洲区《塘虱鱼和螃蟹》等异文。

67

田蚧告状

讲述者： 余苟，男，71 岁，新兴县车岗镇新村仔人，农民，文盲

采录者： 李有兴，男，24 岁，新兴县车岗镇井干村人，高中文化，农民

采录时间： 1987 年 6 月

流传地区： 新兴县车岗镇

原载本：《中国民间故事集成·广东卷·新兴县资料本》

从前，人们唔知田蚧是可以食的，只说它是仙物。因为，田蚧长得有的像个大海碗一样大，农民一见到就抓着扔到别人的田里去，有时还压死别人的禾苗。这样互相扔来扔去，就发生纠纷，大家拿着田蚧到县府去告状。县官吩咐把田蚧收下，大炒田蚧肉花生丁送酒，饱餐一顿后，还教训了一顿来打官司的人，名曰“送蛤老爷炒”。从此，大家才知道田蚧原来是好食的，便你捉、他捉、我捉，大家都捉起来食。这样一来，田蚧便越来越少。有一日，有几只田蚧走在一起诉起苦来，说人们无道，到处捉田蚧食。这样落去，将来田蚧家族会绝种的。你一言，他一语，议论纷纷，一致要求上天告状。便写了一张状词，写道：“一枝黄竹，一条麻绳，一盘饵，唧唧打打。皆因肚中之饿，一吞吞入喉咙，一吊吊上天空，一跃跃入天罗地网，一抓抓入牢笼，不问情由，判成死罪。节节作作，剥皮拆骨；吱吱啫啫，炒其蚧脾了；咧咧嘞嘞[1]，送入牙门；粉身碎骨，唔知去向。特写此状，盼望玉皇大帝保祐，感

[1]　节节作作、吱吱啫啫、咧咧嘞嘞：拟声词。

恩万千。”田蚧把此状词托仙鹤带去给玉皇大帝。玉皇大帝一睇，摇摇脑袋，表示同情，但无能为力。只可在状词上批了几句话：“世上动物者背脊向天人所食也，田蚧也唔例外。要想唔给人食，就靠自己想办法了。”田蚧睇了批文，唉声叹气，真是想坏了个脑袋，想烂了个心肠，枉费心机一场空。

讲述者： 吴道纯，男，教师，已故
搜集整理者： 关植初，县政府办公室副主任
整理时间： 1986 年 6 月
流传地区： 开平县
原载本： 《中国民间故事集成·广东卷·开平县资料本》

68

乌龟与泥鳅

从前，乌龟与泥鳅很要好，并结成了老同[1]。后来唔知因什么事，它俩成了冤家，暗地里都想弄死对方。

有一日，泥鳅装出好心，说带乌龟去竹洲城游玩。这竹洲城其实是渔翁放的竹笱[2]，进去后泥鳅就独自溜走了，留下乌龟在里面叫苦连天。

第二日早上，渔翁到河边起笱，一睇笱内有只乌龟，便把乌龟卖给了财主。财主的老婆说她有喜唔食得这东西，只好把乌龟放在天井边的木盆里。晚上下了一场大雨，木盆水涨了，乌龟顺着水沟逃了出去。

乌龟逃出来后揾到泥鳅说：“老同，竹洲城唔算好玩，沙洲城[3]风光美丽，我带你去见识一下好吗？”泥鳅答应了，骑在乌龟背上，去到了沙洲城。乌龟把身一掀，泥鳅就跌得满身伤痕；用尽了力气，也挣扎唔出沙堆。乌龟抛下泥鳅就去告诉泥鳅的亲戚，说泥鳅在沙洲城跌死了。

[1] 老同：拜把兄弟。
[2] 笱：一种放在河里使鱼能进不能出的竹笼。
[3] 沙洲城：沙滩。

泥鳅的亲戚为它做了道场。这时，泥鳅却活生生地出现在道场，说："你咁点解哭成这样？"原来，泥鳅被鸟衔到河边，准备洗净后再食，无想到泥鳅趁机溜走了。

乌龟问泥鳅说："老同，听说你死了，怎么又返来了？"泥鳅风趣地说："腾云驾雾返来的。"

从此，乌龟与泥鳅在水里便各走各的路了。

讲述者： 佐海业
采录者： 罗少山、黎红日
采录时间： 1987 年
流传地区： 肇庆地区怀集县连麦镇
原载本： 《怀集民间文学作品选》

69

猫点解食了东西才洗面

有一日清早，一只老鼠偷东西食，被猫睇见抓住了，要立即把它食掉。狡猾的老鼠说："聪明的猫大王，人家都是洗完面才食东西的，而你点解唔洗面就食东西呢？"猫听了心想：反正你逃唔掉啦，洗过面再食你都唔迟。于是，它把老鼠搁在地上，用爪子洗起面来。这时，老鼠却趁机溜走了。猫受了骗，很生气，发誓以后唔理食什么东西，都要食完了再洗面。一直到现在都是这样。

讲述者： 雷桂兰，女，75 岁，乐昌人，农民，文盲
采录者： 吕小辉
采录时间： 1987 年 3 月
流传地区： 乐昌县梅花镇
原载本： 《中国民间故事集成·广东卷·韶关分卷·韶关民间故事集成》

70

耀武扬威的螃蟹

一只螃蟹在水底地面上耀武扬威地要弄大钳之后，傲气十足地说："睇，我头戴钢盔，身穿铁甲，加上一把钢铁般的大钳和八把锋利的尖枪，天下谁能敌！"接着，它又用灯泡眼狠狠地横了一下左右，狂妄地喊："这里，还有谁敢来跟我决个高下啊？！"见无人理睬它，就自以为威慑天下，无人敢逆它，更加不可一世地叫嚷："在这世界上，只有我够格[1]欺负人，却无人敢欺负我。有人碰我一下，我都叫他有死无生，有来无回！"说完，摆出一副恶霸的架式，在水底地面上横行起来。

唔知是骄横气盛，还是怒气外溢，它嘴里唔停地喷出泡泡。泡泡从水底一直冒上水面。

一个渔翁路过这里，睇到泡泡，断定水底有螃蟹。他把钓竿轻轻伸向水底冒泡的地方。不偏不倚，钓竿正好碰着蟹壳。这下，螃蟹马上暴跳如雷，一边用钳子把钓竿钳得紧紧的，一边嘴里唔停地叫喊："唯独有你敢来送死！哼，非叫你有死无生，有来无回！"说完，把钓竿钳得更紧，直钳得钓竿咯咯作响。

渔翁感到钓竿有了触动，轻轻地连竿带蟹提了上来，捉住螃蟹，带返屋企去，做了饮酒菜。

讲述者：刘尊，男，37岁，汉族，大江镇塘腌村农民，初小学历

采录者：蔡权

采录时间：1987年4月2日

流传地区：台山县

原载本：《中国民间文学集成·广东卷·台山县资料集》

[1] 够格：方言，有资格。

二 生活故事

（一）家庭伦理故事

71

咸鱼砂

光绪年间，萝岗迳子村有个农民叫钟厚福，家中有母亲、妻子和一个一岁的男孩。本来这样的家庭生活是很美满的，无奈婆媳不和，老人家怕多吵闹，宁愿自己分开住。厚福盘算着，世道艰难，在萝岗很难赚钱养活四口之家，分开两个伙食就更难挨[1]。我点解唔去广州城揾开杂货店的表叔，希望他睇在亲戚的分儿上，在他店中当个伙计，暂渡难关。他把这个打算告诉母亲和妻子。虽百般不愿，但生活所迫，亦别无办法。

十二月初九，趁着圩期，厚福到圩中张铁嘴占卦档，拣个"出行"的好日子。经过占算，择定十三日"出行"最好。

厚福在十三日的早上，天还无光便起床，食过几条番薯，向母亲妻子辞行，背了包袱步行往广州。来到永清街，揾到了陆万利杂货店，拜见表叔，说明这次来省城是揾工做的。表叔心想，厚福为人精灵[2]、做事勤快，也就同意了。

[1] 挨：方言，熬。

[2] 精灵：方言，精明。

厚福当上伙计之后，勤于工作，表叔十分满意。有一日，萝岗的"巡城马"[3]忠伯来陆万利店买年货。见到厚福，知道他当了伙计，十分高兴，并对厚福说，他每月来回省城数次，如果有消息或东西可以托他带返家中。厚福听着又忧又喜，喜的是以后和家中时时通消息，忧的是年关已到，家中需要钱过年。自己做工不久，工钱唔多，唯有硬着头皮和表叔商量，借支一些工钱，托忠伯带返[4]家中，作为过年用度。表叔同意借支五两银给他。厚福买些咸鱼杂货，连同银两托忠伯带返家中，并且托带口信，说明唔能返屋企过年，以免盼望。

往后托忠伯带咸鱼、工钱返家，每月都有一次。直到三月清明，厚福请假回乡扫墓，才能和家人团聚。只见分别几个月，妻子和孩子好像胖了一些，心中十分欢喜。再去探望母亲，见她身体比以前瘦多了，门前挂着几个唔中食的咸鱼头。母亲告诉他说，媳妇有给她一些钱，但咸鱼就全给鱼头，只是连着头部的一点咸鱼肉可以食。厚福听了十分难过，知道妻子不孝。当晚他想了很久，想了个办法。第二日早上往圩中揾他的老友——就是收买破烂的珍记——交了一两银给他，吩咐他"如何如何"，然后叫珍记到他母亲屋舍邻近，高价收买咸鱼砂[5]。珍记依照所托，厚福妈果然将十几个咸鱼头的咸鱼砂卖给珍记。过秤后，给她白银一两。邻家各人见状也替厚福妈高兴。厚福嫂得知这事，深悔自己打错算盘，错把咸鱼头给厚福妈。从此以后，厚福托忠伯带返来的咸鱼，厚福嫂将头通通留下，把尾部给了厚福妈。不过，说了叫人笑痛肚皮，自那次以后，咸鱼砂再也无人收买了！

讲述者： 钟爱莲，女，79岁，农民，萝岗镇萝峰村人

采录者： 钟毅，男，65岁，农民，萝岗镇萝峰村人

[3] 巡城马：代买卖东西，传递书信，收取佣金的人。

[4] 带返：方言，带回。

[5] 咸鱼砂：大咸鱼头部有粒沙。

采录时间： 1987 年

流传地区： 广州市白云区萝岗镇

原载本： 《中国民间故事集成·广东卷·广州市白云区民间故事集成》

异文：咸鱼头

传说，有个媳妇，丈夫外出工作，她就三番四次地刻薄婆婆，每日食饭都只让她食咸鱼头，而自己就食咸鱼肉。老婆婆好伤心，她心想：一定要讲畀[1]儿子听。但儿子归家无期，点算[2]呢？于是，她就将每日食出的咸鱼眼核风干保存起来，等儿子归家时作为控告媳妇的证据。

日复一日，月复一月。在某一日，儿子终于归来啦！睇到面黄肌瘦、双目混沌的母亲，他痛心不已，执住母亲的手就是嘘寒问暖。老母亲就将事情一五一十地述说出来。儿子很激气[3]，但怕休了媳妇后，无人再肯跟自己一世了。到时，出外工作，老母亲在家还是要有个女人照顾的。想了几个钟头，终于想到了一条妙计。

傍晚时分，有一个蓬发垢脸、满身尘土的后生仔来敲门。媳妇见后，忙推他离开。这时，后生仔说："嫂子，请问你家有咸鱼眼核吗？"媳妇唔耐烦地说："无！无！""咸鱼眼核？我有，我有！"婆婆边喊边拖着那袋咸鱼眼核出来了。"啊！多谢老天！我家老爷有救了！"后生仔拨开袋口，兴奋不已。"老夫人，我是从省城来的，我家老爷得了个怪病，医生话需要大量咸鱼眼核来做药引，于是派我哋到农村四处收购。老夫人，多谢您！这些我统统买下！"讲完就从身上掏出一叠厚厚的票子，双手递给了婆婆，然后，扛着那袋咸鱼眼核心满意足地走了。媳妇早已惊呆了，心想：早知如此，那咸鱼头我自己食好了，竟然连咸鱼眼核都这么值钱！

当晚，媳妇就抢先把咸鱼头夹到自己碗里，又偷偷挑出咸鱼眼核，才笑着叫婆婆、丈夫食咸鱼肉。儿子偷偷向老母亲使了个眼色，老母亲笑着点了点头。

原来，那后生仔是儿子的朋友乔装的。至于那票子，呵呵，只不过是门面工夫，上面几张才是真的。

采集地点： 园洲镇绿兰岗头村

采集时间： 2007 年 11 月 3 日

收集者： 梁广文

记录整理者： 梁婷芳

流传地区： 博罗县园洲镇绿兰

原载本： 《广东民间故事全书·惠州·博罗卷》

附记

该故事类型在广东粤语地区流传广泛。除了本篇及已收录的一篇异文之外，还流传有广州市花都区的《鱼头沙》、佛山市南海区狮山镇的《鱼头砂》、佛山市的《咸鱼头》、台山市三合镇的《咸鱼沙》、新兴县天堂镇的《咸鱼头好吃》等异文。

[1] 畀：方言，给、给予。
[2] 点算：方言，怎么办。
[3] 激气：方言，生气。

72

九子团圆父抵饥

恩平县附城三坑村有个梁云松。其人一生勤俭，靠着夫妻双手，置有田宅。虽唔大富，亦称小康。但年近“不惑”，膝下犹空，于是收养了邻村一孩子作为螟蛉，取名阿南。说也奇怪，以后便连生八子。这样，一共九房儿子了。

到了七十光景，老伴离世了。九房儿子也长大成家，并且分门立户，各事营生。阿南是个猪肉担仔，人叫“猪肉南”；其余八房，或自耕其食，或兼营小贩买卖，日子都过得去。梁云松老汉则靠着些薄地安享晚年。

谁料在分居那年年三十晚，正当家家户户欢聚天伦之乐时，老汉却饥肠辘辘，老泪纵横。

论常情，别说大年，就是平时节日儿子也少唔得请父母到来孝敬。但这一日，老汉听着外面“毕毕剥剥”的鞭炮响过多遍，还唔见有哪一房儿子到来邀请。老汉越等越觉得难受，好心烦！

其实，此刻几房儿子，除了阿南还在各处收账未归来用膳外，其余八房都已巡过酒罢了。原来八房儿子中也曾有人想到，要叫老头到来饱餐一顿的，但老二估[1]老三，老三估老四，个个都是那个心思：“大概食过了吧！”就这样，使得老汉望眼将穿，还无半匙汤水下肚。

大约再过半个时辰，快掌灯了，阿南才返来。阿南放下肉担，就把儿子阿炳叫来，吩咐道：“唔早了，快请爷爷来团年！”阿炳也说：“他大概食过了吧！”“睇你该懂事了，要是个个都说食过难道叫老人家挨饿！”阿南责怪地道。

阿炳请爷爷去了。

梁云松见到这长房小孙，一时百感交集。“呜”的一声，两泪垂腮，滴滴而下。

老汉虽是饥肠辘辘，但一肚子气憋得慌，只胡乱扒了几口就含着泪花，哽咽地说：“阿南，你明日去犁田，犁多少就给你多少！”

大年初一，阿南遵照阿爹的嘱咐，到外面犁田去了。可他无弄明阿爹的意思，只是犁完一块又一块，到天黑犁了两三亩地。要是只拖着犁，一块驶一犁地随田走，那几十亩地就全归他所有了。老汉无奈，只得把阿南犁过的几块田，交割给他。过了几日，便收捡田契，把其余的田卖掉，铺盖一卷，到恩城择地建了一间云松寺。

从此，梁云松日夕红鱼青磬，直至终老天年。后来人们把他这段辛酸史编做“九子团圆父抵饥”的故事。

讲述者： 梁连炎
采录者： 梁焕章
采录地点： 圣堂镇
采录时间： 1987 年 3 月
流传地区： 恩平县
原载本： 《中国民间文学三套集成·广东卷·恩平县资料本》

[1] 估：方言，猜测、估计。

异文：儿女不肖父捐田

神庙对面海那边是番禺的沙路乡，那里有个姓屈的财主，年纪已经很大，但家业也大，连南海神庙前的那二三百亩田地都是他拥有的。

屈氏有九个儿子一个女儿，其中八个儿子都成亲分了家，女儿嫁到外乡去了，最小的儿子和他一起住。分家的儿子住在上屋下屋之间，见面时都叫父亲到自己家里食饭，但口乖唔下米，叫过就算了，屈氏非常失望。儿子唔好，女儿又怎样呢？一次屈氏去探女儿，进门时听见女婿叫妻子圾鸡[1]。他以为女儿见他来探望，宰鸡招待他，进屋就问了一句："乖女，圾鸡呀！"女儿见阿爸来了，赶忙改口说："阿爸，你来了。我在圾沙，不是鸡。"当天屈氏果然未食到鸡。在返屋企的路上，屈氏喃喃自语："仔是忤逆仔，女是'圾沙'女，真心淡[2]。"

有一年除夕，家家户户都食团年饭了，屈氏很希望有一个儿子请他食团年饭。但那些儿子又怎样想呢？大儿子说要请爸爸食团年饭，大媳妇赶忙说："我哋儿女多，生活唔好，老二请最合适。"老二想请爸爸食团年饭，二媳妇也赶忙说："老三生活比我哋好，老三会请的。"老三呢，也和老婆商量请唔请爸爸食团年饭，三媳妇说："上有大，下有小，他们唔会请吗？"这样一个推一个，八个儿子竟无一个请父亲食团年饭。屈氏眼见村里家家户户酒肉菜香，张灯结彩，鞭炮齐鸣，团年快乐；而自己和小儿子却冷冷清清过年，真无意思。他指天大骂："呸！九个儿子有屁用。辛辛苦苦养大他们，结果又如何呢？"

天慢慢黑了，屈氏越想越气，突然想出一法，就装起病来，说自己肚子痛，在床上呻吟打滚。小儿子见爸爸突然得病呻吟，就赶忙告知各位大哥。众儿子闻知父亲突然病倒，都赶来睇屈氏。屈氏说："中邪了，要皇帝印盖肚脐方可平安无事。以前你哋母亲也犯过这种病，后来盖上皇帝印才好。"儿子们问哪来皇印，屈氏说田地契的印就是皇印。你哋把我家所有田契都盖在我的肚脐上就会无事了。众儿子听了纷纷返屋企，把田地契拿来盖在屈氏的肚脐上，屈氏果然慢慢地停止了呻吟。一会儿，屈氏对儿子们说："睇来无大碍了，你哋返屋企吧，田地契等我完全好了才送还你哋。"

众儿子返屋企了，屈氏对小儿子说："你漏夜[3]去犁田吧！对你有好处。"小儿子唔肯去，屈氏便强令他去犁田。小儿子无办法，只好牵牛漏夜犁田去。小儿子埋怨父亲这样无情待他，来到田里，就东片犁犁，西片翻翻，然后把犁丢进鱼塘里就牵牛返屋企。屈氏见小儿子返来就问："你犁了多少田？"小儿子就老实把犁田的事告诉了父亲。屈氏说："犁过的田都给你，你把犁丢到鱼塘里，鱼塘也归你。"说完屈氏就把这些田契给了小儿子。小儿子无多问就瞓觉去了。

半夜，屈氏起床，除了给小儿子留下的地契外，把剩余的都包了起来，藏在身上，然后开门走了出去。大年三十晚，天黑得伸手唔见五指。屈氏离开了家，冒着寒风，渡船赶路，走了几个时辰，来到如今的黄埔大沙地附近的来峰庙，叩响庙门，要求进庙参神，并打算把田产捐给该庙。庙祝开门见屈氏是一个外乡人，当时天又未亮，恐防有诈，就拒屈氏于庙门之外。

屈氏在来峰庙受到庙祝冷落，只好离开向东而行，沿着大路来到波罗庙。此时，天蒙蒙亮，屈氏拍开波罗庙的大门，庙祝迎接他到庙进香参神。屈氏参神完毕，把田产捐给了该庙做修庙之用。为了感谢屈氏，波罗庙方面就在庙的东面兴建了一座屈家祠，以纪念屈氏厚赠田产。

讲述者： 刘人妹、屈九等
采录者： 李淑芬
采录地点： 番禺市华龙东溪沙亭
采录时间： 1994 年
流传地区： 广州市黄埔区
原载本： 《广东民间故事全书·广州·黄埔卷》

[1] 圾鸡：方言，煮鸡。
[2] 心淡：方言，心灰意冷、失望。
[3] 漏夜：方言，连夜。

附记

该故事类型在广东粤语地区流传广泛。除了本篇及已收录的一篇异文之外，还流传有信宜市的《十子齐全父抵饥》、高州市的《亲生不如拾养》、罗定市的《亲子不如养子》、阳春市的《亲子不如养子亲》、封开县的《鸡腿大田》、龙门县龙城街道的《龙伯喝西北风》、吴川市的《十子当家父挨饥》等异文。

73 儿子学父

开口有话：有样学样，无样学和尚。

从前有个人，外号叫“揾来衰[1]”。他生了十个女儿，到处求神拜佛，眼都望穿，四十多岁时才生了一个儿子。他认为女儿是出门货，儿子是心头肉，因为儿子将来要捧父亲香炉钵，继承祖宗香灯的。他对儿子特别宠爱，处处迁就，儿子要求什么都得到满足。有时儿子撒娇唔食饭，他就急到团团转，问这问那。儿子说：“我要倒咸鱼汁去你的头上。”他说：“唔倒咸鱼汁，倒一碗冻水，好吗？”儿子说：“唔得唔得，我要倒咸鱼汁。”他说：“倒咸鱼汁就倒咸鱼汁吧，倒一点点好了。”儿子说：“唔得唔得，我要倒完一钵。”他说：“倒完一钵就倒一钵吧。”儿子把一钵咸鱼汁倒在父亲头上，烫得父亲皱眉皱眼，儿子才嘻嘻哈哈地食饭。好事不出门，恶事传千里。儿子倒咸鱼汁到父亲头上的丑事，一下子传遍了上下三村。村里的人给这个做父亲的起了个外号，叫作“揾来衰”，给那个做儿子

[1] 揾来衰：来衰，即衰事是自己惹来的，也是自己害自己的意思。

起了个外号，叫作“无天装”[1]。

在“揾来衰”还有力气时，“无天装”还未曾反骨[2]；到了“揾来衰”手唔能提、肩唔能挑时，问题就来了。每到食饭时，“无天装”就骂父亲：“食就似人，做就似鬼，要人养，还唔趁早去死？”“无天装”对父亲这样冷酷，可在老婆面前却驯驯服服，老婆要做什么就做什么。他的老婆要他赶父亲去住牛栏，他就赶父亲去住牛栏。于是村里的人又给“无天装”起了第二个外号，叫他做“老婆龟”[3]。他也只生了一个儿子，对儿子也样样迁就。他的儿子五六岁时就跟他小时候一模一样，要倒咸鱼汁去父亲头上，“无天装”也只好让他倒。

“无天装”对父亲越来越残忍，激得父亲暗吞眼泪，忧郁到双眼都盲了。“揾来衰”由于眼盲，饭要人装，水要人倒，走路要人牵，“无天装”更厌恶他。一日，“无天装”夫妇两人下毒计，要活埋“揾来衰”。“无天装”叫“揾来衰”躺在一块木板上，拿来绳索、竹杠，跟他的儿子一起把“揾来衰”抬到山上。“无天装”想把竹杠抛到山坑去，他的儿子眼快手快，见他举起竹杠，就双手握住竹杠的一头，说：“爸爸，把这根竹杠拿返屋企去吧，将来我要用它来抬你上山呀！”

“无天装”像给当头打了一大棒一样，顿时头顶嗡嗡响，昏倒在地。“无天装”的儿子见“无天装”昏了，就拿起锄头挖坑。“无天装”一醒过来就问：“你挖坑干什么？”“无天装”的儿子冷冷淡淡地说：“我还以为你死了呢。你真的死了就好啦，用唔着抬你了。我挖这个坑是想用来埋你的呀！”“无天装”低着头，唔敢睇儿子了。他全身发抖地说：“我哋把……把爷爷……抬……抬返屋企……去吧！”

讲述者： 张天养，男，76 岁，花山镇城西村农民，上过 3 年私塾

整理者： 陈寄鸣

整理时间： 1987 年 8 月

流传地区： 花县

原载本： 《中国民间故事集成·广东卷·花县资料本》

[1] 无天装：是伤天害理的意思。

[2] 反骨：方言，忤逆。

[3] 老婆龟：即怕老婆。

附记

该故事类型在广东粤语地区流传广泛。除了本篇之外，还流传有江门市新会区的《学样》、罗定市金鸡镇的《家教》、清远市英德市的《抬阿公进石窿》、龙门县龙田镇的《背篓》、吴川市大山江街道的《榜样》等异文。

74

兄弟应相济

话说从前，盘龙河畔有条盘龙寨，寨里有户叫张振富的老人，老伴早已去世。张老头带着三个儿子过着半年野菜半年粮的清贫日子。他起早摸黑，勤劳耕作几分薄田，含辛茹苦地把三个儿子抚育成人，送进私塾读书，盼望儿子早日成材，出人头地，光宗耀祖。

因张老头年老多病，无力供三个儿子继续读书了，儿子张冲、张岩、张治只好辍学返屋企帮父亲干活，维持家计。后因生活所迫，兄弟三人同财主牧牛。有一日，张家兄弟三人在盘龙河坡放牛。日正当午，三人饿得肚子“咕噜咕噜”叫。幸好，盘龙山脚有块茂盛的番薯地，是地主张二爷家的。张冲、张岩、张治饥不择主，连忙去偷挖过来，七手八脚筑起泥窑烧火烘番薯。他们饱食一顿之后，又赶牛到盘龙河坡食草去了。世上哪有唔透风的篱笆？张家三兄弟偷挖番薯之事被张二爷知道了。他怒不可遏，把张家兄弟捆打一顿，扣发牧牛钱，被赶返屋企。

有一年，天大旱，田里颗粒无收，张振富生活无着，兄弟三人被迫四处流浪乞讨过日。

张冲沿街乞讨至李员外家门口，忽然饿昏跌倒。李员外慈悲为怀，乐善好施，忙叫家丁把张冲扶入院内救醒。李员外独生女李翠娇见张冲生得眉清目秀，相貌堂堂，而且天资聪敏，求父收留他在家读书。在李翠娇勉励和帮助下，张冲更加勤奋攻读。一年，张冲乡试名冠榜首，中了秀才。第二年进京殿试，又连升三级，高中状元，委任为盘龙县一带巡按，并娶了李翠娇为妻。

话说回头。那年大旱，张振富不幸去世，遗下一间破茅屋，由张岩张治兄弟二人继续父业，相依为命，勤劳耕作，日子过得一般。一日进城趁墟，打听到盘龙县新科状元、巡按官张冲，是自己的亲大哥，张岩张治喜出望外。

第二日，张岩带着家乡土特产直进状元府探望大哥。这时张冲正在同李夫人、岳父李员外饮酒作乐，突然闯进一个破衣褴褛的乡下佬，大为不悦。张岩不善辞令，见了张冲，连忙呼叫：“哥哥，您还认得我吗？我是你二弟张岩呀！”接着絮絮唔休地讲家况。张冲听着很唔耐烦，觉得在妻子、岳父面前，有失状元威风，所以明知是亲弟也唔敢下席相认，便故意问：“你是何人，胆敢直闯官府，干扰老爷进餐？你给我滚吧！”张岩听了，大吃一惊，竟想唔到自己的亲哥哥，龙袍加身，中了状元，如此忘恩绝情。回想父母双亡，家贫如洗，不禁悲痛交加，愤恨离去。回到家里，张岩把探望经过同细佬讲了。张治也十分愤概，内心里盘算如何教训那忘恩之兄。

第二日，张治借套秀才服，担了一箩仔番薯进了状元府，见了巡按官，正值张冲升堂审阅宗卷，便放下番薯，下跪说：“我是本县盘龙寨人氏，前来告状！”张冲头也唔抬地说：“来告何人？”张治答道：“来告忘恩负义的番薯状元。”说完，把那箩仔番薯送给官丁。张冲睇是一箩番薯，大拍惊堂木说：“一箩番薯怎能充当状纸，这分明是戏弄本官。给我重打五十大板。”张治连忙说：“大人息怒，待小人细细说来。”张治一边流泪一边说：“可恨的番薯，害得我兄弟三人分散，父母病故。”张冲问道：“这话怎解？”张治接着说：“想当年，我兄弟三人，情同手足，同心协力，大战盘龙坡，摆下火牛阵（暗喻牧牛），无奈敌军围我千万重，弹尽粮绝（意指饥饿）。将军情急智生，令人四出搜寻军粮，有弟兄送来一箩番薯，才解困境。后因烧火烤薯，泄露了军机，被人破了火牛阵。兄弟三人，自此败阵分散，各奔西东。谁知祸不单行，家中父亲唔见儿子返来，病穷交困，不幸身亡。那番薯害得我家破人亡！大人，你说番薯这些罪状唔告得吗？后来，听说那位牛将军在流亡行乞时，因祸得福，高中状元，做了巡按。正所谓：盘龙河坡火牛阵，败阵流浪牛将军。将军高中薯状元，官高厚禄忘了根。”张冲听着听着，感到十分羞耻。幸好左右官丁不解其故。

张冲斥退左右官丁，放下宗卷，走下按台，扶起张治，深情地说：“弟啊！我就是你哥哥张冲。几年来，细佬受苦了，真对唔住九泉之下的父母。”

从此以后，张家兄弟三人，相好如初，互相周济，来往频繁。张冲处处秉公办案，严惩邪恶，为民伸冤，深得盘龙县平民百姓敬仰、爱戴。

讲述者： 陈国光，54岁，蒲竹村农民
采录者： 黄强，河西糖厂干部
采录时间： 1987年
流行地区： 阳春县双滘镇、春城镇
原载本： 《中国民间故事集成·广东卷·阳春县资料本》

附记

该故事类型在广东粤语地区流传广泛。除了本篇之外，还流传有阳江市的《亲兄弟也要面》、怀集县诗洞镇的《三个乞丐》、清远市佛冈县的《大胡子、大麻子和大舌子》、吴川市振文镇的《老朋友》等异文。

75 憨哥与巧姐

从前上庄有一对夫妻，丈夫生性憨厚老实，有点孔窍，人家说的话他极相信，从小村里人叫他憨哥；妻子却长得美若天仙，又会操持家务，闲时还给人家做些针工，添补家计，小名叫巧姐。

一日，巧姐对丈夫说：“农闲时节，你该揾些额外活做做，多赚点钱家用。我已买来一箩咸鱼，装成十篩给你卖，每篩一斤一块钱，上庄卖唔完就过下庄，钱要交点清楚。”

憨哥在上庄卖了八篩，剩下两篩到下庄去卖。他来到下庄的村前大榕树下，停下来歇凉，这时刚好有一个人从地里返来，睇着鱼篩问：“你是憨哥吧！卖鱼无带秆，点卖？”憨哥说：“我老婆交待一篩一斤一串钱。”那人眼珠一转，笑笑说：“两篩鱼我买，只是钱得待明日来拿。”憨哥说：“我唔认得你。”那人又说：“我就住在这村里的生人前、死人后，门前一丘无节竹，人人叫我二八伯。你老婆会教你来拿钱的。”憨哥就让他把鱼拿走。

回到家里，妻子见他鱼已卖完，只是少了二串钱。憨哥就把那个人的话说了一遍。巧姐细细一想，对丈夫说：

"生人前，就是说他屋后有一座住着人家的大厝；死人后，就是说他屋前有一座祠堂，祠堂里供着祭拜祖宗的神龛；门前一丘无节竹，那是说一丘大葱；说他名叫二八，那就是十六伯了。"

第二日，憨哥按照妻子的吩咐，到下庄搵到十六伯要钱。十六伯哈哈笑着说："难怪人人说你妻子聪明。"说着拿出二串钱和一个装得有点沉的竹篓子，上面用红纸封着，对憨哥说："这是我送你老婆的礼物，你别动它。"憨哥接过钱和礼物连忙回到家里交给老婆。巧姐诧异地揭开盖子，见里面是一堆牛粪插着一朵月季花，顿时气得面红耳赤，眼泪一串串流下来，对憨哥说："我真是好花插在牛粪堆，还是死了干净，免被人嘲笑。"说罢狂奔出去，吓得憨哥一时慌了手脚。知道是十六伯搞的鬼，即时去搵他搏命，哪知十六伯又是哈哈大笑说："睇你急成这样！我会给你把老婆搵返来的，你在家里等着吧！"说罢，顺手从墙上取下筛米的竹筛箕，朝江边跑去，果然见前面有一个衣着整齐的妇人，边走边哭。十六伯赶在前头来到江边，站在齐膝深的水里，拼命地用米筛向沙滩上戽水。

巧姐在岸上哭得眼如苦桃，要等那人走开才好跳水。等了好久，觉得奇怪，他到底在搞什么？就落去问他。十六伯装得傻头傻脑说："昨天我老婆来江边洗衣服，掉下一根绣花针，硬要我把它搵回。我要她买一根新的，她说：'那根针用了好几年，又尖又滑很合用，新的怎能比得上？'我怎么摸也摸唔到，只好把江水戽干才能搵到。"巧姐听完这话一怔，心想："他老婆能绣花，比我还能干；而他用米筛戽水，比憨哥还更憨。他两口子不也过得很好吗？再说，她对一根绣花针尚且如此留恋，难道我和憨哥好几年的情分，唔受得人家一番讽嘲，就这样断送了？"这时正巧憨哥等得焦急搵到江边来，巧姐也回头向岸上迎去。

十六伯收起戽斗，站在沙滩上笑得合唔拢嘴。

讲述者： 肖菲，女，60 岁，家庭妇女

采录者： 孟金海，男，50 岁

采录时间： 1987 年 6 月

流传地区： 广州市海珠区

原载本： 《中国民间故事集成·广东卷·广州市海珠区资料本》

附记

该故事类型在广东粤语地区流传广泛。除了本篇之外，还流传有肇庆市的《巧妻配蠢夫》、廉江市石城镇的《傻丈夫》、吴川市覃巴镇的《回心转意》等异文。

76

婆媳三代

从前，有个泼辣妇女，除了食饭、瞓觉之外，多数时间就跟隔里邻舍[1]吵吵闹闹，全无道理可讲，人称“扭纹柴”。

后来，扭纹柴娶了个媳妇。媳妇过门初期，还算守妇道；日子稍长，就漏出劣性。唔单生事惹非、同街坊不和，和家婆也顶起咀[2]来。每逢她婆媳俩相骂起来，这做家婆的，双手叉腰，脸如烧红锅；那做媳妇的，摩拳擦掌，口沫横喷，颈筋凸凸，如贴上几条浸水豆角。她那副泼辣样，比起扭纹柴有过之而无不及。于是，街坊人暗地里给做媳妇的安上个花名曰“霸巷鸡乸”。

开始，扭纹柴和霸巷鸡乸之间仅限于口舌之争，不久，就发展到手脚并用两相对打了。有一次，当街当巷，做家婆的扯烂了媳妇的上衣，做媳妇的一个头槌，把家婆撞个四脚朝天，接着又跨前一步，蹲落去，硬把扭纹柴的裤子撕开两片，真系[3]丑态百出。如此这般的丑剧，她们婆媳之间当如家常便饭。

后来，扭纹柴逐渐年老，不久，眼也盲了。唔用说，霸巷鸡乸全占了上风。她报复的办法也真歹毒，每餐只给家婆一碗剩菜冷饭，半饥不饱的；这还唔算，每餐饭前还用钳子将碗口钳烂一处。扭纹柴唔食怕饿死，食嘛，烂碗一沾口唇，便被割破，流血涓涓，其苦难言。一日日落去，碗口钳烂一处又一处，犬牙交错，成了个崩口碗。搞到扭纹柴生是痛苦，求死又不能。

再过了十多年，轮到霸巷鸡乸要娶媳妇了。如此家声，远近女子，试问哪个肯上门？就算是聘金十斗，谁又敢嫁？不过说也奇怪，偏偏有个女子是本乡本土人，名唤好妹，生得像朵花，品性又纯良，明知这家门的内情，却是唔嫌，愿嫁来做媳妇。街坊人都莫名其妙：怕不是一个好模好样的胭脂马、烧坏瓦吧？又说：烂塘泥怎能长好水仙花？睇吧，不久就变了。好妹面对这些风言风语，一笑置之。

好妹过门十日，她问霸巷鸡乸为何这样对待扭纹柴。霸巷鸡乸理直气壮地说：“你还年轻，懂什么？这老鬼过去恶尽，对待家婆唔好，今天等老娘给点厉害佢[4]尝尝。”好妹听后，点头微笑，唔再说话。

晚上霸巷鸡乸瞓熟了，好妹悄悄走进扭纹柴房间，同情地问：“太婆，阿妈这样虐待你，是痛苦的了。你想她今后好待你吗？”扭纹柴得到孙媳妇的同情，老泪横流地说：“唉，谁唔想有个好媳妇待自己？你家婆不是这个人品，要她好待我，难、难望了。”

“阿妈会变的。”

“变？江山易改，品性难移。想她变，怕是蛋家婆摸蚬——望第二筛（世）了。”扭纹柴用手擦一下眼泪，“我过去也是，唉，唔好提了。总之，死就最好……哇！”自疚得竟放声哭了起来。

好妹忙劝慰地说：“过去的事，还提它做什么？你唔好难过，更唔好想死，你老还有享福的日子。”

[1] 隔里邻舍：方言，邻居。

[2] 顶咀：方言，顶嘴。

[3] 真系：方言，真是。

[4] 佢：粤语第三人称代词，此处为“她”。

“享福！孙嫂呀，你识得[1]叫人欢心。”扭纹柴有点动心，泪都唔流了。

“真的，只要你听我说……”

“快说快说，我的好孙嫂，一切都依你的。”扭纹柴迫不及待地插咀说。

“明日早餐，妈给你饭时，你扮作唔小心，把崩口碗跌碎……”

扭纹柴估唔到[2]孙媳妇教她这一着，大吃一惊，说：“这万万不可，你家婆会生生打死我的。”

“崩口碗一日唔打碎，你唔会有新碗食饭，到死都受苦。”好妹对扭纹柴有疑虑，肯定地说，“妈若打你，我就打她。有我在场，你可放心。”

扭纹柴将信将疑：“你……好孙嫂你……真的……”

好妹却毫不犹豫：“唔好惊，我真的帮你。”也就这样商定下来了。

第二日，开早饭了，霸巷鸡乸照样又钳一下崩口碗，捧起半碗残菜剩饭往扭纹柴房间而去。好妹暗暗跟在后面。

“死唔去的，食枉米的[3]，食你的死人斋呀。”霸巷鸡乸边骂边把崩口碗推给扭纹柴。

扭纹柴接碗在手，一想到孙媳妇约定，又听到霸巷鸡乸的恶骂，一时唔知如何是好，心在怦怦地跳。打碎吧，恶媳妇手下无情；唔打碎，到死都受苦。我的天呀，我亦作孽太过了，今世就报应。孙嫂呀，你大概不是捉弄我这个老盲婆吧！扭纹柴越想越拿唔定主意，怕到手弹脚颤。

好妹见状，猛咳一声。扭纹柴听到咳声，心一横，“乒”的一声，崩口碗摔碎了。

霸巷鸡乸一见，顿时无名火起，就地捡起半截烂烟筒，二话无说，照着扭纹柴头部猛力打落去。说时迟那时快，好妹一旁睇得真切，一个箭步上前，喝声“慢打”，随手举起一张板凳，“哆”一声，向前隔开。

霸巷鸡乸猝不及防，唔知所以，一时给怔住了。但很快便火红火绿，指着好妹厉声说：“你做什么！”

好妹慢慢地说：“无什么，妈你一下打死了她，太便宜了她，待我数清她的罪过，再打未迟。”

霸巷鸡乸听后欢喜地说：“好！叫她老鬼死而无怨。”

扭纹柴唔听犹可，听到她俩人一问一答，吓得面如土色，气喘喘地：“孙嫂，你……”

好妹急忙打断扭纹柴的话：“你……你就是唔中用，枉你几十岁，这么大个人连个碗都捧唔稳。打碎个碗好闲[4]，失传要紧。日后阿妈老了，我哪有这么好心机[5]钳个这样的碗给她食啊！”好妹一本正经地，生怕别人插嘴，一口气说出这段话。

此时，霸巷鸡乸听着听着，如芒在背，如踏针毡。她面青青地对着好妹：“你……”

“我嘛，是想学个样子。”好妹边说边把那支烂烟筒递到霸巷鸡乸面前说，“妈，我说完了，你狠狠地打她呀。此时唔给样子我睇，将来你老了，叫我怎样学你今时呢？”说着，横眉立目瞪着霸巷鸡乸。

霸巷鸡乸脸色灰白，冷汗直流。突然，她把烟筒推开，“喔”一声跪倒在扭纹柴脚下，声颤颤地说：“妈呀，我唔好，原谅我，今后……”说得声泪俱下。扭纹柴也吓慌了，赶紧拉住霸巷鸡乸双手，只是泪如泉涌，半句话也说唔出来。好妹呢，正在用力地扫那崩口碗碎片，也是热泪盈眶。

从此，她们三代同堂，一家和睦了。

讲述者： 冯文藻
采录者： 冯均发
采录地点： 圣堂镇
采录时间： 1987 年 5 月
流传地区： 恩平县圣堂镇一带
原载本： 《中国民间文学三套集成·广东卷·恩平县资料本》

[1] 识得：方言，知道。
[2] 估唔到：方言，猜不到。
[3] 食枉米的：方言，白吃饭的人。
[4] 好闲：方言，不要紧。
[5] 好心机：方言，好心思。

附记

该故事类型在广东粤语地区流传广泛。除了本篇之外，还流传有佛山市的《粗猫碗》、佛山市三水区芦苞镇的《照板煮碗》等异文。

77

巧使婆媳和好

桂洲绿安社有一个名叫苏成的人，长年在外帮人经商，家中留下妻子和母亲，常因小事争吵。久而久之，婆媳不和之事，连邻里们都知道得十分清楚。

苏成每次返屋企，他的母亲总是乘媳妇出街买嘢的机会，诉说种种被媳妇虐待的苦处。而他的老婆却总是在临瞓之前，大告家婆的“枕头状”。婆有婆理，媳有媳理，苏成夹在中间，每次返屋企，都伤透了脑筋。

一日，苏成与一位朋友久别重逢，两人上酒楼叙旧。言语之间，苏成难免说出家中婆媳不和之事。朋友听了，说：“你唔需要苦恼，我有一个办法，包你唔需要几久，婆媳一定和好如初。”苏成问他有什么办法，那位朋友在苏成耳边说了几句，苏成听了果然十分欢喜。

过了三个月，苏成又返屋企，放置好行李后，马上拿出好多钱给妻子，叫她往街市买菜、烟酒、生果、饼食等等。等妻子去后，她的母亲照例前来诉苦。苏成安慰母亲说：“你唔需要担心，我都憎恶那贱人好久了，一直想将她赶离家门，只是怕我无能再娶老婆，唔能传宗接代，且无从服侍您，因此才迟迟无出声。这次幸亏好友教我一个两全其美的办法。”母亲听了，连忙问是什么办法。苏成说：“我的朋友在澳门经商，与妓寨鸨母很熟。他教我将那贱人卖去妓寨为娼，得其身价银，然后将卖后得的钱再娶个老婆来续香灯，服侍亲娘，这样就一举两得了。”

母亲听了，十分高兴，巴不得苏成马上把老婆卖了。苏成说：“这事唔能操之过急，买卖人口，有干法纪。为避免将来卖妻后有不利事情发生，从今日起你必须假装同媳妇和好。一来使她放心，二来可掩人耳目，使邻里们知你哋已经和好，然后才能揾机会骗贱人去澳门，将她卖了。”母亲听了，高兴地点头答应。

晚上苏成夫妻回房瞓觉，妻子像以前一样，添盐加醋尽数家婆不是。苏成笑着说：“我唔在家，你的苦处我早就知了，一直想将你带出去，无奈这无用的老妈子无人理，硬将你带走，又怕邻里们议论，心想只有等那老妈子死了，才能带你出去。我也曾想一刀杀了她，那样我哋就能尽早双宿双栖。但又怕杀人要填命。因为你哋多年不和，邻里尽知，老妈子一死，邻里一定怀疑是你我干的，所以又唔敢下手。前几日有个朋友从新加坡返来，告诉我说：西人发明了一种无色药水，只要饮一两滴，即可致人于死地。但价钱很贵，毒死一个人的药水，要价百元。但我已下了决心，要买药水将那老妈子毒死。为了掩人耳目，我想出了一条妙计：你从明日起，做出一个勤力孝顺媳妇的样子来，还要时时有欢声笑语让隔里邻居听见，对别人也唔好再说家婆的坏处，多说些好处。等邻里都知道你哋和好了，我就买回药水，将那老妈子毒死，然后带你出去。”妻子听了，高兴地答应下来。苏成见老婆答应，放下心来，几日后又出门了。

苏成离家后，经常收到亲友的来信，说家中婆媳俩已和好到如漆如胶，心里十分高兴。

第二年清明，苏成带了一个朋友回乡，那朋友衣冠楚楚，好像是一个大商家。在家坐定后，苏成又把钱给妻子，叫她多办好酒菜招待客人。等妻子去市后，苏成当母亲面前问朋友说：“这个妇人怎么样？身价值五百元吗？”友人笑着说：“你痴了，这种三十多岁、相貌平平的妇人，最多是值百元。”苏成一再讨价，朋友说：“你唔需要讲价了，我最多只出一百二十元。这笔钱虽然只是区区小数，但够你再娶一个老婆。干脆点，卖唔卖？”苏成的母亲在一边听了，忍唔住大声说：“唔卖唔卖！现在媳妇已与我和好、孝顺，另外再娶恐也不如今日这妇。而且买卖人口，就算避得过阳世法律，也难逃阴司罪责。”

晚饭后，朋友借故别去。当晚阿成归房瞓觉对妻子说：“现在朋友已从新加坡帮我买回药水，明早到。你明早买个猪踭煲汤，乘机将药水放进去，将那老妈子毒死了。”妻子说：“我唔做了。现在家婆已经对我很好，我怎么落得去手？且杀人填命。万一东窗事发，我俩必性命难保，何必呢。像现在这样过落去不是很好吗？”苏成听了十分欢喜。在家几日，细心观察，婆媳确已和好，于是苏成借口酬神，请一起返来的朋友开怀畅饮，感谢朋友为他想出的计策了。

讲述者： 胡星朗
整理者： 伊原
整理时间： 1988 年[1]
流传地区： 顺德县容奇镇
原载本： 《中国民间文学集成·广东省卷·顺德县资料本》

附记

该故事类型在广东粤语地区流传广泛。除了本篇之外，还流传有江门市新会区的《婆媳化仇为亲》、肇庆市的《婆媳和好》等异文。

[1] 原出处并无采录整理时间，但前言提到搜集成书于1988年。

78

慧花的故事

从前有一个青年媳妇，叫慧花。丈夫上京考试，慧花在家侍候年老的婆婆。

婆婆是个刁蛮人，唔理你怎样细心侍候她，她总是嫌咸嫌淡，嫌冷嫌热，整天骂唔停口。慧花日日要劳动，又顾内，又顾外，又要受气，身体一日比一日瘦。

一日，她外出摘桑叶。婆婆骂："家蚕唔食你的桑，你借因由去望郎。"她忍声吞气，拿着箩筐走出去。

她摘啊摘啊，忘记了婆婆的虐待，摘了很多桑叶。她丈夫返来了，见她坐在路边休息，想试一试她是不是一个守规矩的人，便化了装，走过去，拿起石向她掷去。她抬头望望，因为唔认得，以为是个生面人，便说："你讲就讲笑就笑，唔好捡泥头掷我腰。丈夫睇见犹自可[1]，家婆睇见实难饶！"丈夫心里很高兴，因为知道自己的妻子不是一个水性杨花的人，于是急急忙忙走返屋企。

母亲见儿子返来，很高兴，便煮了好菜，拿酒来给儿子喝。儿子饮多了几杯，见妻子无返来，但头晕晕的，只好倒下床先瞓。

[1] 犹自可：方言，还可以，没关系。

慧花回到家，知道丈夫返来了，很高兴。食了晚饭，做完工夫就上床瞓觉。她将自己在家的痛苦说给丈夫听，说："一支竹枝青啤啤[2]，唔讲孤寒夫唔知。咁好[3]大床无妹瞓，留下蜘蛛来架丝。日出东头又落西，又要耕田又喂猪。朝头[4]饮碗稀粥水，晚头[5]食碗饭焦尾[6]。"讲了许多，但当时丈夫醉醺醺，无答话。她想，家婆虐待我还可以忍，丈夫唔同情我受唔了。一怒之下，起床走回娘家去。

丈夫瞓到三更酒醒，左边摸到右边床，摸来摸去唔见妻子在床，心里一急，便起床去揾。估计她是去娘家，就沿路追去。来到一个渡口问船家："我家娇妻几时来？"船家说："怎知你妻是谁？"他说："口似石榴花蕊张，眼似水晶两眉镶，双脚似条单竹笋，手似两梳嫩子姜。"船家说："刚走唔远，你快追上吧！"

慧花已经走到娘家门口，就向母亲诉苦："一日要摘几箩桑，还要食饭捞鸡糠[7]。"母亲是盲眼的，怀疑不是自己的女儿，唔放她进门。家里养的狗也说："大姑到！大姑到！"母亲却说："大姑多少有钱财，半夜三更唔会来！"慧花忍唔住说："妈，的确是我啊！"母亲想了想说："好，你伸过手来给我摸摸，睇是不是我的女儿！"母亲摸到她的手很粗糙，便说："我女儿的手无这样粗，往日探娘回得早。"啊！她哪知道她女儿自从丈夫离了家，工夫多得做唔完啊！手脚哪能唔变粗？慧花见母亲唔认她，很伤心，就说："丈夫唔理母唔认，不如下定决心去投河！"

丈夫来到岳母家时，天已大亮，岳母才知道女儿真的连夜赶返来，便叫人去揾，发现莲藕塘有个包袱，才知慧花刚跳入塘中浸死了。她丈夫痛哭着说："慧花死，慧花亡，慧花死在莲藕塘。"哭得昏倒在地上。

[2] 青啤啤：方言，即青绿青绿的。
[3] 咁好：方言，这么。
[4] 朝头：方言，早上。
[5] 晚头：方言，夜晚。
[6] 饭焦尾：方言，锅巴。
[7] 食饭捞鸡糠：方言，吃饭时要拌鸡糠吃。

讲述者：陈葵
采录者：黄燕青
采录时间：1987 年 1 月
流传地区：广州市花县赤坭镇
原载本：《广东民间故事全书·广州·花都卷》

79

狠心后妻

从前有一个泥水佬[1]，他常常出外给人家起屋[2]或执漏来维持生活。一日，他去给一户人家起屋。这户人家有两个很小的儿子。大孩子是男主人的前妻生的，小的孩子是后妻生的。

屋准备建好，这日正在上梁。后妻在厨房里炸油糍，她的亲儿子嚷着要食，她用筷子夹了一个先炸好的油糍给他。大儿子见细佬食得津津有味，也嚷着要食。后妻瞪了他一眼，骂他唔听话，贪食鬼，就从油镬里夹了一个滚热的油糍放在他手上，把他的手掌烫伤了。大儿子放声大哭，后妈一把拉他过来举手狠狠地打。

刚好男主人返来，见后妻这样虐待自己前妻的孩子，想起她平时也十分偏心，对大孩子经常打骂，一怒之下，把后妻赶走了。

泥水佬在梁上见到这种情况，想到自己的妻子前年病死，留上一儿一女。后来续娶一个女人，这后妻也唔爱孩

[1] 泥水佬：方言，建筑工。
[2] 起屋：方言，建房子。

子，经常借故打骂，他们受尽虐待。想到这里，就放下自己的工作，返屋企去把那后妻赶走了。

采录者： 文金叶
采录时间： 1987 年 8 月
流传地区： 江门市
原载本： 《中国民间文学集成·广东卷·江门市郊区资料集》

80

杜鹃鸟

很久以前，有这样的一个故事。有个很漂亮的女孩，名叫“杜鹃”。她爸爸长期外出工作，经常很中意在外饮酒，唔顾家。她妈妈很早就去世了。后来她爸爸另娶了个女人。她的继母睇见杜鹃长得很漂亮，很妒忌。她心想，自己以后也要生一个女儿。（后来）她生了个女孩，名叫“杜好”，但长得唔靓。因此，继母更加妒忌杜鹃。她心想：“（杜鹃）你生得那么靓，大家肯定中意，我想条计要毒死杜鹃才得！”

继母想到，春天种农作物，农作物需要下种。于是，她把芋头，将一担煮熟，另一担是生的。煮熟的那担就叫杜鹃担去种，那担生的就叫自己的女儿担。她就说：“你哋两姐妹去种，种生了才能返来，种唔生就一直种到它生为止。”两个女儿说：“好啊。”

谁知道，杜鹃杜好担着在路上的时候，杜好说：“姐，你担我的吧，我这一担重一些。”于是，两个人换了来担。她们两个唔知道哪一担芋头是生的还是死的，也唔知这是一条毒计想毒死杜鹃。两个人换了担以后，去到田里种啊种，杜鹃种的芋头长起来了，而杜好种的却无一棵生苗。

那可怎么办！

杜鹃回到家，说：“妈，我种的芋头长得出来了。”

“啊？你点解种的芋头这么快生出来？那杜好呢？”继母问。

“无，她种的无生出来。”杜鹃说。

“你赶紧返去搵返杜好返来，你搵唔到她返来就唔好返来了！”继母破口大骂。

杜鹃无奈，又赶到田地里去搵。可去到那里，杜好唔在了，她已经跑了。杜鹃唔知点好，一直搵啊搵，也无办法搵到，怕被野兽食了。杜鹃惊到变成了一只鸟，一直飞一直搵，搵来搵去都搵唔到，哭到眼睛都流血了。每年一到春天，传说杜鹃鸟就在叫“杜好！杜好！”总是搵着自己的妹妹，可总也搵唔到，不知何踪了。

所以，继母心就是恶毒心哪，她想做死先行母的女儿。煮熟的芋头怎么可能种得生呢！谁知道两姐妹感情好，唔知妈这么恶毒，掉转芋头来担。最后，继母自己的女儿种了死芋头，先行母的女儿却种了生芋头。而煮熟的芋头，谁也种唔生啊。继母就是想这样害死先行母的女儿。这个故事也这样子流传了下来。

讲述者： 谭群英，60 岁，新会双水人，农民
采录整理者： 谭丽芳
采录时间： 2014 年 4 月
流传地区： 江门市新会区双水镇

附记

该故事类型在广东粤语地区流传广泛。除了本篇之外，还流传有江门五邑一带的异文以及新兴县稔村镇的《后仔慨》等。讲述者是采录整理者的母亲，新会双水人，1954 年出生。20 多年前，采录整理者还是孩童，在春天干农活时，听见田野里传来阵阵“杜好”声，母亲就讲起了“杜鹃鸟”的故事。“杜鹃花”是中国侨乡——江门的市花。在江门一带，一到春天，这种“满山红”的植物便开满山野，流传是“杜鹃”流下来的血泪染红的。每年春天，“杜鹃鸟”便漫山遍野地飞来飞去，痛苦地叫着“杜好、杜好”。而且，在民间，也流传着“煮熟了的芋头种——唔得出种（不能出众）”这一句口头禅，成为了侨乡人民常用的一句歇后语。

81

风流老翁挨耳光

搜集整理者：鲁龙
采录时间：1978年
流传地区：中山县
原载本：《广东民间故事全书·中山卷》

很久以前，有个风流的老翁想调戏媳妇。他用了许多计策，终无达到愿望，于是就到孙阁老家里去请教办法。

孙阁老想了一会儿，满面含笑，很得意地对他说："这有什么难的，你只要当她梳头的时候，在她颈上咬一口，她就会中意你了。"

次日早晨，那老翁见媳妇正在梳头，便听从阁老的话，急急地跑到她的身边，在她颈上咬了一口。他的媳妇以为公公发疯了，就一手抓住他的胡须，狠狠地在他面上连击三掌。老翁知道上当了，气得不得了，就跑到孙阁老家里去责问。

孙阁老却一本正经地道："我时常睇鸡在交媾的时候，那只雄鸡老是咬着母鸡的颈，所以我才这样告诉你。"

"那是禽兽做的，难道人也和禽兽一样吗！"老翁气得满面通红，愤愤地说。

"难道你要调戏媳妇，还算是人吗？这和禽兽有什么两样呢？"老翁被阁老骂得哑口无言。

82

家教

从前，有一户人家，主人叫李有。他的妻子给他生下双胞胎儿子李一和李二后，唔知得了什么绝症，不久便死去了。李有得意了，他早就想把年老的父亲赶走，只因妻子是个正派善良人，极力反对，才迟迟未敢驱赶。妻子死了，全由他做主。他以要抚养两个年幼儿子为名，把父亲打发走了。

村里的好心人上门劝李有："唔好这样'阴功[1]'呀。李伯辛辛苦苦地养大了你，你还未尽孝心，还未报答呢。"

李有说："多谢你哋指教。自古以来，老子养子子养子，这已成了一条唔成文的规矩。父亲养大了我，是他的职责所在，就像我现在养两个儿子一样。"

好心人恼火地说："话是这样说，但你点解唔睇睇，村里的年轻人都把做唔到事、只食闲饭的老人当作神像一样供奉，哪像你把父亲像垃圾一样赶快往外倒？也唔想想，你也有年老的时候，到时……"

李有打断他的话："你想得太多了，但想错了。多谢你点醒，从现在起我要把儿子教得好好的，将来要服服帖帖地守在我身边。"

村里人都在留意李有的"教子经"。

有一回，刘大叔睇见李一和李二两兄弟抱着肚子喊饿，于是走过去问他们点解唔食饱饭。

李二说："爸爸叫我哋唔好食得太多，说要懂得节俭。"李一说："爸爸比我哋食得还少呢，我哋无说的。"刘大叔火上了头。他刚才在田头还睇见李有独个儿在品尝烧饼的滋味。他跺了跺脚，心想："好呀，李有，你心肝被野狗食了，儿子这么小都欺负，还是人吗？！"他对那两兄弟说："你哋赶快到田头睇睇，你父亲由于食唔饱，在田里像牛一样滚泥食。"李一李二抹着泪水，呜咽着快步走到自家田头。李一眼快，见父亲在津津有味地食着大烧饼，旁边还放着三只。李二大叫："爸爸，你在食什么？"李有见是儿子，赶快把烧饼塞到怀里，然后说："无……无食什么。哦，食苦的东西，小孩唔食得的。"李一说："爸爸，你无记性，你忘了烧饼是甜的……"

村里人知道李有教子是很"严厉"的。有一回，李一在外面无意间拾了块银圆，高兴地跑返屋企向父亲报功。李有板起脸孔斥责："点能随便拾地上的东西？我教你的话全忘了？不义之财分毫不取嘛！要知道，唔见了银圆的人心里是很着急的。愣着干什么，还唔快把银圆放回原处等人家来认领！"李一很听话，赶快把银圆拿回原处。他离开后，忽然想起父亲说"等着人家来认领"，拍拍脑袋又往回走，打算在原地守候认领人。忽然，他见有一个人把银圆拾起，赶快放进口袋里，装着若无其事的样子走开了。他定眼一睇，是父亲。骗人的爸爸！他愤慨地想。

眨眼间，两个儿子已长到十几岁了。某日，李一对李二说："该与父亲分家了。"李二说："分了家，我哋自己也有财产，免得父亲整天叨叨唠唠像田里的青蛙似的。但如何分法？"李一说："这还唔容易？"他凑近李二的耳朵细说了几句。

两兄弟瞅准父亲心情好的时候对他说："阿爸，你与阿爷是什么时候分家的？"李有觉得唔顺耳，警惕起来，反问："问这些干什么？"两兄弟笑了笑说："爸爸，唔好疑心重，踩着牛绳当蛇。你不是要我哋学些人情世故

[1] 阴功：方言，凄凉、凄惨。

吗？”李有心里放下了石头，心想，谅你哋都唔会有坏主意，让你哋知道也是好事，于是说：“听着，在你妈妈肚里藏着你俩的时候，我已打算分家了。”

过了三四日，两兄弟把从妓院借来的已怀孕的两个妇女带返屋企，指着李有对她们说：“快叫，这是你哋未来的家公。”李有愕然，半日讲唔出话来。两兄弟齐声说：“爸爸，这回可以分家了吧？”李有瞪大眼睛：“唔知你哋说什么傻话，演什么戏。”说完转身就走。两兄弟一前一后扯着父亲的衣服说：“说话可要算数，你不是常说要讲信用吗？我俩只是向爸学习的。”李有心凉了半截：“但你哋还无结婚呀。”两兄弟指着妓女的肚子说：“唔关事，爸，你睇睇她俩的肚子。”李有突然像中了邪似的，歪歪斜斜地倒在地上。

讲述者：蔡国基，男，72岁，农民
整理者：陆峰
搜集时间：1978年4月
整理时间：1987年5月
流传地区：三水县芦苞镇
原载本：《中国民间文学三套集成·广东卷·三水县资料本》

83

俩妯娌打赌

从前黄埔杨村住着一家人，这家人有两个媳妇，妯娌之间常中意争论，争论起来就要打赌。

一日，妯娌两人又为虱子是怎么产生的问题争论起来。大嫂讲，虱子是人的“老泥”[1]变的，因此，老泥多的人容易生虱子。二嫂说，虱子不是泥变的，是烂衫变来的，因此，衣衫褴褛的人容易生虱子。

妯娌两人争论不休，各不相让。后来她们觉得这样争论唔会有结果，就约好请家公老爷做个证明。家公老爷认为虱子怎样变的就是结论，输了就要认低威[2]。背地里，大媳妇首先揾到家公老爷说：“老爷，我说虱子是老泥变的，二嫂说是烂衫变的，我哋约定揾老爷做证。如果老爷说是老泥变的，我给老爷做套新衫。”家公老爷点头答应了。过了一会，二媳妇也揾老爷来了。她把大媳妇先前说的话说了一遍，然后求老爷，如果老爷讲虱子是烂衫变的，就煮碗又甜又香的汤圆给老爷食。家公老爷也满口答应了

[1] 老泥：方言，汗渍。
[2] 认低威：方言，认输伏低。

二媳妇的要求。

第二日，妯娌两人一齐揾老爷做证来了。她们都以为自己一定能赢。揾到家公老爷，只听老爷不慌不忙地说：“两位嫂嫂讲得都有道理。虱子的头和身体是由老泥变的，虱子的脚是烂衫变的。”

老爷说完哈哈大笑一阵，然后又说：“老泥变虱子的头和身，烂衫变虱子的脚。汤圆好食，新衫要着。”妯娌俩只好照先前的许愿做了。

讲述者： 罗伍妹
采录者： 秦国雄
采录地点： 南岗村
采录时间： 1986 年
流传地区： 广州市黄埔区
原载本： 《广东民间故事全书 · 广州 · 黄埔卷》

84

新媳妇食牛筋

常言道，好丑新抱终要见家翁。但是有些妇女唔想做丑媳妇，坚持错误，差些害了自己。

传说很久以前，有个新抱入门不久。因为她在娘家时，性情贪食，加上家教唔严，所以好偷东西食。过门后，有一日早晨，家翁买回一块牛腩交给她煲。煲了未够一个时辰，她的喉咙便已发痒了，忍耐唔住，捞起切了一块放进嘴里。尚未嚼碎，恰巧家翁问起来，如何说话呢？便慌忙地夹硬[1]吞下肚。哪知卡住喉咙，上也难，落也难，这时想讲也讲唔出声。只见她目瞪口呆，滚了几个“鲤鱼翻水”，便一命呜呼了。

当时立即请医生来诊治，医生说：“中毒非毒，但已停呼吸，华佗再世亦难医也。”古云：人死不能复生。算了。不过明日是年三十晚，不宜出殡。今日唔办妥丧事，就要过明年初二了。为此，全家行动，你揾仵作佬，我买棺木，一会就行丧收殓。

再讲那几个仵作佬，把尸体装进棺材钉好盖，等丧主

[1] 夹硬：方言，硬生生。

拜祭完毕，便抬上山头开穴埋葬。所谓无巧不成书，有咁啱得咁巧[1]。棺材刚放下坟地，忽听里面连喊几声："焗[2]死我了。"胆小者早已离开，这班仵作佬硬着头皮，弄得满头大汗，撬开了棺材盖，里面的尸体忽地坐了起来。所有送殡的人，心惊胆战，又惊又喜。这个新抱明明死了，点解又会返生？

原因是这样：她惊家翁知道她偷牛筋食，夹硬吞落去，谁知唔上唔落，塞住喉咙，窒息气管，因而停止了呼吸。通过仵作佬钉盖，和一路抬行步高步低的震动，她喉咙里的痰塞逐步通了，牛筋落肚，所以恢复了正常的呼吸，就能说话了。

再讲这个死去活来的新抱，把事情讲白后，大家都话：好丑新抱迟早都要见家翁，知错唔改蠢人也。

整理者： 吴柱良

搜集时间： 1996 年 5 月

流传地区： 广州市增城市新塘镇、仙村镇

原载本： 《广东民间故事全书·广州·增城卷》

[1] 无巧不成书，有咁啱得咁巧：意思是非常巧。

[2] 焗：方言，闷。

85

秀才打老母[3]，有苦自己受

传说在清末年间，河南龙导尾有个叫黄香树的秀才，废除科举制度后，他无从维生，便设馆教书，安度岁月。当时龙溪首约有个卢仲吉翰林，见他有文墨，便将第三女许配他。但这个卢氏，娇生惯养，性情暴戾，自倚出身名门，视夫婿如奴，视家姑[4]如仆。黄秀才自知家景小康，远不及太史门第，只得对老婆千依百顺，在其面前唔敢说个不字。黄秀才老母凡事也迁就，见媳妇如此刁蛮也无办法了。因此，这个卢氏更加骄横，目中无人，骂姑责夫经常发生，家嘈屋响[5]，永无宁日。此外，这个卢氏对邻里街坊时也恶语伤人，不可一世，人称她霸巷鸡乸。左邻右里恨透她了，非揾机会警诫她一番。

有日，老母偶然失手，打碎盆碟。卢氏虎性大发，骂声不绝；那太史婆也亲自上门，母女齐骂："你唔睇睇我太史的门第吗？死老鬼！"黄秀才见外母到来，吓得也唔

[3] 老母：方言，母亲。

[4] 家姑：方言，丈夫的姐妹。

[5] 家嘈屋响：方言，形容家里经常吵闹、发出声响。

敢劝导，而且随声附和，臭骂母亲。而老母有苦难言，唯有痛哭。这时，街坊已忍无可忍。初则好言相劝，谁知卢氏母女变本加厉，骂声更恶；黄秀才也失言指母亲骂：“你老糊涂！非打不可！”此言一出，街坊众人大叫：“黄秀才打老母，太不孝呀！”一言之下，云集街坊邻里好事者百多人，把街道围个水泄不通：“你黄秀才知书识墨，居然打起老母，真是禽兽不如呀！”当下，有人说要打黄秀才，有的人要拉黄秀才去见官，七嘴八舌，吵得不可开交。这时，乡长亦到来。乡长对卢氏和黄秀才一向倚势欺人、夜郎自大，早已不满，因此故意吓他，声言要见官。因太史婆教女凶残，也要见官。吓得太史婆慌忙逃走，而黄秀才只得频频叩头。最后，为了警诫他，众人要黄秀才夫妇向老母罚跪一个小时。黄秀才夫妻只得依着照办，罚跪叩头。这样，一场风波才被平息了。

但自此以后，街坊认为黄秀才为人师表，还打老母，真是教坏人家子弟，于是纷纷退学。黄秀才威风大减，终至散馆。从此之后，河南一带有“黄秀才打老母，有苦自己受”一说。

搜集整理者： 麦汉兴

整理时间： 1987 年 3 月

流传地区： 广州市海珠区

原载本： 《中国民间故事集成·广东卷·广州市海珠区资料本》

86

一碗假饭

相传古代某地有个书生，自幼失去双亲，家贫如洗，无依无靠。他勤奋攻读，才智过人。附近有个年轻的贤惠姑娘，见他人品好，读书又标头[1]，便情愿嫁他。

婚后他俩恩恩爱爱。她每日打柴、摸虾，给丈夫做饭做菜，对丈夫体贴入微、关怀备至。食饭时，她装一大海碗白饭，上面有她摸来的虾毛，端到厅里八仙桌上，让丈夫食得舒服；她自己却躲在厨房灶角食粥水食萝卜头。这事被丈夫发现了，坚决要她同桌面对面食，而且同样那么多饭和菜，不分彼此。

妻子为难了，哪来那么多粮食同[2]荤腥？为了让丈夫食好将来取得功名，妻子想出妙计应付丈夫。

第二日，妻子端出两海碗饭，饭一样成龟背形，饭面上同样有虾毛、青菜。叫丈夫坐下来用膳后，她却说道：“夫君，我先喂一下鸡，你先食吧！”

妻子工作繁忙，丈夫是明白的，当然同意了。待丈夫

[1] 标头：方言，排第一。

[2] 同：方言，和。

食后，妻子便把那海碗饭端回厨房悄悄食了。

第三日，妻子照样端出两碗同样的饭菜，又叫丈夫先食，说："我还要煮猪潲。"便走进厨房，等丈夫食完后再把那碗饭端回厨房食。

日日如此……

一晃就是三年，科举考试到了。为了让丈夫食好一点，妻子把积蓄下来的一点钱，买了几两精肉，又拿出两只自家母鸡下的蛋煎成荷包蛋，照样盛了两海碗饭，饭面上照样有同样的菜，照样叫过丈夫先食，说："夫君，你先食，食完了要赶路上京，我还未喂猪呢！"

"唔得，今日一齐食。三年来，你一直无同我同台食过。"

妻子何尝唔想，但唔得，便端起饭扒了一口，慢慢嚼着，思巧着如何应付夫君。

丈夫一直觉得她好像有什么心事，便更加注意她，但又想唔出什么缘由。

"啊，猪打架哩！"妻子放下碗，霍地站起身，奔进厨房，"啊啊啊，别咬，有得你食！"

丈夫想起三年来妻子对他的恩爱，便把平时食得少的精肉夹一箸放在妻子的碗里。但又怕妻子睇见，知是他给的唔肯食，便用筷把精肉往饭里塞。由于用力过猛，忽然呼的一声跳出一只碟子，掉在桌上，登时大吃一惊。

一切都明白了，原来她把碟子伏在碗里，碟背撒了一些饭瞒了丈夫。丈夫见了，顿时感触万分，走到厨房，拉妻子到厅里，指指那碗无饭的海碗流泪说道："贤妻啊！三年来，你一直瞒着我。你为我熬瘦了身体。我如果有日高中，定唔忘你的辛劳。"

妻子也含泪说："夫君，我食点苦无什么。你这次上京，有功名也好，无功名也好，都请你早日返来，我……我永远等着你啊！"

丈夫上京考试，果然名登金榜。他无忘记爱妻的功劳，便请了省亲假连夜起程归里，一路上日行夜宿，无几日，终于回到乡里。一进门，便大声喊："爱妻，你在哪里？"

妻子正在厨房煮粥，一听有人喊，便站起身奔了出来。

"爱妻，我返来了！"

"夫君，我终于盼到你了！"

讲述者： 黄立熙，58 岁，双滘镇居民

采录者： 李光文，县文化馆干部

采录时间： 1987 年 3 月

流传地区： 阳春县双滘镇

原载本： 《中国民间故事集成·广东卷·阳春县资料本》

87

姑闹哥嫂缘

相传很久以前，有一个外出经营生意的人，他年岁二十出头，生得俊俏，一表人才。一年，他与同村的女子结了婚。那女子才十八岁，生得美丽动人，而且心灵手巧，能绣出金鸡凤凰、花草虫鱼，十分逼真。这个生意人有个妹妹，年纪与其嫂嫂相仿，但生得丑陋，心术不正。生意人在家时，夫妻姑嫂之间相处还算唔错。

一日，生意人与其妻商量妥当，准备外出经营生意。在即将分手的时刻，夫妻情深意切，难舍难离。当生意人背起行囊，踏上旅途时，其妻子还唔停地向丈夫挥手示意，祝丈夫沿途平安、万事如意。

生意人离家后，一段时间姑嫂两人在家有说有笑，感情还可以。但是，日子久了，姑姑渐渐对嫂嫂产生了嫉妒之心。一日，姑姑见嫂嫂同一位男子谈话，便连忙写信给外出的哥哥，叫他急忙返屋企，想试探嫂嫂与哥哥的感情。不久，他哥哥复信说明归家日期，但只有她自己知道。那日一早，她半开玩笑似的对嫂嫂说："嫂嫂，今晚你能给我绣出十朵莲花吗？如能绣出十朵莲花，我马上送你一支金钗。"嫂嫂见姑姑似开玩笑的样子，笑答道："好吧，姑娘，今晚绣唔好十朵莲花我就唔瞓觉。""一言为定！"姑嫂异口同声，一时笑声满厅堂。

当日，生意人果真如期返来了，全家三口都很高兴。到了晚上，夫妻进入房间。妻子忙点着蜡烛，接着整理好床铺便对丈夫说：

"夫呀，你旅途跋涉，精神疲惫，先躺下休息吧，妾还要绣花哩！""你也该休息了，还绣什么花呢？"妻子说："夫呀，妾很快就会绣好的，晚点瞓碍不了呢！"丈夫见妻子一片诚挚的样子，心中暗自赞叹妻子贤惠和勤快，所以也唔再强求了，便动手解衣躺在床上。

当时是冬天，房间静悄悄，北风冷飕飕。丈夫躺在床上，似瞓非瞓。偶尔睁开蒙眬的睡眼，瞧见妻子还在聚精会神地绣花，便催着妻子道："夜这么深，天气这么冷，你点解还唔瞓呢？"妻子说："夫呀，十朵莲花已绣好了六朵，尚有四朵无绣好。"妻子继续埋头绣花。转眼，更鼓已敲过两遍，丈夫还是无入梦。他又一次催促妻子道："一更鼓，二更鼓，你无鞋无屐冷到肚，好瞓啰！"妻子道："夫呀，十朵莲花妾已绣好了九朵，还有一朵无绣好。"妻子说完，又一个劲地绣着花。不久，三更鼓、四更鼓都敲过了，丈夫躺在床上，心想：难道妻子另有新欢吗？点解总唔愿瞓呢？所以感情也起了变化。最后，一骨碌爬起床，收拾行装，准备出走。妻子睇见，惊恐万分，急忙放下绣花针，好说歹说，丈夫一言不发，执意要离家出走。妻子无可奈何，只好含着绵绵情意地送着丈夫，一路行一路唱：

送郎送到子公堂，
阿哥点烛妹点香。
阿哥点烛保富贵，
阿妹点香保护郎。
送郎送到门墩下，
眼泪出来衫袖遮。
送郎送到禾塘唇[1]，

[1] 唇：边。

嘱咐我郎买鸭春[1]。
买春要买双双对，
买到单只妹难分。
送郎送到牛墩下，
嘱咐我郎买把遮[2]。
买遮要买三十六条骨，
滴滴转妹家。
送郎送到禾塘头，
嘱咐我郎买枕头。
买枕要买鸳鸯枕，
买到单枕垫坏头。
送郎送到对面墩，
嘱咐我郎买脚盆。
买盆要买深山树木格，
先洗孩儿后洗孙。
送郎送到竹头下，
露水茫茫竹叶遮。
竹叶遮郎郎遮妹，
可惜我妹在地下。
送郎送到车路排，
听到山鸡喔喔啼。

妻子送丈夫出门，一直送到快要天亮。然而丈夫始终一言不发，丝毫无回心转意。

妻子见规劝丈夫唔听，也表示与丈夫一刀两断。唱道：

送郎送到船渡头，
嘱咐我郎莫转头。

丈夫踏上渡船，回头对妻子唱道：

黄鳝生鳞马生角，
铁树开花就回家。

一对情人就这样在姑姑的挑逗下，闹出了一出爱情的悲剧。

讲述者：袁秤娣，女，76岁，汉族，赤溪镇农民，文盲
采录者：杨理逊，男，54岁，汉族，赤溪镇退休教师，初中学历
采录时间：1987年5月
流传地区：台山县赤溪镇、田头镇一带
原载本：《中国民间文学集成·广东卷·台山县资料集》

[1] 春：蛋。
[2] 遮：雨伞。

88

莫让你儿饿我儿

有户人家喜得一子，满月之日邀请各方亲友前来贺喜饮酒。

开席前，亲友们左顾右盼却唔见婴儿的公公，好唔理解，便一同往旧屋揾去。他们在一间破烂不堪、黑暗潮湿的小屋里揾到了公公。亲友们问道："你怎么还唔去入座？快开席啦！"公公听后觉得出奇，呆呆地望着亲友们。待亲友们把他喜得孙子做满月酒一事道明白后，公公长叹几声，从屋里拿出文房四宝，用红纸写了张"礼单"给亲友们捎给他儿子。亲友们接过一睇，只见上面写着："恭贺我儿生个儿，今朝满月我无知。我饿我儿由我饿，莫让你儿饿我儿。"

讲述者： 梁兜许，男，90 岁，汉族，海陵镇石塘村委会那二村村民

采录者： 陈日合，男，17 岁，汉族，平冈漠南中学学生

采录时间： 1987 年 5 月

流传地区： 阳江县海陵镇

原载本： 《中国民间故事集成·广东卷·阳江市资料本》

89

杀猪震妻

从前，北村有一对夫妇，生有个长得粗粗实实的女儿。由于是独生女儿，父母从小对她万般溺爱，不知不觉中把她惯坏了，稍唔合心意就破口骂人，甚至砸烂家具，十分横蛮。左邻右舍，也常遭她的责骂，于是人们为她起了一外号叫“亚烂”。父母常常为女儿的品性恶劣而担忧流泪。时间一长，远近都闻名。年已二十五岁，仍无人敢娶她为妻。

里村有一青年男子，名叫亚聪。亚聪自幼失去父母，靠亲属抚着。他相貌堂堂，且待人有礼。他自幼聪明伶俐，做事胆大心细。但由于他家境贫穷，年纪廿八岁，仍未能娶妻室。一日，媒人来牵线，说及北村有一泼辣女，问亚聪是否敢娶。亚聪想：眼睇自己年岁已大，唔能诸多挑拣，人家愿嫁就算了。如那女子真是泼辣女，返来后，我再想法劝导她。于是就一口应承。女方家庭也很满意。“亚烂”在父母的催促下，想到年纪唔小，也同意了。双方商量妥当后，就择了一个良辰吉日。亚聪“亚烂”结为夫妻，一时间街头巷尾议论纷纷。有的人着实替亚聪担心，但有的却说：“换了猪槽，猪仔都易大些。‘亚烂’去了人家门口，话唔定[1]会变好呢。”

婚后三朝，新娘开始骂丈夫了，数落亚聪家空物净，不成男儿，直至七日仍骂声不停。亚聪虽然心中不快，也唔回话，他暗暗想着法子。第二日，正是圩期，亚聪买了一头猪仔，在家圈养着。猪仔刚离乸，肯定唔习惯，叫喊唔停，喂而唔食。“亚烂”更是骂声唔停。亚聪睇到时机已经成熟，即手执大刀，对着猪仔大声说：“整日嘈嘈闭闭[2]，你这畜生有什么了不起？如果惹得我恼火，老婆也敢杀掉。”亚聪一边骂一边举起大刀，朝猪仔劈斩过去。活生生的猪仔被斩成了两段，鲜血直流。“亚烂”在一旁耳闻目睹，吓得面如土色。从此以后，她再也唔敢骂人了，逐渐改变横蛮的品性，待人和和气气，成为勤勤俭俭的好农妇。

讲述者： 梁栾聚，男，96岁，新兴县里洞乡石降村人，上过私塾，农民

采录者： 梁其勋，男，44岁，新兴县里洞乡石降村人，高中学历，文化站干部

采录时间： 1987年5月

流传地区： 新兴县里洞乡

原载本： 《中国民间故事集成·广东卷·新兴县资料本》

[1] 话唔定：方言，说不定。

[2] 嘈嘈闭闭：吵闹。

90

老豆亲还是老公亲

相传很久以前，在康州唔远有一个小村子，那里住着一户姓戚的人家，和一位姓李的绅士结为亲家。

李绅士家里长年累月养着一个风水地理先生。有一日，戚家的儿媳回故里探望父母。晚饭后，女儿在房里听到父亲在厅堂上与地理先生闲聊。父亲带着有点抱怨的口气说：“老先生，我哋相交好几年了，但是你……”地理先生明白李绅士的意思，便不紧不慢地说：“李大人你放心，几年来你待我犹如亲兄弟一样，我知道的。就在过了河唔远的鹤山坡地上，我已点好一块宝地了，正好靠近路边，那里有一白石的就是了。但事情得速办，我已择好良辰，明日午时下葬。”正是讲者无意，听者有心。在房里的女儿听到了这番话，心里盘算着，要是自己戚家能得到这块宝地，几好啊！怎么到手呢？想着想着，忽然心生一计，“哟哟”地呻吟起来。母亲见女儿六甲在身，产期将近，生怕她在娘家生产。于是，差丫鬟连夜将她送返屋企。戚家的媳妇回到家后，便将在父家听到的话一五一十地对丈夫说了。夫妻商议，决定连夜抢葬宝地。

第二日，李绅士同家人和风水先生来到鹤山宝地。地理先生在那里左顾右盼，发现宝地已被人抢葬，惊叹不已，叹道：“福人葬福地。李大人，这不是你的福呀！”李绅士唔听则可，一听到这话怒气冲天，顿足大骂：“可恶！可恨！”于是立即派出家丁到附近村里调查打听。半天工夫，差人回报，说是戚家抢葬。李绅士知道这全是女儿所为，更气得两眼直冒金星。声言要戚家掘起，否则就要告官。

俗话说，既来之则安之。戚家哪里肯掘起。于是发生了争执，告到了县官。

县官很快审理了这个案子。县太爷穿起官袍，摇摇摆摆来到厅堂。传了被告和原告，县太爷将惊堂木一拍，厉声说道：“大胆小妇，你连夜强占了你父的风水宝地，你可知罪？”戚家媳妇说：“禀告县官老爷，请容许贱奴申说。人死受上天赐予六尺之地，处处皆可葬身，古来如此。何谓小人家占我父风水宝地呢？”县官说：“你自小受父母养育，你今唔去报父恩，反而夺你父之所好，这不是忘恩负义吗？你说老豆亲还是老公亲？”戚家媳妇说：“大老爷你无听说过在家从父，出嫁从夫吗？俗话还说，穿衣见父，脱衣见夫。老爷你说谁亲呢？”县官一听，目瞪口呆，无以对答，一气之下退了堂。

采录者： 谈湛梧，马圩中学教师
搜集者： 孔庆群，女，官圩镇金桥村人
搜集时间： 1987 年 5 月 14 日
流传地区： 德庆县
原载本： 《广东民间故事全书 · 肇庆 · 德庆卷》

（二）交友道德与为人处世故事

91

善恶终有报

很久以前，松山村有个叫曹武的人，出身贫穷，无钱读书，靠到街市码头帮人搬运、挑担为生，到了四十几岁还是光棍一个。距松山村以外几十里，有一个村叫菜地村，村中有个姓朱的年轻人，名叫朱真，出身也很贫寒，父母早亡，无钱上学，也是靠到街市码头帮人搬运、挑担。曹武和朱真经常在街市见面，彼此都认识。

有一日，两人都在码头等客。最后从船上走下一位衣着华丽的商人，来到曹武和朱真面前，要求挑两担货物到蒙南镇。他们三人说好价钱就开始启程了。才走一日，曹武觉得货物很沉重，像是金银财宝之类的东西。曹武心想，这个客人一定是个大商人，外出做生意赚了大钱，这两担货物一定是金银财宝。如果这两担金银财宝是属于我的，今生今世都有得用了。曹武起了谋心，揾朱真商量，准备到偏僻的地方把客商打死，把货物挑回自己家。朱真听后吓了一跳，说："谋财害命的事我唔做，会有报应的。你若真的要做，你自己做。"后来行到偏僻的地方，曹武趁商人不备，打死了商人。朱真吓得自己走了。曹武处理掉客商的尸体后，请了个人把金银财宝挑返屋企去了。

正是：人无横财不富，马无夜草不肥。曹武得到金银财宝后，开始买田建屋，娶妻生子，过上了好生活，成为地方一富。光阴似箭，日月如梭。他的儿子曹进海勤奋读书，后来考中进士，光宗耀祖，被朝廷派往外地做县令。

曹进海要往外地做官，当然要带上父母和妻子。这时，曹武心想：全家都到外地去了，家中的房屋、田地财产由谁管理？思来想去都无法揾到合适的人，总觉得那些人会谋他的家产。后来他突然想起过去相识的朱真，为人忠厚老实，叫他来管理一定唔会有差错。他立即前往菜地村揾朱真。这时候的朱真虽然生活贫穷，但身体健康，有子有孙。两人相见之后，曹武说明来意，朱真再三推辞不过，只得同意前往帮他管理，待曹武返来再交回给他。

朱真到曹家接管后，曹武全家跟随儿子曹进海一齐起程，前往外地赴任去了。朱真在曹家管理了几年，都唔见曹家一点音信，心中很不安。其实曹武一家前往外地赴任的途中，有一日经过一条大江，全家上船之后，船到江中，突然江面刮起大风，把船吹翻。曹武一家都葬身于鱼腹，哪有音信给朱真呢！后来朱真老了，只好叫儿子过来管理。从此，他的子孙就接管和继承了曹家的产业，过上了好生活。

昔日曹武谋财害命，过上了二十几年的幸福生活。他的事天知地知，鬼知神知。就在他家富贵临门、辉煌腾达的时候，突然天降灾难，全家死绝。正是：善恶到头终有报，就睇来早或来迟。

讲述者： 七婆
整理者： 陈天游
整理时间： 2008 年
流传地区： 信宜市中部地区
原载本： 《广东民间故事全书·茂名·信宜卷》

附记

该故事类型在广东粤语地区流传广泛。除了本篇之外，还流传有江门市的《善恶有报》、肇庆市高要区的《天有眼》、怀集县怀城街道的《两个抬轿人》等异文。

92

六龄童智斗老盲公

一河三埠的石龙古镇，自古以来水陆交通都相当方便。以前，很多石龙人都坐船在各地来往。从惠州到广州途经好多镇区，都必须经过石龙。如果客轮远行好几日，客人还要在船上过夜，俗称“坐夜船”。

一日，一个盲人坐船返屋企，同一个青年邻座。两人在途中闲聊，盲人得知青年买了一张新棉被返屋企，准备用来娶媳妇。

夜里，盲人哆哆嗦嗦，对青年讲：“好冷啊，我未带被子，可唔可以借你的棉被盖盖？”

就地方风俗来讲，新婚之物，无入洞房前通常唔借给他人使用。青年睇他又老又盲又冷，怪可怜的，就毫唔犹豫地将棉被借给他盖。

次日清晨，船到石龙。青年对盲人讲：“请将被子还我，我快要下船了。”

那盲人装作无听见，一动唔动，继续瞓。

青年讲多一次，见盲人还无反应，只好伸手去掀被子。“你干吗抢我的被子哟！”盲人生气地责问。

“这是我的被子呀！您怎么能说是您的呢？”青年好

生奇怪，“您昨晚说冷，叫我借给您盖的呀！”

“是你的？你有什么证据呀！”盲人还大声喊，“你欺负我！就因为我是盲人么？”

周围的人听到争吵声，不约而同地围了过来。

“你哋睇睇，睇睇这棉被每个被角是不是都穿有铜钱的呀？如果是他新买的，怎么会有这些铜钱？”

青年一听，傻了。大家一听，见盲人不但讲得出被子的颜色，还有那些被角的铜钱作证，都以为这盲人讲的是真的，就纷纷责备那个青年：“你也太过分了！竟然欺负一个盲佬！年纪轻轻，怎么做这缺德的事呀！”

大家七嘴八舌，责骂青年。这个青年真是“哑巴食黄连——有苦说不得”。他闷闷唔乐地走下船。

这时，远远跑过来一个小男孩，高兴地大喊：“叔叔返来啦！叔叔返来了！”他知道叔叔出外时总会给他带小礼物。所以，这一日，他早早来到渡口等候了。

可青年垂头丧气，长叹一声，眼泪都在眼眶里打转了，哪有心思去同他的侄子逗乐呢？

小男孩见叔叔唔吭声，好生奇怪：“叔叔，叔叔，您怎么啦？好似唔开心啊？”

青年只好将丢被子的事告诉小男孩，小男孩听了就生气。他抬头望去，睇到远远有个盲人背着个包袱，持着一根问路棒，正往相反方向走去。哦，原来他是邻村的人呀！小男孩指着那人的背影问：“叔叔，是那个人吗？”

果然，那就是骗叔叔被子的人。小男孩眼珠子一转，笑着对叔叔讲：“叔叔，您唔好伤心。我去帮您追返来，保证物归原主。”

年轻人不以为然，又叹了口气，心想：“我这堂堂七尺男子都束手无策，你这六岁小屁娃又有何能耐哟！”他既无心拦阻，又无心情搭话，只顾独自生闷气，低头往前走。

话说小男孩蹦蹦跳跳，转眼就追上了盲人，还“爷爷”长“爷爷”短喊起来。“爷爷，爷爷，您好呀！”“您去县城返来吗？”

“我给您指路，好吗？”“这儿有块大石头，您要注意哟，唔好往右边走哟！”

盲人听着这小孩的话，觉得挺乖巧，发自心底中意，加上刚施小计就骗得一张新被，心里正乐开花呢。

“爷爷，爷爷，您背的是什么？我帮您提提吧。”

盲人背着被子，蛮大的一个包袱，走起路来一颠一颠的，本来就好唔自在。如今听他这么一提，还真觉得有点累呢，就索性放下休息了。

“爷爷，您包袱里面的是什么呀？”

“棉被呀！”

“您买的吗？”

“呵！才不是呢！是一个傻青年借给我用，我系了好些铜钱上去，就成了我的呀！”

小男孩心里暗骂：“你这缺德的家伙还好得意呢！”他假装唔信，就讲：“怎么可能？爷爷您真会逗我。我才唔信您能将铜钱系在被角上。您不是盲人吗？除非您解下来，再系给我睇睇。”

盲人自个儿咯咯偷笑：“你唔信？我就做给你睇。虽然我眼睛瞎了，但是我可以摸着干的。我用棉被盖住自己，然后悄悄地在被窝里将四个被角都系上铜钱。你唔信，我摸到被角，就解下铜钱，再系一次给你睇！”

盲人果真得意地摸索着，解开了铜钱。小男孩趁他去收拾铜钱时，忙将被子抱起来，撒腿就跑。他边跑边讲：“这被子是无铜钱的新被子哟，是我叔叔的被子。我拿返屋企去啦！”

盲人恍然梦醒。正所谓：非己之财不可贪，善心之人终不亏！

讲述者： 社会流传
搜集整理者： 黄毅敏
搜集时间： 21 世纪
流传地区： 东莞市石龙镇
原载本： 《广东民间故事全书·东莞卷》

附记

该故事类型在广东粤语地区流传广泛。除了本篇之外，还流传有中山市石岐街道的《恶有恶报》、肇庆市的《反计》、封开县的《被子引起的风波》、清远市佛冈县的《“讼棍”吃官司》等异文。

93

杀狗劝夫

从前有个叫阿林的人，他继承了先父的薄薄产业，虽不是大富大贵，也可足够他家日常生活的开支。但阿林不但无继承先父的遗志去继续创业，反而日日同几个酒肉兄弟去大饮大食，花天酒地。他妻子知道丈夫这样落去无好处，曾多次劝道阿林，无奈阿林还是朝去夜回。他妻子一日想到了一个杀狗劝夫的办法。她把杀死的狗，用人的衣帽装饰好放在门口。

这日，阿林又是深夜返屋企，突然睇见自己门口有一个被人杀害的鲜血淋漓的死尸，就大惊起来，忙叫妻子开门进去，把此事告诉妻子。他妻子装成大惊模样，反问丈夫：“应该怎样处理才好？雄鸡已经啼过三遍，一到天明就不得了。若然官府得知，我家就要大遭殃。唔只要坐牢，杀头都有份。”阿林惊得全身发抖，慌忙求计于妻子。他妻子说：“如今之计，你要立即去揾你的朋友中最好的一个人，把此事向他讲明，要求他来帮手抬去匿藏起来。慢一点就天光了。”阿林依照妻子的话，去揾其中一位最深交的朋友。

这个朋友半夜三更见到阿林上门揾麻烦，他立即装起病来。阿林明知他刚才和自己饮酒是很好的，一定是怕事唔肯来帮我吧。他离开了这个朋友，又到另一家去。这样一连走了五六家，无一个朋友来帮他。他只好硬着头皮返屋企把此事告诉妻子。妻子就趁热打铁，教训丈夫说："有酒有肉有兄弟，急难之中无一人。试问你这班酒肉朋友是真朋友还是酒肉兄弟呀？"问得阿林哑口无言。最后还是夫妻俩人把"死尸"抬去深山藏匿。后来阿林才知道这是妻子杀狗劝自己的。阿林得到这场教训后，从此走上正道，家庭当然也是和谐起来了。

讲述者： 陈思源
整理者： 陈思源、伍仲儒
采录时间： 1987年4月19日
流传地区： 台山县
原载本： 《中国民间文学集成·广东卷·台山县资料集》

附记

该故事类型在广东粤语地区流传广泛。除了本篇之外，还流传有新兴县的《砍狗劝夫》、肇庆市的《杀狗劝夫》、清远市英德市浛洸镇的《杀狗教夫》、吴川市的《杀狗劝夫》等异文。

94

偷酒饮

从前，在天堂镇里，有一个酒铺老板很大意，酒埕经常忘记盖密，放酒埕的墙壁上又有个老鼠洞。隔壁那边住着一班贼佬，他们知道老板很大意后，就用管子沿着老鼠洞穿过，插在酒埕上，每人轮流饮一口，直饮到埕内无酒才算数，并且每晚都如此。时间一久，就被酒铺老板发现了。第二日晚上，贼佬们又把管子穿过墙壁，酒铺老板叫伙计抬桶尿来，放在放酒埕的地方。管子正好插在尿桶里，贼佬们就开始轮流饮。第一个想多占便宜，就尽力吸一口。他一喝便知道是尿，但又唔肯认衰仔，怕别的贼佬笑弄他，于是便硬着头皮咽落去，还大叫着"好香！好酒！"第二个听到是好酒，便也吸了一大口。知道是尿，但他也唔肯认衰仔，也像第一个一样叫道："好香！好酒！"于是个个都像第一个贼佬一样，直到全部贼佬轮流吸过为止。从此以后，他们就再唔敢把管子穿过来偷酒饮了。

讲述者： 余恩善，女，79 岁，天堂镇莲塘村人，农民，文盲

采录者： 梁镇健，男，17 岁，天堂镇莲塘村人，初中学历

采录时间： 1987 年 4 月

流传地区： 新兴县天堂镇一带

原载本： 《中国民间故事集成·广东卷·新兴县资料本》

附记

该故事类型在广东粤语地区流传广泛。除了本篇之外，还流传有封开县的《“大头靴”》、江门市新会区的《损人不利己》、信宜市合水镇的《惩罚酒鬼》等异文。

95

三个惯偷

从前，有三个惯偷。一个叫坑底石，一个叫油咁滑[1]，一个叫滑过油[2]。三个人既互相合作又互相欺诈。

有一晚，他们到一个山村去偷猪。他们偷到手就三下五落二地把猪毛刮干净，开膛破肚，取出肠脏。这时，滑过油便叫坑底石和油咁滑两人落坑涌反猪肠，自己则留守劏好的猪。当坑底石和油咁滑走后不久，滑过油即举起扁担向猪肉猛打，打得“啪啪”响，而且大声哭喊着：“哎哟！唔好打呀！唔止我呀！下面还有两个反猪肠呀！”滑过油这一打一喊，正在反猪肠的坑底石和油咁滑听到，连忙丢下猪肠溜之大吉了。结果，滑过油就独吞了这头大猪，而坑底石和油咁滑连猪肠也无捞到一寸。

又一个晚上，他们三人又到一个财主家作案。他们爬上屋顶，拆开瓦片，撬开桷仔后，坑底石、油咁滑用绳将滑过油吊落房内去偷东西，并约定如吊落去的绳子一动，就表示下边有东西往上送。

[1] 油咁滑：方言，像油一样滑。意思是非常狡猾。

[2] 滑过油：方言，比油还滑。意思是非常狡猾。

一会儿，绳子动了，上面两人即扯住绳子用力往上拉，好唔容易将一只重沉沉的大木箱拉上来。坑底石和油咁滑心想，这箱子那样重，可能有唔少金银珠宝呢！想着想着，两人起了私心。因为前次食了亏，这次要让滑过油也蚀一次底。于是，他们迅速把这大木箱吊落地面，两人抬起就急急忙忙往回走，足足走了两个钟头才到家。

两人放下大木箱，边解绳子边说："这次他被捉住，唔死都要甩层皮[1]。睇他这次是否滑得过油！哈哈！他杀头、坐监是他的事，总之我哋是两份分赃。"话音刚落，木箱里突然传出滑过油的声音："你哋点解唔打我的牌，足够三份分呀！"坑底石和油咁滑连忙打开木箱睇，只见滑过油蹲在里面，哪里有什么金银珠宝？这时，坑底石和油咁滑才知道又一次上了大当。

讲述者： 张光
采录者： 张琼邦
采录时间： 1987 年[2]
流传地区： 广宁县
原载本： 《广宁民间故事集》

附记

该故事类型在广东粤语地区流传广泛，除了本篇之外，还流传有廉江市青平镇的《不沾油本领大》、信宜市的《老滑贼》、德庆县的《滑对滑》、怀集县连麦镇的《三老同》等异文。

[1] 唔死都要甩层皮：方言，不死都要掉层皮。形容处境恶劣。

[2] 原出处并无讲述者的详细身份信息和采录时间，但前言提到该书整理于 1987 年。

96

梁荣华与陈富贵

话说清朝光绪年间，更楼区有两个邻村异姓结拜兄弟，一个姓梁名荣华，一个姓陈名富贵，这兄弟俩经常互开玩笑互出难题。有一日，陈富贵知道梁荣华择了黄道吉日，准备和婢女秋菊成亲。他打算恭贺一番，于是买了一些贺礼，封了一个大红包，同时写了一张贺帖和贺礼一起派人送去。荣华收到贺礼，一睇贺帖，就难住了！原来贺帖上写着："礼义深深，贺礼薄薄。受者贪财，不受者却。"读完，梁荣华内心暗想："收还是唔收这份贺礼呢？如果收了是贪财，唔收嘛又却情……"实在是左右为难。只好请一班乡中秀才到厅中商量。但秀才们睇过贺帖，个个摇头。正当众人苦思无计时，秋菊走进厅堂对荣华说："收了吧。"秀才们一听异口同声地说："你哋女人家懂得什么呀？受了就是贪财。"秋菊接着说："唔受岂不是却情？我睇最好还是收了这份贺礼，再写一张请帖去请他来饮酒。"秀才们惊疑地问道："怎样写呀？"秋菊略为沉思，说："我来说先生们来写，好吗？"秀才们根本睇唔起婢女，但又拿唔出什么好办法，只好唔耐烦地听婢女指挥。秋菊用商量的口气说："请帖这样写，好吗？'酒席薄薄，豆豉蒸榄角。来者贪食，不来者却。'”秀才们一听赞叹不绝：“好！好呀！这样写以牙还牙，睇他来唔来！”于是写好派人送去。

富贵接到了这个请帖，也感到左右为难，心里想：“去好还是唔去好？去吗？‘豆豉蒸榄角’这么寒酸的菜式都去饮，人家会说我贪食。唔去吗？又却情。”想来想去，最后决定还是去好：他既然受了我的礼物，点解唔敢去呢？

陈富贵来到梁荣华家里贺喜。两人一见面，哈哈大笑。陈富贵捂着肚子说：“你有半斤，我也有八两，不相上下。你说我贪食，我说你贪财，彼此彼此。”两人欢欢喜喜，手拉手走进厅里。满堂宾客知道这趣事，无不捧腹大笑，频频举杯共庆新婚。

搜集整理者： 彭平，男，更楼广播站站长
整理时间： 1985年12月
流传地区： 高明县更楼镇
原载本： 《中国民间文学集成·广东卷·高明县资料本》

附记

该故事类型在广东粤语地区流传广泛。除了本篇之外，还流传有廉江市安铺镇的《客气》、广州市黄埔区的《孤寒财主娶媳请客》、恩平市横陂镇等地的《同窗书友》等异文。

97

猪屎公也要尊敬

清末，址山的昆华村，住着林球远、林球锐两兄弟。他们生性勤劳，为人和顺，关怀乡里，故得乡亲敬重。事无大小，只要他兄弟说一句，乡亲定当遵从。每任知县对这样的乡绅，当然是要巴结的，故常请他们到官衙议事。

一日，知县托一个兵弁[1]带了一封信到址山给林球远。兵弁到址山，进到村里，由于唔识林球远家门，正要揾人问。忽见一年将六十的老头在执[2]猪屎，兵弁便上问：“喂！猪屎公，林球远先生家在哪？”怎知问着这人正是林球远。他指明兵弁的路径之后，便由小巷转返屋企，换上长衫，戴好帽子，即听到门外问：“球远先生在家吗？”

球远斯斯文文，走出大厅说：“谁呀？”兵弁说：“县太爷有封信给林先生。”说着便走进厅堂。球远接回信，招呼他喝茶后，拆开信睇起来。兵弁偷偷望着球远，觉得他有些面善，但又唔敢问。球远睇完信说：“哦！无什么，县太爷话想食花生糊，要借我这小磨用。你背返去吧，用

[1] 兵弁：士兵。
[2] 执：方言，捡。

完最紧要[1]背返来还我，因我也时常想食花生糊。”

可怜这兵弁，背着二十多斤重的石磨，由址山背到鹤城，累到大汗淋漓。回到县衙，知县见兵弁背着石磨返来，便问：“你背个石磨返来做什么？”兵弁说：“林先生说县太爷想食花生糊，要借他的石磨用，叫我背返来的。林先生还说，他也常常食花生糊，说用完要及时还他。”

知县想了一想说：“你一定得罪了他。明日你把石磨背回址山去，向他请罪，他还有信给你带返来给我。”

次日，兵弁背着石磨再次去到址山林家，见了林球远，跪下叩头说：“我昨日唔知什么地方得罪了林先生，还求先生教导。”

球远说：“你对人太无礼貌。难道一个执猪屎的人，就唔值得你叫声伯伯吗？况且你有求于人，怎能叫人做猪屎公呢？再者，无猪屎公恐怕会饿坏你。这回是教训你一下。”说着，招呼兵弁食了午餐后，拿出一封信叫他交给县太爷。

兵弁谢过林先生招呼后，回县衙去了。

讲述者： 林恩，男，62岁，址山镇昆华人，农民，初小学历

采录者： 李生，男，63岁，鹤山县文化馆退休干部，小学学历

采录时间： 1987年9月

流传地区： 鹤山县址山镇

原载本： 《中国民间文学三套集成·广东卷·鹤山县资料本》

附记

该故事类型在广东粤语地区流传广泛。除了本篇之外，还流传有肇庆市的《不识猪屎佬》等异文。

[1] 最紧要：方言，最重要。

98 相互挖苦最可悲

一日，有个驼背佬睇见豆皮佬，“嗤”一声笑起来。豆皮佬问：“你怎解[2]这么好笑呢？”

驼背佬答道：“伙计，睇来睇去你的豆皮好爽哇，有圆，有扁，有三角。”

“呸！我估你笑什么，原来你笑我豆皮。我说你驼背还爽，弯得圆整不过。”

“我驼背亦爽？”

“爽咯！我豆皮爽，你驼背更爽啦！你讲我豆皮爽，怎样爽法呀？”

驼背佬说：

“阁下颜容现百花，蛇鳞碎叶湿尘沙。尖角星斗布满面，脸皮凹凸似苦瓜。孔壁密布难粉饰，粪墙怎可画年

[2] 怎解：方言，为什么。

画？！漫步原野游春景，只怕狂蜂误作家。”[1]

“嘿！我爽，你驼背更加爽啦！”

“我驼背怎样爽呀？”

豆皮佬说：“老兄，你驼背弯腰是前缘，嘴在胸前耳在肩。抬头唔见天上月，侧身才可见青天。眠如心字无三点，坐似弯弓断一弦。更有为难身后事，临时需用圆木棺。[2]”

“哎呀，你个死杂种，这么恶毒，打死你。”于是两个人就打起来，惊动隔邻一个老人过来排解。他抖下大气话：

“驼背笑豆皮，你俩太无知。貌丑唔紧要，相互挖苦最可悲。”

他俩惭愧地低头走去了。

讲述者： 谭振仍
采录者： 伍灿灵
采录时间： 1987年6月9日
流传地区： 台山县海宴镇
原载本： 《中国民间文学集成·广东卷·台山县资料集》

附记

该故事类型在广东粤语地区流传广泛。除了本篇之外，还流传有吴川市的《挖苦别人害自己》等异文。

[1] “阁下颜容现百花”：阁下，系尊称咯，你就好哩，你个颜容好像百花一朵朵，有大有细。“蛇鳞碎叶湿尘沙”：你个面好比蛇鳞细叶，也好像水洒沙路一痕痕哇。“尖角星斗布满面”：你个面孔，好似排队的尖角斗星那样一粒粒哇！“脸皮凹凸似苦瓜”：你拿面镜照下你，你的脸好像苦瓜皮一样哩。“孔壁密布难粉饰”：你封墙一孔孔，很难油灰水啊！“粪墙怎可画年画”：你的面好比被屎挞满晒，怎么能画幅画落去呀！鬼敢看你么，喊作豆皮佬装靓。“漫步原野游春景”：如果去漫步原野游览春天景色呢。“只怕狂蜂误作家”：只怕黄蜂作巢，狂狂忙忙，看见你个面，误作巢穴那样到处钻哩！

[2] “驼背弯腰是前缘”：曲腰驼背前世生定了。“嘴在胸前耳在肩”：驼背佬行路要低下头，条嘴顶住胸口，只耳是不是在肩头呀？“抬头唔见天上月，侧身才可见青天”：驼背佬望月亮，定是侧转身才能见到个天呀。“眠如心字无三点，坐似弯弓断一弦”：你眠睡起来好像个心字，可惜少了三点；坐似弯弓，可惜又没弦线。“更有为难身后事，临时需用圆木棺”：最怕你死了以后，长棺材装不下，要即刻制个圆棺材，才能放下你的尸体哩！

99

烧鹅唔够[1]斩叉烧

话说，旧时东莞有一户人家，与老表弟离得很远，互相很少来往。尤其是表弟，他日头[2]要顾住揾那两餐，交通好唔方便，想坐船来离江河很远，加上他自己又无马匹，即使寄信都要一个多星期。如果无来往，很快就会逐渐生疏，所谓：一代姑，两代表，三代淡渺渺[3]。

表弟心想，现时趁自己年岁唔算很大，打算揾日到表哥家一行相聚。过咗无几多日[4]，他顺便带番薯芋仔、梅菜豆豉等一大袋，步行起程，结果足足走了一日一夜，才到达东莞表哥家门口。此时正好睇见表哥背着一个烂竹箩同几个烂粪箕竹篾拆返来。两老表久别相逢，表哥叫表弟坐下，俩人十分欢喜，但各人内心感到寒酸。表哥连忙说客间[5]在水缸里头，用一个大水木壳，装满一石生水畀表弟饮。表弟疲劳口渴，一下子饮完那石生水，表哥知道表弟肯定肚饿，即时叫家人快快做饭："千祈要加多几粒米呀，加水唔好加得太多呀！听到未呀？"正在客间做饭的老伴说："听到啰，得啰。"

过咗一阵间[6]，表哥又对客间做饭的老伴说："如果烧箩唔够斩叉烧呀！"客间做饭的老伴说："知啰，知啰，你唔讲我都知啦！"过长气[7]，过言嘲，坐在表哥旁边的表弟说，即时猛吞下口水，心想，表哥真是够客气，过好老表情，心里总觉得唔好意思，过大招呼，通知老伴备菜加料加餸[8]，烧鹅唔够斩叉烧，过多餸，内心十分欢喜。表弟向表哥说："随便得啦！随便得啦！"表哥说："事臭嘛！加多几粒米起码畀表弟食餐饱饭啦！而且过久未来一次。"俩表边谈边笑。

饭做好了，摆台开饭，边食边谈，老伴一下子将饭餸搬出去，摆放台面上，只见咸鱼、青菜，加多丝瓜滚清汤。"来来来，坐，唔使客气，大家食饭。"表哥喊了多次，表弟仍未执筷子耙饭。表哥以为表弟少来有些生涩，说："来到唔使客气，话晒[9]姑表骨头亲呀！来来，随便随便，食饱饭。"但少见听到叫夹餸。表弟心想，慢慢食，无非想等到客间内头那二味烧鹅同叉烧加热后拿出来食都未迟。表哥猛喊要食饱，台面上的咸鱼、青菜基本食完扫清。表弟边食边琢磨！啊！内心一时想起，刚到家门口，见到表哥背着那个烂箩，装着几个烂粪箕拆，明白了处境，知道表哥处于粮尽柴缺之劣势困境，事情一目了然……

客来唔敢多放米，无柴做饭，烧箩斩拆代柴烧，未到收成季节，确实三穷、四咳、五难挨。兄难同弟难，天下乌鸦一样黑。临分别时，两老表互相拥抱唔放，依依不舍。表弟说："表哥呀！等到收成后，我再来与表哥相聚交谈，到时一起食烧鹅叉烧饭吧！"

[1] 唔够：方言，不够。

[2] 日头：方言，白天。

[3] 淡渺渺：冷淡，此处指关系疏远。

[4] 过咗无几多日：过了没几天。

[5] 客间：方言，厨房。

[6] 过咗一阵间：方言，过了一会儿。

[7] 过长气：方言，够啰嗦。

[8] 餸：方言，菜。

[9] 话晒：方言，怎么说。

讲述者：　社会流传
搜集整理者：曾耀光
搜集时间：　20 世纪
流传地区：　东莞市
原载本：　《广东民间故事全书·东莞卷》

100

路遥与马力

从前，有一个人姓路单名遥，很有钱。有一日，他想，自己现在这么富有，唔知老来如何呢？会唔会跌苦呢？他就去揾算命先生卜卦。算命先生问明他的生辰八字，掐指一算，摇头对他说："你将来的命好苦，要过穷日子。"路遥很相信，于是很担心，便问算命先生有无办法改变穷苦命运。算命先生说："你要结交一个与你同年同月同日同时辰出世的人，与他结'同年'。"路遥又问："这个人要到哪里去寻？请算命先生指点。"算命先生便说："每天来我这里算命的人唔少，你可以逐个打听。"路遥按照算命先生的指点，每天坐在算命先生身旁，揾与他同年同月同日同时辰出世的人，日日打听前来算命卜卦的人报出世时辰八字。有一日，有个以砍柴卖为生的人姓马名力，他听说这算命先生算得很准，自己这样穷，何不求他卜一卦，睇睇将来有无好日子过？马力来到算命先生跟前，一报出世年月日时辰，正好与路遥同年同月同日同时辰。路遥便一手拉着他说："我寻了很久，才寻到你这个同我出世年月日时辰相同的人。走，到我家去，我与你结个'同年'。"马力一睇这个人衣着，知道他是一个有钱人。

“我这么穷，哪里敢与你结‘同年’？唔敢高攀，唔敢高攀！”路遥哀求：“我唔嫌你穷，我是真心实意想与你结‘同年’。你唔愿到我家，我就跟着你返屋企，在你家里住一宿。”马力忙说：“唔得，唔得，我靠砍柴为生，住的是茅屋烂舍，我唔好意思。”两人讲来讲去，路遥仍然坚持要到马力家住一晚。马力推唔过，只好勉强同意。到了马力家，路遥与马力同瞓一铺床，同盖一张烂被，亲亲热热的，很多话讲，到半夜才瞓着。第二日食过早饭，路遥对马力说：“你砍柴很难维持生活，还是耕田好。”马力说：“我也知道耕田好，但我家一贫如洗，无牛无耙，拿什么来耕？”路遥说：“这好办。今天你就到我家牵一条牛返来，我再给你银两做本钱。”于是，马力到路遥家牵了一条大水牛，取了银两返屋企，丢下砍柴工夫，租了几亩田地来耕。

但天唔从人愿。这一年，禾苗正当抽穗扬花时，接连落了几日几夜大雨[1]。一场水灾，搞得颗粒无收，牛也被大水冲走。马力揾到路遥，说：“我唔可以耕田了，还是砍柴卖好。”路遥却说：“不如我出钱同你批一个山，你专门砍杉木卖，总比砍柴度日好。”马力很是感激。于是，路遥出钱为马力批了个山，另外再给一些银两作为马力的生活本钱，马力便日日上山砍杉木。

马力是个很勤劳的人，又有一身力气，一年工夫砍下了一批杉木并全部运出河边，准备扎排放水运走。眼睇一年辛苦将有一笔钱收入，谁料，又是一场大雨，河水暴涨，河边堆放的一大堆杉木，一条不剩全给河水冲走。气得马力一连几日食唔落饭。一年辛苦倒唔紧要，白白浪费了路遥唔少本钱。这两场灾难，马力已心灰意冷，见了路遥也唔好意思。路遥又前来安慰，马力便对路遥说：“同年，在这里多灾多难，一样也办唔成，睇来我唔可以在此立足了。我要远走他乡，到别处谋生。”路遥也同意马力的想法，又赠他三百两银子做路费，临走时又送他一只正在抱儿的鸡嫲及十多只鸡蛋，交代他鸡仔在哪里出生，你就在哪里落脚。于是，马力就带着这窝鸡嫲连鸡蛋上路。

一日，马力来到一个村子，天已经黑了，正好鸡仔开始出壳。马力就决定在这个村子住下来。他来到一户人家，央求借宿一晚。这家主人说：“让你住宿可以，而且有一间新房子。不过这房子晚上有鬼，你敢唔敢住？”马力是个唔怕鬼的人，就对主人说：“你就让我住一晚吧，我唔怕。”这家主人也好心，他请马力食过晚饭，烧水给马力冲过凉，然后马力自己就到这间新房瞓觉去了。马力刚刚瞓下，就听到房中有人行走的脚步声。果真有鬼！这个鬼一步一步来到马力床前，马力大喝一声：“你是什么鬼？我是个穷人，你来害我做什么？”这个鬼是个抢钱鬼，他开口向马力要钱，马力便说：“我是个穷人，我哪里有钱给你？”抢钱鬼接着说：“你瞓的床底下埋有一缸白银，你可以挖起来。只要你拿出一部分给我买纸钱烧，其余的你自己拿去用。”说完，这个鬼就唔见了。当晚马力就揾来锄头在床底下挖，无挖多深，真的见到一缸白银。马力非常高兴，他把白银藏好。第二日，马力对主人说，他要在这里长住，要求把这间房租给他。主人满口应承：“这间房反正唔敢住人，你敢住我就相送给你。”马力非常感激。从此就在这里住了下来。

再说马力按照鬼的吩咐，买了些纸钱来烧，以后就一直无再见到什么鬼了。

马力在这个村住下来后，做起了卖糍粑的生意。他做的糍粑又便宜又大只，生意十分兴旺。过了三四年，马力又买田又买屋，成了有钱佬。秋去冬来，一晃十几年，马力已妻室满堂。

再说路遥唔知点解慢慢穷起来了，做一件败一件。十多年时间，田地财产全部卖空，由一个财主变成了穷光棍。这一日，路遥正在家中唉声叹气，忽然间他想起马力，十几年了未听过他的消息，唔知他在哪里安家，也唔知他生活如何。路遥想，自己眼前落得一贫如洗，不如去寻访一下马力。如果他发达了，可求他接济，即使无发达，也可以与他商量商量，揾个摆脱眼前困境的办法。于是，路遥第二日便离家出门去寻访马力。

路遥无目的随路寻访，日日赶路，日日打听。一日，路遥途经一个茶亭，又饥又渴，便在茶亭歇息。这里虽然是荒山野岭，但这个茶亭建得很讲究，黄瓦青砖，还雕龙画凤。路遥又饥又渴又疲劳，一到茶亭便在石凳上躺了下

[1] 落雨：下雨。

来。路遥刚刚躺下，正巧一眼望见茶亭正中一条红色大梁上写着“路遥捐银一百两，马力代劳建筑”几个字。路遥觉得奇怪，我哪里曾捐银一百两建这茶亭？突然他心里一亮：“对了，一定是马力做了这好心事，为了报答我，所以出我的名！”他想：马力能捐一百两银建这茶亭，他一定成了富翁，而且他一定就住在这附近唔远。路遥忘记饥渴，加快脚步上路。行唔远，见前面一石桥又有“路遥捐银一百两，马力代建”的石碑，心里更加高兴，再继续赶路。走了几里路，路边又出现一座庙，庙门口的墙壁上又写着同样的字。路遥清楚了，十多年前我不是给马力三百两银子离家上路吗？这三百两银子他全部以我的名字做了好事。马力这个人真是有情有义啊！路遥越想越高兴，不觉来到了一个村庄前。他听到村庄里又烧纸炮又吹八音很热闹，正想进村，见一个后生仔在井边打水，便向前问后生仔：“村子里做什么好事，这么热闹？”后生仔说：“是我阿公做生日。”路遥又问：“你阿公叫什么名？”后生仔说：“我阿公叫马力。”路遥一听高兴得不得了。正想跟这后生仔进村，他又一想，十多年了，自己已经是个穷光棍，唔知马力是否睇得起我？于是，路遥停脚步对后生仔说：“后生哥，你叫你阿公出来，就说路遥来寻他。”后生仔就一个人进村了。不一会，马力出来了。马力一见路遥，十分高兴，就牵着路遥的手进了家中。马力睇路遥一身烂衣服，就拿来了新衣服、新鞋袜，从头到脚全部换过。当晚路遥拿出了随身带的一竹筒白水，说是从家里带来的白酒，要与马力对饮。马力饮过一碗，说这酒好甘好甜。路遥十分感动：真是人情好，饮水也甘。

第二日，二人各自诉说了分别后的情形。马力听说路遥的田产房屋已全部卖光，十分同情，表示一定要报答路遥先前的大恩。十多天后，马力推说有事要出门一段时间，叫路遥在家中等候，并吩咐家人好好招待。原来马力带上银两，来到了路遥家，将他已经变卖的田产房屋全部买了返来，又请来泥水木匠新建房屋，还添置了唔少家私，使路遥家与马力家一样富有。半年后，马力才返屋企。马力返屋企后，路遥觉得已经住了半年，应该返屋企了，马力也唔相留，只是赠了些银两给路遥。

路遥回到家，一睇，大大变了样，家中比十多年前更加富有了。唔等路遥开口，他妻子就说：“这半年来你去哪里了？你同年马力来这里已半年了，也唔见你返来。这些田产房屋都是你同年马力出钱买返来的。”

路遥十分感激马力。从此，路遥又重新发起财来了。

搜集整理者： 朱方坚，仁化县丹霞乡群乐村人，农民
搜集时间： 1957 年
流传地区： 仁化县
原载本： 《中国民间故事集成·广东卷·韶关分卷·韶关民间故事集成》

101

有情饮水饱，无情食饭饥

话说唐朝大将薛仁贵，在成名前，穷途落魄，到处向亲朋求助，却很少得到帮助。他有一伯父，开设杂货经商，薛仁贵只好求助于他。殊知其伯父连两升米也唔肯资助，只得垂头丧气返屋企。走着想着，自责道："大丈夫如此落魄，如此失态，生在世上，有何意思？有何面目？不如一死了之。"他走到一大树旁，将身上的束衣带解下，挂颈自缢。恰巧这时一个好心人经过，见状连忙将他救下。薛仁贵得救，问他道："请问恩公尊姓大名？"那好心人说："我叫黄茂生。你姓甚名谁？睇你相貌堂堂，为何寻短见呢？"薛仁贵将姓名报上，并将自己落难向伯父求救一事全部讲给黄茂生知。黄茂生听后，心表同情，百般劝慰，并与薛仁贵结为"金兰"。黄茂生带薛仁贵返屋企，虽是家贫，却好生接待，情同手足，所谓有福同享。

后来朝廷出榜招兵，薛仁贵为奔前程，他拜别黄茂生夫妇，到了军中，不久当上了先锋，最后因功升上大主帅。朝廷给他建主帅府。那时，不论远近亲疏，亲朋戚友前来贺喜。薛仁贵见到黄茂生，高高兴兴地出门迎接。黄茂生将两埕"酒"放下，说话道喜。薛仁贵打开酒埕封口，正想试尝。黄茂生见状，红着脸说："大哥！这……这不是酒，是井水！"薛仁贵闻之，更是高兴，叫人拿来大碗，满满地舀上一大碗，一饮而尽说："好酒！好酒！再来，再来。"一连喝了几大碗。黄茂生好过意唔去，说："大哥！对唔住！"薛仁贵高兴地说道："有情饮水饱，无情食饭饥！好酒就是好酒，说什么对唔住呢？"后来相传落去，对那些互相关心、萍水相交的朋友亲戚讲话，就引用了这句说话了。

搜集整理者： 邓儒生，孔堂村人

整理时间： 1987 年 7 月

流传地区： 高明县三洲镇

原载本： 《中国民间文学集成·广东卷·高明县资料本》

102

君子交

从前，有两个人，大家都很穷，他俩互相帮助，成了好朋友。后来，其中一个做生意发了财，生活慢慢好了起来。不久，他儿子结婚，请很多人来饮，其中有他那位穷朋友。

但是，他的那位穷朋友正穷得无米落镬，身无分文。柬帖发到，唔去饮，对唔住老友；去饮，又无钱。真是人情难却，无米难挨。突然，他灵机一动，揾来一块烂瓦，将瓦磨成一个光洋的样子，然后揾一张红纸，写下了几句诗：

人情紧过债，就将瓦来磨。

我有喜庆事，原物贺返我。

写完便将瓦片用红纸封好，好像一个封包模样，便大摇大摆地去老朋友家中赴宴了。

账房先生收到主人那位穷朋友的封包，打开一睇，很同情他的处境，将此事告知主人。主人也深为老朋友的处境而难过，于是拿笔在红纸上写几句回复的话：

人情紧过债，何必将瓦磨？

你我君子交，白饮又如何。

写完，又在红纸里包上大洋几个，送给了老朋友。

讲述者： 黄南，男，66 岁，罗定县𬒗滨镇下街农民，高小学历

采录者： 何云峰，男，35 岁，罗定县𬒗滨镇居民，大专学历

梁志光，男，24 岁，罗定县𬒗滨镇委干部，高中学历

采录地点： 𬒗滨镇下街

采录时间： 1987 年 5 月 2 日

流传地区： 罗定县𬒗滨镇、新乐镇

原载本： 《中国民间故事集成 · 广东卷 · 罗定县资料本》

103

自讨没趣

从前有个庸医，叫朱谷生。他不学无术，却自以为很聪明，常常因一点小事就挖苦别人。

有一次，他和一个叫余春果的教书先生闲坐。他嫌余春果无敬烟给他，于是，眉头一皱，鬼点子出来了。他阴阳怪气地说：

“听说有一种鸟，叫愚鸟，长相很丑：嘴又长又尖，脚又短又软，软得几乎唔可以直立；满身乱毛，又臭又脏。但它却唔知丑，态度还非常高傲，常常‘者乎之者乎之’地怪叫，以示清高。

“有一年冬天，愚鸟揾唔到食的，又冷又饿，全身发抖，眼睇就要死了。一只鹤很同情它，就指点它说：‘无食的，何不去学馆的米水盆里揾些剩饭来充饥？’愚鸟一听，果真跑到学馆的米水盆拣了些发霉的残食来度日。呸！真是愚蠢货。如果无鹤（学）[1]教，早就饿死啦，还有气‘者乎之’吗？”

余春果知道是暗讽自己，很气愤，但却不露声色地笑，慢条斯理地说：

“那只鸟能进入书香之地，总是贤良之物，必有展翅云霄之日。目前有人还不如它呢！以我儿为例吧，有一次，我叫他去麦地除草，谁知他连麦苗也拔错了。我很生气，就狠狠地给他一个耳光，他就‘咿咿咿’地哭。我说：‘你，你这大傻瓜，麦（脉）唔识，草（药）唔识，还学咿（医）[2]？咿什么，谁叫你咿……你越咿人家就越倒霉啦。’”

朱谷生目瞪口呆，讲唔出话来。

讲述者： 龙彬成，男，57岁，农民，凤村镇龙须村人，初中学历

采录者： 龙伯雄，男，40岁，农民，凤村镇龙须村人，初中学历

采录时间： 1987年5月2日

流传地区： 德庆县凤村镇

原载本： 《广东民间故事全书·肇庆·德庆卷》

[1] 方言中鹤和学发音相近。

[2] 方言中麦和脉、咿和医读音相近，草也指草药。

104

有钱无需恃

讲述者：陆探芳，男，干部
采录者：李广惠
采录时间：1987 年 5 月
流传地区：三水县金本镇
原载本：《中国民间文学三套集成·广东卷·三水县资料本》

从前，有两家人同住在一间古老大屋里。一家是村里出名的富人，另一家是村里出名的穷人。富人家两夫妻餐餐食白米饭，用金瓯，枉有万贯家财，却无子女；穷人家子女众多，但年年辛勤耕作、挨更抵夜，却只能食稀粥，有时无菜，就用一个蚌壳装点盐水，一家大小用筷子蘸盐水送饭。由于你蘸我又蘸，蚌壳就团团转，他们觉得很开心，边食边笑。

有一次，两家都在食饭，那个富人听到穷人家那边传来的笑声，就对妻子说："蚌壳蘸盐得咁好笑，我金瓯食饭，更笑死人了。"穷人家从唔计较富人说什么，却经常教育儿子要勤劳发奋，他们的儿子都很听教。穷人知悭识俭，渐有积蓄，十多年后，竟成富人。而那富人，却沾上了赌习，渐渐家财散尽，竟成穷人。

穷人变富后，仍然管教自己的子女勤劳节俭，对那个落魄的富人也时加周济，并对他说："有钱是无需恃的，要紧的是要有人，人好。"

105

半斤八两

讲述者：卢容根

采录者：卢焕堂

采录时间：1987年8月5日

流传地区：珠海市斗门县

原载本：《中国民间文学集成·广东省卷·珠海市斗门县故事资料本》

从前，上横有两户相邻的农家张三和李四。张三是个老实的农民，每日勤勤恳恳种地，地里长满各种各样的瓜菜。李四是吝啬鬼，虽然也精心喂养猪乸，由于只顾养猪，地里长满了杂草，连菜都食唔上，但又唔舍得去圩场买菜，每天得向张三赊菜，赊了菜连好话都唔说一句。时间长了，连左邻右里都睇唔惯。张三虽然是个老实人，日子久了心里唔免也有点气。他想：你李四每日赊菜唔给钱就算了，连“多谢”都无一句。既然你不仁，我也不义了。于是，张三想方设法教训一下这个吝啬鬼，但总无合适的机会下手。一日，张三见李四家门前围着十多个捉猪苗的人，张三不禁眉头一皱，计上心头，连忙走出家门，当着众人对李四说：“你长期向我赊菜食，我从唔计较；今日向你赊一样东西，相信你唔会推却吧？”在众人面前，李四又唔好意思反对，只得点头同意。于是张三连忙捉起一头猪苗，说了声“多谢”，就往自己家里走。这时，李四又唔好意思阻拦，后悔刚才唔应该答应张三的要求，只好忍着痛望着张三把猪苗抱返屋企里。

106

爆牙猪乸变龙牙四婆

清朝时候，鹤山县龙口尧溪乡住着两母子，他们过着有上顿无下顿的生活。母亲的外貌有一大特征：口里长着两排很明显的龅牙。村里人把这个穷妇人谑称“龅牙猪乸[1]”。当儿子的同地主打工，唔知从几时起，他偷师学武，竟然学到一些武功。

一日，儿子征得母亲同意，上京去应试。

几个月后的一日早晨，老妇人正在村口捡猪屎，忽见一队人马敲锣打鼓地走到她面前报道：“你儿子高中武科状元！我哋先来报喜，你儿子等下便衣锦还乡！”老妇人一听，惊喜万分，一边引那班人马返屋企一边说：“哎呀，我儿子真的中了状元？”

回到家里，老妇人突然一拍大腿说：“糟了，我连烧开水的柴都冇！”左邻右舍一听，马上从家里抱来一捆捆的干柴，不一会，草房堆得满满的了。当时有一报喜人叹道：“唉，一举成名满屋柴！”那邻舍放下柴后便叽叽喳喳地说：“四婆（老妇人的丈夫排行第四），你儿子能中状元，全靠你那两排牙呀。”“那是两排龙牙呀！”于是，一班妇女立即“龙牙四婆”前“龙牙四婆”后地叫开了。

恰巧此时有一卖油佬经过，便问：“什么事这么热闹？”

“龙牙四婆的儿子中了状元啊。”

这时，又有人来报，状元即快入村庄！

老妇人手忙脚乱地烧香拜神。忽然，只听她惊叫：“哎哟，我还未有油点灯。”卖油佬一听，说：“快，拿油瓶给我，我打油给你。”

这时，状元被簇拥着进了家门。众人便围上来问他考试的情形。他哈哈大笑，然后说：“说出来也无人信，告诉你哋吧，我这个状元并不是靠本事夺到手，而是偶尔幸得。”众人好奇地追问，状元便把其考试的情形说了出来：“在武科考场上，我舞的是一个几百斤重的大铁锤。我正在表演着，忽然，铁锤从手里掉下了地。我心里想说‘失手了’，还未说出口，我的脚用力把铁锤从地上勾起，抛到过了头顶，然后用手一接——场上立时掌声雷动。考官大叫‘力士！奇才！’我表演完毕，考官马上问我：‘你刚才脚踢的那招叫什么？’我灵机一动，顺口安它作‘魁星踢斗’。这样，我便得了第一名了。”

“哗，真是好力气。”一个老汉说。

“不，全靠龙牙四婆的龙牙庇佑。”一妇人说。

“什么龙牙四婆？”状元即不解。

“你妈呀。”

状元即一声长叹，说道：“我哋落索之时是龅牙猪乸，我成名之后又龙牙四婆。唉！人哪。”

讲述者：李汝佳，男，60岁，教师
采录者：李月卿，女，23岁，鹤山县龙口镇金岗中学教师，大专学历
采录时间：1987年8月
流传地区：鹤山县龙口镇
原载本：《中国民间文学三套集成·广东卷·鹤山县资料本》

[1] 龅牙猪乸：龅牙的母猪。

（三）奇巧婚姻故事

107

靓女嫁农夫

从前花城有个靓女，后生哥无事也要从她家门口走过，希望能睇她几眼。如果她在门口，后生哥走过了头，还要回头来睇她。唔少后生哥，因为睇她而唔睇路，踢破了脚趾头。向她求婚的人就更多了，媒人婆常常在她的家门进进出出，但是无一个合她心意的。因为她是个独生女，所以父母都很迁就她，她唔满意的婚事，父母都唔强迫她。是她傲慢吗？不是，她早有意中人啊。

但是，有一次，有个媒人婆来说亲，使她的父母左右为难，因为这个媒人婆是替知县的儿子说亲的，这个媒人婆又是花城一个恶霸的老婆，是万万得罪唔得的。很多人都说靓女有福气，从此可享荣华富贵，但靓女就是唔满意。她对父母说：“你哋就说我要对对子选夫，哪个后生哥对得好，我就嫁谁。择个吉日，让后生哥对对子就是了。”

到了选夫那天，很多后生哥都来了，但一睇见知县儿子在场，就一个个走了，认为靓女一定是嫁知县儿子的了。只有地坛埔有个后生哥，他和靓女是青梅竹马，他唔相信靓女会变心。对对场地就在城隍庙门前，场上只有地坛埔这个后生哥和知县的儿子了。围观的人交头接耳，个个都说：地坛埔那个后生哥是陪人高兴。

靓女说：“就剩下我哋三个人对对子了。人少饭茶浓。既然三个人，我哋的对子，唔理是对头还是对尾，都要有个‘三’字。对头由你哋出，谁出都可以。”

知县儿子想一下压倒对方，就抢先说：“我出对头。我出了对头后，半个时辰对唔上的就是输。”

靓女说：“就这样吧。请公子出对头。”

知县儿子说：“三宝盖，官宦家；三绞丝，绸缎纱。住进官宦家，就穿绸缎纱。”

家住地坛埔的后生哥说：“三提土，地坛埔；三草花，葛薯芋。嫁来地坛埔，要食葛薯芋。”

靓女说：“三点水，河沙滩；三边女，好婚姻。敢过河沙滩，自有好婚姻。”靓女睇了两个一眼，又说：“你哋两个人，谁会解我的对尾？”

知县儿子说：“这容易解。你说谁敢过河沙滩，谁就有好婚姻。河沙滩谁唔敢过？一日过一百次我都可以。”

家住地坛埔的后生哥说：“公子错了，我家住地坛埔，这次进城来，我就是敢过河沙滩了。”

靓女说：“我今生今世就唔穿绸缎纱，愿食葛薯芋了。公子，对唔住，这婚姻不是你的了。”

靓女唔嫁官儿嫁农夫，一时传为佳话。

讲述者：	王焕，男，68 岁，花山镇花城墟，农民，上过四年私塾
采录者：	陈寄鸣
采录时间：	1987 年 8 月
流传地区：	花县花城村
原载本：	《中国民间故事集成·广东卷·花县资料本》

附记

该故事类型在广东粤语地区流传广泛。除了本篇之外，还流传有德庆县的《山歌选郎》、英德市九龙镇的《美女子选亲》、龙门县龙城街道的《巧女凭诗选夫》、吴川市振文镇的《山歌联姻》、封开县的《岳父摆酒考女婿》、台山市的《状元才》、恩平市良西镇的《财主嫁女儿》、高州市泗水镇的《唱歌选婿》等异文。

108

诗答提问选夫郎

平地有才女，深山亦有才女。我哋梯面和从化黄茅一带就流传一个诗答提问选夫郎的故事。

从前本地有一个财主，生下一个女儿和一个儿子。女儿做大，十六七岁，精乖伶俐；儿子做细[1]，十一二岁，蠢钝笨呆。那个财主家中请了一个长工，打理田土劳动；请了一个睇牛仔，专门料理家中杂务和放牛；聘来一个教书先生，专门教那个财主仔读书识字。

一日，财主叫教书先生、长工和睇牛仔来到厅堂，对他们三人说："我有件事对你哋讲，睇你哋有无这样的福分。"

三个人一齐回答说："请东家讲讲。"

财主指着教书先生说："你如果教会我的儿子认识'一'字，我就将个女[2]嫁给你做老婆。"

教书先生听完，心里想："一"字这么浅，有什么难处？财主女做定我的老婆了。

[1] 细：小。

[2] 女：方言，女儿。

财主对教书先生说完，又指着对长工说：“今年种禾能够割得三年粮，我将个女给你做老婆。”

长工听完，心里想：一年收割三年粮，虽然是难，但只要落力[1]去做，有可能娶东家的女儿做老婆的。

财主对长工说完又对睇牛仔说：“你睇的那头公牛，如果生一只牛仔，我就让个女嫁给你做老婆。”

睇牛仔心想：正式是公鸡蛋[2]，无指望，讲明我睇牛仔无福分。

谁料财主对教书先生、长工和睇牛仔提出的条件，全都实现了。

这一年，风调雨顺，加上长工勤耕细作，一年两造，收割返来的稻谷增加到三倍，实现了一年割得三年粮。

睇牛仔也行起运来[3]。一场大雨，在河的上游冲下来一只牛仔，睇牛仔捞了上来，揽住牛仔，牵住那头公牛返去，对财主说：“东家，这只公牛生了牛仔了。”教书先生听了长工和睇牛仔都实现了财主提出的条件，于是对财主说：“东家，你的儿子已经认识个‘一’字了。”

财主听完，叫来了自己的儿子，拿起一把扫把，湿了湿水，在地上拉长一划，问儿子说：“这个什么字？”

财主仔一睇，心想，哗，这个字这么大，一定是“大”字。于是说：“是个‘大’字！”

教书先生连忙把财主仔拉进书房，对财主仔说：“傻仔！细是一字，大也是一字；划长是一字，划短些也是一字。记住呀，蠢材！”于是教完又写，写完又教，教了几日又请东家来考考自己个儿子，这次这个财主仔果然认识了个一字。

教书先生、长工和睇牛仔都实现了财主所提出的条件，这次轮到财主忧心了。财主心里想：怎么办？我只有一个女，自己又应承了他们，谁实现了条件就将女儿嫁给他，但现在他们三个人都做到了。唉，怎样办呢？左想右想，总是想唔出一个好办法，终日愁眉苦脸、心事重重。

财主女儿见自己父亲唉声叹气，食都唔想食，饮都唔想饮，好似个愁人，于是问父亲到底为了什么事，财主只好将前事一五一十地说给女儿听。财主女听完，对财主说：“亚伯[4]，唔愁，我有办法。你叫他们三人来，我对他们讲讲就得啦。”财主叫了那三个人来，财主的女儿对他们说：“我亚伯应承过你哋三人，要我匹配你哋，但只有我一个人，怎办呢？不如我出条题，你哋吟一首诗，谁答通了我就嫁给谁啦！”

教书先生听了财主女说考吟诗，当然很高兴，心想：你这个长工和睇牛仔，满脚牛屎，怎会吟诗对对？小姐一定欢喜我才出这样的题目。于是说：“好呀！小姐，请你出题啦。”

长工和睇牛仔眼见这样，也只好说：“好啦。”

财主女开口说：“喂，听清楚了：什么东西一点红？什么东西似弯弓？什么东西丁当吊？什么东西朦胧胧？”

教书先生马上回答：

日出东方一点红，蛾眉月子似弯弓，
天上星星丁当吊，乌云遮紧朦胧胧。

长工跟着回答：

桃树开花一点红，桃叶弯弯似弯弓，
满树桃仔丁当吊，桃叶遮紧朦胧胧。

睇牛仔接着回答：

小姐口唇一点红，眼眉弯弯似弯弓，
胸前有对丁当吊，罗衣遮紧朦胧胧。

财主女听了又欢喜，又面红，于是说：“以上的唔算，再吟一次。听住了：怎样才喇喇喳喳？怎样才伶伶俐俐？怎样才千艰万难？怎样才千容万易？”

教书先生抢着说：

[1] 落力：努力。

[2] 公鸡蛋：指的是让公鸡下蛋，不可能的事。

[3] 行起运来：方言，走运了。

[4] 亚伯：方言，父亲。

不会磨墨喇喇喳喳，学会磨墨伶伶俐俐，
不会写字千艰万难，学会写字千容万易。

长工跟着说：

不会担粪喇喇喳喳，学会担粪伶伶俐俐，
不会驶牛千艰万难，学会驶牛千容万易。

睇牛仔用眼扫下财主女才回答：

小姐细时喇喇喳喳，如今长大伶伶俐俐，
我想小姐千艰万难，小姐想我千容万易。

财主女听完，面皮红一红，对财主说："亚伯，睇牛哥猜对我心思。就请亚伯做主啦，我愿嫁给睇牛哥！"

讲述者： 黄海，男，72岁，梯面镇梯面村人，农民，上过1年私塾

采录者： 江威

采录时间： 1987年8月

流传地区： 花县梯面镇、从化县鳌头镇

原载本： 《中国民间故事集成·广东卷·花县资料本》

附记

该故事类型在广东粤语地区流传广泛。除了本篇之外，还流传有信宜市的《吟对姻缘》、化州市的《诗为媒》、罗定市双东街道的《出题择婿》、新兴县的《员外择婿》、阳江市的《吟诗成亲》等异文。

109 媒八婆巧舌撮姻缘

从前，在�城（今新兴县城）有一个老板姓王，开了一间杂货铺，生有一子，名复，生得眉清目秀、唇红齿白，十分俊美，可惜幼时跌跛了一只脚。这年他已经十八岁，王老板想为儿子说亲。附近人家都嫌他儿子是个拐子，贫穷人家的女儿，他又嫌门不当、户不对，一直无议成亲事，只好求媒人八婆撮合这门姻缘。

恰好离新兴县城四十里外，有一财主张员外，生有一女，年方十八，小名阿娇，生得有七八分姿色，只可惜盲了一只眼。这张员外却不自量力，一定要揾一个门当户对而又英俊的乘龙快婿。高不成，低不就，只好揾八婆撮合姻缘。

八婆走王家，串张家，经过一番甜言蜜语，取得两家的赞许，约定了相亲的日期。

王、张两家按照八婆的计策行事。到了相亲那天，八婆带着一乘轿子，从王家杂货铺门前缓缓走过。轿窗帘布打开，阿娇坐在轿中，王老板和阿复坐在柜台内，阿娇的一只死鱼眼刚好给另一半面遮住了。而张员外跟随在轿子后面，斜眼望见阿复生得眉清目秀，似一个书生，心中也

欢喜得忍唔住点头。

八婆见了心中暗自好笑。此后，王、张两家催促八婆替两家儿女行聘礼订婚。八婆对他们说："你哋双方都已心甘情愿，婚娶宜快不宜迟，但日后莫怪媒人。"

谁知那天两人成亲过门后，发现男的跛了一只脚，女的盲了一只眼，把张员外和王老板一下子都惊呆了。小两口也是有口难言，有如哑仔食黄连。

再说，在�城雨洞村有一个顾姓财主，为人尖酸刻薄，平时常自作聪明。而他只有一个独生女儿，生相丑陋，年已二十九，还未择配。财主为此事坐卧不安，便揾八婆代其搭线说媒。

数日后，八婆物色到一个对象，便对财主介绍说："一般高大屋，九座上，九座落；两步到神前，三个青砖灶；四百沙牛，五百水牛，秆棚大过人，廿亩桑地，廿亩鱼塘，廿亩荔枝，兼无呢样[1]（八婆以手指鼻）。"

财主听后，心想：他有九座上落的阔屋大宅，若唔系很有钱，祖业也应是相当厚实的人。有三个青砖灶，家中必有很多人食饭。有很多田地，还有四百沙牛，五百水牛，桑地、鱼塘、荔枝等。有这么大的家业，这样的好人家其实万中选一。于是便满口应允，即刻择日，把女儿送过门。

按照俗例，迎亲这天，新郎是唔到女家迎亲的。而待三朝后，新郎偕同新娘到岳丈家回拜。是日，新郎和新娘来到财主家，岳丈和岳母只见女儿愁容满面、泪痕斑斑，女婿更是个塌鼻梁的，遂询问女儿是怎么回事。原来，这新郎家中穷得一清二空。财主知道上当受骗，马上去揾八婆算账，八婆却理直气壮地说："我早已有言在先，现在却怪得谁人？"双方争执一番后，即去揾乡绅父老评理。这时八婆便把前言重述一遍：

"一攀高大屋，狗座上，狗座落；两步到人前，三个青砖灶；'四伯'沙牛，'五伯'水牛，秆棚大过人，'也无'桑地，'也无'鱼塘，'也无'荔枝，'兼无'呢样。"

乡绅父老问财主，八婆以前是否是这样说的，财主说："话是这样说，但情况却唔相符。"八婆说："只是你自己听歪罢了。"接着又解释说："你不妨再仔细听着。一攀高大屋，是说他只有一攀高的屋。狗座上，狗座落，就是说，这屋实际上有多高呢？狗可以从瓦面上跳下来，又可以从地面上跳上去。两步到人前，就是说，入门两步就碰到床上瞓的人，你把'人'字听成'神'字啦。只有三个青砖垒成的灶。他四伯有个沙牛，五伯有个水牛，他只有二分田，禾秆叠成的秆棚只比一个人大一点。他也无桑地、鱼塘、荔枝，你把'也无'听成'廿亩'。他无鼻子，我已用手指给你睇。是你自己搞错了，怎么能怪得我呀？"顾财主听后只好乖乖地认输，垂头丧气地走了。

[1] 呢样：方言，这个。

讲述者：黄尔崇
采录者：陆秩明
采录地点：新城镇州背村
采录时间：2008 年 8 月
流传地区：新兴县新城镇一带
原载本：《广东民间故事全书·云浮·新兴卷》

异文：讽答媒婆

从前，有个媒婆替一个女子说亲。那女子生怕男方家穷，媒婆就哄她说："他家穷也穷得有个样：一年到头，无须籴谷买米煮，不必斩柴有草烧。"那女子想：无须籴谷买米煮，自然是粮食丰足；不必斩柴有草烧，自然是燃料充裕。于是同意了。不料嫁过去后，却十分穷苦，就来骂媒婆撒谎欺骗了她。媒婆反问说："你过门后籴过谷吗？"她说："无钱，拿什么去籴谷？"媒婆说："那么'无须籴谷'，又错在哪里？"她接着又问："你过门后斩过柴吗？"那女子回答说："自己无柴山，上哪儿斩柴？"媒婆立即说："那么'不必斩柴'又错在哪里？"那女子无言以对，只好窝着一肚子气返去了。

过了两年，那女子借来衣服首饰，打扮得光光鲜鲜，来到了媒婆家。媒婆一见，大为惊异，忙问："你家怎么富起来了？"那女子说："如今生活不比以前，三四月也唔需要挨粥了。只可惜你一直唔去探我，我无法报答你的大恩啊。"媒婆听了，满心欢喜，就跟着她去。媒婆到她家里一睇，只见家具摆设并无什么异样，心里正在疑惑，只见那女子却捧出南瓜来招待她。第二餐捧上来的却只有熟番薯。媒婆忍唔住问："你不是说如今生活不比以前了吗？"那女了又回答说："是啊，只有番薯南瓜填肚，唔需要挨粥了。"媒婆听了，满面通红地走了。

讲述者： 董秀芳
采录者： 张绍
采录时间： 2001 年
流传地区： 高州市泗水镇一带
原载本： 《广东民间故事全书·茂名·高州卷》

附记

该故事类型在广东粤语地区流传广泛。除了本篇及已收录的一篇异文之外，还流传有江门市新会区的《油咀的媒婆不可信》、广州市花都区的《可恶媒婆》、东莞市中堂镇的《"唔冇田，唔冇地"》、佛山市顺德区的《方言闹的祸》、中山市小榄镇、古镇镇的《谐音误媒》、清远市清城区的《穷开心》等异文。

110

『百人媒』巧文牵缘

民国年间，某镇有一梁姓媒婆，四十多岁，读过书，很会说话，肯做好事，常帮人牵红线。因她介绍对象时，总按双方的家庭、人貌、品性来搭对，成就很多姻缘，人们便叫她"百人媒"。

有一回，"百人媒"走亲戚。亲戚住在圩镇上，圩上有一个三十多岁的郭姓男人，知书识礼；只因有一只脚板被山石压碎，医好后成了跛子，无娶到老婆，但学到修钟表修唱机的手艺，日子还过得去。听说"百人媒"来了，便让人叫她到自己租用的店，言说揾女人的事。

"百人媒"返屋企后，左思右想，想到梁姓亲族中有一个年已三十的女子，因为小时上树跌下，被残枝尖石戳伤眼脸，以致斜眼疤脸，无人上门提亲。她觉得这两人也般配。但又想，若让梁女去见郭男，郭男见梁女面容，唔一定同意；梁女虽然面容不雅，但家景富裕，说过唔嫁缺财又无才之人，若见郭男足残家穷，又会讲"宁愿当尼姑"。

"百人媒"心想，天下婚姻哪有十全十美的，很多人婚后忘却缺点，就相互恩爱了。她抱着这观点，便用纸写了这样的字条给梁女，字条是竖写的："才学一身欠足唔缺十指巧艺。"又说嫁郭男唔会饿肚子。梁女表示有意。"百人媒"又到郭男那里，竖写这样的字条："人貌十分丑陋并无一对好眼。"说娶梁女后家会发财。郭男睇了字条也同意。双方有意后，"百人媒"便将两张字条的文字合写一张，给两方父亲睇。这梁家急着要嫁老女，这郭家急着要为老儿子娶媳妇，都同意了。于是择吉日成婚。

轿子将新娘抬到郭家，郭男揭开红头巾，知道梁女是这副面孔。梁女见夫君生得好人貌，心花怒放；拜堂时，见阿郎行路跌跌撞撞，哭丧着脸了。新郎新娘都当场数落媒人讲假话。梁女说"百人媒"欺骗了她。"百人媒"说："写字条给你，你自家同意的，唔怨得我。你说读书唔少，那十二个字应是这样读的：才学一身欠足，唔缺十指巧艺。郭生是欠足脚，但有一手修理手艺。我说唔会饿死人，对吧！"又对新郎说："你知书识礼，那字条这样读嘛：人貌十分丑陋，并无一对好眼。人貌丑也是女人，人貌靓又唔可以当肉当饭。新娘家有钱，你有艺，钱艺结合在这圩镇开个店铺，夫修理，妻做买卖，好日子等着你俩呢！"

"百人媒"见新郎新娘唔质问自己了，又说："你俩拿这两行字去讲我欺骗，人家还会笑你俩连断句都唔识，枉读书！你老男老女让我做媒，我脚底皮走破了，才搵到这么般配的。"然后像唱歌一样说："你两人听我讲：尺有短，寸有长，长短好丑莫要讲。拜了堂，入洞房，天地配定是一对。生米煮成熟香饭，蜜蜂恋紧花心糖。情人眼里出西施，无灯床上皆凤凰。鱼水相依做世界，添丁抱个男儿郎。""百人媒"这么说一遍唱一遍，新郎新娘愁色尽去，后来一家子也生活美满。

"百人媒"的两字条有两种读法的故事传下来，有些教书先生便拿它作标点断句的教学辅助材料。

讲述者： 胡光东
采录者： 胡光焱
采录时间： 2007 年
流传地区： 高州市
原载本： 《广东民间故事全书·茂名·高州卷》

附记

该故事类型在广东粤语地区流传广泛。除了本篇之外，还流传有佛山市南海区桂城街道的《撮合姻缘》、东莞市的《髀长髀短，唔瓜我事》等异文。

111

对联招亲（三则）

（一）

从前，石岐烟墩山脚下有一个聪明美丽的少女，唔单生得好睇，而且十分能干：针线女红，样样在行；琴棋书画，件件精通。长到十八岁，提亲说媒的人几乎踏烂了门槛。但她总唔满意。父母为她焦急，她却唔急，说："让我出个上联，睇谁能对出下联，我便以身相许！"

她的上联是："月清明空夜，今晚断然无谷雨。"上联贴出之后，四乡八镇成千上万的人前来应对，但无一个能对上。那些有钱的花花公子，一心想娶到这位才貌兼备的姑娘，却又望联兴叹，抓耳搔腮。一日，一位书生路过，睇了上联，连连点头称赞写得好，因为上联不露痕迹地嵌"清明""谷雨"两个节令。书生便提笔对了下联。此下联道："风寒露冷日，来朝必定有霜降。"书生此联，的确工整协调，而且也用了"寒露""霜降"两个节令，与上联的两个节令相对。姑娘一睇此下联满心欢喜，马上同意招书生入门为婿。

采录时间：1980 年
搜集整理者：龙戈
流传地区：中山县石岐镇

（二）

很久以前，在五桂山脚下的玉河村内，住着一个姓倪的姑娘。她心灵手巧，才貌双全，远近闻名，求婚的人很多。但她一个也睇唔上眼，决心要自己揾一个合意的丈夫。于是，她在家门外贴了一个上联，言明谁能对出下联，即可成婚。此上联是："巍巍桂山，五峰金緘穿三府。"联语贴切当地的环境，十分巧妙。那些求婚的人，个个搜肠刮肚，苦思冥想，无一个能对出恰当的下联。

一日，有个青年从外地游学到此，睇了此联，说这有何难，马上提笔写了下联："滔滔玉河，一带银线贯九州。"姑娘见了，心中高兴，随口又吟出了一联："妙人儿，倪家少女。"这是拆字联，将"人儿"合成"倪"字即姑娘之姓；又将"妙"字分为"少女"。那位青年听后，不假思索，也应声对道："钟山寺，峙立金童。""山寺"正好合成"峙"，"鐘"字拆开正是"金童"。"金童"对"少女"，正是天合之作。郎才女貌，各有情意，于是俩人便结为夫妻。

搜集整理者：龙戈
采录时间：1982 年
流传地区：中山县红旗公社

（三）

相传，香山小榄过去有个勤劳能干的采桑女，不但容貌美丽，而且能吟诗作对，真是才貌双全。当她到了二八芳龄，上门提亲的不绝。父母要给她订亲，她说："女儿的婚事，双亲不必操心。我有一句下联，谁能对出上联，我就嫁给谁。”原来，她的下联是：“采桑女，摘叶留芯等后生。”

消息传开，唔少人上门应对。一时间，人来人往，车水马龙。这一句联，乍然一睇，是在说采桑叶之事，但仔细思想却是语意双关。原来，它双关着采桑女正在留心等那如意的年轻人。当时，应对之联唔少，但却无一联合她的意。后来，终于有一位年轻朴实、以种植莲藕为生的农民应对了上联。联云：“挖莲郎，盘根提梗寻佳藕。”此联对仗工整，而且也是语带双关，尤其是“寻佳藕”三字，正是双关着“等后生”嘛！采桑女一见此联，心中窃喜，再睇睇挖莲郎一表人才，更是喜逐颜开，欢天喜地。于是，两人便成就了一段美好姻缘。

搜集整理者： 龙戈
采录时间： 1982年
流传地区： 中山县红旗公社
原载本： 《广东民间故事全书·中山卷》

附记

该故事类型在广东粤语地区流传广泛。除了本篇之外，还流传有恩平市那吉镇的《对对招亲》、怀集县大岗镇的《对联招亲》等异文。

112 新房多了一对虾

从前有个东村和西村。东村有个员外，员外有个公子生得高大威猛，相貌堂堂，可惜驼背。但公子发誓：他日成婚一定要娶个花容月貌、如花似玉又唔驼背的黄花闺女。西村也有个员外，员外有个千金，生得如花似玉，可惜是驼背。但员外的千金也发誓：他日成婚一定要嫁个高大威猛、相貌堂堂又唔驼背的如意郎君。此事被一个媒人公[1]知道了。媒人公有意撮合他们的婚事。

一日，媒人公揾到了东村的员外说：“员外，你公子要揾的对象我同你揾到了，是个如花似玉的黄花闺女。不过有个条件员外要答应。”员外问什么条件，媒人公说：“相亲的那天，令郎要骑着高头大马，头向前倾，手牵马绳，掩盖驼背缺陷，面向小姐楼，让小姐睇见公子高大威猛、相貌堂堂，楼上的小姐一定高兴应承。”员外说：“得！容易得很！”

媒人公又到西村，揾到了员外说：“员外，你千金要揾的对象，我给揾到了，是个高大威猛、相貌堂堂的后

[1] 媒人公：替人做媒的男人。

生。不过有个条件员外要答应。”员外问什么条件，媒人公说：“相亲那天，小姐要坐在小姐楼阳台伏着绣花，掩盖驼背缺陷，面向楼下，等骑马而来的后生仔睇见小姐如花似玉，一定满意。”员外说：“得！容易！”

相亲那天，东村员外的公子，骑着高头大马，手牵缰绳，头向前倾，面向小姐楼缓缓经过。楼上的小姐，坐在二楼阳台伏着绣花，面向楼下。楼下的公子睇见楼上的小姐果然如花似玉，好一个黄花闺女，非常满意。楼上阳台的小姐，睇见骑马而过的公子生得高大威猛、相貌堂堂也非常中意。两个的婚事就这样定了。

不久俩人的大喜日子到了。公子隆重迎娶，小姐热闹婚嫁。公子在一班会友的帮助下，处处掩盖驼背缺陷，小姐也在大妗娘和陪伴的姐妹张罗下事事让驼背唔穿煲[1]。热闹过后，新房剩下夫妻俩人。公子急着要了解新娘是否驼背的，小姐也牵挂新郎是否驼背。新郎揭开了小姐头盖：“哗！新娘是驼背的！”小姐认真观着公子的背部也“哗！新郎是驼背的！”结果俩人娶的嫁的也是驼背的。这事被一个秀才知道了，秀才就为此事写了四句打油诗：

郎骑马来姐绣花，因缘前定本无差。
待到洞房花烛夜，新房多了一对虾。

讲述者： 秦雄
采录者： 黄应丰
采录地点： 黄埔区南岗镇
采录时间： 1991 年
流传地区： 广州市黄埔区
原载本： 《广东民间故事全书·广州·黄埔卷》

[1] 穿煲：方言，露馅。

附记

该故事类型在广东粤语地区流传广泛。除了本篇之外，还流传有信宜市的《驼背姻缘》、廉江市河唇镇的《对虾》、湛江市的《大葵扇摆对虾》等异文。

113

莳田招亲

传说民国早期，新塘那边有一大户人家，女儿长大后唔只模样标致，而且是一个莳田能手。那女儿择夫不落俗套，放出口风要选一个莳田高手为夫。消息一传出，一连数天，附近乡村的后生纷纷前往“应试”，但无一人过关。消息传到中堂这边，唔少后生心动，前往“应试”，也都纷纷落选。新塘和中堂两地区，历来都唔乏莳田好手，但那姑娘开出的条件实在太高，是要一日内插完五亩“大造”[1]。因为姑娘本身一日就能插四亩半，她要揾一个比自己“高”一些的人为夫。

立秋后不久的一日，中堂又一青年前往献技。那青年身材高大结实，五官端正，姑娘一见就有几分高兴，接待格外殷勤。隔日天蒙蒙亮，那青年食完早饭便下田了。田还是那块田，足足五亩，只不过这些天是插了又拔，拔了又插。五亩的大造田，可不是容易一日插完的。常人能一日插三亩，便算是好手了。他一下田就唔停地插，中午也唔敢休息食饭，只是喝了几碗已放凉了的糖粥。太阳快落山了，还有“一赛”[2]未插完。那青年汗水早已流干了，脸色通红。到天色麻黑时，终于莳完最后一坎秧苗。就在他要立起身来的时候，不想已在田边等候的姑娘在他身后猛力推了一把，那青年立刻一个趔趄，倒在田中。一帮还在睇热闹的人，便议论纷纷，说人家辛苦一日唔讲，还弄到一身泥水，倒在田中迟迟爬唔起来，这样招亲是不是存心整人。就在这时，姑娘满脸笑容走下田中，也唔害羞，众目睽睽之下挽起青年走上田基，走返屋企去。

结局是人人可知了，但唔解姑娘为何要狠力推人一把。事后姑娘说了个明白，是父亲教她这样做的。因为在高强度、长时间的一日弯腰工作之后，人的肌肉和筋络高度紧张。如果猛然直起伸腰，定会重伤腰骨。所以要推他倒地，缓冲过度的筋骨疲劳，才可直立伸腰。人们一听，才知道她唔单是一个秀外慧中、爱夫有方的好姑娘，还有一个懂事的好老窦[3]。有人说这青年后来入赘女家，也有人说这姑娘嫁过中堂来。

讲述者： 洪祥
采录者： 曾苏贵
采录地点： 中堂
采录时间： 2012 年
流传地区： 东莞市中堂镇
原载本： 《广东民间故事全书·东莞卷》

附记

该故事类型在广东粤语地区流传广泛。除了本篇之外，还流传有佛山市三水区大塘镇永丰村《插禾选女婿》等异文。

[1] “大造”是一种地势较低、一年只插秋季一造的水稻田，又称“大路”，其行距和株距较一般稻田要宽很多。

[2] 莞人称七行禾苗为“一赛”。

[3] 莞人称“老爸”为“老窦”。

114

瘸子先生娶妻

传说，派潭墟有个财主，生下一男一女。男孩愚钝过人，女孩却清秀又标致。

有一日，财主在家门前叹气，路过的农妇就问："老爷你有财又有丁，女儿又清秀，有何唔满足的？"财主说："你有所唔知，我心中所虑，家中下一代子孙都是猪唔大草来大[1]呀，真是愁啊。"

然而，财主的儿子愚钝人尽皆知。待到儿子十几岁，依然无先生来教学。财主在派潭是个出了名的吝啬鬼，着急之下想到一办法，便向外发话："若谁能自愿教我儿子上三年学，就将女儿嫁给他。"

过了几日，有三位先生上门自愿收财主的儿子做学生。一位口齿伶俐，对子一流；一位饱读诗经，兼有武功；而另一位却是瘸子，但文才武略样样精通，并且出口成章。财主觉得三位都是才华横溢，若都能成为儿子的先生肯定成才，于是暗地里同时聘请三位先生轮流为其儿子上课。财主也对他们许下诺言，三年后必将女儿嫁过去。

三年时间一晃而过。待迎亲日子来临之时，几位先生都来到财主门下，争先恐后地要求财主把女儿嫁给他们。但财主回答道："我女儿只有一个，你哋若都娶亲，怎么处理呢？我就一办法，现在叫女儿从这边走到那边去，你哋若谁能先揾到她，便嫁谁吧，好吗？"三位先生再三思量。前两位先生不约而同地同意了，而瘸子先生就非常苦恼，觉得无希望，不过也要尽量尝试，就勉强同意了。

比赛开始了，财主女儿跑了出去。前两位先生健步如飞地追过去，瘸子先生只能一拐又一拐地蹒跚而行。他嘴巴念叨着："一行一撬，系我老婆就会笑。一行一停，系我老婆就会等。"他念叨着经过一座桥，听到财主女儿在桥底哈哈大笑。瘸子先生听到桥底有笑声，知道财主女儿就藏在桥底下。于是他静悄悄走过去，一下抓住了她。财主睇见瘸子先生先揾到女儿，便实现诺言，将女儿许配给他。

[1] 猪唔大草来大：把男孩比作猪，把女孩比作草，意思是前文的儿子愚钝、女儿清秀。

讲述者： 张裕蔡

整理者： 温锐映

搜集时间： 2007 年

流传地区： 广州市增城区派潭镇

原载本： 《广东民间故事全书·广州·增城卷》

附记

该故事类型在广东粤语地区流传广泛。除了本篇之外，还流传有信宜市的《靓姑娘丑佬得》等异文。

115

皇帝女嫁补鞋佬

从前，有一个皇帝，要选一个识得外国文字的人为驸马，就在街头上张贴皇榜。皇榜上写着："有谁能识得榜上一百个外国文字者，即招为驸马……"当时，有个补鞋佬也挤进人群中观睇，睇着睇着长叹了一声，说："啊，我的天哪，可惜一字唔识呢！"他正要走出人群，几个卫士却挡住他的去路，二话无说就推着他去见皇帝。

皇帝听了卫士的禀报，心中十分高兴，心想，榜上一百个外国字，这人识了九十九个，睇来是个了不起的人物呀！当日就令女儿与补鞋佬拜堂成亲。

新婚之夜，皇帝的女儿问丈夫，今日榜文上一百个外国字，究竟是差哪一个字唔识。补鞋佬照实地说："我不是说一个字都唔识吗？"皇帝的女儿再三追问，补鞋佬还是这样回答。皇帝的女儿连声叫苦："哎呀，糟了，糟了！"

第二日早上，新娘把事情告诉了父皇。皇帝懊丧地想，如今生米已煮成熟饭，怎么办呢？他一边安慰女儿，一边叫她唔好将事情张扬出去，以免别人笑话。

一日，皇帝摆酒请客，朝中的大臣都来了。酒过数巡，有的大臣想亲眼睇睇这个新驸马爷的本领，就请他教识外国字。补鞋佬心里慌张起来，但他忽然记起昨夜妻子教给他的说话，便镇静下来，说："诸位大臣，大家可以高高兴兴地饮酒，唔准问话。古人说，扁古开天地，君子食不言寝不语。"大臣们听得就笑了起来，说："驸马爷呀，书上写的不是盘古开天地吗？哪里见到有个扁古呢？"驸马爷急中生智，说："诸位，笑什么呢？扁古是盘古的老爸嘛！"这一来，弄得大臣们个个瞠目结舌，暗暗吃惊，心想，我哋怎么连盘古有个老爸都唔知呢？这驸马爷唔愧是个博学多才的人啊！

有个老臣感到唔服气，他决定揾个机会亲自试试这个补鞋佬的真才实学。一日，他约补鞋佬来到一个地方，说是要与驸马爷比手势。补鞋佬硬着头皮答应了下来。先是这位老臣，用一个指头指向天上，补鞋佬用一个指头指地下；老臣举起三只手指向上，补鞋佬向下伸出五只手指；老臣用手指指肚子，补鞋佬就将手掌往自己的屁股上一拍，吓了老臣一跳，转身就跑。

老臣返去告诉大臣们，说："这个新驸马确实了不起。我示上有天，他示下有地；我示上有三皇，他示下有五帝；我表示有满腹经纶，他表示不及他放个屁。"这回大臣个个都口服心服了。

皇帝的女儿得知老臣约她丈夫比手势，心里非常着急。补鞋佬一返来，皇帝的女儿就问开了。补鞋佬说："老臣示我会唔会补乌纱帽，我示只会补皮鞋；他示我补一对皮鞋三两银子可以吗，我示至少五两；他又示我用肚皮补鞋好唔好，我示屁股的皮最多。"

从此以后，大臣唔敢欺负这个补鞋佬了，他安安乐乐地当驸马爷了。

讲述者： 周长青
采录者： 周凌云
采录时间： 1987 年
流传地区： 肇庆地区怀集县
原载本： 《广东民间故事全书·肇庆·怀集卷》

116

让淑女

端芬有条山美村，村门前有一条小河，这条小河是咸淡水的。山美村很多劳苦大众每日带着“篓仔”[1]在这地方捉鱼虾蟛蜞以补助家庭生活。其中一个叫梅菊姐，经常在这河边捉蟛蜞。离山美村唔远有一条叫塘头村，这村有一班阮氏兄弟经常在河边做木工。其中有个叫阮洪，有一手木工好手艺。他的儿子阮阿四每日都在河边草滩放牛。一日，梅菊姐照例又到河边捉蟛蜞。她拌好糠饵，把“篓仔”放下水去，一会儿捞起“篓仔”，见有几个蟛蜞在“篓仔”的边沿。梅菊姐欢喜极了，急急忙忙把“篓仔”一抖。谁唔知“篓仔”被一条芦苇卡断条绳，篓仔“咚”一声跌落水去。菊姐担心蟛蜞走了，就赶快卷起裤管跳入河里，捞回“篓仔”一睇，蟛蜞还在。谁料在她跨上岸的时候，蟛蜞在“篓仔”边爬出来，其中一个大蟛蜞跌落在菊姐的大腿上。菊姐想甩脱它，怎知蟛蜞张开两个大螯钳住菊姐的肌肉，痛得菊姐哇哇大叫。在河对岸的阮氏一班木工见菊姐被蟛蜞钳住大腿，嘻哈大笑，无一个人走去解救菊姐。放牛仔阮阿四见到这样的情景就说：“菊姐，你唔好怕，我帮你扯开它。”说完，阮阿四卷起裤管，一脚跨入芦苇丛，一只手用力将蟛蜞一扯。怎知蟛蜞坚硬的螯死钳唔放。阮阿四急忙俯低个头，张大个口，一口咬住蟛蜞一扯，果然将蟛蜞咬开。菊姐腿微红出血了，阮阿四说：“菊姐，痛唔痛呀？我帮你擦下吧！”阿四正想用手去擦菊姐的大腿，旁边那班木工睇见就哈哈大笑起来，弄得阮阿四与梅菊姐一时满面通红。阿四说：“你哋唔好笑，我一阵打你哋。”那班木工“咿……”一声，笑得更大声了。还有一个人唱起民歌新娘歌调来了：“山美有个梅菊姐呀，塘头有个阮阿四，两人有情又有义。梅菊姐，被蟛蜞钳大髀[2]；阮阿四，用手掰唔开就用口啮[3]。两人同心定佳期。”“嗬哟……”众人大声附和。梅菊姐同阮阿四听见木工唱这一首民歌，虽然面红耳赤，但心里却甜甜的。

这件事之后，梅菊姐同阮阿四时常都相见。两人青梅竹马，情感越来越深。随着时间过去，两人也逐渐长大了。一日，阮阿四苦着面对菊姐讲：“菊姐，我要同你分别了。”“四哥，为什么要分别呀？”“我父亲在家耕田，天灾人祸，唔可以过生活了，要把田地变卖，准备到南洋去。我父亲是木工，有一手好手艺，南洋木工最兴旺，希望在那里发挥所长，混个好日子。”菊姐说：“四哥，你放心去啦，我是唔会忘记你的。”说完，梅菊姐拉着阮阿四的手在阮氏的土地庙里，跪下表真心：阿四非菊姐唔娶，菊姐非阿四唔嫁。阿四说：“我家贫穷，无什么好礼物，只有铜钱一个。现拗开两边，一人一边，待将来钱圆人圆吧。”菊姐说：“四哥，你放心，一年、十年，我都等你。”就这样，两人就分别了。

阮阿四跟随父亲到了南洋，但怎知在南洋生活也是很困难，又连续大半年遇着打仗，再加上瘟疫流行，阮阿四父母染上瘟疫相继而亡。剩下阮阿四一人，到一间杂货店打工，每年积蓄甚少。由于遭遇悲惨，因此无心神给菊姐写信。梅菊姐自从与阮阿四分别之后，几年过去了，却唔见阿四音信。父母见菊姐已长大成人了，男大当

[1] 篓仔：捉鱼的竹篓。

[2] 大髀：方言，大腿。

[3] 用手掰唔开就用口啮：用手掰不开就用嘴咬。

婚、女大当嫁。菊姐的母亲一提到婚事呀，菊姐就极力反对说：“阿妈、阿爸，你哋唔好催我，我自有分数。”父亲说：“阿四已经一去四年了，杳无音讯，你又何必再等他呢！”“阿爸、阿妈，我一定等。你哋若是再逼我，我就唔食饭。”无可奈何，转眼又过两三年了。十八廿二唔出嫁，在过去封建社会已经是老女了。菊姐阿妈不得不派人到塘头村阮氏调查阮阿四的下落。当时阿四有一个堂侄，嫖、赌、饮、吹样样占足。他自己的房产已经变卖空净，见阿叔阿四还有一间祖屋，就想变卖它。但村中人个个知道祖屋是阮阿四的，谁敢跟你买呢？所以他就放出谣言，话阮阿四已经死去了。村中人半信半疑。菊姐的父母带着这个消息返屋企对菊姐讲，要菊姐出嫁。菊姐听了也半信半疑。又过了一些日子，父母又催了几次。菊姐说：“阿爸、阿妈，你俩肯唔肯让我再等一年？如果阿四确是无消息，我就顺从啦。”怎知很快又一年过去了，阮阿四仍然无消息，菊姐这时也再无理由拖延了。父母睇见菊姐肯出嫁，就立即放出“年庚”[1]。由于菊姐人生得美丽、贤淑，媒人以前经常来说媒，都被菊姐拒绝；今日菊姐肯出嫁的消息一传出，媒人蜂拥而来了。当时，阮氏的邻村西郭有个人姓梁名洪，打发他的儿子梁广赴南洋接祖父的产业。梁广自从在南洋接了祖父的产业之后，发挥自己的才能，不久就发达起来了。梅菊姐的年庚一放出，媒人一牵线，梁洪就非常中意，于是就立即发封信去南洋，催儿子返屋企成婚。梁广接到父亲的书信，简单执拾一些行李，把生意交给掌柜掌握，自己就起程返乡去了。

再说阮阿四到南洋谋生已经六年了，光阴如流水，一无所成，积蓄唔多。一日，他突然从腰带中摸到一件物，这就是半边铜钱。他不由想起过去在神庙里与菊姐定情的情景：一个铜钱分两边，钱圆人圆。已经五年来了，音讯全无，一定耽误菊姐了。数年来虽然自己积蓄唔多，但船费还够，我也要返屋企与菊姐成婚，了却心愿之后再出南洋。一经决定，阮阿四也买了一条回唐山的船票。嘿，事有凑巧，原来是和梁广同坐一条船，而且两人的床位刚好相近。两人谈起是同乡，分外亲切。梁广这个人仗义慷慨，阮阿四这个人诚恳朴实。两人一见如故，在船中结拜为兄弟。两人互相问起返屋企做什么，梁广就把承父母之命返屋企结婚的事讲了，阮阿四也讲出返屋企见意中人。梁广一听就说：“嘻，这样就巧了，大家都是为着同一件事。不如这样啦，你在家中无亲人，先到我家中，等我婚事办完后，我同你一起揾你的意中人，好吗？”阿四说：“也好，反正我父母在南洋已经去世了。”

到了梁广家中，梁广非常怜爱阿四，另开一房让他居住。父母见儿子返来，立即筹备婚事。成婚那一日，梁家宾客盈门，饮酒食肴。一日闹过了，转眼已日落西山，闹洞房的时间到了。阿四对梁广说：“广哥，因为忙办婚事，未曾请教阿哥，新娘哪里人氏？叫什么名呀？”“四弟原来还唔知吗？新娘是端芬山美村的。”“山美的？什么名呀？”“梅菊姐。”阿四一听梅菊姐三个字，头脑嗡的一声，像失晕那样。诚恐自己听错，再问一声，确实无听错，于是就心神不定，一步步走回房中眠在床上，唉声叹气。一时怪梅菊姐变心，一时又认为梅菊姐唔会变心，一时又叹自己无能。转眼，闹洞房开始了。新娘由两个大婶扶出，走到各人面前，由老到少，由亲到疏，逐个敬茶。嘻嘻哈哈、乱七八糟的声音传出，阮阿四按捺唔住了：究竟是不是菊姐呢，让我过去睇一睇。他走入新娘房，在一个角落坐下来。新娘正在敬茶，一直敬到阿四面前。阿四接过杯茶，一眼望上梅菊姐的脸相，这正是日夜思念着的梅菊姐。阿四他心头一怔，茶杯忽地跌落在地上打碎了。在场的人认为阮阿四失礼，都对他投以鄙视的眼光。新娘菊姐也有这样的感觉，但唔敢抬头细睇，因此也认唔出阮阿四返来。阮阿四心神痛苦，想唔到菊姐如此变心。好，你变心，我就要刺返你一针，以消心头恨。阮阿四于是站起身，说：“我也来贺句新娘新郎。”菊姐听到声音很熟悉，也留心听他唱。阿四唱：“山美有个梅菊姐呀，塘头有个阮阿四，两人有情又有义。梅菊姐，被蟛蜞钳大髀；阮阿四，用手掰唔开就落口啮。两人同心定佳期。”阮阿四唱完这首歌后，梅菊姐情不自禁，拨开两个阿婶，一手挽住阿四，泪流满面地说：“四哥，妹妹对唔住你呀！”阮阿四紧握着菊姐双手说：“菊妹，愚兄无能啊！”在场的人见到这般情景，误以为阮阿四是流氓之徒，引诱新娘，有

[1] 年庚：生辰八字。

的摩拳擦掌、喊打喊杀。但梁广为人胸襟广阔，见到此情此景想到必有原因，他就拨开人群，走近菊姐身边，一只手拉开菊姐，一手拉开阿四说："四弟，你哋两人必有一段前因后果。各位兄弟婶母暂时走出去。"人们见梁广不以为意，就纷纷走出房去。梁广拉着阿四的手回到他的房中，说："四弟，今日是我的好日子，怎解你做出一些这样的事来？"阮阿四就把怎样与梅菊姐相识，菊姐怎样被蟛蜞钳大腿，他怎样下手掰唔开就用口啮，同村木工怎样编造这首歌；怎样临行时在神庙定情，两人如何等三年五年十年；分别时，又如何把一个铜钱拗开两边，两人各存一边，待将来钱圆人圆的事，一五一十、详详细细讲给梁广听，并且拿出半边铜钱给梁广睇。梁广拿着半边铜钱说："四弟，你等一等。"就走出房外去问梅菊姐。菊姐也将实际情形一字不错地对梁广讲了一遍，并且从怀中掏出半边铜钱。梁广一睇，将两边铜钱一合刚好完整一个铜钱。梁广说："好，你放心。"他走了出房，直揾父母亲。阿爸阿妈一见梁广就说："事情到此，你还包庇他？"梁广说："阿爸、阿妈，你俩有所不知了。你俩从小不是教我唔做坏事吗？""当然，过去教你唔做坏事，现在也教你唔做坏事。""好阿爸、好阿妈。"于是他将梅菊姐怎样与四弟相恋情形一五一十讲给他俩听，并且说："阿爸、阿妈，你俩说这对有情人应唔应该让他们终成眷属呢？"他妈说："唔得。他们虽然是旧恋人，但我凭父母之命、媒妁之言，况且而今又过了门，岂能转让呢！"梁广说："妈，你这样说就唔对了。我娶了梅菊姐是有两罪。""哪两罪呀？你讲。顺耳则可，唔顺耳我一定唔愿意。""妈你教我唔做坏事。我现在与四弟结拜为兄弟，情同骨肉。我做哥，他做弟；哥娶弟的意中人，这样是不是缺德呢？"他爸妈一想也是呀！"第二件又怎样？""妈，四弟家贫，去南洋数年所积无多，返来就想完成多年的心愿。我是兄长，又是有钱人家，若果乘人之危，以富欺贫，夺人之妻，这就是不义呀！不德不义孩儿又怎样立足于社会呢？阿爸、阿妈，这两件事是不是坏事呀？"梁广父母一想，孩儿道出这两件事，确有道理。但今日摆了喜酒，拜过了堂，怎么能变卦呢！梁广见父母仍有迟疑，就接着说："爸、妈，我和四弟情同骨肉，好唔好趁这吉日良辰，把菊姐让给四弟，等有情人终成眷属。这样我梁门有德有义，千古美传了。好女仔[1]，满眼都是，我另对一个，你哋说好吗？"梁广父母一听孩儿这样讲，也就同意了。阿爸、阿妈说："好！这样孩儿你马上让他们成婚吧！但怎样向亲朋戚友解释？""易！"梁广立即把房门打开，这时人声嘈杂，梁广左边拉着父亲手，右边拉着母亲的手，对大家说："叔伯婶母请静一静。现在我为新郎，作为证婚人，又怎样变为主婚人？大家听清楚，我梁门以德以义为重。"他把阮阿四与菊姐恋爱过程一五一十向大家讲，并把两边铜钱一合，说："这两边铜钱现在应该成为一个了。"梁广讲得道理篇篇，德义双全，乡亲无不赞好。有个二叔是和梁广最亲的，说："好，侄儿，你这样做好！但要把门口的对联改一下。"梁广说："阿叔，你说怎样改，你就叫人去改吧！"二叔立即走出门口，执笔把梁门迎亲对联改成这样："梁门德重让淑女，阮梅情深结良缘。"就这样阮阿四与梅菊姐终成眷属了。梁广德义双重，留传后世。

讲述者： 陈森，男，48岁，端芬平洲村农民，小学学历

采录者： 梅惠华，男，45岁，端芬文化站干部，初中学历

陈强，男，49岁，台山县文化馆干部，大专学历

采录时间： 1987年10月9日

流传地区： 台山县

原载本： 《中国民间文学集成·广东卷·台山县资料集》

[1] 好女仔：方言，好女孩。

117

罗重与梁贞妹

罗重与梁贞妹，大家都出身贫贱家庭，又是邻村人，两家相距唔远，田地相连。他们从小就常在一起玩。罗重仅大梁贞妹两岁。随着年龄的增长，他们又同大人一起到田里劳动。罗重上山放牛，梁贞妹就上山割草。罗重到坑里戽鱼[1]，梁贞妹就在一旁把鱼捉到鱼篓里。罗重去趁圩[2]，梁贞妹就担草去圩卖。两家的父母见他们从小合得来，又是“竹门对竹门，木门对木门”，一说就给他们订下了亲。

到了十五六岁的时候，梁贞妹越长越漂亮。罗重的家庭却发生了变故，父母相继去世，罗重被逼给财主上山斩柴为生。这以后，梁贞妹便每日上山割草，从家里悄悄地带些米给罗重晚上返屋企做饭，天开落水[3]从不间断。这时，有个陈姓的财主出大钱要娶梁贞妹为媳妇。梁贞妹父母在财主的威逼利诱下，无可奈何地答应了陈家的婚事。但梁贞妹却坚决反对，表示只有罗重娶她，她才出嫁。

一日，罗重上山斩柴，梁贞妹便上山割草。罗重同梁贞妹在山里相会。为情势所迫，梁贞妹便大胆向罗重讲出了父母要她嫁陈姓地主的经过。罗重问梁贞妹：“你的意思怎样？”梁贞妹说：“只要重哥唔变心，重哥娶我，我才嫁。”罗重说：“我已父母双亡，无人做主，无力娶你，怎么办？”梁贞妹说：“这个你唔使忧[4]，你简单办个礼就得了。我割草卖已私下积了些少钱，你拿去就够用了。”罗重听梁贞妹情真意切，十分感激。梁贞妹接着又说：“但是，现在父母要把我嫁给陈家，陈家已择定日子，准备娶我了。这怎么办好？”罗重说：“我哋出走！好吗？”梁贞妹说：“走？走去哪里？怕也不是办法。”罗重又说：“告他！上官府告状去！”梁贞妹心一沉，说：“告？能告赢吗？”罗重说：“告得赢就好，告唔赢就抢！罗家穷人多，也唔怕他。”

几日后，罗重果然请人写了状纸，告到了县衙里，告陈家乘人之危强娶民女，破坏罗梁两家婚事。县太爷虽受了陈家的贿赂，但开堂审判时见罗家人多势众，且理直气壮，终唔敢判给陈家。最后，糊涂县太爷只判定：由县衙定下月十五为吉日，罗、陈双方同时娶亲，梁家女上谁的轿就是谁的人。陈家心想，罗家穷得连命都养唔住，梁家女点样也唔会上罗家的轿。

娶亲这日，陈、罗两家的花轿都抬到了梁家门口。陈家新花轿特别醒目，客郎[5]摆了一队，礼物堆了一屋。罗家花轿半旧，礼物甚少，但来的人却有几十。下午，梁贞妹被红红绿绿的送嫁娘们簇拥着出屋，但梁贞妹却甩开了她们，上了罗家的轿。这时，陈家财主被惊吓得目瞪口呆，接着便一声号令：“抢！”陈家客郎便一齐冲向罗家轿门。但罗家来的几十人也不甘示弱，也一齐喊：“斗！”便蜂拥地围了过去。这时，门前的几十个乞丐也一齐拥上去帮助罗家，见着陈家财主的人便冲过去捧打相斗。陈家财主斗唔过，又见乞丐中有的是麻风佬，便眼睇住梁贞妹乘坐的罗家花轿抬走，也终于无可奈何。

[1] 戽鱼：方言，捉鱼。

[2] 趁圩：方言，赶集。

[3] 天开落水：方言，晴天雨天。

[4] 唔使忧：方言，不用担心。

[5] 客郎：伴郎。

罗重与梁贞妹终于结了婚，实现了两人自小订下的心愿。

讲述者：李炳南，男，53 岁，初中学历，罗定县太平镇农民

采录者：谢可江，男，40 岁，高中学历，罗定县博物馆临工

采录时间：1987 年 5 月 3 日

流传地区：罗定县

原载本：《中国民间故事集成 · 广东卷 · 罗定县资料本》

118

算得灵

有一位员外，有很多财产，可惜无儿子，只有一个女儿，生得好靓，年近有十九了，还无揾到女婿，唔免心急起来。一日，他老婆对他说，揾个算命先生给女儿算支命吧，睇女儿何时揾到丈夫。员外听从他老婆的话，出门去带回一位算命先生。但这个算命先生是假的，他听完员外女儿的年庚八字后，假意装模作样，屈指捏算，然后信口开河，说这命如何如何好，将来一定能嫁官嫁宦嫁状元郎。员外听了很高兴，便留假算命先生在家食住，待为上客。过了一段时间，假算命先生怕露出马脚，便偷偷溜走了。员外见算命先生走了也唔追问，但他老婆却说，唔好相信算命佬了，你到外面去揾，睇有合适的就招作女婿好了。

员外听见老婆的话有道理，便出去揾女婿。第一日他遇到一个自称“睇破天”的人。员外问他：“你真能睇破天？”睇破天回答说：“我唔但能睇破天，还能睇破墙呢。”员外即把他带返屋企来，指着家里的九个大缸说：“你能睇出这些缸里装的是什么东西，我就把女儿许配给你。”还无等员外说完，睇破天便将九个大缸里的东西一样一样说了出来，一点不漏，一件不错。员外欢喜，便

将睇破天留下住在客室里，准备成亲。但员外老婆却说：“天下这么大，能人多呢，再去揾揾睇。”

员外听从老婆的话，又出门去揾。一日遇见一个打鸟人，便问：“你有什么本领？”打鸟人说：“我射的箭百发百中，唔信射给你睇。”说完后，他睇见竹林尾有一只小麻雀，拿起一块石头把鸟打飞，接着拉起弓，等到那小麻雀都睇唔见了，才“嗖”的一箭射去，唔偏唔倚正射中小麻雀的屁股跌下来。员外很欢喜，就把他带返屋企来，招呼在客室里。员外的老婆又说：“天下这么大，能人多着呢，你再到外面揾揾睇。”

第二日，员外又上路了。撞见一个捉鱼佬，便对捉鱼佬说：“你有什么本领？”捉鱼佬回答说：“唔理什么鱼，如果我要捉，都能捉得到。唔信，捉给你睇。”说完便从鱼篓里把刚捉到的一条活蹦蹦的鲤鱼，做个记号，放回海里。过了好一会儿，才“吱”一声跳进海去，不久就把刚放走的鲤鱼捉返来。员外睇过记号，果然唔假，便又把他带返屋企来招呼在客室里。员外的老婆再说：“天下这么大，能人还多着呢，你再揾多一次。”

第二日一早，员外又出门去揾。他遇见一位包医生，即刻问：“有什么本领？”包医生回答说：“死人都包医生。”正好这时有一个人死了孩子，正用草席包着准备扛到山上去埋。他便走上前去摩摩下，撬开嘴，灌了一些草药，那死了的孩子果然复生了，孩子的父亲千多万谢。于是员外又把包医生带返屋企来。

这回他老婆虽然无再说了，但也够麻烦啦。他只有一个女儿，现在可来了四个人，怎么办呢？还是按他老婆说的办，抛球招亲，睇他们四个人中个好彩数。

员外吩咐人搭起一个几丈高的彩楼。择好吉日，让小姐登楼抛球。但当小姐登上楼顶时却突然刮来一阵狂风，“呼”一声把小姐吹得无影无踪。众人大惊，员外伤心地大哭：“女啊！女啊……”好伤心。他老婆镇静地说：“不是有睇破天的人吗，叫他揾揾。”员外恍然省悟，忙叫睇破天揾。睇破天说：“我早就睇到了，就在那边云层里。但怎让她下来啊！”打鸟人说：“我把她射下来。”打鸟人按照睇破天所指的方向，“嗖”的一声，一箭射去。这一箭是把小姐射下来了，但是却跌进了海里。打鱼佬自然自告奋勇“扑”一声跳进海里，很快便把小姐抱了上来。但小姐经这一箭一浸，自是无命了，当然又得睇包医生的了。只见包医生施展医术，摸摸捏捏，无一筒烟的工夫，便把小姐救活了。这次就更麻烦了，大家都争功。睇破天说是他揾到的，小姐归他；打鸟人说是他射下来的，小姐应归他；捉鱼佬说，是他从海里捞上来的，小姐应归给他；医生却说，小姐是他医翻生[1]的，小姐当然属于他。他们都各有各的道理，争得难解难分，便拉拉扯扯告到新科状元巡案大人那里。巡案大人问明情况，也很难断案，便召来小姐，由她当面选择。小姐到了公堂，取出绣球一抛。这绣球并不是向睇破天、打鸟人、捉鱼佬和包医生等四人抛去，却是落在了巡案大人的头上。包医生等人睇此情况齐说，我哋无缘分，就让小姐配巡案大人吧！巡案听了也很欢喜，即择吉日成亲并打赏各人一笔厚礼。

员外的女儿和巡案大人成亲后一个多月，那个溜走的假算命又跑了返来对员外说：“我算定你女儿是嫁官嫁宦的，你又去揾什么睇破天、捉鱼佬……”员外夸奖说：“你算的命真灵。”

讲述者： 阿卜，汉族，已故，安铺人，初小学历
采录者： 梁雁
采录地点： 安铺镇
采录时间： 1984 年 3 月
流传地区： 廉江县安铺镇
原载本： 《中国民间故事集成·广东卷·廉江县资料本》

[1] 医翻生：方言，治得起死回生。

119

鸡肉餐

从前，有兄弟两人，父母双亡。兄长娶了一位年轻貌美，十分贤惠的妻子。从此，家里打理得有条有理的。过了一段时间，嫂子睇见叔子有点愁眉不展，感到奇怪。有一日，她问叔子："叔子，你近来有什么唔舒服？"叔子低着头，脸红得像关公一样，只摇了几下头，便走出去。细心的嫂嫂凭自己的经验，判断他睇见哥哥娶了漂亮的妻子，自己也想娶一个，于是与丈夫商量，决定给他揾一个。但唔知揾谁好。这却把兄难住了。妻子说："这事包在我身上。"她左思右想，东比西较，终于选定了自己的表妹。

事情就这样定下来。嫂嫂做媒，叔子迎亲。这天，确是喜气洋洋。拜过天地后，新郎、新娘便入洞房。新郎望着红绸披头的新娘，心里甜滋滋的，心想：嫂子做的媒，这娘子肯定是十分漂亮了。想着想着，便蹑手蹑脚走近新娘，轻轻揭开红绸，定神一睇，"啊"叫了一声，立时心也凉下来。原来新娘脸上生着很多黑麻粒，确实令人吃惊。这时，新娘也惊慌得双手掩着双颊。这一晚，不欢而散，新郎气冲冲跑回"寡佬屋"瞓觉。

第二日，嫂嫂知道了此事，决定用计说服叔子。她一连宰了两只鸡，然后做成白斩鸡菜式，用一个花纹瓷碟和一个黑色而粗糙的钵头来装。食饭时，嫂子笑着对叔子说："今天菜式花样新，大家先尝一下这两碟鸡肉。"叔子一向爱食鸡肉，一睇是鸡肉便举筷品尝。嫂嫂问道："味道如何？"叔子说两碟味道一样，毫无差别。嫂子一语双关地说："这两碟菜式一样，同出一镬，下料也一样。只是盛装的碟钵唔同，前者好睇，后者粗糙，但菜式一样。我哋食的是鸡肉，不是食碟。比如娶老婆一样，要的是人品，不是睇外貌。"嫂嫂一番感人肺腑的话语，使叔子听后面红耳赤。他望了一下新娘子，低下头来。

自此，叔子和新娘子相亲相爱，和谐到老。

讲述者： 赵三
采录者： 梁铁光
采录地点： 高要莲塘镇
采录时间： 1986 年 3 月
流传地区： 高要县莲塘镇
原载本： 《广东民间故事全书·肇庆·高要卷》

120

订灯续缘

车龙未出生时，父亲便与他人指腹为婚，双方的父亲和媒人都是在朝廷做官的。约定如双方出生的同是男或同是女，则日后成为兄弟或姐妹；如是一男一女，则联姻，不得反悔。

胎儿出生后，果然是一男一女。后来双方父亲都去世了，但无将孩儿与人已有婚约之事告知妻子，幸好媒人还在世。小姐十八岁时，便有人上门说媒了。原来的媒人就到她家告知其母亲当年的婚约，叫她唔应接受他人的婚聘。小姐的母亲将此事告知女儿，说她早已许配给车龙了。

小姐知道这事后，使丫鬟外出打探车龙的情况。丫鬟回报说，车龙是以做灯卖灯为生的。小姐又叫丫鬟去车龙那里订制十盏灯，要特别加工的，工钱可加倍，并要车龙亲自送来。

车龙将灯送到小姐家。小姐在楼上偷睇车龙，见他生得英俊潇洒，当即便睇上了他。

小姐叫丫鬟立即上街买对吊箩返来，同时又叫丫鬟请车龙稍等一会，说米未筛净，自己马上写好一封信。吊箩买回，小姐将许多金银和一封书信放入吊箩，面上铺上米，送给车龙。

车龙一挑，几乎挑唔起，心中以为小姐故意为难自己，不禁骂道："这个小贱人，无钱又学人买灯，给米……"总之什么话都骂出了。小姐无介意，只是每听一句，就用双手做个叫他出去的手势。

车龙将吊箩挑返屋企。他母亲做饭时，将吊箩的米倒出，发现里面有许多金银和一封书信，便将信交给儿子。车龙睇完信后大吃一惊，知自己错怪了小姐，于是将自己如何对待小姐的事讲给母亲听。

他母亲就叫儿子赶快买些肉和一只鸡，放入吊箩，并且也写下一封书信，趁还吊箩时向小姐请罪。车龙见到小姐，躬身作揖说："误会了小姐，请小姐原谅。"

后来车龙金榜题名，高中状元，小姐也过了门。

讲述者： 王序钧
采录者： 周凌云、黎红日
采录时间： 1987 年
流传地区： 肇庆地区怀集县
原载本： 《广东民间故事全书·肇庆·怀集卷》

121

银娥

传说明末年间，中洲有个年轻美貌的姑娘，名叫银娥。因父母早丧，一直跟着哥哥过日子。哥哥胆小怕事，嫂嫂尖酸刁蛮，是家中霸王，一概事务都归嫂嫂掌管。

俗话讲光阴似箭，日月如梭。不觉间银娥已长成一个似模似样的大姑娘。来说亲的媒人日日都有，把她家的门槛都踏平了。但银娥谁都唔中意，因为她早已和本村从小青梅竹马、如今勤劳聪明的殷成暗订了婚盟。

嫂嫂对银娥的婚事也费尽了心机，一心想攀上一门有财有势的亲家。一日，她刚送走替财主张有财来提亲的媒婆“返生猫”，就笑口吟吟地对银娥说：“阿娥姑，古语有话，‘长哥当父，长嫂当母’，如今你的婚事就由我替你做主了。我一定为你选一个包你一生享尽荣华富贵的如意郎君，到时你唔好忘记嫂嫂就是了。”银娥听了，心里早已明白嫂嫂的居心。只因自己是小姑，唔好明抗，便说：“好嫂嫂，多谢你一片心肠，我承领了。不论嫂嫂选中哪家哪户，我都甘愿遵从。但要答应我两个要求，唔知该唔该说？”嫂嫂以为银娥已经依顺自己了，就满心高兴地说：“好乖的小姑呀，只要你听嫂嫂的话，唔好说是两个要求，就是两百个也唔紧要。你说吧。”银娥说：“既然嫂嫂有言在先，那就恕我直言了。第一，不论你答应哪家哪户，那家的男子都要送我三条无节竹和三条有节杉作聘礼；第二，喜日时，要给我哋家送四条有眉鱼，四只无眉猪作为迎亲佳肴。”有道是贪者愚，愚者贪。恶嫂嫂听完还不明就里，就满口答应了银娥。

第二日，银娥嫂嫂还叫丈夫把这两个要求托人用红纸抄出来，张贴在自家门口。红榜贴出后，过路人读了都掩口而笑，来求婚的人读了摇头相叹。从此，银娥家门一反常态，在热闹中变得冷清下来。恶嫂嫂睇睇唔对路，就去问“返生猫”，“返生猫”照实点明了原因：“这世上哪里有无节竹、有节杉？又去哪揾有眉鱼、无眉猪？你家姑娘摆明是让人唔好上门提亲。”恶嫂嫂听了如梦初醒，才知上了银娥的当，捋袖拍案说一定要狠狠惩治银娥。谁不知早在前一日晚上，银娥和殷成趁着月黑风高，一同远走高飞了。传说他们后来都投到阎王和高夫人手下。不久，高夫人就成全了他们这桩婚事。

讲述者： 李廷汉
采录者： 曾成才
采录时间： 1987 年
流传地区： 肇庆地区怀集县中洲镇
原载本： 《广东民间故事全书·肇庆·怀集卷》

122

父子同时拜堂

很早以前，有一位秀才上京考试。一日，他在一家客栈投宿。老板有一个女儿，她与秀才一见钟情，当晚两人便私订终身。秀才将自己心爱的纸扇送给了小姐，作为定情信物。第二日，秀才告别小姐上路了。

转眼几个月过去了，秀才一点音信也无，他父亲便出外揾揾儿子。在路上遇上一少妇，相互谈了起来，得知她也是寻人的，并拿出秀才送给她的纸扇。父亲才知她是自己的儿媳妇。原来客栈老板近日发现女儿有了身孕，认为她干了见唔得人的事，便将她赶出了家门。小姐只好外出揾丈夫，想唔到途中与家公相逢。秀才父亲便将她带返屋企，过了几个月婴儿出世了。

十八年后，婴儿长大成人，家里人给他说了一门亲，并选好成亲的日子。吉日到了，家中张灯结彩，一派热闹非凡的场面。碰巧在外十八年的秀才也返屋企了。秀才一睇这场面，心想：家人怎知我返来呢，竟张灯结彩迎接我？见过父母才知道是自己儿子成亲。他对父母说："我和你哋的儿媳妇未拜过你哋和祖先，现在干脆一齐行拜，免得以后补办。"

就这样，当天父子同时拜堂。

讲述者： 吴一善
采录者： 周凌云、罗少山
采录时间： 1987 年
流传地区： 肇庆地区怀集县蓝钟乡
原载本： 《广东民间故事全书·肇庆·怀集卷》

123

门当户对

从前，有两个员外。一个员外生下三个丑女：大女无耳，二女盲眼，三女歪嘴。另一个员外生下三个丑子：大子走路脚尖点地，二子走路脚尖圈地，三子走路脚尖拖地。但两个员外彼此相距很远，无法了解彼此的底细。两个员外都财势相当，双方的子女都希望能揾到好丈夫、好妻子，亦希望门当户对，也想揾个三对子能对上三个女的人家，便托人到处说媒。

由于这两个员外平时对各自的乡村群众都很刻薄，所以村里的人都有意戏弄他们。各自的媒人正好揾到了对方的家庭，说媒时，男家说男的人品好、知书识礼，女家说女的美丽动人、善歌能织。双方一说即合，便要求相亲。双方为避免露出破绽，男的要女的到家，女的要求男的到家，相持不下。最后，只好男家主动到女家去。为了遮丑，事前男女双方都想好了计策：男家三兄弟唔骑马，只坐马车去；女家三个女穿好衣服，无耳的就用长发遮盖，盲眼的就戴起茶晶眼镜，歪嘴的就用手帕装做托腮的样子。

男家三兄弟一到女家门口，女家丈母便来迎接。首先，二子对迎接的人说自己不但会吟诗作对，而且会写外国文字。说着，便下车沿地划圈进了女方家门，唔等别人请坐就已坐在凳上一动唔动了。大子见二弟想出好计进去了，于是便说自己也会二弟写下的外国文字，他的跛脚便沿途点着，并说着别人听唔懂的话，也进了女方的家门。最后，三子装作生气的样子，口里骂着两位哥哥依恃知书识礼在地上乱写乱划，然后以擦地的名义，边走边拖，结果也顺利地进了去。双方经过相亲，各自都认为满意，于是就订下婚约。男女双方订婚后就唔能反悔，因此，三兄弟一出门就露出了本来的丑相来，女家员外睇见只是直摇头。

讲述者：	彭礼贤，男，46 岁，初中学历，罗定县太平镇广播站长
采录者：	彭宝才，男，35 岁，高中学历，罗定县太平镇文化站长
采录地点：	太平镇
采录时间：	1987 年 5 月
流传地区：	罗定县太平镇、罗镜镇
原载本：	《中国民间故事集成·广东卷·罗定县资料本》

124

坚贞小凤

从前，新宁城内有一条葫芦巷，住着一户姓徐的人家。户主叫徐富，老婆叫徐大娘。他俩单生一个女儿，名叫徐小凤，已经十八岁。小凤生得花容月貌，聪明伶俐，有一门绣花好手艺。

小凤在幼年时期，由父母做主已经同刘秀才的儿子刘立德订婚。但自从刘秀才死后，家境衰落，立德在乡下居住，一边耕田一边读书，连年应考又未考中。小凤父母利欲熏心，想解除婚约，将小凤另行许配。

有一日食晚饭时，小凤爹先开口说："我今日已将小凤许给南门普济堂药材铺的少东了。小凤算有福气，将来到梁老板家里去，绫罗绸缎有得穿，人参鹿茸有得食。唉！我下半世都唔用这么愁啦。"徐大娘听了，大吃一惊！跳起来说："你几时[1]将个女许配给那个跛仔呢？你怎解唔事先同我商量呢？"徐富说："用唔着同你商量呀，这间屋我做主嘛！"徐大娘大声说："放屁！我做主。"徐富冷笑地说："你去问过左邻右舍，哪里轮到你哋女人做主！"徐大娘说："我老实对你讲啦！今朝我已经将小凤同西门合盛棺材铺那位牛少爷订了婚！那个牛少爷家田多地广，真系不愁衣禄不愁穷，将来你死了都唔愁无棺材！"小凤听了不禁皱眉叹道："唉吔！一个开药材铺，一个开棺材铺，光顾他都唔吉利！"徐富以为女儿正在举棋不定，便说："小凤，听阿爹话！阿爹同你介绍过都唔会错的。棺材铺那个傻仔，成日流口水，单眼又豆皮……""啊！"徐大娘打断他的话说，"你将人家讲得这么衰！小凤听阿妈话啦，阿妈唔会骗你的！"

小凤系一个有正义感的人，她知道爹娘被金钱所迷惑，背信弃义，想废除以前的婚约，是唔公正的。所以她向爹妈表明，只有刘家来娶她才去，梁、牛两家的婚事她都拒绝。

谁知她的爹妈已接受梁、牛两家的订婚礼金，并定于八月十五结婚。

徐富自知敌唔过他的老婆，便想先下手为强，叫梁家集合一批精壮识武艺的人前来抢亲。徐大娘原来是走江湖卖艺出身，精通武术。八月十四晚上，她正在家里做糕点，忽然听到有人推门的声音，她探头一望，睇见几十条大汉明火执仗，蜂拥而来，后面还抬着一辆花轿。她知不妙，一定是梁家前来抢亲，便拿起一条扁担，舞起雪花盖顶，把抢亲的人打得落花流水。药材铺的伙计及请来的人，个个被打得额青面肿、头破血流，不得不抬着花轿狼狈败退。

第二日一早，梁家到县衙击鼓告状，告徐大娘行凶打伤梁家迎亲的人；牛家也来告状，告梁家强抢他们的媳妇。

王知县传齐原告、被告及所有的见证人，开庭审理。知县睇过梁、牛两家的状词，都说已经同徐富的女儿小凤订立婚约，于是便提问："徐富，你究竟有几个女儿呢？"徐富说："我总共只有一个女儿。""你明知朝廷法规，一女不能嫁两郎，这岂不是犯法？""小民知罪。"王知县又批评了梁家抢亲唔合法，指出了徐大娘的违法行为，他们也都认了罪。最后传药材铺的梁家少东和棺材铺的牛家少爷到堂。知县提问："徐小凤！"小凤上前低头唔敢仰视："小民到。"知县说："你睇睇，前面这两位都是你父母替你选择的夫婿，你中意哪一个，请说！"小凤说："启禀大人，小民幼年时父母已替我订立婚约，未婚夫名

[1] 几时：方言，什么时候。

叫刘立德。小民唔可以背信弃义，另结新欢。”

知县传刘立德出堂，刘立德出示订婚文书。知县检验后宣判：

一、徐富借婚骗财，教唆抢亲，罚打八十大板。

二、徐大娘借婚骗财，进行武殴，罚打五十大板，所收牛家订婚礼银五十两应退还。

三、梁家组织抢亲，扰乱治安，罚白银一百两。

四、徐小凤与刘立德按婚约举行婚礼，并赠与白银五十两。

睇到这样的判决，人人都赞赏王知县公正廉明。

讲述者： 余炳镛，男，61岁，汉族，附城镇退休教师，大学学历

采录者： 余炳镛，男，61岁，汉族，附城镇退休教师，大学学历

伍青标，男，30岁，汉族，附城文化站干部，高中学历

采录时间： 1987年6月

流传地区： 台山县台城镇

原载本：《中国民间文学集成·广东卷·台山县资料集》

（四）长工斗地主与民斗官的故事

125

李二哥巧斗财主

从前，有一个姓何的大财主，出榜招雇一个长工。招工榜贴了半个月，还是无人来。大财主再增加工钱，一年为二十两银。这个价钱，在当时是相当高的了。

又过了十日，才有一个粗手大脚、黑黑实实的人来应招。这人姓李，是李村人，人们叫他李大哥。讲起李大哥，上下三村无人唔知他是个做农活的能手。只因为家无寸土，全靠打长工度日。他为人老实勤恳，也只能勉强赚得两餐。

李大哥来到财主家，先试工几日，手勤脚快，干净企理[1]，里里外外都做得妥妥当当。财主睇在眼里，喜在心上。心想，这样的人，一个顶两个，真合算。于是，就笑口吟吟地对李大哥说："你做了几日工，我睇见了，工夫还算可以。我就按出榜价二十两银一年给你。但你一定要更加落力些，千祈唔可以出猫仔[2]。工钱嘛，年三十晚查考完才发给你。"李大哥是个老实人，唔会咬文嚼字，更想唔到财主会装机关[3]，就乐意应承了。

李大哥上工后，心里总是想着收别人这么多工钱，就得做出相当的工作，于是样样拼命做。一大清早便起床，先把财主的大屋里里外外打扫干净，然后担满几缸水，再去清洗牛栏、猪栏，全部杂工都得做。太阳一出，就到地里做农活。十多亩地，种禾种菜，锄泥拔草，担水施肥，收摘入仓，样样都经过李大哥双手。傍晚收工返来，又要喂养六畜……真是起早贪黑，做唔停。

转眼大年三十。李大哥做完早上的工夫，睇见家家户户都准备过年物品了，想到自己一年无返屋企了，也该收工钱返屋企，和细佬快快活活过个年了，于是揾到财主佬，说："老爷，年三十了，人人都准备好过年了，请你结算工钱给我吧！"财主听后，阴声细气地说："是年三十了。你做过的工，我已经查过了，还算可以。不过，年初来做工时，事先讲好，要'查考完'才给钱的。今只是查了，还无'考'呢。"李大哥这才醒起。但一想，又有什么来考呢？可能是一些有关耕田种地的事吧。就说："你考吧！"财主老爷说："只叫你做三件事。你做好了，就拿钱返屋企过年吧！"讲完，拿起茶杯，饮了一口茶，鬼声鬼气地说："第一件，我家的厨房，有两只瓦埕，一只大，一只小。你去搬出来，把大埕装入小埕内。"李大哥听后，惊得心里乒乓跳，大埕怎样装入小埕内呢？就说："这事我唔识做！"财主说："想真才好，一件唔识做扣七两银！怎么样呀？"老实的李大哥为难地摇摇头，低声说："我真唔识做！"财主又说："第一件唔做，扣定了。还有第二件，你听明白呀！"说完，又闲悠悠地抽了一口烟，吐出一圈一圈的白烟，十分得意，说："第二件，我的后屋，堆放杂物，地面很湿。你把地面搬去晒干。"这更难办，地面怎么能搬呢？用锄头挖出，一担一担挑出来，那不是地面，而是泥土。再说，泥土这么多，什么时候才能挖得干净呢？这真是难做呀！老实的李大哥又摇摇头，低声说："这事，我又唔识做！"财主说："真的唔识吗？好！又扣七两。第三件，你仔细听明白，你睇着我，准确地讲出我的人头有多重，唔可以讲多一两，也唔可以讲少

[1] 干净企理：形容做事做得好。

[2] 出猫仔：方言，指偷懒。

[3] 装机关：指设置玄机。

一两。”李大哥睁眼望着圆圆的肥大的头，连着颈，活生生的，怎知有多重呢？就算讲出来，怎么会一两唔差呢？到现在，他才明白，财主是有意为难他，吞剥他的工钱。财主见李大哥唔出声，又说：“又扣七两银！三七二十一两，按数算，你还欠我一两。不过，睇在你做工老实的分上，就免了。李大哥，是你‘考’唔上，不是我唔出钱。返去吧！”说完，叫人把李大哥推出门外了。

李大哥无办法，叫日日不应，叫地地不闻，只好泪水吞落肚里，无神无气回到家里。细佬正等哥哥返来过年，今见哥哥两手空空，哭丧着脸，知道不妙，就问大哥怎样。问了半日，大哥才叹口气，愤恨地说：“财主佬真是阴险毒辣呀！”于是就将事情的经过一五一十讲给细佬听。细佬听了，气得大骂财主不是人。后来冷静下来，又觉得骂不是办法，要想出计策才好。饭后，就出门和几个穷友想办法去了。

第二年一开始，那个财主又出榜招工了。由于阴毒，附近几个村子的人都领教过了，无人再去应招。财主又唔识做工，放着十多亩田地、一群家畜，无人打理，怎么办呢？他想了想，就把请工工钱从二十两银加到五十两。

第二日，一个小青年上门来了。只见他身材匀称，高鼻，圆脸，长着一对精灵的眼睛。财主一见，心想，又套上一条好牛了。于是又用以前的手段，说：“年三十结工钱，查考完才发给……”那青年想也唔想，爽朗地答应了。

这青年是谁呢？是李大哥的细佬——李二哥。他和几个穷兄弟商量好，巧斗财主来了。

李二哥当长工后，做工唔像哥哥那样搏命，只是巧妙地做一些当眼的。财主来睇，装成卖力样子，汗珠黄豆一样大粒大粒掉下来；财主一走，又休息。总之，用巧妙的办法，使财主睇唔出来，自己又唔需要劳累。这样做了整整一年。年三十，照例算工钱。财主又拿以前的把戏，说：“要‘考’完才付钱。”李二哥说：“考就考。不过我做对了，你又说唔对，那你就要做一个正确的答案给我睇，证明我错；如果你做唔出来，证明我是对的。”财主同意了，就说：“听着，第一件，我厨房有两只埕，一只大，一只小，你去搬出来，把大埕装入小埕内。”李二哥听后，“登登”几步跑入厨房，举起大埕“嘣”的一声，掷在地下，大埕立刻烂成一片一片。李二哥把碎片拾入小埕内，拿起小埕，去见财主，说：“老爷！把大埕装入小埕内了，还无装满呢！”财主一睇，急得舞手跺脚，说：“这是我祖先留下的。我叫你把大的装入小的，你怎么能打碎呢？我要你赔！”二哥不慌不忙地说：“老爷，是你要我干的呀！如果唔打烂，大的怎能装入小的呢？如果你能做个样给我睇睇，我就赔！”财主无可奈何，只好认输了。过了一会，财主恶声恶气地说：“第二件，我后屋堆放杂物，地面潮湿。你把地面搬出去晒干。”李二哥一句话都无讲，快手搬来梯子，拿起锄头，爬上瓦面，把瓦推下来，用锄头撬起桁角，让太阳晒到了屋内的地面。还无撬一半，财主就在下边大叫“停手，唔可以拆屋”。二哥认真地说：“你不是想晒干屋内地面吗？怎么又唔晒呢？”说完又举锄头猛锄。碎瓦声、敲木声，吓得财主一身冷汗。这样锄落去，一间大屋几下手脚就完了。算了，算了。于是大声叫二哥停手，唔晒了。二哥慢慢爬下来，笑了笑说：“还是晒干好！”财主抽完一阵大气，又咬牙切齿地说：“还有第三件，你算算我的头有多重。一两唔可以多，一两都唔可以少！”李二哥认真地睇了一会，左度度，右量量，然后说：“你的头正好四斤八两，一两都唔差！”财主说：“混账，一个猪头也有十多斤。我的头和猪头差唔多，哪里会只有四斤八两？”李二哥肯定地说：“是四斤八两就四斤八两，一两都唔差。如唔信，斩下来称称就知了。”说完，左手拿刀，右手拿秤，向财主走去。财主吓得裤子也尿湿了，趴在地上，抱着头说：“唔好斩！是四斤八两，是四斤八两，算你对了。”财主只好照数交钱，自怨碰着个衰神了。

李二哥背着银两，大步走返屋企了。

讲述者：	黄秋婵，女，60 岁，花山永乐人，读过四年书
整理者：	邝国钿
整理时间：	1987 年 6 月
流传地区：	花县
原载本：	《中国民间故事集成·广东卷·花县资料本》

附记

该故事类型在广东粤语地区流传广泛。除了本篇之外，还流传有罗定市的《治财主》、德庆县的《利害头重三斤六》、广州市花都区的《包顶颈》、湛江市的《“大话馆”》等异文。

126

聪明仔陈平

陈平，是王府的下人，30余岁。他不但气力过人、勤快节俭，而且十分聪明，常使主人在公众面前丢尽尊严、遭受损失而自认倒霉，如哑巴食黄连般，有苦难诉。

（一）破袍换新袄

有一年冬天，天气实在寒冷。到半夜，陈平仍瞓唔着。他所住的房子，既是宿舍也是磨房。房内除简单的床铺和一磨盘、几个木桶外，别无他物。陈平为御寒，便推起转盘玩弄起来。百来斤的转盘，转来转去，不一会，陈平便周身发烫，大汗淋漓。他停止运动，取来汗巾，坐在床沿上抹汗。此时，他的主人王韵一觉醒来，从窗口往外望，见磨房灯光明亮，以为陈平亮灯瞓觉，便起来往磨房走去，打算大骂陈平一顿。敲开门后，见陈平大冷天抹汗，十分奇怪，便吼道：“大胆陈平，半夜三更，到哪里作案？”陈平说：“无作案。”“点解大汗淋漓？”王韵问。陈平立即开玩笑地说：“前天我到街上，碰上一个老和尚，我替他办了件事，他送我一件破袍，说是宝物，要我好好珍藏。我觉得太冷，就拿出来穿，谁知一穿便周身发烫，大汗淋漓，故此要脱掉它抹汗。老和尚还说，这件破袍，穿上能治百病，特别对腰腿痛患者，更是衣到病除。”王韵说：“是吗？拿来我瞧瞧！”陈平随手将自己的破袍递给王韵。王韵接过破袍，左睇右睇。破袍已有几处补丁，而且散发着一股汗臭味，但由于听说是件宝物，王韵贪念又起，便说：“什么宝物，一定是别人偷来的。官衙知道，必判你是盗贼，至少判个窝赃罪。”陈平十分吃惊地说：“那怎么办好？”王韵慢条斯理地说：“我哋主仆一场，无理由眼见你有难唔帮。你既忠心又勤快，这样吧，我送你一件新棉袄，换你一件破袍，谁都唔会怀疑我这件破袍是赃物。”陈平说：“老爷中意破袍，拿去便是。我是个穷光蛋，新棉袄我是绝对买唔起的。老爷硬是要给我，恐怕要签个字据才行。”“当然，当然。”王韵说。于是返去写了“甘心用新棉袄换破袍”的字据，连同一件新棉袄送给陈平，然后喜滋滋地拿走了破袍。

第二日，王韵叫下人小心翼翼地将那件汗迹斑斑、有些发臭的破袍拿去清洗干净，烘干后便穿上，准备炫耀一番。全家上下，见老爷如此举动，都傻了眼，以为老爷撞邪了，“好端端的揾件破袍穿”。

王韵穿上破袍，大半时辰过去，不但唔见周身发烫，反而被冻得瑟瑟发抖、脸青唇白，只好换回原装，急忙去揾陈平算账。陈平见王韵怒冲冲走来，连忙开腔说：“忘记告诉老爷，和尚说过，宝物千祈唔可以用水清洗，否则水火双撞，暖气尽失。”王韵“啊！啊！”连声，自知自己操之过急，无问清楚宝物使用的具体方法，犯了禁忌，致使宝物灵气尽失，唔怨得别人。

（二）老鼠大过牛

又有一次，陈平向王韵禀告，抓到一只很大很大的老鼠。王韵说：“大极[1]都是老鼠，少见多怪！”陈平坚持说：“这只老鼠非一般老鼠可比，的确很大，有几斤重。”王韵自以为见多识广，说：“几斤重算什么，如果有水牛那么大，才算真的大。”陈平脑瓜灵活，他开玩笑说：“真的，它比牛还大！”两人于是争论起来。王韵好胜，便要设赌，把老鼠和牛放在一起，让人评论。若人皆说牛大于鼠即罚陈平一年工薪，若人皆说鼠大于牛，即奖励陈平三年酬劳。陈平说：“家里全是您的人，人人都向着您，睇您眼色行事。”王韵说：“你怕唔公平？可到大街上甚至到市场去，在大庭广众中，让人们公开评判。”于是主仆两人商定，由公众评判，凡说牛大的便记一票，凡说鼠大的也记一票，以票多为胜，参赛双方唔准争辩。一场赌赛默默地进行了。

那一日，是赶集的日子，街上人来人往。王韵叫人牵来了一头大牛牯[2]，重千余斤，的确比一般水牛大些。牵牛人走在前面。大老鼠重约十斤，陈平把它放进铁网箱，放在小平板车上，用绳牵着平板车，跟在水牛后面。两旁评判拿着本子作记录人和监证人，沿着大街往市场走去。路人见状，有些说：“哗，这头牛牯很大。”王韵听到后沾沾自喜。而更多的都说：“从未见过如此大的老鼠。”个个称奇。未到市场，说鼠大的已远超出说牛大的。尾随观热闹的人越聚越多。到达市场，围观老鼠的人达好几百，围观牛的人却寥寥无几。人皆以为王韵在卖牛，只问价钱，无一人称牛大。而围观老鼠者，无一人唔说老鼠大。唔少说过牛大的人见到老鼠后，都异口同声惊呼：“哗，老鼠更大！”王韵百思不得其解，自言自语地说：“我的牛重达千斤，他的鼠才几斤重，为何都说鼠大呢？真是人心不古，老天爷不公，世道完全变了！”

讲述者： 黄广智
采录者： 黄棣光
采录时间： 2004年
流传地区： 花都区新华镇
原载本： 《广东民间故事全书·广州·花都卷》

[1] 大极：方言，再怎么大。

[2] 牛牯：水牛。

附记

该故事类型在广东粤语地区流传广泛。除了本篇之外，还流传有广州市黄埔区的《以其人之道还治其人之身》、德庆县的《两人打赌》等异文。

127

长工牛四

从前，张家边有个贫民叫牛四。一日，听说有个地主招请长工，牛四便到地主家应招。地主对牛四说："你来我家做工，每餐有酒饭鸭食，糖浸柠檬招待。"牛四觉得反正自己只求两餐，便答应了。地主问牛四一年要多少报酬，牛四提出用一条竹织成篓装满一篓谷作报酬。地主觉得唔多，大家便算商定了。

第二日，牛四便上工。地主每餐用酿酒的糙米做饭，用水塘浸烂的柠檬给牛四食。长此以往，食到牛四一肚火，心想："好！你这样刻薄，我也等待时机给你一点颜色睇。"一日，地主外出，地主婆和她的十八岁姑娘仔[1]出来巡工。牛四觉得报复机会到了，立即脱了裤，当着地主老婆及女儿的面小便，羞得地主婆和女儿赶快走避。事后地主婆把这件事告诉给地主。地主便揾牛四来大骂一顿，叫牛四今后小便要行远些。第二日直到中午饭时，地主才见牛四返来，问他去了哪里，牛四说去濠头村小便。地主说："小便点解去濠头呢？"牛四说："是你叫我小便要行

[1] 姑娘仔：方言，即未出嫁的女子。

远些呀！”这时地主一肚火，只得暗暗叫苦。日子过得很快，晚造要收成了。一日，满坪晒着未脱粒的禾。地主见天要下雨，便吩咐牛四要及时收禾，牛四说："好！我一力担承（绳）[1]。"地主便放了心。下雨时，牛四立即把绑禾的绳全部担走，使全坪晒的禾无法收拾，把地主气得半死。快要过年了，地主决定明年唔雇用牛四。牛四要地主给一年的报酬，地主叫牛四拿箩来装谷。于是牛四便返家，斩了一百多条竹，堆放在地主门前。地主不明所以，只见牛四奋力一跳跳过堆竹，对地主说现在就用这一"跳"竹子来织箩了。地主大吃一惊，当场反对。牛四说："这是与你商定好的，怎能反悔？"地主心知上当，只有苦着脸面对牛四说："用这堆竹子织成一个箩很大，我怎么负担得了呢！给你一造的谷子也唔够呀！"牛四说："这堆竹织成箩子很大吗？那好吧！等我织成箩时，放在圩场上，如果行人说这个箩子很大的话，我就唔要你的报酬！"地主听了，觉得这个主意牛四必定蚀底，便满口答应。箩子织成后高有三米多，横二米有余，抬放圩场上。牛四和地主都站在箩子旁听行人对箩子的评论。只见每个行人，见到箩子都大叫一声说："哗！咁细[2]呀！"于是牛四对地主说："你听大家都说这箩子'咁细'，你还有什么话可说呢？"地主无法，只有认输。

搜集整理者： 郑棠
采录时间： 1988年7月
流传地区： 中山市张家边村
原载本： 《广东民间故事全书·中山卷》

附记

该故事类型在广东粤语地区流传广泛。除了本篇之外，还流传有罗定市黎少镇、连州镇的《"无所谓"惩罚"算死草"》、龙门县的《智斗财主》等异文。

[1] 方言中"承"和"绳"读音相近。
[2] 咁细：方言，即这么小的意思。

128

阿生的传说

（一）辣椒去水

从前，在信宜西江某地，有个后生仔名叫阿生。他从小无爹无娘，十二三岁便开始替人家做长工。阿生长得聪明伶俐，天资过人，虽未上过学，但也认得一些字，平时会讲会算，出口成章。

有一年，阿生到黄老财家做长工。这财主是有名的刻薄鬼，他叫人买回几担辣椒，日日拿辣椒当菜给长工们食，长工们食得个个嘴肿舌头痛，黄老财倒装作很关心的样子说："现在雨天水汽多，多食辣椒，好去水汽。"阿生想，黄鼠狼给鸡拜年——无安好心，得揾个机会，倒过来整治整治这条狡猾的老狗。到了夏收的时候，晒谷场上堆满了谷子。忽然，天气骤变，狂风大作，眼睇一场暴雨即将来临。黄老财慌忙催促长工们快把谷子盖起来。但阿生和长工们早已商量好了，故意装作很有把握的样子对黄老财说："老爷请放心，我哋自有退水计。"说完，阿生和几个工人，就从厨房里抬出两大箩辣椒，大家站在屋檐下，拿着一把把辣椒向雨中撒去，并且边撒边叫"辣椒能去水，辣椒能去水！"两大箩辣椒撒完了，可堆得像小山似的谷子，却被大雨冲向田野里、河沟里，损失可大啦！直气得黄老财呆若木鸡，半句话都讲唔出来。

（二）一分唔多、一厘唔少

第二年，阿生又到另一户有钱人家里做工。开工的头一日，便商定每月工钱 20 元，按照 30 天计算。

这户人姓李，外号叫李百万，同样是个爱财如命、百般刁难工人的老狐狸。阿生受唔到这许多气，刚做了 21 天，就提出算账辞工，并声明计算工钱时，多一分唔要，少一厘也唔肯。李百万当即叫掌柜算工钱，按每天的所得若干计算，算盘子拨来拨去，怎么也无计算出一个整数来。

李百万说："阿生，你唔需要出难题了，我李某素来大方，给你 15 元吧。"

"我有言在先，多唔要，但少也唔肯。你如数结算给我好了。"

"这笔账如能算出一分唔多，一厘也唔少，我给你一年的工钱！"掌柜边说边把算盘、账本丢给阿生。

"要是你算唔出来，那就唔好拿工钱，好唔好？"李百万发出一阵奸笑。

阿生说："好。但口讲无凭，立据为真。要当众写下来才好。"李百万被阿生一激，果然叫来了许多人，并叫掌柜写了字据。他还在纸上添加一句："唔准反悔。"阿生拿着字据后，在众人面前神气十足地说："掌柜是个十足的大饭桶。我阿生一唔要算盘，二唔要纸和笔，闭上眼睛也能算得出来。"说到这，阿生把算盘、账本丢回给掌柜。继续往下说："你哋讲定每月工钱 20 元，那么做 3 天工岂不是得 2 元吗？我总共做了 21 天，刚好是 7 个 3 天。每 3 天 2 元，二七一十四，应领工钱 14 元，正好是一分唔多，一厘也唔少呀！"

听到这，李百万和掌柜才恍然大悟。于是，你怨我，我怨你，城隍庙里鬼打鬼。李百万只好悻悻地把一年 240 元的工钱交给阿生了。

（三）以牙还牙

有个农民，家境贫困，每天给财主送柴换米。有一日，农民家里来了客人，他叫妻子也送一担柴，以便多换些米招待客人。农民的妻子长得漂亮，她挑柴进财主家时，被老财主睇见了，他顿时色迷心窍，于是便同账房商量，暗中抛出一条毒计来。

第二日，当这位农民挑柴到财主家时，账房偷偷把只死猫压在柴担下，然后财主故作惊讶说："哎呀，弊啦，我家的宝猫被柴压死了。"农民挑起柴担睇时，果然发现地上有一只死猫，便说："既然是我把猫压死了，我赔一个给你吧。"

"你能赔得起吗？我这只猫不是普通的猫。村头叫一叫，老鼠全跑掉；村中走一走，老鼠见着抖；村尾喊三声，老鼠死干净。就算你赔千金，我也是要活猫。"

"老爷，可怜可怜我哋穷人吧。莫说千金，就是百钱我也拿唔出来呀！"农民再三苦苦哀求着。

财主向账房使了一个眼色，账房便慢悠悠地说："我哋老爷素来宽宏大量，也知道你是无意压死的。如果你肯让出妻子给老爷，不但唔需要赔猫，你哋全家食穿都唔愁了。"

农民听说要让妻子，肺都快气炸了，但又唔好发作，唯有暂时忍气吞声，答应返去先同妻子商量，然后再来回话。农民离开财主家时，一路伤心一路哭。

这件事被阿生知道了，他替这位农民想出了一个对策，叫这个农民先答应让出妻子。

财主见农民肯让妻子，乐得眉开眼笑，催促账房赶快备办彩金、礼物，自己还亲自去迎接新娘。这天，农民家里请来左邻右舍，炸鱼烧肉，像办喜事一样。阿生还特意煮好一盆糯米饭，专用鸭脚木制作一只饭匙，等候财主的到来。食饭时，阿生和农民热情款待财主。当账房盛糯米饭时，糯米又黏又软，而饭匙木柄又尖又细，他挖呀挖、铲呀铲，都装唔满一小碗饭。他正用力装饭时，只听见"啪"的一声，木匙柄断了。阿生马上惊呼起来："弊啦，你把我这只金枝木饭匙弄断了。"财主见账房弄断一只木饭匙，便赔着笑说："无事，明日我叫人送一只银勺给你哋使用。"

"老爷有所不知，我这只饭匙与普通的唔同。金枝木、金枝木，朝铲鱼，晚铲肉，中午铲米饭，晚间铲得珠宝堆满屋。就算赔万金，我也是要回我的金枝木饭匙。"阿生说。

左邻右舍也帮着说："如果今天不是使用这个饭匙，哪会有这么多的好酒菜招待你哋？"这下财主急了。阿生拍拍胸脯说："如果是别人弄断，我是唔肯放过的。睇在老爷分儿上，我知道他无意压死你一只宝猫，今天你也无意弄断我的金枝木饭匙。让乡亲作个证人，那就两相抵销吧。但是你哋送来的礼物，要收下来招待证人。"

财主无计可施，只好同意，像只丧家狗一样，夹着尾巴溜走了。

讲述者： 阿民
采录时间： 1989 年
流传地区： 信宜县西江流域
原载本： 《广东民间故事全书·茂名·信宜卷》

附记

该故事类型在广东粤语地区流传广泛。除了本篇之外，还流传有鹤山市的《辣椒化水》、新兴县的《打柴仔与歪心财主》等异文。

129

恶报

从前有个财主，为人狡猾奸诈、鼠目寸光，他的妻子同他一样，臭味相投，蛇鼠一窝，欺压村民。大家对他们都恨之入骨。

话说在老财家做工的莫二，正直善良，聪明过人，村民都中意接近他。一日，莫二正担着满满一担柴归来，累得满头大汗，而老财还指责莫二好食懒做，只给他半碗稀粥食，自己却躲起来食鱼食肉。对此，莫二又气又恼，打算揾个机会，将他们教训一番。

一日，老财主带莫二去山塘捉鱼，却忘记带鱼篮，便叫莫二返去取。莫二还未踏进家门口，在外面乘凉的财主婆以为莫二想偷懒，开口便骂。莫二想，让你哋鬼打鬼吧，于是装作正经的样子说："老爷奶，老爷唔小心跌落山塘了，赶快揾人去救吧。"说完，转身便往回走。财主婆一听，信以为真，急得哭哭啼啼向山塘走去。

莫二拿着鱼篮，抄近路急急忙忙返回山塘，冲着老财气呼呼地说："老爷呀，奶奶上楼取鱼篮，不慎掉下跌死了，赶快返去吧。"老财听了，伤心得一把泪水、一把鼻涕，哭着返屋企。

半路上，老财和妻子在"夫呀，妻呀"的哭声中相遇了。后来知道受到莫二的捉弄，大为恼火，立即捉住莫二，用猪笼装着，然后抛入翻滚的河水里。

莫二被抛落河后，由于熟识水性，双手马上伸出猪笼眼，一边拨着水，一边顺流而下。正想着如何脱身，这时，邻村有个被人骂为"癞皮蛇"的财主，正蹲在河边钓鱼。他见莫二关在猪笼里游水，觉得奇怪，便问："莫二，你关在猪笼里做什么？"莫二心想，你这毒蛇同样害人，等我将计就计，叫你也来尝尝滋味吧！他知道癞皮蛇身患痒病，于是便对癞皮蛇说："我得了风温身痒病，现在正好止痒哩！"癞皮蛇一听，满怀欢喜，忙说："莫二哥，借给我用一用好吗？"莫二见毒蛇已经上钩，故意说："唔可以啊！我还需浸一段时间才好断尾[1]。"癞皮蛇原来身痒得难受了，经莫二这么一提，身痒得更难受了，再三哀求说："莫二哥，行行好吧。我知道你家穷，这里有十个银圆，你先拿去用吧。"说着便掏出银圆恭候。莫二见时机成熟，很快游近河岸，解脱猪笼，照样给癞皮蛇套上，然后顺手一推。只见水面咕噜咕噜冒起一串水泡，癞皮蛇很快就一命呜呼了。

再说，莫二除了癞皮蛇这条害人虫后，换上干净衣服，衫袋有银圆，大摇大摆地回到老财家里。老财夫妇见到莫二，立即惊慌起来，忙问："莫……莫二，你不是被……被水浸……浸死了吗？点解又翻生走返来？"莫二哈哈大笑，便有声有色地说："虾兵蟹将扶我进入龙宫，那里有两座金山、银山，要多少金银可以任意拿。可惜我当时无带袋，只抓了一把银圆返来。"说着，莫二从口袋里掏出癞皮蛇给他的银圆，双手伸到老财面让他们睇。老财夫妇原是个贪心鬼，听说龙宫有金山银山，加上莫二又亲自拿回银圆，心里早就发痒了，恨不得一下子捞回一千几万块金圆银圆。于是求莫二连夜赶织两只大猪笼，还特意带上两个大布袋。然后叫莫二将他们夫妇装进猪笼投入河里。俗话说：恶有恶报。这两个平日作恶多端的害人虫，就这样归阴府了。

[1] 断尾：痊愈。

讲述者： 王全全，24 岁，镇隆镇人

整理者： 王志权

流传地区： 信宜县

原载本： 《民间文学三套集成·信宜民间故事》

附记

该故事类型在广东粤语地区流传广泛。除了本篇之外，还流传有阳春市潭水镇湖边村的《聪明长工退地主》、广宁县的《大炮义》等异文。

130

髀都唔要

从前，有个十分孤寒的财主，对人非常刻薄，所以村里的人都十分憎他。

一日，财主家里来了一位客人，财主又想体面但又唔愿多出钱，便亲自去街上买了两三只蛤蟆[1]，返来吩咐厨师，说要炒两碟蛤肉，好好招待客人。

厨师见这几只蛤蟆又瘦又小，除了蛤头就无肉了，便对财主说："老爷，蛤头要唔要？"财主不假思索地说："傻啦，蛤头比都唔要。"厨师听了就问："啊！'髀'[2]都唔要啊？""当然啦。"财主讲完便出去与客人交谈，厨师系上围裙做饭去了。

食饭了，财主和客人津津有味地品尝着蛤肉，就唔见有蛤髀肉。他想一定是厨师另炒未端出，便对客人说："慢慢食，蛤髀仲未出呢。"食得差唔多了，财主便叫客人放下筷子等，自己进厨房睇睇蛤髀炒好未。入到厨房，只见厨师在剔牙，便劈头问道："蛤髀呢？"厨师漫不经心

[1] 蛤蟆：田鸡。

[2] 髀：腿，"比"与"髀"同音。

地说："老爷，你唔系话蛤头、蛤髀都唔要吗？我已经将蛤髀全都拣出来食了。"

"啊！"财主目瞪口呆，讲唔出话来。

讲述者： 何建冰，女，24岁，高中文化，古有乡团委干部

采录者： 梁其昌，男，29岁，高中文化，古有乡文化站干部

采录时间： 1987年5月2日

流传地区： 德庆县古有乡

原载本： 《广东民间故事全书·肇庆·德庆卷》

附记

该故事类型在广东粤语地区流传广泛。除了本篇之外，还流传有罗定市替滨镇的《蛤乸肉》、广州市番禺区的《学生治先生》、珠海市斗门区的《田鸡髀（俾）都唔要》等异文。

131

打嗝就饱

传说，从前在粤西信宜某地，有个后生仔叫阿丙，自幼无爹娘，十一二岁起就跟地主做长工，专职放马。

那个地主姓黄，排行第七，而且非常"勾心"[1]，是个有名的"孤寒鬼"[2]，因此，人们都叫他"阿黄勾"。阿黄勾从无煮过一餐饭给长工们食，甚至连稀粥也唔让长工们食饱。为此长工们心里十分不满和气愤，但又对他无办法。

有一次，阿丙胃不适，食饭的时候，刚食两口，就打嗝儿。阿黄勾睇见了，伸手夺过阿丙的粥碗，说："食饱了就去放马。"

"我一碗粥还无食完，怎么能说我食饱了呢？我未饱，我是肚子……"阿丙想辩解。

"未饱？你睇你都在打嗝儿了哩！还说未饱。"阿黄勾教训似的说，"小朋友唔识，食饱了就会打嗝儿的。"

阿丙被气得无处出气，只好放下碗空着肚子出门放马。阿丙赶马出门走了一圈，便赶返来。阿黄勾睇见了说：

[1] 勾心：贪心。

[2] 孤寒鬼：方言，吝啬鬼。

“为何天未黑就将马赶返来？”

“我睇见马早就打嗝了。”阿丙不慌不忙地说。阿黄勾气得干瞪眼。

讲述者： 罗五奶

采录时间： 2006 年

流传地区： 信宜市

原载本： 《广东民间故事全书·茂名·信宜卷》

附记

该故事类型在广东粤语地区流传广泛。除了本篇之外，还流传有阳春市春城街道蟠龙村的《气“刻薄鬼”》、信宜市的《打饱呃》等异文。

132

陈渗旺

传说很久以前，在新兴县共成镇（今太平镇）波田村有一个村民叫陈渗旺，由于家贫如洗，便自幼出门替财主打工过日子，受尽了财主佬的欺凌与压榨。为了反抗财主的欺压，他常常想出计谋来捉弄财主而泄心中之愤。

话说尖石村有一家财主，对雇工十分苛刻，凡到他家做过工的人都惊他。有一年春天，陈渗旺也到了这户财主家干活，于是，他就揾机会作弄这个财主。

这天，财主叫陈渗旺去斩田埂。陈渗旺对财主说：“老爷，今天斩田埂，你要‘加工’还是‘发货’？”

财主说：“当然要‘加工’！”

陈渗旺说：“好，我就做个‘加工’的给你。”说完就到田里做工。

陈渗旺到了田里后就认定一条田埂，然后对着这条田埂斩了又斩，把田埂斩得干干净净，连草根都唔留，然后用泥浆搪了又搪，把田埂搪得滑溜溜的。

中午时分，地主跟着送饭的人到来验收。他睇见陈渗旺只斩了三米长的田埂，就大发雷霆：“你偷懒，一个上午只斩了三米长的田埂，你还要唔要工钱？”

陈渗旺不软不硬地说："老爷，你不是要'加工'的吗？'加工'哪能做得许多呢？"

地主听了，气得眼睁睁，良久才说："我唔要'加工'，我要'发货'，你给我好好地干！"

"老爷，是。"陈渗旺爽快地应诺。

陈渗旺食过中午饭，又斩田埂了。他这次做的是"发货"的工。他拿着田埂刀，三四米一刀，斩呀斩。一会儿就把几十条田埂都斩完了。

傍晚时分，地主又来验收了。他睇见田埂隔几米就有一个刀痕，隔几米一个刀痕，几十条田埂都一样，草茸茸的，就大骂："陈渗旺，这样远远一刀、远远一刀，杂草全不铲除，这是斩田基吗？"

陈渗旺理直气壮地说："你不是要'发货'吗？"

地主听了，当场气得目瞪口呆、脸色苍白，破口大骂："你这个乞食的，来作弄我。今晚我重重地惩罚你！"

陈渗旺却哈哈大笑："惩罚你自己吧！"说完扬长而去，只留下哈哈的笑声在田地中间回荡。

有一年夏天，陈渗旺到鹤州的一户财主家去干农活。这户财主十分吝啬，中意人做但唔中意人食。

一日，天气酷热，劳动时间长、强度大，雇工们都疲惫不堪。眼见身体日渐衰弱，怎么办呢？有个雇工说："工有重工做，食无好的食，这样挨得落去，命都无啦。"

陈渗旺听了说："明日我请你哋食鸡肉，补补身体。"

有个雇工说："你哪来的鸡肉？"

陈渗旺说："东家不是有一笼鸡在天井角吗？"

有个雇工说："东家是吝啬鬼，哪肯杀鸡给我哋食？"

陈渗旺说："我自有办法，包你哋有鸡肉食就是了。"

当天晚上，陈渗旺趁着烧水洗澡的时候烧了一盆滚烫的水。他双手捧着，脚上拖着一对木屐"啪嗒""啪嗒"地到天井洗澡。到了天井，他把那盆滚烫的水向鸡笼泼去，只听到"呱呱"一阵乱叫声，鸡全被烫死了。他也立即躺在天井上，装作滑倒的样子，发出"唉——唉——"的呻吟声。

东家闻声赶来，睇到天井角的那笼鸡全被烫死了，发火大骂："你怎么把我的鸡搞死了！"

陈渗旺故作哀求的样子说："东家请原谅我，我捧着一盆水到这里洗澡，唔小心滑倒了，才把水泼到鸡笼去的。我实在唔想的，哎唷！哎唷！好痛唷！"

这时几个雇工也走出来说："东家就原谅他一次吧。"

东家睇睇躺在天井上不断呻吟的陈渗旺，睇睇打破了的木盆，无可奈何地说："今次就便宜你。你哋把鸡劏了，当作一日的饭菜吧。以后一定要小心，不然，我重重地扣你哋的工钱。"

第二日早上，雇工高高兴兴地食上了美味的鸡肉。

陈渗旺九岁时给大塘村的一户财主做放牛仔。财主姓陈名敛财，为人尖酸刻薄。他自己食的是好菜好饭，却唔把陈渗旺当人睇待，餐餐给他残汤剩饭。陈渗旺眼睁睁地睇住地主餐餐都是猪、牛、鱼肉，山珍海味，心里想："你食鱼食肉，我食残汤剩饭，太唔公平。"

这天，这户财主大宴宾客，菜式很丰富。当陈渗旺睇见丰盛的菜肴时，肚子里早已"咕噜"地叫。

于是，壮着胆子对地主说："老爷，让我食一次筵席吧！"

地主说："你年纪还小，后生日子长嘛。你快去食点饭，放牛去吧！"

陈渗旺怀着失望而愤恨的心情，食了些剩饭就来到牛栏准备放牛。但他转念一想，你财主说我后生日子长，唔给我入筵席。好！我放牛也来个后生日子长，唔放小牛食草，睇你点办。于是他把那些小牛拴在牛栏里，只把那些大牛放去食草。

下午，财主的管家睇到小牛还拴在牛栏里无放出去，正饿得"咕咕"地叫，就把这情况讲给财主知。

傍晚，陈渗旺赶牛返来了。财主把他叫到跟前大声责骂："你还食唔食饭？"

陈渗旺说："我现在饿得很，当然食饭啦。"财主大怒说："那你点解只放大牛，唔放小牛？"

陈渗旺说："老爷，你不是说后生日子长吗？小牛年纪还轻，食嘛，以后多着哩！"这一句，说得地主哑口无言，只好把怒火闷在心里。

有一年冬天，陈渗旺跟着一班八音班到白马乡新围村去吹日子[1]。他的任务是挑锣鼓。哒哒吹了一日，第二日晚上结束。他跟着八音班往回走。当他们走到时，天色已晚，加上满天乌云，大地黑得伸手唔见五指，无法走路。陈渗旺向一户人家要一扎火篱点燃了好照路，刚好问到对穷人满怀恶意的一个财主。

财主说："你哋这些穷小子不是生夜眼的吗？唔给。"

陈渗旺睇到这个财主无一点善心，顿时想出一条计策来捉弄他。

陈渗旺立即向八音班的师傅们献计道："师傅，现在我哋吹起死人笛[2]，财主认为唔吉兆，一定带领全家举火把追赶我哋。那时，我哋趁着火光可以过山了。"师傅觉得是个好办法，于是"哳哳哒哒"地吹起死人笛来。

财主听到八音班吹死人笛，认为唔吉利，顿时急得跺脚向全家人大叫："这班讨饭的真该死！居然吹起死人笛来。大家举着火把跟我去捉住他们！"于是他带着儿子媳妇等家人举着火把在后面追。

八音班趁着火光在前面走，与他们保持几米距离，偶尔还叫："好儿媳，举着火把送老逗[3]。"

气得财主两撇胡子都翘起来，向一班家人大叫："快追赶，快追赶，给我抓住！"就这样，财主他们在后面追，八音班他们在前面走，一直过了猪笼坳。

这时财主气喘吁吁，想就此罢休。但陈渗旺觉得还未过瘾，又使用激将法，大声叫："还唔送你老逗过山？乖仔，再送你老逗一程呀。"

那个财主气得两眼冒火，大声呼喊："追！追到良洞村也要捉住他们！"

就这样，财主他们在后面追，八音班在前面走。一直到了良洞村，八音班穿了几条横巷唔见了。财主及家人扑了个空，憋着一肚子气在嗷叫，最后只好灰溜溜地往回走了。

[1] 吹日子：给结婚人家吹奏音乐，以助庆。

[2] 死人笛：送葬的曲子。

[3] 老逗：父亲。

讲述者： 陈巨英

整理者： 涂健

采录地点： 新兴县太平镇波田村

采录时间： 2008 年 6 月

流传地区： 新兴县太平镇

原载本： 《广东民间故事全书·云浮·新兴卷》

附记

该故事类型在广东粤语地区流传广泛。除了本篇之外，还流传有信宜市部分地区的《后生有食在后头》、德庆县的《独山人放牛》等异文。

133

陈五戏财主

从前，有一个姓李的财主，家里有一些田地，每年都要揾工人帮他做工。但是，他对工人很刻薄，唔给工人食饭，而且出的工钱又少，所以，人们都唔愿来为他做工。

一年，到农忙季节了，财主还揾唔到人做工，心里很着急。这时，一个叫陈五的青年来揾他，说愿意到他家做工。陈五说：“我唔要你的工钱，只是种的东西我哋两人分，任你先取。”财主心想，任我先取，肯定占便宜。他就答应了。陈五说：“现在讲定，到时别反悔。我种一种作物，你要上还是要下？”李财主想了一下便说：“要上。”

陈五在地上种上番薯。他把番薯管理得很好，番薯垄都胀裂了。到了收成的时候，陈五把番薯藤挑到财主家里，把番薯挑回自己家。财主问：“你点解光给我番薯藤？”陈五说：“你不是说要上吗？番薯藤是上一部分呀！”财主无法。

到了第二年，陈五又问李财主：“你要上还是要下？”李财主去年要上食了亏，忙说：“要下。”

陈五在地里种上了稻谷。他把稻谷管理得很好，几日就施一次肥。稻谷把禾秆都压弯了。到了收割的时候，陈五打下谷子，把禾秆担回财主家，把谷子往自己的家里挑。李财主睇了，气得直跳，拦住陈五：“你用了我家几车肥，几担种子，现在你光给我禾秆？你快把稻谷担回给我。”陈五不慌不忙地说：“你不是说好要下吗？禾秆是下一部分呀！”李财主无话可答。眼睇陈五把金黄的稻谷挑返屋企，心痛得发抖。

到了第三年，陈五又问：“李财主，你要上还是要下呀？”李财主说：“这次我上下都要！”

这回，陈五在地里种上甘蔗。到了收成时，他把又粗又长的甘蔗往家里挑。李财主睇见了，拦住说：“我上下都要，你怎么把甘蔗挑返屋企！”陈五笑了笑说：“嘿嘿，我把蔗头蔗尾都留下给你呢，我挑返屋企的只不过是蔗中间！”

讲述者： 黄仁福，汉族，65岁，塘仔山村人，务农
采录者： 黄文友
采录地点： 塘仔树
采录时间： 1986年12月
流传地区： 廉江县高桥乡一带
原载本： 《中国民间故事集成·广东卷·廉江县资料本》

附记

该故事类型在广东粤语地区流传广泛。除了本篇之外，还流传有阳江市的《斗地主》等异文。

134

六六三十六

从前，有个地主，他工于心计，刻薄成家。因此人人都叫他做“算死草”。

一日，算死草和几个农民在榕树下倾谈。一个农民说：“前几日被人作弄了一番，蚀了几毫子[1]。”算死草听了，用教训口吻说：“你哋这些耕田佬，满脚牛屎，头脑简单，字也唔识几个，命中注定要受人欺骗的，有什么办法？你哋睇我含书识墨、能写会算，谁敢欺负我？我何曾食过人家半文钱的亏？”其中一个外乡人听了他的话，站起来，走到一边，一边数，一边念：“六六三十五，加三就是三十八；六六三十五，加五就是四十齐……一共四百一十五。”算死草听了，便教训道：“你呢个人真是又傻又笨，怎么连六六三十六都唔懂！”那外乡人听了说：“啊！对了。多得你提醒我。过几日我就去收账，等我收到钱后，再好好答谢你吧！”他问明了算死草的住处，就拱手道别了。

过了几日，正逢乡里圩日，那人真的来到算死草家里。他穿着很整齐，自称姓雷，对算死草说：“真是多亏你老人家的指点。不然，我就少收了百文了。走吧！我哋到圩上饮茶去！”算死草被捧得飘飘然，含笑点头。临出门时，老雷又把算死草的六岁孙儿抱起，一齐走去茶楼。

雷先生非常慷慨，虾饺、烧卖、鸡球大包、鸭腿伊面，摆满了台面。他一边劝食，一边说要拜算死草为师，学些计算本领。他们边食边谈。算死草食到饱得不能再饱，差唔多撑破肚皮才停下来。雷先生说：“再带些包点返去给你家人食吧！”说着，抱起算死草的孙儿说：“我哋到厨房拿大包。”算死草口中说唔好拿了，心里却巴唔得他拿多些。

雷先生抱着孩子进入厨房要了一大包点心，对伙计说：“我哋先走一步，由他爷爷找数[2]。”伙计是认得算死草的孙子的，就点头答应。雷先生抱起孩子，绕过算死草，由另一边楼梯下楼走了。

雷先生行到烧腊店门口，进去斩了一大包烧鹅、叉烧、排骨，放下孩子对掌柜说：“我先把东西拿返去，让孩子在这里等等，回头就来给钱。”又对孩子说：“你在这里玩玩，我去叫爷爷来抱你返去。”这小孩从雷先生手中接过两件干蒸烧卖，便在店内边食边玩，连雷先生向哪里走都唔知了。

算死草在茶楼等了很久，唔见雷先生返来，走到厨房一问，才知道那人要了一大包点心，并连自己的孙儿也带走了。这一下气得他差点晕倒，只好忍痛付了茶钱，便赶出去揾孙子。揾了很久，终于在烧腊店揾到了。他一见到孙子，就抱起来要走，店里人连忙拦住说：“慢！还未结账呢。”算死草问结什么账。店里人说：“和你孙子来的人斩了一大包烧味走了。”算死草知道受骗，只好再一次忍痛付款，垂头丧气地返屋企。

两天后，算死草收到一封信，拆开一睇，上下款都无，只写了简简单单的二十个字：“六六三十六，此数我极熟。大人换烧卖，细路[3]换烧肉！”算死草睇后，气得全身发抖，几乎断了气。

[1] 蚀了几毫子：亏了几毛钱。

[2] 找数：方言，结账。

[3] 细路：方言，小孩。

135

火袍

从前，仙村有个十分有钱的财主佬，家财万贯，良田百亩，好食好住，但孤寒成性，对佃户和长工非常刻薄，尤其对长年累月为他做牛做马的长工更为苛刻。一年到晚，长工们只能赚食赚住，另加过年时每人一套新衫[1]，此外半文工钱也唔给。可怜这些几乎无报酬的长工们，好唔容易辛辛苦苦从年头干到了年尾，一心只盼望着能穿上新衫过个新年，然而他们这个小小愿望在孤寒财主面前却常常落空，无法实现。财主佬今年推说太忙忘记了，第二年又推说收成唔好，布太贵，等明年布便宜时再补做回给长工们，总之诸多借口，变着花样拖欠长工们的新衫。长工们敢怒不敢言，只好忍气吞声，穿着破破烂烂的衣衫过年。

这一年的严冬腊月，眼睇新年就要到了，但还无见财主佬有半点为长工们做新衫的动静，冷得脸青唇黑周身颤的长工们知道今年的新衫又无指望了。长工中有个专门帮财主佬打泥砖的后生仔，因为他一身破衫烂裤长满了虱子，所以大家都叫他狗虱。狗虱一边打泥砖一边想：都三年无

[1] 新衫：方言，新衣服。

采录者： 陈顺爱
采录时间： 1987 年 5 月
流传地区： 江门市外海区
原载本： 《中国民间文学集成·广东卷·江门市郊区资料集》

附记

该故事类型在广东粤语地区流传广泛。除了本篇之外，还流传有阳江市的《反被占便宜》等异文。

给我做新衫了，偏偏今年又遇上赶狗也唔出门的冷死人天气，再唔想办法非得冷死不可。狗虱想了半天，终于想到了一个好主意。

孤寒财主有个习惯，就是每晚瞓觉前都要到长工住的茅寮转一转，睇睇有无长工瞓觉唔熄灯的，数九寒天也唔例外。如果灯还亮着，他会大声斥责长工们浪费他的灯油。年廿八的晚上，他穿了件厚厚的丝棉袄，冒着呼呼北风来到狗虱住的地方，远远就睇见从茅寮墙透出来的灯光。他怒火中烧，快步走过去正想大骂狗虱一通，谁知一睇他竟目瞪口呆了。原来晚晚都冷得像条死狗一样蜷在禾草床上的狗虱，现在居然一点也唔怕冷，正赤膊坐在禾秆床上，满身大汗。财主佬百思不得其解，便追问起狗虱来。狗虱支支吾吾，似有天大的秘密唔肯相告。财主佬见狗虱唔肯说，越想知道，一个劲逼狗虱交待。狗虱只好极唔情愿地说："刚才我瞓着的时候，做了一个梦，梦见火神真君见我烂衫烂裤，衣不护体，说'今晚我巡游到此，见你如此可怜，就赠你火袍一件吧，穿着它你从此不但无寒冷之忧，还可以百毒不侵、百病无恙'。说完便对着我身上这件烂衫吹了一口气，不一会我就热得醒了过来。脱了烂衫呀……脱了这件火袍，全身仍火烧一样暖得交关[1]，正热得满头大汗，想出去揾盆冷水来冲冲凉，你就进来了。对了，火神真君临走说天机不可泄露，吩咐我千祈唔好告诉别人……"财主佬见狗虱越说越神秘，越说越得戚[2]，真是有点气不打一处来。他两眼死死盯着他身边那件又破烂又污糟[3]又多虱子的"火袍"，又惊奇又妒忌又有点唔敢相信，粗声说："好了好了，什么火神真君，什么火袍，你个死狗虱撞邪呀？发开口梦也无这么早。快点吹灯瞓觉去，再浪费我的灯油下一餐扣你一碗白饭。"说完眼珠嘟碌地转了两圈才悻悻地离去。

财主回到家里，在床上翻来覆去瞓唔着，心里一直盘算着狗虱的火袍。最后他打定了主意：明晚再去核证一番，若果火袍是真的，到时就将计就计，如此这般……

[1] 交关：方言，厉害。

[2] 得戚：方言，神气。

[3] 污糟：方言，肮脏。

第二日天气更冷了，田野地头都结了一层白白的霜。到了晚上的巡查时间，财主佬特意穿上了一件崭新的丝棉袄，三步并两步地向着狗虱住的茅寮走去。远远就睇见狗虱的茅寮又在冰天雪地里透出一片微弱的灯光。财主心里猛跳了几下，得意算盘打得噼叭乱响：好你个死狗虱，如果火袍是假的，睇你今晚还得得戚去哪；如果是真的，咳咳……

财主入到茅寮，见狗虱居然又和昨晚一模一样，光着上身，热得满头大汗。财主心想：嗯，如此睇来，那件火袍应该唔假。当他开动两眼，眼珠四转地在屋里转了好几圈也无发现那件火袍时，心里突然一凉：弊家伙[4]，火袍唔见踪影了。他连忙问正在擦汗的狗虱："狗虱狗虱，点解唔见了你的火袍？"狗虱说："老爷，火袍太热了，我穿在身上实在热得受不了，唔穿又太冷，所以今晚我只好把它藏在铺床的禾秆下，一来我压着它唔会被小偷偷去，二来隔着禾秆无那么热。以为可以安安稳稳一觉瞓到天明，谁知瞓了一阵就又被它热醒了，真是贱命一条，无福消受咯。"狗虱说完，便从禾秆床上翻出了那件火袍。财主佬盯着火袍两眼发光地说："狗虱呀，依我睇，是因为你年轻血气旺，自然一着火袍就受不了，你是得物无所用呀。如果换了我这种年老体弱的人，或者凑合着还用得上。我睇这样吧，我哋对调一下，你那件什么烂鬼火袍给我穿算了，反正我是闻着黄泥也香的人了，破烂点我也唔怕丢人。你睇我身上这件丝棉做的新棉袄，差唔多花费了一两纹银，就归你好了。你穿上不但够暖更够体面，日后揾老婆我包你也易过借火[5]，如何？"狗虱装作想了一下，勉为其难地说："老爷，现在我把火袍换给你，但有言在先，等我日后老了身体唔好怕冻了，你要把火袍换回给我的呵！"财主一边应承[6]一边脱下新棉袄交给狗虱，狗虱也依依不舍地把火袍递了过去。财主也唔顾得火袍又破烂又污糟又多虱子，接过火袍一边往身上披一边拔脚就走，走前还丢下一句："狗虱，我哋是公平交易的，不得反悔呵！"狗

[4] 弊家伙：方言，糟糕、不好了。

[5] 包：方言，保证。易过借火：比借火还容易，形容很简单。

[6] 应承：方言，答应。

虱说："老爷在上，小人岂敢岂敢！"狗虱说完目送财主走远了，连忙返回屋里，烧了一桶热水干干净净地冲了个凉，然后穿上财主的丝棉袄，暖暖地瞓觉去了。

过了两天，新年到了，但财主佬却病倒了。正月初一一早，狗虱便穿着丝棉袄上门去探望财主，给财主拜年。病在床上的财主见狗虱来了，还穿着原来属于他的那件新棉袄，心痛得要死。他大骂狗虱呃神骗鬼[1]，说什么火袍，根本就是一件狗油[2]烂衫。不但半点唔暖，还把病都冷出来了。狗虱耐心地说："老爷，那的确是件火袍呀。如果你觉得是我骗你，那你还给我好了。"财主马上叫老婆把火袍拿了过来。谁知狗虱接过火袍一睇，见火袍已经被洗得干干净净，连一个虱子也见唔到了，他便问财主怎么回事，说火袍原来的狗油呢，狗虱呢。

财主老婆说："是我把它洗干净了。老爷怎能穿你这件狗虱膏药衫？"原来，那晚财主披着火袍回到家里，把如何绞尽脑汁将火袍骗到手的经过高高兴兴对老婆说了。财主老婆见火袍又破烂又污糟又多虱子，连忙把火袍从财主身上扒了下来，烧了锅滚水，把火袍放到锅里煮了半天，然后又用茶籽饼清洗干净，晾干了才穿在财主身上。可财主只穿了半天，就冷出病来了。

狗虱听完财主老婆的话，竟然抱着火袍放声大哭起来，说："火神真君的东西怎能随便乱动。这一烫一洗，硬生把火袍弄死了，还温暖个屁咩……火袍呀，你死得好惨呀。老爷呀你灭了我一生的指望，毁了我的宝贝呀。"一个劲地哭得死去活来。

然而世间哪有什么火袍，整个过程都是狗虱想出来报复财主的主意。为了骗得财主相信所谓的火袍，狗虱不但编了梦见火神的故事，还搵来了几十个大泥砖，预算好时间，在财主到来巡查之前，来来回回地把几十个大泥砖从茅寮的东面搬到茅寮的西面，直搬到浑身发热、大汗淋漓，连续两个晚上都这样，让财主信以为真，贪心上当。

狗虱也早料到会有今日的事，因此他也早就想好了对策。他继续哭着说："老爷呀，你年年唔肯兑现做新衫给我，让我差点无冻死也就罢了；火神真君可怜我，赐我火袍，你又把它换了去。现在你煮死了我的火袍，还说我呃神骗鬼，我要去衙门状告你哋。"财主知道自己理亏，怕事闹大了对自己更加不利，只好打掉牙往肚子里咽。不但唔敢要回狗虱的丝棉袄，还答应马上做一套新衫给狗虱。

就这样，狗虱不但惩罚了刻薄无良的财主，穿上了财主的丝棉袄过新年，还讨回了自己的劳动所得。

讲述者： 叶瑞英
整理者： 巫国明
搜集时间： 2008年
流传地区： 广州市增城市石滩镇
原载本： 《广东民间故事全书·广州·增城卷》

附记

该故事类型在广东粤语地区流传广泛。除了本篇之外，还流传有新兴县稔村镇的《火水袍》等异文。

[1] 呃神骗鬼：方言，装神弄鬼。
[2] 狗油：方言，油腻的污垢。

136

瘦筋哥，箸箸鸡

清朝末年，袁家涌村西隅坊有一青年袁宜柏，家境清贫，长年以做长、短工为生，虽一表人才，但挨[1]到一身瘦筋骨，故得花名“瘦筋”，年纪大一些，有人就叫他“瘦筋哥”。瘦筋哥生性顽皮，中意恶作剧，但他为人诣趣，也讨人中意。

有一年，瘦筋哥给本村一家大户人家做长工，侍头[2]是个很势利、吝啬的人。秋种完毕后，侍头买回三十多只小鸡，要瘦筋哥同另外的几个长工轮流挑到田头放养，晚上又挑回村，俗称“放田鸡”。侍头怕长工们有意见，就说放到秋收完，鸡长大了，完工后加菜。长工们听到这话，想平白多放养几十只鸡虽然辛苦，但割完禾有鸡肉食，也就无多大意见，所以细心看护，倍加爱惜。晃眼间，几个月过去了，几十只鸡日日在稻田中饱食谷粒，秋收期间都长成两三斤重的大肥鸡。

秋收完工前的一个晚上，这个侍头却暗中打算将这几十只鸡后日拿到圩上卖掉。这消息唔知怎么漏了出来，传到瘦筋哥的耳朵里。瘦筋哥心里很不是味道，第二日整日都唔出声。快收工时，他忽然计上心来，立即挥镰割下满田禾把，到天全黑了，才将禾把打[3]完。收工时，瘦筋哥用谷子把每担箩筐全部装得满满的，让其他工友先走，自己挑上两箩走在后面。侍头唔知是计，挑着两笼肥鸡殿后。走唔多远，只见瘦筋哥大步踏小步，像醉酒似的摇摇晃晃，跌跌撞撞，侍头见状，即问原因。瘦筋哥放下担子，假称自己“发鸡盲”[4]，担子又重，所以难走，但表示再晚也要挑返去。侍头怕他摔了稻子，只好跟他换了担子，挑上稻谷先走，嘱咐他随后跟上。瘦筋哥挑着两笼鸡，走到二石桥时，扮失足掉落河的样子，跳下河中，将两笼鸡按下水中全部浸死，上岸后还向侍头诉苦。侍头气个半死，也拿他无办法，只好把鸡当作完工的加菜。

席间，一大盘香喷喷的鸡肉正好放在靠近瘦筋哥的桌面上，瘦筋哥甜在口上，笑在心里，箸箸都夹鸡，一边食一边说：“唔够眼，近边，近边！[5]”侍头见状，气在心头又唔好发作，悄悄地将鸡肉换过对面。瘦筋哥何等精明，马上改变口气说：“唔好只食一味，别一别[6]。”筷子伸到对面，一箸入口，又说：“咦，怎么箸箸都是鸡？”此时，众人皆哈哈大笑。

此事很快传了出去，“瘦筋哥，箸箸鸡”成为袁家涌及邻近乡村家喻户晓的故事。

讲述者： 社会流传
搜集整理者： 袁树炎
搜集时间： 1989 年
流传地区： 东莞市中堂镇
原载本： 《广东民间故事全书·东莞卷》

[1] 莞人称“熬”为“挨”。
[2] 莞人称田主为“侍头”。

[3] 莞人称给稻谷脱粒为“打禾”。
[4] 莞人称有夜盲症的人为“发鸡盲”。
[5] 这句话的意思是：看不见，近一点，近一点。
[6] 这句话的意思是：不要单吃一样菜，换一下。

附记

该故事类型在广东粤语地区流传广泛，除了本篇之外，还流传有怀集县岗坪镇的《吃“臭”鸡》等异文。

137

张三戏财主

从前有一个财主佬，虽有万贯家财，但却很吝啬。他对来他家打长工的张三说：“你在我家食饭，就要到我家屎坑屙屎。否则，就扣你的工钱。”

一日，鸡还未啼，财主就叫张三去金鸡垌犁田。张三去到那里一会儿，就往家走。回到家里，财主睇见他，很生气，责问他点解唔犁田，返来做什么。张三答道：“我返来屙屎。”财主听了大怒：“金鸡垌离家至少有十里路，点解返来屙屎，分明是偷懒。”张三捂着屁股说：“如果不是怕你扣工钱，我才唔走这么远的路。”财主明知张三戏弄自己，但又有话在先，只好改口说：“以后，你在哪里做工就在哪里屙屎。”

一日中午，天气很热，财主和他的老婆仔女食饭，满台山珍海味。张三站在饭桌边，为他们扇风。突然，他放下葵扇，解开裤子，就地蹲下就要屙屎。财主娘气得眼睁睁，拿起扫帚用力打去。张三一把抓住扫帚，说：“财主奶你点解打我？财主爷要我在哪里做工就在哪里屙屎！”

138

妙联讽贪官

讲述者：陈家辉，汉族，72岁，新民谷地坡村人，农民，文盲
采录者：杨道柱、陈建龙、温汉沂
采录地点：新民谷地坡
采录时间：1988年4月
流传地区：廉江县新民乡一带农村
原载本：《中国民间故事集成·广东卷·廉江县资料本》

话说民国十五年（1926年），国民党大洲区局设在大洲嘴界顶上。局里一班狼狗官，平日作恶多端，唔顾老百姓死活。为了中饱私囊，大旱年头，反而变本加厉，几十年苛捐杂税一齐加到农民头上，使得农民老百姓无法过日子。特别是对来往贺江的船只，在洲嘴设卡收行水，敲诈勒索。对这一班吸血鬼、寄生虫，船民恨之入骨。

一日，几个有胆色才学的人聚到一起，撰写了一副讽刺对联：

外表尚存官面目，
中间实是贱心肠。

对联写成后，乘夜把它贴到区局大门外。

第二日早上，那班区局官员睇见对联，吓得个个浑身发抖，他们怕老百姓集体起来造反。因为那些苛捐杂税，有些不是上边定下来的，是他们私立名目剥削老百姓的。如果老百姓告到上司，上司怪罪下来，那就不得了了。于是，便一声不响地把对联撕下，当即烧掉，但又唔敢追查

附记

该故事类型在广东粤语地区流传广泛。除了本篇之外，还流传有吴川市振文镇的《阿旺整财主》等异文。

是谁写的。从这以后，就收敛了许多。

搜集者： 麦运平，大洲乡文化站长

整理者： 胡思源，时任县文联干部

流传地区： 肇庆市封开县

原载本：《中国民间故事集成·广东卷·封开县资料本》

附记

该故事类型在广东粤语地区流传广泛。除了本篇之外，还流传有清远市英德市黎溪镇的《巧联戏贪官》、广州市增城区荔城街道的《趣联戏县官》、惠州市龙门县的《百姓刺恶官》和《挽联惩贪官》、封开县的《梁庆芝写春联》、信宜市的《县官做生日》等异文。

139

穷老二三气地主

解放前，某山区有两个村庄，一个东村、一个西村，相隔一条河，大约五百米。东村住着一个大地主，名叫郭春芝，人们给他起了一个花名：郭蠢猪。

郭蠢猪在东村建了一座大庄园。这庄园有十二座白屋，还有小屋不计其数。他的家产是全省有名的，真是又富又贵。当时他的老婆已经怀孕六个月了。

他屋前有条通衢大道，大路边有几棵大榕树。夏天，地主和他老婆经常出来在这里乘凉。

西村住着一个穷老二，和几户人家都是住在崩崩烂烂的泥砖屋，食唔饱、穿唔暖，生活非常贫苦。一村民说："喂，老二，我哋这么穷，你想个办法，大家去偷郭蠢猪的谷好唔好？"穷老二说："唔可以，穷人要有骨气，唔偷唔抢。"那人说："那你有什么办法呢？"穷老二说："有啊。你哋哪个养着鹅？"有人答："我有一只。"穷老二说："那就好，明日大家就会有谷子了。"大家觉得莫名其妙，唔知穷老二想出了什么计谋。

第二日，穷老二提着一只鹅，背着一支鸟枪，从地主

的庄园前经过。地主和他老婆在树下乘凉，见到穷老二提着一只大肥鹅就问：“穷老二，你这只雁鹅是怎样得来的？”穷老二说：“用这支宝枪打下来的。”地主唔大相信地说：“你这支枪有这么好，能打到这只大雁鹅？！”穷老二说：“你唔信就算。我这支枪不论是老虎、山猪、黄猄都打得到的。除非唔响枪，一响，什么野兽、鸟儿都能十拿九稳到手。”地主说：“你这支枪真的这么厉害！”穷老二说：“我这支枪是唐朝太公保流传下来的，确实是件宝物。它唔需要入沙，只要入火药就得了。”

这地主心想，如果得到这支枪该多好啊，山珍海味随时都有得食。于是他说：“喂，你这支枪卖吗？”穷老二说：“这是我的宝物，怎么能卖的？”地主乞求说：“卖给我吧。”穷老二乘机问：“卖给你，你舍得给谷吗？”地主反问：“你要多少谷？”穷老二答：“起码要二千担谷才卖。”地主想了想说：“好，二千担谷就二千担谷吧。”就这样，地主把穷老二的枪买了下来。

穷老二回到村里，对大家说：“各位兄弟，明日到东村担谷去吧。”第二日，大家就高高兴兴地到地主家担了二千担谷返屋企。

不久，穷老二抓了一只白鸽，故意放到地主屋背后的树上。地主听到白鸽叫，便说：“好啊，我想试试我买的枪使唔使得！”说完，便带他老婆一起上到山顶，一睇，是只白鸽。地主拿起枪瞄准了它，他老婆也高兴地说：“在哪呀，给我睇睇，哦，瞄准啦。”于是，两人靠在一起，“呯”的一声，鸟枪的火药烟反喷到地主的面上，黑了。他老婆被气浪一冲，被抛到老远的地面上，面也黑了。地主为了保护怀孕的老婆，又拼命压在老婆身上。地主婆哀叫说：“哎呀，你这个蠢猪，我的仔都快出来了！”

当时，地主和老婆被火药喷得重伤，回到家里立即叫来家人，要去西村揾穷老二讨回二千担谷。西村的人知道后就告诉穷老二：“二哥，地主佬要来出气啦，他说你那支宝枪是呃[1]人的，要来同你算账哩！”穷老二说：“无问题，我有办法。”随即问道：“你哋谁有镬头仔[2]呀？”有人答：“我有，你要用来干什么？”穷老二说：“你拿来给我用就是了。”镬拿来了，穷老二就到处揾鸡肉、鸭肉、鹅肉、狗肉凑在一起，煮熟了，把镬放到台面[3]上，专等地主来。

地主一见到穷老二就骂：“你他妈的，你这支鸟枪害到我老婆受了伤，我的面也搞黑了。你快把谷还给我！”

穷老二说：“老爷，你息怒，有话慢慢讲。先饮杯好酒吧！”

地主气冲冲地说：“你不是说连饭都无得食吗？还饮什么？饮水啊？”

穷老二笑嘻嘻地说：“有的，饮了再讲吧。老实讲，唔怕你是大老爷，有多大家财。我饮酒唔需要好饭好菜的，我有这个宝镬就可以了，要什么有什么，一开盖就得食了。”

地主说：“你有这么本事？”

穷老二故弄玄虚地说：“唔信，你自己试试睇吧。”

地主把镬盖一开，真的有许多肉在镬里，一股香味冲得地主垂涎三尺。地主说：“喂，你的镬有这么好，我虽然有钱，但无一件宝物。你这个镬卖唔卖呀？”

穷老二说：“唔卖唔卖。卖给你我什么都无得食了，又话我呃你。”

地主哀求说：“我刚才骂你，你就唔好见怪吧，把这个镬头仔卖给我吧！”地主佬暗想，我以后做寿，拿这个宝镬出来，就更加神气了。

穷老二说：“既然你要我这个宝镬，要卖也不是不可以，但我要三千担谷才卖的呀！”

地主把牙一咬说：“三千担就三千担吧，卖给我。”

穷老二说：“首先讲明，我这个镬是阳性的，见唔得婆娘。你拿返去，一路上什么猪乸[4]、牛乸、鸡乸、鸭乸、鹅乸、蛇乸、人乸、羊乸……总之，凡是母性的生物都要避开。”

地主面有难色地说：“这样啊，我怎能拿返去呀？！”

穷老二说：“就拿你这件长衫包起来，放到肚兜里就

[1] 呃：方言，骗。

[2] 镬头仔：方言，小锅。

[3] 台面：方言，桌面。

[4] 猪乸：方言，母猪。

得啦。”就这样，地主一路返去，听见鸡嘢叫、牛嘢叫就远远避开。最后来到村门口，见到一些妇女就说：“喂，你哋走开，唔好望[1]我，让我先走过去。”于是，他一回到家里，就把镬头仔藏入柜里，锁起来。他老婆问：“老爷，这是什么东西？”地主说：“走开，走开，你婆娘唔见得的。它是个宝贝啊，我用三千担谷从穷老二那里买来的。”

第二日，穷老二又发动大家到地主家担回三千担谷。大家都高兴极了，称赞穷老二有办法。

不久，地主做大寿，发出好多请帖，把县长、乡长、所有的亲戚朋友都请来了。在厅堂正中，地主把那个镬头仔放在台面上，他请大家就座后说：“各位长官，你哋虽然有钱有势，都不如我。我现在有一个宝镬，是以前的太公传下来的，要食什么东西就有什么东西，所以我从来唔需要自己开火。今日我就让大家尝尝新鲜滋味。”讲完，他请各位县官、乡长等全都拿起筷子来，宣布：“现在开始。”一打开镬盖，里面一样东西也无。大家愕然，县官、乡长等人发火了，说他骗人，一脚把台上的镬打翻在地，并向地主讨回送来的礼物。

地主又一次上了穷老二的当，更加气愤。他发誓一定要揾穷老二彻底地算账。他还发誓这次再唔上穷老二的当了，唔理怎么样也要抓到他，把他杀死。这时，适逢地主老婆生病，而且病得很重，地主更想抓穷老二来替死。有人告诉穷老二说：“喂，地主佬要来抓你了，你就回避回避吧。”老二说：“唔怕，我有办法对付。你哋谁家有棺材？”有人答道：“有一个，是我亚公的。”“快抬来我家放好。”穷老二又交待他老婆：“你在门口哭，我在棺材里瞓。还要放好一支大木棒在棺材头，就万无一失了。”

这边，地主佬带领一班人马来到了。他见到穷老二老婆在哭，就说：“你这个烂泼妇，老爷来到都唔迎接。老二去哪里了？”老二老婆哭着说：“老二昨晚得重病死了。”地主问：“噫、噫、噫！死在哪里了？”老二老婆指：“在里面呢。”地主进去一睇，见地上点有香烛，棺材还未封钉。地主说：“穷老二死了，我也要棒打他一下才解恨。”于是，就拿起棺材头那条大木棒一打，棺材给打开了，瞓在棺材里的穷老二立即跃站起来说：“啊，多谢老爷，多谢老爷救命之恩！千多谢，万多谢。老爷，你是我救命的恩人啊！”地主一时给弄糊涂了：明明是死了的一个人，怎么会返生[2]的呢？就问：“我怎么是你的救命恩人？”老二说：“昨晚我生病死了，我老婆都唔知道用这条还魂棒打我。你知道吗？人死了，只要用这支还魂棒一打，就会返生的。有病的，你拿它打一下就会好的。今日全靠你到来才把我救活，多谢你，多谢你啊！”地主说：“老二啊，你这条还魂棒卖吗？我老婆在上次打枪时受伤，至今还未好，医了好久都唔好。你就把这条还魂棒卖给我吧。”老二说：“唔卖了，你唔识用，又话我车你大炮[3]。”地主说：“卖给我吧，多少钱我也要。”穷老二说：“我这条还魂棒是唐太公送给我老太公的，我老太公传下来到现在。要我卖，起码要五千担谷我才卖！少一粒谷都唔卖。”地主说：“五千担谷就五千担谷吧。”第二日，穷老二又叫大家去地主家担了五千担谷返屋企。

地主佬拿到还魂棒回到家里，听到老婆哭着说：“这死老狗又唔来睇睇我，我都病到要死了。”就在这时，地主在后面拿起这支还魂棒一棒打落去，地主婆大叫一声：“哎……哟……哟！”地主见是清醒点了，又是第二、第三棒。只见他老婆唔停“哎哟哟”地叫，最后声音也无了，真的死了。后来，穷老二立即把这情况报告县官，说地主打死人，一尸二命。县官立即把地主佬抓返来，杀人要偿命，地主“郭蠢猪”被杀了。

讲述者： 袁元良，男，63岁，封开县罗董镇农民，小学学历
采录者： 梁国棠、陈英杰、麦云峰
整理者： 李尚拔，县文联副主席
采录时间： 1988年
采录地点： 封开县连都镇

[1] 望：方言，看。

[2] 返生：方言，死而复生。

[3] 车你大炮：方言，骗人、胡说八道。

流传地区：　肇庆市封开县

原载本：　《中国民间故事集成·广东卷·封开县资料本》

140 三把刀

故事中的主人公，小名阿九，人称“三把刀”。

阿九出身于雇农世家，祖父辈三代都是给人打长工的。他九岁那年，父母都在贫病中死去了。于是，他只好继承祖父辈的衣钵，照样给地主黄金发放牛。他虽生来矮小，身板却很结实，能挑起百来斤重担；加上他能言善道、精明干练，干活也肯卖力，所以他到了十八岁那年，黄金发要他顶替父亲，也当上长工。

（一）第一把刀

有一次，黄金发要为他的儿子说亲事。这日，他命媒人陪着亲家翁亲自到来相亲。他是当地的首屈一指的大地主，家有良田百顷，却是有名的吝啬鬼，一根臭骨头啃过十八次也舍唔得丢给狗食，对人更是一毛不拔，人们都叫他作“饿死猫”。他的大少爷恰和他相反，是个典型的二世祖，嫖赌饮荡吹五毒俱全，绰号叫“芋叶水”。因此，他已年过二十，而黄金发抱孙心切，媒人饭也煮过了几十次，却还未曾对上亲事。这次仗了媒人张大嘴之力，说上这门亲，亲家翁亲自上门相亲。黄金发为了炫耀自己富有慷慨，以博取亲家翁的欢心，便破天荒大解悭囊，隆重招待。那日席宴上非常丰盛，什么芷寮沙螺肥蟹、莫村扁头鲚鱼、梅麓墟脆皮烧猪、老牌二叔公腊鸭香肠，以及肥阉鸡、狮头鹅等等海鲜土产，样样齐备，连烧酒也是霞街传统的四蒸玉冰烧，还请了当地有名的几位豪绅作陪客。当客厅中酒席上宾主们正在大碗饮酒、大块食肉，面红耳热、谈笑风生时，家里的长工阿九、放牛仔土生同几个短工，也正在厅外厨房角落里的一条破桌上食粥，菜仅是一碟咸萝卜同每人一条小臭咸鱼。放牛仔土生只有十三岁，见那香喷喷、热腾腾，一碗接着一碗的菜肴从面前端过时，他忍唔住直咽口水，便偷偷地望着伙伴俩道："各位大哥哥，你哋见到那些菜肴吗？我哋真是菩萨面前摆三牲——睇得见，唔食得，馋死人了。给几块鸡骨头、一点肉我哋舔舔也好。"

阿九这日恰巧感冒，虽唔食得油腻，但他平日就恨死了黄金发，早就想揾个机会作弄他了。现在睇到这个样子，又听了土生的话，眼珠一转，望着大家笑了笑，便低声对土生道："小兄弟，只要你能受点小委屈，我就有办法让饿死猫今日给大家哥们开开荤。"他附耳土生"如此如此"，低声说了两句，土生乐得连连点头。于是，两人便依计行事。

正当黄金发给亲家翁劝酒时，忽然听到从隔壁厨房传来了"啪啪"两声，紧接着，又传来了放牛仔的号啕大哭声。他听了眉头一皱，心想：这些奴才真放肆，居然胆敢在贵客面前出洋相？他正想开声叱喝，又隐隐听到了阿九叽里咕噜的骂声："你这马骝仔[1]！真岂有此理？几个人只有一碟咸萝卜，你都食了一半多，还唔满足，又把我份下的这条小咸鱼也咬了一大口，只剩下个鱼头，让我要夹淡食白粥吗？用筷子只打你一下，你就敢撒泼哭了？让我哋去告诉老爷听，请老爷评评理！"骂声未停，又啪的一响，接着又是一阵更响亮的哭声。饿死猫两只招风耳听得清楚，原来是工人们在抢食争吵，忍唔住无名火起。正想出去把工人大骂一顿，但又转念一想："唔得，这几个家伙是因争食吵闹的，如果再闹起来，被在座的贵客听到传了开去，声誉固然唔好。特别是让亲家翁听到，知道我的刻薄吝啬，这门亲事还怕有告吹的危险，那就更坏了。"于是，他连忙离席走到厨房，气呼呼地对工人们连连摆手，制止他们争闹，一面只好忍痛，低声叫厨师赶快舀了两三碗大杂烩，端到阿九他们的破桌上来。

阿九这一刀，把饿死猫的心头肉重重地剜下了两大块。他自己虽因感冒唔食得，却让伙伴们美美地饱餐了一顿。

（二）第二把刀

有一次，瘟疫流行，差唔多每日都要死人。那些地主财绅人家，大约自知多干坏事，怕行瘟使者会揾上门来，因此都非常惊惶，日日向菩萨烧香上供，祈求菩萨降福消灾。阿九邻家有个孤老婆子二奶，平时主要靠给那些地主财绅家打个杂工，帮个短忙，换两餐过日子的。这日，她喂养的那头三十多斤的小猪不幸瘟死了。她失去了这笔棺材本，哀痛欲死。阿九听说了，忙走去对二奶多方劝解。但因二奶死了这头小猪，已经绝望，始终要寻死。正在无可奈何的时候，阿九忽然心生一计，便再上前一面解劝，一面向二奶悄悄说了。二奶到了这时，也是再无他法可想，只好听从了阿九的安排。

阿九代二奶把那头瘟猪请烧猪店把猪烧烤好，二奶依着阿九的意见，把猪拿到菩萨面前摆弄了一下，再拿返屋企来。阿九把烧猪切成十多份后，又代她分别送到本村的地主乡绅家去，每家一份，并故意装作虔诚的模样对他们说："近来瘟神爷施威，弄到地方鸡狗不安。二奶睇到老爷们每日都纷纷给菩萨上供求福，她心中也很感动。她说她老婆子只靠老爷们叫她有帮个短工打杂，她才能有个活路，要不是就会饿死。因此她诚心把家里的小猪宰了，烧成烧猪去给菩萨上供烧香，祈求菩萨给老爷们降福消灾，合家大吉，以后好常常叫她帮工。刚才她把烧猪切开，正想献给老爷尝尝'神惠'，但出门时不慎扭伤了脚，行动不便。所以我代她送来，请老爷尝些'神惠'纳福。"

[1] 马骝仔：小猴子，指调皮的小孩。

那些地主乡绅听了阿九这番鬼话，以为二奶真是诚心巴结他们，为他们求神消灾，心中一高兴，便收下这份“神惠”，慷慨地赏了几元给阿九带回给二奶，答谢她的诚意。虽然也有两三个唔相信二奶真有这么大的诚意，但听到这是拜了神的“神惠”，如果唔领下并给赏钱，怕菩萨见怪唔加保佑，那就会瘟祸临头的。所以，他们也唔敢唔领这份情，同样也给了二奶赏钱。

结果，二奶这一头煲豆酱都无人食的小瘟猪，经阿九代她巧用了这一刀，就刮到了那伙地主财绅三四十元，在当时足够一头大活猪的价钱了。

（三）第三把刀

黄金发死了后，阿九给同村的另一个绰号叫“黄蜂刺”的地主打长工。一日傍晚，他在黄蜂刺家食过晚饭，回到自己的茅屋。忽然，邻家亚祥的老婆哭哭啼啼地跑来，说亚祥今日给黄蜂刺挑谷去墟渠了返屋企的时候，一言不发，长叹了几声后，便解了一条箩耳绳，躲进卧室闩了门要上吊。她擂烂了门也唔开，所以急得跑来求救，并问阿九是否知道其中情由。

原来，亚祥中意赌钱，今日他代黄蜂刺担了一担谷去墟渠了后，却把那担谷钱拿到赌馆去输清光了。返来时，无钱交回给黄蜂刺，黄蜂刺怒气上冲，把亚祥打了一顿皮鞭，还勒令他两日内要交足谷钱，否则要把他先吊起来喂饱蚊子后，再送他去坐牢。亚祥又悔又急，心一横，便返屋企要上吊。

阿九刚才已经知道亚祥输钱被打的经过了，现在听说他要上吊，便急着跟随祥嫂跑向她的家，一面将其情形简单地告诉祥嫂。

阿九深知亚祥的脾气是“死牛一边颈[1]”，强拗不得的。他既是狗急跳墙，丧了心要上吊，一时间唔易劝解的。他一面安慰祥嫂，一面要想个好办法去救亚祥。别睇他人无三尺高，只见他一搔头皮，眼珠一转，就计上心来。他打算用个激将法，必可奏效。于是，他便吩咐祥嫂唔好啼哭，可先在门外等待。

阿九走进亚祥家，见亚祥已闩上房门，正在房长叹，大约真的要准备上吊了。于是，他便故意在厅上叫了声祥哥。见亚祥唔回答，便又叫了一声。亚祥这时正准备把绳子悬在房梁上想上吊，听到阿九在外面叫他的名字，不由得一愣。他虽唔开声回答，也不由得把拿着绳子的手放下来了。

“祥哥这个笨猪去哪里了呢？”阿九明知故问，接着在厅外又自言自语道，“嘿！人说十赌九精，但依我睇，祥哥他却是越赌越笨，简直笨过猪。单就他刚才所说，他最后一注的那手牌九，既然是一红五、一个长尾八和梅花对，就应把梅花对拆开来，摆个五点头、八点尾，那才高明。但他却嫌钱臭腥，唔肯拆开梅花对，摆了八五三，三点先行，点解唔会被庄家四点头夹双地杀个精光呢？活该！古老有话，和精仔同死，都唔和笨仔同行。以后再和这个笨猪同行，别人连我都要睇衰了。吓！现在他躲到哪里去了呢？等我揾着他，非要他向我叩三个响头，拜我为师不可。否则，我真唔愿来教精他，让他永远输到底。”

原来，阿九深知亚祥是个硬颈牛，又是有名的屎坑石——又硬又臭，素来好强。现在输钱被逼，死了心要上吊，如果好言好语劝他，他是听唔入的，所以才用个激将法，故意自言自语乱说牌九经，笑他唔识赌门路，目的就是想激怒他，使他争辩，忘记寻死。果然亚祥在房中听了阿九在外面乱说牌九经，早就忍唔住了；又听到反要自己拜他为师，他愈加发火了，便“呼”的一声，立即怒冲冲地开门走出来，大声地反骂阿九：“妈的，阿九你这个死矮鬼，也胆敢小睇我唔识赌？我行桥多过你行路，我赌钱多过你使钱[2]。你乱谈牌九经反骂我是笨猪，要我拜你为师叩响头？”

阿九见亚祥果然中计开门出来争辩了，心中偷笑，便继续车天车地[3]，乱说一通。双方争得口水横飞。后来，阿九笑着认了输，亚祥也消了气，忘记急着要寻死了。

[1] 死牛一边颈：形容人顽固执拗。

[2] 使钱：方言，用钱。

[3] 车天车地：方言，胡说八道。

阿九见激将计已大功告成，亚祥唔再寻死了，便拉他坐下来，耐心诚恳地规劝他。亚祥也万分后悔，发誓今后绝唔赌了。不过，最后仍是叹气道："奈何钱已输光了，黄蜂刺这一关又怎能过得去呢？"

阿九拍了一下心口说："祥哥！赌仔回头金不换。今后你是洗手戒赌，黄蜂刺这一关我再想个计替你解围。你且放心，今晚二更以前，我一定再来回报。"他知道今日亚祥连买米的钱都已输光，便叫祥嫂跟他返屋企量了一升米拿返去煲粥和亚祥食，他却胸有成竹地去见黄蜂刺。这时，黄蜂刺已食过饭坐在厅上剔牙，阿九故作慌慌张张的一进来就嚷道："二老爷，弊啦！要闹出人命官司了！"

黄蜂刺一头雾水，问道："什么事？"

阿九道："亚祥这赌鬼今天输了你的谷钱，被你教训了一下，他急得在家上吊。幸得他老婆发觉早，叫来了邻居，才从绳上救下来。但这家伙偏是寿星公吊颈嫌命长，还是嚷着要非死不可。"

黄蜂刺听了，冷笑一声："管他呢！命是他的，他既然唔要命，就算他死了十次八次，与我何关？不过，他已输光了我的谷钱，就算他死了，我也要抓他老婆来做工顶债哩！"

阿九忙摆手，道："二老爷，你听我说，刚才那家伙对许多人哭诉，说他是输了你的谷钱无法偿还，被你逼打他才上吊的。他要在今日夜深无人阻救时，干脆再到你家门首上吊，他希望反赚得老爷你给他施舍一口薄棺材。"

黄蜂刺还是冷笑道："他要死在我门首，就像我家那条守门狗死在门首一样，关我屁事？"

阿九上前一步，放低了声音道："二老爷！空口话虽是这么说，但这赌鬼口口声声都哭告人，说是你逼打他才寻死的，众人皆知了。横竖他已穷到无法活落去了，要死在你的门首，目的就是想诈你赔上一口棺材，甚至还要累你食人命官司呢！俗语说'穷汉食官司，蹲监仓解决两餐饥。富人食官司，官敲吏索蚀去两层皮'。他真的在你的门首挂了腊鸭[1]，别人哄传开去，说他是被你逼债逼死的，那怎会唔惊官动府？"

"啊！"黄蜂刺听到这里，也不由得吃惊了。

阿九见计已生效，又继续将他一军，故意叹息一声道："唉！有烂鼓就有烂锣，有烂公就有烂婆。亚祥老婆见到亚祥定要寻死，刚才她也哭闹说，亚祥如死，她年老貌丑，想再嫁也无人要了，反正也是无路可走，干脆也跟亚祥同一条绳上吊算了。"阿九偷偷瞧了一下黄蜂刺的脸色，继续道："二老爷！如果这对穷鬼烂婆真是狗急跳墙，做出了这板豆腐，双双在你门首挂了腊鸭，那更不妙了。别人哄传开去，你的名誉受到玷污是另一回事，如果惊官动府，虽说到头来唔怕他，但只是要应付上门的官差役吏的酒饭钱，唔止一两副薄棺材的事了。"

土财主就最怕食官司。黄蜂刺听了阿九的话，愈想愈心惊。此事闹起了，果真是了不得。他平时虽惯骑在穷人头上屙屎，但却最怕犯官司。他知道他这种有钱无势的土财主，正是官府的八宝箱，无事都想揾事寻衅来敲诈，何况人命关天？自己如果被拉近死牛边，怎赖得去唔给死牛钱？他听阿九说得煞有其事，合情合理，惊惶无措了。只是摇头顿足，连连叹气道："点算呢？点算呢？"

阿九见到黄蜂刺已入套了，继续再风言风语在一旁打边鼓。最后，黄蜂刺只好长叹一声，对阿九道："唉！上个月张铁嘴给我相命，说我最近该破财，真被说中了。好吧！你代我去劝那个烂穷鬼唔好寻死了，就说我二老爷大仁大义，开恩施舍，唔再追讨那一担谷钱算了。"

阿九趁机又说："二老爷这样开恩大量，我相信人人都会赞誉的。不过，这样恐怕还是救唔到他条命。据我所知，他两公婆已一连三四日都煲底朝天了，心丧已极，此时怕正也因为饿得顶唔住了才走绝路。今就算唔再逼他还钱，他饿得辛苦了，一时间思想还是转唔过来。二老爷不如善人做到底，干脆再多施舍他几餐，让此事过了去。别人不但更传颂你的大仁大义，而且以后他是死是活，就再与老爷无关了。"

黄蜂刺无奈何，只好又捶了两下心口，忍痛掏出了两个银角子，递给阿九道："算了，就算我破财消灾吧！你到后堂去，请二奶奶再量三升米，连同这点钱一起拿去给那个穷鬼吧！"

阿九这一刀比前的更厉害，这是一把两面刀。这一面

[1] 挂腊鸭：方言，上吊。

割断了亚祥的吊颈索，那面同时又刮了黄蜂刺一担谷钱和两个银角子，另外还加上三升米；刀尖更把黄蜂刺的心重重地捅了一下。

人因事而出名。自这三件事传开去后，人们都把阿九叫作三把刀。而他这个诨名，也像《水浒传》中的黑旋风、智多星、及时雨一样，传闻远近，扬播千秋了。

讲述者： 李亚进、梅蒲芳、李希南
采录者： 李文廉，男，59 岁，教师，大学学历
采录时间： 1987—1988 年[1]
流传地区： 吴川县
原载本： 《中国民间文学三套集成·广东卷·吴川县资料本》

[1] 原出处并无具体采录时间，但前言提及收录工作开展于 1987—1988 年。

141

邓苟教训阴湿财主

很久以前，阳春西山脚下（今永宁、圭岗一带）有个姓赖的财主，为人狠毒，专门想法坑害长工，长工们背地里称他为“阴湿[2]财主”。

有一年，邓苟给“阴湿财主”当长工，到年终发工钱时，“阴湿财主”左扣右除，将邓苟的工钱扣得所剩无几。邓苟憎死了“阴湿财主”，决心整治一下“阴湿财主”。

一日，邓苟在圩市上买回几条腊肠煮来食，故意让“阴湿财主”睇见。那“阴湿财主”家有千贯，却偏偏是个爱贪钱财的吝啬鬼。他见邓苟食得津津有味，便问：“邓苟，你食的是什么呀？”

“东家，我食的是腊肠啊！你尝尝，多香。”邓苟一本正经地说，还把半截腊肠递给“阴湿财主”。“阴湿财主”一咬，呀！香喷喷的。急忙拉住邓苟，问腊肠是从哪里来的。

邓苟说：“这腊肠是我酿来的。”

“怎么酿法？”“阴湿财主”紧紧追问着。

[2] 阴湿：方言，阴毒狡猾。

"你把你家的狗用好鱼好肉喂饱后杀了，取出狗肠往锅里一蒸，就像我刚才给你食的那样香喷喷的了。"邓苟说。

脑满肠肥的"阴湿财主"一听，立即命长工们按照邓苟说的把狗用大鱼大肉喂饱杀了，将全副狗肠取出来往锅里一蒸，狗肠便煮熟了。

"阴湿财主"和财主婆早已垂涎三尺，迫不及待地将狗肠切断了。谁知狗肠截穿后，一阵臭气把"阴湿财主"和财主婆熏得阵阵作呕，两人连黄胆水也呕个精光。

长工们见邓苟给他们出了一口气，个个都快活极了。

讲述者： 梁志伟
采录者： 杨建国
采录地点： 春城一小
采录时间： 1968年8月
流传地区： 阳春县、阳江县、新兴县
原载本： 《中国民间故事集成·广东卷·阳春县资料本》

142

唔敢多宰

从前，有一个尖酸刻薄的财主，他家的长工逢年过节休想得到一件正形[1]的鸡肉食。

一年一度的除夕又到了，长工阿二问财主："老爷，宰多少只鸡？"财主把眼一睁，恶声恶气对阿二说："真是废物，大的就宰一只，小的就宰两只，还用问吗？"财主的意思是：鸡较大较重的就宰一只，鸡是细小的就宰两只了事。这样做无非是给阿二他们食的就是食剩下的鸡头鸡脚。

饭菜完备，财主拼命食鸡肉。他觉得今年这鸡确实够"件头"[2]，不觉用筷子拌了两下，发现有两只鸡头。又拌了一下，又发现一只鸡头，共有三只鸡头。财主立即质问阿二："你今年胆敢宰三只鸡，是谁的主意？"阿二一本正经地说："老爷，你不是叫我大的就宰一只，小的就宰两只吗？我唔敢多宰呀！"

[1] 正形：方言，像样的。
[2] 件头：方言，块头。

143

戏贪官

讲述者： 黎华锐，男，60岁，罗定县电影公司退休职工，初中学历

采录者： 刘勇，男，40岁，罗定县电影公司宣传员，高中学历

采录地点： 罗城镇

采录时间： 1978年6月

流传地区： 罗定县

原载本： 《中国民间故事集成·广东卷·罗定县资料本》

1945年初，高明有个廖县长要下乡恤民，把国际红十字会送给中国救济物品分发给穷苦百姓，以显父母官"爱民如子"之恩德。一日下午，他坐了轿子，由县兵护卫来到更楼板村。村口鸦雀无声，唔见乡长、民团长及群众出来欢迎。正在恼怒之际，却见一个衣冠不整的老头儿走到面前，打躬作揖道："县长大人光临，有失远迎，望多多恕罪！"

廖县长怒形于色，喝道："你是什么人，敢来见我？乡长、民团哪里去了？！"

"回禀县长大人，我是板村地保麦佳。"老儿说，"乡长因公出差，去五区专员公署揾他表兄办事。民团长因团部今年上送县府验证的枪支至今未见发还，怕赤手空拳，所以唔敢来。村中事务暂时委我办理。"

此事廖县长心知肚明：上送的枪支被他暗暗卖了一些，所以迟迟未发回乡民用。只好默默无言地与兵丁们一同走进祠堂歇脚。

县长一坐下便发话："麦佳，今晚三十六人开饭，你去把酒饭办来！"

"回禀县长大人，乡长无吩咐招待酒饭，无款项啊！我麦佳亦无从筹办。不过，乡亲们十分感激县长知敝乡贫困，亲临赈济。请到寒舍饮碗稀粥，相信大人一定会与民共甘苦吧！"廖县长沉吟不语，心想：所到各村，都是酒席接风，你麦佳居然敢让我饮稀粥？真是岂有此理！但又无话反驳。沉思一会儿，叫随从在赈济款中拿钱来，假惺惺地说："我自己先借给你去办酒饭，记住明日叫乡长还我！"

酒饱、饭足，廖县长在祠堂过了一夜。第二日，他把带来的那些所谓"赈济品"交付麦佳往泽河村发赈——这些物品都是被层层克扣剩下的唔值钱的衣物、粟米等类。

住了两日，县长要打道回府了。临行，麦佳手捧一叠包好的钱对县长说："县长亲临敝乡办善事，父老们深感大恩，昨夜筹集三百一十万元'关金券'送与县长作茶水钱，聊表敬意。请县长笑纳。"

廖县长假意推搪一番才接过装到袋里，对麦佳说："好，当作乡长交还了我的食饭钱。却之不恭啊，哈哈！"临走，叫随从给麦佳二十元打赏，满心高兴地打道回县城去了。

回到县府卧室，廖县长取出两大捆赈纸，打开来一睇，顿时目瞪口呆，气愤填胸。原来，底面两张是真正的"关金券"，中间夹着的全是废纸哪！

搜集整理者： 麦旭和
整理时间： 1985 年
流传地区： 高明县更楼镇
原载本： 《中国民间文学集成·广东卷·高明县资料本》

144

吉笼鸡[1]

武员外以对雇工刻毒鄙薄出名。工人们辛辛苦苦在他家里干一年活，年底算工钱时，让他七扣八除，分文无收白干一年还算是你天大的造化，更甚者竟是雇工还欠了东家的。因此方圆十里的穷人，谁都唔愿给他打工。

不过，也有例外的。一个名叫梁三的得知情况后，主动揾上门去要给武员外家打长工。

武员外睇了睇梁三健壮的身体后，心中窃喜，唔问来者家居何处，认为反正是要到年底才算工钱的，所以只向梁三问了问姓名。回答时，梁三说："我叫吉笼鸡。"

梁三在武员外家做了一年工，在年底这日大清早就到账房算工钱。他入来[2]时，员外正在睇账本。等梁三说明来意后，武员外捧出了一大摞账本，边念边煞有介事地把个算盘拨得噼啪响。结果是当了一年苦工的梁三还欠了武员外家一文钱。这时，只见武员外摘下个老花镜抬起个头，

[1] 吉：方言，本地人将棍棒之类放于肩上，棍棒处于肩背后一端吊系东西，前面那一端扛者便用手向下压以保持前后平衡，这一动作叫"吉"。吉笼鸡，即扛一笼鸡。还有，当地人将溜之大吉也叫作"吉笼鸡"。

[2] 入来：方言，进来。

摆着个大方的姿态对梁三说："吉笼鸡，我这一文钱你就唔需要还了，明年继续给我打工算了吧。"这一切好像早在梁三的意料之中，他也不争不辩，反而有点恭敬地对员外说："老爷，谢谢你。既然账已算清了，那我吉笼鸡走了。"武员外忙个不迭地连声说："好好，好好！"

梁三从账房出来，就向员外家的鸡舍走去，把员外家准备过年养得肥肥的少说也有十来只的一笼鸡，用扁担的一头挑起来就走。走到大门口，守门的唔让他走，梁三不卑不亢地说："你拦什么，我已算清账，老爷也已答应我吉笼鸡走，唔信你就问问去。"守门的哪里敢马虎，但又怕自己一走入去，梁三会趁机溜人，只好就地向里面喊："老爷，吉笼鸡他，吉笼鸡走了，是你答应的吗？"早就巴不得梁三走快点的武员外，一听此话就在账房高声应道："是是！是我答应他吉笼鸡走的。"于是，梁三打起一笼鸡话都唔打飞快地走了。

至于后来，有说员外恼得不得了；也有说，曾听得武员外私下在账房里自言自语："吉笼鸡打工一年该给他的工钱何止一笼鸡。"

讲述者：　林始惠

采录者：　林昉

采录时间：　1986年

流传地区：　肇庆地区怀集县马宁镇

原载本：　《广东民间故事全书·肇庆·怀集卷》

145

气东家

从前，有个东家叫王狗仔，长着满脸胡须，一眼睇去黑麻麻的。因此，村里人都叫他乌嘴狗。那人额头低得只有半寸；奸笑起来，眼睛就像一条线；那棚牙[1]在胡须丛中，黑白分明，好像咬着半片生萝卜。

那年，他请了两个长工，种田上山，什么也要替他干。有一日，已经割完晚造禾了。他叫两个长工上山砍柴。临行时，他叫人捧了一碗粥出来对两个长工说："两位，冬天日子促，两人共碗粥！"你说，两人共饮一碗粥怎会有力气上山！于是，两个长工胡乱地喝了两口粥水，鼓着一肚子气上山了。到了山边，两人便随便拾些柴草，匆匆忙忙就赶返来了。东家见屋外有笑声，出门一睇，只见两个长工抬着一捆湿树枝，正想开口大骂。两人便齐声嚷道："东家，冬天日子快，两人共把柴！"这下子，气得东家无话可说。

[1] 那棚牙：方言，那副牙齿。

讲述者：王招女，76 岁，花山东湖村人，农民
整理者：曾昭仁
整理时间：1986 年 10 月
流传地区：花县狮岭镇
原载本：《中国民间故事集成·广东卷·花县资料本》

146

一寸布

从前，岗坪有一个财主，他的心可狠毒了。一日早上，这个财主叫小长工到同广西交界的松柏去担盐。他吩咐说："你担盐返来后才食早饭。"小长工说："老爷，让我食完早饭才担盐吧，这里到松柏有几里路远呢。"财主说："这里去松柏不过一寸路，快点去担盐，少啰唆！"长工无可奈何，只好忍着饥饿去担盐。

半路上，长工肚子咕咕叫。他边走边想：好狠毒的财主啊！把几里路程说成一寸路。我得想法治一治他。

时间过得真快，转眼间年底就到了。长工说："老爷，我给你做了几年工，你得给我买些布，让我做些衣服吧！"财主想到多年都未给长工工钱，就答应了长工的要求。财主问长工道："你要买几多布？"长工说："我要买一寸布。"财主心里笑道，哪有用一寸布做衣服的呢？就对长工说："我就给你一寸布的钱。"说着就把钱交给长工。长工无接钱，说："你不是说过，这里到松柏只有一寸路吗？我要的一寸布，就是从这儿到松柏那样长的一寸布。"财主哑口无言，最后不得不依长工的说法去办。

讲述者：黄万锐
采录者：周如坤
采录时间：1987 年
流传地区：肇庆地区怀集县岗坪镇
原载本：《广东民间故事全书·肇庆·怀集卷》

147 聪明的长工

从前，有个财主叫长工担莲藕到街上去卖。当日，长工用卖莲藕的钱买了些猪肉食，晚上返来说给财主知道。财主把长工骂了一顿，说："点解你唔食莲藕，偏要食肉？今后，我叫你上街卖什么就食什么。"

过了不久，财主又叫长工上街卖猪崽。这次长工杀了一头猪崽食，返来又说给财主知道。财主一听，拍着桌子骂道："谁叫你杀猪崽食？我要扣你的工钱！"长工说："上次卖藕返来时，你不是叫我卖什么就食什么吗？"

财主听了无话可说，只好捶胸顿足。

讲述者：周贤生
采录者：周如坤
采录时间：1987 年
流传地区：肇庆地区怀集县桥头镇
原载本：《广东民间故事全书·肇庆·怀集卷》

148

醒仔捻化[1]『枉死人』

从前，王庄有个十分毒辣的财主，名叫王思仁。他请长工要做满一年才算工钱。缺一日工，全年工钱都唔给。为压榨工仔，年年将到年尾，他就诡计多端、不择手段地迫得工仔不得不走。工仔和他算工钱，他就拿出合约，说："满一年才有工钱收，你现在走，满一年吗？"胳膊拧唔过大腿，工仔只好忍气吞声，白白做了一年，两手空空地走。因此，人人都叫他做"枉使人"[2]。人心不足蛇吞象，他榨取几个工仔的工钱还嫌唔够，还经常想诡计再去诈别人的钱财。日子长了，人们对他的所为渐渐睇透了，便索性叫他做"枉死人"。

一年，有个长工叫醒仔，是个聪明伶俐的青年。他恨透"枉死人"，决心要为过去的长工出口气。

冬至过后，醒仔去见"枉死人"，笑口吟吟地说："老爷，我想向你辞工！""枉死人"一惊，心想：挨年近晚，别人怕被我赶跑，他却自愿唔做，莫非是……便说："合约写明，中途辞工唔给工钱的啊！"醒仔点了点头。"枉死人"马上又问："你有了新的工作吗？"醒仔古怪地笑了笑，头都唔回地走了出去。"枉死人"越想越觉奇怪，最后认定他是在哪里发了横财，便决心去查个明白。

他暗中跟着醒仔，来到县城的一间大店铺，里面摆着的货物很多。其中有一支长烟斗，斗部雕成一个龙头，龙口向上，龙身缠绕着烟杆。如果把烟丝放进龙口，打火一吸，好像生龙吐雾一样。围住睇的人一大群，个个啧啧称赞。"枉死人"也十分中意。一会儿，只见醒仔走近柜台，口里咿咿呀呀地吟了几句，拿起烟斗，竟唔问价，又唔付钱，就大模大样地走了。坐柜的伙计唔问唔追，好像无睇见；其他人虽然睇见了，但因为事不关己，又唔知醒仔是什么人，谁肯出声？"枉死人"感到很奇怪，又偷偷跟上醒仔。

跟了一段路，来到一间衣物店，衣架上挂满各式各样的衣服。醒仔昂昂然，一直走到衣架边，又咿咿呀呀地吟了几句，伸手拿下一件长衫，转身便走，居然无人过问。"枉死人"更奇怪了：醒仔是不是会弄法术呢？快拿到手的工钱唔拿，两次取别人的货物，竟无人管。我得弄个明白才是。于是，他快步追上去，一手抓住醒仔，说："哈哈，你做的好事！拿人家的货物唔给钱，快去见官！"醒仔被吓得手震脚震，连忙求情说："请老爷高抬贵手，千祈唔可以让官府知道！刚才我拿别人的货物唔需要付钱，是用障眼法使掌柜睇唔见我，所以我就中意什么拿什么了。""枉死人"心中大喜：这小子被我一吓，就讲真话了。马上，"枉死人"计上心头，说："你一定要将法术教给我！不然的话，我就拉你去见官！"醒仔左右为难，很久才说："要学可以，不过要交点学金！""枉死人"急问："多少钱？"醒仔说："平宜[3]点，收十两银便算！""枉死人"历来孤寒，听说要交十两银，连眼都翻白了。醒仔说："既然你唔出钱，唔学就算了吧，反正我唔等钱来用！""枉死人"睇睇醒仔手中的烟斗和长衫，想起醒仔在货店取货无人知的情景，便咬咬牙，表示愿交十两银去学。

[1] 捻化：广州方言，用计来玩弄别人。

[2] 枉使人：王思仁的谐音，也有不花钱雇用人干活的隐喻。

[3] 平宜：广州方言，便宜。

两人来到街尾人少的地方，醒仔又说："交十两银学的，是灵验一次的法术；如果交一千两银学会的，是百试百应的法术。""枉死人"盘算了一会，说："我决定先学十两银的法术。如果唔灵，我就取你的性命！你那偷来的烟斗和长衫归我所有，我也唔会蚀本！"醒仔点头同意了。

醒仔收了十两银，带着"枉死人"来到牲口行，问他究竟想要什么。"枉死人"睇中一头壮实、生猛的水牛，醒仔就在他的耳边呢呢喃喃地教了一番。"枉死人"走到水牛旁边，照样咿咿呀呀地吟了几句，慌忙解了牛绳，牵着牛就走。哈哈，真灵验！卖牛的人一声唔出，任由他牵走。回到家里，"枉死人"十分高兴。虽然花了十两，但得了一头好牛，有赚！有赚！如果学会百试百应的法术，唔需要一日，岂不是成了百万富翁吗？第二日，"枉死人"变卖了家产，凑足一千两银交给醒仔。醒仔收了钱，将法术教给他就走了。

"枉死人"学了法术，恨不得一下子成为百万富翁。他快步走到金银店，口中咿咿呀呀，推开柜门，拿起金银猛装入袋。伙计们见了，立即大喊捉贼，并冲上去，七手八脚，把"枉死人"推倒，绑起来送交官府。

醒仔把那一千两银全部分给以前被"枉死人"无理赶走的长工。有人问："醒仔，你学了什么法术，使'枉死人'听你的话呢？"醒仔哈哈大笑，说："我哪里有什么法术呢？只不过请几个伙计帮忙，事先把钱交给货主，然后当着"枉死人"的面取货，一步步引他上钩罢了。"长工们听了个个都称赞醒仔。

讲述者：刘清，女，80岁，花山镇铁山人，农民，文盲
采录者：邝国钿
采录时间：1987年1月
流传地区：花县花山区
原载本：《广东民间故事全书·广州·花都卷》

149

长工与地主打赌

从前，有一个地主，自称满肚墨水，写字如流星。唔理人家讲话多快，他都能一字不漏地笔录下来，而且话完笔停。他家的长工唔相信，双方打赌。长工讲话，如地主能一字不漏地笔录下来，长工一年唔要工钱；要是长工把话讲完了，地主还无写完，就送担谷子给长工。长工要求先装好一担谷，地主同意了，并且立了打赌凭约。

当地主做好了一切笔录准备，长工以最快的速度吟道："淅淅嗖嗖装担谷，吱吱喳喳挑担谷，謦謦啃啃打成米，叽叽咕咕炆鼎粥，利利落落食碗粥。"地主一时忘记了"嗖"字、"謦"字、"鼎"字的笔画，停顿了片刻。待他清醒过来，长工已把谷子挑上了肩。长工睇到他还无写完，就以讥笑的口气吟道："问你先生写好么？若然无写好，难为你先生送担谷。"地主眼瞪瞪地睇住长工把谷子挑走了。

讲述者：梁玉球
采录者：罗新芬

采录时间： 1987年3月

流行地区： 乐昌县梅花镇、廊田镇

原载本： 《中国民间故事集成·广东卷·韶关分卷·韶关民间故事集成》

（五）巧女故事

150

弄巧成拙

从前，有个船夫，以渡客过江为生。一日，蒙蒙细雨，整日未发市[1]，眼睇夜色降临，忽见远处有三人招手。原来，一位秀才、一名武士，后面还有个俊俏姑娘往渡口来了。船夫喜出望外，连忙招呼他们三人上船。

一会，船快靠岸。船夫皱皱眉头，想出个主意，说：“今日收工钱例外，我吟一句诗，让三位附和，唔求工整，只睇谁的本领大。大的唔收钱，小的就要罚交三个人的渡钱的三倍。大家意见如何？”秀才和武士一口答应，姑娘默不作声。船夫得意嚷道：

“我竹篙尖尖，船仔圆圆，一竹撑过河对面。”

秀才略一思索，随口吟道：

“我笔嘴尖尖，墨砚圆圆，一笔挥就大状元。”

武士沉思片刻，出吟道：

“我箭嘴尖尖，弯弓圆圆，一箭射出武状元。”

最后轮到小姑娘，她不慌不忙，道：

“我手指尖尖，肚子圆圆，一胎三个，两个文武状元。”

船夫急忙追问：“还有一个呢？”

姑娘叹道：“还有一个唔听话，无心向学，下江撑船。”

船夫一时羞得满脸通红，只好放他们上船而去。

[1] 发市：方言，做生意。

讲述者： 社会流传
采录者： 杨福基
采录时间： 2008 年春
流传地区： 广州市增城市西北部
原载本： 《广东民间故事全书·广州·增城卷》

异文：少妇嘲弄撑船佬

从前，有一个渡口，住着一位老撑船佬，靠摆渡来维持家计。这个老撑船佬虽是个快活人，还中意唱民歌，但他常以民歌讽刺戏弄人，借以取乐。很多人都受过他的嘲弄，被弄得哭笑不得，丑态百出。

一日，岸上又来了三个人等着过渡，一个书生模样，一个武士打扮，还有一个是少妇。撑船佬见此情景，想在这三个人身上取乐，同时也想借机考考他们的才智。于是他向岸上大喊：“你哋谁要过渡，要先吟一首诗或唱几句歌，说明你哋各自的身份和去向。否则，莫怪渡船唔靠岸啊！”

三人听了，各自低头沉吟。书生为了显示自己的才学，抢先开口吟诵：“笔嘴尖尖，墨砚圆圆。上京考试，考文状元。”吟罢，上船去了。

接着，武士吟道：“箭嘴尖尖，弯弓圆圆。上京考试，考武状元。”吟罢，亦上船去了。

轮到少妇了。船上三人自鸣得意，欺她是个村妇，一齐向她投来嘲笑的眼光。少妇睇出他们是有意刁难自己，越想越气，于是也毫不客气地吟道：“奶仔尖尖，肚子圆圆。双生贵子，文武状元。还有一个不肖之子，撑横水渡船。”

船上三人听后，全部愕然，哭笑不得。

最后，少妇大大方方地上了船。以后，那个撑船佬再都唔敢那样放肆地嘲弄人了。

讲述者： 梁文庄
搜集整理者： 梁蔚泾
搜集时间： 1987年4月
流传地区： 新兴县一带
原载本： 《中国民间故事集成·广东卷·新兴县资料本》

附记

该故事类型在广东粤语地区流传广泛。除了本篇及已收录的一篇异文之外，还流传有广州市越秀区人民街道的《吟诗渡船》、中山市石岐街道的《题诗过河》、台山市的《吟诗过渡》、江门市新会区的《对联过渡》、信宜市的《吟诗过河》、高州市的《孕妇渡船吟诗》、化州市的《才女巧戏撑船佬》、阳春市的《农妇羞秀才》、龙门县麻榨镇的《巧妇对诗上船渡河》、廉江市的《村妇对联过渡》、吴川市的《对对过渡》、湛江市赤坎区的《唱歌仔过河》等异文。

151

先生系我仔，后生系我儿

林家祠请咗个姓叶的先生教馆。叶先生教书无方，学生们成日打瞌睡。他唔检查一下自己，反怪学生懒，便出句惩罚学生，要他们对出下联。上联曰：

“越瞓越昏，越昏越瞓，瞓瞓昏昏，昏昏瞓瞓。”

有个学生回到家里，“昏昏瞓瞓”地念个唔停，老是无法对出来。他姐姐问明原委，便替他对上了。

“先生先死，先死先生，生生死死，死死生生。”

叶先生见这下联，特别激气，但转念一想：小朋友点会作出这样的对句呀，一定系别人替他作的。一盘问，果然不出所料。当他知道这学生的姐姐名叫林秀茂，系一位才思敏捷的妙龄女郎时，顿时转怒为喜，连忙写咗一张字条叫这学生带给姐姐。林姑娘打开字条一睇，竟是句上联：

“竹子初生，何时得尔林秀茂？”

她觉得这个叶先生太轻薄，便气愤地回敬一句，联曰：

“梅花先发，绝不许你叶先生！”

叶先生执迷不悟，继续进行试探，又写了一句上联给林姑娘：

“竹本无心，偏生许多枝节。”

林姑娘干干脆脆叫叶先生死了这条心。她对曰：

“藕虽有窍，不染半点污泥！”

叶先生恼羞成怒，日夜思量报复。他探知林姑娘中意养鸟，便千方百计在她家隔壁租住下来。两家的后园只隔道篱笆，叶先生沿篱笆种上一行狗尾粟。等粟长出穗串的时候，叶先生便早晚偷偷盯住林姑娘。一日傍晚，林姑娘顺手摘下一串伸过篱笆的狗尾粟穗逗雀仔玩，叶先生在窗口睇得清清楚楚。这时，他得意忘形地走出来，冲着林姑娘不干不净地哼道：

“姑娘有情，晚来拨（盼）我粟（宿）！”

林姑娘自知有失检点，但她不甘示弱，马上回敬一句：

“先生无礼，日里黐（扯）人棉（眠）！”

原来叶先生每日到学堂上课都要经过一大块棉田，棉铃成熟，免不了身上会粘上棉絮。

叶先生被林姑娘倒打一耙，像只斗败的公鸡，慌忙钻翻屋里。不久，叶先生调弄戏谑女子的丑闻传咗出来，无脸再在林家祠执教，只得卷起铺盖走了。

后来，林姑娘嫁给一户姓黄的人家，生咗一对孖仔[1]。这时孖仔到咗入学的年龄，她丈夫要带他们到学堂祭孔子先生。林姑娘打听书塾先生又系那个姓叶的，担心他再图报复，便偷偷跟在丈夫后面。果然，这先生早就在书塾门口等候了。一见他们父子三人，便假惺惺地迎上前来，摸摸这个孩子，又亲亲那个孩子，故意问林姑娘的丈夫：“这对孖仔，哪一个系先生的？”林姑娘的丈夫听出话里有刺，一时又唔知点回答，又羞又急。跟在后边的林姑娘抢步上前，答道：“先生又系我的仔[2]，后生也系我的儿！”

叶先生一听，羞愧得无地自容，只好自认倒霉。

[1] 孖仔：方言，双胞胎。

[2] 仔：方言，儿子。

讲述者： 黄买娥

整理者： 邝金鼻

流传地区： 珠海市斗门县

原载本： 《中国民间文学集成·广东省卷·珠海市斗门县故事资料本》

异文：林秀茂巧对对

民国年间，增城街有一间私塾，内有学生二十人，私塾先生姓叶。一日，叶先生正在上课，突然门口来了父女俩，父亲说是来为女儿林秀茂求学的。

叶先生有礼地对他俩说：“我这里从来唔招收女学生，你哋走吧。”父女俩苦苦哀求。叶先生望着年轻貌美的林秀茂，想到自己一把年纪还无成家，心里有点爱意，一时间想唔到话题。平时只会吟诗作对的他，自言自语地道：“竹笋初生，何日得成林秀茂。”林秀茂听后，感到这位老师唔正派，便拿起粉笔在黑板写上：“梅花未放，几时轮到叶先生。”引得学生哄堂大笑起来。叶先生很难堪，觉得林秀茂能对对子，对得都唔错，点解唔再出一对？于是又出上联：“竹本无心，皮外多生枝节。”他是想以此来婉转批评林秀茂误解他的意思。林秀茂随即对出下联：“藕原多口，心中无有污泥。”以表自己是清洁不可亵渎的。

叶先生见林秀茂很有文才，心里中意她，便破例招收下了。

讲述者： 赖光明

搜集整理者： 陈乐中

搜集时间： 2008 年

流传地区： 广州市增城市荔城街道

原载本： 《广东民间故事全书·广州·增城卷》

附记

该故事类型在广东粤语地区流传广泛。除了本篇及已收录的一篇异文之外，还流传有佛山市三水区的《语带双关》、鹤山市古劳镇的《自讨没趣》、恩平市横陂镇农村地区的《村妇对对》、信宜市的《林氏女巧对叶先生》、封开县的《张寡妇训斥吴先生》、廉江市营仔镇的《镜中桃子》、深圳市葵涌街道的《才女拒先生》、德庆县的《白费心机》、龙门县的《叶先生与林秀茂》等异文。

152

万全杂货店

清朝末年，花县狮岭墟有一间名叫“万全”的杂货店。店铺前做生意，铺后装货住人。店主梁万全夫妻俩勤勤恳恳，苦心经营。他们待客谦和，老幼无欺，肯为顾客服务，而且货色较多。客人很多都中意和“万全”交易，因而生意很好。亲人、朋友为表示对梁万全的称赞，请木匠制作一块木匾，并写上“万物俱全”四个大字，挂在铺面。

狮岭墟经营杂货店的有好几家。俗话讲，同行如敌国。如今见“万全”店生意越来越旺，店门挂上一块醒目的大匾，因而几家同行都十分不安，妒忌梁万全抢了他们的生意。于是几个店主凑在一起，密谋对付梁万全。有一个姓邬的店主，是出名的“扭计”祖宗。人们给他起了个花名叫“乌龙”。他眼一翻，马上想出了一个坏主意。他提出合伙出钱，请一个泼皮烂仔，借意去“万全”店买几种奇难货物。“万全”店一定无货，趁势大闹一场，毁坏“万全”店铺面，打烂他的招牌横匾。这样一闹，“万全”成了黄鳝上沙滩，唔死都一身“潺”[1]了。那么，去买什么货才能难倒“万全”店呢？“乌龙”接着写出几个字在纸上，递给各店主睇。店主睇后，个个眼定定，唔知什么意思。但很快又哈哈大笑，连声叫：“妙！妙！”并马上请来泼皮黄二，如此这般，指手画脚地交代了一番。

第二日，是狮岭墟墟日，趁墟人非常多。黄二得人钱财，唔怕做丑人。他一早就来到“万全”店旁边，等待时机。中午时候，趁墟的人越来越多了，“万全”店也塞满了客人。只见梁万全笑口吟吟招呼买主，他妻子万嫂也走出走入，为客人送货。黄二睇到机会来了，就快步冲到柜前，恶声恶气地说：“梁万全，我要买几样货，请快快拿来！”梁万全马上笑着说：“二哥，买什么呢？”黄二立即从袋里拿出字条，交给梁万全。梁万全一睇，见写着“深似海、硬过铁、软如绵”几个字，一头雾水，当场飙汗。随即又笑容满面地对黄二说：“这几种货暂时无，请……”话无说完，黄二就大声高叫：“你睇睇这块匾，写着‘万物俱全’。这几样平常的货都无，还算什么‘万全’？今日老子要拆下这块骗人的木牌！”并捋手捋脚，准备动手了。

万嫂正在后栏搬货，听见外面吵闹，急步走出来。问明原因之后，她不慌不忙地对黄二说：“阿哥，唔好急，有事慢慢讲！你想买的几样货都齐全，是我收好的，我丈夫唔知道，请原谅！如果你真的要货，我可以唔要钱送给你。”在场买货的人见黄二那样，早已很不满了。今见万嫂这样说，马上围了一大群人，睇个究竟。紧接着，万嫂一字一板地说：“读得书多深似海，兄弟不和就硬过铁，夫妻和顺就软如绵。各位乡亲，你哋说是不是？”

万嫂话音一落，众人齐声叫：“好！”烂仔黄二见万嫂讲得有理，众人支持万嫂，自知理亏，只好像狗一样夹着尾巴溜走了。

几家杂货店想整蛊[2]“万全”店，结果反落得灰溜溜的下场。事后，人们都称赞万嫂机智多才，梁万全人品忠厚。从此杂货店生意更旺了。

[1] 黄鳝上沙滩，唔死都一身“潺”：此句话的最后一个“潺”字与广州话的“残”相似，也引申为“残”或麻烦的意思。

[2] 整蛊：捉弄。

讲述者：	毕景，女，70岁，狮岭奇才村人，农民，文盲
整理者：	李巨洪
整理时间：	1986年10月
流传地区：	花县狮岭镇
原载本：	《中国民间故事集成·广东卷·花县资料本》

异文：样样有

从前，有两夫妻开间小店，妻子给此店取名为“样样有”。由于经营得好，生意也过得去。当时有一班无赖见店名独特，想刁难一下店主人。一日中午，这班人来到小店，对女店主说：“请卖一百只公鸡蛋给我哋。”

女店主聪明，知道这班无赖是有意来惹麻烦的，便笑着说：“公鸡蛋是有几百个，但钥匙在我丈夫处。他上个月去苏月[3]了，是否等他过几日满月返来，你哋再来买呢？”

这班人听后立即喧哗大叫起来：“哈！男人都会苏月？这不是荒唐吗？”

女店主不慌不忙地说：“既然男子不能苏月，公鸡蛋又哪来呢？”

这班无赖听后，只得灰溜溜地走了。

讲述者：	罗任桂，男，51岁，罗定县双东镇大众村委干部，初小学历
采录者：	何云峰，男，35岁，罗定县替滨镇居民，大专学历
	陈达丰，男，31岁，大专学历，罗定县双东镇文化站长

[3] 苏月：方言，坐月子。

153

李老九与冯老苟

李老九和冯老苟是对好朋友，两个日日上茶楼饮茶，每日十一点钟左右，不是李老九先到就是冯老苟先到。有日，李老九一踏上茶楼，就睇见冯老苟坐在靠窗的一张桌子旁，便自言自语地说："咦，冯老苟比我先到了。"冯老苟说："喂，李老九，今日怎么迟到啦！"李老九说："哦，我刚食完一斤龙眼。"冯老苟问："有几大只呀[1]？"李老九夸张地说："嘿，犀利[2]啰，比荔枝还要大。"冯老苟不屑地说："你那龙眼算得什么？我见过的要大得多啦！"李老苟问："到底有几大呀？"冯老苟说："讲出来吓坏你，我的龙眼大过波碌[3]啊！"李老九说："我唔信，龙眼哪有这样大的？"冯老苟说："你唔信？我同你打个赌。"李老九说："怎么赌法？"冯老苟说："十斗米、十箩谷。"李老九说："好，一言为定。拿龙眼来。"

过了一会，冯老苟扛来了个大猪笼，把一个波碌从

[1] 有几大只：形状有多大。

[2] 犀利：方言，厉害。

[3] 波碌：方言，柚子。

采录时间：1987年5月

采录地点：罗定县双东镇大众村罗屋自然村

流传地区：罗定县双东镇

原载本：《中国民间故事集成·广东卷·罗定县资料本》

附记

该故事类型在广东粤语地区流传广泛。除了本篇之外，还流传有佛山市顺德区大良街道、容桂街道的《万有铺》，怀集县的《誓不求人》，韶关市乐昌市梅花镇的《聪明的媳妇》，信宜市的《百味齐》，阳江市八甲镇等地的《乜都有》等异文。

这个笼眼放入，又从另一个笼眼取出，然后说："李老九，你说笼眼大还是波碌大？你亲眼睇见啦！"李老九分辩说："我同你说的是可以食的龙眼，不是这笼眼。"冯老苟说："我无说过可唔可以食，笼眼就是笼眼。你认输了吧？明日我要请人到你家担谷担米啰！"

李老九回到家里，一声长一声短地只管叹气。他的媳妇关心地问："爹，有什么不如意的事呀？"李老九叹气说："唉，说出来都无用！"他媳妇说："你说吧，说出来或者我可以帮你忙呢！"

李老九听他媳妇这样说，便把和冯老苟打赌的事一五一十说了出来。媳妇听后竟嘻嘻笑着说："哦，老爷，我以为是什么大不了事呢。明日你唔好出街[1]，就躲在房中，他来要谷要米我自有办法。"

李老九就听从媳妇安排，第二日真的唔上街，在家里藏了起来。等到中午，冯老苟果然带着一帮人担着箩筐来了，一入门就"李老九、李老九"地叫起来。李家媳妇正坐在厅中缝衣服，便问："冯老爷，你揾我家老爷有什么事啊？他一早就出去啦。"冯老苟说："你老爷昨日输了十箩谷十斗米给我，我今日是来担谷担米的。"李家媳妇说："哦，先饮茶吧，冯大爷。"饮完茶，烟还无烧过，冯老苟就催着要了。李家媳妇说："唔急，冯大爷，拿箩来装吧。"说完就拿了只碗上楼装了一碗谷下来，用一只田螺来量，一边量一边说："冯大爷，一螺，两螺……"冯老苟连忙制止说："喂喂，大嫂，你开什么玩笑？拿这个田螺壳来量谷呀？"李家媳妇说："你用那个笼眼，我用的就是这个螺嘛！"冯老苟说："我唔要谷了，你给我十斗米吧。"李家媳妇拿一碗米出来，又用一只烟斗来量，一边量一边说："嗱，一斗米，二斗米，三斗米……"

"吓，你怎么用的是烟斗呀？"冯老苟气得眼都直了。

李家媳妇说："是呀，冯大爷，你用那样的笼眼，我就用这样的斗。"

无话可说啦，冯老苟只好空着两手返去，还蚀了请人担谷拉米的工钱。冯老苟输了一盘啦！

第二日，冯老苟又同李老九上茶楼饮茶。饮下饮下，李老九说："嘿，我家媳妇真是又聪明又贤德。"冯老苟问："怎么个贤德法呀？"李老九说："你都知道啦，我叫李老九，你叫冯老苟，九苟同音。我家媳妇返来[2]六七年，为了避嫌，从来无讲过一个九字。"

"哎，李老九，我又同你打次赌吧。"冯老苟说，"如果你媳妇讲出一个九字或者与九同音的字，你就算输。"

"哎，输多少？"李老九问。

"唔多，二十两银吧。"冯老苟说。

"她无讲呢？"

"倒贴你二十两。"冯老苟说完，两人便立即拿出银子交给茶楼的跑堂师傅，请他作证人。

跑堂师傅跟着冯老苟来到李老九家。一来到门口，冯老苟便敲敲门："李老九在家吗？"李家媳妇打开门，一见冯老苟便说："哦，冯大爷，我家老爷上街了。你揾他有事？"冯老苟说："等你家老爷返来，你帮我传几句话吧。"

李家媳妇说："好啦，你就讲吧。"

冯老苟说："你同我告诉他，你说冯老苟请李老九，九月初九日到冯老苟家劏狗，带九十九文钱到韭菜地饮酒。"

冯老苟一出屋，李老九就从外面进来。他媳妇说："老爷，刚才冯大爷揾你。"

"揾我有什么事？"李老九故意问。

"冯大爷要我转告老爷你，重阳节那日到他家劏羊，并带一百少一文钱，到快菜地饮杯咧。"

冯老苟和跑堂师傅躲在门外听得清清楚楚，李家媳妇转告一大段话，确实无半个九字，连一根狗毛也揾唔到。这一回冯老苟又输啦！

讲述者： 胡锦渠，男，93岁，封川横街人，著名武术大师
搜集者： 谢佩贞、温少容、万月英，县文化馆干部
整理者： 胡思源，时任县文联干部
采录时间： 1988年
流传地区： 肇庆市封开县

[1] 出街：方言，出门上街。

[2] 返来：回来，此处指嫁进门。

原载本：　《广东民间故事全书·肇庆·封开卷》

附记

该故事类型在广东粤语地区流传广泛。除了本篇之外，还流传有广州市黄埔区的《从不说九》、中山市的《孝媳妇》、鹤山市古劳镇丽水村的《巧媳妇》、阳江市的《巧媳妇》、湛江市的《灵变媳妇》等异文。

154

三个聪明儿媳妇

解放前，宅梧镇民国洞有个财主，他有三个儿媳妇，财主经常在人前夸他三个儿媳妇很聪明。那么他三个儿媳妇是真聪明还是假聪明呢？

一日财主家来了几个客人。将近中午了，大媳妇就问这个财主："老爷，今餐煮多少米呢？"财主想在客人面前夸赞一下自己的媳妇，就回答说："煮一斤半，二斤半，三个半斤，四斤半。"大媳妇听了根本就唔懂计这个数，但又唔敢再问，心想：我唔理他这个半那个半，煮一斗米算了。哈！让她乱撞，撞对了。二媳妇又问："老爷，煮什么菜呢？"财主心想：连你也考一下。就说："煮水面菜，水底菜，水上吟菜。"二媳妇听了莫名其妙，又唔敢再问，心想：我唔理他这么多，今早他买了一条鱼返来，鱼清蒸；自己养有几只鸭，杀一只鸭，摘水瓮菜炒鸭付市。又被她煮对了[1]。三媳妇又问："老爷，我还用煮什么吗？"财主心想：连你也考一下。就说："你煮一个，乱棍打死猪八戒。"三媳妇估计他又出难题了。她知道早上

[1]　当地有些人叫鸭是水面菜，鱼是水底菜，水瓮菜开花像吟。

买了猪肉，就唔理他这么多，往菜地里摘了一些豆角返来炒猪肉，又给她煮对了。到开饭时这个财主睇见三个儿媳妇煮饭的数量和餸菜都煮对了，就眉飞色舞地在客人面前夸赞他三个媳妇怎么怎么聪明。

第二日，三个儿媳妇都想回娘家，来向老爷请假，财主说："你哋三婶姆都要去吗？好，大媳妇你返去半个月，二媳妇你返去十五日，三媳妇你返去三圩；同时返去要同时返来，返来时每人都要整点好食的返来。大媳妇你整月团圆，二媳妇你整半边明月，三媳妇你整'拆簕见家公'。"三个媳妇听了都唔懂，又唔敢问，只好无精打采回娘家。到了宅梧就要分路走，一个回双合，一个回荷村，一个回堂马。三媳妇坐在一起抱头痛哭，一边哭一边说："如何是好呢？同一起走怎么又会同一起返来呢？返屋企的假期又唔同。"正在痛哭的时候，宅梧圩这边来了一个乞丐婆，见她们这么悲伤，就问她们哭什么。三婶姆将过程告诉她，乞丐婆哈哈大笑说："你哋点解这么蠢呢？半个月就是十五日，三圩也是十五日。宅梧圩期逢三八，不是五日一圩吗？今天是初九，到廿四日这日中午你哋都在这里等齐一起返去，这不是同时返去了吗？至于整好食的东西，大嫂你整那些起壳煎堆，就是月团圆了。二嫂你整角仔就是半边明月了。三嫂你包一些粽仔返来，你老爷食粽仔先剥粽叶，这就是拆簕见家公了。"三婶姆听了转悲为喜，各人都送了一些金银答谢乞丐婆，乞丐婆多谢一声就走了。三婶姆欢天喜地分路回娘家。

到了廿四日中午，三婶姆会合一起回到民国洞。财主见三个媳妇按时一起返来，非常高兴，连忙揭开三个篮来睇，睇见了起壳煎堆、角仔、粽仔，就欢天喜地到处游说，夸赞他三个儿媳妇如何如何聪明。

讲述者： 苏玉莲，1962 年病故

整理者： 彭平

整理时间： 1987 年 4 月

流传地区： 高明县更楼镇

原载本： 《中国民间文学集成·广东卷·高明县资料本》

异文：家翁考媳妇

有一位家翁不久前娶回两位新媳妇，这对新媳妇尊老爱幼，很守妇道，又十分贤孝。有一日，两个媳妇到家翁面前说："禀告家翁老爷，今天我俩要回娘家一趟，请家翁答准，如果有什么吩咐请讲。"当时这个家翁略一思索："我就以回娘家来考一考你哋是否贤惠，有无才智。"于是他对两位媳妇说："两位家嫂都同去娘家，同回翁家。但在返来时，我要求你俩一个要着[1]衣服返来，另一个要脱衣服返来；一个要由上笠[2]下，另一个要由下笠上，且快去快回。"两媳妇听了家翁的话就分别出了门。走着走着，她们对家翁所说的话是越想越糊涂。"去不得，回不得，怎么办？"两人越想越伤心难过，便大哭起来。刚好无多远有一个睇鸭的小女孩走过来，问她俩有什么伤心事，她俩就把家翁的要求说了出来。睇鸭女稍一思索说："请两位嫂嫂唔需要伤心，这两个要求其实很简单。你哋听住，你哋返来时，只要一个带叶包糍，一个带光身糍；一个买顶棉帽，一个买双袜，就行了。"两人听罢，如梦初醒，感谢了睇鸭女，高高兴兴地回娘家去了。

家翁在家里暗自想："这次一定难住两个媳妇了，谁能聪明地解开我这个谜呢？恐怕今天她们都返唔到屋企喽。"不料，三日后，两个媳妇返来了。她俩一起叩见家翁，并把叶包糍、光身糍、棉帽、袜一件不漏地带返来给他。家翁见状，满心欢喜，笑眯眯地说："你哋真是我的贤惠媳妇！"

搜集整理者： 梁兆松

流传地区： 肇庆市封开县

原载本： 《广东民间故事全书·肇庆·封开卷》

[1] 着：方言，穿着。

[2] 笠：方言，穿戴的意思。

附记

该故事类型在广东粤语地区流传广泛。除了本篇及已收录的一篇异文之外，还流传有新兴县太平镇的《乞讨婆善解难题》和《睇牛仔解难题》、廉江市石角镇一带农村的《刁难儿媳》、怀集县洽水镇的《五个媳妇》等异文。

155

村姑对秀才

明朝年间的一个清明时节，广州龟岗下春意盎然。

一个赶路的秀才被一担秧拦了路，秀才怒对正在拔秧的村姑说："你这无礼村姑，竟把秧拦在路上，阻碍本秀才上省城考试，有辱斯文，该当何罪！"村姑见秀才无礼，冷笑道："既是赶试秀才，本姑娘出一联给你对，对上便让路。"秀才说："本秀才年幼便会吟诗作对，谅你这村姑有何文墨，尽管出题。"村姑说："我哋村人确是无甚文墨，只以这青秧为题。出的上联是'禾秆绑秧娘抱女'。"

秀才一听，初觉易对，但细想："这禾秆打下谷粒，播出秧，禾秆绑在秧上，果然像娘抱女。如此……以何事物来对呢？"村姑见秀才苦思良久未对上，冷笑说："还自称是上省城考试的秀才，连一个村姑出的题也对唔上，还是返屋企重读吧。"秀才满面羞愧，后悔刚才出语伤人，又唔好意思再请人家让路，只得回转。

走了不久，只见龟岗上一个老翁挑着两箧竹笋，由于年老路滑，跌倒在地。老翁见竹笋阻路，连称对唔住。秀才本要发作，见对方如此有礼，便连说："唔紧要，无事！"又弯腰帮老翁拾起竹笋装入箧内。拾着拾着，突然灵机一动："竹笋装进竹篮岂不是和禾秆绑秧一样道理吗？"心中即有了下联。他帮老翁拾罢竹笋，连忙回转上路。

一会儿，又到了村姑跟前，作了一揖，说："小生刚才出言不逊，还望姑娘见谅。"村姑见秀才如此谦虚，连忙还礼。秀才说："刚才姑娘出的上联是'禾秆绑秧娘抱女'，小生对的下联是'竹篮装笋父携儿'，唔知能否对上？"村姑一听，忙对秀才说："此联对得妙极，可见相公才高。刚才阻路失礼，还请见谅。"两人谦逊一番，村姑让了路。秀才连忙称谢，辞别村姑，上路赴试而去。

搜集整理者： 黄政致
流传地区： 广州市龟岗一带
原载本： 《中国民间故事集成·广东卷·广州市东山区资料本》

异文：割麦姑娘

古时候，有个书生骑马上京考试，半路上遇着一个姑娘正在割花麦，花麦堆在田埂上，挡住了去路。书生夸口将是今科状元，呵斥姑娘，要她立即把花麦搬开。姑娘说："我出一个对头，你如果对得上对尾，我就搬开花麦给你过去。你如果对唔上，你就打马返去吧。"书生说："别说一个对头，你就出一千个一万个对头也难唔倒我。"姑娘随手拿起一把花麦，不紧不慢地说："花麦花白，骨红叶绿籽三角。"书生抓耳挠腮，想了半天还对唔上。姑娘说："还说一千一万对头也难唔住呢，如今怎么样？今科状元难道是这样的吗？"姑娘接着指马项下红绳吊着皮钱（用皮仿制的钱状饰物），续上对尾说："皮钱皮黄，面圆身扁眼四方。"书生羞得满面通红，连忙打马回头绕道去了。

讲述者： 张兆庆
整理者： 张绍
整理时间： 2001年
流传地区： 高州市
原载本： 《广东民间故事全书·茂名·高州卷》

附记

该故事类型在广东粤语地区流传广泛。除了本篇之外，还流传有广州市花都区的《花花公子阴魂不息》、中山市南朗街道的《农夫与秀才》、台山市的《虚心学习》等异文。

156

告媳妇

从前有个当过官的四老爷，老年在家归隐，老婆早死，有四个儿子，都娶了妻，男耕女织，自耕自食。四老爷无事一身松，坐享老来福。

一日，天下着雨，四个儿子下地去了，四个媳妇在家织布。四老爷躺在床上养神，四个媳妇觉得厌倦，停下手中的活。大媳妇建议大家吟诗解闷，大家推大媳妇先吟。大媳妇睇睇门外，想了想，就吟起来：

檐头水飘飘，

系人看见也心焦。

轮到二媳妇，她往屋里睇睇，续吟起来：

家公床上睡，

屋里无柴烧。

二媳妇吟完，一只猫往屋里跳进去，三媳妇马上吟起来：

猫仔眼清清，

走上二房厅。

三媳妇吟完，大家一齐睇着四媳妇。忽然听见老鼠的叫声，四媳妇灵机一动，放开喉咙吟起来：

老鼠仔走过，

咬紧吱吱声。

四媳妇吟完，四老爷绷着脸站在她们面前，大声斥责道："哼！你哋无上无下的，连我瞓觉都要管，真少教。"

当晚，四个儿子返来，四老爷大动肝火，骂四个儿子少教老婆，说要到衙门告他们的忤逆罪。第二日，四老爷真的拉四个儿子到衙门，对县官说四个儿子少教老婆，唔懂男尊女卑，连他瞓觉也要管，忤逆不孝。

四个媳妇在家放心唔下，一齐赶到衙门。县太爷正在审问四老爷的四个儿子，见四位娘子来了，便问其来意。大媳妇诉说："我哋不是有意说老爷瞓觉。织布累了，吟几句诗解解闷，谁知得罪了老爷。"

县太爷问她们吟什么诗，四个媳妇把昨日吟的诗念了出来。县太爷听后猛拍大腿："好诗！好诗！怎么得罪你四老爷呢？"

县太爷又说："你哋再吟。如果吟得好，不但无罪，还有赏赐哩！"

这时，一阵风吹来，吹得塘边一棵竹摇摇摆摆。大媳妇见状，马上吟起来：

塘边有蔸竹，

风吹摇摇悄[1]。

二媳妇接着唱落去：

我想斩来做横箫，

横箫吹起唱得曲。

县太爷从案上跳下来，连连赞道："好诗！好诗！四老爷，你冤枉了好人，该打二十大板。"四老爷叫苦不迭，四个儿子和媳妇求情也无济于事。

四老爷挨大板，痛得直叫。县太爷又叫三媳妇和四媳妇吟诗。三媳妇吟道：

打紧老爷咿呀呀，

太爷打了二十下。

四媳妇接着吟道：

我想喊其无好打，

果事无打无得罢。

[1] 悄：方言，动。

县太爷连连说好，大声责骂四老爷，唔应该责怪自己的媳妇们。

四老爷无奈，还得说：“多谢县太爷的明断。”

讲述者： 林计，塘坪区钓月乡人

搜集者： 林进友，塘坪镇中心小学教师

搜集时间： 1987 年

流传地区： 阳江县塘坪镇楼墩村、钓月村

原载本： 《中国民间故事集成·广东卷·阳江市资料本》

附记

该故事类型在广东粤语地区流传广泛。除了本篇之外，还流传有广州市花都区花东镇的《巧媳对恶婆》、怀集县洽水镇的《家公告媳妇》、封开县的《咸湿家翁告媳妇》、清远市的《告媳妇》等异文。

157

才女吟诗救丈夫

从前有个才女，她的丈夫被人诬告偷牛，捉去坐牢。才女到县衙击鼓鸣冤，县官闻说她才思敏捷、出口成诗，早想试她一试，便指着院子里的金鱼缸对她说：“如果你能以金鱼缸为题即席吟一首诗，道出你丈夫无偷牛的理由，本官判你丈夫无罪释放！”

才女见说，当场吟道：

金鱼缸，水悠悠，
难洗奴家满面愁。
自想妾身非织女，
嫁夫为何去牵牛？

县官听了，拍案叫绝，立即放了她的丈夫。

讲述者： 邝光间

采录者： 邝金鼻

采录时间： 20 世纪 60 年代初

流传地区： 珠海县斗门公社

原载本： 《中国民间文学集成·广东省卷·珠海市斗门县故事资料本》

附记

该故事类型在广东粤语地区流传广泛。除了本篇之外，还流传有信宜市的《我郎何故学牵牛》、阳江市的《吟诗救夫劝夫》、肇庆市的《才妻救夫》、廉江市安铺镇的《才妇救夫》等异文。

158

问古拉你大牛牯

从前有几个农夫一起野外牧牛，无事可做，很是无聊，便推选当中所谓能讲善话者讲古[1]消遣。但他提出一个条件说："讲古莫问古，问古拉你大牛牯。"众人以为此话是讲笑，而且，也想听古消遣，故答应这个条件。

故事开讲："古时一位勤劳者，在一块大石上面种了几棵姜，棵棵又肥又大……"一听者感到奇怪，为何石头上面能种生姜，问："你说石头上面能生姜，石上有无铺上泥土？"讲古者哈哈大笑道："讲古莫问古，问古拉你大牛牯。"就上山把问古的人的牛拉回自己家中。众人劝阻唔成。

问古者无精打采回到家，茶饭不思。媳妇问明原因后说："老爷唔用愁，媳妇自能拉回水牛。"家翁叹道："我哋几个男人也拉唔回，难道妇道人家能拉回？唔去罢了。"媳妇要求说："你叫齐听古者到讲古人的家里去，你唔去唔紧要。"家翁只好定了时间照办罢了。

众人到讲古人家里，讲古者拦住说："话不回头，牙

[1] 讲古：方言，讲故事。

齿当金使，牛我取定了。”几句话，众人哑口无言，都望着媳妇，等待她答话。媳妇满面笑容慢条斯理说：“我不是来取牛，而是来买姜。因为我家老爷突然生了孩子，正在坐月，闻说你……”讲古者一时心急，想赶走她，就打断她的话：“男人点解会生孩子？”媳妇突然大笑道：“大丈夫牙齿当金使：讲古莫问古，问古拉你大牛牯。我家小牛牯，你家才是大水牯。”讲古者无言可对，在众目睽睽之下，媳妇换回了一个大牛牯。

讲述者： 严新月，女，38岁，龙胜镇赤冈村人
整理者： 冯苍大
整理时间： 1987年7月
流传地区： 开平县龙胜镇
原载本： 《中国民间故事集成·广东卷·开平县资料本》

异文：张古佬讲古

从前有两个人，一个中意讲古[1]，一个中意猜古。讲古人叫张古佬，猜古人叫李无疑。一日，两人又坐到一块讲古。张古佬慢条斯理地说：“今天我讲一个古给你估。不过我有言在先，讲古就唔准驳古，驳古就得输老婆，睇你敢唔敢赌。”

李无疑想听古，于是满口答应下来。张古佬见他上了圈套，故意慢吞吞地说：“从前有一个鼓，初一敲一下响到十五，十五敲一下响到初一，你猜这是什么鼓？”

李无疑想了好久估唔出来，就忍唔住反驳：“世上根本无这样的鼓，你分明是在骗人。”无意中李无疑显然驳了古，讲过要输老婆，整日愁眉苦脸，茶饭不进。妻子问他近日有何心事，李无疑只好将打赌的事同她说了。原来李妻是个聪明女子，听后哈哈大笑说：“你只管放心，先到房内躲起来，有什么事由我来对付。”

第二日，张古佬兴冲冲地来到李无疑家，想带走他的妻子。抬头见着李妻若无其事地坐在门口，便问：“李无疑在家吗？”

“昨天听说广西有头牛，头伸到广东来，偷食了八县、九寨、十垌禾，一早他就去睇热闹了。”张古佬听后怀疑地说：“哪有这么大的牛，能食八县、九寨、十垌禾？睇来你是车大炮[2]吧？”

“无这么大的牛，哪会有这么大的鼓，能够初一敲一下响到十五、十五敲一下响到初一呢？”

张古佬正被顶得无话说时，李无疑却忍唔住从房中跑出来，高声大叫：“对通了，对通了，这次唔需要输老婆了！”

讲述者： 成七爹
整理者： 成材
整理时间： 2010年
流传地区： 信宜市中南部地区
原载本： 《广东民间故事全书·茂名·信宜卷》

附记

该故事类型在广东粤语地区流传广泛。除了本篇之外，还流传有怀集县蓝钟镇的《驳古》、英德市的《松树能破篾，男人能坐月》、阳春市的《驳古揾老婆》、德庆县的《讲古不得驳古》、中山市的《聪明的老婆》等异文。

[1] 古：方言，谜语。

[2] 车大炮：方言，吹牛皮、说谎。

159

智赢八斗米

从前罗定县塘镇有个姓黎的财主，善辩而好胜。一日，邻居张某到黎家聊天，刚好碰上黎某买了几个沙梨返来。张某一见便惊奇地说："哗！我还未见过这样大的沙梨呀！"黎某即说："有的龙眼比它还大呢！"张某唔信。双方争得面红耳热，互不服气。最后，搵了邹某作公证人，打起赌来。大家商定：如果有龙眼大过沙梨的，可得八斗米；相反，就要拿出八斗米给对方。然后拿龙眼来和沙梨比较。哪知黎某不是去拿龙眼果，而是拿了一个大猪笼来，并说："你睇这笼眼不是大过沙梨吗？"张某无言可答，只好认输，于是返屋企拿米来交给黎某。

张某垂头丧气地回到家里。他的妻子李敏敏虽然读书唔多，但聪明机智。她一见丈夫匆匆返屋企，神态唔同往日，便问道："睇你有心无神的样子，究竟发生了什么事情呀？"张某把刚才与黎某打赌的始末说了一遍。妻子听后便说："原来这样的小事，我以为发生了什么了唔起的事呢！你不必担心，我自有妙计。我同你一齐拿米交给他吧。"说完，她便走入房中装了半口盅米，并把丈夫的短柄小烟斗藏在袋中。张某唔明白她的用意，又唔好多问，只好默默和妻子到黎家去。

黎某见张某夫妻同来，先是奇怪，但后来见李敏敏手中拿着一口盅米，而且又是上好晚米，以为是先拿米样来睇睇的，不由得两眼笑成一道缝，连声说："得啦！得啦！何必先把米拿来睇呢！"李敏敏说："先睇过好些，因为预先无讲明交什么米。"她眼睛一骨碌对黎某说："黎老爷，我丈夫同你打赌输了，是不是要交八斗米呢？你装米的东西呢？"黎某微笑着说："是八斗。你先挑米来，随便装进这些空箩子吧。"李敏敏郑重其事地说："我现在就是专门交米来的。"黎某一听，莫名其妙。只见李敏敏从袋中把烟斗掏出来，用烟斗窝把米量了八下，便说："八斗米已全部交够了，你放好吧！"黎财主脸色一变，大声说："我的'斗'是量米的'斗'，唔系烟斗的'斗'呀！"李敏敏也针锋相对地说："那么，你说的龙眼是指果子的'龙眼'，而唔系猪笼的'笼眼'呀！"黎财主一听哑口无言，无精打采地低下了头。由于打赌时只用口说，并无文字作凭据，公证人邹某也无可奈何。

就这样，李敏敏用自己的智慧使丈夫输掉的八斗米又赢了返来。

讲述者： 黎大桥，男，64岁，初中学历，罗定县萵塘镇泥寨村农民

采录者： 黎大欢，男，62岁，大专学历，罗定县商业局退休干部

采录地点： 泥寨村

采录时间： 1987年6月

流传地区： 罗定县萵塘镇

原载本： 《中国民间故事集成·广东卷·罗定县资料本》

160

王百万的贤妻

从前有个财主叫王百万，家财万贯，在当地很有名，又娶了个聪明能干的妻子。无论什么疑难的事，他的妻子都能迎刃而解。于是财主王百万就傲慢地在大门口贴上一副对联："几家能及我，万事不求人。"

一日，县官出巡，路过财主门口，睇见了这副对联，暗想世间上竟有这样夸口的人。于是他便派衙差把财主王百万传来。

县官对财主说："既然你什么事都能做，我就要你办三件事。第一件，要织路一样长的布；第二件，要养牛那样大的猪；第三件，要酿海水那么多的酒。如果办唔到，就立即把你门上的对联扯下来，还要罚打一百大板屁股。"

财主王百万听了县官的吩咐，闷闷不乐地回到家里。他的妻子见他愁眉苦脸，便问他为了何事而苦闷。他将县官的话告诉了妻子，妻子不假思索地说："这有什么难，明日你带一把尺、一个斗、一杆秤去见县官。"并对他如此这般地说了一番。

第二日，财主王百万喜滋滋地见县官。县官问他："三件事办得怎么样了？"财主不慌不忙地说："大老爷，三件事我都可以做得到。不过，我要先请你用这把尺去量一量路，我好照着织布；用这个斗量一量海水，我好照着酿酒；用这杆秤去称一称牛，我好照着养猪。"

县官听了，哑口无言，只好让他返去。

讲述者： 谢金泉

采录者： 唐林安

采录时间： 1987 年 5 月

流传地区： 台山县

原载本： 《中国民间文学集成·广东卷·台山县资料集》

附记

该故事类型在广东粤语地区流传广泛。除了本篇之外，还流传有信宜市的《巧媳妇难倒县官》、封开县的《贤妻三解难题》、廉江市塘蓬镇一带的《媳妇解难》等异文。

161

儿媳巧解家公难

石晚公在自己家里一唔小心，将一只正在偷食的大黄猫打死了。这猫是隔壁白员外家的。白家见此，便要石家赔他猫。至于怎样赔，赔多少，他并唔明讲，只是很古怪地说：“我家这猫嘛，能一叫鼠怕，二叫鼠死，三叫四叫主人添福气。”石晚公听后一想，这白员外不是明摆的要趁火打劫吗？若是这样就是我老石整个身家都赔唔起啊！越想越可怕，竟然怕得生了病。

石晚公儿媳妇慧娘探亲返来知道后，胸有成竹地劝家公唔好惊，说这难唔倒我哋石家。晚公半信半疑，但回想起慧娘嫁到石家后，勤快精明，也稍微感到有望。

到了索赔这一日的正午，白员外父子三人霸气十足地闯进了石家。消息灵通的乡亲也很快围在石家门外观睇动静了。石晚公应儿媳要求，已退避一边，这里的一切由慧娘来应付。慧娘给白家三人斟了一轮茶后，唔说什么，按照村上的惯例，接着端上饭菜让他们食午饭。白家父子都唔客气，特别是十六岁的白家老二饿了好几日似的，一见有饭食，立即端碗拿勺舀饭。可那饭一大团的还连着锅巴，这老二就握着饭勺朝饭团欲敲成小块。谁知这饭太硬，无敲几下，饭勺的铁柄竟被弄断了，他就朝厨房大喊要慧娘另外拿饭勺出来。慧娘出来拿着这断了柄的勺子，怒气冲冲地向白员外说：“哎呀呀！你白家人的手也太毒了，怎么把我家的饭勺弄断了呀？”白员外心想，断了饭勺换把出来就得了，于是大声地说：“这有什么了不起？你要是唔愿意按村上惯例让我哋食饭，那就直说好了，何必这样做。”说完话，他发现两个儿子唔知何时便靠近了自己。慧娘听得他说话如此轻松，唔把损坏人家东西的事放在心上，气愤地冲着白老爷吼道：“你说什么来着？食饭是小事。可你知道吗，这饭勺是我家的命根呀！”白员外心想，一个饭勺罢了，什么命根唔命根的。但他无这么说，只是问：“怎么个说法？”慧娘不慌不忙、一板一眼地说：“明白告诉你，我家这饭勺是个宝，用它往饭锅里搅，能一搅饭开，二搅饭熟，三搅四搅主家增福禄的呀！”白员外唔听还好，一听心里不禁慌了起来，私下想这饭勺竟是个如此奇妙的宝物，而自己的大黄猫平时连只老鼠都懒得捉，叫倒是经常叫，可那不是给主家添福气的三叫四叫，而是向人求食的叫呀。开始他只是想借此机会，向石家敲一下竹杠[1]，但未料及为福反得祸，越想越后悔，他的脸也一下子灰了起来。慧娘接着说：“白老爷，你睇这回点算呀？”

“你说呢？”白员外色厉内荏，竟向慧娘请教起来。

“要我说吗，”慧娘说话语气比刚才轻松了些，“那就让你先说要我家怎样赔你的猫吧。”慧娘说着扫了傻在一边的白家两个儿子。

白员外听得此话，心中窃喜：睇来事情还好办，可能石家并唔知我的大黄猫是个废物。便说：“这样吧，我睇大家都是左邻右里，我家的猫是个宝，你家的饭勺也是个宝。现在事情到了这个地步，我睇这事两家都唔追究算了！”说话时他两眼紧紧地盯着慧娘的脸。

慧娘迟疑了一下，拧过头探了探里屋，又睇了睇门外睇热闹的人，唔大情愿地说：“若要这样兑脱，我家是有点蚀底。但睇在你这个邻居和众乡亲的面上，石家也就只好自认倒霉，扯平算了。不过，这事的最后定夺，还得等

[1] 敲竹杠：方言，敲诈勒索。

我那外出干活的男人返来与我公公商量，睇他俩怎么说才行。”

白家父子三人在那里坐也不是，站也不是，显得十分狼狈。

过了一会，慧娘终于说：“这样吧，白老爷你哋食完饭先返去。至于这事决断待以后再说。”白家父子三人一听此话，如囚人获赦，哪里还有心思食饭，逃也似的回了家。众乡亲掩嘴大笑。

最后，这件事也就以两家互不追赔了结。只是过了很久很久，人们才知道这全仗慧娘的灵机妙算。原来，慧娘在白家来索赔这一日的大清早就把饭做好，使它凉成硬硬的一团。到食饭时，便将连着锅巴一整锅饭端出来，并把平时用来搅鸡饲料的早有裂痕的饭勺洗干净拿出来让他们舀饭。于是便出现了前面所说的场面。慧娘巧用妙计，一举化解了石家的厄运。

讲述者： 林始惠
整理者： 林昉
整理时间： 1986 年
流传地区： 肇庆地区怀集县马宁镇
原载本： 《广东民间故事全书·肇庆·怀集卷》

附记

该故事类型在广东粤语地区流传广泛。除了本篇之外，还流传有化州市的《宝勺对金猫》、罗定市华石镇的《巧三娘》、新兴县的《聪明媳妇》、阳春市的《巧妻对付坏老板》等异文。

162

东头娘仔

芦村唔少俚语都源于芦村当时繁华闹市的人和事。其中关于娘仔[1]的俚语，不在少数。

旧时，芦村的市场在附近的村庄中，算得上是最大的，因此吸引了唔少乡亲坐着渡船到芦村买菜。一日，一个家住芦村以东的小姑娘来到了芦村的菜市场，到相熟的卖鱼档口前准备挑选鱼。卖鱼的老板平日就中意出题考小姑娘，睇到小姑娘过来挑鱼，卖鱼老板的“出题瘾”又来了，于是他夸下海口跟小姑娘说：“小姑娘，若你能说出‘十个头’来，我就送你一串鱼头，怎么样啊？”此时小姑娘睇了睇卖鱼老板，卖鱼老板心想：呢次仲考你唔到[2]？

正在卖鱼老板得意时，小姑娘就说：“东头娘仔到西头市，秤头钩起大头鱼，襟头罗钱抬头数，一头输赌一头赢。”讲完之后，老板傻了眼似的睇着小姑娘，惊叹不已。于是小姑娘就拿着他手上的一串鱼头转头离开。此时卖鱼

[1] 娘仔：当地人对小姑娘的习惯称法。
[2] 呢次仲考你唔到：即“这次还考不倒你？”

老板缓过神来，在背后叫道：“喂，小姑娘，你讲咗[1]八个头咋，仲有两个‘头’呢？你未讲完呀。”此时小姑娘头也无回，边走边说：“你叫我转头我唔转头。”

讲述者： 社会流传
采录地点： 高埗文广中心
搜集时间： 21 世纪
流传地区： 东莞市高埗镇
原载本： 《广东民间故事全书·东莞卷》

附记

该故事类型在广东粤语地区流传广泛。除了本篇之外，还流传有惠州市龙门县的《王秀才巧得大头鱼》等异文。

[1] 讲咗：即“讲了”。

163

公考儿媳

从前，有一个富翁，有三个儿媳。大儿媳和二儿媳都饮过墨水，只有三儿媳是个文盲。一日，富翁想试试媳妇们的聪明才智，于是他叫三个媳妇都到厅堂来，并放一大叠钞票在桌子上，对媳妇们说：“谁能说出天离地有多少高，我这些钞票就奖给谁。”说罢，大媳妇首先开腔：“大丈夫，顶天立地，就是一个大丈夫高嘛。”

二媳妇接着说：“常言说独步登天，一个独步就到了天啦。”

三媳妇说：“你哋说的都错，我说，两个宝宝的屁股就可以顶到天。”

当时大媳妇和二媳妇听说，都笑起来，三媳妇却不慌不忙地走到老翁面前，说：“爷爷，前两天虾仔[2]在门口屙屎时，您见了不是说，龟蛋，你屙屎把屁股顶到半天高啦。那么，再加一个虾仔的屁股，不是就可以顶到天吗？”

富翁沉思一会，想起自己确是这样说过，于是点点头

[2] 虾仔：小孩，指三媳妇的幼子。

说："三嫂说得对，这些钞票应该奖给三嫂。"三媳妇笑嘻嘻地把那叠钞票捧走了。

讲述者： 余清，女，65岁，汉族，三合镇居安村人，农民，高中学历

采录者： 余清、朱立中

采录时间： 1987年6月

流传地区： 台山县

原载本： 《中国民间文学集成·广东卷·台山县资料集》

附记

该故事类型在广东粤语地区流传广泛。除了本篇之外，还流传有鹤山市的《天有几高》、佛山市三水区芦苞镇的《咬文嚼字的教训》等异文。

164

韩小姐巧惩花和尚

有位韩小姐，一次搭船，刚好邻座是一个咸湿[1]和尚。这个咸湿花和尚企图非礼她，韩小姐便想惩治一下他，于是想出一条计仔[2]。她在船上大声说："各位，我出一个哑谜请大家猜一猜如何？如果谁猜得着，我就把终身许配给他。"船上的人觉得在船上亦无聊，齐声说："好呀，你就出谜面吧。"

于是，韩小姐就用手指一下和尚，又指一下自己，指指天，又指指地；然后又伸出两个指头，再伸出五个指头，然后用两手的食指和大拇指做成一个圆圈状，就拍拍自己的胸口。

哑谜出完，船客们抓头摸耳，无人解通。大家便说："和尚，小姐指指你，一定只有你才能解通了。"和尚哈哈大笑说："当然啦！"韩小姐说："未必吧。""如果我解得通，你一定把终身许配给我？"韩小姐说："绝不反悔。"

和尚一拍掌："各位睇见啦，这位小姐指一下自己，

[1] 咸湿：方言，好色。

[2] 计仔：方言，计谋。

又指一下我和尚，指指天又指指地，是说韩小姐愿意把终身许配给我，并有天地做证。她伸出两个指头，又伸出五个指头，是说我哋两个，将来要生下五个儿女。小姐说，如果是这样就心满意足了。”和尚讲完，船客们就一齐拍起掌来：“猜得妙啊。”

谁知韩小姐说：“全猜错了。”

和尚急了：“猜得唔对？无可能！那你讲讲吧。”

韩小姐：“唔得[1]，我要等船靠岸后同你到衙门处揭谜，免得你赖账。”

到了衙门，县官问：“你有什么事？”

和尚和船客就把刚才小姐出谜许终身，和尚答通遭反悔之事告诉了他。县官便对韩小姐说：“韩小姐，这就是你唔对了。既然和尚答通了，你就应该嫁给他，怎么能反悔呢？”

韩小姐说：“大爷，和尚是乱讲一通的，根本无猜对。”

县官说：“那你就把谜底讲出来吧！”

韩小姐说：“我是说，我是有夫之妇，他是出家人，居然对本姑娘无礼，咒他天诛地灭。游两日街，担个枷，打他五十大板，姑娘才解恨。”县官听后真的打了和尚五十大板屁股才放他走。

讲述者： 胡锦渠，男，93 岁，封川横街人

搜集者： 谢佩贞、温少容、万月英，县文化馆干部

整理者： 胡思源，时任县文联干部

采录时间： 1988 年

流传地区： 肇庆市封开县

原载本： 《广东民间故事全书·肇庆·封开卷》

[1] 唔得：方言，不可以。

附记

该故事类型在广东粤语地区流传广泛。除了本篇之外，还流传有广州市越秀区的《一个哑谜》等异文。

165

斗诗买菠菜

从前，香山石岐河涌交错。在青云路与清溪路交界附近的河涌上，有一座清和桥。桥头有位老伯，日日在此卖菜。他为人老实，童叟无欺，而且时常笑口吟吟，所以他的菜很快就卖完。

有日傍晚，老伯卖剩一把菠菜，正收拾东西准备走的时候，忽然同时来了三个人：一个书生，一个和尚，一个是小姐。三个人都争着要买这把菠菜。老伯为难了：究竟卖给谁好呢？原来这位老伯平时中意吟诗作对，这时他灵机一动，笑道："别争了，你哋每人吟一首诗，睇谁吟得好，我就卖给谁。"书生首先说："我是秀才，文才唔比别人差。"和尚也说："我是个诗僧，吟诗嘛，易过食豆腐生菜。"小姐亦说："本姑娘虽然未读过'卜卜斋'[1]，但在家中父母经常教我读书、写诗文，尽管试试。"

三个人都同意了，于是催老伯出题。老伯微笑着抓抓头：出什么题好呢？他无意中睇到桥墩上写着"清和桥"三个字。啊，有了！就说："你哋每个在'清和桥'中选一个字，并说明点解需要买这把菠菜。"和尚抢着说："我选个'清'字。"吟道："有水便是清，无水亦是青。去了清边水，加争便是静。清清静静谁不爱，今晚豆腐滚[2]菠菜。"吟完，伸手去拿菠菜。书生马上制止："别动，我还未吟呢！"他选个"和"字吟道："有口便是和，无口亦是禾。去了和边口，加斗便成科。科科登登谁不爱，今晚猪肉炒菠菜。"他以为一定胜过两人，故边吟边伸手拿菠菜。小姐说："别急，还有我呢！"这时她无选择了，只能吟个"桥"字，于是按照他们的韵律吟道："有木便是桥，无木亦是乔。去了桥边木，加女便成娇。娇娇嗲嗲谁不爱，今晚菠菜滚菠菜。"她唔急住去拿，而是望着老伯，待他评判。

卖菜老伯摸摸胡子笑道："你哋三个都吟得好，但是这把菠菜应该卖给这位姑娘。"和尚和书生都唔服。老伯道："你哋听我说。和尚你无菠菜也有豆腐；秀才，你还有猪肉哩！但是这位姑娘什么也无，只等着这把菠菜下锅了，所以应该卖给她。哈哈！"

和尚和书生无言可说，只能眼睁睁地睇住那位小姐笑嘻嘻把菜买走。

讲述者： 吴浩添
采录者： 吴晓岚
采录时间： 1986 年
流传地区： 中山市
原载本： 《广东民间故事全书·中山卷》

附记

该故事类型在广东粤语地区流传广泛。除了本篇之外，还流传有肇庆市的《对对买菜》等异文。

[1] 卜卜斋：方言，书斋。

[2] 滚：方言，煮。

166

家婆与媳妇

有个姑娘生得很聪明，为人口直心快，有什么就说什么。后来出嫁了，临出门时母亲叮嘱她到了婆家后，应事事小心，说话别说过头。

过门后，她时时记着母亲的叮嘱，很少讲话。家婆睇见她这样子，暗中对人说："我家媳妇很笨，问一句就答一句。过门半年了，什么都唔知。"有次她家杀猪，家婆叫她去量米做饭，但又唔放心，惊她唔会量米，就问道："媳妇，来杀猪的人多，你准备下多少米？"她说："有多少人就下多少，总之够食就是了。"家婆又问："到底下多少？连米升数都唔识数吗？"她随口说："一升半两升半，三升七合二升三，够了吧？"婆婆唔知到底是几多，作声不得。旁边的人哄笑道："你说她蠢，她只不过唔说罢了。你还唔知是煮几多呢？"

饭熟了，大家食后，所剩无几。原来她煮了一斗米。

讲述者：李越荣

搜集整理者：周凌云、黎红日

搜集时间：1987年

流传地区：肇庆地区怀集县汶朗乡

原载本：《广东民间故事全书·肇庆·怀集卷》

附记

该故事类型在广东粤语地区流传广泛。除了本篇之外，还流传有吴川市的《伶俐媳妇》等异文。

（六）呆婿故事

167

傻女婿出口成章

从前，有一青年，生来呆蠢，又唔合群，经常待在家里，唔走出家门一步。结婚后，也唔到岳父家去，人人叫他傻女婿。一日，妈妈对他说："你日日待在家里，无一点见识。俗语讲，听人谈讲，胜读三年四书哩。"自此，他日日偷偷地跑到离村两里的陂头下人潭，蹲在那里，听那从陂头飞下人潭的隆隆水声。

一日，一鹤发童颜的老人经过问："后生，你蹲在这里干什么？"青年答："我妈话听'人潭'讲，胜读三年四书。""后生，跟我来玩玩吧。"那青年便跟着他去了。

在路上走着走着，那青年睇见田中有个田螺，问是什么。老人说："猪屎辘辘马屎圆圆，见人行过掩埋门。记住它吧。"那青年牢牢地记在心上。又来到村郊，见几个人正在用山篱围菜地，青年人又问他们做什么。老人说："疏处围园密密插。"青年又暗暗记上。行行唔觉来到了一个抽干了水的鱼塘边，青年又问点解这样。老人说："多好池塘无滴水。"青年又牢记在心里。转了一个弯，又见到一个大池塘，塘上浮着一小船，船上什么也冇，青年又问这是什么。老人说："多好龙舟无桨橹。"青年也记上了。突然一只老鹰俯冲而下，叼着一只小鸡飞去了，青年惊叫着问这是什么。老人又说："牙鹰落地爪为先。"当青年望着那老鹰飞得无踪无影时，心里还在忐忑不安。这时，老人已唔知哪里去了。

"新姑爷来了！"唔知是哪个妇女这样眼尖。她这一叫，招来了大人小孩围观，那青年才恍然大悟，来到了岳父家。他着急了，忙乱中说出了老人的话："猪屎辘辘马屎圆圆，见人行过掩埋门。"有个家亲说："你哋围着姑爷睇，真无礼貌哩。姑爷快快入来坐。"拉着姑爷来到了岳父家，那些妯娌婶母都来了，个个都坐下，可无人招呼他坐。青年又说："疏处围园密密插。"说完，就在两人之间坐下来了。有的妇女窃窃私语："这姑爷唔傻，还满肚文才呢！"有的却说："还要睇睇才定论。"这时，有的家亲，早已动手劏鸡，款待姑爷。不久，即开围摆桌，家亲来陪，大家坐下，开樽饮酒。斟酒人唔知故意还是无意，人人都斟上酒，新姑爷却无。新姑爷又说："多好池塘无滴水。""唉，点解姑爷无酒？快！酒来。"接着大家捧筷夹肴，偏偏新姑爷无筷子。他又说："多好龙舟无桨橹。""唉唉，是谁这样无心肝，连姑爷也忘了分筷子。快，拿筷子来。"大家开怀饮酒食肉，却又无人招呼他。"牙鹰落地爪为先。"他说完，筷子也指向大盘鸡上来了……

新姑爷走后，人人议论纷纷。有人说："善良者傻也，唔出声当病猫。睇他满肚文墨，出口成章呢。"

讲述者： 伍仲瑜
采录者： 伍仲儒、陈思源
采录时间： 1987 年 5 月
流传地区： 台山县冲蒌镇
原载本： 《中国民间文学集成·广东卷·台山县资料集》

异文：傻仔拜寿

从前有个财主，女儿嫁了个傻仔。

一年，财主要做六十大寿，怕到时傻女婿在宾客面前出乖弄丑，事前给傻仔三百文钱，叫他拿去学几句像样的话。

傻仔带着三百文钱，满心高兴到处悠转。他来到一条小河边，只见河上横着一条独木桥，有个老先生唔敢过桥，在摇头叹道：

“独木桥难过，独木桥难过呀！”

傻仔听了连连叫好，立即掏出一百文钱给老先生，请他教会自己讲这句话。

傻仔学会了这一句话，又高高兴兴地到处悠转。他来到一口鱼塘边，只见鱼塘干旱得快要见底，主人在仰天叹气：

“池中无水鱼难养，池中无水鱼难养呀！”

傻仔听了又连连叫好，立即又掏出一百文钱给鱼塘主人，请他教会自己讲这句话。

傻仔学会了这句话，又高高兴兴地到处悠转。他来到一个茅厕旁边，只见有两只狗在坑里争屎食，龇牙咧嘴地咬起来。这时正好有人来掏粪，那人提起铁耙，吆喝道：“两条老狗莫龇牙，龇牙当心我一耙！”

傻仔听了又连连叫好，立即把最后的一百文钱掏给那人，请他教会自己讲这句话。

财主生日那天，傻仔喜滋滋地跟着老婆去拜寿。财主怕傻女婿又胡说八道，便叫他跟下人一起食饭。财主家的人都知道他又傻又痴，有意捉弄他，只给他一只筷子，又唔斟酒给他。傻仔把那只单筷横放在酒杯上，皱着眉叹道：

“独木桥难过，独木桥难过呀！”下人们听了暗暗称奇，连忙给他换过一对筷子。傻仔接过筷子，敲了一下空酒杯，又说：“池中无水鱼难养，池中无水鱼难养呀！”下人们听了，更佩服得五体投地，忙不迭地连连给他斟酒。

这两句话传到财主夫妇的耳中，他们也惊奇起来。心想三百文钱把个傻痴痴的女婿变得如此聪明机敏，如此能说会道，打从心底里笑了出来，连忙前来向女婿道贺。点知傻仔竟举起双箸，对着笑得见牙唔见眼的丈人岳母大声喝道：

“两条老狗莫龇牙，龇牙当心我一耙！”

下人们一个个笑得把酒饭全喷了出来，财主夫妇气得直翻白眼。

采录者： 邝金鼻

流传地区： 珠海市斗门县

原载本： 《中国民间文学集成·广东省卷·珠海市斗门县故事资料本》

附记

该故事类型在广东粤语地区流传广泛。除了本篇及已收录的一篇异文之外，还流传有广州市白云区龙归街道的《做女婿》、台山市的《穷人也有骨头》、台山市冲蒌镇的《傻女婿出口成章》、怀集县怀城街道的《祝寿》、封开县的《傻仔学精》、清远市的《钟顺“学精”》、廉江市良垌镇的《傻姑爷》、吴川市的《亚大学说话》、阳江市塘口镇的《阿意学说话》和《今非昔比》、广州市黄埔区的《三女婿学乖》等异文。

168

『俗不可耐』的小女婿

从前有个小财主，生下两个女儿，一个嫁给城里人，一个嫁给乡下人。住在城里的读过几年书，懂得吟诗作对；住乡下的只知脚踏实地，耕田操作。

有一年中秋节，各人都到岳父家团聚。岳父忽然诗兴到，提议用眼前景物做题目，作一对子，用来助兴，并请大女婿先作上联。大女婿一听，十分高兴，睇了睇门前有一盆玫瑰花，便说："香花不色，色花不香，唯有玫瑰花又色又香。"岳父大加赞赏，转过头来问小女婿："怎样？"小女婿说："好就好，不过……"岳父立刻唔高兴地问："不过什么？你能对得上吗？"小女婿微微点了点头。岳父继续说："说吧！"小女婿睇到玫瑰花后面唔远处有几棵番薯，略为一想，便冲口而出："响屁唔臭，臭屁唔响，听说番薯屁又臭又响。"岳父一听，马上沉下面孔来，大女婿也有点讥笑之色。岳父又问："你刚才说不过什么？"小女婿答："不过你请襟兄作上联，他却作出下联来了，我不得不给他补上上联。"岳父一想，从声韵和对子格式来说，他说的都唔错，于是无话可说。

过了一会儿，大家轻松了一阵之后，岳父又提议："我出个谜语大家猜猜，怎样？"大家一致赞成。岳父说："这就出啦！听着：'散散索索，两头尖角，浑乌浑白，半夜劈拍。'猜吧！"大女婿很快便说："散散索索——满天星，两头尖角——月初明，浑乌浑白——云盖雨，半夜劈拍——鸡啼声。"岳父听了大加赞赏："猜得好！"小女婿接着说："好就好，不过……"岳父皱着眉问："你又是不过不过的，不过什么呢？"小女婿答："读书人不过中意吟风弄月嘛，我哋耕田人就不是那样猜了。"大女婿问："点样猜呢？"小女婿答："散散索索——山羊屎，两头尖角——老鼠屎，浑乌浑白——母鸡屎，半夜劈拍——牛屙屎。你说对吗？"岳父听了，好唔自在地说："听你说来，老是屎屎屁屁的话，太俗唔可耐了。"小女婿答："我哋穷苦人家，读唔起书，只能以日常所见的直说出来，理它俗唔俗呢？"弄得岳父和襟兄一时都无话可说。

讲述者：	李瑞英，女，已故，沙河农民，略有文化
整理者：	梁伯彦，男，69岁，赤岗街客村大江冲八号二楼，大学文化程度
整理时间：	1987年
流传地区：	广州市北郊
原载本：	《中国民间故事集成·广东卷·广州市白云区民间故事集成》

异文：三女婿祝寿岳父

从前，有一小康之家的老人，生有三个女儿，都已出嫁。大女儿嫁给一个读书人，二女儿与一个江湖佬成亲，小女儿许配一个耕田青年。

有一年，是岳父的七十二岁大寿。做寿那日，三个女婿女儿都带着礼物来齐了，欢聚一堂。岳父岳母坐在厅上，面露笑容，台面上放着一包东西。岳父说："今日是我生日，大家都带上礼品来，令我非常开心。现在我想三位贤婿各吟一首诗助兴，不过第一句末尾三个字要同字头写，第二句末尾三个字要同偏旁，第三句末尾三个字是第二句末尾三个字，第四句末尾三个字是第一句末尾三个字。

谁吟得最好又切合实际，台上这包银两就归谁。”话刚刚说完，大女婿第一个站起来说：“三字同头官宦家，三字同边绸缎纱。穿尽绸缎纱，才是官宦家。”第二个女婿也不甘示弱，站起来说：“三字同头大丈夫，三字同边江海湖。走尽江海湖，才算大丈夫。”吟完后，大女婿面露骄气，二女婿也沾沾自喜。轮到三女婿了，这个耕田人还在着急，恰巧这时岳父放了一个响屁。他灵机一动即说：“三字同头屎尿屁，三字同边鹅鸭鸡。吃了鹅鸭鸡，不外屎尿屁。”

在三个女婿吟诗时，岳父总是用心观察。他想到老大有点成就，但自高自大，睇唔起人，纵使将来青云有路，也非清官；老二虽然三句唔离本行，但走江湖的有几个有长进、发财呢？还是第三个人为人忠厚，可望勤劳兴家。即说：“大家都吟得好。不过，读书未必能做官，走江湖不是长久计，还是耕田人脚踏实地，可以勤劳致富，比较切合实际。所以，这些银两应归老三。”

讲述者： 伍炳星，男，已故，汉族，原退休教师，中专学历

采录者： 伍仲瑜

采录时间： 1949 年

整理时间： 1986 年 6 月

流传地区： 台山县冲蒌区

原载本： 《中国民间文学集成·广东卷·台山县资料集》

附记

该故事类型在广东粤语地区流传广泛。除了本篇及已收录的一篇异文之外，还流传有阳春市的《三姑爷显身手》，廉江市高桥镇一带的《三女婿》，阳江市大沟镇、三山岛的《挑粪郎继家财》，广州市增城区的《酒寮对诗》等异文。

169

穷女婿得银

从前有个财主，他有两个女，大女嫁给一个穷佬仔，细女嫁给一个有钱的少爷。

有一年，这个财主做大寿，要求他的两个女婿都来拜寿，并且说：“你哋两个，如果谁人逗得我笑，我就给他三千两银子。”

很快就到了拜寿的日子。那日，有钱的那个女婿烧了个烧猪给岳父拜寿，以为有一个大烧猪就可以讨得岳父的欢心。而穷女婿想到自己无钱，唔知送什么礼物才好。他想来想去，终于想出了一个好对策。于是，便对妻子说：“咱们穷，不如捉个老鼠当烧猪烧熟去给你爹拜寿，你说好唔好？”

“好啊！”他妻子觉得又好笑又心酸。

到了那日下午，那个有钱的女婿请人抬着烧猪来到他岳父家。他岳父见了，冷淡地说了声：“孩子，唔需要这样破费，简单点就得啦。”连一点微笑的神态都无。

过了一会儿，穷女婿两夫妻抬着一个箩，上面放着一块厚木板，木板上又放着一个烧老鼠，来到财主跟前说：“爸！真对唔住，我哋来迟了。因为给你拜寿的礼物太重

了，在路上休息了几次。”岳父睇见他们这副神态，忍唔住大笑起来。结果，穷女婿得了三千两银子。

讲述者： 黄杏祥，男，56岁，新兴县天堂镇人，农民，高小学历

采录者： 黎朝洪，男，17岁，新兴天堂镇内中人，初中学历

采录时间： 1987年6月

流传地区： 新兴县

原载本：《中国民间故事集成·广东卷·新兴县资料本》

附记

该故事类型在广东粤语地区流传广泛。除了本篇之外，还流传有江门市的《穷人的巧计》、广宁县的《穷女婿贺寿故事二则》、怀集县甘洒镇的《逗笑岳父》、廉江市安铺镇的《穷女婿祝寿得银》、阳江市城西的《逗笑得十两》、德庆县的《三女拜寿》等异文。

170

傻仔探外佬

传说很久以前，有个傻仔在娶老婆的第三日去探外佬[1]，弄出许多笑话来。

（一）

第三日一早，傻仔老婆办好酒礼，拿出一套新衣服叫傻仔穿。她梳妆打扮完毕，见傻仔仍在门口站着，就问："怎么还站着唔走？"

"出唔去呀！"傻仔说。

"你呀——！"傻仔老婆见傻仔两条腿都穿到一只裤筒里，笑又不是，哭又不是。

"'你'什么！你昨日还叮咛我什么事都要节省，我现在先穿破这只裤筒，然后再穿另一只，省着穿唔好吗？"傻仔刚说完，突然，一只狗凶狠地猛冲进来，吓得傻仔本能地一跳。当他两脚着地时，另一只脚恰好穿进那只空裤

[1] 外佬：方言，岳父。

筒里，他这才行走自如，跨出门槛。这时，傻仔十分高兴地说：“嘿！全凭你，不然我还出唔去呢！”

“你呀——！”傻仔老婆又好气，又好笑。

（二）

傻仔老婆挑着礼担，同傻仔上路了。中途，傻仔老婆遇着熟人，叫傻仔先走，傻仔便挑着礼担先走了。

傻仔挑着礼担走过一山又一山。不久，当他走到一个山坡旁，见河边有一架水车在转动。但他从无见过水车，唔知它是何物，于是，放下礼担，坐在路上睇。

傻仔睇了一会，饿了，拿出礼担的糍粽充饥。他食的时候，听到水车发出“哦哦”的响声，就想，是的，我饿你亦饿，我给你一些食的吧。于是，傻仔从盒中拿出一条粽子扔下河去。水车还在转动，发出“哦哦”的响声。他又说：“我比你小，还要食两条；你这样大，食一条是唔饱的。好，我再给你几条。”他一连扔了几条粽子落去。而水车还是转动，发出“哦哦”的响声。傻仔见这个东西饭量这么大，索性把一盒盒糍粽扔落去。一盒盒糍粽从水车道流走了，水车还在转动叫“饿”。傻仔讲：“你食了我一箩糍粽唔饱，还喊‘饿’，你究竟要食多少呀？”水车只是“哦哦”地叫喊，根本唔理傻仔。傻仔又说：“好吧，我让你食个饱！”接着，他又把另一箩糍粽、猪肉等，一盒盒扔下河去。盒又从水车道流走了，水车一样转动，发出“哦哦”的响声。这时，傻仔又说：“你饭量这么大，连盒吞了还喊‘饿’，我再无什么给你食啦，等我连两只箩都给你食了吧。”于是，又把两只竹箩扔下河去。两只竹箩流至水车道，水车被卡住停止了转动，无了响声。此时，傻仔以为它饱了，十分欢喜。但过了一会儿，竹箩又被水冲走了，水车又发出“哦哦”的响声。这时，傻仔埋怨起来了，说：“我可怜你饿得紧张，把探外佬的东西都给你食完了，算我对得起你了，你唔饱也无办法了。”但他又想，老婆叫我要处处帮助人，要为人为到底。对了，我还有一根扁担，应该给你食了才叫“为到底”。于是，他说：“但是，你食了这根扁担唔饱，也唔好怪我了。”水车照样转动，发出“哦哦”的响声。而傻仔却以为它“啊啊”地感激他，自觉十分高兴，就把扁担横手一扔。扁担团团转着，直飞落去，恰巧把水车扣着。此时，水车唔转了，无了响声。傻仔格外欢喜地说：“饱啦！饱了就好！”

正在这个时候，傻仔老婆跟上来了。她见傻仔对着水车说话，却唔见了礼担，就问傻仔。傻仔一五一十地从头至尾讲述一遍。

“你呀——！”傻仔老婆唉声叹气，无办法。

（三）

傻仔夫妻重又起程。傻仔老婆想，这样的老公，等一会到家又唔知会出什么丑。今日，是结婚第一次探外家，要从“大边”进屋才吉利。他肯定唔懂，我一定要教他记着，千祈唔可以走错。于是，她教傻仔说：“这是右手，右手这面就是大边，要从右面进屋，啊！”

“懂了！”傻仔唔耐烦地说。

但多问几次，他又弄错了。不是把左手说为大边，就说“唔懂”了，傻仔老婆也无办法。最后，傻仔老婆想了想，说：“我爹家厅堂有一盘谷磨，有谷磨这面就是大边了。记着，要从磨这面进屋。”并一路上教他念：“磨边！”“磨边！”这样，傻仔总算把“磨边”记熟了，她这才放心。

快到外佬家了，傻仔急着要去大便，傻仔老婆觉得唔好意思等，就先走了。傻仔从大便处出来，已唔见了老婆。他来到外佬家的厅堂门口，但此时，已根本唔见有什么磨。只听得傻仔口中不断叨着“磨边”“磨边”，却唔敢进门。

“磨边！”“磨边！”村里一群小孩都围着他大声叫嚷。

“有什么好叫的！走开！走开！”傻仔老婆听见叫喊声，立即从里间走出来，驱赶吵闹的孩子。

孩子们挨到傻仔老婆的责备，迅速走到屋边贴墙站着，一个个都鸦雀无声了。

“磨已搬走了，还‘磨边’什么！快跟我来啦！”傻仔老婆气鼓鼓地拖着傻仔进屋去。

“你见搬了磨，点解唔出来！”傻仔边走边埋怨地说。

“磨边！磨边！”傻仔进了屋，孩子们又大声叫。

（四）

傻仔进了屋，他外佬一见就问：“贤婿贵庚几何？”意思是问他多少岁了。

傻仔答：“我唔种烟（贤），唔知烟叶大细（婿），只知道桂（贵）是种的，唔用耕（庚）。对了，我村里有一条水坑，但就是无河，又哪来几条河（几何）呢？”

他外佬又问他：“令寿堂健吗？”即问他父亲是否健康。

傻仔答：“我村里放鲮（令）鱼那口塘（堂）确实很瘦（寿），无什么鱼的。这口塘就在我屋前面，怎么唔见（健）！”

他外佬又问：“贤竹林几成？”即问他有几个兄弟。

傻仔又答：“我屋后面有一棵竹，已成林了，条条竹都是圆（贤）的，但都让邻居二叔婆的猪乸与猪娃给糟蹋了，现在最多还剩下二成。”

他外佬见这位新女婿几次答话都是牛头唔对马嘴，发火了：“真正崇仔[1]！”

但傻仔一听，反而高兴了。你以为他怎么讲呢？他讲：“崇仔？我屋前那口塘的崇仔，三条就有两斤半重呢！”

他外佬更加火了：“真是番薯！”

傻仔听他外佬提到“番薯”，则垂头丧气地说：“番薯，我已食厌了。”

此时，他外佬更是火上加油了，拍着台大声吼起来：“你聋了吗？！”

傻仔又怎回答呢？他说：“笼（聋）？对了，我养小鸭的时候，是统统用笼装着去放的；鸭子长大了，就唔用笼装了，是赶着去放的。”

这时候，外佬被气得说唔出话来。傻仔见外佬不言不语，便目不转睛地盯着外佬傻笑，还得意地问：“还有什么问吗？”

“嘿！”外佬被气得靠在椅背上呵呵喘大气。

[1] 崇仔：方言，傻子。也是一种鱼的名字。

（五）

食饭前，傻仔老婆再三叫傻仔食饭一定要有礼貌，有规矩，别人夹菜才夹菜，等等，讲了很多。傻仔虽点头答允，但傻仔老婆还是唔放心，便对傻仔说：“这样吧，我在你脚趾上捆一绳子，由我在屏风背面拉着，我拉一次你就夹一次菜；我唔拉，你千祈唔好夹菜。”傻仔答允。

食饭的时候，众人开始夹菜，傻仔老婆一见，就轻轻拉绳。傻仔知道拉动了绳子，有了信号，就夹一次菜，显得很有礼貌，很规矩，也比较斯文。但不久，狗在台底抢食骨头，狗脚把绳子缠上了，因此不断抽动绳子。此时，他拼命夹菜。后来，绳子飞快地抽动，傻仔加快夹菜速度也来唔及了，他索性站起来，把台上的菜一碟碟、一碗碗统统往自己碗里倒。他边倒菜边骂：“还拉！还拉？我倒唔及了！”

这时，傻仔面前倒了一大堆菜，菜汁流满一地，连衣服也被溅得邋邋遢遢，十分难睇。乡亲父老见此情景，一个个都停止了食饭，盯着傻仔，接着，一个个都鼓着一肚子气走了。

“你呀——正式衰神[2]！”傻仔老婆见此，十分气愤，走到厅堂骂开了。

“你还讲！谁叫你猛拉呀！我不断叫‘还拉！还拉！’，你怎么唔听，反而猛拉呀？！”傻仔反而埋怨老婆。

“呜……呜……”傻仔老婆真是有苦难言，被气得哭了起来。

讲述者： 苏天挞，男，长工艺人，黎少镇隆久村黎少自然村人，已故

采录者： 苏宝龙，男，52 岁，罗定县文化局副局长，大专学历

[2] 正式衰神：方言，真的是倒霉鬼。

采录时间：1952 年
流传地区：罗定县
原载本：《中国民间故事集成·广东卷·罗定县资料本》

异文：笨女婿夹菜

民国年间，在新兴县水台乡有一姓梁的富户，他有三个女儿，都已成婚。大女婿和二女婿都很精明，唯独三女婿最愚蠢。

有一年，三女婿的岳父要做六十大寿，这呆子也要同老婆去向岳父祝寿。开始，他的老婆唔同意带他去，怕他在外家出洋相，被人笑。但后来受唔住呆丈夫的苦苦哀求，只好同意带他同去。但有一条件：就是呆子必须顺听她的话，由她摆布，才准去外母处饮酒。这呆子当然满口应承。

在岳父家里，大女婿、二女婿和许多亲戚朋友都来祝寿。三女婿心里想，平日你哋都说我呆，唔会说话，这次我要和岳父好好说话，让你哋别再小睇我。于是，他走到岳父面前问："岳父大人，今年你是六十大寿，那么你今年正好是六十岁吧？"

岳父说："正是。"

"那么明年你又多大岁数？"

"明年是六十一岁了。"

三女婿又问："那么再明年又再明年你又是多大岁数？"

他的岳父一听，真是哭笑不得。大女婿、二女婿同其他亲戚朋友都暗暗掩嘴笑。三女儿一听唔对路，羞得连忙把丈夫拽到无人处，打了他一嘴巴："你这呆子，真气死人。"

呆子唔服气说："你平日老说我和你爹唔识说话。刚才我和你爹说了很多话，怎么错了？"

三女儿又好气又好笑地说："呆子，哪有这样问话的？不得再问。等会儿开席食饭，你要守礼规，唔好像饿狗那样抢着食。我在邻席用线拴着你的脚指头，拽一下，你才得夹一下菜、食一啖饭。知道吗？"

开席食饭，三女婿感到脚指头被轻轻一拽，就赶忙夹一下菜，食一啖饭；拽第二下，又夹一下菜，食一啖饭。突然，呆女婿像鸡啄米一样，不停地夹菜塞进口里，而且动作越来越快。满屋的人都被三女婿的狼狈模样逗得哈哈大笑。

原来，有一只狗穿梭于台底，在拣骨头食。谁知狗脚被线条拴住了，于是，拼命地挣脱，不停地扯动那条线。那个三女婿还以为是老婆催他快食呢，所以他不停地夹菜食饭。

讲述者：邓开燕
搜集整理者：邓燕清
搜集时间：1987 年 7 月
流传地区：新兴县
原载本：《中国民间故事集成·广东卷·新兴县资料本》

附记

该故事类型在广东粤语地区流传广泛。除了本篇及已收录的一篇异文之外，还流传有中山市石岐街道的《傻女婿返外家》、信宜市的《傻大祝福》、广宁县的《扯线夹菜》、惠州市博罗县园洲镇的《拉绳夹菜》、吴川市的《线紧夹菜》等异文。

171

傻仔探岳丈

傻仔虽然傻头傻脑，但似乎又有点小聪明。进学堂读书时，老师讲第一课就是礼仪道德课。老师教导：“人之高尚，乃厚礼重德。衣不露体，布不透光……”无等老师讲完，傻仔就嚷道：“老师、老师，我懂了。”第二课是文化课。老师讲：“文者语也。古人用语，句末常用‘之、乎、者、也’这些助词，显得文雅……”老师未讲完，傻仔又嚷道：“老师、老师，我懂了，我懂了。”

傻仔自称知书识礼，家人皆大欢喜。一日，适逢岳丈生日，妻子要傻夫同去贺寿。傻仔嚷着要买新衣服，穿新衣服探望岳丈。妻子要和他一起去，傻仔唔允许，要妻子先行回娘家。妻子说：“你又唔认得路，一个人怎么去？”傻仔说：“你带上一袋糠头[1]，一路洒去，我沿糠头之路走就到了。”妻子见傻夫倒也聪明，就照此做了。

傻仔到了城里，东拿西睇，却无唔透光的布衣。正纳闷，傻仔来到一间冥品店，睇到摆卖着用色纸做成的衣服，拿起一照，果然唔透光，便买了一套。

返屋企后，傻仔换上了新买的纸衣，沿着妻子洒有糠头的路探望岳丈去了。途中，小路由一口鱼塘边经过。由于当时风大，洒的糠头都吹进鱼塘里去了。傻仔到达塘边，睇到塘中漂着糠头，模糊似一条路线。傻仔想，路一定由塘经过。便扑通一声跳进鱼塘里。待傻仔蹚水游到对岸时，“衣服”全脱掉了，浑身光溜溜，只好躲进草丛中掩避。

妻子见傻夫久等唔到，便回程揾。到了鱼塘边，发现傻夫在草丛里。等妻子问清缘由后，气得直跺脚。到家后，岳丈得知傻婿迟到原委，也气得瞪眼吹须。

过了一段时间，也许是经过傻婿贺寿的刺激，岳丈病了。妻子又叫傻夫同去探望。到了岳丈家，傻仔见岳丈躺在床上，上前就问：“岳丈大人病何之？”岳丈的气还未消，唔予理睬。傻仔又问：“食粥乎？食饭乎？”岳丈还是唔理睬。傻仔见岳丈既唔吭声，又唔动弹，急了、惊了，就大声道：“莫非死者！”岳丈一听，冒火三丈，一骨碌爬起床，“啪、啪”两巴掌，用力掴了傻婿两耳光，打得傻仔眼冒金星，耳如雷灌。傻仔痛得大呼：“惨也！惨也！”

搜集整理者： 邓自坚

搜集时间： 2012 年

流传地区： 惠州市龙门县

原载本： 《广东民间故事全书·惠州·龙门卷》

附记

该故事类型在广东粤语地区流传广泛。除了本篇之外，还流传有广州市花都区的《之乎者也》、佛山市高明区荷城街道的《笑话数则》、珠海市香洲区的《之乎者也》等异文。

[1] 糠头：方言，谷壳。

172

穷女婿

话说清朝道光年间，某村有个财主，他有三个女一个儿子。三个女都结了婚，二女婿、三女婿都是有钱人家，但大女儿嫁给个穷秀才。有一日，这个财主六十大寿生日在即，他提前通知三个女婿要在生日前两天到来，说有事商量。于是三个女婿都如期到达。二女婿、三女婿衣着华丽，穿的都是绫罗绸缎，而大女婿衣衫褴褛。财主两父子都睇唔起他。这天，食完中午饭，财主对三个女婿说："我通知你哋提前到来，是想让我的儿子亚福和你哋去游山玩水一日。你这个穷鬼去唔去都得。"亚福就对着二姐丈、三姐丈说："好，我同你哋去玩一日。"顺便问下大姐丈："你去吗？"穷秀才说："既然通知我提前来了，唔去在这里干什么，就去睇睇吧。"于是亚福走在前面，二姐丈、三姐丈、大姐丈一行四人，出门向前行了几里路，亚福指着对面山的草木就问："二姐丈、三姐丈，你哋说，点解山顶的草又黄又矮又瘦呢？山凼的树木山草都这么茂盛呢？"二姐丈、三姐丈同时回答："山顶受风吹、雨淋太阳晒，所以又黄又矮又瘦；山上的肥都流到山凼，所以山凼的草木又高又茂盛。"亚福觉得很有道理，就顺便问一声大姐丈："大姐丈，你说对吗？"这时大姐丈心中有气：刚才顺便问我去唔去，而现在提问题，我是大姐丈，本应先问我，点解先问他们，最后才顺便问下？分明你这个小子也睇唔起我。于是就说："天生的。"这三个人听后哈哈大笑，穷秀才当作无听见。于是又向前行。来到一条村边，亚福睇到一块磨刀石，好像马鞍一样，觉得很奇怪，就问："二姐丈、三姐丈，点解这块刀石两头高中央低，像马鞍一样呢？"二姐丈，三姐丈同时回答："因为磨刀时，中间着力，蚀得快，故此中间低两头高。"亚福觉得很有道理，又顺便问一下大姐丈："大姐丈你说对吗？"大姐丈已经满肚气了。"天生的。"他气呼呼地说。又是"天生"的，三人哈哈大笑。

穷秀才唔理他们论长道短，跟在后面又向前行。来到一个小山顶，睇见一块大石有几千斤重，正中裂开两边。亚福又问："二姐丈、三姐丈，点解这块石会裂开两边呢？"他们同时回答："七国时，费长房有缩地之方，秦始皇有鞭石之法。秦始皇游山玩水，来到这里，睇见这块大石，就一鞭将它打开了两边。"亚福又顺便问下大姐丈："大姐丈你说对吗？"这个穷秀才被气得冒火三千丈了，于是，火爆爆地说："天生的。"又天生的。三人又哈哈大笑。

回到村里，亚福将所见所闻详细向父亲作了汇报。财主听完，无名火起，吩咐亚福将三个姐丈都叫来了书房。财主满胸怒火指着大女婿骂："你正洋古头[1]，你唔懂就说两襟弟说得对就无事了，点解说是天生的呢？你说。"穷秀才不紧不慢地说："好吧。比如一个人的头，经常受风吹、雨淋、太阳晒，点解头发又黑又长呢？妇女的头发还长到拖地呢。而大腿和小腿无受太阳晒，点解脚毛这么短呢？"财主哑口无言，只好说："算你有道理。那磨刀石呢？"穷秀才微笑着说："比如一个人走路，你说脚掌脚踭[2]受力还是脚中间受力呢？点解脚底前后受力却高，而脚中间唔受力反而低呢？我说是天生的，有道理吗？"气得财主真是"鬼打喃无佬——无晒符法"。只好说："又算

[1] 洋古头：方言，形容一个人愚钝、不会变通。

[2] 脚踭：方言，脚跟。

你有道理。但那块石头明明是裂开两边的，你无睇见？能生成两边吗！”穷秀才也唔示弱了，理直气壮地说：“‘费长房有缩地之方，秦始皇有鞭石之法。’旧四书‘混沌’中是有这两句。不过秦始皇什么时候来过这里？又有谁睇见过他鞭石？难道你的屁股分开两边，是给秦始皇打了一鞭吗？”气到财主鼻孔也出了烟，只好大骂他强词夺理。

晚上，财主安排二女婿、三女婿在阁楼住——他俩是有钱人家，当然食住都比大女婿好得多——却安排大女婿在地下一张大凳瞓。刚刚躺下，就听到二女婿嘲讽地说：“有钱楼上楼，无钱地下痞。”三女婿接着说：“有钱阁上阁，无钱地下索。”大女婿听后，心中想道：“有钱人同一个鼻孔出气，岳父、妻舅睇唔起我，连这两个衰神[1]也一样。得想个法子，整治他们。”他越想越气，于是起床煲茶。茶滚了自己先斟出一碗，将自己身上带来的巴豆放在茶壶里，然后故意大声说：“今晚的餸菜虽然好味，可惜咸了点。这杯细茶刚好解渴。真靓细茶啊！”二女婿、三女婿听说煲好靓细茶，唔知是计，连忙起床争着饮茶。饮完后上床休息。突然两人肚里隆隆响，大喊上当。两人捂着肚想揾厕所。但三更半夜，村又大，人地生疏，白天又无注意厕所在哪，到哪里揾呢？两人急得团团转。二女婿急切中碰倒了一把雨伞，就高兴地说：“我有办法了。”将把雨伞作便桶。三女婿见状，也揾出自己雨伞。两人整晚无瞓过，屙到天光。

第二日一早，财主叫亚福劏鹅，吩咐千祈唔好被穷鬼知道。亚福正在劏鹅，大姐丈远远朝着他走来。亚福连忙将只大肥鹅丢入厨房用草盖住，又用水冲净天井的鹅毛。但都被大姐丈睇见了。他怒从心上起，心想他两父子样样事都太过分了。好，我睇是你哋无鹅肉食还是我无鹅肉食。于是，他也唔声张，走入厨房一手抓了一把草，正好把鹅夹在中间，转身就返屋企。财主睇住唔敢出声，连忙叫亚福去追他返来。亚福高声大叫：“大姐丈，鹅呀，鹅呀。”穷鬼假装唔知，边走边回答：“饿？都返屋企先至食[2]啰。东边起云西边落，大姊丈我揽草去塞溏薄[3]。”就跑步走了。二女婿、三女婿就乘机说：“大襟兄都走了，我哋家里工夫很多，我哋也返屋企了。”财主连忙说：“他走他的，你哋唔走得。”但两个女婿坚决要走。刚好这时下着中雨，两个女婿走上楼上抓起自己的伞就走。财主着急地说：“下这么大雨点解唔打伞？淋坏身体会得病的。”两个女婿说：“我哋在家出门收租收债淋惯了，这点小雨唔好等。”财主又说：“混账，这么大雨哪有手里拿着伞唔用的呢？亚福，快给二姐丈打伞。”亚福手快，冲上前，一手将二姐丈的伞抢过来，向上一撑。哗！屎水尿水从头淋到脚。亚福连忙将伞丢掉，大哭大喊，两个女婿拔腿就跑，财主被气得倒在地下……

[1] 衰神：方言，扫把精、麻烦鬼的意思。

[2] 先至食：方言，再吃。

[3] 溏薄：方言，很稀的大便。

搜集整理者： 彭平

整理时间： 1987 年 6 月

流传地区： 高明县更楼镇

原载本： 《中国民间文学集成·广东卷·高明县资料本》

附记

该故事类型在广东粤语地区流传广泛。除了本篇之外，还流传有罗定市的《三女婿》、湛江市的《穷女婿捧宝贝》等异文。

173

易和难

讲述者： 郑全开
整理者： 江辉
整理时间： 1986 年 10 月
流传地区： 广州市增城县福和镇
原载本： 《广东民间故事全书·广州·增城卷》

一个傻子女婿小俩口要去丈人家饮喜酒。怕傻子出洋相，媳妇早就吩咐过傻子，到了丈人家要学别人一样，别人怎样做他就要怎样做。

到了丈人家，傻子睇见一个斯文人在食甘蔗。那人为了唔整污糟地下，暗中把蔗渣吐在手帕上。那傻子也学着人要来一条甘蔗食起来。本想吐出蔗渣，但一睇那斯文人的地上无蔗渣，就以为那斯文人把蔗渣也吞了。傻子就把蔗渣也吞到肚里。有时蔗渣卡着咽喉，傻子就猛咳嗽。斯文人睇见了暗暗发笑。

酒席间，刚好傻子又和斯文人同桌。饮酒间，斯文人想起傻子吞蔗渣的场景，忍唔住"嘻"的一声笑出声来，谁知食在口中的粉丝从鼻孔里喷出。傻子见那人从鼻子里喷出几条粉丝，但点喷都喷唔出来。

傻子就很委屈地对媳妇说："老婆呀老婆，来丈人家食顿饭也唔容易。学吞蔗渣还易学，学鼻子出粉丝就难上加难了。"

附记

该故事类型在广东粤语地区流传广泛。除了本篇之外，还流传有德庆县的《父教子》等异文。

174

傻占

从前，有一个“傻仔”，名叫谦占，他的妻子叫玉梅。玉梅个子生得唔高唔矮，面如鹅蛋，人人都说“傻占”有福分。

一日，傻占的岳父生日，玉梅隔晚便教傻占：“待人要有礼貌，待事要勤恳，做人要善良，到了岳父家先行礼。食饭唔好乱夹，唔知就睇睇我。我望你，你就夹；我唔望你，你就唔好夹。”到了那日，“傻占”走在前面，玉梅在后。走着走着，傻仔越走越快，玉梅在后老是赶唔上。路过一个小集市，见到有一个打铁匠在此打铁，打得很起劲，满头大汗的。傻占行过去拿起个大铁锤就打起来。铁匠师傅唔让打，他硬是要打。“我帮你，你太辛苦了。”傻占说。由于铁打歪了，两人也就闹翻了。

走呀走，走到一路口，有一对牛公在打架，打得很狠。“傻占”走过去，劝告这对牛公：“牛呀！牛，唔好打架，去食草吧！”牛当然无听他的劝告。傻仔过去用双手想把两头牛分隔开，结果被牛抄倒了。到了岳父家里，满屋客人熙熙攘攘，热闹非常。傻仔见人家烧衣拜神，他便去跟着烧衣拜神。见到岳父，他便过去叩头：“恭喜恭喜，恭喜岳父大人添丁发财！”岳父唔作声。玉梅连忙教他：“恭喜岳父大人长寿富贵才对。”傻占马上转口跟岳父说：“恭喜岳父大人长寿富贵。”岳父这才笑一笑，说：“好，好！”席间，人们饮酒、猜枚，猜输的要罚酒。顷刻，饮酒的、说笑的、食饭的各人随便，但是傻占酒唔饮、餸唔夹，老是在扒白饭，一本正经地在食。玉梅见他唔夹，用眼瞅他一下。傻占以为老婆叫他夹，于是起劲地夹。老婆再瞅他一眼，他却以为叫他夹多点，于是夹到饭碗也装唔落了。同席的要他猜枚饮酒，他总是唔敢。玉梅望他一眼，他又以为老婆叫他猜枚饮酒，于是又猜起来：发财！二度！开哂佢！傻占赢了，非常高兴。玉梅用眼掘他一下，他以为老婆叫他再猜，于是再来：三点点，八角皮，一定中！这回傻仔输了，要饮酒，一口饮尽一碗。第三次他又输了。一连饮了三碗，傻仔有点醉了，在猜枚中成口饭吐出来，喷在席面的酒菜上。

返屋企路上，老婆走在前，傻占走在后。走呀走，走到田野间，傻占屎急，叫老婆先走。傻占正在大便，塘边的青蛙“喼喼”地在叫，傻仔说：“我急你又急，急就屙啦！”傻仔屙完屎后，青蛙咚的一声，跳进水里。傻占也跳进水里，游呀游！半个小时过去了，傻仔叫青蛙上岸，但青蛙总是唔见。傻仔大声喊：“喂！上岸啦！我都上咯，你还唔上？”于是他在塘水里到处摸，结果捉到只青公拐[1]，就说：“你以为换了件背心衣，我就唔认识你吗？”

讲述者： 曾汝邦，男，71 岁，农民
整理者： 曾纪赞
整理时间： 1987 年 4 月
流传地区： 三水县芦苞镇
原载本： 《中国民间文学三套集成·广东卷·三水县资料本》

[1] 青公拐：方言，青蛙。

附记

该故事类型在广东粤语地区流传广泛。除了本篇之外，还流传有台山市的《秀才买猪仔》，罗定市、郁南县的《傻仔趁圩》等异文。

175

赏月吟诗

从前有一户人家，三个女儿都出嫁了，并唔开心，因为第三女嫁了个种田的。

有一年中秋，俩老人商定请女婿赏月，故意出些难题戏弄三女婿。那天晚上，三个女婿都来了，岳丈说：“为了助兴，你哋按照‘圆又圆，缺半边，乱糟糟，静悄悄’各作诗一首。会吟者食月饼，唔识吟的就免了吧。”大女婿先吟：“十五月亮圆又圆，初七初八缺半边，满天乌云乱糟糟，深更半夜静悄悄。”吟完得意洋洋食月饼了。二女婿是商人，善于随机应变，很快触景生情，吟道：“盘中月饼圆又圆，一口咬去缺半边，吟诗作对乱糟糟，苦思冥想静悄悄。”三女婿睇见岳父有意冷落自己，放声吟道：“岳父岳母肚子圆又圆，死了一只缺半边，堂上哭声乱糟糟，全部死光静悄悄。”吟后也大口大口食起月饼来。岳父骂他。三女帮着说：“你哋将月亮月饼都吟了，唔吟你哋还吟什么呢？”

讲述者： 谢三公

整理者： 佚名

整理时间： 2001 年

流传地区： 信宜市部分地区

原载本： 《广东民间故事全书·茂名·信宜卷》

附记

该故事类型在广东粤语地区流传广泛。除了本篇之外，还流传有阳江市的《祝寿气岳父》等异文。

（七）机智人物故事

176

陈梦吉

陈梦吉，生于明代嘉靖年间，新会城浐湾街大康里人。父亲陈崇伯，不仕在家，早死，薄有家产。他自小聪明过人，有文才，写过一篇《逾墙相认》的文章，后收在《岭南即事》上。他玩世不恭，鄙视权奸，好打不平，出语谐趣。他非常憎恨贪官污吏，经常施计戏弄他们，为贫苦无告的百姓出气。

（一）革除县官出巡陋规

明代，县官出巡，前呼后拥，鸣锣开道；衙役扛着高脚牌，叫人肃静回避，戒备森严。从此，民众敢怒不敢言，街坊耆老同各行各业主管都惶恐不安。有人建议，揾陈梦吉商量，想个对策。梦吉到场，对大众说："这有何难！"

梦吉探得县官出巡日期。

到了那日中午，梦吉换了一件破烂衣衫，只穿一条内裤，手拿一包中草药，在县官出巡必经之路的县前直街一条水巷边等候。

不久，喝道锣鼓声自远而近，街上行人走尽，鸦雀无声。四人抬着一顶藤轿，后面跟拥一群瞪眼突眉的衙差。

在这一刹那间，梦吉装成惊慌的样子，把头钻入水巷里，把后臂高高耸起露在巷外。县官见状，大怒："造反了！这成何体统？如此丑态，给我拿来，重打八十。"一声吆喝，轿子停下，众衙差一涌上前，将梦吉拉来，跪在轿前。

县官喝问："你这狂人，怎敢在本官面前如此无礼？"

梦吉磕头哭告道："小民陈老四，只因母病家贫，把裤子典押了，将钱购得一包药，急需医病。适遇大人出巡，店户关门，急得无处躲藏，只好钻入巷渠，以为避过，谁想给大人瞥见丑态，这是不得已。望大人明察秋毫，赦免死罪。"说完，哭个不停。县官捋须一想，也觉可怜，随喝退免打。梦吉再三谢恩，伏跪不起，开言禀道："求大爷明镜请听，出巡这种陋规，对地方子民很多麻烦，弄到市面萧条，人心惶惶。敢请大人通融办理，凡是来往的只可肃立两旁，作揖让路；室内店门，起立鞠躬。待仪队过去，迅速复原。这是利民之策，望大人采纳，全县百姓也为感激。"

县官低头一想，觉得有理，说："好啦！就依你罢，起来！"遂命起轿前行。

第二日，各街遍贴告示，将县官出巡积习改掉了。

搜集整理者： 刘又生，男，77岁，初中文化，会城居民

搜集时间： 1988年[1]

流传地区： 新会县

（二）惩罚骗人者

"仙鞋里口喃呒铎，吝啬孤寒兼刻薄，导人迷信还作恶。抵死咯！人家流泪他快乐，丧主临门任他剥。骗来钱

［1］ 原出处并无采录整理时间，但原书成书于1988年。

米买良田，开间铺仔做纸索，本小利深鬼神，的的确确，有朝一日罚他妻女做喔喔（做野鸡）！”

上面这首歌谣，新会地方叫作“白帖”，是陈梦吉匿名写的。贴在五显冲边一间祠堂门前，引得众人围观如堵。

却说仙鞋里内有个冯明铎，生性吝啬、贪婪，人家起了个诨号叫“孤寒铎”。他年过花甲，仅有一妻一女，以做喃呒为职业，骗神骗鬼又骗人，群众都对他唔满。陈梦吉更是憎怒，就编张白帖让他出丑。阿铎知道了，但取唔到实据，只得半信半疑。

一日，陈梦吉因事入城，从浐湾大康里起程，入桥门行到仙鞋里，忽然落下一场急雨来，无处躲避，恰到阿铎纸扎铺檐下，卷着裤脚避雨。冯与陈原是互相知名，其实素未谋面。一个多咀的人告诉阿铎：“这是吉叔啦！”“孤寒铎”触起前事，大怒，立下逐客令说：“我店子小，唔可以给你避雨，你可把龟头缩入肚里，给我滚蛋吧！”当堂骂得陈梦吉抱头急走，衣裤湿尽，如落汤鸡一样。梦吉怒不可忍，就扭出一条六壬妙计来报复。

过了十余日，他将须发留长了，披麻穿白扮成孝子模样，约了一个助手，担对竹箩：这一头，放着一瓦埋水，水面上浮铺过一层厚厚的生油；那一头，放着些零星东西。停在铎叔纸扎店内，要求制造一个二丈五尺高的神将。喃呒铎笑说：“尊府有多大？哪里用这么高神将？莫说我店矮窄造唔出来，就算造好了，恐怕你府门前也容唔下哩。”梦吉说：“高矮大小你莫管，只要照着做。工价多少我唔吝。”阿铎听了，心想有利可图莫失机会，连声诺诺说：“得得。但我要拆铺揭瓦，事完，又要雇匠修复，总计起来，需要白银二十两呀。你嫌贵吗？”梦吉应承，订明迟五日来取货。阿铎要他交些订金，正算落实。梦吉摸着荷包皱着眉头答：“对唔住，凑巧身带银子少。刚才买了许多杂物，歇一会，还要买呢。这里有埕生油，暂时放在此处按当，待我返屋企取订金来才拿好吗？还想麻烦你，暂借二两银子，准备买些散碎物品，片刻一齐还账。”阿铎以为今日遇着这位大主家，纸扎喃呒都有得捞，当然唔敢怠慢，立刻取出二两银给他。梦吉同助手欢欣而去。

谁料去如黄鹤。过期几日，唔见人来取货。晴雨无定，那夜秋雨骤降，竟把那间纸扎铺店淋湿殆尽，损失很大。阿铎心想：这个丧主也死了唔来吗？如此倒霉，这埕油又阻碍地方。后来他细心检查，原来是水面浮油。

那时门前，有一美男子，身穿长衫，手摇扇子，站在店前，左顾右盼，指手画脚，答着说：“从未见过有这傻事，拆铺做生意啦！”阿铎举头望，觉得面善，似是订货的丧主，但唔敢发怒，只有哑忍蚀底，偷鸡不得蚀把米罢了。正是：

贪心老板偏逢假丧主，诡猾先生惩罚骗人。

搜集整理者： 刘谓文，男，78 岁，会城居民

搜集时间： 1988 年

流传地区： 新会县

（三）遗嘱妙计

会城近郊一条村庄有位周员外，家财百万，是村中最富有的人。不足之处，结发妻室生下一女之后，便溘然逝去。他只好续弦，希望得生麟儿。结果，继室如愿生下一男孩，现年已有四岁，取名阿荣。但女儿已经长大，嫁给邻村陈江为妇。那时周员外年已届耳顺，平日见女婿陈江为人霸道，对自己的产业虎视眈眈，日后难免被其霸占。他左思右想，总想唔出妥善的办法，便使人请陈梦吉到家中商量，并说事成之后，愿酬谢白银两百元。陈梦吉答允请求，当即为员外立下一张遗嘱，内云：

“陈江我婿也周荣我子也田园尽交与子婿外人不得争占。”

遗嘱无断句。陈梦吉嘱咐周员外，如此这般；又叫周员外吩咐继室与儿子阿荣，将来员外百年之后，又如此这般。密授锦囊妙计，收了二百块酬金，便告辞而去。

半年之后，周员外病重，当即召集内亲外戚，宣读遗嘱，云：

“陈江我婿也，周荣我子也。田园尽交与子婿，外人不得争占。”

读完，又声称，周荣尚年幼，田园尽交婿陈江掌管。

陈江自然满心欢喜。自从周员外过身之后，他便当家管业。

光阴似箭，眨眼又过十年。这时周荣长大成人了。周员外的继室将员外生前所说陈梦吉的锦囊妙计，告诉儿子周荣。母子两人商量，为了收回产业，向陈江交涉。陈江自然唔肯相让，两家便纠缠至县衙门去，各人申诉各人的理由，求知县大老爷明断。

知县听了双方的禀告，各执一词，很难判断，便问周员外生前立下的遗嘱今在何处。周荣母说："保存在我处。"知县立即叫她呈上。打开一睇，只见字句分明。遗嘱云：

"陈江我婿也，周荣我子也，田园尽交与子。婿外人不得争占。"

县官读后，怒骂陈江说："遗嘱上明明说田园交与子。婿是外人，怎么能争占？！"于是便将产业判归周荣。陈江无话可说，悻悻而退。

搜集整理者：陈占标，男，61 岁，县志办干部
搜集时间： 1988 年
流传地区： 新会县

（四）讽晚节不保

陈梦吉的堂叔陈子豪，年老辞官在家。一次，做寿酒，也请了陈梦吉。酒席上，设下酒令，要求每人能念出几句话，一要有物名，二要有古人名，三要有古诗一句作结尾，且要通理才得喝酒。

陈子豪先念道："我有一把扇，送给曹子建，曹子建唔要。点解唔要？剪剪轻风阵阵寒。"念完，举杯便饮。接着，另一友人念道："我有一张床，送给张子房，张子房唔要。点解唔要？水罩银床梦不成。"那人又饮了一杯酒。

轮到陈梦吉，不慌不忙高声念道："我有一顶帽，送给陈子豪，陈子豪唔要。点解唔要？清明时节两纷纷。"把两字念得特别响亮、清晰。念完，饮了一口酒，便愤然离去。

众人知道，陈梦吉在嘲讽明朝遗老的叔父不保晚节，去做清朝的官，个个瞠目结舌。陈子豪也敢怒不敢言。

搜集整理者：陈一峰，男，60 岁，江门市文化干部
搜集时间： 1988 年
流传地区： 新会县

（五）赔了夫人又折兵

陈梦吉有个阿叔，名叫陈宗愈，别字醒堂。因他当过道台的官，人们就称他为"陈省堂"。

陈省堂是个贪官，贪得钱银满囊。辞官回乡，住在会城，闲着无事，便玩起雀鸟来。他养了个"了哥[1]"雀，能舞，能唱，能学人讲话，十分可爱。每日清晨，他托起雀笼，先到园林巡游一周，然后返回十字市，随意把雀笼挂在一家猪肉铺前，便自行返屋企去。猪肉铺老板见状，便乖乖地吩咐伙计，割一块最新鲜的瘦肉挂在鸟笼边，供"了哥"啄食。到了午餐过后，陈省堂便使仆人来将鸟笼收返屋企。今日挂在甲店，明日挂在乙店，那些猪肉店老板，都很不安。不但白送瘦肉，还要护雀；稍有唔小心或被顾客手多，惊了雀仔，就祸事临头。因为陈省堂虽则退休在家，到底是捞过官场，同地方官宦绅士往来密切，朋比为奸。于是，那些猪肉店老板聚集商议，决定派出代表去请求陈梦吉救援，答应事成之后，报答重酬。陈省堂是陈梦吉的阿叔，出于义愤，答应想办法。

第二日早上，陈省堂照样将雀笼挂到一家猪肉铺前，便回转家去。跟着，陈梦吉抱着苏虾仔[2]来到十字市猪肉铺前，走近雀鸟笼边，一手拉开笼门，伸手入笼内捉住"了哥"，用力往地上一掷，当场将那"了哥"掷死。他捡起死雀仔，抱住苏虾仔，直奔陈省堂家中。到达门口，故

[1] 了哥：方言，鹦鹉。
[2] 苏虾仔：方言，婴儿。

意将苏虾仔的屁股用力一拧，拧得苏虾仔哇哇大哭，然后冲入门去。见省堂坐在厅中，陈梦吉便装作生气的样子，大声说道："阿叔，今朝侄儿抱着苏虾仔到十字市买猪肉，谁知那只'了哥'向苏虾仔乱啄，几乎连眼睛都啄盲。好得我眼快手快，一手将雀咀拉住，一扯，因为用力过猛，雀笼扯烂，'了哥'也扯死了。后来猪肉店掌柜说，雀仔是阿叔的，故此特来禀告。"他睇见陈省堂满脸怒容，又继续说："阿叔，你睇苏虾仔哭得如此厉害，便知被雀仔啄伤。侄儿好心痛啊！阿叔给点钱畀我去替苏虾仔治伤哪！"

陈省堂失去心爱的"了哥"，十分痛惜；但对陈梦吉提出的要求，又无法推卸。沉默片刻，只得吩咐管家，给几两银子与陈梦吉为侄孙医治手伤，打发出门去。

陈梦吉接过银两，"多谢阿叔"一声，走出大门，心中油然自得："这回叫你省堂赔了夫人又折兵！"

搜集整理者：陈占标，男，61岁，县志办干部
搜集时间： 1988年
流传地区： 新会县

（六）虾仔钓鲟鱼

某地有一大桥，年久失修，当地百姓唔敢冒险行走。若唔过桥，又要绕很远的路。多次请求县官拨款，都置之不理，大户人家又孤寒唔肯捐助。群众于是求计陈梦吉。陈梦吉说："要钱必须向富翁下手。但他们多是为富不仁的，唔施妙计，他们哪里肯出钱？睇来，我只有用'虾仔钓鲟鱼'的办法了。"众人见陈梦吉应诺出计，大喜。依计行事。

时值腊月。当地最大的财主，先后接到陈梦吉的请帖，到他家饮贺生日酒。那些财主一来贪便宜，二来乘机讨好陈梦吉，免得将来被他扭计对付自己。因此，大家都依约来了。当时，正好天气寒冷，财主出门赴宴都穿了极其贵重的皮裘。陈梦吉那日的"边炉宴"，几个炉子生起熊熊烈火。财主们饮到酒酣耳热时，慢慢脱下名贵的大衣，来猜拳热闹。忽然，陈梦吉停杯说话了。他说："各位财神爷且听几句唔顺耳的话。想我陈梦吉是个寒儒，其实哪有钱请各位饮酒呢？今日请大家来，是为了共表一件好事罢了。因为有一大桥年久失修，交通不便，今日就想求求大家出点力、捐点钱。"财主们正纷纷借口说无钱，陈梦吉哈哈大笑说："修桥整路是善事。总之，你哋有钱出钱，我陈某无钱出计。对唔住，我已经派人把大家的皮大衣都拿去典当了，所得的钱就当作大家捐来修桥吧！"说完，把典当的凭据一一分发给大家，让各人返去赎回。众财主面面相觑，暗自大叫"上当"。陈梦吉此计，筹得款项，很快就把大桥修好。

搜集整理者：陈一峰，男，60岁，江门市文化干部
搜集时间： 1988年
流传地区： 新会县

（七）妙计惩恶霸

陈梦吉以工心计、善权变出名，乡人多信服，享有盛誉。

会城南门有个巨富，家有一孀妇唔甘寂寞，同某绅之子私通，暗往明来，已非一日。孀妇之弟某甲，每探姊必与某绅子相遇，知道事情唔妥，心想：一个是未娶的鳏夫，一个是新丧的寡妇，瓜田李下，事所必嫌。因此，有次同某绅子相遇，直言斥责，加以警告："如果下次再见，定拘送乡局处置。"岂料，某绅之子，恃其父同县令有交，在地方上有势，将某甲的警告当作耳边风，照样出入于寡妇家门。

一日，某甲又在其姊家同某绅子相遇，见他从姊内室出，面呈醉态，心中大怒，骂他："你真是唔顾名声的人，然而也唔顾性命？"绅子笑道："君能杀人，但杀的是恶人。我是善人，岂能遭杀？"某甲斥曰："你何善之有？"绅子道："你姊丧夫，生活不得温饱。吾为善最乐，不让

仁于人，故而怜悯并且赈济之，有什么罪恶？”某甲见其刁滑，但想要“捉奸在床”，今无实据，无法可施，于是揾陈梦吉求援，想个办法惩奸。

陈梦吉听了，抓耳捋须，苦思一会，当即答允，对某甲说：“好，无须得到真凭实据。总之，你将他捉来乡局，我便有办法惩治他。”

第二日，某甲果然将某绅之子扭送到乡局，控告他诱奸寡妇，有伤风化罪名，请求惩治。

陈梦吉本是乡局成员，早悉乡局有数宗案件要审理。他约好某甲拘拿奸夫来问，自己就早候在堂，立即将某绅子审问。某绅子有恃无恐，照样讲了一番什么接济寡妇的话，以善人自居。语甚滑稽，完全否认有何奸情。陈梦吉听了，表示无可奈何，反而劝告某甲唔好再多事，以免污损其姊名声，并力劝其返屋企。某甲愕然不解。某绅子以胜利者自居，正想离去，却被陈梦吉留住，说有事请教他，请他在旁稍坐。某绅子不以为意，料想陈梦吉奈何不了他。

这时，陈梦吉传令审讯另一案件，有关案件之人被带到堂。此案投诉人是一对老夫妇，老人双目失明。据两老人诉称：有子不孝，流荡四方，请乡局为其捉拿不肖子，责以鞭笞，令其改邪归正，这样才心安。陈梦吉听罢，便对某绅子说：“君既自称善人，今这两个老人，因子不孝，欲鞭责以宽其心。人皆有恻隐之心。君乃善人，可替其子受杖，使两老人博得一快，岂非善莫大焉？”陈梦吉说完，不容某绅子分辩，即令差役将某绅子按下杖之。某绅子正是哑仔食黄连，有苦说不出。白挨了几十板，叫苦不迭。

接着，陈梦吉又另传一案上堂。本案为一穷人借债五百金而典女，过期无钱取赎，债主声言将其女转卖偿债。穷人大哭，请债主缓期还债。债主唔允，双方投诉到乡局取决。陈梦吉问过案情，便向某绅子说：“你是善人，理应当仁不让，替穷汉偿还借款五百金，使其骨肉团聚，岂非善事？希望善人唔好推却！”某绅子无言可说，只得答允。

事情传开后，众人都说：“陈梦吉妙计惩恶霸，扭计扭到人怕。”

搜集整理者： 陈占标，男，61 岁，县志办干部

搜集时间： 1988 年

流传地区： 新会县

（八）下马威

某年，新任县令来到新会，下车时就听到师爷炳报告，说城里有个第秀才，名叫陈梦吉，足智多谋，玩世不恭，经常替穷人扭计，戏弄官绅。县官王寅大怒，立即叫差人去揾陈梦吉的痛脚，准备借故严惩。

一日，陈梦吉正同几个邻里兄弟在梁成家中谈笑。梁成在县衙里当差役，县令命梁成付寄两笠生果回他家乡水东，一笠是甜橙，一笠是枇杷果，都是新会著名的土特产。县令大意，在笠上写错了几个字，把“橙”字写成“凳”字，“枇杷”错写为“琵琶”。陈梦吉见了，立即拈笔在笠上添写了两首小诗，来嘲笑那个举人出身的县太爷。诗曰：

果然不枉举人公，橙凳明知字不同。

甜橙若无一双脚，新会怎能到水东。

枇杷不是此琵琶，想是太爷识字差。

倘若琵琶能结果，满城弦管尽开花。

事情传到新任县官那里，怒火中烧，声言要严惩陈梦吉。刚好，给梁成听见。梁成奔返屋企中，告诉陈梦吉。陈梦吉淡然一笑，说：“好，人无害虎心，虎有伤人意。让我给他一个下马威！”

新任县官出巡了，正在鸣锣喝道。王寅坐轿经大街巡视间，忽然发现一个披麻戴孝的汉子在前慢走，呼喝不避。差役们如狼似虎，上前把他驱逐，拖拉间，把那汉子手上一大串钱的麻线扯断了，铜钱跌散地上。那汉子立即双膝跪下，大呼“救驾”。众差役愕然，不知何故。

王寅县令探头俯睇散落在地上的铜钱，见铜钱上均有各朝帝号，唔敢怠慢，也从轿中爬出，跪在地上，喝令众差役跪下来，帮那汉子拾铜钱。

过了大半天时间，那汉子然后说，跌散的铜钱已如数拾回，说一声“多谢大人”，便扬长而去。

可怜县令直跪得腰酸膝痛，连站起身都唔得了。临走时，听说路人笑语：“吉叔这个下马威打得真厉害啊！”县令这时才知道刚才那汉子是陈梦吉，又恨又怕，无可奈何。

搜集整理者： 陈一峰，男，60 岁，江门市文化干部
搜集时间： 1988 年
流传地区： 新会县

（九）有数得计

有一年，县属各乡村都闹灾荒，百姓派了一个农民代表上县衙见官，要求减免赋税。县令明知故问道：“这造稻谷有多少收成呀？”代表答：“三成。”县令又问：“花生收成多少？”“二成。”县令再问：“那么，番薯、芋头呢？”代表答：“也是二成。”县令把脸一沉，拍台骂道：“岂有此理！有数得计嘛！今年的农业生产有七成收获，还来要求减免赋税，岂不该打！人来，把这厮重打八十。”农民代表被打后，众人便来向陈梦吉求计。陈梦吉自告奋勇去见县官。县令又照样以此理由要罚打陈梦吉八十大板。陈梦吉上前道：“既然大人对于今年生产收成有数得计，责罚小人无理取闹是应该的；但请大人念我这个一百四十多岁的老懵懂[1]，赦我无罪吧！”县令骂道：“乱讲！你最多都唔过五十岁，却谎说是一百四十多岁。”

“大人，小人也是有数得计的。小人今年四十八岁，儿子三十岁，媳妇二十五岁，老婆三十九岁，共成不是一百四十多岁吗？”

县官哑口无言。

[1] 老懵懂：方言：老呆子。

搜集整理者： 陈一峰，男，60 岁，江门市文化干部
搜集时间： 1988 年
流传地区： 新会县

（十）考试改名[2]

陈梦吉考取功名，屡试不第，便埋怨自己的名字安得唔好。认为梦吉的“吉”字即是桔（橘）子的桔字，桔子这么小，如何能够当官大人？有一次赴试，他就改名为陈梦橙。他想：橙子比桔子大，或许会考得上。但发榜一睇，依然榜上无名。后来他再去考试，觉得柚子比橙子大，便改名为陈梦柚，结果，还是名落孙山。

陈梦吉经过这两次改“大”自己的名字，也考唔上，以后就唔再去考取功名。

（十一）巧妙应对

陈梦吉中意应对联语，诙谐滑稽，怪语连声。有一次，他同几个朋友逛街，路过一间云吞馆，铺门前摆着一盘云吞馅，有蒸熟的鲜虾红彤彤。一友见景生情，出了一比，叫陈梦吉对。众人议定：对上了，出对人请食云吞；对唔上，应对人照罚。那人便出一句下比[3]：“虾公[4]蒸熟，鞠躬如也着红袍。”陈梦吉听了，搜寻对句，眼见对面铺有人狗，用禾草引火烧狗毛，灵机一动，对曰：“狗仔烧香，巧笑倩兮穿黑服。”那友人听了，无比折服，当场认输，请了一顿云吞。

[2] 下一则故事《陈梦吉改名“陈梦柑”》为该故事的异文，故事情节略有差异，且叙事更为详细、本土。

[3] 下比：对尾。

[4] 虾公：方言，小虾。

（十二）巧写状纸

陈梦吉有个同姓兄弟去世，其妻很年轻，屡次想改嫁，却被鳏居在家的家翁和小叔阻挠，要她遵守三从四德的封建礼教，守寡尽妇道。陈梦吉得悉这事，对这寡妇产生同情心，便自告奋勇为她写了一张状纸，叫她去县衙门告状，还说担保她会打赢这场官司。这位寡嫂子将信将疑，把状纸投进衙门。传讯之日，知县打开状纸一睇，只见写着：“翁老而无姑，叔壮而无嫂，四壁萧条，同居一室。嫁亦难，守亦难。欲想归宁，奈无父母。望大人为小民女做主。”知县便批断这寡妇改嫁。

搜集整理者： 陈占标，男，60岁，县志办干部
搜集时间： 1988年
流传地区： 新会县

（十三）助叔纳妾

陈梦吉有个阿叔，娶妻李氏，凶悍泼辣。李氏无生育，梦吉的叔叔苦无后嗣，想纳个妾侍，又怕李氏唔同意，忧心忡忡。梦吉见状，附叔耳边献计，叔频频称妙！

一日，梦吉手持竹竿丈长，度量叔叔房屋的面积。李氏惊问原因，梦吉答：“叔无子女，日后由我继承，此屋终属我，所以来丈量。”

当晚，李氏问丈夫：“梦吉想谋我房，奈何？”叔说：“无办法。”李氏想了许久，说：“不如你纳妾生儿，便可绝梦吉歹念！”叔高兴地说：“好吧！”终如所愿。

搜集整理者： 柯明铮，男，50多岁，县中院院干部
搜集时间： 1988年
流传地区： 新会县

（十四）惩戒狱卒

陈梦吉扭计太多，得罪了县官，被抓监禁。监禁期间，睇守狱卒贪得无厌，经常向犯人、犯人家属勒索财物，贪赃枉法。陈梦吉决意出狱后，要惩戒狱卒。

一日，陈梦吉特意去揾那狱卒，假意说在监禁期间，得他照顾，十分感激，特意请他饮酒，作为酬谢。

狱卒信以为真。饮酒的时候，狱卒规劝陈梦吉唔好扭计了，扭输了就要蚀底。陈梦吉却自夸扭计必赢，甚至信口开河说自己连法术也识弄。狱卒唔信，竟然愿出五两银子，要陈梦吉在三日之内，令狱卒的屁股长出一条长尾巴来。

打赌之后，狱卒半信半疑，常常摸自己的屁股。两日过去了，哪有尾巴？到第三日，便去揾陈梦吉。谁知，陈梦吉带了一位富绅来做证，叫狱卒躺在地上，扒开裤子，验看之后，才定胜负。狱卒为了要赢五两银子，只好同意。狱卒一脱裤子，那富绅怒悻悻打了一下狱卒的屁股，然后走开。狱卒起身领了五两银子，笑着说：“你输给我了。”陈梦吉仰天笑道：“谁说我输？你让自己的屁股给人打，给人睇，才得这点钱，我却借你的屁股同那富绅打赌，赢了他三百两银子哩！是你赢，还是我赢呀？”

狱卒听了，才知自己中计，面红耳赤，悻悻而去。

搜集整理者： 陈一峰，男，60岁，江门市文化干部
搜集时间： 1988年
流传地区： 新会县
原载本： 《中国民间故事集成·广东卷·新会资料本》

177

陈梦吉改名『陈梦柑』

陈梦吉系新会民间传说中嘅[1]传奇人物，性格怪僻，专出“四怪”——怪话、怪事、怪行、怪文。关于佢嘅民间故事，流传八方。

陈梦吉嘅故事发生喺[2]明朝万历年间。佢屋己[3]就住喺新会城浐湾街大康里。大康里又喊做[4]陈家巷，距时[5]还未拆歧。佢个阿叔陈宗愈，万历十七年（1589年）考中进士，官做到广西左江道副使，新会民间称佢“陈道台”，旧时有说唱弹词《骂陈道》，闹[nòu]佢宠幸个妾侍害死个仔。而陈梦吉屡次县试落第，连个秀才都考唔到，更唔好话省试考举人、京试考进士。佢怪自己嘅名起得唔好。新会俗语话：“唔怕生错相，最怕改坏名。”旧时每三年举行一次科举考试，等到再报名嘅时候，佢真系要改名嘞。

有一个“版本”讲，佢觉得自己嘅名太过小气，“吉”即系橘仔嘅“橘”，新会系有名嘅柑橘之乡，盛产柑、橘、橙，而橘系最细只嘅，佢细个时人叫“吉仔”，听起来岂唔系橘果宁啲[6]“橘仔”？訆[7]哑以后几訆当大官呢呵？到三年之后第二次报考，佢就改名“陈梦柑”，柑比橘大。但系，考试放榜还系唔见有名。之后，又等三年第三次应考，干脆改名“陈梦橙”，橙又比柑大。谁知还系名落孙山。

另一个“版本”讲，喺县试时候，陈梦吉下笔千言，意犹未尽，自己撏[8]出张纸来续写，但考官话：文章过长，累赘！到第二日再答卷嘅时候，又系一挥而就，但考官又嫌文章傲慢失控，弃之字纸笠。可惜啊，竟将沉香当烂柴。陈梦吉第一次考试落选嘞。

三年之后再一次考试，新主考官睇佢嘅文章拍案叫绝，特别放入柜桶[9]，但偏偏到评卷时就唔记得。陈梦吉又落榜嘞。

到第三次考试，佢谂[10]，橘太过细，不如换成柑罢嘞，于是改名“陈梦柑”。距个新主考官听前任讲，陈梦吉好有才华，但由于“梦吉”改为“梦柑”，主考官揾来揾去，梗系[11]揾唔到佢嘅试卷啦。

陈梦吉三次落第之后，目睹朝政腐败，决定放弃功名，从此，唔再行科举距条路。佢厌恶贪官污吏，唔怕得罪权贵，包括自己嘅亲叔在内，经常扭计戏弄，帮穷人出气，人敬称“吉叔”。佢发挥自己嘅聪明机敏，还专为人打抱不平，于是，陈梦吉嘅大名就传得好开好开嘞。

陈梦吉嘅传说，喺新会家喻户晓，而坊间又编造出好多古仔，附会到佢身上，其中亦有唔少系低级趣味嘅，影响陈梦吉嘅形象。因此，新会俗语有话：“好就陈白沙，唔好就陈梦吉。”意思系，岭南大儒陈献章（白沙先生）

[1] 嘅：“嘅”实为“个”的摹音。原先粤语都用“个”，后来广州话有了“嘅”，但会城话一直未受影响。至改革开放后，二字都通用了。

[2] 喺：音[hái]，在。

[3] 屋己：家里，广州话作“屋企”。

[4] 喊做：叫作。

[5] 距：这。距时，现时。宁[nǐng]时，那时。

[6] 宁啲：音[nǐngnīd]，那些，新会方言。

[7] 訆：口语kǒu，这。为新会方言特别词语，出现极为频密，不可没有汉字表述，借用“訆”字。几訆，怎样？

[8] 撏：音[ngamō]，粤语音岩，掏。

[9] 柜桶：粤语，抽屉。

[10] 谂：粤语，音[ném]，想。

[11] 梗系：当然，一定。

同“扭计师爷”陈梦吉，两个都系本地无人不晓嘅陈姓名人，但好嘢，总系贴到陈白沙身上，而唔好个嘢，统统记入陈梦吉嘅数。就系訒意思啦。

讲述者： 林福杰，男，60 岁，新会人，地方民俗学者

采录者： 林福杰

采录时间： 2017 年 8 月

流传地区： 新会

178

陈梦吉

（一）考试

传说，长命吉原名叫陈梦吉，生平中意捉弄人，人们便戏称他为“长命吉”。他的文章写得很好。有一年，上京考试，他写好文章后，在签名上故意把个吉字写歪，再画个公仔拉正，并写上：“无中，天无眼；中，宗师无眼。”本来他的文章是第一名，该他中状元的，被他这么一闹，宗师左右为难，最后下定决心：“罢罢罢，宁愿天无眼！”便将他榜上除名。

（二）食“屎”

县衙的公差，好欺侮穷人，那个领班的特别坏。长命吉决心要惩治他们。

一日早上，长命吉趁县官还未升堂办案，偷偷将些蕉子剥了皮，装进一个竹筒，挤在公堂的案桌上，睇上去像一堆屎。县官升堂，见案桌上拉了一堆屎，暴跳如雷，喝

问：“大胆奴才，竟敢在本官案上屙屎的？”说完，忽地发现那堆“屎”旁边贴着一张字，写着：“这堆屎是长命吉屙的，谅你大老爷奈我长命吉无何。”县官气坏了，捂着鼻子，连声大叫：“快！快捉长命吉，我要叫他食屎！”一会儿，捉长命吉来了，县官大喝一声：“长命吉，你为何在本官案桌上屙屎？从实招来。”长命吉跪倒，口称冤枉，说：“大老爷在上，小民怎敢在大老爷案上屙屎？一定是你手下的公差，你平时惯坏了他们，连屎也懒得出外拉了。”县官说：“这里是你留下的字条，你有何话说？”长命吉答道：“但凡屙屎的人，哪个肯自家留名字的？自讨苦吃。定是你手下公差，被小民得罪了，怀恨在心，所以用那字条诬我。望大老爷明察。”县官一听有理，睇那班公差。领班的吓坏了，跪下说：“长命吉最会捉弄人的，这回，一定要他食屎才好。”那糊涂县官一听，又觉有理，定要长命吉食。长命吉装着无可奈何的样子，说：“大老爷，屎实在不是长命吉所屙。既然大老爷要小民食，小民也唔敢推了，只是求买斤白糖来伴食，才可吞下。”县官立刻唤人买了白糖。长命吉暗暗好笑，用香蕉蘸白糖食，装出作呕的样子。那群公差睇着，个个咋舌。

第二日晚上，长命吉把一堆屎照样放在县官案上。县官升堂又见屎，更怒。又见桌上有字条，上面写的与上次一样。他把惊堂木一拍，大叫：“大胆长命吉，上次罚食了屎，这次又来，岂有此理！快捉他来！”长命吉果然又被捉到，他口里连称冤枉，说：“大老爷，你也唔想想，长命吉食了那次屎，下辈子都怕了，岂有再敢屙屎的道理？一定是你手下差人干的好事。你唔罚罚他们，恐怕你案上日日有屎放！”县官一听，想他说得入理，于是惊堂木一拍，说：“我想长命吉上回食了一次屎，实无胆敢再来屙屎，这堆屎肯定是你哋这班奴才拉的。你哋给我食光它！”

那班公差你睇我，我睇你，都苦了脸，只得逐个尝一口。那屎实在臭，刚到口就呕，县官大叫饭桶。每人尝一口后，还剩一大堆。长命吉说：“公差在公案屙屎，罪在领班的，求大老爷都赐给他食。”县官听了有理，叫领班的又食那堆屎。那领班叫苦不迭，硬是被逼吞下。

从此，那班公差见了长命吉就怕，再也唔敢为非作歹了。

（三）一弓还一箭

一日，长命吉去趁圩，来到一个渡口。大家在渡船落坐。其中有个妇女小便急了，唔知如何是好，偷偷地向旁边的妇女请教。这情况长命吉睇在眼里，心中暗暗好笑，故作漫不经心的样子说：“大凡一个人，要忍住小便，最好用头发搔鼻孔。”那妇女听他这么一说，信以为真，便偷偷地拔了条头发搔了一下鼻孔。谁料鼻子一酸，“嗤”一声，小便撒出来了。当着一船的人，那妇女羞愧得恨不得船裂开缝，好钻落去，心里憎死长命吉。

过了渡，那妇人抢先去查了长命吉的家，见长命吉母亲在家，便急模急样地走进来说：“不得了啦，长命吉出外寻花问柳，同一个生麻风的女人鬼混。我见你老人家可怜，怕绝了你陈家宗嗣，才报知你的。”长命吉的母亲开初有点唔信，那妇女又说：“今晚你等他回，烧盆热水叫他洗脚。如果他不断用手指搓脚面，便是染上了麻风，你可要立时抢救。”长命吉的母亲问她救的办法，她说：“易办，你准备一炙艾棉，叫人按住他，往他下阴处烧一炙就好了。”说罢告辞走了。

长命吉母亲果然听信那妇女的话，烧了一盆热水，等长命吉返来。长命吉走了一日路脚很累了，泡在热水里，很惬意，慢慢地搓洗享受着。他母亲一旁睇见果然如此，慌了，叫来几个大力的邻居，拿了艾棉，依法炮制。长命吉拼命挣扎，怎奈被众人按住，动弹不得。他母亲一边烧，一边说：“你这自讨苦吃，谁叫你在外干好事？”长命吉追问缘故，他母亲将妇人来过的话说了，长命吉大叫“上当”。才知害人的事不可做，害人终害己。

讲述者： 陈忠，35 岁，城西农民
搜集整理者： 黄俏，女，24 岁，新洲区乡公所干部
搜集时间： 1987 年
流传地区： 阳江县

（四）讲古

一日，长命吉去某处，要过一个渡口。

他上渡船，睇见船上的凳都坐满了人。他唔想站着过渡，便想办法占张凳坐，于是心生一计，道：“喂，你哋谁想听故事？”船上的人都说愿听。长命吉又道：“我讲故事，但必须有张凳坐，才讲得好。”当中几个人连忙站起来让坐。长命吉一屁股便坐下，说道：“屋背山有一个大麻雀，全身无一根毛。”说到这里，便闭眼，养起神来。人们叫道：“怎么这故事有头无尾？”长命吉冷笑说：“你真傻，麻雀全身无一根毛，哪来的尾？”说完船已靠岸了。

讲述者： 阮子云，城西中学

整理者： 黄维纪、吴邦忠，《集成》办工作人员

整理时间： 1987 年

流传地区： 阳江县

原载本： 《中国民间故事集成·广东卷·阳江市资料本》

179

扭计[1]大王陈梦吉

（一）“买”芝麻酱油

陈梦吉小时候就有扭计的才能。一日，母亲给他两个铜钱和一个碗，叫他买一个钱芝麻油，一个钱豉油。陈梦吉将一个铜钱买零食食了，拿着一个钱去杂货铺将碗交给伙计说：“买一个钱芝麻油。”伙计给了他，他无接碗，抓抓头说：“唉吔！我讲错了，是买豉油！”伙计认得他是常来买东西的吉仔，笑笑说：“你又出什么蛊惑[2]？”倒回芝麻油，再将豉油给他。因为芝麻油是倒唔净的，放入豉油，芝麻油就浮在豉油面上。陈梦吉这样只用一个钱，就“买”得芝麻油和豉油了。

[1] 扭计：方言，想计谋。

[2] 蛊惑：方言，坏点子。

（二）失策

陈梦吉虽然是个“扭计大王”，但他有失策的时候。

一个阴雨天，陈梦吉一手拿着撑开的油纸遮，一手提着一包东西出街。路上见到一个盲人在雨中独行。陈梦吉见他可怜，就走到他身边说：“先生，我遮遮你吧！”盲人伸手一摸，说：“谢谢，我知道一手提着东西，一手撑遮，多唔方便，不如由我来拿遮吧！”陈梦吉把新油纸遮交给盲人。行了唔远，雨大了，盲人失手将遮跌在地上，他拾起来自己遮着摸了一会，连声说对唔住。这时，陈梦吉的衣服已湿透了。

雨停了，盲人收起雨遮，转身便走。陈梦吉叫他交回雨遮。盲人说：“雨遮是我自己的。”陈梦吉和他争论，引起一些人围着观睇。陈梦吉讲明情况。盲人说：“你说雨遮是你的，点解你的衣服湿了呢？我哋盲人对自己的东西是有记号的，你的遮有记号吗？你知道有几条遮骨吗？”陈梦吉讲唔出来。盲人说了遮骨的数目，还说遮柄上刻了个“三”字。经旁人检验，果然无错，都说这雨遮是盲人的。大家指责陈梦吉唔应欺骗盲人。

陈梦吉这时才知道在路上被盲人做了手脚，现在有口难辩。只怪自己聪明一世，今日一时疏忽，无发觉。损失一把雨遮事小，但这口气实难咽下，一定要想法报复。

讲述者： 李旭日，市五金公司
整理者： 姜为馨
采录时间： 1987 年 10 月
流传地区： 江门市

180

陈梦吉

（一）偷鸡

从前，新兴县有一任县官，是个唯利是图、见钱眼开、贪赃枉法的贪官。有钱人打官司，即使无理犯法，官司也可以打赢；穷人告状打官司，如果无钱，即使有理，官司也会输。有一个人，姓陈，名梦吉，是一个贫家子弟，生性豪爽，仗义执言，并且机智过人，最爱替人打抱不平。陈梦吉见县官这般糊涂，决心戏弄一下，治一治这位糊涂官，并教训下那些有财有势的财主。

一日，陈梦吉偷了财主的一只鸡，被财主抓送到县官那里受审。陈梦吉招供以后，县官说：“陈梦吉，偷鸡是犯法的。你是认打，还是认罚？”陈梦吉说：“认罚。”县官说：“好，罚你纹钱五两。拿来吧！”陈梦吉从怀里摸出白银一锭，对县官说：“我这是十两，等我剪下一半给你。”县官一睇那闪闪发光的银子，眼都直了，笑嘻嘻地说：“这银子不用剪，你明日再偷一只鸡就算了。”说完把沉甸甸一锭白银放入袖中，退下公堂去了。陈梦吉再去偷财主的鸡，财主敢怒不敢言，哭笑不得。

此事作为笑料传开，一直传到京城的皇帝那里。皇帝听后，龙颜大怒，降罪革了这位贪官的职。

讲述者： 会炳，男，80岁，新兴县水台乡连塘村人，上过私塾，农民
整理者： 郭燕清，男，25岁，新兴县水台乡棠下村人，高中学历，教师
搜集时间： 1987年5月
流传地区： 新兴县稔村镇、东成镇、水台镇一带

（二）治富家子弟

传说陈梦吉小时候聪明伶俐，小小年纪就有许多“鬼才”。陈梦吉十三岁的时候，他的父母望子成龙心切，就把他送到县城一间很有名的私塾里读书。私塾里有二十一名学生，除陈梦吉是农家子弟外，其余的都是有钱人家子弟。这些有财有势的富家子弟，知道陈梦吉是穷佬仔，常常欺负他，连私塾的先生也对他另眼看待。陈梦吉心里唔服气，他决心想办法治一治这群富家子弟。

一日，陈梦吉偷偷溜进了先生的厨房里，从口袋中掏出几个大蕉，剥了皮，揉烂塞进竹筒里，又把蕉从竹筒逼出射到饭锅里，还在锅里放一张字条，写着：“屎是梦吉屙，先生奈我何。”先生发现后，非常气愤，把全部学生集中在一起，当众要陈梦吉食锅里的屎。陈梦吉苦着脸说：“先生，我怎敢在你的饭锅里屙屎，分明是别人有意加害我。”先生严厉地说：“陈梦吉，你说这屎不是你屙，字条怎么会有你的名？这锅里的屎你一定要食掉。”陈梦吉装出无可奈何的样子说：“先生你一定要罚我食，我唔敢唔食。不过这屎是臭的，你要下些糖才能食。”先生在屎里加了一些糖，陈梦吉忍着笑把锅里的“屎”全部食了。那一群富家子弟睇住陈梦吉食屎，觉得很得意，幸灾乐祸地哈哈大笑。

过了几日，陈梦吉又偷偷溜进先生的厨房里，真的在饭锅里屙了一堆屎，还放着和上次同样的纸条：“屎是梦吉屙，先生奈我何。”先生发现后，把全部学生集中起来，又要罚陈梦吉食屎。陈梦吉不慌不忙地说：“先生，上次你已罚我食屎，这次我还敢吗？分明又是有人加害我。”先生觉得陈梦吉的话有道理，就审问其他学生，但无一个人承认。先生最后严厉地说：“上次我已罚陈梦吉一人食一堆屎，现在你哋二十人要食一堆屎，算便宜了。”就这样，这二十个有财有势的富家子弟，平日老是欺负陈梦吉，现在人人都要尝尝陈梦吉的屎了。

讲述者： 郭开贤，男，63岁，新兴县水台乡棠下村人，中师学历，退休教师
整理者： 邓燕清，男，25岁，新兴县水台乡棠下村人，高中学历，教师
搜集时间： 1987年4月
流传地区： 新兴县一带
原载本： 《中国民间文学集成·广东卷·江门市郊区资料集》

181

伦文叙

（一）志气

广东南海伦文叙，小时候死了父亲，家里很穷，靠母亲卖菜维持生活。但伦文叙幼有天聪，读书又用功，文才很好，有“神童”“鬼才”之称。由于家穷，无钱买书，就到处向人借。很多穷人都同情他，有书的借书给他，有时也给他几文钱买纸笔。但是有些“白鸽眼[1]”的人说：“卖菜仔，家里这么穷还读什么书，不如跟阿妈上街卖菜揾两餐食吧！”伦文叙听了淡然一笑，提笔写了一首诗：

举目纷纷笑我穷，我穷不与别人同；

桑田百亩如流水，茅屋三间尚古风。

架上有书随我读，壶中无酒任佢空；

腰间拔出龙泉剑，斩断穷根永不穷。

同情伦文叙的人都大赞他有志气，欺贫重富的人对他也唔敢太过轻视了。

[1]　白鸽眼：方言，用来比喻那些看不起人的人。

（二）凤凰何少鸟何多

伦文叙十几岁的时候，已是很有名气的了。他才思敏捷，写的诗文对联，雅俗共赏。很多人都请他吟诗作对。

一个财主得了一幅名画《百鸟图》。这画生动传神，财主十分喜爱；可惜画上无文字，不能互相衬映。财主为了补偿这美中不足，就请了几位当地有才学的人在画上题诗。伦文叙也在被请之列。因叙仔常到这财主家借书，不好推却，便依时赴宴了。

《百鸟图》挂在大厅。宴会开始，财主请大家一边饮酒，一边赏画，同时为吟诗作好构思。大家睇到了画上百只栩栩如生的鸟儿，唔知从何说起，都低头做沉吟状，唔敢把眼光投向主人，以免被指名作诗。

一个平时睇唔起伦文叙的秀才，想把这个难题推给他，使他当众出丑，自己又好脱身，就说：“素仰叙仔是‘鬼才’，文思敏捷，后生可畏。还是请他大笔一挥吧！”大家听了，感到一身轻松，齐声称好。

伦文叙早已胸有成竹了。他说：“既然各位抬举，我只得献丑了。”说完，他就拿起笔在画上写了：

“天生一只又一只。”

大家你睇我，我望你，细声评论：“这也算一句诗吗？”伦文叙唔理他们，继续写道：

“三四五六七八只。”

这句更可笑，只是罗列一些数字，简直是把好好的一幅画糟蹋了。有人摇头，有人冷笑，主人紧锁双眉。伦文叙也唔望他们一眼，奋笔疾书：

“凤凰何少鸟何多，

“食尽人间千万石。”

伦文叙写完，把笔一掷说：“请各位指正。”一些人唔知是讽刺还是出于礼貌，都赞好诗。先前那位秀才又说：“你的诗很深奥，请解释一下，以开茅塞。”伦文叙说：“夸奖了。我这几句太显浅，不过是又乘又加罢了！”大家听了，从头细睇了几遍，都唔知其中奥妙。过了好久，一人忽然一拍大腿，大声说：“果然好诗：一加一得二，三乘四得十二，五乘六得三十，七乘八得五十六，再加起来，不是等于一百吗？”大家恍然大悟。连那秀才也不得不佩服伦文叙的才华。

主人双眉舒展，心花怒放；添菜加酒，共同举杯，祝贺名画得配名诗。

讲述者：	李旭日，市五金公司员工
整理者：	姜为馨
采录时间：	1987年10月
流传地区：	江门市
原载本：	《中国民间文学集成·广东卷·江门市郊区资料集》

182

劏[1]狗六爹故事

（一）名号由来

劏狗六爹即麦为仪，吴川县人。

大凡唔熟悉六爹的人，都要问六爹点解要叫“劏狗六爹”。原来六爹这个名号的起源是有一段故事的。

相传宋赵匡胤生肖属犬，因此官方禁止劏狗，连有“功名”的都禁止食狗肉。这禁例一直到元、明、清。六爹是乾隆年间的“贡生”，也是唔能食狗肉的。破这个“例”的就是六爹麦为仪。

有一日，邻村康王菩萨重上金身，开坛设醮七日七夜。这期间凡属境内官民人等都要缴银和斋戒，禁止杀生（唔准劏猪鸡狗）。但斋戒那日，当地乡绅却在庙里开筵设席大食大饮。这班“吸血鬼”，素来勒索民财，六爹是睇唔过眼的，于是便灵机一动，写了一副对联贴在斋棚两旁：“雷打道果真君，木偶无灵，枉受香烟四百载。风流本乡绅士，蒸尝有限，仅供酒肉两三年。”

[1] 劏：宰杀。

绅士出来睇见，个个都怒气冲天。但当他们查知此对是麦为仪写时，又怕受他奚落，个个都像老鼠咬了“阴处”，只在心里叫苦，唔敢出声。谁知六爹贴完对联，见“风波”唔起，达唔到目的，便继续惹“虎”发“威”。他弄来一条狗，拖到斋棚旁便劏了起来。这消息传到绅士们的耳里，他们像马骝捡到锡一样高兴，马上以六爹劏狗破斋戒为名，拉他到衙门处议。六爹刚到衙门，便有个绅士提诉他三大罪状：一、贡生劏狗犯皇法；二、写对联污辱神明；三、杀生破坏斋戒。“够了，够了。”县官受了绅士们的银两，便重拍“惊堂木”喝道，“麦为仪，你知罪无？！”“县太爷呀，我有何罪呢？”六爹慢条斯理地说，“您老人家大概读过宋人撰的《三字经》吧？”“当然读过。”县太爷怕被六爹笑他浅薄，连忙回答。“那好！”六爹继续说，“书中说：‘马牛羊，鸡犬豕，此六畜，人所食。’圣贤之书这样讲，我食狗肉犯罪？此其一。其二，康王是个大元帅，今日他们在那里摆酒，一不留大元帅上位，二也不请您太爷首席作陪。他们这班小小乡绅，既污辱神明，又睇唔起县令您呀！”六爹这一驳，搞得县官和绅士们个个面面相觑，人人像狗咬石头无从下口。六爹于是更洋洋得意地说：“讲我食狗肉污秽神明吗？康王还食人呢！他母亲徐氏太后死了，他就把母亲食掉。食得过饱，肚子发胀，逼得青脸獠牙五色须。唔信你哋翻翻《封神榜》睇睇。康王食了母亲，还被玉皇封存为‘道果无漏真君’，老百姓还把他敬作神；我食一餐狗肉算得了什么？！”六爹说的句句在理，县官无奈，只好宣布退堂。乡绅们垂头丧气，六爹却得意洋洋。自此“劏狗六爹”的名号便被叫响。

（二）劏狗六爹与唱鹅歌

传说有一日，吴阳镇上四个乡绅扇着白纸扇坐在榕树下乘凉。其中一个想卖弄一下自己的聪明才识，就提议吟诗：“诸位长老，今日春光明媚，吾等又欢聚一处，何不吟诗以助雅兴？”这时江边有个老乡，手里拿着竹竿，赶着一群鹅，从江面顺流而来。

那提议吟诗的乡绅睇见了，触景生“诗”，就顺口吟道：“江水流来一队鹅。”吟完，他停了一下，对众乡绅说：“我吟了首句了，你哋联落去吧。”说着他眯缝着眼睛，回味着自己刚吟成的佳句。另一个乡绅，睇着鹅群，听见“鹅鹅”的叫声，想了一想，“灵感”来了，就联了一句："鹅公鹅乸[1]唱鹅歌。"“妙，妙！”“联得太好了！”“轮到你哋了，快联落去吧。”作首句的乡绅催促着。未吟诗的两个乡绅，就只好开动脑筋，想着联句了：“江水流来一队鹅，鹅公鹅乸唱鹅歌……”这两个绅士把上两句诗吟了又吟，绞尽了脑汁，还是无法吟出新句来。江边那个赶鹅的老乡正是劏狗六爹，睇见他们出尽洋相，就站住了，对乡绅们说：“老爷们，让我劏狗六吟完这首诗吧，可以吗？”“放屁！”那个吟出首句的乡绅，睇见这么个粗鲁的牧鹅老乡，居然胆敢同他们一起吟诗，觉得大失体统，就极力反对。但那两个搜索枯肠也吟唔出诗句的乡绅，却像见到救星似的，忙说：“好的，劏狗六，你只管试试睇。”“好。”劏狗六爹点点头，“那么，你哋就竖起耳朵听，不要唔好见笑呀！”说着，劏狗六爹清了清喉咙，就吟起诗来：“江水流来一队鹅，鹅公鹅乸唱鹅歌。两个乡绅屙了屎，还有两个屎未屙！”乡绅们听了，个个气得口张眼白，又是跺脚，又是吹胡子。他们简直暴跳起来了：“劏狗六，你这畜生！怎么敢破口骂人呀？”“劏狗六，你这不是诗句呀。你的两句粗话，都是臭屎的！”六爹回答道：“是的，非常臭屎！因为我说到四个乡绅，都是非常臭屎的嘛！”

（三）劏狗六爹与车大炮

有一日，传说六爹返屋企路过村口大树，大树下有三个无赖村民在那里坐着，他们见六爹路过就说：“六爹，去哪里呀？来共我哋车车大炮咯。”六爹见了是他们三个无赖，早就想教训教训他们了，就说：“唉，我唔得闲

[1] 鹅公鹅乸：公鹅母鹅。

[1]共你车大炮呀。那边江有只船载米沉在江边，我马上要返去拉车去拉米呀。”六爹说完就赶紧返屋企了。那三个人听了六爹这一说，世上有这么好的事？他们也赶紧返屋企拉车去江边了！谁料到他们三人来到江边，唔好说船，人影都无一个！这回他们知道上了六爹的当了！他们就返去搵六爹了。他们上气无接下气说：“阿六爹，我哋好心叫你车大炮，你呃我哋讲江边有米拉。害我哋白跑一趟！”六爹这才慢慢说：“呒，我点[2]害你哋呢！又是你哋叫我和你哋车车大炮，我共你车车大炮的。”他们听到六爹这样一说，无奈地拉车返屋企了。

（四）劏狗六爹与“是蔗（借）来的”

以前吴川有个贪官，刚好五十一大寿，想在这里从中大稳一笔。请了所有的有钱的有面的人来给他祝寿，其中也请了劏狗六爹。

六爹想在这里气气他。到了大寿那天，六爹把截好的两甘蔗用红纸包着，像个银条的红包。到了贪官府上，对贪官说：“六爹无钱，是蔗（借）[3]来的。”贪官就说：“六爹，唔使[4]咁客气了，今晚大方在这食好了。”等全部客人返屋企去了，贪官就开始拆礼品了。拆到六爹的时候见到是两碌蔗[5]，气得两对眼凸说：“这个劏狗六真的好大胆，敢用两碌蔗来骗本官。来人，帮我把劏狗六爹拿来问话。”到了公堂，“大胆劏狗六，敢用两碌蔗来骗本官，你认唔认罪？”贪官说。劏狗六爹慢慢说：“我何罪之有？我之前不是和你说了吗？是蔗来的。是你笨，不明其意而已。”贪官见了说唔过六爹，只好眼白白见了六爹从公堂走出去了！

[1] 唔得闲：方言，没空。

[2] 点：方言，怎么。

[3] 方言中“蔗”和“借”读音相近。

[4] 唔使：方言，不用。

[5] 两碌蔗：方言，两根甘蔗。

（五）六爹暗中取计破阴谋

故事发生在乾隆皇游江南那年。本地财主陈万利状告劏狗六后又演了一出“死猫换新娘”的丑剧。剧情是这样的——有个樵夫经常担柴来“万利”饭店卖。有一次陈万利发现樵夫的老婆年轻貌美，万里挑一；不禁口水流到脚，魂儿飞上天。于是勾结账房先生，狼狈为奸，暗算樵夫。

第二日，账房先生趁樵夫担柴到“万利”饭店卖时，偷偷把一只死猫放在柴担下面。之后，陈万利故作惊讶地对樵夫吼道：“哎呀呀，弊啦，我家的宝猫被你压死了！”樵夫挑起柴担一睇，果然发现地上有一只死猫，便说：“既然是我把你的猫压死了，我就赔一只给你吧！”陈万利更高声地叫道：“赔？你赔得起吗？我这只宝猫，村头叫一叫，老鼠全跑掉；村中走一走，老鼠见着抖；村尾喊三声，老鼠死干净。就算你赔千金，我也要活猫。”樵夫恳求道：“老板，你可怜可怜我吧，我实在是无意的呀！”无论樵夫如何恳求，陈万利都唔肯放过他。眼睇时机已经成熟，账房先生便装好心解围说：“我老爷素来宽宏大量，也知道猫你是无意压死的，我就做个公证人吧：如果你肯把你老婆让给老爷，不仅猫唔用赔，而且老爷还可以照顾你家的生活，怎么样？”樵夫听说要让老婆，肺都快气炸了，但又唔好发作，只好暂时忍耐下来，答应返去先同老婆商量，然后再返来回话。

樵夫哭着返屋企，正巧碰到劏狗六。六爹问明了原因，心中很生气，决定要继续教训陈财主，便心生一计，并一再嘱咐樵夫要依计行事。第二日，陈万利一听樵夫答应让出老婆，乐得见牙唔见眼，频频催促账房先生按照樵夫的要求尽快准备好彩礼，择好吉日，自己亲自去迎接新娘。“迎亲”那天，樵夫依照六爹的吩咐特意煮好了一盆糯米饭，并用鸭脚木制好一只饭勺，等候陈万利到来。不久，陈万利带领一帮担彩礼的人来到樵夫的家。樵夫全家人都热情接待他们，但直到傍晚时分才请陈万利上桌食糯米饭。因为糯米饭又黏又软，饭勺又尖又细，很难勺得起来；而陈万利肚子又饿得咕咕叫，心急地拿起饭勺一勺，“啪”的一声把饭勺弄断了。樵夫见状立即吃惊地吼起来：“哎呀呀，弊啦，你把我的金林饭勺弄断了！”陈万利不以为然地赔笑说："无事，明日我叫人送一个银勺给你。"樵夫故作为难地说："老板有所不知，我这个饭勺是个金林木宝勺。金林木，金林木，早勺鱼，晚勺肉，中午勺五谷，夜晚勺得珠宝堆满屋。就算你赔万金，我也要回我的金林木饭勺。""是呀，这金林木饭勺是他们家传之宝呀！"左邻右居也帮着说。正当陈万利为难之时，剾狗六出现了，站在一旁捋了捋胡子，劝解道："我睇这样吧，我听说他无意压死了你陈老板的一只宝猫，如今你无意弄断了他的宝勺，那就让乡亲们做个证人，两相对消吧。不过你哋送来的彩礼，要留下招待证人。大家说好唔好？""好，就是这样办！"

众人异口同声。陈万利无计可施，只好灰溜溜地走了。

整理时间： 1987—1988 年
流传地区： 吴川县
原载本： 《中国民间文学三套集成·广东卷·吴川县资料本》

183 狗六爹故事

（一）戏庙祝

狗六爹租种一块庙产田，先同庙祝商议如何分成。

庙祝听说狗六爹会捉弄人，想借这个机会捉弄一次狗六爹。

庙祝说："这样吧，收成的时候，田面上的通通归菩萨；田下边的，通通归你狗六。"

狗六爹满口答应，说："一言为定。菩萨面前，谁都唔许反悔。"

这一年，狗六爹却在田里种了番薯。到收成时，他把番薯担返屋企里，剩下满地薯苗叫庙祝去领。

庙祝一心想捉弄狗六爹，却被狗六爹捉弄回头，心里很唔爽快。于是，第二年他向狗六爹提出："去年你取了下边的，今年该轮到你取上边的了。"

狗六爹又一口答应，说："一言为定。在菩萨面前，谁都唔准反悔。"

这一年，狗六爹却在田里种了稻禾。到收成时，他把谷担返屋企，剩下禾蔃头叫庙祝去领。

庙祝恼羞成怒，一气之下，要收回田。

狗六爹笑着对庙祝说："喂，早已讲定一租三年，还有一年才到期呢！"

庙祝无奈，再同狗六爹议分成。

庙祝说："今年你取外边的，我取里边的。"

狗六爹又一口答应，说："一言为定。菩萨面前谁都唔准反悔。"

这一年，狗六爹却在田里种了冬瓜。收成的时候，狗六爹把冬瓜核挖出来，担去送给庙祝，说："我交租来了。"庙祝顿时气得眼睛翻白。

讲述者： 吴伯容，男，86岁，医生
采录者： 杨振泉，男，55岁，干部，高中学历
采录时间： 1987—1988年[1]
流传地区： 吴川县吴阳镇

（二）欺神蔑鬼

狗六爹进城去，路上有个大圳口，水有脚眼深。圳口很阔，一步跨唔过去。天气又冷。六爹穿着棉鞋，正想脱鞋过水，却见路边有个土地公墩子，上边坐着两个人头大的石菩萨。他灵机一动，就去把它们捧来放下圳口，踩着它们走过圳口。

刚好碰到一个庙祝，睇见狗六爹这般举动，就大声骂道："狗六，你欺神蔑鬼，你是寿星公吊颈——嫌命长了？"

"哎，庙祝公呀，你同人家请神时，不是常说'人望神力，草望春生；人无神力寸步难行'吗？你这话是实在的。我唔请土地菩萨帮忙，这圳口我怎么过得来呀！"

[1] 原出处并无具体采录时间，但前言提及收录工作开展于1987—1988年。下同。

讲述者： 麦福秋，男，72岁，农民，麦屋村人
采录者： 李庆云，男，61岁，大学学历，教师
采录时间： 1987—1988年
流传地区： 吴川县塘尾镇麦屋村

（三）配对

东村有个财主，要狗六爹为他的驼背儿子做媒人。财主说："我一生只有这个儿子，可惜得了这个病。如果娶唔到媳妇，绝了香灯，我这把老骨头还有什么用？"六爹答应同他做媒。

西村也有个地主要狗六爹为他的驼背女儿做媒人。地主说："我一生只有这个闺女。嫁唔出去，将来成了姑婆，叫我如何是好？"六爹又答应给他做媒人。

过了几日，六爹对东村财主说："我已给你少君揾到一个登对[2]的姑娘了。姑娘生得蛾眉凤眼、粉脸桃腮，十分美貌；况且是个有钱人家，嫁妆自然唔少。只要你亲眼睇过，称心满意后才过礼成亲。"说完后又附耳低声说："对方来相亲时，你就叫少君如此如此。"东村地主高兴允诺了。六爹又对西村地主说："我已给令爱选了一个登对的姑爷了。姑爷生得浓眉大眼、脸方额阔，一表后生；上门亲家又是东村有名的财主爷，田庄百顷。只要你亲眼相过，才好过礼成亲。"说完后又在地主耳边说："相亲时，你就叫令爱如此如此。"西村地主也高兴允诺了。

六爹选定日期，带着东村地主奶前往西村睇姑娘。姑娘正在低头纺织，财主奶一见这样好人品，十分满意地返去了。六爹又带着西村财主奶到东村去睇姑爷。姑爷正在池边弯腰俯首睇金鱼，财主奶睇见后也表示满意。到了成亲那日，两方都发现对方是驼背男女，又恨又恼，但可惜自己亲眼睇过，老鼠咬着险处，只好忍气吞声。六爹饮喜酒时，为他们赠送一首诗，写道：

[2] 登对：方言，匹配。

男看金鱼女纺纱，
良缘天赐总无差。
洞房今晚罗帏里，
席上圈成一对虾。

讲述者： 郑庆云，男，61 岁，高中学历，干部
采录者： 龚兆祥，男，68 岁，初小学历，职工
采录时间： 1987—1988 年
流传地区： 吴川县

（四）状元灯笼

黄昏时候，县官食过晚饭，在小城楼上饮茶。

“噎！噎……”一阵隐约的锣声从街上传来。锣声近了，锣声中夹杂着几声喝叫：

“肃静！”

“回避！”

县官慌忙戴上眼镜望去，只见暮色苍茫中，街上有两只红糊糊的东西在晃动。他眯眼细睇，才睇清是两个点上火的大灯笼，上边写上“状元”两个大字。县官一下吓呆了：状元老爷为何到此呢？为何连报子都唔差一个来先报一下就进城来了？这是何用意呀？唉呀呀！我如何是好？

县官老爷惊慌失措，连袍褂也唔识穿了。好在他两个小老婆帮忙，才把袍顶穿戴好。便连忙呼唤众官员，走出衙门迎驾。

他们刚走到门口，一个执着执示牌的人正走到他们跟前，大声道：

“肃静！”

“回避！”

县官他们吓了一跳，都一骨碌跪落去，把头手贴到地面。

过了一会儿，一阵吵闹和嬉笑声，钻入县官耳朵。他抬起头来睇睇：灯笼是破旧的，不过新写上红字。一个掉队的执示牌，也是旧烂的，明显是从什么祠堂庙宇里弄来的。灯笼后面，并无穿袍戴盔骑马的状元，只有个穿短衫、拖着烂尾拖鞋的普通老伯，他正吸着旱烟管大摇大摆地走来。后边还跟着一群跳跳蹦蹦笑笑闹闹的小孩子，还有好些带着惊奇神情的成年人。

县官发火了，立即命兵卒把大摇大摆的人捉来。街上的人都围来睇。

“你叫什么名字？！”县官吹着胡子喝问。

“我叫麦为仪，但人家都叫我狗六。”

“你癫了吗？怎敢戏弄朝廷体制？！”

“大老爷，我还未癫，只是多饮了点儿烧酒罢了。”

“唔癫？你并不是中状元，点解却斗胆在灯笼上写上‘状元’字样？！”

“大老爷，请你睇清楚些。灯笼上我明明写上不是中状元的呀。”说着，狗六爹叫那个担灯笼的近来，指着“状元”两个大字上面的一个鸡蛋大的红字给县官睇：

“你睇，这里不是写得很清楚吗？”

县官他们都朝狗六爹指着地方睇，原来是个“想”字。

狗六爹笑起来，对县官他们说：

“你哋考取了功名，当起大老爷来了；难道我哋平民百姓，想中状元也唔能想一想吗？！”

“哈哈哈……”

周围发出一阵大笑。

讲述者： 麦福秋，男，72 岁，农民，麦屋村人
采录者： 李庆云，男，61 岁，大学学历，教师
采录时间： 1987—1988 年
流传地区： 吴川县塘尾镇麦屋村

（五）菩萨捣鬼

狗六爹种了丘黄麻，春雨过后便撒下麻籽。因为六爹平时欺神蔑鬼，唔知得罪过几多菩萨，菩萨们便串通一起，

合计整治六爹：在一个夜晚，给六爹的麻田里运满了大大小小的石头，想叫六爹有种无收。

第二日六爹一睇，便明白是菩萨们捣鬼了。满田的石头要搬也搬唔清。他便到处同人家讲："真唔知谁人这么好心，给我这丘麻田下了这么多的肥田石头，我真感谢他啊！若果他给我麻田撒满狗屎，那才糟呢。"

菩萨们听到这些话，起先都说六爹瞎说；但几日之后，嫩青青的麻苗真的从石缝里冒出来了。菩萨们又赶忙集合起来，把石头统统搬掉，再在麻田里撒满狗屎。

这一年，六爹的黄麻长有丈几高，收成比人家多两倍。

讲述者： 黄杨氏，女，65 岁，农民，黄坡镇
采录者： 李庆云，男，61 岁，大学学历，教师
采录时间： 1987—1988 年
流传地区： 吴川县黄坡镇

（六）金锤变狗脚

狗六爹唔信神。他们合族供奉的康公菩萨"重光"时，上下三村，人人要斋戒三日，只有六爹说什么也唔肯食"斋"，而且还照样食狗肉。

族长把六爹揾来，吹胡瞪眼骂了他一顿。

六爹早就恨透管公尝的大肚子们借迷信来贪吞祖尝，现在又被族长骂了一顿，更多了一泡气，立心要整整他们。

族长们请来了几个道士，在康公菩萨庙设坛打醮，道场闹了三日四夜。到菩萨"入神"那日，人们把族长请来，陪着红袍道士，在新雕好的又用红绸封起来的菩萨面前跪拜。道士念着咒语，把封着菩萨的红绸剪开时，一睇，菩萨右手拿着的金锤唔见了，却换上一只黑毛狗脚。

族长一睇，便心知肚明是狗六捣的鬼，气得胡子都翘起来。

讲述者： 李广隆，男，62 岁，农民，黄坡镇人
采录者： 李庆云，男，61 岁，大学学历，教师
采录时间： 1987—1988 年
流传地区： 吴川县吴阳镇、黄坡镇

（七）猜谜

有个财主佬，叫人做了一间纸扎灵屋，里边吊着一个煮熟了的猪脚，摆在村口，旁边放着十两雪白纹银，说这是一个谜，谁猜着了，就赏他这个猪脚同这些银两。

狗六爹本来想随手拿了财主这笔钱，但忽然想起村里的阿牛穷得凄惨，便叫阿牛来附耳说："只要如此如此，这般这般，保证你十两纹银到手。"

阿牛按照狗六爹的指点，走到村口的灵屋旁边，轻轻挖穿灵屋的墙角，探手进去，把吊在灵屋里边的熟猪脚摘下拖出来，捧起十两纹银便走。

财主拦住阿牛，说："你还未猜谜哩，怎么捧银走？"

阿牛说："穿墙挖屋，必有熟脚。我猜着了，点解唔让我把银两拿走？"

这个财主是个爱面子的人，见阿牛说的有理，便放开阿牛走了。阿牛得狗六爹指点，得了一只猪脚和十两纹银。

讲述者： 吴伯容，男，86 岁，医生
采录者： 杨振泉，男，55 岁，干部，高中学历
采录时间： 1987—1988 年
流传地区： 吴川县吴阳镇

（八）举人夹秀才

一日，六爹搭渡，上了渡船，渡船上挤满了人，连个站的地方都无。一睇隔舱一个举人却占了一整个大舱，在那里舒舒服服地躺着吹起大烟，还有婢仆服侍。六爹想了一下，说大家想唔想听故事。渡上无聊，大家异口同声

说："想！"于是大家让开了地方，六爹就讲起故事来："有一户人家，媳妇怀了孕，老爷请了个八字先生来推算未来孙儿的命。八字先生说辰时出生是秀才，巳时出生是举人。老爷牢牢地记在心上。十月怀胎，一朝分娩。媳妇临盆，在房里呻吟。大厅上老爷一睇是辰时，赶忙大声地对房里的媳妇说：'你忍一忍，巳时出生才是举人。'很快，孙儿呱呱下地。老爷一睇，还是辰时，说：'叫你忍一忍，你就唔听。'房里的媳妇无好气地说：'你贪个举人险些挟死个秀才。'"众人听了，一阵哄笑。隔舱的举人听了心里明白，这明明有意讽刺自己的，但也佩服这个人的才智。叫家人打听，原来是秀才狗六爹，于是忙叫家人请过舱来坐下奉茶。

讲述者： 李沛权，男，53岁，初中学历，居民
采录者： 喻元基，男，58岁，大学学历，干部
采录时间： 1987—1988年
流传地区： 吴川县吴阳镇

（九）首席

从前，吴村有个知县，姓余，到任三个月，老母八十大寿就要到来。县内乡绅知道了，大家都要祝贺祝贺巴结县太爷。李、黄、林、吴四大族乡绅、举人、秀才、廪、贡大家聚集在一起商量如何给县尊太夫人祝寿送礼。大家一致同意联名送些贵重礼物，以讨好县尊。有人提出狗六爹也是个乡绅岁进士秀才，记唔记他的名。另一个说，记他的名？他是无钱出的，是白饮的。不如唔要他，我哋大家做就好了。事情就这样定下来。这些人的议论，六爹都知道了，他假作唔知。知县太夫人寿辰前几日各人的贺礼纷纷送去，个班[1]乡绅等人联名送的寿桃、寿帐、寿屏等各色各样的丰厚礼物连同名单送到衙门，先到号房挂号，再送礼房清点礼物，然后送给知县过目。狗六爹等县太夫人寿辰的当日午过，知县忙于张罗的时候，他买了一樽烧酒，捉了一只阉鸡，写了一副对联叫一个村中会说话的人着得齐齐整整，拿了这些礼物送去。礼房一睇，问来人，是哪里送来的，那人回答是奉我家老爷之命送来。礼房睇礼物虽少，但是礼物唔理几多少都要收下，将名帖对联送进去给知县过目。那时知县正在忙着应付各方来贺寿的人和事，把对联打开一睇：为仪樽酒介眉寿，公用牛刀割小鸡。写得非常工整。内容除了祝贺外还称颂县大人来县做官是用牛刀割小鸡——大材小用。心里高兴。再睇下款：八十岁进士麦为仪敬贺。旧时官制要进士才能做县官的。知县大人一想：吴川还有个进士，同自己一样都是进士及第的读书人，唔可以失敬，于是命家人把这副对联挂在显眼的第一个位置上以表尊重。晚上开席，各乡绅、举人、廪、贡、秀才都到齐了。当时酒席分首席，是第一席；第二席是次席；第三席则是最次席了。第一、二、三席都是一个人一席，其余就唔分了。入席时礼官唱礼。只听到唱礼官唱名时开头就是："请麦为仪老先生入席。"唱头名的当然是首席了。当时一班乡绅及有功名的人眼都大了。只见知县大人亲自为首席斟酒，并说请麦为仪老先生就座。六爹很气派地、斯斯文文坐在首席上。依次第二席、第三席都坐下了。在饮宴时，个班乡绅及有功名的人一肚子疑问：论功名我是举人，他是秀才；论家财三爹是富翁，他是穷鬼；论礼事我哋送的丰厚。各人有狐疑，但又唔可以问知县大人。席散，知县大人还亲自叮嘱家人把自己平日坐的轿送同寅麦为仪先生返家。狗六爹坐上知县大人的轿，后面知县衙役跟着，威威风风返屋企去。第二日，个班乡绅及有功名的人聚在一起，议论纷纷。有的说，当时写上六爹的名就好了，就唔会给他捞个首席酒饮了。更多的人在议论点解知县大人让六爹坐个首席。乡绅们的议论传到了知县大人耳里，他想：坐首席是很应当的啊！点解有议论呢？他再睇六爹送来的对联落款："八十岁进士……"原来八十是六爹的年龄，岁进士是六爹的功名；知县大人当时匆匆中误以为六爹是八十岁的进士。古时凡是秀才底的读书人，到了八十岁的年龄仍考唔上进士的均可称为岁进士，也就是朝廷给这种高龄的读书人的一种称呼，而不是真正的考中了进士。知县大人此时方知误

[1] 个班：方言，那群。

会了。但为顾全面子，于是他召集了所有的绅士及有功名的人，到衙门，对他们说："家母寿辰，蒙各位送来厚礼，在此致谢。那日的首席，论功名你哋有举人、廪、贡，唯独我唔以功名论，但我又唔以礼物为论，而是以才学而论。为仪兄的对联写得甚好，老夫很赞赏，大家可以细睇对文。"知县大人说了，大家也是唔可以和他论理的。

讲述者：杨钦，男，65 岁，初中学历，农民
搜集者：喻元基，男，58 岁，大学学历，干部
采录时间：1987—1988 年
流传地区：吴川县

（十）讽县官

一年，吴川大旱，田地龟裂，草木枯萎，饥民遍地，民不聊生。县官为了刮取民脂民膏，大发灾难财，也做起"粜米"的生意来了。尽管米价高得厉害，但别处的米店都倒闭了，饥饿难忍的灾民只好排着长龙到县衙门去"籴米"。

这县官唔理灾民死活，瞓到日上三竿还唔起床。眼睇要卖米了，县官又耍了一个花招："买米的人听着，还要误诸位一点时间。本官中意听故事，籴米的人选派一个代表给本官讲一个最好听的故事，本官再开始卖米。讲故事者优先。"

饥民们肚饿难忍，谁还有气讲什么鬼故事呢？但唔讲他偏唔卖米。不得已，大家见到"狗六爹"也在排队"籴米"，大家就把他推了出去。

六爹用力把腰带勒紧，清清嗓子，有声有色地讲起三国的"长坂桥"故事来了：

"曹操追到长坂桥边，只见张飞执蛇矛，立马桥上，大声喝道：'燕人张翼德在此！谁敢上来决一死战！'曹操孤军深入，心里惊，疑有伏兵，连忙后退。退了一程，觉得张飞不过一人，何必惊？又回头追赶。这时张飞把长坂桥拆断了。曹操已经赶到，张飞骑的千里马一时跳唔过去，急忙打了一鞭，大声喝道：'畜生呀！我快要死了，你还唔快跳呀！'千里马一跃而过。"

县官听到这里，捧着肚子哈哈大笑。这才开始卖米。不用说，狗六爹优先籴了米，扬长而去了。

狗六爹走后，县官这才面红地后悔起来。因为县官已悟出六爹是在骂他，骂他是"畜生"，还唔快"粜"。"跳"与"粜"吴川话同音。县官想追赶，已经来唔及了，只是气得全身发紫。

讲述者：谭六安，男，52 岁，教师，龙头镇人
搜集者：许和达，男，53 岁，大学学历，干部
采录时间：1987—1988 年
流传地区：吴川县

（十一）老爷唔领礼

有个劣绅做寿，老早就吩咐管家通知上下三村各家各户送礼，弄得人们卖鸡粜谷，家家叫苦。狗六爹想了个办法，要为大家解除烦恼。

六爹封了个大红包，亲自送到那个劣绅家门，高声叫道："贺寿来了，恭喜，恭喜！"惹得一大群乡亲围上来观睇。那个管家见是六爹来了，知道唔好招惹，赶紧迎了出来。六爹恭恭敬敬地把红包奉上，管家一睇，立即皱眉吐舌。原来红包上面写着："礼事微微，铜钱二厘。领则贪财，拒则嫌弃。"管家唔知如何是好，慌忙跑去禀告主子。劣绅自然唔肯为图那二厘铜钱领下个贪财的丑名声，只好出来对六爹说："六爹有心来饮杯茶就是了，哪里用得着送礼。"然后装出笑面，客客气气地把红包交还六爹。六爹说："领人家的，唔领我的。这样说来，你是'嫌弃'了。"劣绅连忙说："哪里！哪里！人家的我也……"还无等他说完，六爹即高声对大家说："大家听见了吧，老爷是唔领礼的，大家都唔好送礼来了。"

这消息像一阵风，一下子传遍了上下三村，人们都唔需要再为这笔礼金犯愁了。

讲述者：　林柏，男，71 岁，农民
搜集者：　钟景明，男，53 岁，干部，大专学历
采录时间：　1987—1988 年
流传地区：　吴川县

（十二）两文钱眼镜

狗六爹家里原本很穷，因而亲戚朋友日渐疏远，尤其是有点钱财的戚友更是唔上门来。但是，六爹很有骨气，立志读书，妻子日耕夜织，克勤克俭。后来六爹中了贡生，日子也逐渐好起来。过去疏远他的人，又来跟他攀亲认戚了。

这时，村里有个财主娶媳妇，特地请六爹饮酒。六爹便拣来了两文大孔铜钱，用铁线连结起来，做成一副“眼镜”，戴在鼻梁上去赴宴。六爹到了财主家里，满屋客人都感到奇怪，蜂拥上前观睇。

六爹说：“你哋睇什么呀？睇来睇去，还不是睇我六爹有两文钱。”

讲述者：　林柏，男，71 岁，农民
搜集者：　钟景明，男，53 岁，干部，大专学历
采录时间：　1987—1988 年
流传地区：　吴川县

（十三）臭屎

江边榕树下四个乡绅在乘凉。其中一人想卖弄一下聪明，就提议吟诗：“诸位兄长，今日春光明媚，何不吟诗以助雅兴？”

“好！好！”三乡绅立即应和。

这时江边有个老乡，手拿竹竿赶着一群白鹅，从江面顺流而来。

那提议吟诗的见了，触景生“诗”，就顺口吟道：“江水流来一队鹅。”

另一乡绅睇着鹅群，听见“鹅鹅”的声音，就联了一句：“鹅公鹅乸唱鹅歌。”

未吟诗的两个乡绅把上两句吟了又吟，绞尽脑汁，还是无法吟出新句来。

江边那个赶鹅的老乡对乡绅们说：“老爷们，让我狗六吟完这首诗吧，可以吗？”

“放屁！”那个吟出首句的乡绅，见这么个粗人居然敢同他们一起吟诗，觉得大失体统，极力反对。

但两个吟唔出诗句的乡绅却像得救似的，忙说：“好的，狗六，你只管试试。”

狗六爹大声吟起来：

江水流来一队鹅，
鹅公鹅乸唱鹅歌。
两个乡绅屙了屎，
还有两个屎未屙。

乡绅们听了个个气得口开眼白，又是跺脚，又是吹须，他们简直暴跳起来了：

“你这畜生，怎么破口骂人呀？！”

“狗六，你这两句粗话，都是臭屎的！”

六爹回答说：“是的，非常臭屎！因为我说到的四个乡绅，都是非常臭屎的嘛！”

讲述者：　冼锡寿，男，68 岁，教师
搜集者：　李庆云，男，61 岁，大学学历，教师
采录时间：　1987—1988 年
流传地区：　吴川县黄坡镇

（十四）白食

狗六爹家乡有几个劣绅，专食便宜。乡里都厌恶地叫他们“白食”。

有一次，六爹的堂弟娶媳妇，几个“白食”照例登门饮酒。因为天时热，饮到一半，几个劣绅便脱去长衫，挂

在墙上。六爹见了，故意站起来祝酒，当众大声地说：“诸位送了大礼，理应多饮几杯。”

几个“白食”觉得唔好意思，随口应声说：“小小薄礼，收下便是，何必客气。”

酒过数巡，六爹便悄悄地离席，顺手把几个劣绅的长衫拿去当铺当了几两白银，把银子交给堂弟。

散席时，几个劣绅离席揾长衫穿，都不约而同地惊叫起来：“哎哟，谁拿走我的长衫啦！”

六爹笑笑地说：“刚才诸位不是说小小薄礼，收下便是，何必客气吗？我便代堂弟收下诸位赠送的长衫了。”

几个劣绅眼睇长衫无了，气得面红耳赤，但又无言以对。

六爹接着说：“我哋只是把长衫当了几文银钱作礼物。哟，当票我怕丢失，都贴在屋外那块烂门板上面，你哋拿返去吧！”

这些当票已被六爹用了番薯粉煲浆紧紧地贴在烂门板上，上面还刷了几层鸡蛋清，想揭也揭唔落来。劣绅无可奈何，只好七手八脚地把那块烂门板扛返去了。

讲述者： 李家盛，男，69 岁，小学学历，农民
搜集者： 钟景明，男，53 岁，大专学历，干部
采录时间： 1987—1988 年
流传地区： 吴川县

（十五）讨回裤子

大年三十，六爹身穿深灰色长衫，来到吴阳街上买年货。街上熙熙攘攘，十分热闹。在距当铺唔远的地方，有个中年农民正在哭泣。六爹见了忙上前询问：“大佬[1]，有什么伤心事，可唔可以同我讲？”那位农民抬头一睇，见是六爹，便喜出望外地答道：“六爹，两月前我老婆生病，无钱请医，只好拿一条新土布裤到当铺去当。今日到期，便借钱来赎，无想到当铺先生一口咬定说昨日到期，今日当街拍卖。”

六爹好心安慰农民，并问明裤的颜色，然后回到家里，脱掉自己的长裤，来到当铺门口的拍卖故衣档，拿起一些衣服睇了睇。最后拣起那位农民说的新土布裤来，穿在身上试一试，便若无其事地要走了。当铺先生认得是六爹，便说：“六爹，你买的裤未交钱呀！”六爹有点发火地说：“混账！我六爹有长衫穿，难道无条裤着！”当铺先生讲唔过六爹，无计可施，只好作罢。

六爹大摇大摆地离开当铺，把长裤交还了那位农民。

讲述者： 李家盛，男，69 岁，小学学历，农民
搜集者： 钟景明，男，53 岁，大专学历，干部
采录时间： 1987—1988 年
流传地区： 吴川县

（十六）讲功夫

一日，许多人一早就到岸边搭船走趁黄坡圩。六爹来迟一步，船已挤满了人，他只好坐在船上的篷顶上。

“六爹，坐篷顶唔安全，入舱坐吧！”艄公关切地对六爹说。

舱里的乡里听说是六爹搭船，都七嘴八舌地起来招呼：“六爹快来，这儿有地方！”“进来讲讲大话吧！”六爹见大家一片热心，便笑着走进船舱。六爹刚坐下，就发现有几个青年仔懒洋洋地躺在舱板上，占去了唔少座位，弄得老人、小孩只好站着蹲着。六爹便故意高声地说：“讲大话，不如讲功夫呀！”说着便走到那几个躺着的青年仔身边，摆下打功夫的架势。那几个青年仔听说讲功夫，恐怕舞手弄脚会撞着自己，连忙坐起来。这时，六爹便向站着的老少乡亲叫道：“坐下来睇得准。”等大家坐好后，六爹清清嗓子，便讲了一个谦让是美德的故事。大家听了，哈哈大笑。

[1] 大佬：方言，大哥。

讲述者：　李家盛，男，69岁，小学学历，农民
搜集者：　钟景明，男，53岁，大专学历，干部
采录时间：　1987—1988年
流传地区：　吴川县

（十七）天之功

六爹有个同乡，名叫胡四，在外地当名小武官，为人刻薄奸诈、勒索民财，常常贪他人之功为己功。他回乡后，为了显耀他的“武威”，便大兴土木，建了一座堂皇的大宅。胡四还亲自上门请六爹题匾。六爹一再推辞，无奈胡四缠住唔放。六爹只好拿出笔砚，挥笔写下“天之功”三个大字。

胡四得意地说：“谋事在人，成事在天。我老胡能有今日，全靠天之功嘛。六爹你写的，正中我心意。”

胡四大宅落成之日，四亲六戚纷纷来祝贺。他的一位亲戚，抬头睇见这个金匾，感到唔对路，悄悄地对胡四说：“舅爷，这个匾写得唔好啊！”胡四唔解地说：“靠天之功，靠天之力，不是得天公扶助吗？这样有何不好？”“舅爷，正好相反呢！古语云‘贪天之功为己功’，就是指责一些人把他人的功劳记在自己的名分之下。这个是讽刺你的啊！挂不得！”胡四听了气得满面通红。

讲述者：　李家盛，男，69岁，小学学历，农民
搜集者：　钟景明，男，53岁，大专学历，干部
采录时间：　1987—1988年
流传地区：　吴川县

（十八）还愿

六爹应试中了贡生，六奶见丈夫荣归，喜出望外。六爹刚坐下，她就对六爹说：“你中了贡生，全赖土地公保佑。你去应试时，我曾为你向土地公许下全猪一头，明朝你去还愿吧！”

第二日一早，六爹便用绳子拉着一头活猪进土地庙来。他装模作样地拜了一拜，高声说：“土地公公，早日六奶向你许下全猪一头，今日还愿，请你收下吧！”说完，便把那头猪绑在土地公公的脖子上，随即大放鞭炮。那头猪听到鞭炮响，吓得拼命奔跑。

谁知六爹前脚入屋，那头猪后脚跟上，而且把土地公也拉来了。六爹睇见了哈哈大笑道：“哎呀，土地公公，太客气了，你老人家唔领全猪也就算了，点解还要亲自送返来！实在太客气了！”六奶睇了，吓得目瞪口呆。

讲述者：　李家盛，男，69岁，小学学历，农民
搜集者：　钟景明，男，53岁，大专学历，干部
采录时间：　1987—1988年
流传地区：　吴川县

（十九）旦白

狗六爹在吴川是很有名气，是个读书人。虽无什么功名，但写得一手好字，县内很多人都请他题字。

县里有位老财，姓陈名得发。他本来是卖身高州知府的家奴，因为人善于钻营、拍马屁，替知府勾通内外收受贿赂，敲榨民脂民膏真有一手，很受知府赏识。而他在替知府收受贿赂中也捞了一把。后来知府离任，返回原籍。他请得知府恩准赎了身，自立门户，用赃银置了田地，并凭着在官府里混的时间长了熟了，在官场中认识好些人，于是欺乡霸市。邻近村庄的人都怕他，更憎他。一日，他忽然想到狗六爹很有名堂，要与他拉拢拉拢，借他的名气提高自己身份。接着，他就叫了家人捧着礼物，去拜访六爹，请求给他题个横幅。六爹迟疑了一下，提笔给他写了“旦白”两个字。得发一睇，“旦”者早晨也，“白”就是东方发白，正是一日之计在于晨，意味着光明前程，很中意。返屋企把它端端正正地挂在客厅，逢人到来他便说，他与狗六爹怎样怎样好。一日，有个戏班佬到他家

里坐，一睇到这两个字，不觉微微发笑。得发道：“你真识货，一睇便知其含前程无限意思吧？”戏班佬回答说：“我是真识货的这话唔假，但是……”得发追问道：“但是什么？”戏班佬说：“戏台上花旦道白开头第一句就是‘奴家××’，我睇这是六爹骂你是奴仆出身。”得发听了目瞪口呆，晕倒在太师椅上。

讲述者：梁雄，男，60岁，初小学历，艺人
搜集者：喻元基，男，58岁，大学学历，干部
采录时间：1987—1988年
流传地区：吴川县吴阳镇

（二十）乡绅出丑

邻村有个仗势欺人的乡绅，狗六爹憎死他，想揾机会当众出他的丑。

一日，狗六爹从梅菉搭船到牛头。刚好在船上遇到那位乡绅。船开出码头不久，那乡绅突然肚子痛起来，肠子咕咕响得像打雷，正要大便。但船舱里无厕所，船也无法靠岸。

他坐在那里周身唔舒服，时不时把屁股挪来挪去。狗六爹一眼睇出他急于大便了。于是，他想出一条计，跟身边几个客人攀谈起来。狗六爹笑了笑说：“坐车坐船最怕肚痛，但我有一条经验……”

好奇的青年问道：“六爹，你有什么经验呀？”

狗六爹笑着说：“我去年五月初五食了一顿肥猪肉，第二日搭船下黄坡，不料船到中途肚子突然痛起来。真是屎出难当，屁出难藏呀！我正在焦急时，忽然拿过一条草秆往鼻孔里一通，结果屎忍住了。”

坐在后面那位乡绅一听，便偷偷从口袋里拿出一根火柴枝，往鼻孔里通了一下。鼻子一酸打了喷嚏，屎拉满裤裆，弄得那乡绅顿然脸红耳赤，狼狈不堪。

讲述者：王亚德，男，59岁，高中学历，农民，沙埇人
搜集者：凌世祥，男，52岁，大专学历，干部
采录时间：1987—1988年
流传地区：吴川县振文镇

（二十一）橄榄屁股

一日，狗六爹要趁圩，赶到埠头等圩船。不一会，圩船开过来了，狗六爹招手示意要搭船。船上的老艄说：“狗六，舱里坐满人了，你就辛苦一趟，走路去圩吧！”

狗六爹心想，从村里到圩场少说也有一二十里路，慢慢踱到圩，早散市了。于是，他心生一计，对老艄说：“喂！我狗六是橄榄屁股的，占不了什么地方。你就让我上船吧！”

老艄见狗六爹生得高高瘦瘦，也就听信了他的话，把船泊岸了。谁知狗六爹一进船舱便躺了落去。

老艄走进来要狗六爹坐起来，说：“你不是说你的屁股和橄榄一样的么？怎样占地方比别人还要多？”

狗六爹不慌不忙解释道：“正是因为我是橄榄屁股，所以坐唔住，要躺下来啊！”

同船的人见狗六爹这般风趣，就都主动让出地方，叫他舒舒服服躺着到圩场。

讲述者：吴伯容，男，86岁，医生
搜集者：杨振泉，男，55岁，干部，高中
采录时间：1987—1988年
流传地区：吴川县吴阳镇

（二十二）当长衫

狗六爹经常话得罪了长老、财主，因而这批“地头蛇”也想在各种场合设法嘲弄六爹，但每次都被六爹击败。

一次，邻村李族建祠堂，为显威势，大摆酒席，宴请远近“知名”人士，可就是唔请六爹。六爹从祠堂门口走过，李姓族长有意使六爹难堪，便开口说：“六爹，我睇你也准备造一间吧？哈！哈！哈！”六爹不费思索，便说：“我不但要造一间，而且还要把你的装进去！”众乡绅怪声怪气说：“啊！那进神一定请饮呀！”六爹说：“对！诸位，等着，我麦某一定照办！”六爹随即离去。

事过之后，麦村也筹款建祠堂。进神那日，正值秋末，早晚已有点凉意，但中下午还是热气逼人。六爹在祠堂墙间设了褂衫的钉子，便差人去发请帖，把原在李家祠堂嘲笑他的绅士一个不漏都请来了。这批乡绅个个穿着长衫，甚至有的还穿上马褂，显得很高贵的样子。下午三时许，六爹宣布入席。酒过三巡，各人已带些酒意，也感到有些炎热。六爹带头把长衫往墙上挂，这批乡绅也把长衫往墙上挂。于是六爹便发起了“猜拳，唱码”。在一片热闹声中，这些长衫早已被六爹预先安排的人拿到梅菉当铺典当了。这些“当票”全用糨糊贴在祠堂大门上。六爹见一切都已按原定计划完成，便烧炮散席。于是乡绅们都离座揾起长衫马褂来。这时六爹带点抱歉的口气说：“诸位，对唔住！我麦姓祠堂建大了一点，正好把李家的祠堂装进去了，但筹钱还唔够，欠上了一些水泥工钱。今日完工了，要算账给他们返去。因此，你哋的长衫已被借去典当了，‘当票’贴在祠堂大门上，请你哋去认领吧！”这批地头蛇，酒后穿着单薄的衬衣，迎着瑟瑟的晚风，瑟缩地猫着腰戴着老花眼镜，对着那紧贴墙壁的“当票”，目瞪口呆……

讲述者： 凌肖，男，57 岁，干部，高中学历
搜集者： 李竞，男，53 岁，干部，高中学历
采录时间： 1987—1988 年
流传地区： 吴川县吴阳镇、梅菉镇

（二十三）对对

清朝乾隆年间，梅菉有位米铺老板，同狗六爹颇有交往。他深知六爹善诗会对，但又唔好当面试他，于是同管家琢磨，终于想了个法子。

某日，狗六爹到梅菉趁墟，顺便拜望米铺老板。管家热情招呼了他，说老板有事外出去了。说话间，管家突然叹起气来。六爹问他何由。管家道：“近日老板遇一难事，整日闷闷唔乐，我又无法助力，未知六爹能否解难？”六爹捋了一下八字胡须，沉默一会，说道：“你只管说来。”管家道：“有人给老板出了一副对子，上联是‘磨转如雷，四面春分谷雨’，老板正为此对的下联，好几日食唔落饭，瞓唔好觉。六爹善诗做对，这一定难唔倒你。”

狗六爹想，这对文着实棘手，自知陷进了“机关”，只好借故，说先上街办妥事情，再来斟酌。然而，他一路上苦思冥想，竟连一点成文的影子也无。

正当狗六爹扫兴返屋企之时。猛见数辆牛车，呼喝而来，灰尘飞扬。他触景生情，灵机一动，马上想出下联：“车行似虎，两傍寒露霜降。”六爹一拍大腿，高高兴兴地往米铺里跑去。

讲述者： 麦茂基，男，70 岁，初小学历
搜集者： 孙健生，男，40 岁，高中学历，干部
采录时间： 1987—1988 年
流传地区： 吴川县

（二十四）一联好对

麦屋村的狗六爹麦为仪，功名不就，一生潦倒，专同神鬼、富豪及官老爷打斗。他时常舞笔弄墨，作诗写对，故意把别人戏弄一番。

有一次，某人请他写对联，他不加思考，拾笔就写：“一联好对。”那人慌了，连忙阻止他说：“这怎么得呢？”六爹却倒气说道：“你唔信我，就拿去给人家写吧！”那

人急了："时间这么紧，到哪里揾人啊！"六爹便继续写起下联："八字生成。"与上联"一联好对"正巧成对联。那人睇了，才松了口气，连忙称赞六爹的对联写得好。

狗六爹的老婆李氏是长岐墟南岭村人。有一次，外侄女结婚，他前去做姑爷。但大家都睇新姑爷去了，却留下他无人理睬。六爹心生一计，立即写了一副对联："孝子贤孙新女婿，粮差债主老姑公。"这时众人才醒觉过来，以礼待他。

讲述者： 麦茂基，男，70岁，初小学历

搜集者： 孙健生，男，40岁，高中学历，干部

采录时间： 1987—1988年

流传地区： 吴川县

原载本： 《中国民间文学三套集成·广东卷·吴川县资料本》

184

狗六爹嫁女

话说清朝康熙年间，广东吴川县院村麦屋有一位穷贡生，名叫麦为仪。饱学足智，性格开朗诙谐，乡人称他为狗六爹。他一生行事奇特，多出人意料，留下许多轶事趣闻流传后世，影响很大。其中"嫁女"一则，脍炙人口，颇饶奇趣。

六爹有个女儿，许配到邻村。出嫁时，由于家贫，嫁妆非常简陋，只有一个破旧木箱附在轿尾，抬至婆家。亲友打开一睇，愕然失笑。原来箱内并无衣物首饰，只有火笼一只、葵扇一把而已。

待到三朝回门时，女儿缠着六爹哭诉："爹你一点嫁妆都无给我，唔但生活上有困难，更给婆家睇唔起，教女儿今后如何做人？"六爹哈哈大笑，答道："冷天的有了，热天的也有了，还缺什么？你快返去吧！"女儿听了，真是哭笑不得，死赖着唔肯返去，哭哭啼啼要爹爹补给嫁妆。六爹被缠唔过，哄女儿说："好了，好了，唔好哭了。我把祖上遗下的薄产拨一些给你便是。"随手从枕头箱里拿出一张文书，说道："这是十亩上好良田的田契，给你做嫁妆租吧。今后的生活唔愁了。"女儿听罢，转悲为喜，

赶快接过“田契”，睇也唔睇（她唔识字，睇了也唔明），便匆匆忙忙地叩谢爹爹，高高兴兴地回到婆家。她迫不及待地拿“田契”给丈夫。丈夫一睇呆住了，哭丧着脸对妻子说：“你被骗了，哪里是田契，原来是一张八字纸。你马上退回给你爹，求你爹另给嫁妆。要唔到嫁妆，你也不用返来了。”她万般无奈，含着眼泪跑回娘家，吵着同她爹算账。六爹不紧不慢地说：“我的‘命’都给你了，还要什么？”

讲述者：李庚龙
整理者：周钢寰，湛江市第五中学教师
采录时间：1987—1988 年
流传地区：吴川县
原载本：《中国民间故事集成·广东卷·湛江市赤坎区资料本》

185

陈鉴故事

（一）戏弄赃官

明末清初，陈鉴在文坛上显赫一时，曾被誉为“岭南才子”。

陈鉴二十四岁那年，上京赴考，由于无给主考官送礼，以“触讳罚科”的理由，取消了他的考试资格。他只好灰心地返家。

返屋企途中，路经高州府，就进城住宿。晚上，他正在睇书，突然隔壁传来一阵女人的哭声，他急忙朝哭声走过去，向她问明原因。原来，她是店主的老婆。不久前，他们在这里建起新的店铺，官府派人来逼他们送了五百两银作礼物。现在想起来，不禁伤心落泪。陈鉴听后，想起自己因无送礼，才落到今天这个地步，心中十分气愤。他决定想办法整治一下这个赃官，为百姓出口气。于是，他安慰店主说：“你咪唔好急。我叫陈鉴，和官府有交情，我想个办法，让他们退回你的礼物。”提起陈鉴，有谁唔知他有一肚子锦绣文章呢？店主一听，收泪为笑，连连向陈鉴道谢。

第二日早上，陈鉴叫店主准备一班乐队。接着，又吩咐店主买回一张大红纸，然后他在纸上写上“陈鉴中状元”五个大字，贴在木板上。店主大吃一惊，心里暗想：陈鉴这人满腹才学，本应是状元，但他唔准考试怎么会中状呢？他唔放心，但又唔敢多问，只得听从吩咐。

过了一会儿，陈鉴叫人扛起那块木板，按中状元的仪式到街上游行。一阵阵乐声，引来许多围观的人。还无来到衙门，早有差兵报知府官。那府官一听，勃然大怒：“陈鉴这小子，早日上京捣乱科场，今日竟来本府冒充状元，非整治他一下不可！”说着出门睇个究竟。果然无错，木牌上赫然写着“陈鉴中状元”五个大字。府官立即喝令差兵上前抓陈鉴。刚好陈鉴唔在，府官便把所有的东西没收，叫人抬回府中，并传令抓获陈鉴。

过了一会儿，衙门上来了一个年轻人，击鼓告状，说有一群官兵抢了他的财物。府官问他姓名，他说他是陈鉴。府官一听，用力一拍惊堂木，大声道：“大胆陈鉴，你竟冒充状元，犯下大罪。如今未见认罪，反而喊冤，是何道理？”陈鉴不慌不忙说：“老爷，我只写过‘陈鉴想中状元’，未曾写过‘陈鉴中状元’，一定有人要加害我，请府官细察分明。”那府官忙叫人抬出木牌细睇，果然是“陈鉴想中状元”，只不过这“想”字写得太小，粗粗睇去，难于一下辨清。府官一时目瞪口呆，无言以对。但是他唔肯放过陈鉴，又说：“你竟痴心状元，还唔认罪？”陈鉴哈哈大笑：“老爷，难道想做状元也犯法吗？”那府官无可奈何，只得把没收的东西交出来。陈鉴接过一一清点，忽然对府官骂起来：“你这狗官，身为百姓父母，本应清廉度日，谁知你把我的东西抢到府中，用石头换了我五百五十两银子！”说完，从一个袋子里掏出几块石头来。府官大吃一惊，忙说：“陈鉴你唔好血口喷人，我无动过你的袋子。”陈鉴更火了：“你这赃官，刚逼别人送礼，又偷我的银子，还唔承认！你唔赔给我也罢，我有许多做官的朋友会对付你的。”那府官自知尾巴被抓着，想了想，明知是中了计，又怕陈鉴再戏弄他，只得把五百五十两银交给陈鉴。

陈鉴回到店里，把五百两银送给店主，其余五十两分给帮忙的人。然后一五一十地把他的计谋说出来，大家高兴得大笑起来。原来陈鉴是把石头装在袋子里，布下“圈套”用石子换银子，戏弄了赃官。

讲者： 龙访贤，男，62 岁，初中学历，高州县谢鸡镇保黎乡楼下村农民

整理者： 龙千，男，18 岁，广东高州师范学生

整理时间： 1988 年[1]

流传地区： 高州县

（二）真金不怕红炉火

陈鉴长到二十岁，成了远近闻名的出色后生。这年，陈鉴参加乡试，中了秀才。陈鉴中秀才后，便骄傲起来，时常以才学来同高州知府相比高下。传说当时每来高州做知府的人，都被他的才学压倒。后来从贵州调了一位姓卢的人来高州当知府，陈鉴知道后，便来到府上同卢知府相见。差人报告卢知府说：“禀告大人，外边有一位姓陈名鉴的秀才求见。”知府大人听说陈鉴求见，令差人领着陈鉴来到府堂。卢知府用目一睇，见陈鉴眉清目秀，举止文雅，穿着大方，问道：“请问先生高姓大名？”陈鉴道：“我是广东的铁。请问知府何处人氏？”卢知府说：“鄙职贵州人氏，小姓卢。先生为何说你是广东的铁？”陈鉴道：“我是广东的铁，烧唔熔、打唔烂的铁。”卢知府道：“我是贵州的炉，我唔信你是烧唔熔、打唔烂的铁。”陈鉴道：“当然。”卢知府道：“就算是广东的硬铁硬钢，放入红炉都化为水。中国有句俗话，钢铁最怕红炉火。难道广东铁就唔怕？”陈鉴碰了钉子，十分狼狈，无话揾话回了一句：“真金不怕红炉火。”然后灰溜溜地走了。

整理者： 李大游，高州县深镇乡杉木塘村农民

整理时间： 1988 年

[1] 原出处并无采录整理时间，但原书成书于 1988 年。下同。

流传地区： 高州县

（三）名落孙山

岁月转去，又过几年，京城文科状元开考。陈鉴抱着满腹才学，踏入了京城文科状元的试室。监考官发下试卷，陈鉴只用了三十分钟，就把所有的答案做得一清二白，全都答对。陈鉴想，离交卷时间还早，不如随便写些什么东西吧。主意拿定，便在试卷背后写了一联对："铁塔铁塔咁稳阵[1]，稳阵稳阵过铁塔。"意思是说，自己一定是状元稳拿了。

改卷人拿起陈鉴的试卷批改，全都做对了。但翻过背后一睇，见陈鉴写的对联，十分不满，于是有意捉弄他，挫挫他的傲气。结果，陈鉴由于骄傲，他就是这样名落孙山了。

整理者： 李大游，高州县深镇乡杉木塘村农民
整理时间： 1988 年
流传地区： 高州县
原载本： 《高州民间故事、民间歌谣、民间谚语集成》

[1] 咁稳阵：方言，这么稳妥。

186 陈鉴的故事

明朝嘉靖进士陈鉴，化州乐岭人，聪颖好学，下笔千言，更以机智名，且又嫉恶如仇。因喜与恶人斗而被百姓广为传颂。

（一）诗对大官员

化州乐岭村，位于鉴江西岸。陈鉴就出生在这里。

陈鉴可调皮了，他常爱跳到鉴江里玩水，爱跟着小伙伴去放牛、去玩耍。这一日，他骑在一条大水牛背脊上，悠悠然地吹着竹笛。一位正在给豆苗除草的老爹停下手中活，笑口吟吟地说："鉴仔，吹得真好听呀！再来一曲给大爷听听！"

听这一说，竹笛声马上停止了。陈鉴就是这样，人家说这，他偏偏要干那；人家说那，他偏偏要干这。只见他把笛子往裤带里一插，站立在牛背上，面对耕耘锄草的农夫，高声唱诵一首诗：

锄禾日当午，

汗滴禾下土；

谁知盘中餐，

粒粒皆辛苦。

人们一听，纷纷议论起来："鉴仔真是聪明呀，读书过目不忘……"

突然，伙伴虾九指着从江下游驶来的一艘大船，大声叫起来："鉴哥，快来，大船！官船！"

几位老伯闻讯跑上堤岸，望着那不同一般的大船，议论道："这是哪位大官员的呀？恐怕是'巡抚'的吧。至少是知县大老爷，才有这样的架势。"

陈鉴往江面上望去，只见好些木船、渔船、竹筏都纷纷向两岸靠拢，躲闪大船。老渔夫忙把鱼鹰呼回小舟上，好像真的是"巡抚"来了。

陈鉴望着这艘船，眼珠一转。只见他把大水牛交给虾九，然后脱下衣褂，挂到河边一棵乌桕树上，接着往水里一扎，迎着大船游了过去。

邻居陈二爹见了陈鉴向官船游去，拼命叫道："鉴仔，快上岸来，唔要命啦！"

鉴仔回过头来高声说："若是皇帝来了，我就请他喝口鉴江水。"这一说，惹得堤上的人都笑了起来，也壮了胆。

大船越来越近了，陈鉴在水里睇得真切，船头上站着一位官员，官帽锦袍，绅带闪光，手里摇着羽毛扇，笑容可掬，悠然自得。陈鉴准备游过去，给那大官浇一身水花开开心。突然那官员捋了捋满把胡须，望着堤岸乌桕树上陈鉴挂的衣衫，大声吟道：

"千年古树为衣架。"

陈鉴一听，觉得蛮可笑的，随口尖着嗓子应和道：

"万里长江作浴盆。"

那官员听这一对和，一睇又是出自一个小孩子的口，顿时一怔，忙叫停船，笑着说道："对得好，对得好！真乃神童也。为官要把他弄上船来。"

船上一个穿黑衣的小卒立即大声叫道："那对诗的童子，快游过来！大人要赏你！"

陈鉴却"霍"的一声潜到水里，水面漂起一朵水花……

讲述者： 梁生
搜集整理者： 湍流
搜集地点： 乐岭村
搜集时间： 1985 年
流传地区： 化州县

（二）智打县太爷

陈鉴和几个伙伴，因到县衙门内屙屎，被县太爷叫人打了屁股。他们决心报这个仇。

这天中午，天气很炎热，陈鉴和小朋友们扑通扑通跳到鉴江里，捉鱼摸虾，嬉戏欢闹。一会儿，陈鉴叫大家聚拢一块，小声说："听说今天下午，县官老爷要到城南圣殿上香朝圣。到时我哋报打屁股的仇……"他如此这般地把向县官"报仇"的计策讲了出来，大家听后笑得前俯后仰。

很快，陈鉴他们拿粪箕、木盘等东西到沙滩上把黄沙搬到圣殿门前的大道上，将黄沙铺得平平整整。然后，小朋友们躲藏到离圣殿唔远的古柏后，等待县官到来。

圣殿，即孔庙，建筑富丽堂皇，文武官员常常来这里朝拜。陈鉴和小朋友们铺好沙路不久，县官来了。他虽然坐着轿子，但唔像出巡那样，既无"回避""肃静"牌，又无鸣锣开道，只有几个随从衙役跟着。到了圣殿前面的大道时，只见一块石碑上刻着"文武官员到此下马"的字样，县官慌忙停轿，走了下来。前面这段路便是陈鉴他们铺的黄沙路了。县官想道：老百姓知官要来朝圣，连路子也铺金撒银，妙哉！妙哉！

正当县官得意地踏着黄沙路时，猛然一群孩子呼喊着箭一般冲到他们面前，把路一拦，不由分说，早有两个手臂粗壮的小家伙捏紧拳头朝县官的屁股猛打，像擂鼓一样。待几个衙役走过来把孩子们抓住时，县官的屁股已挨了数十拳。

县官刚才得意洋洋，现在可扫兴啦！只见他摸着屁股吼道："把这伙顽童给我抓到衙门去！"

陈鉴毫无畏惧，站到县官面前说："告诉你，听说县官老爷要来圣殿朝圣，我哋几个特地铺了这条沙路，好给县官老爷走。你哋是什么人，竟敢踏坏我哋的沙路？"

小朋友们也异口同声说："快给县官老爷赔沙路！"

见孩子们这般闹法，县官只得哭丧着脸说："我就是新知县呀！"

小朋友们一听，"哇"的一声跑开了。陈鉴还有意踢起一脚黄沙向县官老爷撒去。

讲述者：　乐岭村民
搜集整理者：陈红胜
搜集地点：　乐岭村
搜集时间：　1984 年
流传地区：　化州县

（三）下棋赢了一条圩

陈鉴聪敏过人，自小就很会下棋。不但在小朋友中百战百胜，就是和大人对弈，他也往往取胜；不过有时情急生智"马行田"的事也是有的。据说他小时候有一次帮外公下棋就赢了一条圩。

鉴江河畔有条小圩叫岐阳圩，陈鉴的外公住在圩附近，家有十亩良田。同村有个姓洪的财主早就垂涎三尺，几次出高价索买，陈鉴的外公始终唔肯点头。洪财主是当地有名的棋手。一日，他眉头一皱，心生一计，特邀陈鉴的外公下棋。他说："你若赢我，我给你一条圩；我若赢你，你给我十亩良田。这公道吧？"陈鉴外公自知下棋不是洪财主的对手，唔敢答应。陈鉴正好来到外公家中，听洪财主要和外公下棋，便对外公说："别怕，阿公你大胆和他下。"洪财主一听，大笑道："一言为定。明日见分晓！"

洪财主走后，陈鉴附着外公的耳朵，教给外公一条妙计。

次日中午棋赛开始。围观者众，裁判居中。陈鉴以举伞为外公遮荫为由站在外公身后。原来，陈鉴和外公合计，先在伞上剪一圆孔，阳光下射，漏下一光点。陈鉴视棋局移伞，把光点先移到该走的棋子上，再移到该下的棋格上，外公照走不误，结果大获全胜。

洪财主唔敢反悔，便把岐阳圩给了陈鉴的外公。陈鉴的外公遂把其圩名改为象棋圩。后来，人们取其谐音，把象棋圩易名为长岐圩。

讲述者：　陈冲
搜集整理者：陈红胜
搜集地点：　化州市
搜集时间：　1998 年
流传地区：　化州市

（四）巧对学士

一日，广州一学士路过雷州某庙，见庙门朝着浩瀚碧海，波涛澎湃，天水一色，行船如梭，一派壮景！学士诗兴勃发，挥笔题了一上联于庙前，声言要庙祝对好下联，否则要把庙祝驱赶。

上联云：

廉艇如梭横穿波心绿锦绣。

庙祝反复思索，一筹莫展，惊恐万状，故四出寻访名师，但一时都无从对答。后得知化州陈鉴才思敏捷，能应对如流，便专程赶去拜访。庙祝来到陈鉴家，一见陈鉴还是个读书童子，心立即凉了半截：那么多有学识的人都对唔出，一个小孩能行吗？他想考考陈鉴，问道："小童子你会吟诗作对吗？吟一首给我听好唔好？"

陈鉴拍了拍胸口吟道：

少年意气欲登科，
有甚文章奈吾何。
书读五车犹恨少，
诗吟万卷不嫌多。
洞庭湖水为珠砚，
大地庐山作墨磨。
每把青天为白纸，
将来写尽太平歌。

庙祝一听，知道陈鉴非等闲之辈，便一五一十地给陈鉴说了原委。

陈鉴索上联一睇，又问了问庙的周围环境，即明其意，便回书房挥笔续了下联，从窗缝送出。庙祝接阅，只见纸上端端正正地写着：

塔似笔倒写天上白云笺。

对意生动工整。庙祝喜出望外，急忙作揖道谢，赶回张贴。

广州学士返来后，一睇下联已续出，且意气连贯、对笔工整、气魄豪迈，即叹道："雷州果然有才子！"

此后，因为庙前有学士联，群众纷纷传颂，祭祠者、欣赏名联者，络绎不绝，庙门若市，一派兴旺。庙祝暗暗高兴道："多得神童陈鉴啊！"

讲述者： 乐岭村民
搜集整理者： 陈红胜
搜集地点： 乐岭村
搜集时间： 1984 年
流传地区： 化州县

（五）酉时唔要卯时要

话说化州街有一张姓老板，此人为富唔仁。他专做纸扎生意，卖祭死人的纸灵屋。他为了赚钱而不惜手段，经常在人们面前吹嘘："给死人烧的灵屋越大，死人在地下就住得越好，阴灵给阳间亲人的好处就越多。"骗得许多愚昧的人借钱负债，请他做灵屋。陈鉴对他这种做法十分反感，决定教训他一下。

一日，陈鉴来到张老板处，煞有介事地说道："我有位姑母去世了，想叫你做间纸扎灵屋，但唔知纸屋的价钱如何计算。"

老板不假思索地说："按大小论价。"

陈鉴又问："灵屋是要在确定日期用的，如果唔能按期交货呢？"

张老板望了陈鉴一眼说："赔双价。但唔知你要几大灵屋，什么时候取货？"

陈鉴不紧不慢地说："我姑母生前住的房屋很大，我想她在地下也应住得好点，因此灵屋要做大一点的。至于出货嘛，再过十五天姑母就断七了，十五天后取货。"

张老板见陈鉴这样说，也操起了他那生意腔，眯起那对猪牯眼说："十五天后哪个时辰取货呢？"

陈鉴听他一说，正中下怀，立即应道："酉时唔要卯时要。"

"那么是早上取货啰！好。"

"一言为定。"

陈鉴立即拿出做灵屋的尺寸，交了定钱，轻快地走了。

张老板以为又可捞一大笔，满心欢喜。等到计数开料时，他才发现这纸屋比他的作坊工棚还大，只得在露天场地制作。为了赶制这间灵屋，其他人的订货唔敢领了。

老板好唔容易把纸屋做好，又好在无超期限！但是，已经十五天限期了，还唔见陈鉴来取货。而事有凑巧，那天夜里下起大雨来。纸屋大，搬唔入工棚；往上面盖东西，又会把它压塌。老板只好眼巴巴地睇住雨水把纸屋淋得剩下个竹片架子。张老板差点儿气出病来。

第二日中午，陈鉴带着几个人来取灵屋："张老板，我哋来取货了。"

张老板听陈鉴这一说，即恶声恶气道："你的货无了。"

陈鉴一听："什么，无？好，有言在先，请赔双价！"

张老板猪牯眼一瞪："嘿，赔双价？你不是说十五天后来取货吗？现在是第几日了？"

陈鉴大笑道："哈哈，现在不是十五天后难道是十五天前？"

张老板一怔，已知蚀底，但还极力争道："你不是说卯时来取货吗？现在已是午时了。"

陈鉴又是一阵发笑："张老板，我现在来取货，难道不是酉（有）时唔要卯（冇）时要吗？"

"啊……"只见张老板张口结舌，真是哑子食黄连，只好忍痛赔钱。此后，他再也唔敢吹嘘灵屋越大越好了。

讲述者： 阿周
搜集整理者： 陈红胜
搜集地点： 化州县
搜集时间： 1984 年
流传地区： 化州县

（六）穿墙挖屋有熟脚

化州换了新知县。此公乃颇有名气的外地人祝知州。

这一日，春风浩荡，杨柳飘拂。年轻的陈鉴游春赋诗：

陌上柳三眠，
筐中蚕三起。
芳郊满游人，
总在春阳里。
春阳里，莫蹉跎，
怨女歌，乐女歌。

陈鉴吟着、吟着，不觉信步来到城北鼓楼大街。只见街心空旷处围着一堆人，在睇什么热闹。由于好奇，陈鉴拨开众人，往里一睇，瞧见一张大方桌上安放着一间竹扎纸糊的小屋，十分奇特。突然有个人扯了一下他的胳膊叫道："陈相公，新县官祝知州玩花样。你睇，这纸屋里有一只熟肉脚。"

陈鉴一睇，此人是地保阿二。他再往纸屋一瞧，果见一青瓷碟上盛着一只熟猪脚。当朝皇帝老子姓朱，太祖朱元璋曾下令禁养生猪。如今虽是末世，也仍忌讳这个"猪"字；凡是涉及到"猪"字的，都叫作"肉"。比如"养猪"叫"养肉"，"杀猪"即"杀肉"，"买猪"叫"买肉"。因此，"猪脚"也就叫"肉脚"了。

陈鉴见了这样，则问："阿二，这葫芦里卖的什么膏药？"阿二道："祝知州有令，谁人若能从纸屋里取得此熟肉脚，赏白银十两。"

陈鉴抚弄着他的折扇说："这还唔容易！你去把它取来嘛！白得一肉脚食，又得白银十两。"

阿二歪着脑袋说："陈相公，你有所不知。祝知州怎能白白给人一个肉脚？方才有个愣小子，从纸屋门口伸手进去取肉脚，被衙役抓到公堂。祝知州问他为何偷熟肉脚，他说唔出个道理来，只好挨了二十大板，还被罚了白银十两。"

陈鉴边听边思索，猛然醒悟，随即拉着阿二离开人群，附着他的耳朵如此这般地咕噜了一阵，然后推阿二去取猪脚。

原来这是新任县官祝知州玩耍的把戏。他刚到任，便急着巧立名目，搜括钱财；但又生怕被当地智囊学士所识破，跟他作对，便先使出这花招，试探当地是否有能人。

阿二排开众人，不慌不忙地走到纸屋前，往里望了一眼，跟着转到纸屋左边，往纸墙上挖了一个洞，从洞口伸手进去，把猪脚取了出来。众人哗然。两个衙役马上把阿二带上公堂。

祝知州歪嘴吹了一下腮边的老鼠须，责问道："胆大奴才阿二，因何偷我屋里熟肉脚？"

阿二咬了一口猪脚肉，有板有眼地说："穿墙挖屋——必有熟脚！"

祝知州一怔："谁教你的？"

阿二咕噜地吞了一口猪脚肉，答道："老百姓历来如此说。"

祝知州见计已被破，知道化州果真有能人；况且这个又是地保，唔可以得罪"地头蛇"，便笑着说道："好！这个肉脚算你取得，赏你白银十两。"

这"穿墙挖屋——必有熟脚"乃当地"成语"。意思是说，进屋偷东西，必有熟门熟路知内情的贼。

讲述者： 乐岭村民
搜集整理者： 陈红胜
搜集地点： 化州县
搜集时间： 1984 年
流传地区： 化州县

（七）打官司

化州知县衙门两旁，有两只石狮子，雕塑粗犷壮伟，惟妙惟肖。每只石狮子口还含有涂金石珠一颗。

这一日，新任县官祝知州叫人在每只石狮子颈上挂一长吊铜钱，并在衙门口贴了张告示：

"本知县新临贵境，欲取信于民。今在衙门口石狮上，挂铜钱二吊，若有能顺理取之者，可取之也。

"此告！"

祝知州除派衙役守卫在石狮两旁外，还亲自到衙门口鼓楼上偷偷睇。天气阴阴沉沉，街上行人并唔见多；这衙门口石狮周围，却站满了各式各样的人。人们有的读告示，有的睇石狮，指手画脚，估唔中县官这葫芦里又卖什么药。

有个叫张大力的粗汉，衣襟袒开，腆着毛茸茸的肚子闯了过来，叫人读了一遍告示，随即大笑着说："我来取！"他唔理三七二十一，走到一只石狮子前，手执吊钱，用力一扯。穿钱绳子一被扯断，大光钱叮叮当当，撒满一地。几个彪形衙役如狼似虎地扑过来，把张大力架住了。这张大力平时气力过人，如今也只好乖乖被擒。

祝知州走下鼓楼，升堂问罪。张大力被带到堂上，无言对答，被打了二十大板，还被罚了二十吊钱。

这事很快传开了。陈鉴听别人详细说了一遍之后，点点头说："唔，是这样。我去治他。"

第二日，陈鉴来了。他化了装：穿着布衣，踏着草鞋，十足像个耕田汉。他走进衙门，击鼓鸣冤，然后跑上公堂，高喊道："青天大老爷，小人阿三，来打官司。"

祝知州把惊堂木往案上一拍，呵斥道："哒！你何故乱闯公堂？打什么官司？可有状文？拿来过目。"

陈鉴说："小人目不识丁，只为亲戚伸冤，打的是银钱官司。"

祝知州一听"银钱"二字，不觉心里一动，贼眼一转，装腔作势道："既是银钱官司，容你慢慢说来！"

陈鉴抬头盯了祝知州一眼，然后高声说："我姑父的姑表兄，前几日被人拐骗了二十吊大钱，又遭毒打，起唔得身，求我替他打官司。"

祝知州听他这样说，把身子探前问："唔！如此说来，你打官司的钱带来了吗？"

陈鉴故作不解问："打官司要钱？"祝知州狡黠地笑了一下说："无钱，打什么官司？"陈鉴道："我只知道官字两只口，有理无理全凭口；却唔知道官家都姓钱，打官司要钱，有理无理都要钱。青天大老爷，我姑父的姑表兄是个大富翁，钱要多少，有多少。不过，我去取钱，空口无凭。请大老爷给我写张要钱的'差票'，我拿去取钱来。"

祝知州着了钱迷，忙提笔在一张纸上写道："打官司要钱，给钱即办。"

陈鉴拿着祝知州写的"差票"，跑出公堂，捡起根木棍，到衙门口石狮旁，当着众人，用力在两只石狮子上猛打，口里不住地说道："打官狮（司）、打官狮（司）、打官狮（司）要钱。"接着，他把祝知州手书的"差票"交给睇官运亭通石狮的衙役，并大声说：我已打官狮，县官有令，速给钱即办。"

衙役接过"差票"正想问个明白，陈鉴已迅速把石狮上的两吊钱取下，撒给众人，然后扬长而去。

到祝知州明白上当时，陈鉴早已不知去向了。不过，自此他知道化州果真有能人学士，办事就十分小心。

讲述者：　　阿周
搜集整理者：陈红胜
搜集地点：　化州县
搜集时间：　1984 年
流传地区：　化州县

（八）教训地头蛇

县衙里有一姓黄的差役，是个地头蛇。他倚仗祝知州的势力，横行街坊。他时常穿着一套黑底镶边的公服，以帮衙门办事为由，任意在市场上抢掠。被抢的人稍有顶撞，即会招来一顿拳打脚踢。街上的人在背地里都叫他“黑狗”。陈鉴对此人所作所为恨得牙齿发痒，决定教训他一下。

一日，鸡行人声嘈杂，卖鸡的、买鸡的，讨价还价，计数找钱，真是熙熙攘攘！这时，黑狗又来了。他在一位卖鸡老汉的面前停住了，打量了一下老汉的鸡笼里那几个大阉鸡，弯下腰来，也唔打话，动手解开鸡笼，伸手抓了两个阉鸡就走。那老汉立即拉他，骂着：“你凭什么白提我的鸡？”

黑狗穿着黑靴的双脚一蹬地，瞪着狗眼说：“你唔想活了？老子帮衙门办事，征收几只鸡，你敢造反？吓？”

陈鉴今天一直跟着黑狗，一见状，立即插了进去问：“帮衙门办事，应该食鸡！但，你有何凭据？”

黑狗立即板起面孔，嗡声嗡气地说：“哼，你要凭据吗？老子这身公服就是凭据！”

陈鉴见他这样横蛮，于是当众大声说：“好！公服是凭据。穿公服可以任意捉鸡！”

黑狗听出陈鉴话中有话，瞪了陈鉴一眼，但又揾唔出什么话来对答，只好恶狠狠地提起那两只肥鸡，大大咧咧地走了。

陈鉴问了老汉的住址，安慰了他几句，走开了。

这以后，陈鉴一直在注意那黑狗的行踪。

一日傍晚，黑狗到鉴江洗澡，陈鉴立即跟踪去，躲在旁边。待黑狗唔注意，立即将他脱在岸上的那套公服拿来穿上，然后大摇大摆地走进黑狗的家里，见鸡就捉。黑狗的老婆见状，又是捶胸，又是跺脚地哭喊着：“你点解捉我的鸡？点解捉我的鸡？”

陈鉴有板有眼地说：“老子替衙门办事，征收几只鸡，你敢造反？”

那婆娘又问：“你说是帮衙门办事，有什么凭据？”

陈鉴说：“我穿的这身公服就是凭据。唔信，你去问问你那穿公服的老公。”说完，捉起几只大肥鸡，大摇大摆地往前日卖鸡老汉家走去。

再说那黑狗，洗完澡上来唔见了衣服，只好光着身子跑返屋企。回到家中，听老婆如此这般地数落了一顿，当即醒悟：原来是哪个不知死活的偷了我的衣服，又来捉我的鸡。他恨得牙齿咯咯响。

第二日，天刚蒙蒙亮，陈鉴却带着那套公服来敲黑狗家的门。黑狗开门一睇，见陈鉴拿着他那套公服笑口吟吟地站在门口。“啊，这人似在哪里见过。”黑狗正想发作，但见陈鉴身板这么魁梧，一时唔敢下手。陈鉴笑着说：“唔认得了吧，我就是陈鉴。公差大人对唔住，昨晚借贵公服一用，今朝完璧归赵。请放心，保证毫无破损。”

黑狗听闻“陈鉴”二字，知道他面对的并非等闲之辈，一时手足无措。他张大嘴巴，半日讲唔出话来。此后，他再也唔敢在街坊中为非作歹了。

讲述者：　　乐岭村民
搜集整理者：陈红胜
搜集地点：　乐岭村
搜集时间：　1985 年
流传地区：　化州县

（九）陈鉴与剷狗六爹

吴川县有个别号剷狗六的人，是个斗鬼名士，平时人称六爹，也好交游各方名人逸士。他风闻陈鉴博学多才，特从鉴江下游乘船来化州寻访陈鉴。这天傍晚，他乘坐木船来到城东下湾埠头休息，欲待明日才进城揾陈鉴。时值晚秋，劏狗六坐到船头，面对江水酌酒赋诗，优哉游哉！

突然，一个体态魁梧的客商模样的人跳上船来，高声吟道：

秋风萧瑟黄花灿，
客子远游今始返。
何处吹来野笛声，
孤舟独傍空江冷。

来人毫不客气地坐到劏狗六对面，拿起酒壶，斟满一杯，一饮而尽。

劏狗六狂笑道："妙战，狂士也！"

来者正是陈鉴！他得知劏狗六在船上，便乔装成客商，先期来访。他说："我乃高州客商陈某，特来化州寻访陈鉴。今尚未打听到其下落，不意来到此船。敢问尊姓大名？"

"我，吴川劏狗六是也。亦特为寻访陈鉴而来。"

陈鉴即给劏狗六作了一揖："久仰，久仰！请受客商一拜！"劏狗六也欠欠身子。

二人目的相同，又谈论诗文，很是投机。入夜，他们说到斗贪官恶鬼，逐渐产生争拗。

劏狗六说："世界上多少蠢人惊神鬼，我却唔怕。我敢拿神像作桥，你敢否？"

陈鉴道："世上本无神鬼，你斗神鬼，岂是勇士？唯世上脏官，比鬼可恶。你何不像陈鉴那样转而斗官？"

劏狗六笑笑道："风闻陈鉴善斗贪官，待明日揾到他再论短长也罢，我哋争什么？"

陈鉴暗自发笑道："风闻陈鉴决意要把县官祝知州斗跑。你若见了他，可千祈唔好说到这样事。"

"说这事又何妨？我在吴川听说祝知州也是个文人学士，为民父母，并非贪官也。"

陈鉴大笑起来："哈哈哈！"

而劏狗六呢，他觉得寒露渐重，身上已带凉意，并知道那船夫早已瞓熟，自己也该瞓了，便招呼客人进船仓瞓。陈鉴睇见狗六盖着一张绸缎锦被，顿时心生一计，走过来与劏狗六同衾共寝，一夜无话。

第二日一早，太阳刚刚露脸，陈鉴便起床了。他唔等劏狗六醒来，就把锦被卷起，扛上肩膀，下船而走。尚在床上的劏狗六受冻，顿时醒来。见陈鉴拿走自己的锦被，即一跃而起，追了上来。

于是两人纠缠起来。船夫说："告官！我哋去告官！"

陈鉴巴唔得这样，说："好，告官，我哋去告官！"

两人拉拉扯扯到了县衙门。祝知州刚刚起床，听说有人来告急状，想着正好要钱给大人添件冬衣，便匆匆升堂。

"哒！来者何人？何事惊动本官！"

劏狗六抢着把情由说明，最后说："此乃高州客商陈某，欲夺我的锦被，望大老爷做主。"

陈鉴其他唔说，只说这锦被是他的。

祝知州说："劏狗六，你说锦被是你的，有何证据？本官一向重证据。"

劏狗六愤愤地说："锦被是我带上船的，无证据。"

祝知州转问陈鉴道："客商陈某，你说锦被是你的，可有证据？"

陈鉴指着被子道："有，被内有钱！"

"钱？"祝知州一喜，慌忙问，"多少钱？"

"唔多唔少，被子四大角，各有一块大钱。"祝知州说："让本官睇睇！"随即离开案桌，走过来打开锦被，从开口处伸手进棉胎角里摸，果然先后掏出四块大钱。他把钱往自己袋里一塞，然后坐回官椅上，一拍惊堂木，厉声宣判："本官现已查明，此锦被乃高州客商陈某的。证据确凿，不容争辩。吴川劏狗六，当众讹诈，罚白银十两，责打二十大板！"

劏狗六有口难言，白白受苦，方知这官比鬼更难斗。

陈鉴扛起被子走出衙门，在石狮旁等候劏狗六。劏狗六忍痛出到衙门口时，陈鉴一把将锦被向他塞去，并笑着说："六爹，这被是你的，还给你。那四块大钱是我昨夜暗中塞进去的。这回，你明白贪官比恶鬼可恶了吧！"

劏狗六扛起被子愤愤地说："哼！别走，我哋去揾陈鉴！"

陈鉴笑着说："鄙人就是陈鉴。六爹，失礼了！"

讲述者：　阿周
搜集整理者：陈红胜
搜集地点：　化州县
搜集时间：　1984 年
流传地区：　粤西

（十）智摘橘红

且说新任县官祝知州，得知化州橘红有消痰化气之奇功，是岁岁进贡朝廷之佳品，想把橘红据为己有。

这一日，赖家园橘红飘香，黑衣衙卒在赖家园门旁，贴上了盖着官印的告示。白纸黑字云：

“化州橘红，进贡之品。本官为民父母，护橘有责。今特制禁示：而后之橘，须经衙东鉴准，方能采摘。如有不法之徒，违令摘果，格罚勿论。切切此告！”

众人见了，无不哗然。此时，适逢陈鉴从省城归来。他得知此事后特到果园门前睇了禁示。睇着睇着，陈鉴突然大声笑着道：“呵呵呵！明日一早，要摘橘红的，都到赖家园摘去！有事，我陈鉴担待……”

人们知道陈鉴必有斗官妙法，第二日一早，果然有一群男女来到赖家园摘橘红果。睇橘衙役，惊得手足无措，慌忙跑回衙门报告祝知州。祝知州闻报，气得老鼠须倒竖。只见他带领人马，发疯般向赖家园奔来。

祝知州一进赖家园门，便冲着摘橘红的人吼起来：“你哋，你哋这班刁民，点解犯上作乱，摘官家橘红？”

此时，陈鉴早已站在祝知州面前，他不慌不忙地说：“是我批准他们摘橘红的。”

“你？你是谁？做什么的？”

“鄙人姓陈名鉴。”

祝知州抖着老鼠须说：“啊，你……你唆使乱民，抢摘橘红，该当何罪？”陈鉴慢条斯理地说：“小民何罪之有？青天大老爷，是你出告示要我行使这摘橘红之批准权哩！”

这时，有个歪嘴衙役跑过来，附着祝知州的耳朵道：“大老爷，我哋贴的告示，统统让人给改了。有一句话中的东字被加了耳朵改为‘陈’字，变成了‘而后之橘，须经衙陈鉴准，方能采摘’。老爷，这……”

祝知州一睇园门旁告示，见果然如是，顿时明白，把“东鉴”改为“陈鉴”的，定是陈鉴本人。但一时又抓唔到什么把柄，只好暗里把牙齿咬得“咯咯”响。末了狠狠地瞪了陈鉴一眼，从牙缝里挤出一句：“你这刁才！”

陈鉴和大家都哈哈大笑起来。

讲述者：　赖家园后人
搜集整理者：陈红胜
搜集地点：　化州县
搜集时间：　1984 年
流传地区：　化州县

（十一）洞房应试

陈鉴结婚了，新房设在化州城内一条临江的古巷里。新娘子曾眉是江南才女。她相貌端庄，身材苗条，自幼跟叔父读书，吟诗作对、写八股文章等等，并唔亚于一般秀才。

新婚之夜，洞房花烛，新娘子欲学苏小妹三难新郎，试试丈夫的急才。于是，待亲戚客人离开、婆婆回避后，她便敞开房门，用一条大红丝将新房门口横腰系住，自个儿坐在烛光下睇书。

陈鉴送走诗友，喜气洋洋地回房。一到门口，只见红丝巾横腰将他拦住，一时莫名其妙。他搔了搔头皮，立即明白了这是新娘子故意出的难题。把丝巾拿开吧，无个道理点向新娘说明白？提腿从红丝巾上跨过去嘛，脚腿哪能提得这么高？低头弯腰从红丝巾下钻进去嘛，男人大丈夫，未进门先鞠躬，成何体统？他朝房子里探探头，只见新娘子背朝门口，不动声色地睇书。他只好在门外站着思索进门之策。时间一刻一刻地过去。这时，曾眉转过头来。她见陈鉴眉头紧锁，一副狼狈相，忍唔住“扑哧”一笑。陈鉴愣了一愣，脑瓜豁然亮了起来，便脱口吟道：

银河一条横腰拦，

织女牛郎各一方；

非是织女下凡来，

牛郎岂能进洞房？

新娘子一听，心头大喜，连忙微笑着走过来，将红丝巾一头拆开捏在手里。陈鉴连忙拆开丝巾的另一头，也紧紧地捏在手里。两人各执一头，如鸳鸯一般，并肩走到罗帐前。

陈鉴兴高采烈地说："娘子真乃才女也！"一边说一边准备解衣上床。

这时，新娘子双手一摊，拦在床前："慢着，还有呢！"

"还有什么戏？"

"我出嫁时，叔父交托一副对子与我，叫我在洞房之时念给你答对。若对得好，今夜一切依你；若对唔好，罚你站到天亮。"娘子说完又是一笑，笑得实在美丽动人。

"好，你说吧。"

曾眉笑了笑，盯着陈鉴，慢悠悠念道："斗官穷，斗鬼绝。鬼尚能捉，官岂能抗？"

陈鉴一听，便明其意，这分明是劝我以后别和官府斗。此时，他凝视着窗外茫茫夜色，想着贪官污吏平日为非作歹，猛然间怒火心中烧，于是大声答道："争民富，争士强。士宁可杀，民不可欺！"

曾眉只好笑道："你的意志，谁也动摇不了。今夜只好一切依你了。"

讲述者： 乐岭村民

搜集整理者： 陈红胜

搜集地点： 乐岭村

搜集时间： 1983 年

流传地区： 化州县

（十二）智挂状元灯

农历正月十五是元宵，化州城张灯结彩，好热闹。龙灯、血灯、走马灯、梅花灯，还有各式各样的花炮、焰火，五光十色，千姿百态，实在迷人。女人家平时少出街，今夜也随着丈夫或跟着父母出来赏灯景、猜灯谜。知县衙门唱大戏，鼓楼之上放焰火。祝知州捋着腮帮的老鼠须，睁大眼睛睇一年一度的元宵美景。

陈鉴也叫人巧制了一副灯笼，像两个特大南瓜一样，内里燃着明烛，光彩夺目。鉴母早两天就被族人请回乡下过节了，陈鉴却什么地方也唔去逛。他想，明皇朝行将衰微，阉官当道，民不聊生；有钱人迷于花天酒地；当官的迷于搜刮民脂民膏；读书人迷于八股文章，追逐功名；还有人迷于花街柳巷，醉生梦死……他随即吟诗一首云：

元宵佳节舞龙灯，

花街处处箫鼓音。

春风熏得游人醉，

岂知衙门口吞金？

夫人曾眉伴丈夫在家饮茶。她听了这首诗，叹道："诗，好是好，只是离了正道。我叔父说，人生一世，草木一春，要金榜题名才不枉为七尺男儿。你才华横溢，倘若能专于举业，恐怕连状元也会中的，何必成天挖空心思与官宦作斗？""哈哈哈！"陈鉴笑着拉着娘子出来睇他挂的灯笼道："中状元？娘子，你睇我哋门前吊的灯笼，不是写着'状元'吗？我就是当今'状元'。哈哈哈！"

曾眉一见，大惊道："这还了得？你冒充状元，有欺君之罪。祝知州早就想寻你的短处加害于你了，你挂这副灯笼，岂不招来横祸？"曾眉说着就要动手把灯笼取下。

陈鉴把娘子一拦，笑着说："我正要祝知州来寻我呢！此贼太可恶，来化州一年多，便把这里搞得乌烟瘴气。"

曾眉说不过丈夫，只好提心吊胆伴他过了这元宵节。

第二日一早，突然地保阿二带着两个衙卒闯进陈鉴家里。阿二问："陈相公在家吗？"

“什么事？”陈鉴从房内走出来，其实他心里早已料到九分。

一个穿着黑衣、像个乌鸦似的衙卒大声说：“少问废话。县官大人叫你火速去公堂。”

另一个衙卒凶狠地将陈鉴挂的“状元”灯笼取下，紧紧拿在手里，命令道：“快跟我哋走！”

阿二唔咸唔淡地说：“陈相公，祝知州闻知你家门前挂状元灯，叫你拿灯笼去说个明白，别担心。”

“哈哈哈！”陈鉴放声笑着大踏步向衙门走去。

祝知州知陈鉴来了，唔升堂，而是在清风楼上“接见”他。

祝知州带着讥讽说：“陈鉴名士，久仰，久仰！你是状元？”

陈鉴昂着头答：“不是！”

祝知州望了一眼衙卒带回的状元灯笼说：“你知唔知道你有罪？”

陈鉴也望了一眼他的灯笼：“何罪之有？”

祝知州转着狡狯的眼珠说：“你冒充状元，欺君罔上，罪该斩首。”停了一会，他又说：“不过，本官一向睇重文人学士；我今日唔叫你上公堂，而在这清风楼‘接见’你，正是礼贤下士。只要你当面认错就行，我想请你来县衙当个师爷！”

“哈哈哈！”陈鉴狂笑起来。

这笑声，使祝知州顿觉胆寒。祝知州细睇陈鉴，觉得这人容貌非同一般：眉清目秀、熊腰虎背，既像个学士，又像个武夫；只是有点不修边幅，举止令人生畏。于是，他怯生生地问：“你笑什么？”

陈鉴指着灯笼说：“我笑你目不识丁。你睇，这灯笼上明明白白写着‘想状元’三字。当今皇上叫读书人追求功名；我想当状元，犯哪条皇法？”

祝知州一愣，忙走过来拿起灯笼细睇，果见“状元”两字前头有个“想”字，只不过像苍蝇那样大，难以睇清罢了。他情知状况不妙，但仍强口道：“你为何把‘状元’两字写得斗大，却把‘想’字写得蝇小？”

“大老爷有所不知。状元是文魁。鄙人无能，对状元唔敢大想，只能小想，故把‘想’字写得如苍蝇般小。”

祝知州情知失理，实在尴尬，但又想，如果此次败下阵来，以后这县官难当。于是板起面孔道：“陈鉴，你有意戏弄本官，本该以重罪；但本官宽宏大量，恕你无罪。不过，我有一句诗对，向你请教。你若对答得好，本官鸣锣烧炮送你返去。若对得唔好，可别怪我……”

陈鉴高声道：“得！不过你私设公堂，无故审讯乡民，唔理如何，你今日得打着灯笼，鸣锣烧炮，送我返屋企。否则，我上告高州知府。”

祝知州皱了皱眉，然后摇头晃脑道：

“云锁高山哪个尖峰得出？”

此刻，陈鉴恰好睇见强烈的阳光从窗口射进来，马上对答道：

“日穿漏壁这条光棍难拿。”

祝知州哗然失色，只好派人打着“状元”灯笼，鸣锣开道，燃放鞭炮，送陈鉴返屋企。

讲述者： 乐岭村民
搜集整理者： 陈红胜
搜集地点： 化州县
搜集时间： 1983 年
流传地区： 粤西

（十三）吟诗戏知州

县官祝知州贪赃枉法，草菅人命；但他有个鬼点子：逢年过节，总爱要两手，以显父母官之功德。有一年八月十五中秋，祝知州邀齐城里的豪门权贵、文人墨客和知名人士，一起聚集在清风楼上品茶赏月，吟诗作对，助兴作乐。

这一晚，中秋圆月刚刚升起，被邀之士都陆续来了。他们当中有的肥头大耳，有的尖嘴猴腮，有的鹰眼鹞鼻，有的挺胸凸肚，有的弯腰曲背，有的眉清目秀，有的丑鬼扬幡。各式各样，无所不有。他们有的是豪门富翁，有的是有势权贵，有的是吹牛拍马屁者，有的是秀才书生；此外，还有“嬉笑怒骂皆成文章”的岭南才子陈鉴。

月上中天，茶过三杯。祝知州把一块月饼塞入嘴里。一会儿，他站起来捋了捋那撮老鼠须，对大家说：“本官为民父母，今晚中秋佳节与民同乐，机会难得。中秋之夜，历来是骚人墨客诗兴大发之时。诸位，今晚月儿正圆，我哋何不吟诗助兴呢？”

大家齐声附和说：“好！确是机会难得。”

有个爱吹牛拍马屁的说：“祝大人书香世代，满腹经纶，何不先吟？”

祝知州捏了捏老鼠须，眨了眨眼说：“好好！盛情难却。本官先吟……先吟。”他咳了一声，清了清嗓子，伸长鸭公颈，颇有节拍地吟道：

中秋佳节把月赏，
香茶一杯共品尝。
君子之交贵如金，
与民同乐喜洋洋。

众人听了拍掌称好。那个爱吹牛拍马屁者大声赞扬：“好诗好诗。不鸣则已，一鸣惊人！妙哉！妙哉！”

过了一会，那个爱吹牛拍马屁者站了起来，洋洋得意地说：“嘻嘻，我贾某人才疏学浅，唔识吟诗，但中意弄墨。”他接着挥笔写下一首打油诗来。其实，贾某有多少墨水，陈鉴是一清二楚的。他的尾巴一翘，陈鉴便知他是屙屎还是撒尿了。他在众人面前故意挥笔弄墨，无非是想炫耀一下自己。果然，他一动笔，大家便围了过来。他一边写，一边吟诵：

中秋佳节把月赏，
清茶又甜饼又香。
知州功德高过天——

祝知州一听，眉开眼笑地说：“嘿嘿，过奖过奖。高唔过天，高唔过天。本官为民父母，功德高过半天就好了。”

贾某继续写落去，唔知谁帮口大声诵落去：

“好比我的老斧狼。”

话音未落，陈鉴“嗤”的一声笑了。祝知州好唔爽快。“老斧狼？”真是岂有此理。陈鉴说：“祝大人你睇，有书为证。”祝知州一睇，果真如此，贾某把“爹”写成斧头的“斧”字，把“娘”字写成豺狼的“狼”字。祝知州怒视贾某。贾某说：“我写的是老爹娘啊。”众人大笑，笑得贾某面红耳赤。

沉默了一阵，陈鉴站了起来，说：“诸位，请听我来吟一首凑凑热闹。”他慢条斯理地吟道：

中秋佳节把月赏，
你亦偷来我亦抢——

众人一听，暗一惊。祝知州听了，很不是滋味，气得“叭”地放了一个响屁。那个爱吹牛拍马屁的贾某，企图挽回刚才出丑的影响，借驳斥陈鉴来向祝知州献殷勤，说：“祝大人坐镇州地，人杰地灵，物阜年丰；太平盛世，国泰民安，夜不关门，日不闭户，何来偷抢乎？”众人也交头接耳，说陈鉴有意辱骂县官。

陈鉴却说：“且慢，我还未吟完呢。请听落去——”他接着吟道：

上天抢得月城饼，
献给知州亲口尝。

众人听了一齐赞：“妙极！妙极！”祝知州也只好点头称是。

接着又有几个人摇头晃脑吟了一阵。这时，祝知州却说：“今晚诸位诗兴大发，一发而不可收。趁如今兴致勃勃，我哋不妨来个联句吟诗，变变形式，岂不更加有趣？”

众人齐声说：“好！联句联句。”

祝知州放了第一句：“清风楼上把月赏。”跟着有个肥头奄耳的大富翁，摸着凸出来的大肚子吟第二句：“食饼喝茶肚子胀。”

那个爱吹牛拍马屁的贾某也不甘示弱，马上接吟第三句："万寿无疆祝知州。"

陈鉴猛地站起来吟第四句："寿星公吊颈[1]——"

众愕然。有人问道："什么什么？吊颈？"

祝知州吹着老鼠须，伸长鸭公颈，真想叫人捉拿戏弄他的陈鉴。但在这种场合，又唔敢贸然行动。

陈鉴最后有板有眼地说："嫌——命——长。"

那个爱吹牛拍马屁的贾某连声说："对！寿星公吊颈嫌命长！好诗好诗！"

祝知州一时目瞪口呆，仍然伸长那条鸭公颈……

讲述者： 乐岭村民
搜集整理者： 陈红胜
搜集地点： 化州县
搜集时间： 1984 年
流传地区： 粤西

（十四）陈鉴与八哥

陈鉴养了一只八哥，长相奇异，羽毛好靓，像一个穿着锦衣、头戴方巾的学士。这只八哥几经陈鉴剪舌训练，能学人语，而且嗓音逼真，实在惹人喜爱。每日日亮，鉴母起床时，八哥即刻飞过去，尖着嗓门叫："奶奶早安！奶奶早安！"乐得老太太合唔上嘴。

一日晌午，县官祝知州正在清风楼上闭目养神，突然一个清脆的声音在他耳边响起："祝知州贪官！祝知州贪官！"祝知州睁眼四睇，却唔见人影。他心惊肉跳，以为自己平日的贪赃枉法被人揭露了。便责问守门衙役，可曾有人进来。衙役说无。他想，也许是自己做梦吧！于是他又闭上眼皮，把手按在额眉上，鼻孔呼呼的，装做瞓着的样子。

"祝知州贪官！祝知州贪官！"

那个清脆的声音又响了起来。祝知州不动声色，像个老鼠一样，偷偷睁眼察睇，发现是一只八哥正立在窗口的横杆上对着他骂。他随手拿起一只茶壶，猛地向八哥掷去。"哐啷"一声，茶壶砸碎在窗壁上，八哥却拍着翅膀飞走了。

原来，这是陈鉴苦心教八哥骂祝知州，并亲自放它上清风楼的。打那以后，每当祝知州上清风楼瞓午觉，八哥就来骂。祝知州打它打唔着，骂又唔顶用，弄得他这大人几乎唔敢上清风楼了。

一日，祝知州心生一计，叫人预先暗地布下特制的捕鸟罗网，晌午时他大摇大摆上清风楼瞓觉。一会儿，八哥又飞来了，但它还未骂出口，就被捉住了。祝知州使劲抓住八哥的双翅，将它的毛一根根地拔了下来。他边拔边问道："还敢骂老爷贪官吗？还敢骂老爷贪官吗？"八哥痛得哇哇直叫。

祝知州一下子把八哥毛拔个精光。他以为八哥跑不了啦，便把它扔在楼板上。谁知这精灵善跑，眨眼间就不翼而飞了。

陈鉴得知八哥被祝知州捉去拔毛，实在痛心；后来，听说八哥已经逃脱了，便到处揾。揾了几日，才把八哥从下水道里揾了返来。经过陈鉴母子俩悉心护养，唔到一个月工夫，八哥又羽毛丰满，能飞善跑了。接着，陈鉴又日日教它新的语言，训练它如何对答问话；要睇准时机，报拔毛之仇。

一日，祝知州要到城北的城隍庙求神问卜。陈鉴得知消息，预先买通庙祝，并把八哥放进城隍神像后面。不久，祝知州穿着便服，带着衙役来了。他们烧香上供后，就请庙祝求卜。庙祝诚惶诚恐、煞有介事地胡弄一番，然后把预先写好的卜文念给祝知州听。卜文云：

知州知州，有罪我求；
我求我求，城隍恩佑。
恩佑恩佑，拔毛拔须；
拔毛拔须，赎罪知州！

祝知州不解其意，只好请庙祝解释。庙祝道："老爷，小人实在唔敢直说。"

祝知州这时显得十分宽宏大量："慌什么？这里不是

[1] 吊颈：方言，悬梁自杀。

公堂，是庙堂，一切由你做主！”

庙祝小声说：“那好！城隍爷说你有罪。”

祝知州望了一眼城隍，好像是向神爷赔罪似的：“是，是有罪！我贪，贪……唉！如何赎罪！”

庙祝放高嗓门说：“城隍说，你要拔……拔须！”

“什么？要我拔须？”祝知州以为庙祝有意骗他，正在发作，不料却听得城隍殿上有个嗓音喊道：“祝知州有罪，祝知州有罪！”

这时，庙祝用力把祝知州按在神台前跪下，说：“祝大人，快跪下叩头。城隍老爷开口说话了。”

“祝知州有罪，拔须拔须！祝知州有罪，拔须拔须！”

祝知州听了这“城隍爷”的话，心想，既然神灵指点，拔须可赎罪，免至来世遭殃，那就照办吧！但当着侍从、庙祝的面，拔自己的须，岂不出丑？他想，叫他们回避一下就是了。于是他好像在公堂上发号施令似的说道：“本官有事，两旁退下！”

祝知州睇睇只剩下自己一个人了，便开始拔自己腮帮的老鼠须。庙祝在墙角里偷睇，暗地发笑。

“祝知州有罪，祝知州有罪！拔须拔须，拔须拔须！……”城隍不断下令，县官不断拔须。拔一根，“哟”一声，痛得祝知州眼泪直往下滚。

突然，一只八哥从神像后面飞出来，尖着嗓门叫道：“祝知州，祝知州，你拔我毛，我拔你须！”

祝知州大惊失色，喊道：“快来人呀！”

侍从慌忙跑来，不知所措；庙祝匆匆跑来大笑道：“哈哈哈，这是神鸟。老爷，你的罪可以赎了！”

祝知州无可奈何，用手掩住秃下巴，仓皇溜回衙门去。诸位，你道这庙祝是真庙祝吗？不哩！他是化了装的陈鉴。

讲述者： 乐岭村民
搜集整理者： 陈红胜
搜集地点： 化州县
搜集时间： 1983 年
流传地区： 粤西

（十五）逃捕

话说祝知州在城隍庙被陈鉴用计拔了老鼠须，初时唔觉，待回到县衙，对着镜子，只见下巴光秃秃的，经过细细思量，终于醒悟。顿时，他气得浑身发抖，顿足捶胸道：“陈鉴呀陈鉴，我一定要出这口气！”于是，他给衙役下了密令，务必要捉拿陈鉴归案。

这一日，陈鉴又逛大街了。差役见陈鉴来了，立即报告祝知州。祝知州即刻下令：关闭城门，捉拿陈鉴！顿时，衙卒差役像群狗乱窜，搜捕陈鉴。

不久，陈鉴来到诗友文豪家中。当他得到消息后，即对文豪说：“睇来在这里躲藏唔成。你赶快揾一件又脏又烂的衣服给我。”好一个陈鉴，只见他将头发打散，披在前额和肩上，穿上那套脏烂衣服，脱下鞋子，用水沟泥将双脚涂黑。之后，他疯疯癫癫地冲到街上，又笑又唱：“你哋都唔认得，我就是陈鉴……”

他趔趔趄趄地向城门走去。刚好守门的兵唔识他，见一个这样的疯子，断定他不是陈鉴，毫不在意，让他出去了。

陈鉴出城门不久，祝知州就带着几个衙役追到了这里。当他听说有一个赤着脚的疯子刚出城时，立即尖着嗓子叫道：“那就是陈鉴，快追！”

陈鉴跑到城郊下郭村，祝知州带着衙役已追上来了。陈鉴立即跑进小巷。只听得后面有人喊道：“分开五路，每人沿一条小巷追赶！”衙役追得很紧，陈鉴忙躲进一个拐弯处。衙役追近了，他立即拾起一块石头抛过院墙。“砰”的一声响，那衙役以为是陈鉴跳过墙去了，连忙也抓住墙头想爬过去。无奈脚下的靴子滑，爬唔稳，于是，将靴子脱下，爬了过去。陈鉴见状，立即穿上衙役的靴子，并在水沟中将靴子打湿，沿着条弯弯曲曲的小巷跑了。

后面追过来的衙役见这条小巷满是靴印，认为这条巷子已有衙役追过去了，所以唔再往这边追。陈鉴终于逃脱了追捕。

讲述者：　乐岭村民
搜集整理者：陈红胜
搜集地点：　化州县
搜集时间：　1984 年
流传地区：　粤西

（十六）写“天高三尺”

陈鉴闻知祝知州即将离任，特意叫木匠做了一块长方形大匾，亲笔写上“天高三尺”四个大字，然后涂上金粉，叫地保阿二等人鸣锣放炮，把“金匾”送给祝知州。

阿二咬文嚼字地对县官说：“青天大老爷，在任期间，为民父母，百姓无不感恩戴德。特敬送金匾一块，万望笑纳！”

祝知州睇睇“金匾”，捋了捋稀疏的老鼠须，再细睇匾上的字，得意忘形地想道：“这‘天高三尺’四字，岂不是颂扬我功德比天高，与日月同存吗？这份厚礼，岂能唔收？”于是他道貌岸然地说：“本官在任期间，深蒙贵境士民拥戴，感激不已！如今离任，实在于心不忍。此匾，乃民心士意之所在，我收下就是！”

祝知州正式离任那天，以大车小车、大轿小轿，把搜括来的民脂民膏满载而去，并让衙差抬着那块“天高三尺”的金匾，走在他乘坐的大轿前面，好威风！

突然，陈鉴从人群中钻出来，拦住祝知州的轿子，拱手作揖道：“大人今日离任，乡民有失远送！”

祝知州一睇，见是冤家陈鉴，而此时已离任，虽有气又唔好发作，故慌忙作揖答道：“岂敢，岂敢！”

这时，陈鉴指指天说：“大人，你睇睇天——”

祝知州已知陈鉴又来作难，故望着“金匾”说：“天高三尺。”

陈鉴又指指地说：“大人，你又睇睇地——”

祝知州一时唔知点回答：“地？这地……”

陈鉴歪着脑袋追问：“天何以高地三尺？”

祝知州到这时才恍然大悟：“这天，这天……”这“金匾”上写着“天高三尺”岂不是说他刮地皮三尺？上当矣！于是他大声呵斥那两个衙役赶快把“金匾”扔在地上，接着气急败坏地催促轿夫赶快抬他离开此地。

围观的人，笑得前俯后仰。陈鉴吟了一首顺口溜，并叫大家高声唱道：

刮地三尺祝知州，
今日离任不知羞。
百姓指天天不应，
出口粗气昂昂头。

讲述者：　阿周
搜集整理者：陈红胜
搜集地点：　化州县
搜集时间：　1982 年
流传地区：　化州县

（十七）考试闯大祸

这一年科考，恰遇万历“恩科”，乃大比赛之年。皇帝除了亲自任命主考、副主考外，还亲自命题，大吹大擂，弄得天下秀才无不争着应试。陈鉴本来无心通过此路寻官当，但他遵从母命应试，又在母亲面前作了保证，今年非要把个“解元”拿返来不可。

开考这一日，他五更早起，头戴新方巾，身穿青衣袍，精神饱满地来到贡门。

一会儿，贡院前先后放了三三归九响大炮，逐个把栅栏子打开，把大门打开，把龙门打开。大主考座师，头戴幞头，身穿蟒袍，带领考生，走上公堂，摆下香案，焚香燃烛，跪请三界大帝君、天上文曲星下来压场。众考役堂丁，个个凶神恶煞，把守各处门道。贡院内分一个个巷舍，按《千字文》上的字编号，每一号有仅可容一个人坐下的“小房”近百间，考生各占一间。内有木板两块，一块支起来做写字的几，一块支着做坐具，名曰“号板”。陈鉴占了间“号板”坐定，像个囚徒一般。

开题考试了，全场寂静，宛若无人一样，唯有下笔落墨的声音如春蚕食叶。陈鉴才智频发，下笔如有神助。虽则场内闷热，气味难闻，但他仍然专心致志。他很快就写完了七篇八股文章，第一个交了卷，放头牌[1]，轻快地走出了考场。

这一次，陈鉴到底考中了。放榜这天，早有报子飞马到化州报告鉴母，说陈鉴高中举人老爷。老太太高兴得失手打烂个青龙茶壶，夫人曾眉一时喜得不知所措。

然而陈鉴对中举并唔狂热，倒是关心起他的文章来了。他问过几位阅卷官，都说他文章气贯三江，笔力过人，本应中“解元”，但他在榜上的名次却排在人后。他为此几经周折，才知道主考宗师乃当朝皇帝之族亲，一贯倚仗权势勾结阉官，营私舞弊。这次是他把陈鉴的文章压了，而把一个给他行贿的考生点为“解元”。其实那个“解元”的文章很多地方狗屁不通，比起陈鉴的文章来，简直是望尘莫及。但主考宗师盛气凌人，独断专横，一人朱笔定案，竟在那个考生的文章上批“文章冠天下”，而在陈鉴的文章上批“文章赛天下”。这使陈鉴决定要与宗师辩是非曲直了。

陈鉴好唔容易见到主考宗师，走到他面前鞠躬道：“恩师，我的文章批语如何？”

宗师道：“陈鉴的文章好，‘文章赛天下’。”

陈鉴愤愤说：“应是‘文章压天下’。”

“是‘文章赛天下’！”

“是‘文章压天下’！”

一个说“赛”，一个说“压”，二人争得面红耳赤，毫不相让。猛然主考宗师怒道：“胆大贱种，竟敢面撞钦官。该打！”说着顺手抓起一端州大石砚，向陈鉴劈来。陈鉴手疾眼快，将石砚一接，跟着就势向宗师的头上砸返去。这一砸闯的祸大了！因用力过猛，宗师被砸得脑浆迸裂，当场毙命。陈鉴本无此意，但一时性急，误伤人命。虽也是为民除害，但闯下大祸，只得火速逃遁。但哪里逃得脱身？早有广州会城兵马将他拿下，直押大牢。贡院马上起诉至省按察司，并上报神宗，等候对陈鉴进行处决。

[1] 放头牌：第一个交卷。

陈鉴被捕入狱，鉴母闻知凶讯，即以“两江布政司”之媳的身份，火速赶到省城探监。

一大早，鉴母坐上轿子，来到儿子牢房，先给睇守狱卒十两银子，方得内进。母子俩牢房相见，不禁抱头痛哭。老太太睇见儿子担着大枷，心如刀绞。末了，陈鉴对母亲说了一条越狱妙计，叫母亲明日如此如此……

第二日未牌时分，鉴母的轿子又来探监了。轿夫一直把轿子抬到监狱门口，随即给看守的狱卒一瓶白酒、两斤烧肉、十两银子，求他开脱陈鉴脖子上的大枷，好让犯人舒舒服服喝碗酒。狱卒受贿，自然一切好办，不仅打开陈鉴脖子上的大枷，而且离开监狱，喝他的酒去了。

原来这是陈鉴的越狱计。这次陈老太太唔来，轿里“坐”的是一截伪装成老太太样子的芭蕉树，还有两只装在笼子里的白鸽。狱卒一离开，陈鉴马上将芭蕉树扛进牢房里，脱下树身上那母亲的衣裙头巾，迅速坐到轿子里。轿夫二话无讲，抬起轿子，飞步逃走。

一会儿狱卒喝得醉醺醺返来了。他得知陈鉴母亲的轿子已去，赶快往牢房里一睇，只见陈鉴躺在床上瞓觉。听声息，咕噜咕噜地响。他想，这家伙喝昏啦！于是，把牢门“当啷”一声锁上了。

一顿饭工夫后，监狱官来查狱，方知道陈鉴已逃跑了。床里躺着的是披着伪装的芭蕉树，那咕噜咕噜的声音是白鸽发出来的。于是监狱官十万火急报告省府官署。省府官署顿时兴动全城衙役兵马，四出追捕逃犯。

陈鉴坐在轿子里逃出东城门不久，遥见追兵已到，情况危急，便慌忙换装跳下轿来。让轿夫仍抬着空轿走，他自己则抄小路拐向西南方。突然，前面有几个黑衣兵卒向着他这个方向走来。这里无处躲藏，怎么办？他心生一计，即刻走到一处高地去屙屎。当时南风颇大，陈鉴解开裤子，屁股向南，低头向后……

“睇！那个蹲着屙屎的一定是逃犯！”一个矮胖胖的追兵看着不远处的陈鉴说。

另一个大鼻子追兵说：“陈鉴是个聪明学士，怎会如此思蠢，屁股向风屙屎，让自己的鼻子吸臭气？”

这几个黑兵卒，也似乎闻到了臭味，都一个个掩着鼻子，匆匆离开这里。

陈鉴终于巧妙地逃脱了虎口……

讲述者：乐山村民
搜集整理者：陈红胜
搜集地点：化州县
搜集时间：1983 年
流传地区：化州县、高州县

（十八）高陂桥碑文

陈鉴妙计逃脱虎口后，一下子跑到福建。他吟了一首《别家》的诗：

游子志千里，宁悲行路难；临别拜高堂，暂离膝下欢。慈母牵我衣，问我何时还；他乡多风雨，儿衣慎勿单。

萧萧去马声，恻恻碎心肝。明知离别苦，莫脱名利关；旅梦乡云绕，愁思烟水寒。

他因走得急，盘缠少带，故不得不出来想法谋生。

这日，陈鉴来到永定高陂，在树荫下小憩。这里新建了一座石拱桥，适逢竣工，群众议请一位名师写篇碑文以传后世。陈鉴听了笑道："写碑文何劳远人！"村民睇说话者似个才子，听其言似胸有成竹。一位老年的乡绅问道："先生言之有理。你能帮我哋写碑文否？"

陈鉴笑道："此有何难！诸位若唔见嫌，可具笔墨。我说你哋记录就是了。"

群众当即拿来文房四宝，陈鉴口诵，一教书先生笔录。只几分钟，别开生面、言简意赅的碑文就写出来了。文曰：

天有缺，炼石以补之；地有缺，造桥以渡之。

炼石者谁？女娲氏也；造桥者谁？芳名列后……

寥寥三十二字，把主题表达清楚，堪称妙作，群众赞不绝口。在盛情邀请下，陈鉴参加了竣工典礼的宴会。陈鉴环视四周，山清水秀，景致优美，即时诗兴勃发，挥笔题了二十字联。联云：

一道飞虹人在青云路上，

半轮明月家藏丹桂宫中。

联语工笔，生动地描绘了这里的美丽风光，人人赞叹不已。

讲述者：乐山村民
搜集整理者：陈红胜
搜集地点：乐岭村
搜集时间：1983 年
流传地区：化州县、高州县

（十九）惩贿

陈鉴逃离化州后，几经辗转，幸得在京当官的昔日门生万某扶持，做了华亭（今上海松江）知县。

听说换了新知县，华亭的官绅恶霸们全都像热锅中的蚂蚁一样乱开了。他们都想着办法急着巴结新知县。当时，华亭的贪官污吏特别猖獗，送礼行贿受贿成风，老百姓的生活很是疾苦。陈鉴决定要惩除贪官恶霸，让这里的百姓生活好过些。

对送礼行贿巴结者，陈鉴一律笑脸相迎。他对送礼的人道："为了使本老爷记得你哋的名字，知道你哋对我支持的程度，好让我以后给你哋好处，凡送礼者，都要列出送礼清单，并写上自己的姓名及送礼日期。"此话一出，华亭一片哗然。那些贪官恶霸们，先前还心大心细，现听此言，如遇知己，欢喜之情自不必说。黎民百姓，背地里骂陈鉴与贪官污吏是蛇鼠一窝，天下乌鸦一般黑。陈鉴对此一点也无恼怒。

见一个月过去了，陈鉴亦掌握了贪官恶霸唔少犯法证据。这天一早，陈鉴准备完毕，便差衙役按送礼清单上自己圈的名字拿人去。“咚咚咚，咚咚咚”，人们听到鼓声，知道衙门今天要有大事发生，一时间，华亭的男男女女、老老幼幼把整个华亭衙门围得水泄不通，争着睇个明白。只见陈鉴正气凛然地坐在堂上，堂下受审的竟是本地出名的官绅恶霸，一时都唔明这葫芦里到底卖的什么药。

“叭”的一声，陈鉴一敲惊堂木，大声喝道：“堂下众人，你哋可知罪！”这班人，平时威风惯了，哪能睇过这种场面，吓得面面相觑。有两个官绅模样的人道：“大人，小人们真的唔知犯了何罪。”陈鉴威严地一五一十宣布他们的行贿罪状。但众人唔服，都说：“有什么真凭实据控我哋？”陈鉴笑呵呵地掏出往日一叠叠送礼行贿清单，不紧不慢地说：“你哋存心贿赂朝廷命官，有凭有证，还想抵赖？来人！先把他们各打五十大板，再一一定罪！”这班贪官恶霸们受了罚，真是后悔送礼给陈鉴，还亲手签上自己的大名呀！

陈鉴贴出告示，将贪官恶霸行贿的财物发给华亭老百姓。当地百姓，个个都拍手赞陈鉴，说陈鉴是一位好的父母官。

讲述者： 陈红胜
搜集整理者： 陈文操
搜集地点： 化州市
搜集时间： 1999 年
流传地区： 化州市、高州市

（二十）审凳

有一日，陈鉴出去办公务，来到本县最繁华的街道。几个地方恶霸远远地见陈鉴来了，便和一班早已约好的地痞流氓们一齐吆喝着拥过去，还有意朝一卖糖水的老大娘撞去。老大娘吓得跌倒在地，那装糖水的瓦罐子却撞在一张木凳上。“叭”的一声，罐子撞得粉碎，糖水泼了一地。一个满脸大麻子的恶霸，被糖水弄脏了衣服，于是朝老大娘身上就是一拳，还扯住老大娘叫她赔衣服。旁边有人为老大娘打抱不平。顿时，整条街都乱哄哄起来了。

陈鉴来了。那班恶霸地痞们迎了上去，老大娘和一班百姓也迎上去。老大娘哭诉道：“青天大老爷，请为小民做主。今日唔知哪个缺德的将小人绊倒，还将糖罐砸烂了。”老大娘流着串串老泪，实在可怜。陈鉴一睇情形，心里已明白了几分。那个大麻子朝陈鉴作了个揖说：“老爷在上，小人睇得清清楚楚、明明白白，这老大娘确实让某个缺德的绊倒了，摔破糖水罐的。”陈鉴说：“既然你睇得明白，是哪个缺德的，但说无妨！”这人老鼠眼一转，装模作样地说：“老爷，说句公道话，一唔怨天，二唔怨地，害人的是这张长木凳。请大老爷明断！”话一落，这班人便乌鸦般七嘴八舌附和上了，都说：“此话唔假。大家都睇见，唔会错。”老百姓们气愤不过，都说：“老爷，糖罐子是被这帮人故意撞翻的。麻子还打了老大娘一拳。我哋睇得清清楚楚，请青天大老爷明察！”一时间公说公有理，婆说婆有理，乱嘈嘈的。

陈鉴睇在眼里，明在心里。他对恶霸地痞们说：“照你哋说来，是这长木凳害人！你哋可否做证？我今天就审审这长木凳！”这班人早已巴不得，忙说：“可做证！”陈鉴立即吩咐衙役把长木凳五花大绑抬返去，上百号人一齐拥进县衙。

开堂了。陈鉴大声问道：“好个可恶的长木凳，你为何将老大娘的糖水瓦罐砸破？快快如实招来。如若不招，将你砸个粉碎，扔进火坑！”陈鉴连问数遍，长木凳就是唔开口。恶地痞们睇得挤眉弄眼，暗自发笑。

陈鉴一见，正中下怀，突然一敲惊堂木，大声问道：“你哋本是上堂做证之人，唔好好听老爷审案，暗中捣什么鬼？”那大麻子忙道：“老爷，小人只是发笑，并无捣鬼！”陈鉴又问：“因何要笑？”大麻子答道：“笑老爷执法如山赏罚分明。可惜，这长木凳无嘴巴，怎能供出话来呢？无嘴唔生脚，点会走去砸人家的瓦罐？”

陈鉴猛地敲响惊堂木，站起来对恶霸地痞们喝道：“你哋明明知道这长木凳一唔识讲话，二唔识走动，它何以去碰撞老大娘的糖水？这分明是你哋存心不良，嫁祸给木凳，欺骗本官。我今天对你哋决不轻饶！”于是陈鉴宣判，对那大麻子重打五十大板，罚钱五十；其他人等一一责打三十大板，赶出公堂。

陈鉴把罚来的钱全给了老大娘，还差人送她返屋企。老大娘做梦也无想到今天竟有这样的造化，感动得不得了。

讲述者： 东江月
搜集地点： 化州市
搜集时间： 1999 年
流传地区： 化州市等地

（二十一）智辱刁秀才

话说陈鉴十四岁那年，听说外村有个同姓秀才，野蛮刁诈、诡计多端，乡里都叫他“刁秀才”。他仗势欺人，但乡人又奈何不了他。陈鉴想整治他一下，却一直苦于无机会。

一日陈鉴到化州逛街后，再坐船去几十里远的梅菉圩“菉保学馆”会友，恰巧刁秀才也坐同一船到梅菉的“关帝庙”去求神。午后，在化州去梅菉的船上，陈鉴见有一个年近四十、肥头大耳、穿戴鲜艳、手持一把书有“唯我独尊”四字纸扇的男子。根据人们所说的特征，陈鉴想该人是刁秀才无疑。

船如一条游水的鱼，从北向南沿着鉴江慢慢地游落去，很快进入了梅江。

入夜时分，陈鉴故意坐到刁秀才身边，开始盘算着如何“计算”刁秀才。正苦于无计之时，河面上的风，透过船舱的空隙渗到船里。刁秀才利索地解开布包，拿出一件被单，往身上一盖，闭目养起神来，也唔顾靠在身旁瑟缩着的一个小孩。这让陈鉴更为愤怒：你真不愧是一个“刁”秀才！捉弄他的决心更坚定了。这冷风一吹，陈鉴突然计上心头。

陈鉴故意扯扯被角。刁秀才忙问：“你做什么？”陈鉴颤抖地说：“无什么，只是觉得你的被子很漂亮。是绫罗绸缎的吗？”刁秀才听，咦？这个乡间少年说话这么文雅。他顿时来了兴趣了，问道：“小孩你是哪里人？一个人出门？”

陈鉴答道：“我是化州人。就一个人出来。”

刁秀才问：“化州街人？”

陈鉴道：“不是，是化州乐岭人。”

刁秀才一听这小孩是乐岭人，便问：“乐岭？听说那里有一个神童，叫什么陈鉴，你认识吗？”

陈鉴答：“认得——若论资排辈，那个什么陈鉴得叫我做爷爷呢。”

刁秀才望着眼前的小孩，好生惊奇，问道：“叫你做爷爷？”

陈鉴道：“对，叫我做爷爷。”

过了一会儿，陈鉴又道：“陈秀才！”

“咦，小孩，你认识我？”刁秀才一阵狂喜。

“是啊。唔好说你是我的乡邻，就是全化州的人也都无人不识你陈秀才的。”说话间，陈鉴故意把被子往自己的身上拉。

这下，刁秀才精神大振了。

陈鉴又道：“听说你读书破万卷，学富五车，还爱护百姓。是了，你点解唔去当官？你若当官就是百姓有福。”陈鉴故意吹捧他。

刁秀才感到唔好意思起来，忙把被子往陈鉴这边推，说：“本秀才秉性潇洒，唔想进仕，只喜到处游学。我上午在化州街考察了文庙，现到梅菉去景仰武庙。哦，小孩，你去哪里？”

“我也是去梅菉探亲戚。”陈鉴撒谎道。

他们谈着谈着，不知不觉地都瞓着了。船到梅菉码头时天已大亮。船泊岸后，赶集的、赶路的、探亲的、返家的陆陆续续地争上岸。刁秀才上岸未走十几步，就被陈鉴一手拉定。睇这小孩子脸色，还相当吓人。难道这小子还想讹诈？于是刁秀才说：“小孩，你拉住我做什么？”他用力一挣，继续走自己的路。但陈鉴又追了上去，拉住刁秀才的布袋说：“你还给我被子。”

“哈，你这个蛮小子。”刁秀才愤愤地说，“我睇你冻得可怜，给你被子盖，你反而想占我的被子！真是岂有此理！”陈鉴寸步不让，对着围观的群众说：“各位阿叔阿婶，你哋睇啊，这人睇似斯文，却为老不尊，竟然抢去了我的被子。”

围观的人越来越多，各说不一，有人提议去见官。见官，正合了陈鉴之意。刁秀才呢，骂这小子又唔放手，打他又不是，为了自己的清白，也就只好去对簿公堂。

衙门上，衙官让他们各自陈述后，也判不了是谁的被子。就说，被子只能是你哋其中一人的。我最后问你哋，若不是自己的，现在放弃还来得及。否则，说假的就要受皮肉之苦。陈鉴、刁秀才都坚持说是自己的，都说若假甘愿受罚。

衙官一拍惊堂木："你哋各自说说，这被子有什么特殊之处。"

陈鉴心里暗自偷笑，却唔开口。刁秀才却连连叫苦，因他讲唔出被子的特征来。

衙官指着刁秀才："你先说。"刁秀才支支吾吾半天，什么也说唔出来。衙官又对陈鉴说："小子，你说。若你哋都说唔出，这被子就充公，还要各自打二十藤鞭。"

陈鉴装作惊恐地说："大人，我妈怕我丢失被子，就把铜钱夹在被子的一角上，请大人明鉴。"

众人齐齐把目光望着那张被单，全场鸦雀无声。捕快将被单检查一番后，当众在一被角里取出一枚铜钱。这时众人"嗬"的一声，把眼光集中在刁秀才的身上。

衙官把惊堂木一拍，大声说："大胆刁民，竟敢欺骗本官，给我打！"两个捕快立即上前将刁秀才按在地上，另一捕快拿一藤条，噼噼啪啪就是二十下，痛得刁秀才哇哇地大喊大叫。

随后退堂，群众纷纷散去。刁秀才一脸羞愧地，一步一步地挨出衙门。但无走多远，陈鉴就跑了上来，嘻嘻地笑着对刁秀才说："陈秀才，其实我是闹着玩的，想唔到让你受了一场苦。把被子还给你了。"说完，就将被单送过去。刁秀才一肚怒气，但又无可奈何。被单本来就是自己的，就伸手去接住，只哼了一声，就独自走他的路。

陈鉴又走回衙门叫"冤"："大人们，那肥佬又抢走我的被子了，你哋得为小人做主啊！"这还了得！两个捕快立即追了出来。其中一个对着刁秀才又是一阵藤鞭，之后，说："刁民，睇你还有无王法！"捕快刚走几步，刁秀才忿忿地说："本秀才要——要告你哋！"捕快一听"秀才"两字，顿时吓了一跳。须知道，秀才功名在身，在未被革除之前，是唔准动刑的。陈鉴睇透了他爱面子的本性，是唔敢承认自己是秀才的，就说："大人，你哋听清楚了，他又在冒充秀才呢。"捕快走返来喝道："你是不是秀才？"刁秀才赶快说："不，我不是秀才。"捕快噼啪又是几鞭，且丢下一句话："蠢猪，睇你以后还敢唔敢生事！"随即走了。

陈鉴又扬着被单说："秀才大人，这次真的把被子还给你。"刁秀才哪敢再接呢？他恨死陈鉴了。陈鉴嘻嘻笑着，将被单扔在地上，说道："刁秀才，让你见识见识吧，小弟我就是陈鉴。"言讫，扬长而去。

讲述者： 东江月等人
搜集整理者： 佚名
搜集地点： 化州市
搜集时间： 1996 年
流传地区： 化州市

（二十二）写祭文

话说陈剥皮是乐岭村一大财主。他横行乡里，欺凌穷人，村民无不深恶痛绝。

陈剥皮有个独子，取名虾狗。这死虾狗，遗传了老子血统，小小年纪，欺负孩童、偷鸡摸狗、爬树摘果、挖瓜屙屎，无所不做，为孩童所痛恨。

一日，虾狗爬上邻居二伯婆家桃树偷摘桃子，不慎踩断树枝，一跤跌下，一命归西。

陈剥皮痛不欲生。为了威威风风给儿送葬，便请大才子陈鉴写张祭文。陈鉴当下一口答应，陈剥皮好得意。

陈鉴历来对坏人恶人疾恶如仇，哪能为陈剥皮做个好祭文？只见他眼一眨，写道：

喊你冇[1]上硬要上，

踩断木丫啪声响。

死蛇冇禁[2]直，

蛤蝓冇禁扁。

呜呼哀哉，

谨告尚飨。

陈剥皮接过祭文一观，顿时气得两眼翻白。

讲述者： 黄章
搜集整理者： 杨平
搜集地点： 化州市
搜集时间： 1998 年
流传地区： 化州市
原载本： 《广东民间故事全书·茂名·化州卷》

[1] 冇：不要。

[2] 冇禁：没有这样。

187

雅瑶六的故事

雅瑶村是增城地区屈指可数的几个人口过万的大村之一。由于人口众多，各式各样的人物都有，自然就会发生各种各样的故事。这些故事一直在沙埔、仙村、新塘、永和、宁西、荔城一带流传。下面就讲几个雅瑶六的小故事：

（一）雅瑶六食白粥

雅瑶巷口有一家专门卖早餐的小食店。每日清早，天刚刚亮，这里就非常热闹。人们根据自己的爱好或各自的经济条件，来选购自己中意的早餐。生肉包、叉烧包、豆沙包、猪肠粉、炒河粉、濑粉、汤粉，还有猪肝粉肠粥、生滚鱼片粥和白粥。店虽小，但各式食品种类繁多，顾客川流不息，生意红火。

很久以前，在这成千上万的雅瑶人当中，有个名叫“雅瑶六”的就住在这小食店附近。他父母双亡，兄弟夭折，只剩下他孤单一个人。据说他排第六，人人叫他“六哥”，或者叫作“雅瑶六”；至于他的本名，已经无人记得了。

每日早晨，雅瑶六和其他买早餐的村民一样，一大早就来到这家小食店。但由于经济拮据，他很少买生肉包，也很少买猪肉粥，偶尔买一两条猪肠粉食食，多数时候只买三碗白粥充饥。那时候，每碗白粥只卖二分钱。食一碗两碗，雅瑶六是唔够饱的；花六分钱，买它三大碗，一般就够饱了。即使这样，由于雅瑶六从小疏于家教，平日好食懒做，入不敷出，日子也越过越艰难。年近四十，还讨唔到老婆，有时甚至想多食一碗白粥也拿唔出二分钱来。但肚又饿，怎么办？雅瑶六左思右想，终于想出一条能把二分钱变作六分钱食上三碗白粥的计策。

这日清早，雅瑶六照样来到小食店买粥食。店主人见到他，连忙问道：

“阿六，今天是买猪肉粥，还是照旧又来三碗白粥？”

雅瑶六说：“不，不，今天只买一碗白粥！”说着，在衣袋深处掏了掏，挖出二分钱交给店主人。店主人觉得奇怪：怎么阿六只买一碗白粥就够了？正当店主人纳闷之时，雅瑶六端起那碗食了一大半的白粥对店主人说：“喂，喂，老板！今天的白粥怎么这么咸的？太咸了！太咸了！咸到无法入口，快点给我加一勺无放盐的白粥来！”

店主人见阿六说得如此严重，连忙从粥锅里舀了一勺未放盐的白粥加到雅瑶六的粥碗里。雅瑶六连忙狼吞虎咽地呷了几大口。当还剩下小半碗时，他又对店主人说：“哎，老板，怎么搞的，这碗粥现在唔够味了！快给我加一点盐来！”店主人只好照办，给阿六那碗粥里加了一点盐。但雅瑶六食了几口以后又说：“哎哟！盐又放多了！想咸死人咩？快给我再添一点白粥！”店主人又给雅瑶六添了满满一勺无盐的白粥。重复了三次，雅瑶六花二分钱买一碗白粥，先后添加了三大勺，实际上足足有三大碗了，雅瑶六也够饱了！就这样，雅瑶六的二分钱，就变成六分钱了！后来，店主人把此事讲给别人听，一传五，五传十，雅瑶附近的人很快就传开了“雅瑶六食白粥，二分钱就食到饱”的故事了。

（二）雅瑶六剃头

这日，雅瑶六到理发店剃头。他剃的不是“大西装”，不是“小平头”，也不是“陆军装”，而是当地村民最常理的“猪屎摺”[1]。当他的“猪屎摺”差唔多剃好的时候，雅瑶六对理发师傅说：“剃头师傅，今天我跟你打个赌猜个谜好唔好？很简单的，我讲一样东西给你猜，你如果猜得中，我付你双倍理发钱；如果你猜错，那就免收我的剃头钱，好唔好？”雅瑶六说完，望了理发师一眼。

理发师傅心想：两角钱理一次发，就算为他白理也无妨，便说：“阿六，你讲给我猜吧！”

“谜面很简单。剃头师傅，你猜一猜：我今天有无带钱来理发？”

理发师傅很有把握地说：“这不用猜了，你肯定带钱来了啦！”

雅瑶六望着理发师傅说：“师傅，你真唔好彩[2]！你猜错了！我今天无带钱来。唔信你来我身上搜搜吧，搜得出来，全部归你！”雅瑶六说着，把衣兜翻出来让理发师傅睇，并说：“这次算你义务帮我理发了！”就这样，雅瑶六理发后，唔给钱就走了。

时光过得真快，转眼过了两个月，雅瑶六的头发又生长了。这日，他又来到上次打赌猜谜的那间理发店揾那个师傅理发。差唔多理好的时候，雅瑶六又对理发师傅说：“师傅，怎么样，我哋这次又打个赌猜个谜好吗？同上次一样的条件。”

理发师傅点了点头。

“还是上次那个问题：这次我有无带钱来理发？”阿六说完，又笑了一笑。

理发师傅想：你这个无赖，上次理发都无带钱来，这次一定也无带了！于是，他很有把握地说：“我猜啦：这次你又无带钱来，对唔对？”“哎哟！师傅你确唔好彩！这次你又猜错了！你睇，这不是钱吗？”雅瑶六从衣袋深处掏出仅有的二角钱来，在理发师傅眼前晃了又晃，说：

[1] 大西装、小平头、陆军装、猪屎摺：发型的种类。

[2] 唔好彩：方言，不幸运。

"这回，你又错了！我又唔需要给剃头钱啦！"

（三）雅瑶六买斑鱼

这日下午，雅瑶六正在塘边市场的凉亭内睇别人下象棋。不一会儿，一个头戴破草帽、穿条牛头裤、光着上身的赤脚老汉，手提鱼篓直朝市场走来。雅瑶六第一个睇见了，连忙上前去同那老汉搭话。

"喂，田鸡佬，今天篓里装的是田鸡，还是虾公？"雅瑶六摆出大村佬的架势[1]问道。因为他知道，这个老汉是雅瑶村北部一个小山村的村民。农闲时节他常到河里摸鱼抓虾或捉田鸡，有时也捉蛇，然后拿到雅瑶村塘边市场卖，好换几个油钱。唔少人都认得他，有人叫他做"田鸡佬"，有人又称他为"鱼虾佬"或"捉蛇佬"。

"不是田鸡，也不是虾公，今天是两条又圆又滑的大家伙——斑鱼！"田鸡佬望了雅瑶六一眼，把鱼篓送到雅瑶六跟前，让他睇。

里面装有两条肥肥大大花花绿绿的斑鱼，每条足足有一斤重。雅瑶六睇了又睇，心想：这两条斑鱼给我用来炒鱼片或煲鱼汤，多好啊！无奈身上只剩下几毫子[2]，唔到一元钱；即使人家卖五毫子一斤，袋里的钱也买唔到这两条斑鱼。但我今日一定要把这两条斑鱼弄到手！

"田鸡佬，这斑鱼几钱一斤？"雅瑶六问。

"五毫子一斤就算了，讲什么价？"田鸡佬很大方地说。

"太贵了吧？四毫子一斤算啦！"

"大佬，斑鱼很难捉到的，四毫子一斤太便宜了！"

"唔便宜！"

"这样吧，一人让一步，就四毫半子一斤吧！"田鸡佬终于让步了。

"你要够称啊！"雅瑶六心里美滋滋地说。

"唔够秤就一斤赔一斤，好吗？"

"一言为定！那就把斑鱼拿到我家去过秤吧。"雅瑶六说。

"在市场里揾杆来称一下就可以啦。"田鸡佬唔愿到雅瑶六家。

"市场无秤。我家又唔远，你睇，出了后面巷口再拐一个弯就到了。"

"去就去吧！"

到了雅瑶六家，雅瑶六连忙从里屋拿来秤，并用一个干麻包袋把两条斑鱼装起来过秤。

"田鸡佬，你快来睇秤，你睇，连鱼带包共重三斤。"

田鸡佬走雅瑶六跟前，定眼睇了又睇，果然是三斤。

"好，现在除皮睇净重[3]几多吧。"雅瑶六说完，把两条大斑鱼放进装了半桶水的水桶里，顺手把麻包放进了水桶里一浸，快手快脚地拿出来过秤。由于麻包吸饱了水，一下子比原来重了许多，竟然重达二斤半！

"田鸡佬你睇，这麻包重二斤半。"雅瑶六拿称麻包的秤杆让田鸡佬过目。田鸡佬揉了揉眼睛，一睇秤杆，的确是二斤半。

"原来连皮重三斤，现在皮重二斤半，就是说，你那两条斑鱼净重半斤！"

"什么？"田鸡佬原本想说："明明有两斤半重的斑鱼，怎么变成只有半斤重？"但他只在心里想，无说出声来，心里很唔高兴。

"田鸡佬，买卖公平，问秤最灵！你也睇过秤了，无人作假！"

田鸡佬愣在那里，无出声。

"我帮你计价吧：原来我哋讲定的，一斤四毫半子，半斤嘛，共是二毫二分五钱；四舍五入，奖你五厘钱，就计二毫三分钱给你吧！"雅瑶六说完，连忙从衣袋深处掏出二毫三分钱来交给田鸡佬。

田鸡佬觉得再与雅瑶六纠缠落去也无什么意思，就当今天无捉到斑鱼吧。于是，他收了半斤鱼钱，闷闷地走了。

后来，人们知道了雅瑶六买斑鱼的事，都异口同声地

[1] 架势：方言，阵仗。

[2] 几毫子：方言，几毛钱。

[3] 除皮睇净重：除去包装看净重量。

说：雅瑶六买斑鱼——靠“滚”[1]！

（四）盲公炳食“春”[2]

雅瑶六有个契爷名叫“盲公炳”。此人是增城远近闻名，专门为人占卜算命、求神拜佛、驱邪治鬼、指点迷津的迷信职业者。他年近花甲，五短身材，肥头大耳，似足[3]弥勒。虽然人称“盲公炳”，其实他不是瞎子，只不过两只眼睛有点花白，睇东西唔清。若是他集中精神，睁大双眼，还是可以隐隐约约睇见东西的。那时，唔少人家里出了什么事，诸如有人生病、猪牛发瘟等都会请“盲公炳”卜上一卦，趋吉避凶。唔少人还将自己的儿女过契给盲公炳，认盲公炳作“契爷”[4]，以求快高长大、平安大吉。因此，盲公炳的契子契女唔少。若是他一日到一个契仔家食一顿饭，一个月恐怕都轮唔过来。所以，盲公炳一年到头，唔愁衣食，生活过得相当可观。每日，他都手持竹棍，肩披搭袋，到各村契仔契女处巡视。食一顿饭后，口中胡乱念念咒语，为契仔契女指点一番，再拿一点米或菜便走了。

一日，盲公炳手持竹棍，来到契仔雅瑶六家。雅瑶六是有名的“孤寒种[5]”，一分钱也睇作磨盘那么大。村中父老别想从他手中得到半只榄豉或一根青菜，就算对待自己的“契爷”也唔例外。

盲公炳这日中午来到雅瑶六家时，刚好碰上雅瑶六下米煮饭。原来，雅瑶六今天中午准备的菜是饭面蒸香肠、腊肉炒芥兰。他见盲公炳来了，心里一边暗暗骂道：这个盲鬼，迟唔来，早唔来，偏偏我下米煮饭你就来！一边把香肠和腊肉收起来，留明日自己享用。雅瑶六招呼盲公炳坐下以后，一面斟茶[6]，一面客气地说：“契爷，你要是来迟一步，我就煮好饭了。现在你来得正是时候，我加把米，加个菜吧。原先，我是只准备炒斋芥兰加咸鱼仔随便食一餐的。现在契爷来了，哪能这么简单？契爷，你在屋里坐一下吧，我去屋后菜地割点韭菜返来，我哋用韭菜蒸鸡蛋好唔好？”

“好！好！”盲公炳一边饮茶，一边说好。不一会，雅瑶六很快就割了一扎韭菜返来，再到鸡窝里掏出两只鸡蛋，为契爷的到来专门增加一道菜。韭菜蒸水蛋，另加咸鱼仔，共三道菜式，这就是今天中午雅瑶六的“契爷餐”了。

开饭了，盲公炳坐到桌子前面，睁大双眼，隐隐约约睇见桌面上摆着三道菜：咸鱼仔、斋芥兰和韭菜蒸水蛋。但盲公炳装做睇唔见，对雅瑶六说：“契仔呀，不必太客气，唔需要准备那么多菜的，随便食点家常便饭就可以了！”

雅瑶六说：“契爷唔需要客气。今天无什么好东西招待你。我这里远离墟镇，到街市买菜好唔方便，想买点香肠腊肉鲜鱼之类的菜也唔容易。下次再食好一点吧，今日就食这些了。契爷，来！起筷，起筷！食‘春’，食‘春’！”

盲公炳连忙说：“好！好！”他每次起筷都是去动那碟“春”。雅瑶六睇在眼里，骂在心头：“你这个盲鬼，真是识食[7]！筷筷动‘春’。我把‘春’拿开，睇你食什么。”于是，他趁盲公炳停筷食饭的时候，快手快脚地把那碟“春”跟那碟斋芥兰的位置对调了一下，但这个动作被盲公炳睇见了。盲公炳心里也骂道：你这个孤寒种，真抵死[8]！你唔让我食“春”，我偏要食！我非要整蛊你一下！于是，盲公炳装作无睇见雅瑶六刚才调“春”的动作，一边说：“起筷！起筷！”一边又把一双筷子伸向那碟“春”。雅瑶六见了，再把“春”与咸鱼仔的位置对调了一下。谁知这个动作又让盲公炳睇见了。当盲公炳再次说“起筷，起筷”时，又把手伸向那碟韭菜蒸水蛋，并且边食边说：“‘契仔’，怎么今天蒸那么多‘春’？我挟这

[1] 滚：方言，即靠骗之意。

[2] 春：增城人把鸡蛋称为“鸡春”，简称为“春”。

[3] 似足：方言，像极了。

[4] 契爷：方言，干爹。

[5] 孤寒种：方言，吝啬鬼。

[6] 斟茶：方言，倒水。

[7] 真是识食：方言，真是会吃。

[8] 抵死：方言，该死。

边也是‘春’，挟那边也是‘春’。碟碟都是‘春’，我想换换口味都唔成。点解碟碟都是‘春’？”

雅瑶六睇到桌面上的“春”被食得七七八八了，真是哭笑不得，只好说：“是！是！契爷，食吧！食吧！还剩一点了，把它食完算啦！”

讲述者： 李焕章、伍伟能
整理者： 陈裕荣
整理时间： 1995—1998 年
流传地区： 广州市增城市沙埔镇、仙村镇、新塘镇
原载本： 《广东民间故事全书·广州·增城卷》

188

胡庭兰的故事

胡庭兰是增城人，明朝解元，青年时在龙门教书、生活过一段时间。在他身上发生了很多故事。

（一）西林河题诗

有一年，胡庭兰受聘到龙门地派渡头村教书。到年底，保长送胡庭兰返屋企过年。上船后，保长有意想试胡庭兰的才学，便说：“胡秀才，我哋一路坐船好无聊，不如每到一个地方你就吟一句诗，以解寂寞好吗？”胡庭兰沉思一阵就回答：“好啊，大家一齐聊聊，时间也快点过。”船一出渡头村的码头，保长用手一指说：“这是双头村。”胡庭兰望着远处的村庄吟道：“两人共枕是双头。”保长赞道：“真不愧为秀才。”两人哈哈大笑。船到珠洞村，胡庭兰吟道：“猪仔成群是珠洞。”无几久，船又到了一条村庄，保长说：“这是骆村。”胡庭兰吟道：“装鱼不到赖骆村。”

船一直顺流而下。到了黄竹沥，保长又说：“这是官派村。”胡庭兰一睇村周围的环境，发现村前有两条河水

流过，便吟道：“两水流来官派穿。”船到鸬鹚村，胡庭兰即吟道：“乌鸦飞过鸬鹚村。”船到水贝村，胡庭兰便吟道：“松树搭桥是水贝。”船到七星岗，保长一指：“这是甘香村。”胡庭兰吟道：“七星对面是甘香。”船到林村，胡庭兰睇到很多村民挑着桶淋菜，即吟道：“肩挑水桶是林村。”船到百担村，胡庭兰睇到很多货船停在那里，即吟道：“担谷落船是百担。”船到水西村，胡庭兰想了想，吟道：“海底生毛是水西。”船继续往东行，保长用手指：“这是曲厉村。”胡庭兰便吟道：“屈头鸭仔是曲厉。”不久，保长又指着前面说：“这是戴屋。”胡庭兰又吟道：“新抱返房是戴屋。”胡庭兰兴趣勃勃地欣赏两岸的风光，忽然听到保长说：“这是樟潭杜屋村。”胡庭兰心想，今天正是返屋企到屋呢，即吟道：“船过樟潭是杜屋。”保长见难唔倒胡庭兰，再加上自己对下游的村庄唔熟，便说：“胡秀才，今天辛苦了。大家休息吧。”

不知不觉船便到麻榨了。保长又说：“快到麻榨圩了，过了麻榨就到你老家了。你对增江河有什么感想，吟首诗吧。”胡庭兰一路上对增江河有较深的印象，而且平时对龙门了解较多，对事物观察细致，返屋企心情又好，所以船到麻榨圩时，他便吟道：“增江最深是岳潭，增江最美是三洲。增江渡船十六条，增江码头三二个。”保长一听拍手叫好，见胡庭兰是一个很有才干的人，决定明年继续请胡庭兰到渡头村任教。

（二）胡庭兰偷姜

胡庭兰未得志时很清贫，老婆坐月时连买姜的钱都无。胡庭兰是个心地善良之人，但无计，不得不半夜去偷别人的姜。那日晚上天黑得伸手唔见五指，去到田头也唔知干了苗的姜长在哪里。胡庭兰无奈，只好求助神明，向天公禀明缘由，求天公闪一下光，让胡庭兰睇清干了苗的姜在哪里。胡庭兰如此多次动作，天公都闪了光。睇守姜田的主人深感奇怪，但并无惊动胡庭兰，相反更加同情他的贫困处境。姜田主人有心帮助胡庭兰，第二日一早带着鸡、猪肉、姜送到胡庭兰家中。

（三）狠心的猪肉佬

胡庭兰妻子坐月无钱买猪肉，只能硬着头皮同猪肉佬赊，把赊来的猪肉放到煲里煲。胡庭兰走后不久，旁边有些多嘴的猪肉佬，对赊猪肉给胡庭兰的那个人说：“胡庭兰这个穷鬼，哪有钱还你，等于白送给他食。不如趁他猪肉未煲好快点拿返来。”那猪肉佬说我唔敢去，其他人则给他壮胆说：“我哋几个跟你一齐去。”猪肉佬也觉得有理，于是马上跑到胡庭兰家，将那块正在煲里打滚的猪肉强行拿走。这时胡庭兰便说：“猪肉拿走就算了，剩下点汤给坐月的妻子饮也好。”另一猪肉佬听胡庭兰这么一说，猛回头从炉底下抓了一把炉灰撒到煲里[1]。搞到[2]胡庭兰坐月妻子想饮点汤都唔可以，猪肉佬真是丧尽天良。

（四）应对显才华

明嘉靖年间，胡庭兰来到龙门县沙迳功武村，一心想在功武小学任教。但村里的人睇见他衣衫褴褛，唔像个教书先生的样子，都怕他误人子弟。于是，村长便出一句上对，想试探一下他的才学。就以本村河边的竹林为背景，道出上联：“竹笋如针，白鹤飞来何处立。”

胡庭兰一听，觉得对子是冲着自己而来的，把自己比喻为一只又饿又瘦的白鹤，飞来这里觅食。于是，他怒而不发，仰首挺胸，吟道：“丝茅如剑，黄蜂专往利中行。”

村民们见他对得工整巧妙，都钦佩他的才学，于是胡庭兰便被留在功武小学教书。

（五）诗吟仙女石

仙女石，又名仙女摩空。传说，胡庭兰在沙迳教书时，听说沙迳西族村附近景色非常秀丽，便慕名前往游览。果

[1] 坐月的妇人喝了有炉灰的汤则没有乳汁喂婴儿。

[2] 搞到：方言，害得。

然，只见山顶花木芳菲；山腰有石鼓，敲之有声，如同擂鼓，数百米也闻其声；旁边有石盆、石凳，布置宛然。尤其有两块巨石，石秀参天，对若人形，犹如两个仙女在对歌。这就是当地人传说的仙女石。胡庭兰兴致勃勃欣赏山水美景，不禁诗兴大发，一首咏仙女石的七律诗脱口而出：

棱棱仙骨回风尘，不学凡装浪嫁人。

夜月光悬终古镜，野花红插隔年春。

烟埃陌上空临水，鸡犬云间自结邻。

几度凭虚笑牛女，鹊桥过后总伤神。

（六）河中对船夫

胡庭兰在功武任教期间的一日，从功武坐船返屋企度暑假。当船行驶到正果境地时，几个和他同坐一船到广州应试的书生睇到沿岸成熟的荔枝，垂涎三尺，便伸手摘了一点来食。当地种果的农夫睇见了大发雷霆，随即叫船夫："停船，唔准撑走！"这样一来真难办。有个书生对农夫说："请恕谅放行，我哋赶时间到广州应试。"农夫笑着说："既然如此，暂时唔罚你哋。我要出一对联给你哋，如果对得通，就可开船；如果对唔上嘛，我就罚你哋日日给我睇着这些荔枝罢了。"农夫出上联说："荔枝枝枝照水。"该船的几个书生你望我我望你，想了老半天还答唔上来，只能你推我让，很难收场。当中一人睇见衣衫褴褛的胡庭兰，便对大伙说："唔知那穷鬼可唔可以对上。"于是上前叫胡庭兰应酬。胡庭兰胸有成竹地站起来说："快叫船夫开船。"那书生们说："那怎么行啊？"胡庭兰接着说："菱角角角朝天。"

农夫听后连声赞妙，便叫船家开船。顿时，船中人们欢天喜地。

（七）胡庭兰"偷鸡"

一日，胡庭兰从功武返屋企。当他徒步路过永汉赤湖坳口附近的一个村庄时，正好有一个农夫在禾塘晒谷。禾塘边摆着好多谷箩，有几只鸡正在食谷。一会儿，农夫睇着的鸡，怎么数都少了一只。他想："刚才数都齐，现在就少了一只，莫非刚才那个过路人偷了？"于是乎，马上叫人去追，把他拉回禾塘。农夫说："你偷了我家的一只公鸡，快点交出来！不然就打死你！"胡庭兰实在未曾偷，便说："我只是从这里路过，真的无偷你的鸡呀！可以任你搜查。"经过搜查也搜唔出公鸡。唔理胡庭兰怎么说，农夫也唔信，唔肯放胡庭兰走。为了早点返屋企，无可奈何，胡庭兰只好赔了钱，含冤受屈地再踏归途。

到了收谷的时候，农夫去拿谷箩，发现一只谷箩盖住了一只公鸡。这时他也意识到自己果真诬赖了胡庭兰，非常内疚。

归途中，胡庭兰睇到路边的榕树下有一座"八公"，便上前去参拜。"八公"面前摆放着几只酒杯，他便随手拿了一只杯在"八公"面前卜卦许愿："八公呀八公，我未曾偷鸡，但有人说我偷鸡。如果你有灵性，认为我未偷鸡你就打个胜杯；认为我偷了鸡你就打个阴杯。"一会儿，杯子旋转翻滚，结果打了个阴杯。胡庭兰很唔服气地说："我确实未曾偷鸡，人家冤屈我犹自可，怎么连'八公'你都冤屈我呢？下次我来到这里，你的头都要甩[1]！"

数日后，胡庭兰从家里上功武。来到那棵榕树下时，只见那"八公"的头果真断落在地。可能"八公"知道自己错怪了胡庭兰，问心有愧，不如自杀也罢。当胡庭兰路过那禾塘边时，那农夫睇见了胡庭兰，便唔好意思地上前赔礼道歉，并退回了那日的鸡款。

（八）番薯藏银圆

胡庭兰在龙门天堂山珠洞任教期间，认真教学，深得当地群众爱戴。当得知胡庭兰要返屋企的消息，学生家长们除支付应付的工资外，还发自内心同情，借意[2]给胡庭

[1]　甩：方言，掉。

[2]　借意：方言，故意、找借口。

兰送番薯作半路充饥，暗中将银圆塞入熟番薯里面，用袋装住[1]让胡庭兰带走。当胡庭兰走到半路拿番薯充饥时才发觉番薯里塞满银圆。胡庭兰激动得流下了眼泪，深知村民暗中帮助他。

（九）拜祭西山塔（潭）

胡庭兰一生清贫，仕途功名不就，早年已心灰意冷，于是买备元宝、蜡烛、香到西山塔（潭）跪着烧香拜河神许愿发誓："如果我掷下点燃的蜡烛到潭中唔灭，那就是神明助我；如果掷下点燃的蜡烛到潭中熄灭，胡庭兰即刻跳下潭去，了此一生。"说来奇怪，当那双点燃的蜡烛掷下潭面时，就像插在水面上一样随水漂流而不灭。于是胡庭兰去掉了轻生的念头，下决心准备赴京考取功名。

（十）雪中送炭

赴京考取功名谈何容易，仅路途费用就是一个大难题。胡庭兰想办一席酒邀亲戚朋友支持帮助一下。酒席办好了，但从早到晚都无一个人来赴席，一直等到上灯时分。胡庭兰十分焦急，此时一个猪屎公[2]走来，问胡庭兰点解这样焦急。胡庭兰讲明缘由，无奈只好与猪屎公共席。饭后猪屎公即刻返屋企拿钱给胡庭兰作上京赴考盘缠之用。猪屎公晚上返屋企又与妻子商量此事，认为自己无儿无女，能帮助胡庭兰上京考取功名是件好事，于是准备将一生积蓄明日一早送到他家。点知[3]去迟一步，船已开出，于是猪屎公在河边大喊："胡庭兰你返来，我再给点钱你作路费。"由于胡庭兰听唔清，误以为是猪屎公变了卦，想把钱要返去，于是猛叫船工撑快点，唔好让猪屎公追上。但还是给猪屎公追上了，方知猪屎公怕胡庭兰盘缠唔够，再送些钱来。这真是雪中送炭，使胡庭兰更有信心考取功名。

（十一）衣锦还乡

胡庭兰高中解元衣锦还乡，猪屎公担着两埕用红纸贴上的酒前来祝贺。其实是两埕水：因猪屎公已把平生积蓄全部送给胡庭兰，穷得连买酒的钱都无，只得挑来两埕水。胡庭兰得知后说："有情饮水心也甜。"胡庭兰念猪屎公对自己有恩，就把猪屎公两老接到家中视为父母，一直到老。

由于胡庭兰住处要经过卖猪肉的街市，当时街巷窄小，为整治那些丧尽天良的猪肉佬，本来皇上赠的大横匾直着可进的，胡庭兰却叫人把匾打横，让唔够那么宽的街道猪肉档都拆除，并且唔准猪肉佬坐凳，罚其坐特[4]。故增城卖猪肉的人都坐特是由来于此。

现在增城凤凰山尚保存有明朝解元胡庭兰的石牌坊。

（十二）悲欢离合

传说胡庭兰高中解元，衣锦还乡。临近到家，其妻听到报喜的锣鼓声响，心里十分高兴，自己的夫君终于有出头之日，于是马上上阁去拿米粉准备做糍给夫君食。但是其妻在下阁时一唔小心踏错梯级，从阁上跌下一命呜呼。真是有难同当，有福却不能同享。胡庭兰痛不欲生。在其亡妻入殓前，胡庭兰在亡妻手掌心处用笔写下了四句话："我不归，你不死；你不还阳，我不娶。"并将一个铜钱折成两半，将其中半边放在其亡妻写有四句话的手心中，另一半则由胡庭兰自己保管。

光阴似箭，一眨眼十八年过去。有一个从兴宁来增城卖纸笔文具的老头，带着一个手掌紧握不能伸开的哑女（十八年从来未开过口）。有一日，那哑女在街上突然开口同父亲讲话："亚爸、亚爸，你睇胡庭兰来了。"这时胡庭兰听到有人呼唤自己的名字，抬头一睇，那人竟像自己的

[1] 装住：方言，装着。

[2] 猪屎公：方言，捡猪屎的人。

[3] 点知：方言，怎么知道。

[4] 特：方言，墩。

前妻。于是胡庭兰走上前去扳开了哑女的手，神奇地发现哑女手心有自己写的四句话及半截铜钱，于是拿出自己保存的半截铜钱与她手中的半截铜钱一拼，即吻合。胡庭兰得知自己的亡妻已托生转世，真是应验了自己的诺言。一对患难恩爱的夫妻终于得到了团聚。

（十三）才子对联

清末年间，增城县秀才胡庭兰未考上举人，为养家糊口，来到龙门县芦池村一带教书为生。转眼间，年节快到，胡庭兰教了一年书要返屋企过年与亲人团聚，想快点支取教书的薪金返屋企。但芦池一带的学生家长有意刁难他，便出一上联叫他对，如对上下联后才付薪金，反之分文不付。上联曰："亚桂山高林密白鹤难求。"胡庭兰苦思后便有下联："芦池潭深壁企乌龟易捉。"众乡贤见秀才也用龙门的地名相对工整，拍手赞好。然后付足薪金给他返屋企过年。

搜集整理者： 廖桃根、何林锋、廖建忠、董润佳、张德安
搜集时间： 2012 年
流传地区： 惠州市龙门县
原载本： 《广东民间故事全书 · 惠州 · 龙门卷》

189

梁储故事

明朝正德年间，广东有个才子，姓梁名储，在朝廷上做太师，人家都叫他梁太师。梁储饱读诗书，满肚才学，得到正德皇帝的宠信。

（一）事事偏袒广东

梁储在朝廷上，每次遇到朝廷要征赋税、拉徭役、征收贡品、挑选美人……事事都偏袒着广东。有利的就给广东，无利的或有害的就设法挡驾。有一日退朝之后，皇帝命梁储到房中捉象棋。捉了几盘后，皇帝一边喝茶，一边问梁储："渤海鱿鱼东海虾，长江白豚黄河鲤，鲍参翅肚，寡人都尝过；未知广东有什么名贵海鲜呢？"皇帝一问，梁储就这样想：广东面临大海，境内河流遍布，珍贵海鲜，数之不尽。如果照实说出来，将来年年月月都要广东进贡海鲜，那么就害死广东的乡亲了。于是对皇帝说："广东的海鲜虽然唔少，最好的是三文鱼，广东人最中意食的。"皇帝听到三文鱼好食，马上写了一道圣旨，命梁储亲自回

广东解押三百条大的三文鱼进京。

三文鱼即现在的黄金皮。旧时这种鱼最小的每条也有十斤八斤重，最大的甚至重达几百斤。梁储这次奉旨解押三百条最大的三文鱼，大大话话[1]都有几千斤。

不用一个月，梁储就把三百条三文鱼解押到京城献给皇帝。正德皇帝睇见这种三文鱼，条条都浑身花纹，红、蓝、黄相间，暗绿闪光。有的是斑斑点点，黄黄蓝蓝，暗绿里面又透出点胭脂红。在每个大水箱里面，鱼鳃附近拖住两条五彩的前鳍，摇下摇下那条金色又好似镶着绿边的鱼尾，翕下翕下[2]个嘴，非常生猛，活泼而又好睇。正德皇帝睇着，捋着条龙须，点下头，啧啧称赞说："这种三文鱼真够好啊！"心里一时高兴起来，即下一道圣旨，命国厨特制一餐三文鱼的鱼宴，连三宫六院的妃嫔宫娥、大小太监、皇亲国戚、满朝文武大臣都来品尝三文鱼。

鱼宴一摆好，皇帝坐在龙位，梁储坐在旁边，妃嫔宫娥、大小太监、皇亲国戚、满朝文武大臣，分庭分院，各个依次入席。一开始，当然由皇帝先尝，大家才敢动筷。正德皇帝拿起银匙金筷，夹了一块三文鱼放进嘴里。唔尝犹自可，一尝马上龇牙露齿，含住块鱼张开了口，瞪大双眼，"呃呃吐吐"，将三文鱼肉全吐出来，抹下嘴就问梁储："梁卿家，你说黄金皮好食，点解这样粗糙呢？保证这种鱼唔够三钱重！"

因为皇帝开了金口，给三文鱼定死了重量，所以后来三文鱼最大条的只有三钱重左右；又因为皇帝开金口，人们又将三文鱼叫作黄金皮。

三文鱼既唔好食，正德皇帝就对梁储说："广东的海鲜确实唔好食，今后唔要了，唔好再解来。但广东是生果[3]的出产重地，唔知生果怎样？"梁储马上启奏："广东的生果顶呱呱！我再回广东解上生果给陛下品尝品尝吧！"正德皇帝试过所谓广东名海鲜三文鱼得到教训，对广东的生果，到底好唔好食，有些疑心，于是对梁储说："先解两个生果来让寡人试一试，试过确实好食再解来未迟。如果唔好食，就免了！"

梁储随后派自己的心腹赶回广东解来生柿仔，个个都生得四四方方的，每个起码都有半斤重。梁储的心腹用唔到半个月就把生柿仔解到京城。梁储拣了两个最大最靓的生柿，吩咐家人用石灰水浸，一个浸七日七夜，另一个只浸一夜就捞起来，最后用石灰水染匀两个水柿。在浸七日七夜的那个水柿上做了一些记号。到第二日，梁储亲自将水柿送入皇宫献给皇帝，请皇帝品尝广东的生果。

梁储在皇帝面前的台上摆好了两只水柿，皇帝睇了睇梁储说："梁卿家，你先尝一只，好食，寡人才试。"梁储谢过隆恩之后，拿起一个浸过七日七夜的水柿，削去柿皮，分成八块，一啖一啖地食，又香又甜又爽口，食得笞笞声。食完，又削去另一个水柿的皮，放在金托盘内，切成八块，双手捧起献给皇帝品尝。正德皇帝拿起一块，放进嘴里一咬，哗！又涩又苦，马上缩缩个嘴，伸伸条脷[4]，吐、吐、吐、吐，把柿肉吐了出来，对梁储说："你哋广东点解尽是出产这些东西？寡人见它四四方方就猜到不是好东西。还说半斤重一个，我睇四个合起来才一斤重这么大，食一个也难！梁卿家，剩下的你食了吧！"此情此景，唔好说只是一个水柿，就算是死猫也要食啦！梁储又谢过隆恩，拿起水柿，装成又香又甜又爽口的样子，一块一块食落去。

正所谓"皇帝开金口，要怎就怎"。因为皇帝嫌柿仔四四方方和太大，所以后来的柿仔越生越圆，兼且四个才够一斤重。

皇帝见梁储食得这样好味道，于是又说："梁卿家，你哋广东人的口唔知点样的，三文鱼和这种东西都说好食。今后凡是广东的生果都唔需要解来，全都免了。"于是梁储又跪下拜谢主上的隆恩。

讲述者： 陈坛，男，52岁，花东镇大塘人，上过四年私塾，农民
整理者： 江威、黄妙贤
整理时间： 1987年4月
流传地区： 花县

[1] 大大话话：方言，夸张地说、粗略估计。
[2] 翕下翕下：方言，动着、张开着。
[3] 生果：方言，水果。
[4] 伸伸条脷：方言，伸伸舌头。

（二）神童题条幅

据说梁储从小读书很认真，人又生得聪明。他在六七岁时，就精通诗、词、歌、赋，并能出口成章。个个都说他是个“神童”。

一次，邻村有个做大官的新建了一座亭子。落成后，照例请客饮酒，高兴一番。梁储阿爸也收到请柬，但刚好有件重要事抽唔出身。如果唔去庆贺，又太唔赏面，只好准备了一份礼物，叫梁储带去。

那时，当地的河涌密得好似一张网，人们外出都中意撑船。梁储撑着小船来到主人家的门口。一睇，哗，主人的屋舍真大啊，就像是一座宫殿！后面是一个大花园，中间有一条溪水流过。看门的见梁储是撑船来的，便叫他从小溪撑入后花园。这后花园足有五十亩阔，到处亭、台、楼、阁，花、鸟、虫、鱼，还有一个大湖。湖中有三座大假山。新建的亭就在中间的假山上，用艇才能过去。

梁储撑到亭边，见四周都种着杨柳树，便将小艇绑在树下，走入亭中。里面已经坐满了人，都是些地方士绅、文人雅士。唔少人正在指指点点，对这新建的亭子评头品足。梁储走到最后面的座位，静静坐下。

一会儿，主人拿出一幅白绢，请座上的宾客题词。俗话讲：“文无第一，武无第二。”大家互相谦让，让到坐在最后的梁储手中。人们见他是个七八岁的小孩子，不过照例让让。谁知他眨眨眼，拿起笔，真的想写。满座的人眼都定了。主人更是着急：这幅绢价值唔少，被他一涂花了，变成无用废物，多可惜啊！但想制止又唔可以，因是你推我让地到人家手上的，只好眼白白睇梁储写。

梁储一笔蘸满墨水，挥笔一口气写了一句：“东边一株杨柳树。”大家见句子虽然平凡，但字体还过得去，便暂时唔出声，耐心地睇他写。只见他再蘸墨水，又写一句：“西边一株杨柳树。”有些人开始忍耐唔住，用鼻子哼了一声。梁储像无听到，连墨也唔蘸，接着再写第三句：“南边一株杨柳树。”大家见三句都写杨柳树，不禁拍腿大哗。有的还咬住牙关说：“真真是……”梁储不顾一切，埋头再写第四句：“北边一株杨柳树。”有些人已经忍无可忍，大声说：“点解你只会写树、树、树呢？将这贵重的绢写坏了，多可惜！”梁储说：“对、对、对，我还要写树、树、树啊！”

他蘸满墨水，又写：“树、树、树，纵有千条万条丝，系不得归舟住！”大家见有点转机，开始写出点文理来，便又静下来，鸦雀无声，个个的眼睛都盯着他的笔尖。

只见他继续写：“只听东山鸣鹧鸪，西山鸣杜宇，行不得也哥哥！行不得也哥哥！不如归去！不如归去！”突然爆发出一阵热烈的掌声，个个大声叫好。原来那“行不得也哥哥”是鹧鸪叫的声音，“不如归去”是杜鹃叫的声音。既谐音，又有意思，真难得啊！

有人大声叫：“小孩，签名吧，快签啊！……”梁储望望大家，笑了笑，再蘸了点墨水，在下角写了一横一竖，便放下了笔。那一横一竖，“丁”唔像“丁”，“十”更唔像“十”。大家正在左猜右猜：这个小孩究竟是谁？后来还是主人想起梁储的父亲无到席，不禁脱口说：“啊，梁储，一定是梁储，神童啊！……”大家齐声说：“对，一横表示‘梁’，一竖是表示‘柱’嘛。对，对，一定是梁储！……”这时，大家回过头来要揾梁储，却无影无踪。原来他趁着人们在乱猜的时候，偷偷离席划艇返去了。

主人得了这条幅，像是捡得了宝，高挂在亭柱上，人见人赞。后来梁储中了进士，做了太师，这幅字更加宝贵了。但上面无梁储正式署名，感觉很遗憾。后来主人带了它到京城请梁储补签。梁储想起从前的事，笑了笑，给他签上。

讲述者： 王鉴波，男，56岁，花县人
整理者： 黄妙贤
整理时间： 1987年2月
流传地区： 花县
原载本： 《中国民间故事集成·广东卷·花县资料本》

附记

该故事类型在广东粤语地区流传广泛。除了本篇之外，还流传有鹤山市《广东不用进贡海鲜》、吴川市的《广东人皮漏水》等异文。

190

杨冷鱼的故事

杨冷鱼，清代高州府茂名县曹江冷水塘村人。他自幼聪颖，文才出众，为人正直；曾为高明山长，教过全县秀才。有唔少故事在民间流传。

（一）一万个字

杨冷鱼七岁那年，有一日在村前大路上玩，唔小心差点撞着一个财主的马头。财主大怒，斥骂道："你这鬼仔，点解要撞我的马头？"杨冷鱼说："我刚才只顾低头作诗，实在唔知你的马儿来。"财主说："睇你满身乳臭，恐怕连字也识唔到十个，还说作诗呢！说大话也太离谱了。"杨冷鱼说："别说十个字，就是一万个字我也认得。"路旁的农民都齐声地说："老爷，你宁可小睇'白须公'，也唔好小睇'鼻涕虫'啊！恐怕你识的字还唔及他识的多呢。"财主一摸白胡须，气极了，说："好，我今天就要考一考你这个'鼻涕虫'。"他随即从衣兜里掏出包银圆的纸，撕下一小块，递给杨冷鱼说："如果你写唔到一万个字，就要给我养十年马！”大家都替杨冷鱼捏一把汗。但杨冷鱼却不紧不慢地问：“如果我写出了一万个字，你给我什么？”财主说：“我给你十个银圆。”杨冷鱼瞪大双眼说：“你骗我！”财主取出白银丢到地上。杨冷鱼把银子交给一个邻居拿着，叫人取来笔砚，便信手写了起来。不一会，他对邻居说：“写出来了，你帮我把白银拿返去吧！”那邻居凑过去睇了一眼，微笑地点了点头，捧着白银就走。财主见状，一把将纸抢了过来，定睛一睇，上面端端正正地写着四个字：“一万个字。”财主说：“这是四个字，哪里是一万个字呢？”杨冷鱼说：“你问问大家吧，我写的是不是‘一万个字’？”农民中几个识字的人都说：“正是‘一万个字’。”财主自知中计，叹气而去。

（二）杨冷鱼超假唔受罚

相传高州清代才子杨冷鱼在高城读书时，曾有一次清明假中，应泗水书友王某邀请，到泗水踏青。他见泗水的山光水色处处美丽诱人，便眷恋不已，超假三天。

归学时，先生拿起戒尺，叫杨冷鱼与王某跪在地上，并说：“按规例，你哋必须受到重罚。”王某全身哆嗦，唔敢吱声，伸出手掌，准备承受责打。杨冷鱼却用手支着大腿，一对眼滴溜溜地转，好像无听见的样子。先生见了，便问：“杨冷鱼，你怎么还唔知错？”杨冷鱼装着很惭愧的样子说：“不是错，是傻。”先生莫名奇妙地问：“你说什么？”杨冷鱼说：“我哋被人难倒了。”先生奇怪了：“什么难倒了？”杨冷鱼说：“我哋郊游时，把一条竹涧（凿通竹节以渡水的竹筒）踩断了，被农夫捉住索赔。我哋说是读书人，他才饶恕了。但他扣下我的书囊，要我哋对通他的对首才交还。”先生觉得有趣，于是追问道：“他出的对首是怎样的？”杨冷鱼说：“他说：‘这片垌未旱先干，人们叫它干垌。我的田正好在的高处，无法让水傍地流来，但隔着干沟与山溪相望。目下正逢天大旱，所以要用竹涧渡水来解决旱情。我便就此出一上联给你吧：大旱，高田农夫思渡涧。这儿方圆数里总称大旱区[1]，有大旱、高田、渡涧等村，而我正是高田人，上联嵌进了大旱区的四条村名。’”先生听了，连声赞叹说：“巧妙，巧妙！”杨冷鱼顺势说：“我想了三天，都无法对上，只得向农夫认傻。农夫说，唔紧要，你返去慢慢对吧！便把书囊交还我了。”先生思索半响，说：“这确实是道难题，我唔责罚你哋了。”

讲述者： 张高
搜集整理者： 张绍
整理时间： 2006 年
流传地区： 高州市等地

（三）骂奸商

清朝茂名县某圩有一间生药铺，铺主父子横行霸道，像个再世西门庆，卖药短秤、以假乱真、以次充好、价钱死贵。当地人恨之入骨，暗中给他起了个外号：“抢钱大王。”某年除夕，铺主听闻杨冷鱼到这趁圩，便请杨冷鱼写店铺门联。杨冷鱼问：“你的药材都是正色（式）的吗？”铺主说：“都是正色的。”杨冷鱼问：“都是天生的还是人工的？”铺主说：“天生的。”杨冷鱼说：“贵店必定生意兴隆。”于是给铺写了“仓金”作为横额，写了“正色附子当归穿山甲，天然草蔻木贼野牵牛”作为对联。铺主问：“‘仓金’二字怎么解？”杨冷鱼说：“贵铺的仓库满是金银的意思。”铺主满意地把对联贴了出来。

对联一贴出，生药铺门口立即围了一大堆人，人人高声朗读：“正色父子当龟穿山甲，天然草寇木贼野牵牛。”众人觉得这正是心里咒骂铺主的话，很感痛快。只是觉得那横额骂得唔够力：“仓金”岂不是说“一半抢钱”吗？一问杨冷鱼，杨冷鱼说：“你哋睇‘仓’字那一撇像什么，‘金’字那一捺和较长的一横像什么！”众人细心一

[1] 大旱区：现属大瀚管理区。

睇，“仓”字开头一撇写得像叉开五指的手，“金”字那一捺和较长的横写得像古代的兵器——戈，不禁笑起来说：“‘仓’的左边有‘手’是‘抢’，‘金’的右边有两个‘戈’是‘钱’，真是撰写得太妙了！”

讲述者： 张汝彬
搜集整理者： 张绍
整理时间： 2006年
流传地区： 高州市

（四）讽贪官

一日，邻村有个外地做官的人返屋企睇父母，听说杨冷鱼是才学过人的神童，便邀他过府赏花论文。两人正在门前指指点点、说说笑笑，突然有个乞丐到门口行乞。那官不但不施舍一丁点儿财物，而且叫家丁用乱棍把他打走。杨冷鱼见到这样，连忙上前阻止，并把身上仅有的十文铜钱送给乞丐，乞丐千恩万谢而去。杨冷鱼转过头来问那官：

“乞丐唔会有什么奢望，一点点钱粮便可让他高兴地离去，你何苦这样吝啬呢？”那官说：“这些乞丐最是可怜不得的。我出个上联给你对吧：乞鬼穷，穷鬼乞，再乞再穷，再穷再乞。”

“原来他认为乞丐唔想做工挣钱，中意依赖别人！哪里知道其中的辛酸悲苦呢？至于富户其实不是做工致富，他们倒闲极了。”杨冷鱼想着，立即有了下联：闲人富，富人闲，越闲越富，越富越闲。

杨冷鱼要开口对对时，有个老头子抱只老母鸡进来对那官说：“大老爷，小人送这个……”“什么？这鸡不是带过鸡仔的吗？”那官瞪起眼珠说。老头子说：“大老爷，小人唔知有无污您的肠胃，但小人家里确实别无长物了。就是这个老母鸡，本来还要抱窝呢……”那官绷紧的脸才松弛下来，叫仆人把鸡收了。杨冷鱼十分惊讶，想起初进屋时见官接二连三收邻居礼物，脑子里一闪亮，就想出了一个更妙的下联，于是说：“我想出下联了：贪官富，富官贪，越贪越富，越富越贪。”

那官听了，知杨冷鱼讽刺他贪婪不厌，气得脸青唇白。本想让他尝点厉害，但想到他是名噪一时的神童，闹起来内外都唔好睇，于是揾梯下楼说：

“对唔住，对得切！你不愧是个神童，竟然道出了我的心声。”

讲述者： 张汝彬
搜集整理者： 张绍
整理时间： 2006年
流传地区： 高州市

（五）警世诗

一日，杨冷鱼正在书斋中给儿子讲解老子的名言：“祸兮福所倚，福兮祸所伏。”突然有个人走了进来，像敲大锣似的说：“福就是福，祸就是祸，杨老兄怎么好坏唔分呢？”

杨冷鱼愕然，抬头一睇，见来的是早年结识的朋友柳凌，这时正春风满面、笑口吟吟呢。

“柳老兄，睇来你有喜事了！”杨冷鱼说。“你猜得对，我很快就要去当官了。”柳凌说。“买的？”

“千几两银子，小意思。”“还小意思？”

“俗话说：小财唔出，大财唔进。像你老兄这样，一辈子也挨穷哩。”

杨冷鱼不以为然地说：“老子有言‘知足者富’，意思就是君子固穷未必穷啊。”

柳凌冷笑一声：“这不过是无能耐的书呆子的自我安慰罢了。”

“你……”杨冷鱼气得发抖，张大口说唔出话来。

柳凌想唔到激怒了杨冷鱼，连忙转过话题说：“闲话休提，言归正传吧。我在上任之前，特来邀请你到鉴江船上饮酒谈天呢。”

杨冷鱼再三推辞。柳凌生气地说："难道这点面子也唔给？"

杨冷鱼一则见柳凌变脸，二则想揾机会告诫柳凌，于是答应了。但他儿子却说："唔得，爸爸要教我读书！"

柳凌从衣袋里摸出两件小玩具，一只虎、一条龙，对杨冷鱼的儿子说："呀，差点忘记了，这是带来给你的。"

杨冷鱼的儿子见两件玩具做得精致，也就高兴了，问："虎和龙是不是最威猛的呢？"

柳凌说："对呀，牛羊马兔见它都得拜跪呢。"停了一下，又说："做人就要做龙做虎。"

杨冷鱼望着柳凌，用意颇深地说：

"有势不可恃，无势不可欺，一物降一物。虎豹厉害，狮子可以让它丧命；龙蛇凶恶，蜈蚣可以让它归阴。"

柳凌听了，知道杨冷鱼在警告他，但是只微微一笑，并唔将杨冷鱼的话放在心上。

不久后两人坐船游到宝光塔下，见有人从第七层门洞爬出外沿抓鸟窝。柳凌说：

"睇！要抓到鸟窝就要大胆，如唔大胆就无法抓到鸟窝。"

杨冷鱼听了，知道柳凌唔服他的话，于是又意味深长地说："危险啊，一旦跌下来就粉身碎骨了！"

他俩性格唔同，始终谈唔到一起，结果不欢而散。两年之后，杨冷鱼游曹江高凉岭庙，意外地撞见柳凌，柳凌颓废不堪，掩面而过。杨冷鱼诧异非常，一查问才知道，柳凌玩弄权术、贪污受贿，已削职为民了。

杨冷鱼想到柳凌的前前后后，深有感触，登时向庙祝借过笔墨，在壁上"唰唰唰"地写下了《警世诗》。诗曰：

"为人切莫逞英雄，凡有生者一理通。虎豹常愁逢獬豸，蛟龙又怕遇蜈蚣。小人行险终须险，君子固穷未必穷。万斛楼船沉海底，只因使尽一帆风。"

游人睇了，都说这的确是警世名篇，足可流传千秋万世，纷纷提议庙祝公给予装潢雕饰呢。

讲述者：　张汝彬
搜集整理者：张绍
整理时间：　2006 年
流传地区：　高州市

（六）遇难题

杨冷鱼的其他脾性都好，只可惜有点儿骄傲。有一次，一个民间艺人立意要挫他的傲气，便出了一个对首给他对。对首是：

"白头婆请花肚姑过广潭入深坑引塘贫婢来会肉粒鱼于冷水。"

原来这个对首说的正是他母亲当日为他遣媒求亲一事的。"白头婆""花肚姑""塘贫婢"（菩萨鱼）、"肉粒鱼"都是鱼名，又分别是他母亲、媒人婆、他妻子和他的外号；广潭、深坑、冷水（塘）均为地名，且像储水的地方，对中还嵌了"冷鱼"二字。这对首出得巧，出得妙，难倒了杨冷鱼。后来他常常终宵不眠，要破这道难题，但是直到死时也无破开，至今也未有人对上。

讲述者：　张汝彬
搜集整理者：张绍
整理时间：　2006 年
流传地区：　高州市

（七）杨冷鱼与石栗对对

高州府晚清举子杨冷鱼，博闻强记，出口成章；工诗词，尤擅"打油诗"。与邻乡秀才石栗友善，常结伴寻幽探胜、江滨垂钓、舞文弄墨、相互戏谑。

一日，两人同到村边小溪钓鱼。唔远处，有户人家正在屋檐下用糠头煨牛骨，一股臭味扑鼻而来。杨冷鱼触景生情，立成一对，便对石栗说："刚才我偶得一联，联曰：‘一堆糠头煨石栗。’但反复思索，仍续唔上下联。兄才华横溢，善于对对，可信口吟来。”

石栗被挖苦，心有不甘，思图报复。但此一联既有数字，又词意双关，一时亦难对上。正在挖空心思之际，那钓竿旁、饵盒内装着的两条“腊菜”（乡间用香料制成的鱼饵），突然展现在眼前，灵机一动，一联好对便从心间涌出。他面对杨冷鱼，一字一顿地念道：“两条腊菜钓冷鱼。”既工整贴切，又谐趣尖酸。

冷鱼虽然恃才傲物，但对石栗的心灵脑活、才思敏捷，着实唔敢小视。

从此，两人感情愈笃，相互敬重，不复咬文嚼字、挖苦戏谑。

讲述者： 冯森
搜集整理者： 冯茂
整理时间： 1987 年
流传地区： 高州县各地

（八）杨冷鱼巧对对

高州县长坡镇的雷垌、云霄、白鹤垌三村相互毗邻。历来文风鼎盛，英才辈出。

雷垌乡父老，仰慕杨冷鱼学识渊博，不惜重金，聘为塾师。开学之日，群贤毕至，少长咸集，极一时之盛。

座中有位秀才，平日喜爱舞文弄墨、吟诗作对，欲试杨冷鱼之才，出一上联曰：“雷垌（动）云霄惊白鹤。”正是无独有偶，天然巧合；冷鱼家乡冷水铺，与火烧坡、石龟头两村近邻。他不假思索，便朗声念道：“火烧冷水熬石龟。”话音刚落，满座惊呼“对得巧”“对得妙”。那位秀才，更赞赏不已，紧握着杨冷鱼的手说：“先生高才，老拙敬佩。”

时至今日，冷鱼对对的轶事，仍为人们茶余饭后所乐道。

讲述者： 冯森
搜集整理者： 冯茂
整理时间： 1987 年
流传地区： 高州县各地
原载本： 《中国民间故事集成·广东卷·茂名市资料本》

191

解缙故事

（一）广东免介粮

解缙是高州府人。这个人很聪明，计仔又多，象棋下得特别好。后来，他在朝廷当了官，刚好碰上皇帝也是个棋迷，皇帝就把解缙留在身边整日下象棋。有一年，广东大旱，粮食失收，农民都饿得呱呱叫，朝廷却整天催缴官粮。解缙见到这种情景，心里暗暗替家乡的百姓担忧。一日，皇帝又叫解缙下棋。解缙每到“将军”时，嘴里就喊一句：“将一军，广东免介粮。”皇帝下棋下得迷迷糊糊的，也唔理睬解缙叫什么；只是慢慢听得耳顺了，轮到他“将军”时，也跟着喊一句：“将一军，广东免介粮。”谁知解缙“嗵”一声跪下，叩头说道：“谢主龙恩！”皇帝一惊，才知上了当。但“皇帝开金口”，不便反口，只好免了广东一年官粮。

（二）广东瓦屋可砸脊

传说，在解缙那个时代，我哋广东，人们居住的房屋，房顶唔可以用砖压住瓦顶。如果用砖压住瓦顶，就触犯了法律，一律杀头。

有一年，天下大雨，山洪暴发。洪水泛滥成灾，大片大片的土地被淹没，大批大批的人被浸死。地方告急文书雪片似的向京城飞来。

解缙知道后，心似火烧。怎样办呢？他思考一阵，终于有了办法。

第二日早朝，三跪九叩完毕，解缙便上前奏道：“皇上，南粤水灾，万千灾民在水深火热之中。伏望皇上施恩，以解难于灾区。”皇帝听了，便开金口道：“这个，朕知道了。朕已派人去办了。”解缙又奏道：“皇上，听说这次水灾，是上天用来警告皇上的。南粤地处海边，经常有风暴袭击；而皇上唔关心民众，唔让民众压瓦顶，暴风一吹，能唔成灾吗？”

这个皇帝自登位以来，从无发生过这样大的水灾，惊了。于是，广东的瓦屋便可以砸脊了，一直传到现在。

（三）广东人用蚊帐

传说，很久以前，我哋广东人瞓觉用的床唔可以挂蚊帐。虽然蚊虫很多，但无皇上的恩准，谁也唔敢挂蚊帐。

这日，解缙带着一段竹管上早朝。朝仪完毕，解缙出班奏道：“皇上，广东的蚊虫很厉害，像个小指一样大小，并且泛滥成灾……”皇帝未等解缙说完，便开金口道：“爱卿，真的有小指一样大小的蚊子吗？”解缙道：“皇上，你唔信？广东的蚊子唔仅个子大，而且很毒。咬了人，人就会发冷发热，周身唔舒服。”皇帝道：“我唔信。”

“好吧！皇上，您睇着。”解缙一面说，一面把事先准备好的竹管拿出来，把塞口拔开，往皇上的手掌上一放，说：“皇上，广东蚊来了。”皇帝一睇，只见一个小指般大小的蓝黑色的虫子，正在扑着翅膀。于是，皇帝用手去捉，立即被虫子螯了一下，痛得大声呼喊起来。

一会儿，皇帝手被螫的地方肿起来了，一时发冷，一时发热，弄得浑身唔舒服，长一声短一声呻吟了起来。

两日之后，解缙进宫告罪："皇上，微臣死罪，死罪。"皇帝见解缙提起前日之事，心胆犹寒，说："广东的蚊子确实厉害，朕知道了。广东各地不能不挂蚊帐了。"解缙连忙谢恩，又说："皇上，这个蚊子还是在您手上坐坐。如果是用嘴咬，那更不得了，会立即死人的。"吓得皇帝脸都变了色。

于是，我哋广东人能挂蚊帐了。那么，螫皇帝的"蚊子"是什么？原来是一个蓝蜂。我哋家乡叫它做"竹筒蜂"。这便是解缙所讲的"蚊子"。

（四）"群臣食我屎"

当时，在朝野里，上至至尊的皇上，下至各公卿大臣，无不欺负南方人，骂南方人为"南蛮"。解缙睇唔惯，早就想揾机会让他们尝尝"南蛮"的厉害。

这日，五更三点皇登殿。皇帝坐上宝座，当往龙案上一睇，啊，了不得啦！原来，案上有一泡"屎"。皇帝大发脾气："反啦！反啦！竟有人在龙案上屙屎。"皇帝一连串"反啦"，金殿乱了，像一窝热粥，乱哄哄的。

大臣们纷纷议论，认为这件事一定是解缙干的。于是，皇帝便叫出解缙，说："你认为这事应怎样处理？"解缙不慌不忙说："唔知。"皇帝说："你对朕忠心耿耿。现在，朕叫你立即把这东西食掉。"解缙装着无办法的样子抓起"屎"就食。

不一刻，"屎"食完了。皇帝大大称赞了解缙忠心，使那些大臣又"眼红"了。解缙含笑地离开了金殿。

第二日早朝，皇帝升座后，又睇见龙案上有一泡屎。皇帝正思考怎样解决。这时，解缙奏道："皇上，此乃上天之赐。食了它能强身健体，延年益寿。皇上，上天之物不可多得啊！"这下，皇帝为难了。解缙又说："皇上，不如让群臣分享这美味吧！"皇帝点头称是，于是便下旨叫群臣把案上的屎食掉。

群臣这会苦了。这泡臭屎，谁吞得下肚？但是皇上有旨，不能违抗啊！只好皱紧眉头，咬住牙关，把屎食了。解缙睇到这群平日自命清高的大臣的狼狈相，心里发笑，但又笑不得。

原来，解缙为了惩罚那些大臣，想出了"群臣食我屎"的计策。而他自己食的是用竹管把香蕉压成的假"屎"。

（五）捉蟹

解缙常常在皇帝面前夸口说他家乡的蟹肥得流油。皇帝咽口水了，派他返去捉蟹。

解缙返屋企游玩了许久，都过期了，他才拎一小笼子蟹和一条小棍上路。到了殿门外，他把蟹一倒，那些蟹立即四散爬走。他用棍赶着，忙得满头大汗。好容易赶到殿里，参见了皇帝，皇帝正发怒，因为解缙过了期还唔送蟹来。一见到解缙立即喝令拉出去打。解缙从从容容地说："主公，你睇这些东西，两头走的。一路赶上京来，都累死我啦，赶不及了，望您恕罪。"皇帝一想，觉得有理，唔再怒火了。

（六）两只金桶

大臣们对解缙很恨，总想整一整他。一日，趁皇帝唔在，他们对解缙说："你虽然聪明，但就唔敢踩扁一只金桶？"那金桶是皇帝的仆人挑水用的。解缙笑了笑，立即踩扁了一只。大臣们心想，解缙这下可完了。

皇帝返来，见金桶被踩扁了，发了很大的火。解缙照旧从从容容："自古都是一统（桶）天下的，而你有两只金桶，岂不两统天下了？这可唔妥啊。"皇帝本来就迷信，还感谢解缙呢。

（七）公鸡蛋

一日，皇帝见到解缙阿公，叫他买担公鸡蛋来。这可忧死了老头子。他返屋企后茶饭唔食。解缙说："你只管放心，我有办法。"

第二日，皇帝问解缙："你爷爷怎么还唔到？"解缙说："主公，他生孩子啦。""混账！"皇帝怒火了，"哪有这种事！"解缙说："主公息怒。公鸡能生蛋，我阿公自然能生儿了。"皇帝听了，一声都唔敢哼了。

（八）广东唔出状元

解缙知道自己得罪了权贵，命不久了。他对皇帝说："主公，我死后您一定要哭三声。"皇帝心想这下可要小心了。

有一日，皇帝问解缙怎么如此聪明。解缙说："我的肠子九曲十八弯的，当然聪明了。唔信，我让你杀开肚子睇睇。"皇帝说："唔得，你会死的。"解缙说："只要我穿了你的龙袍，你杀开再针回，哭三声，我就会活了。"皇帝相信了。

但他哭了三声，却唔见解缙醒来，猛然想起解缙死前说的他要哭他三声的话，对他的聪明慨叹不已。他脱下龙袍时发现一张纸条，请求把他葬在五指山上。皇帝照着去做了。

奸臣知道了这件事，立即在皇帝面前讲解缙的坏话。皇帝的怒火又起来了，他下令把棺材挖出来。唔知点解，那棺材已走向山的中心。如果再走过山的那边，广东的读书人就十有八九能中状元。奸臣就是因为这点而挖尸的。撬开棺材，尸体无丝毫变化，脸照样红，大家都觉奇怪。

皇帝叫人把尸体挂在金钩上，那些蜂衔些泥把尸体封起来。奸臣见了，用扫帚扫掉了，不过无扫干净。因此后来广东就唔出状元，只出些秀才之类。

讲述者： 李三才，男，53岁，高小学历，高州县石坟乡周洞村农民

整理者： 吴永坚，男，14岁，初中学历，高州县石坟中学学生

整理时间： 1988年[1]

流传地区： 高州县

原载本： 《中国民间故事集成·广东卷·茂名市资料本》

[1] 原出处并无采录整理时间，但原书成书于1988年。

192

光棍亨

大约在清朝光绪年间，冲蒌地区出了一个被人们当作茶余饭后话柄流传的人物，绰号光棍亨，冲蒌通心咀村人。他是玩世不恭之徒，经常行骗。

（一）神台棍姊

光棍亨有个胞姊出嫁冲蒌莲塘隔里村。一日，他片烟瘾紧，天思地想，走去姊姊家。姊姊见他到来，精神颓丧，肯定不是借钱就是借米，故意挑逗他："人人说你手段高强，生活几好吧，但我总有点唔相信，好啦，如果你能棍倒阿姊，我给你一两银。"光棍亨喜在心头，故意呐呐地说："阿姊，若果我能棍倒你，真的给我一两银吗？"姊姊说："讲出做到！"光棍亨眉头一皱，计上心头："阿姊，你爬上神台，我有法子把你棍下来。""好，睇你有何办法。"姊姊立即爬上蹲在神台上。接着，光棍亨又改口："姊，不是这样，讲错了，我爬上神台，把你从地下棍上来。"做爬上状。"未好上，等我下来，睇你又怎样把我棍上神台去。"姊姊一边下一边冲着他说。光棍亨站到姊姊面前，笑笑地说："阿姊，我不是已经把你从神台棍下来吗！你讲出做到吧。"姊姊呀的一声，给了他一两银子。

（二）捉弄卖油旺

三合卖油旺，经常担着两埕油，在冲蒌周围走村串巷叫卖。一日，卖油旺卖完油，时间尚早，在榕树头同一些村民谈天说地，扯三搭四。他说："你哋说光棍亨手段高，点解唔做财主，还到处流荡呢？"后来，此话又传到了光棍亨的耳里。过了一段时间，这个卖油旺照常营业。一日，睇到生意做得差唔多，精神有点疲劳，便走入片烟馆食片烟，提提神。这时，有一个人入来，在他对面瞓下。这些吹友也有一些互敬互让的规矩。卖油旺即递过烟枪："兄弟，我食过了，你来两口。"那人接过烟枪，慢条斯理地吸着和他闲谈："兄弟，做哪一盛行？"卖油旺说："好话、好话，本人肩挑两埕走村串巷，我是卖油旺。"那人接着说："老兄就是卖油旺，久仰久仰。老兄，你这人真爽快，老实人讲老实话，我睇你这双眼，红红肿肿，实是后患，长此落去，恐怕眼要……"卖油旺着急地说："我也知道，但唔知用什么药才能医好？"那人说："讲老实话啦，这眼病我是会医的，不过，我首先声明：一、我不是靠这食饭；二、同你医眼，我唔收钱。正所谓唔熟唔做。如果你相信我，不妨试试；若果唔同意，也无所谓，反正唔会令你破财。"卖油旺高兴地说："我今日遇贵人，岂有唔相信之理，真是有眼唔识泰山，请老兄帮帮我吧。"那人挨近卖油旺说："老兄日日卖油，难免手上沾上油污，有时用手擦擦眼，日久落去，便成此病，这叫作生'飞斯'（烂眼唇），后患无穷，幸好遇着我，先替你做做手术。"那人即将卖油旺的上眼皮翻起，从身上取下一眼针，横刺过他的上眼皮，痛得卖油旺叫爹叫娘。那人不紧不慢地说："你识光棍亨吗？睇睇我，我就是光棍亨。"随即扬长而去。

（三）光棍享充头炉

过去，民间迷信鬼神，每逢年尾，便有做功德迷信活动（又说做功果或打斋），选出一个值理总管此事，请来一班喃呒，设坛打斋，所谓舍阴舍阳，保佑地方人口平安，财丁两旺。每次做功德，大坛七日，普通三日，户户要出钱出米。

有一年，黄竹渡[1]做功德临近尾声，全村吊起镬盖聚餐。这时候，正在筹备下届活动，睇谁出钱最多，谁就充到头炉。说什么充到头炉，就会官运亨通，发财添丁，家门幸福，人口平安。那些想升官发财的、望家门添丁的、盼时来运转的……都来参加充头炉。这次，当值理将结果宣布出来，人人瞠目结舌，充得下一届头炉者，竟然是光棍享。

花开花落，暑往寒来。不觉已过去了两年多，年尾又是做功德的时候，仍唔见充头炉的踪影。有的人就说："假过光棍享充头炉。"日子一日一日过去，时间逼近，又有人说："恐怕今年这届功德做唔成了！"群众议论纷纷，到十二月中旬，光棍享突然"衣锦荣归"了。

这时，整个黄竹渡都议论开，认为这个充头炉的发了财返来，准备开坛做功德了。但是有些知情人士透露，阿享并无发财返来，唔知他闷葫芦卖什么药。

一日，光棍享到沙坦村揾到其炳伯，说："阿炳伯，我充头炉今年要做功德，想请你帮帮我。"阿炳伯是个勤劳忠厚的耕田人，就说："我满脚牛屎，又不是有钱人家，能帮你什么呢？""只要请你为我出出力，我这个充头炉做功德的，神灵保佑，我如果发达，也保佑你发财了。""究竟要我怎样出力才帮到你？"光棍享笑笑说："我想你陪我去卖药，帮我担担箱仔。"炳伯想帮他担箱仔，走走路，唔成问题，做成功德，也算自己积下一份阴德，便答应他了，并约定明日一早起程，光棍享还教他学熟几句普通话。

第二日早晨，横江村来了两个北方人。一个手执鹅毛扇，头戴太医帽，身穿长袍，口中念念有词。另一个头扎毛巾、腰束带肩担，两个箱仔，操北方口音高叫："收买金脚黄脚竹丝鸡。"一些小孩见这扮相，哄哄闹闹，尾随而去，越来越多，涌动一时。他俩走街串巷，来到一户两层楼房门口，有一妇人走出来睇热闹。睇这妇人手戴镯、耳挂环，面容憔悴。望入屋内，酸枝台椅，摆设讲究，肯定是一个有钱家庭。光棍享摇着鹅毛扇地说："大婶，你有金脚黄脚竹丝鸡卖吗？价钱很高的。"妇人道："白脚黑脚的有，哪有金脚的呢！""我是皇宫太医，从京城来的，专买金脚黄脚竹丝鸡给贵妃医病。我这次南下，一是访寻这种鸡做药，二是顺便为民免费治病，睇睇江南风土人情。大婶，恕我直言，睇你脸白唇青，内朝阴火，夜来有咳，你患上了严重妇科病，是不是？"那妇人暗想，这太医真有本事，一望便说中我，何不请他医呢？"太医，你能医好我吗？""行、行，只要你相信我，是可以的。反正我唔要钱。""那就太好了，请太医救我。""可以、可以，我开一张处方，你去买药和买四个大瓦锅、四个大炉、两笠炭返来。下午二时，我再来教你煲药。"嘱咐一番，便离去了。

到了下午，"太医"准时来了，那妇人也准备好一切，太医说："你这病，须用金器和药一起煲，才能药到病除。不过，你要睇着我把金器放落去。""好、好。"妇人忙去取来耳环、戒指、金链、金镯等首饰来。太医先把水放落去，再接过妇人的金器，口中念念有词，念一遍，放一件金器落去。这样一念一放，将金器分别放到四个大瓦锅去，然后放药，加满水，叫妇人冚[2]上盖，他从身上取出四道符，将四个盖封上，嘱咐道："若水蒸气湿了道符脱下，你要封上，到需要加水时，也把符除下。加水后即封上，你煲药时要诚心和有耐心，要煲七七四十九日。在这期间，唔好给外人知道，更唔可以有别人来，恐防被人一冲，前功尽弃，药就唔灵，切记切记。药煲好后，服下这剂药，你就药到回春，身体壮健，精神饱满，年轻几岁。到那时候，我再来恭喜你。"那妇人真是千多谢万多谢。太医便告辞而去。

他俩走出横巷，赶上大路时，光棍享就说："炳伯，

[1] 黄竹渡：现名竹湖。

[2] 冚：方言，盖上。

丢了这担箱仔好赶路，快些返来叫值理烧炮仗开坛。”炳伯还是满头雾水。

原来，光棍享早在广州买来一批假首饰，在念念有词时偷龙转凤，骗取了妇人的金器。可怜这个无知的迷信妇人，尚蹲在火炉旁，要煲七七四十九日呢。

（四）合钱往广州

冲蒌有条街道，因多是阳江人开的轿馆，故名阳江巷（现名统一路）。因为黄竹渡是冲蒌的近郊，所以光棍享经常到此流荡。一日，唔知是有意还是开玩笑，他走去轿馆请轿。那些阳江人见他衣衫褴褛，睇死他不是顾客，就刻薄地说：“你个臀生得尖！”光棍享也若无其事地走了。

一日，村里人聚在一起有说有笑，有人故意挑逗光棍享：“享叔，你漂身去闯江湖，出门都要一点钱吧。所谓钱做胆、米做力，你能唔能一合钱走出新宁呢？”光棍享是个好胜逞强的人，容不得别人有半点睇唔起他，就说：“这个凭本事，一合钱唔只可以出新宁，我还可以去广州！”另一人有意为难地说：“如果你讲话算数，我给一合钱你。现在十点钟，时间尚早，即刻起程，够胆吗？”“好，正合我意，我也想出去跑跑呢，就一言为定！”果然，光棍享即日动身了。

这时，有个长衫马褂财主，手提一包裹，来到阳江巷请轿，几间轿馆的人都来争生意。这个财主似睇相一样，一个个睇过后说：“就请你两个。”顷刻，五辆大轿稳健地向着新宁城出发了。

时入初秋，天气还热。轿夫抬到大圹，已是汗流浃背，走在三娘迳的斜坡路，更是大口气大口气呼吸。突然轿子摇晃起来。那两轿夫急得大呼“先生，坐稳！”“唉，我的臀尖无肉，坐久必痛。要左右转转呀。”可怜这两个阳江人，肩头要脱皮了，好容易才挨上三娘迳。那财主便说：“两位辛苦了，休息休息吧。”

财主下轿后走去小食档。填饱饥肠，即叫来两个轿夫：“你俩也口渴肚饿，可一个食完一个来，食得几多，食几多，我找数。但要留一人睇轿，唔好给人偷了我的东西，我要在树头乘凉。你俩食饱休息后好上路。”这两个轿夫，经他这样吩咐，真是恨肚细，三碗唔够来五碗，横掂[1]有老板找数。抬得辛苦食要自在，放宽肚皮。他俩食到挪挪肚，又在迳顶树荫乘凉。日已偏西，还未见财主来，索性瞌眼养神。

日影西斜，申时就到，行人渐少，那个小食档主，仍未见那个大客仔来找数，走来问轿夫，轿夫也觉奇怪，揾遍一个三娘迳，唔见其人，即回轿内查睇，原来包内却是个空纸盒，大叫上当，还要揾钱同他找数。他们哪里知道，光棍享早已来到圆山仔[2]，悠然自得地坐在船上了。

旧时坐船，是先下船买票，船票包括饭钱，食饭可以自己加菜，一般是腊肠腊肉，挂在厨房代办。光棍享到厨房走一遍，即拿出那合钱买来的豆豉，唤来船上厨工：“伙计，麻烦你同我豆豉蒸腊肠。”厨工便接过照办了。到开饭的时候，厨工高叫豆豉蒸腊肠是谁的。光棍享即回答：“是我的。”那个加菜焗腊肠的，等得唔耐烦就去问厨工，厨工说：“焗腊肠的无，只有豆豉蒸腊肠的。”这样你说无，他说无，争吵不休。光棍享上前拉着那个后生说：“这样争吵唔止，于事无补。你虽然是有腊肠加菜，但又无凭无据，也唔知他们搞什么鬼，算了吧，反正我的饭两人够食，出门无所谓，求其[3]应付一餐，来，一起食。”把那后生拉过来同坐，接着说：“兄弟，以后出门要注意，自己的东西，总要有个记号吧，好似我的豆豉蒸腊肠，奇特无人同，谁敢冒领，做人一定要醒目呀！”他的一番“语重心长”的话，感动了那个后生。食过饭后，开始售票，光棍享故做取钱状，托那后生买。那后生觉得这大叔真好，饭让他食，还谆谆教导自己，确实感恩戴德，便主动地说：“大叔，你待我这么好，票由我买吧。”

这个光棍享，不但食了别人的腊肠，而且还使别人甘心情愿为他买船票呢。经一夜行船，第二日光棍享就来到广州街头了。

[1] 横掂：方言，反正。

[2] 旧时往广州的船泊圆山仔。

[3] 求其：方言，随便。

（五）二奶中意

广州雨帽街有座七秀祖祠（麦氏祖祠），是光棍享在广州落脚地方。一日，他瞓在床上，双眼半开半合，脑子马上又想到了一个坏主意。他走去城隍庙，闪动着诡谲的眼光，揾他的猎物。来到一个年轻乞妇面前，睇她面容瘦削，但还有几分秀气，就用台山话说："大嫂，睇你这么年轻，沦为乞妇，实属可怜，你还有大把青春，应该及早另寻快婿。"乞妇道："我这样子，谁人肯要。""如你愿意，我可做媒人。台山有位金山伯返来，想娶填房，托我物色对象，你中意吗？"那年轻乞妇见有人介绍她嫁金山伯，真是求之不得。

光棍享带着年轻乞妇，要马上返入台山，说是恐防别人捷足先登。他又说："人靠衣装，髻要花傍。"即去故衣铺买了套衣服给她换上，还到小食店饱食一餐。请来一顶花轿，抬着年轻乞妇，走到布匹铺门口，叫轿夫停了下。他要买几匹布，布匹铺老板见门口停下一花轿，又见那财主走来"帮趁"就笑脸相迎。光棍享说："我要几匹最靓的布料。""好、好。"老板马上拿来上乘布料，让他选择。他底睇睇面睇睇说："这匹布几好，老板，能否拿出门口让我二奶睇睇？""可以，可以。"他拿去轿内与乞妇睇睇，又拿回放在柜台上说："我二奶好中意，就买这匹。"接着又睇第二匹，同样拿出去又拿返来，"我二奶好中意。"这样一来一回，左一个二奶中意，右一个二奶中意，总共选了六七匹布，他拿出钱包找数说："老板，本来我无买布主意，但见到这里的布很靓，才临时决定。现在唔够钱，能否请个伙计帮我托返去，由我二奶在门口等一等，我取了钱返来找数，怕唔怕我走了呢？""唔会唔会，你回头才找数吧。"

那个伙计托着几匹布跟着光棍享走了。来到码头，他又说："伙计，我有个兄弟搭这班船，就把布托入船内，托他先带回。"那伙计乐得少走路，同意把布托下船去。他又说："你在这里等我，我取了钱和你一齐返去找数好吗？如你太忙，可先返去，我取了钱便返来，还要赶住同我二奶返乡呢。"那伙计暗想，跑得到和尚跑唔到庙，就说："我先返去啦。"

时间过了两个多钟头，还唔见有人返来找数。坐在轿内的乞妇，也等得心烦，不时把头探出来张望。店主觉得有点唔对路，忙走来问"二奶"："你老爷点解还未返来？"乞妇道："我都唔知道。""奇怪，连你的老公往哪里也唔知道？""唔知，他不是我的丈夫，我是城隍庙门前乞妇，他是介绍我去嫁金山伯呀！"店主突然好似窒息了一样，说唔出话来。

这时，光棍享已坐船溜之大吉了。

讲述者： 麦唤声，男，84岁，汉族，冲蒌镇退休教师，初中学历

采录者： 伍仲瑜

采录时间： 1987年5月

流传地区： 台山县冲蒌镇、斗山镇

原载本： 《中国民间文学集成·广东卷·台山县资料集》

193

马咬二故事

马咬二的真实姓名叫梁天培，是新兴县太平镇上沙村奕祥坊人，生于清朝，在其兄弟中排行第二。由于他生长在农村，自小养成调皮捣蛋、好整蛊人、满肚计谋、争胜好强的性格。但他同情弱小、憎恨恶霸，为当地百姓伸冤雪愤，疏解生活烦难，无私奉献才智，从而受到百姓的喜爱与夸赞。马咬二的点子之妙之多冠绝新兴乃至广东，在民间广为流传。

（一）施计勒流村

有一次，马咬二搭船去广州，船经顺德附近，听说甘竹村在村口建了一座风水塔，对面的勒流村就接二连三地死了几个人。勒流村因此状告甘竹村，执意要拆毁这座风水塔。但甘竹村财厚势大，勒流村屡告不胜，于是，就贴出告示，重金招聘能人。

马咬二得知这事后，便上船到了勒流村。他装扮成过往客人，走入一户人家中揾水喝，只见这户人家也愁眉苦脸地谈论着这场官司。马咬二搭话说："这不过是一场小小的官司，无什么难打的。"这家人见马咬二说得容易，便叫村中的几个长辈来请求他写状词，去打这场官司。马咬二见对方如此器重他，就一口答允了，并定下了计策。

马咬二接受这场官司后，首先叫该村的人预先准备一些棺木放在各家各户门口，里面放一些死鱼烂肉，并在各路口再放一两具真死人的棺木，并烧着香烛，叫村中的妇女、小孩装扮像死了亲人的家属，一齐来嚎啕哭丧。然后写了一份状词，叫他们带去知府告状。知府大老爷接过状词一睇，只见上面写着："未见甘竹出科甲，只见勒流丧万民。"知府大老爷见是自己管辖的地盘内死了那么多人，不由得吓了一跳，当即派官差前往检查。官差一到勒流村，见到这么多棺木停放在路口和村中，臭气熏天，以为果真像状词所写一样，死了这么多人。于是，急急脚赶返去将所见禀报，知府大老爷当即下令拆毁这座风水塔。就这样，马咬二帮勒流村打赢了这场官司。

马咬二为勒流村打赢了这场官司后，勒流村要重金酬谢他。他说不用酬谢，但想到他家乡有一个斜坡村道，天一下雨就一片泥泞、湿滑，村民出行十分不便，就提出如果一定要谢的话，就为他村里修好那个斜坡村道吧。于是，勒流村请来能工巧匠，认认真真打造了一百块石板，修好了这个斜坡村道（即现在村里人称百步梯）。马咬二为村做了一件造福子孙后代、功德无量的好事，受到了村民的赞赏。

（二）巧治李百贪

马咬二唔恋功名利禄，却爱整治那些贪官污吏、地主恶棍和流氓地痞。

有一年冬天，马咬二乘船去访友，在船上遇到了本县的地主恶棍李金雄。这李金雄是个"见蚤子要剥三层皮，见针都要削二两铁"的活剥皮。平日，他欺男霸女，鱼肉百姓，无恶不作。远近的人们对他恨之入骨，管他叫"李百贪"。马咬二决心要治一治他，为人们出一口气。

一日，马咬二在船上遇见李百贪，于是主动去接近他，和他拉家常。谈话中，得知他是去探亲。临近天黑的时候，马咬二对他说："我因起程匆忙，忘了带棉被，今晚恐怕冷得瞓唔着，想和你搭铺同瞓，唔知你意下如何？"李百贪想收马咬二的被铺费，但又故作推辞说："你自己向船主租吧。"马咬二说："船主的被铺人人都盖，太脏，加上租金太贵，小弟想节约一点钱。"听到这里，正中下怀，李百贪连忙说："好吧，你今天晚上就和我搭铺吧，收你半费。"于是，马咬二就和李百贪瞓在一起。半夜，马咬二睇见李百贪瞓熟了，悄悄地爬起来，从口袋里拿出四枚铜钱，用针线缝在棉被的四个角里面，然后躺下瞓觉。天亮时，船到了码头，李百贪捆好了棉被，要马咬二交被铺费。马咬二说："一起下了船才算吧。"下了船，马咬二就说："李大人，请你把被子还给我。"李百贪被问得丈二金刚摸不着头脑，怎么未收你的租金，反而向我要起棉被来呢？马咬二见他愣着，就动手抢他背上的被子。两人你抢我夺，扭打成一团。最后，两人一起来到了县衙评理。县官一大清早被他们吵醒，气正无处发泄，一拍惊堂木，大声喝道："大胆刁民，为何打架？"两人争着说理，

县官指着马咬二，叫他先讲。只听到他说："小人昨晚在船上遇到他，他要和我搭铺，谁知今天起床，他说我的被子是他的，望老爷明断。"

李百贪接着说："大老爷，冤枉呀！是他抢我的被子，我还未收他租被铺的钱呢！"

县官说："你哋都说被子是你哋自己的，有何证据？"

李百贪说："我的被子是新买的，就是现在这张。"

马咬二说："我的被子也是新买的，不过，我母亲说为了避邪，在被子的四个角都缝了一枚铜钱，请老爷验睇。"县官叫差人验睇，果然发现被子的四个角都有铜钱，于是把被子判给了马咬二，并指着李百贪说："下次再来胡闹，本官决唔轻饶你！"说完退堂。李百贪这时真是哑巴食黄连，有苦讲唔出。

出了衙门，马咬二睇睇四下无人，对李百贪说："李大人，刚才我是和你开玩笑的，现在把被子还给你吧。"李百贪气愤地接过被子。马咬二即转身向衙门跑去，边跑边叫："抢被子呀！抢被子呀！"接着击鼓鸣冤。

县官急忙升堂，见又是马咬二，说："大胆刁民，为何又来打扰本官？"

马咬二说："老爷，刚才小人抱着棉被出了衙门，又被他抢去了，望老爷为小人做主。"

县官听后，令两个差人把李百贪捉拿归案。不一会，李百贪被推了进来，县官指着仍抱着被子的李百贪："按落去打四十大板！"李百贪被打得皮开肉绽，还唔知怎么回事。这时，县官又说："大胆李百贪，还敢唔敢抢被子？"李百贪一听，才明白过来，忙说："唔敢了，小人唔敢了。"

县官退堂后，马咬二睇了一眼惊魂未定的李百贪，心中觉得很好笑。这次，他又把被子递到李百贪面前，叫他收下。唉！见过鬼都怕黑，李百贪就算心中很想要返来，但再也无胆量敢拿，只好眼睁睁地望着马咬二把那张新棉被拿走了。

（三）治奸诈轿夫

当时，镇上有一家轿铺，铺里有一伙长得肥头大耳、奸诈狡猾的轿夫。他们与官府串通，把顾客抬到半路就施行勒索，有时甚至谋财害命。即使有人告到官府，也奈何他们不得，镇里人恨透了这帮家伙。这件事给马咬二知道以后，决心要狠狠地惩治这帮地痞，为民解恨。

一日，轿铺店门刚打开，就走进一位长辫拖地，头戴瓜帽，鼻梁上架着一副金丝眼镜的人。他口叼烟斗，手提一个沉甸甸的藤匣，睇上去好像是一位来头唔小的商人。轿夫暗暗欢喜：真是送上门的肥肉！于是他们皮笑肉不笑地迎上去，问清楚去什么地方以后，互相使个眼色便上路去了。商人特地请其中一个轿夫睇守藤匣，这下更使他们心里暗喜，心想这回一定能大捞一把了。

一路上，轿夫们装得十分卖力，心里却盘算如何揾一处偏僻的地方谋财害命。谁知那一日路上行人众多，无法下手。商人说事情很急，不断催他们快点走，并说事后必有重赏。轿夫听了以后，口水直流，坏主意暂且放在一边，马不停蹄地赶路。

正午时分，一行人走出了县界，轿夫们这时已疲惫不

堪，加上肚又饿，脚步慢了很多。这个商人好像知道这班轿夫的心事，叫大家停了下来，邀请他们到酒楼就餐，还特地揾了个雅座，点了几样好菜，再上一壶好酒。轿夫们大鱼大肉，狼吞虎咽饱食了一顿，个个放开肚皮猛饮。酒过三巡，商人见他们都已大醉，就推说肚唔舒服，要去解手，并叫他们小心睇好藤匣。轿夫信以为真，就放心让他去了。

谁知商人一去不回，待酒保来结账时，这帮轿夫急得像热锅上的蚂蚁，到处团团转。一班人平时只会揩别人的油水，又怎会带钱来食东西？这时，有个轿夫想起了商人的藤匣。于是，他们打算砸开它，拿钱银结了酒账，余下来的大家分了了事。谁知砸开一睇，个个都傻了眼，里面装的全都是石头，上面还压着张字条，上写："善有善报，恶有恶报，时辰已到。署名：马咬二。"到此，他们才知道上了马咬二的当，气得捶胸顿足。酒保以为他们有意白食赖账，便叫伙计们将他们打了一顿，并扣下了那顶四人大轿。

轿夫们被打得鼻青脸肿，连滚带爬回了县城。官府怕这件事张扬了出去，所以唔敢把马咬二问罪。但从来无唔透风的墙，这件事很快就在民间传开了，老百姓个个拍手称快，都说轿夫活该有这样的报应。

（四）巧治盲恶霸

马咬二邻村有一个盲佬，这个盲佬虽然双目失明，但却仗着自己的细佬是一个大乡绅，无恶不作，横行霸道。不论人畜，只要碰到他的盲佬棍就招致他破口大骂；轻则恶言相向，重则举棍狠揍。村民们都惧怕他。但由于他有细佬撑腰，奈何他不得。虽然挨了打，也只好忍气吞声。

一日，马咬二路过这条村，见这个盲佬举棍毒打一个七八岁的小孩，说是小孩挡住了他的路。直打得这小孩皮开肉绽，见者令人心酸，但却无人敢上前阻拦。马咬二早就听说过这个盲佬的胡作非为，今日相见，果真如此，心中十分气愤。他把牙一咬，决心惩治一下这个盲佬，为被打的小孩出一口气。他随手抄起一根坚实的木棍，学着盲人用棍探路的样子，"笃、笃、笃"地边敲边朝盲佬撞去。这盲佬打了一顿小孩以后，见无人敢干预，甚为得意，正趾高气扬、目中无人地走来，与马咬二撞个正着。盲佬见有人敢挡住他的去路，正要发作，冷不防，头上已挨了一棍。只听到对方粗言烂语地骂道："岂有此理，谁挡住我的路！难道我盲你也盲！"说完又打。这盲佬从来无食过别人的亏，现在突然被马咬二连打几棍，气得暴跳如雷，破口大骂："我盲，你也盲！我睇你是身痒要我帮你搔痒了。"边说边举棍向马咬二打去。但由于睇唔见，棍棍落空。马咬二睇得清清楚楚，左闪右避，抽空又给盲佬两棍，只打得盲佬哇哇大叫，皮肉开花，浑身肿痛。围观者纷纷拍手叫好。

盲佬的乡绅细佬见哥哥被人打成这个样子，想追究此事。但村民们都护着马咬二，都说是盲佬打盲佬。盲佬的细佬到处揾另外的一个盲佬，但所见的都是开眼的，哪里揾得到呢？

（五）自己告自己

马咬二平日好捉弄人，新兴县内到处可以听到他的名字，他的趣事三日六夜也讲唔完。凡是吃过他的亏的人，知道他的厉害，都唔敢再惹他了，但也有一些人蓄意对他进行报复。

马咬二的嫂嫂，是个女中强人。在分家的时候，马咬二确实多占了一些田。嫂嫂唔服气，在"外家"的支持下，不顾一切，要上告马咬二。但苦于无一个能对付马咬二的人，想来想去，最后想出一个办法。

一日，有个妇人揾到马咬二，诉说自己是个寡妇，祖上留下的家产田地全被叔叔霸占了，要马咬二代写状词，上告叔叔。马咬二见这妇人苦苦哀求，既同情又可怜，当下就写了："人家有叔，叔可怜，自家有叔，叔霸田。"写好这两句状词，交给了妇人。

这妇人接过状词后，即刻离开。妇人离去后，马咬二顿时醒悟过来，觉得来者不善，预感事情不妙，于是迅速出门去追赶，要索回那状词。妇人见马咬二追上来，已知其意，便将状词揉成一团，藏在路边草丛中。又假装摔了一跤，跌在水沟里，浑身上下湿淋淋的。马咬二追上后，诈说状词中写错了字，一心想索回状词。妇人却从衣袋中掏出已被水浸湿了的一块纸团，交给了马咬二。马咬二信以为真，见状词已烂掉，也就算了。

原来这妇人正是马咬二嫂嫂派来的。待马咬二走远后，便寻回那张状词，交给马咬二的嫂嫂去告状。县太爷平日也食过马咬二的苦头，早就想狠狠惩治他，只是无什么借口罢了。今见马咬二的嫂嫂来告他，正是惩治马咬二的机会，于是即传讯马咬二到堂。县太爷先问马咬二："人家有叔，叔可怜，自家有叔，叔霸田。这状词是你写的？"马咬二无办法，只得承认是自己写的。县太爷拍案怒斥道："既然是你自己告自己，还有什么可说的？"马咬二无法辩解。县太爷下令，着打三十大板，令分配不公之田，应退给嫂嫂。习惯了告人的马咬二，这次变成自己告自己。

（六）理发扭断颈

一日，马咬二到理发铺等候理发，听到一个理发师傅对伙计说："人人都怕马咬二'扭计'，我就唔信他有什么了不起，他若敢扭我的计，睇我一刀唔割断他的头才怪。"马咬二听了暗自偷笑，但他却不动声色。过了一会，他起身掏出一把银钱，塞给理发师傅。师傅一睇这位顾客如此慷慨大方，多付了一倍的价钱，自然对他另眼相睇，优先为他理发，而且格外用功，一丝不苟地为他理发。理完发后，还帮他梳洗干净，最后还替他搓揉按摩。当搓到颈部时，马咬二将颈一扭，只听到"咯"的一声，跟着大叫起来："哎呀，痛死人了！你扭断了我的颈，如何是好？"众人顺着声音望去，只见这顾客的头歪向一边，真的好像断了颈骨一样，大家都怕连累到自己，都十分恐慌。理发师傅更是怕得不得了，唔知如何是好。

"理发师傅扭断了顾客的颈"的消息不胫而走，一些怀着好奇心的人纷纷走来睇个究竟。理发师傅一时慌了手脚，搞唔好搞出人命来，食不了兜住走，为了避免食官司，他慌忙中只得对马咬二说："先生，真对唔住，一时错手弄伤了先生，小人愿赔医药费。"马咬二歪着头，无说话，只伸出两个指头。理发师傅睇了睇说："要二百两？"马咬二嗯了一声。理发师傅说："好！给你，你自己去医治，算一次足额赔偿，以后唔好再来搵我。"说完，包了二百两白银给马咬二。

理发师傅见马咬二离开了店铺，了却了官司，才定下神来，松了一口气。马咬二得了白银，颈也唔痛了，脖也唔歪了，优哉游哉上茶楼饮茶去了。当理发师傅知道他就是大名鼎鼎的马咬二时，懊悔不已，只好自个儿摇头叹气，怨自己出言不慎惹来横祸。

（七）诬告知县偷牛

马咬二"扭计"，远近闻名，妇幼皆知，但又无人能斗得赢他。连知县都怕他三分，历任新上任的知县都要亲自登门拜访，送些银两，和他交个朋友，巴结一下马咬二，这样才乐得大家相安无事。

有一年，新兴县来了一位新知县。他自恃自己有才能，根本唔把马咬二放在眼里。马咬二见这知县睇唔起他，决定作弄一下他，拔几根老虎须，让他知道自己的厉害。

一日晚上，马咬二搵了个人，给了些银两，叫这个人用纸包了一包新鲜的牛粪，在晚上偷偷放进县衙里。第二日一早，马咬二就写了一张状词要求知县审案。知县打开状词一睇，上面写着："昨晚十三点钟，关门闭户，耕牛不翼而飞，恳求捉拿偷牛贼等。"知县见"昨晚十三点钟"不很确切，于是便对马咬二说："梁二，是昨晚一点钟丢失牛的吧？"马咬二说："对对！正如你说的，正是昨晚一点钟丢失了牛。知县你怎么也知道是一点钟？一定是你已经把偷牛贼抓到了。"知县说无。马咬二说："那你怎么会肯定是一点钟丢失了牛？其中必有古怪，说不定是知县你自己偷了我的牛，要不然你怎么会这么清楚！"两人你一言、我一语地吵了起来。知县见他如此蛮横，就问他有什么真凭实据。马咬二就拉着知县在县衙里里外外搵牛。在县衙的后院里，果然搵到了一堆新鲜的牛粪。马咬二于是大声说："县衙乃是清净之地，何来牛屎？分明是知县偷牛留下来的证据！"人证物证俱在，知县为了唔把事情闹大，影响官威，只好"哑巴食黄连"，白白赔了牛款给马咬二，糊里糊涂地了却此事。

马咬二得手以后还唔罢休，每年年底，总要托着一个特制的大算盘，摇头摆脑来到县衙揾知县算账。知县自从食过那次亏以后，怕再惹是生非，一见到马咬二来，都要送他白银，打发他离去。

（八）骗人害己

有一次，马咬二乘船回新兴，见船上一厕所排着很多人在那里等候方便。只见一妇女站在那里急得难以忍耐的样子，便有意想整蛊一下她。

他走过她的身旁，对着附近的人说："我有一秘方可解小便之急。"于是，如此这般地说完后就回到自己的铺位去了。那位妇女经马咬二这么一说，也就偷着拔下一根头发往鼻孔里插去，谁知头发刚插到鼻孔，就打了一个喷嚏，顿时，当场出丑——尿湿了裤子。

这妇人自知上了当，便暗中查访这搞鬼的是什么人。当她得知是沙村的马咬二后，于是也随船到了新兴。马咬二上了船，就到县城茶楼饮茶、休息。这妇人却先他一脚赶到沙村。她寻着马咬二的家，就对其家人说："弊啦，你家阿二在外放荡不羁，整天到酒楼妓院作乐，已染上麻风了。"这妇人又说："你哋唔信，睇他返来时，如若坐下来脱鞋脱袜，又向上抓痒的，就是麻风的病症了。"马咬二的母亲听得儿子得了麻风病，很是惊慌，忙问用什么药能治好。这个妇人说："无须用什么药，只要揾几个力大的妇女，将他揪住，用艾火烧他一番就好了。"

马咬二的母亲听了这妇人的一番说话，心想：唔理他是否真的得了麻风病，用艾火烧他一身，也无大碍，于是分头准备了。

马咬二在县城休息了一个时辰，饮够了茶，就返屋企了。

由于天热，他穿粗布鞋袜本来就唔舒服了，加上走了这么一段路，双脚更觉火辣辣的，一回到家便坐在椅上脱去鞋袜。又因鞋袜勒得过紧，双脚肌肤痒得难耐，便用手去抓痒。脚上抓痒，当然是顺手向上的。家人猜得真切，发现马咬二的一举一动果然像那妇人所说的一样，心中已明白，肯定染上麻风无疑了。于是，不容分说，几个妇人一齐拥上去，将他揪倒，用艾火狠狠烧了他一身，只痛得马咬二杀猪般大叫。

事后，马咬二才知道是船上那个妇人对自己实行报复，于是自言自语道，真是骗人害己。

讲述者： 梁建兴
整理者： 洪盘东
采录地点： 太平镇上沙村
采录时间： 2007 年 11 月
流传地区： 新兴县一带
原载本： 《广东民间故事全书·云浮·新兴卷》

（八）对联故事

194

游沙庄对妙联

相传，清末民初，仙村巷头乡有个乡村塾师，颇有才气，尤工对联。

一日，塾师的一位友人来访，他设酒款待。酒过三巡，友人说："素闻先生才气不凡，弟今有一联，苦思不成下联，唔知先生可否赐教？"塾师道："请讲。"友人说："池岭岭头远望凤池出白木。"

友人一边解释说联中的池岭、岭头、凤池、白木均是村名，一边提笔写了下来。塾师接过上联一睇，此联貌似平凡，实质十分难对。他苦思不得，如此数日，茶饭不思，不能上课。学生见状，便提议说："先生一时对唔上也是难免的，何必拘泥。不如到石龙去散散心，或者能揾到灵感呢。"塾师无奈，只好说："不妨前往。"

于是，学生即日揾来一条小船，与塾师一起从巷头启航，沿东江河一路往东而去，向石龙出发。船行至三江地区土江村，塾师见这里风光甚佳，便问学生这是什么村庄，学生回答说是土江。塾师点点头。船继续前行，又见一村庄，塾师问村名是什么，学生说是江口。塾师唔了一声。船继续往前行了一段时间，再见一村庄，塾师又问是何村庄，学生告诉说是龙地。行着行着，塾师眼前突然一亮，发现前面唔远处还有一座小村庄，急切地问学生是什么村，学生回答是红花地。塾师拍腿大笑，急令学生调转船头往回走。学生问点解，塾师说我已对出下联，唔去石龙了。学生说，先生请赐教。塾师曰："土江江口近观龙地吐红花。"话音刚落，个个拍案叫绝，高兴地与塾师一起回航。

讲述者： 社会流传
整理者： 郭水田
搜集时间： 2008 年
流传地区： 广州市增城市
原载本： 《广东民间故事全书 · 广州 · 增城卷》

附记

该故事类型在广东粤语地区流传广泛。除了本篇之外，还流传有佛山市高明区的《真才实学》、台山市的《考先生》、广宁县的《村老考先生》、怀集县的《冬烘先生答对联》《虾公与牛牯》《以联显才》、封开县的《令人折服的老师》、博罗县石湾镇的《考教书先生》等异文。

195

江口渡头对诗句

镇江江口大郁村边，有条鉴江河，未建大桥前有个横水渡，上通镇江、连界，下达石鼓、南圩，连通广东、广西，熙来攘往，有一水之隔，每天来往过渡的人甚多。

清光绪年间，有个读书君子，满腹经纶，屡考不第，沦为江口渡船的艄公。这一日，刚好石鼓圩期，一大早就上满了渡船人。有书生、木匠、车夫、媒婆、农民、卖唱女、哑巴、砖瓦匠、无业游民，各色人等。每人收费五分银。大家催船夫开渡。艄公说："我出一联拆字对，第一句就两字合成一字，第二句把一字拆开三个字，第三句念出开头合成的字，还要押韵。我的出句是：

"金艮银，众字写来三个人，人人人，人人对句免收银。"

书生的对句是："言卖读，麤（粗）字写来三个鹿，鹿鹿鹿，鹿鸣宴罢再来读。"木匠对："尸至屋，森字写来三个木，木木木，木上架梁便成屋。"

车夫对："余斗斜，轟（轰）字写来三个车，车车车，车到西关日头斜。"

农民对："豆頁（页）頭（头），犇字写来三个牛，牛牛牛，牛屎下地种芋头。"

媒婆对："人良食，矗字写来三个直，直直直，直肠直肚食。"

卖唱女对："立日音，鑫字写来三个金，金金金，金弦线竹唱八音。"

哑巴写字对："水酉酒，品字写来三个口，口口口，口开难言酒。"石匠对："口力叻，磊字写来三个石，石石石，石匠功夫我最叻。"

砖瓦匠对："女子好，垚字写来三个土，土土土，土烧砖瓦我最好。"船家佬对："言午许，淼字写来三个水，水水水，水上漂流知几许。"

全渡船人都对通了，只剩下一个衣衫不整、满身污垢、面有愧色的年轻人对艄公说："我本来就无钱过渡的，本想混着上船过牛王[1]渡，凑巧碰上你要对诗句，脱身不得。我实在不会对诗句的，你就饶我一次吧！"艄公见他可怜，就拍拍屁股，叫他下渡走人。谁知那个年轻人经他这一拍，即时得出答案。

"尸比屁，晶字写来三个日，日日日，日日被人打出屁。"

说罢，他便大踏步离去。旁观者与艄公听罢，无不捧腹大笑。

讲述者： 张梅修
讲述时间： 1953年
整理时间： 2007年
搜集整理者： 张梅修
流传地区： 高州市
原载本： 《广东民间故事全书·茂名·高州卷》

[1] 牛王：免费。

196

书生元宵对御联

原载本：《中国民间文学集成·广东省卷·珠海市斗门县故事资料本》

传说明成祖永乐皇一统天下之后，在一年元宵节微服出宫，与百姓欢度佳节。他在酒楼上一边观灯赏月，一边开怀畅饮。眼前灯月交辉，万民同欢，一派升平景象。永乐皇三杯落肚，诗兴大发，不禁吟道：

“灯明月明，灯月齐明，大明一统。”

不想上联才吟出来，就有个书生对了下联。书生对曰：

“君乐民乐，君民共乐，永乐万年。”

永乐皇听了，心里说不出的高兴。第二日便召书生进殿封赏。此时，书生才知道昨晚遇着的是当今皇上，自己无意对上了御联。

讲述者： 邝光闻
采录者： 邝金鼻
采录地点： 斗门公社小濠冲
讲述时间： 20 世纪 60 年代初
流传地区： 珠海县斗门公社

197

天赐举人

从前有个青年儒生读了很多书。为了应试，他典当了家物。一路辛苦，快到目的地时，钱已唔多了。怎么办？他打算求借他人。他走到一所种绿豆的园圃，揾到园主说明来意，刚坐下就见一只鹿跑了过来。接待他的园主睇见这只鹿便对儒生说：“客官，你既然去应试，我不妨出个对，你答得上就请你食一顿饭。”儒生点头应是。园主说：“就以眼前这只鹿为题吧！听着，上联是‘绿豆园中鹿跳出’，你对下联。”儒生重复上联几次，都对唔出下联，便说道：“我唔借了，反正我肚子唔饿。我要赶路，就此告辞。”

儒生行到一个渔棚求宿，一见面就称赞渔翁养鱼养得好，渔翁心中欢喜，答应留他住宿。但借米煮饭，就要答应渔翁提出的条件。如果可以对出渔翁出的上联，就请他食一餐饭。儒生自认为有把握，便一口答应了。渔翁说：“听着，上联是‘一鱼一尺量量九寸十分’。”儒生照着重复了几遍，结果无法对上，只得摸着肚皮说：“我很迟才食中午饭，米我就唔借了，只求一宿算了。”

到了第二日早上，儒生启程走了段路，睇见路旁有卖食的，便草草食了一点。走到中午，来到一个庄院，有个老人正在晒谷。儒生又想向他求食的，便走近老人称赞他的谷粒饱满金黄。老人自喜之后问儒生：“请问秀才到哪里去？求名或求利？”儒生答道：“求名。因路费唔多了，想求助一点，未知可否？”老人说：“可以，你是求名的秀才，我很乐意帮助你。不过，我想试一下你的才学，出个对联给你对。能对上我就算请你一餐吧。”儒生答应对对。老人提对说：“谷黄米白饭如霜。”儒生又照样重复了多次，始终对唔上来，便又告辞而去。

儒生离开晒谷场后，直怨自己倒霉，每次都碰上绝句。但又唔心服，苦苦思对联来。待至考试，只见试卷第一联上联写着“炭黑火红灰似雪”。儒生一睇，触动了心灵，禁惊一声：“天赐我也！那炭黑火红灰似雪，唔正好对上‘谷黄米白饭如霜’吗？”再睇第二联，上联是“樱桃树上雁飞去”，儒生又不禁感叹道：“天赐我也！那樱桃树上雁飞去，不正好对上‘绿豆园中鹿跳出’？”再睇第三联，不由自主地跳起来，叫道：“不是天助我而是人助我也！饿了几餐也很值得。那‘十鸭十池数数三双四只’，不正好对上‘一鱼一尺量量九寸十分’吗？”

儒生对完这些对，立即交卷。第二日去睇榜，他几乎欢喜得发呆了。原来，他真的中了头名举人，取得了上京考试资格。

讲述者：	陈福
整理者：	廖国新
采录地点：	高要县
采录时间：	1986 年 5 月
流传地区：	高要县一带
原载本：	《广东民间故事全书·肇庆·高要卷》

198

对联相讽伤和气

从前，花县远龙墟旁边有一个小村庄叫石塘，人少地穷；墟的东面相隔几里路是广岭村，姓大[1]又有钱。但两村青年男女，并唔因村大村小、地富地穷，照样常常通婚。

一次，广岭村刘姓男子和石塘村王姓女子结婚。按照花县旧时的习俗，男家迎亲，要用红纸写上对联的上联，贴在一条长几尺的竹竿上，竹竿尾梢还留些青青的叶子，擎着往女家去。让女家照同样的竹竿，撰写下联回对，以表示成双成对的好兆头。而联语一般都写吉祥庆贺的话。但是广岭村人自恃族大势雄，一向睇唔起石塘村人，因而别出心裁，写了一句超乎常格的上联：

"石塘水浅鱼虾少。"

石塘村人睇了，知道有意以对联嘲讽他们，个个都愤怒万分。但村里饮墨水的人唔多，于是大家商议，请在村里教私塾的先生替他们写下联，要求更辣些，"回敬"广岭村，替他们出一口气。但私塾先生平日虽然口念"子曰诗云"，一时也对唔上。刚巧一个扛着锄头的农民从外面返家，见到出嫁女家挤拥着许多人，七嘴八舌，议论纷纷，他也来凑热闹。这个农民在青年时候是个猎手，也读过几年书。他想着想着，忽然有所领悟，说："有了！有了！但唔知是否适合。"随即说出：

"广岭山高禽兽多。"

大家听了，都拍手叫妙，并嚷着："这样'将'一军，够味道！够味道！"于是擎着对联，抬起花轿，的的达达，送往广岭村去。这事传开去，一传十，十传百，倒使广岭村大失面子。

事隔不久，石塘村王姓又娶广岭刘姓女子。石塘村人认为"礼尚往来"，特地向别村请了有才学的人替他们写上联去迎亲。对文是：

"广岭田干涸，无水无鱼难养鹤。"

广岭村人经过上次的耻辱，怒气未消，更加火上添油，认为小虾毛竟敢翻大浪！马上通知村里秀才回对，写上：

"石塘土薄稀，有窿有草只藏龟。"

石塘村人这回本想占便宜，殊知又被倒打一耙。村中有人提出，这样斗落去，将会加深两村的矛盾，无好处，于是派人向广岭村族老道歉。从此以后，两村的婚嫁，都不再用对联相讽以伤和气了。

讲述者： 杜熙文，男，71岁，田美村人，新华中学退休教师
整理者： 梁瀚
整理时间： 1987年4月
流传地区： 花县新华镇
原载本： 《中国民间故事集成·广东卷·花县资料本》

[1] 姓大：指同姓氏族人口多。

199

渔翁羞秀才

讲述者： 黄立熙，58岁，双滘镇居民
采录者： 李光文，县文化馆干部
采录时间： 1987年5月
流行地区： 阳江县双滘镇
原载本： 《中国民间故事集成·广东卷·阳江市资料本》

离双滘三十华里有个地方叫河坑，离河坑二十华里有个地方叫石滑。石滑有个渔翁，每日下河捞虾卖。河坑有个秀才爱食虾，碰见渔翁在墟里卖虾，便走过去睇。见虾小，无意买虾，想试试自己文才难难他，便问渔翁："老伯，贵府在哪里？"

"石滑！"渔翁随口应了。

秀才灵机一动，马上出一上联讥笑他：

"石滑水浅虾公瘦。"

渔翁一听，马上知道他在讥笑自己，便反问他道："先生府上又在哪里？"

"河坑。河流的河，坑道的坑。"

"啊！"渔翁喊了一声，下联便出来了。说：

"河坑水深乌龟肥。"

秀才哑口无言，登时羞得面红耳赤，连话也说唔出来，夹着尾巴走了。

200

智对盲通

讲述者：陆隶华

采录者：陆郁文，男，35 岁，中师毕业，凤村镇文化站干部

采录时间：1987 年 5 月 2 日

流传地区：德庆县

原载本：《广东民间故事全书·肇庆·德庆卷》

从前，有一瞎子叫盲通。他从小读过诗书，有一定的才学。后双目失明，便四处串村给别人择日、卜卦算命。他以为自己有点学问，骄傲自大，睇唔起别人，每到一处都要显露一下自己的才能。

一次，他串村择日、卜卦算命时路过一间大馆学堂门口，碰上一群学生，便想戏考学生，显示自己的才学。他要求学生给他对对，便吟出上联道："嫩学（鹤）[1]虽高飞难矣。"一学生略加思索答道："老龟（鸡）[2]卜筮有灵乎。"盲通一听，自己占不了便宜，反被学生讽刺了自己，便说："我说的是嫩鹤的鹤不是学生的学。"接着那学生说："先生！我说的也是老鸡的鸡不是乌龟的龟。"盲通听了哑口无言。从此以后，他再也唔敢到处戏弄别人了。

[1] 方言中"学"和"鹤"读音相近。

[2] 方言中"龟"和"鸡"读音相近。

201

小孩对县官

相传很久以前的一日，在新兴县西南面的河涌里，有一群小孩在河里嬉水。

忽然从河的一岸传来了“肃静，回避”的呼叫声。紧接着有一顶大轿从桥上过。正在河里嬉水的一个孩子出于好奇，就走到桥面上睇热闹。差人见状就大声叫骂着，要他走开。这个小孩不但唔走，反而口齿伶俐地说：“大老爷是父母官，应该要爱护平民百姓。”轿里的人听到了，就叫轿夫停下轿。原来轿里的人是一位县官。他走到那孩子面前，睇到那孩子一副机灵样，觉得很可爱，就想考一考他，于是问道：“小孩，你会对对吗？”那小孩说：“试试啦！”县官就出了一副对联：“稔村稔子出。”那孩子想起母亲的家乡是吉村的，就答道：“吉村吉花开。”县官听后，大声赞好。

讲述者： 彭立基，男，56岁，新兴县东成镇碧塘村人，小学学历，农民

搜集整理者： 彭惠珍，女，21岁，新兴县东成镇碧塘村人，初中学历，教师

搜集时间： 1987年6月

流传地区： 新兴县稔村镇、东成镇、水台乡一带

原载本： 《中国民间故事集成·广东卷·新兴县资料本》

202

对联得香荔

传说清朝时期，当地有个赵文佳先生，祖父遗下香荔[1]两株。有一年，六月果熟之际，他到一间书斋聊天，见两位秀才吟诗作对，很有趣味。赵先生略懂一些文墨，现睇到有人谈诗作词，引起他的好趣之心。于是，他对两位秀才说："我出两副对联，你哋对得准确，我拿五斤香荔给你哋食。"两位秀才一听有新兴香荔，就满口答应，马上叫赵出上联。

赵文佳先出第一联："新兴香荔乡例新兴君莫犯。"

其中一秀才答联："清远苦茶府查清远客必惊。"

赵文佳再出第二联："洪水急流上冲下排崩沙地。"

另一秀才答联："细雨纷飞洒落雅岗大叶榕。"

赵文佳一听，连说对得好、对得准。因为对联能县名对县名，村名对村名，地名对地名，物产对物产。如新兴著名是香荔，清远驰名是茶叶；再如洒落、雅岗、上冲、下排都是新兴的村名，崩沙地、大叶榕也是新兴的地名。所有在场的书友也齐声喝彩、拍手赞好。那赵文佳先生一边叫好，一边差人送五斤香荔枝给两位秀才食。

[1] 香荔：荔枝，新兴特产。

讲述者： 冼煜生，男，70岁，新兴县太平镇人，上过私塾，退休工人

搜集整理者： 冼南，男，72岁，新兴县太平镇人，上过私塾，退休工人

搜集时间： 1987年6月

流传地区： 新兴县

原载本： 《中国民间故事集成·广东卷·新兴县资料本》

203

妙对

流传地区：开平县水口镇

原载本：《中国民间故事集成·广东卷·开平县资料本》

旧时，开平县水口镇风采乡松溪村有一私塾老师，平素中意吟诗作对。有一日清晨，他到村旁小溪洗漱。刚弯腰洗脸，忽然见对面的竹林里蹲着一只猫。塾师随即吟出上联："竹边猫眼绿。"但想唔出下联。上课后，他要学生对出下联。学生们都冥思苦想，只有一小童伏案而瞓。塾师不悦，走到小童身边，用戒尺敲打着桌子。小童惊醒过来，一睇是塾师，连忙问道："先生，有何事？"塾师遂要他对出下联。这小童昨日被村中一位人称"狗鼻红"（绰号）的恶绅无故打了一顿，双腿尚还痛。眼下塾师要他对出下联，脑海中又想起"狗鼻红"无理打人。于是，他脱口而出："松溪'狗鼻红'。"塾师听罢，连连称道："妙对，妙对！"

讲述者：司徒启，男，37岁，水口镇党委书记，高中学历

整理者：冯活源，男，36岁，水口镇党委会干部

整理时间：1987年8月

204

『也要食一剂[1]』

从前，香山县城内，住着赵、钱、孙、李四个秀才，平时一起吟诗作对。一日，四人一起登上莲峰山，远望一片春光景色，确实宜人。于是大家提议即景联诗，不负大好春光。刚好山腰有个农民在此开荒种地，见这四人摇头晃脑地口中念念有词，侧耳一听。只见第一个秀才说："重重烟雨锁楼堂。"农民不觉顺口说："要食一剂。"其时又听到第二个说："五树梅花一树开。"农民也跟着说："又食一剂。"当时四位秀才虽然听到，但不明所指，就不以为意。随着第三位秀才也联了一句说："三度板桥两度顶。"第四个秀才则说："帝都船只未曾开。"而农民也跟着说了两句"都要食一剂"。这样就引起四个秀才不满，指着农民说："我哋在联句吟诗，你胡说什么？"农民也唔认低威，说："你说你的，我讲我的，关你屁事。"于是双方争吵起来。四个秀才哪肯罢休呢？便把农民扯到香山县衙内把事情始末向县官告状。县官听后，觉得秀才们有理，便指着农民说："你好大胆，竟敢侮辱斯文，要罚打二十大板。"农民听了不但唔怕，反而大声地说："大老爷也要食一剂。"县官觉得岂有此理，这个土佬真可恶。为了要弄清其"食一剂"是什么意思，便暂忍怒火了，对农民说："你能说出其道理，本官就恕你无罪。"农民听了，便有板有眼地说出其道理。他说："第一句是'重重烟雨锁楼堂'，很明显上边是风，下边是热咯，唔食一剂怎能驱风散热呢？第二句是'五树梅花一树开'，不就是四肢无力吗？唔食一剂又怎能劳动呢？第三句'三度板桥两度顶'，就是上边空虚，下边危险，当然要食一剂才能解决身体的虚弱啦。第四句是'帝都船只未曾开'，帝都不就是京城吗？船只未开说明无水，那么'经城无水'不是'闭经'吗？非食一剂不可。"县官听下也暗叹其蛮有道理，但就唔肯认低威。"好！你说说点解也要本官'食一剂'。"农民说："大老爷饱读诗书，竟然不通文理，大发雷霆要打小人二十大板，想来必定肝火太盛，迷了心眼，所以亦应食一剂，才能清肝明目呢！"结果县官哑口无言，只得宣布农民无罪。

搜集整理者： 郑棠

搜集时间： 1988 年 3 月

流传地区： 中山市

原载本： 《广东民间故事全书·中山卷》

[1] 食一剂：方言，意思是要吃一剂药。

205

祖庙补鞋档口免税

话说明朝的时候，地方官为征得祖庙门前有一副吉祥的对联，就以佛山地势及名字由来请李待问出一个上联，让广大群众来对下联，说明一个月内有人应对得当，则实行公开颁奖。很快的，二十日过去了，地方官纷纷议论起来："难道佛山无秀才吗？"不久即有几个人应对，但都很唔理想，无入选。

那时候，地方官为维护祖庙的神灵，门口一带是唔准摆设档口的。但祖庙毕竟是个人来人往的繁荣之地，穷苦的人为了维持一日两餐的艰难岁月，还是在驱赶责骂之下担着货郎担，偷偷地做些小买卖。日子长了，活动的货担越来越多，地方官也感到无法干涉，于是想出了一条限制的措施，就是规定：凡在祖庙门口摆档的均要交税，否则没收。那时在祖庙门前摆档的，以补鞋匠为多。其中有一个名字叫补鞋能，因为手艺较好，为人忠实，又乐于助人，很得顾客和同行人的赞赏。补鞋能小时候读过几年书，平日又爱睇书，中意写诗和对联。这个时候，同行人都劝他："穷秀才，拍拍心口，碰碰运气吧！他日如有运气，提携一下我哋这帮穷兄弟！"人们劝说多了，补鞋能的心也动起来。他想：要对下联就要了解点解出这个上联。风形显然是指佛山的地势：早就有人把佛山比喻为凤地，说佛山形像一只凤，有凤头、凤眼、凤翅、凤尾。这个地方，唐朝时在塔坡岗上掘出三个铜佛，佛山也就因而得名。故而他的上联是"凤形涌出三尊地"。对下联必须要以祖庙的地形及特点来对才能工整。他苦思了几日，一无所获。一日，遇到一个长胡须的老人来补鞋，畅谈起来。老人说："北帝很灵验。南方水多，他是治水的神，北帝坐的地方正是龙头之地呀！"补鞋能听了，很受启发，连忙进入祖庙仔细观睇，深感祖庙建筑雄伟、结构奇特。里面的瓦脊、木雕、砖雕、灰雕，既有佛山特色，艺术造诣又很深。进入这里，终日灯火不灭，香烟袅袅，别有天地。他当晚返屋企即写下一个下联，第二日马上送给地方官。地方官睇后都惊喜得呆住了。"龙势生成一洞天"，对得多么妙呀！一下子轰动了佛山。一个月后，地方官说要公开给补鞋能颁奖。补鞋能说："我是个穷苦人，一唔想做官，二唔想受封赐，只求以后凡是补鞋匠来祖庙门口摆档都免税罢了。"地方官为他的高尚精神所感动，欣然答允。从此以后，祖庙门前的补鞋匠越来越多；到清朝的时候，几乎成为补鞋匠集结的大本营。从此以后，补鞋能为同行人谋幸福的故事也流传下来了。

讲述者： 陈兆献，男，71 岁，佛山人，退休教师，汉族，大学文化程度

搜集整理者： 关健儿

整理时间： 1987 年[1]

流传地区： 佛山市

原载本： 《中国民间故事集成·广东卷·佛山市区资料本》

[1] 原出处并无采录整理时间，但前言提到搜集成书于 1987 年。

（九）其他生产生活故事

206

灵鼻

古时候，东莞有条金屋村，有一村民外号金丝猫，是个二世祖，婚后父母双亡，无人管束。他平日游手好闲，不务正业，坐食山空，父辈的遗产被他挥霍得一干二净，家具变卖精光。原是一个大户家庭，一下子沦为破落户。靠其妻纺织度日，收入甚微。金丝猫每日向其妻伸手要钱，其妻唔给。

一日，一朋友来访，见金丝猫衣衫褴褛、家中简陋，心中明了，却明知故问："兄长为何变得如此俭朴？"金丝猫红着脸说："我财尽囊空，一贫如洗，变成了穷光蛋。"朋友说："你是否想要钱使？""想。"这朋友也想在金丝猫的穷骨头里榨点油，便给他献上一计，叫他如此这般地骗妻子。

晌午，金丝猫对其妻说："有个朋友介绍我工作，学闻鼻，什么东西都能闻出来，学成后能得到可观的收入。"妻说："学闻鼻有鬼用。"金丝猫油嘴滑舌，编了一套鬼话，终于把其妻说服了，答应每日给他六文钱做"学费"。

此后，金丝猫每日早晨从妻子手上领到六文钱，交两文给朋友，自己拿四文钱上茶馆磨嘴皮去了，到食饭才返屋企。

一晃十多日过去了，妻子问："你还要学多长时间？"金丝猫说："要学一年，最少也要几个月。"妻子无言，每日照常付款。

次日，金丝猫将妻子询问的事情告诉朋友。朋友问明金丝猫住宅布局情况，献计说："如此这般，便可骗取她的信任。"

当日是冬节。金丝猫依计行事，悄悄地潜返屋企，见妻到邻居家摆"天门阵"去了。他偷偷地打开锅一睇，便盖上了；又到房间拿烟纸，见桌上有做好的节日糕点，他默记于心，掩上大门走了。

他在村中绕了个圈子，便大摇大摆地走返屋企，一边走一边高声地哼着粤曲："别离人对奈何天，离堪念，别堪怜，离心牵柳线……"

其妻闻声知道丈夫返来了，准备开饭。金丝猫吸吸鼻说："今朝饭菜很丰盛。"妻子一愣说："你怎么知道？""我学了一个多月，多少有点收获。""你能闻出今朝食什么？""我试试睇。"金丝猫装模作样地闻了一会说，"锅里有腊肠、咸鱼、蒸猪肉，煲里有白菜煲鱼饺。"他又到房门口一站，说："房间里还有松糕、红团、咸狗利[1]等粉果。"妻子见丈夫说得准确无误，喜不自胜。一连两三日，金丝猫用同样手段欺骗其妻。她见丈夫掌握了这手"绝技"，心里藏唔住半句话，马上将此事告诉邻居知道。

一个炎热的夏夜，屋里闷得像个蒸笼。金丝猫在天棚上瞓觉。蚊子太多，金丝猫一夜也瞓唔着，静坐着抽闷烟。半夜时分，在朦胧的月色下，见一只猪乸在村场上东游西荡，寻觅食物。猪乸走到一处高坎下，用鼻子拱着松泥，突然，坎下塌下一大堆黄泥，把猪乸埋在下面。

天亮后，邻居五婶到处揾猪乸，全家倾出，也唔见猪乸的影子。邻居二婶见了说："金丝猫会闻东西，你请他帮忙揾吧。"

五婶在二婶的陪伴下，请金丝猫帮助揾猪乸。金丝猫假意推搪，后来装作无法推却的样子装模作样地东闻西闻，

[1] 咸狗利：东莞特色小吃，一种庆生糕点。原料主要是糯米粉和花生，蒸熟后就可以吃，味道咸而香。

最后来到村北面的高坎下。金丝猫站着闻了一会儿，说此地有猪味，猪乸可能埋在土里。五婶半信半疑，叫儿子拿锄头挖土。挖到一米多深处，果然挖出一具猪乸的尸体。围观者哗然，赞叹金丝猫身怀“绝技”。天赐良机，金丝猫这一下名声大噪，村人对他另眼相睇。从此，金丝猫唔在屋里瞓，他把铺盖搬到天棚上，注视周围的动静，企求再有新的发现。

真是无巧不成书。一日晚上，金丝猫见一只豺狼将邻居的五只大肉鸡咬死后拉到一棵竹下用土盖上。他唔声张，默记于心。

次日晨，邻居三叔发现五只鸡丢了，四处揾揾唔到，又请金丝猫帮忙。金丝猫在村周围转了一圈，最后来到竹下，说此地有鸡味，鸡必定埋在此处。三叔挖开泥土一睇，果然见鸡埋在里面。众人交口称赞，金丝猫更是得意扬扬，同时蜚声方圆。自此，人们给他个外号叫“闻鼻仙”，金丝猫的名字倒渐渐被淡忘了。

一传十，十传百，消息终于传到北京皇帝殿。一日，皇帝失了一枚玉玺，轰动京城。宫人四处揾揾唔到。有一位大臣向皇上启奏，说东莞有个闻鼻仙，最好请他来揾揾。皇上准奏，即派钦差两人到金屋村召金丝猫入朝。

金丝猫接到圣旨，这一惊非同小可。他自知往日以投机取胜，并无绝技，此一行必遭逆主欺君之罪，要做刀下鬼了。但圣旨难违，只好哭别其妻上京。

钦差催促金丝猫上船启程。船日夜兼程，顺风顺水，向京城行进。

一日晚上，金丝猫坐在船板上临江望月，独自愁思。想到不久将有杀身之祸，慨然长叹：“确是月光，确是月光。”话一出口，就被暗中监视的两名钦差听见，脸色陡变，惶恐不安。

原来这钦差有一个叫月，一个叫光，皆为宫中内侍。两人勾结丞相，狼狈为奸，欲犯上作乱，偷走玉玺。他们作案后将玉玺藏到御花园的莲池里。两人做贼心虚，听金丝猫说及“月光”二字，听得魂飞魄散，面色如蜡，战战兢兢地来到金丝猫面前，问他刚才说什么。

金丝猫见两人神色慌张，料知心里有鬼，说：“皇上宣我入朝闻东西，现在我想试探一下。”钦差问：“闻出什么线索？”

“确是月光，确是月光。”两钦差见他反复说这两句话，心中更怕了，就试探地问：“如果盗玉玺人投案自首，你是否饶他们性命？”“我一生破过好几十宗案件，所有投案自首的案犯，我都饶他性命。”“你不用追查了，是我哋兄弟二人作的案。我叫月，他叫光。”金丝猫无意中探得奥秘，心中狂喜，但不露声色，装出严厉的样子说：“我早已闻出是你哋作的案，睇你哋认罪态度如何，给机会你哋反省。快如实招来。”“我两人是殿前侍卫，丞相想谋反，叫我哋两人偷玉玺。因宫禁森严，我哋怕暴露，将玉玺藏在御花园的莲池东边的水亭下。”金丝猫答应唔揭发他们。

金丝猫有了线索，心中暗喜。两钦差还用盛宴招待他。

数日后，船到京城。钦差领金丝猫朝见皇上。皇上说：“朕有一玉玺在宫中失窃，限你三日内将玉玺揾出来。否则，市曹问斩。”

次日，皇上派御林军跟随金丝猫“闻”玉玺。金丝猫装模作样，在深宫内“闻”了一日，又在金殿“闻”了个遍，连皇上和贵妃的龙床凤榻都“闻”过了，却毫无结果。文臣武将、太监宫娥窃窃私语，说金丝猫是骗子，今番必死无疑。在此性命攸关之际，金丝猫却镇定自若。

转眼到了第三日，金丝猫来到御花园的莲池边，迎风猛吸一口气，向身旁的御林军统领说：“玉玺就在莲池里。”他围绕莲池转了一周，最后来到莲池东边的水亭上停住：“玉玺就在亭下的水中，请速派人打捞。”统领立即选派十五名熟悉水性的御林军下水打捞，果然捞出玉玺。皇上大喜，文武群臣齐声道贺。皇上问金丝猫：“是何人将玉玺盗藏起来？”金丝猫说：“这就唔知道了。我只能闻东西，不能闻人的心思。”皇上无话，一旁吓得面如土色的丞相和两个内侍才长长松了口气。

有几位大臣怀疑其中有诈，建议皇上再试他一下。皇上纳言，即命太监准备。

翌日，皇上传金丝猫上殿。金丝猫以为皇上封赏，喜不自胜。到金殿，拜见皇上。礼毕，皇上指着桌上一木盒说：“朕想试试你闻东西的本领。今在盒内放一物，你若闻出是什么东西，朕有封赏。”

金丝猫闻言大惊，心想：今番难逃劫数了。他唔敢违抗圣旨，犹存侥幸心理，一装再装，绕桌子转了几周，根本闻唔出什么异味。文武群臣将他围得水泄不通，一个个圆睁疑目，虎视眈眈，不时地催问是什么东西。金丝猫绝望了，仰天长叹："金丝猫实死！"群臣脸露惊疑之色，反复追问是何物。金丝猫认为死到临头了，反复地说："金丝猫实死！金丝猫实死！"

群臣面面相觑。皇上惊愕，叫太监打开木盒一睇，果然盒内放了一只金丝猫，乃是皇后宠爱之物，因困闷时间长，已经奄奄一息。群臣们啧啧称奇。

皇上要嘉奖金丝猫，问他最中意什么。金丝猫说中意骑马。皇上将宫中一匹宝马赏给他。金丝猫骑在马上跑了几周，突然跌下来，故意把鼻子碰坏了，流出鲜血，痛哭流涕。皇上命御医给他治伤。

金丝猫的鼻伤治好后，向皇上启奏说："鼻子跌破了，坏了真气，失灵了。"

皇上念金丝猫揾回玉玺有功，嘉封七品知县，赏赐万两黄金。金丝猫穿金戴银，满载荣归。

讲述者： 祁进朋
搜集整理者： 谢富新
搜集时间： 20 世纪
搜集地点： 东莞市东坑镇
原载本： 《广东民间故事全书·东莞卷》

附记

该故事类型在广东粤语地区流传广泛。除了本篇之外，还流传有罗定市的《灵筒》、广州市花都区的《牛仔有个神仙鼻》、佛山市高明区荷城街道的《卜得枝问卜》、佛山市南海区桂城街道的《宝瓶》、珠海市香洲区的《黄执骗皇帝》、信宜市的《大风二射箭》、阳江市东平镇的《百灵筒》、广宁县的《烂赌二》、封开县的《嗅鼻子》、廉江市新民镇一带农村的《灵筒》等异文。

207

傍夫贵

石崇是个大富翁，有三个女儿。有一日晚饭后乘凉，石崇问："你哋傍谁贵"？女儿一时唔知点回答。一会儿，又问："大妹，你傍谁贵？"大女儿答："我傍爹贵。"石崇听了笑着点点头。石崇的妻子问道："二妹，你呢？"二女答："我傍娘贵。"母亲听了也微笑着点点头。石崇最爱三女。她长得如花似玉，而且聪明有志。他侧头问："三妹你呢？"三女儿答："我傍夫贵。"他听了三女儿的回答，大为失望，眉头紧皱："好，睇你傍夫贵！"大家都为三妹担心。三妹她唔怕。一生不能靠父母养老，嫁个好丈夫便会有幸福日子。

石崇一气之下，决定将三妹嫁给最穷最苦的人，睇她怎样傍夫贵。第二日一早，他便为三女儿的婚事奔波。他在路上遇到一个打柴少年，便问："打柴阿哥，你每日可得多少钱？"少年答道："打一日柴勉强够两日食。"石崇摇摇头便走了。行了一会，睇见河边一个打石少年，便问："打石阿哥，打石有捞头[1]吧？"少年答道："有什么

[1] 有捞头：方言，有钱赚。

捞头？打一个月石头只不过剩下半日的米。”石崇又摇摇头走了。走了一段，见一个少年在河里摸蚬，问：“摸蚬哥，你一日得多少钱？”少年说：“有什么钱？摸一日才得半升米，遇见衰时还唔够呢。”石崇兴趣来了，问了他家情，知道他是孤儿，名叫庞居。睇他相貌，端正清秀，就说：“庞居，我把三女嫁给你，你中意吗？”庞居气愤地说：“你这个大伯，我这样穷，你唔同情，反来取笑我。”石崇连忙解释。最后说：“我真心把女儿嫁给你的。”说了半天，庞居才答应择日成家。

三妹过门后，睇到丈夫是个靓仔，虽然住在石洞，也十分情愿。小夫妻恩恩爱爱，寸步不离。

无几日，庞居便发愁了。三妹问他点解。他说：“无粮食了，我白天不能在家陪你了。”三妹诈娇[1]说：“就为这点小事，值得操心成这个样？”三妹说：“我有办法。”她便摸她的绣花鞋，拿出一颗明晃晃的东西来。原来她爹有气，什么嫁妆也唔给。她嫂过意唔去，把三颗金珠放在她的绣花鞋里。三妹吩咐庞居拿去卖，然后买些米返来度日。

庞居唔相信这小东西能卖钱。他边走边睇，过木桥时，唔小心踢了一下脚，金珠掉下河了。三妹唔怪责，又拿一颗给他。他路过秧地时，一群鸟正在啄食刚播下的谷种。呀！这样得了？他赶鸟，把手一挥，鸟飞了，金珠也唔见了。三妹想，这是最后一颗了，便做了个布袋装着金珠，再三叮嘱。傍晚，庞居挑着一大担东西返来。他很高兴，老远就喊起三妹来。他说：“我唔知道这粒东西这么有用，河里多着呢！”三妹唔相信，便跟庞居到河边。一会儿，庞居便捞起很多东西，金银珠宝样样有，三妹眼都花了。

捞了几日，庞居夫妻便商量做屋的事。庞居拿一根绳子去丈人家量来度去。石崇问他做什么，庞居说：“我想建一间像你家一样的屋。”石崇唔信，复问一遍，哈哈大笑：“你这个摸蚬佬，如果能做像我家这样的楼，我把对面坡送给你做地基，用金条铺到你门口。”庞居说：“好，一言为定。”庞居去揾木料。木材老板欺负他：“你能建一座像你丈人那样的楼，我送一山木给你。”庞居说：“说话算数？”老板说：“当然算数。”

砖瓦窑主量他做唔起屋，愿送砖瓦。泥水木匠也觉得他做唔到，如果做，唔收工钱。

百事顺利，大楼建起来了。就是有一扇大门阻住，任由木工刨刨凿凿，花尽心机也合唔拢。庞居突然想起在河里摸蚬见到河底有一扇乌黑的门。他立即去捞返来。嘿！颜色虽然黑些，但唔大也唔小，正合适。一打开，一块金石从门楣上掉下来，晚上关门又落下银来。原来这是一扇日间落金，晚间落银的宝门。

进宅那日，庞居大摆酒席，宴请宾客。为了安全，叫大家唔好走大门，从小门进。石崇到了，也叫他唔好从大门进。他火了：“这不是睇小我吗？岂有此理！”他一推门，一只金石从门上跌下，正中他的头。可怜的石崇，为了逞强，散尽家财，金条还未铺到女婿的门口便死了。所以流传两句话：“好仔唔受爹田地，好女唔着嫁来衣。”

讲述者：	黄明财，男，61 岁，洪冠人
收集者：	罗欣荣
采录者：	杨强民
流传地区：	信宜县
原载本：	《民间文学三套集成·信宜民间故事》

附记

该故事类型在广东粤语地区流传广泛。除了本篇之外，还流传有珠海市香洲区的《斩柴二》、江门市的《草鞋记》、新兴县的《穷也会富》、阳春市圭岗镇的《随夫贵》、德庆县的《凭夫贵》、肇庆市高要区的《恩遇石门》、广州市花都区的《金槟榔》等异文。

[1] 诈娇：方言，撒娇。

208

食『请』成性

从前，有个姓贾的私塾先生，此人食“请”成性：但凡逢年过节，他都要学生家里轮流“请”他饱食一顿。否则，他就想法体罚学生。轻则打戒尺，重则罚跪狗牙石头。因此，谁都唔敢怠慢他。

贾先生门下，有一个叫亚牛的学生，因家穷“请”唔起先生，常常被贾先生打得鼻青脸肿。亚牛的父亲对此十分生气。他心想：如此为人师表，我非治一治他不可！于是便叫亚牛送去一张请帖，请他饮酒。

且说贾先生接到请帖后，心里想：我教你的子弟已有数年，却未曾碰过你的碗碟！这次我非要食个肠饱肚凸不可！

第二日中午，贾先生怀着辘辘饥肠来到亚牛家里。他本以为亚牛家早已摆好酒菜迎接他，谁知一入门口，屋里冷冰冰的，竟无半点摆酒席的迹象。亚牛爹对他倒也十分热情，只见他一边为贾先生斟茶递烟，一边忙着赔不是：“很抱歉。因人手有限，饭菜还未曾做好。请稍等，我立即去炒菜。”贾先生心里想：只要有得食，等一等也无关系。于是假装谦虚说：“唔紧要，你忙去吧！”亚牛爹便到厨房去了。

此刻，只有贾先生一人坐在厅堂。厨房里不时地传来“遮遮”的炒菜声，一阵阵扑鼻的香味，诱得他直流口水。他心里想：这味道唔错！菜式恐怕唔少吧？然而，他哪里知道，亚牛爹的所谓“调味”，不过是“酸醋炒辣椒”而已。

“当——”！墙上的钟打到了下午一点。

叽叽咕噜！贾先生的肚子不断提出抗议：怎么还唔上菜？

回答他的依然是“遮遮”的炒菜声和一阵阵扑鼻的香辣味。

中午已经过去了，依然还未上菜，贾先生的肚子再等唔落去了。他想催，又唔敢；想溜，又唔忍！无办法，只好在客厅内打主意，睇睇有无好食的。

忽然，他睇见客厅中正吊着一个竹篮，里面有两只糯米糍粑。此刻的贾先生，再也顾唔上什么尊严了，他抓起糍粑就食。亚牛爹终于从厨房里出来了。他对贾先生说：“对唔住，让你久等了！”然后高声叫道：“亚牛，快给先生上菜！”连叫几声都未见亚牛的影子。

突然，亚牛爹故作睇篮子，不禁失声地说道：“啊，糍粑怎么唔见啦？我已放了砒霜，用来毒老鼠的，可能是亚牛偷食了，这次不得了啦！”然后装作伤心的样子高声喊：“亚牛，亚牛，是不是你食了糍粑啦？是的话，就赶快去揾一碗牛屎水来解毒，不然的话就死定啦！”边说边寻亚牛去了……

谁食的糍粑，自己心知肚明。贾先生吓得出了一身冷汗，便不辞而别，急急返去了。他一回到坑边，立即取来一堆牛屎，放到水里，搅成糊状，用手捧牛屎水来喝。回到家里，便瘫在床上，听天由命！唉，酒肉未食成，却食了一肚牛屎水。

其实，那糯米糍粑并未有毒，只不过是亚牛爹为教训贾先生而专门准备的。

讲述者： 丘国宇，65 岁，怀乡人

整理者： 张绍水

整理时间：　1998 年
流传地区：　信宜市各地
原载本：　《中国民间故事集成 · 广东卷 · 茂名市资料本》

异文：寡母婆捉弄教书先生

旧时，有个教馆先生，其中有个学生是寡母婆的独生仔，生得聪明伶俐，非常讨先生欢喜。这个学生也很尊敬先生，凡家里有什么好食的东西，都要拿些来孝敬先生，先生也唔推辞。学生送给先生的东西多了，寡母婆便起了疑心："这个先生真贪食，等我出计捻[1]下他。"

一日，寡母婆对儿子说："乖仔，明日你请先生到家里食饭[2]，叫他三点钟准时来。"

那先生听说请他三点钟食饭，十二点钟就唔再食粥——因为如果十二点钟食了粥，三点钟食饭就食唔多啦。到了三点钟，寡母婆的儿子来催他了。先生来到学生家里，寡母婆却唔见人。先生等来等去，墙上的挂钟"当当当"地敲了四下，还无返来。

"哎哟，都四点啦，不是说三点钟请我食饭的吗？"教馆先生饿了大半天，肚子"咕咕"叫，便四处想揾点食的东西填肚子。忽然，他发现半拉开的抽屉里有一只月饼，就想，你请我来食饭，食你这个月饼也无所谓啦！于是，他便唔理三七二十一先把月饼食了。刚刚食完月饼，寡母婆返来了，一见面就说："先生，唔好意思，让你久等了。"先生强装笑容说："无事，刚到一会儿。"

寡母婆在屋里转了一周，忽然一把拖住儿子就打，边打边骂："衰仔[3]，你作死呀！你偷月饼来食，你唔想活啦！"那先生在一旁见她打儿子，心想：月饼是我食的，我认了就免至她儿子挨打了。便红着脸说："大嫂呀，月饼是我食的，不是你儿子食的。"

寡母婆听先生这样说，连忙放开儿子，装作很吃惊的样子说："哎呀，该死啰，先生！"

先生也吃惊不小，忙问："什么事呀，大嫂？"

寡母婆说："那只月饼是放来毒老鼠的，食了会死的呀，先生！"

"哎哟，真是该死呀！"先生也很怕死，便问，"大嫂，有什么解药吗？你要想办法救我呀！"

寡母婆说："解药是有，不过好难饮的呀！"

先生说："性命要紧，快讲我知啦！"

寡母婆说："食了老鼠药会死的呀，先生！"

先生说："我知，我知！"

寡母婆说："你知就好啦。我的潲水缸里装有洗米水，你饮三大碗就能解毒了！"

先生走近潲水缸一睇，那些米水渣又酸又臭，难饮呀！但为了保命，无论怎样都要饮啦！他皱紧眉头勉强灌下一碗，寡母婆催促说："饮啦，先生，迟了就难救啦！"说完帮他又装一碗，饮完再装一碗。一连三碗，先生硬着头皮灌了落去，咸腥酸辣臭，难顶[4]呀！饮到肚皮鼓鼓，两眼翻白，想呕也呕唔出，一下便瘫倒在椅子上。

这时，寡母婆说："先生，你先休息一会，我马上做饭，你食了再返去。"说完便到厨房劏鸡杀鸭，劈劈拍拍，三下五落二煮好饭菜端出来，招呼说："先生，食饭啦！"

先生翻着一对白眼：死啦，食了一个月饼，又饮了三大碗臭米水，肚子胀得圆圆滚滚的，食鬼食马咩[5]？

讲述者：　胡锦渠
整理者：　陈楚源
流传地区：　肇庆市封开县
原载本：　《广东民间故事全书 · 肇庆 · 封开卷》

[1]　捻：方言，捉弄的意思。
[2]　食饭：方言，吃饭。
[3]　衰仔：方言，坏孩子。
[4]　难顶：方言，难以忍受。
[5]　食鬼食马咩：方言，还吃什么吃呢。形容无法吃。

附记

该故事类型在广东粤语地区流传广泛。除了本篇之外，还流传有新兴县簕竹镇的《先生磨谷》，阳春市的《贪吃先生》，阳春市永宁镇、圭岗镇等地的《小玲勇妙计戏弄饭铲头》等异文。

209

本地姜也辣

从前鉴江边有太平坡，这地方人口稠密。原来无行医先生，人们患了病都得跑十几里路到外地去睇。后来有个姓姜的人，读了三年医书，跟了三年医师，挂了行医济世的牌子。但是人们对他总是信唔过，一提起他来便说：“本地姜，唔辣。”他听着心里刺痛，于是寻师访友学医又三年。但是人们依然说：“本地姜，唔辣。”渐渐地，人们便叫他“本地姜”。

有一次，“本地姜”来到圩镇上。有个名叫“走尽索”的海味贩子开他的玩笑说：“本地姜，你去哪儿睇病？”他一本正经地说：“无人请……”“走尽索”打断他的话头说：“早就知道冇人请你的，不如给我睇睇吧！”他瞧了瞧“走尽索”的脸说：“我正想给你睇病呢。”“笑话！我饭也食得，路也走得，担也担得，头唔痛，脑唔热，哪里来的病？莫不是想诓我几个钱买米？”“本地姜”说：“我虽然贫穷，但也决唔做呃人的事。至于几个簿金[1]，你唔给倒也无妨的。”“走尽索”一点儿都唔相信，但是为了睇

[1] 簿金：诊费。

"本地姜"的笑话，顺水推舟地说："那你就睇吧！""本地姜"又瞧了瞧走尽索的舌头，说："舌红如火，鼻枯如瓦，一道黑气直冲头顶，现在已成危症。三日唔治，就永不相见了。""走尽索"一听，立即火爆三丈，大骂起来："你这该死的衰鬼[1]，居然斗胆敢讲衰我的旺相！你记住来，到第四日我一定揾你算账，砸你的招牌！唔怕你飞上天……""本地姜"本来一片好心，哪里知道惹出这样的是非来。待要解释几句，却又插唔上口。"走尽索"越骂越凶，全圩的人都知道了。唔到一袋烟工夫，就围了一大堆人。那些人都偏着"走尽索"，无一个唔怪"本地姜"。"本地姜"睇着势头唔好，赶忙抽身走了。

第二、第三日不是本处圩期，"走尽索"照例挑着海味到各村去卖。他每到一村就讲一次本地姜"平白讲衰人"的事。大家听了，都觉得"本地姜"荒唐、可恶，也都等着睇下面的戏。

第四日天一亮，"本地姜"的门前就站着密密麻麻的人，在等着睇"走尽索打店"的好戏了。但是等了一个时辰，连"走尽索"的人影也唔见。有些人等急了，说："他这人三斤猪头得张嘴，会说唔会做，我哋揾他去！"正在这时，"走尽索"的妻子来了。她走到"本地姜"的门口，并唔摸招牌，却向屋里深深地鞠了一躬，说："先生，奴家有礼了。"待"本地姜"出来，她恭恭敬敬地把一串钱挂在招牌下，说："这是亡夫临'去'时嘱咐我交给你的簿金，请收下。"说着泪水不停地往下淌。围观的人这才知道，"本地姜"的判断是一点唔差的，便都议论着离开了。

原来"走尽索"昨日做过生意回到家里，头便痛了起来。他以为这是外感风寒的，唔紧要。入夜时头痛得厉害，本想叫儿子去请先生，但是想到与"本地姜"的打赌，明日要去砸他的招牌，也就忍住了。深夜，他痛得在地上打滚哭叫，实在无法忍住，这才知道："本地姜"并无呃他。但他还怕"本地姜"嘲笑，并唔敢请"本地姜"治，却叫儿子去外地请先生。到先生来时，他已经断气了。他临死之前，从衣袋里摸出一串钱，叫他妻子一定要迅速交给"本地姜"，说这是加倍给"本地姜"的簿金。

"走尽索"死后这日正是圩期，也是冬至前的一日。这些地方过"冬"如过年，很多人来到圩上，都想揾"走尽索"买点鱿鱼、虾米，但是谁也揾他唔着。后来一条棺木从圩里抬出，有人一打听才知道："走尽索"无听信"本地姜"的话，昨晚到阴间去了。

从此，人们都拿着惊奇的眼光睇"本地姜"，间或也有人来请他去诊病。有个无赖叫"爱逆三"，唔信"本地姜"懂医理，定要试他一试，揾个笑话给大家睇。他叫人去请"本地姜"了，自己便用布包住头，躺在床上呻吟。等了一个时辰，唔见来；等了两个时辰，还是唔见来。他爬起身要去小解，旁边一个人开他的玩笑，说："快回床，'本地姜'来了！"他只好又回床躺下、呻吟。这样反复了四次。后来急不可待，便唔顾旁人说什么，爬起身去小解。正在解着，突然听得有人叫："病人在哪里？"他知道这回真的是"本地姜"来了，于是一下子忍住，回床装病。"本地姜"一诊，说："这是不治之症，过唔到今天了。"大家一听，都捧腹大笑。"爱逆三"放开包头布，指责起"本地姜"来："众人所知，我是装病的，你怎么说是死症？你懂什么医？别瞎扯胡来！""本地姜"说："你的病叫'忍尿归心'，有药也难医！""本地姜"走后，"爱逆三"的脸色渐渐变黄，气息渐渐减弱，大家才知道："本地姜"断病如神。到了晚上，"爱逆三"果然死了。此后，人们一提"本地姜"来，都说："本地姜，手气衰[2]，无病的人让他睇了也是一个'死'。"不但未曾请他的人唔去请他，就连前些时常常请他诊治的人也唔敢上门了。

"本地姜"辛辛苦苦学了成十年医，却无人信他，他的心情是忧郁的。有一日，他外出散心，却听得路旁一间屋子里有人放声大哭。他进去一打听，原来是这家一个妇人逢着月难，刚刚死了。"本地姜"诊过患者，说："这是'小孩揪心'症，还可救治。"从锦囊里取出银针一支，长三四寸，在患者腹部刺了几下，接着高兴地说："小孩放手了！"那妇人的呼吸逐渐明显，脸色也逐渐红润，家属十分高兴。后来经过他的医治，妇人逐渐痊愈了。

[1] 衰鬼：方言，混蛋。

[2] 手气衰：指运气不好。

从此之后，“本地姜”名声响、招牌红，上门求医的人络绎不绝。有个小财主过去有病都到外地去医，还当面嘲笑过“本地姜”“唔辣”，现在也来给“本地姜”睇病了。当他拿着“本地姜”开给他的药方睇时，却见最后写着“省姜[1]三片”四个字，不禁问道：“这省姜哪里去讨？”“本地姜”说：“如果揾唔到省姜，就用本地姜试试吧；只怕本地姜唔辣呢！”小财主知道话里有话，羞愧得像做了错事的孩子似的，连连地说：“辣，辣，辣！”小财主病愈之后，赠给“本地姜”一块匾，上写：“本地姜先生——神医圣手。”此后，“本地姜”远近闻名，门庭若市。

讲述者： 张宇球，男，56岁，初小学历，高州县泗水镇莲塘坑村农民

整理者： 张绍，男，38岁，大专学历，高州县泗水镇民师

整理时间： 1988年[2]

流传地区： 高州县

原载本： 《高州民间故事、民间歌谣、民间谚语集成》

附记

该故事类型在广东粤语地区流传广泛。除了本篇之外，还流传有新兴县的《崔玉山巧训花口狗》、阳江市的《本地姜也辣》、肇庆市高要区的《本地姜唔辣》等异文。

[1] 一说是“京姜”。

[2] 原出处并无采录整理时间，但前言提到搜集成书于1988年。

210

屎窿箭

在很久以前，阳春某村有一个财主名叫黄万金，生三个女儿。大女金花许配了当地一位有权势的豪门官家做媳妇，二女银花也许配了有钱人家为媳妇。三女菊花由于相貌丑陋一些，嫁给了一个家境贫穷的青年陈思广为妻。生活虽然贫困，但他俩互敬互爱，家庭和睦。

一日，黄万金为庆贺他六十大寿，通知了所有的亲戚朋友。大女和二女夫妇双双对对，派人抬猪、鸡、酒、糕等礼品到岳父家里。黄万金睇见，笑到有牙冇眼。三女菊花因家境清贫，只好办点薄礼叫自己丈夫送去。岳父见后，好唔高兴。

寿酒从中午一直闹到深夜九点。大女、二女夫妇由于礼厚势大，岳父便特别安排他们到最好的卧室就寝。陈思广被安排到磨房瞓觉。第二日黄万金送回一大批物品给大女、二女夫妇归家，陈思广却得唔到岳父的赠送。陈思广上前问道：“岳父大人，送些什么东西给你的菊花？”万金说：“无什么东西！”思广说：“其他东西我唔要，能否送磨房那粮碓给我？”万金想了一下，回答说：“既然你想要，你就托去吧！”思广立即去磨房把碓托返屋企。回

至半途，觉得又饥又累，便把碓放下休息。忽然听到草丛中“嗤”的一声叫喊，走近一睇，原来是一只小狐狸被碓压得半生半死。他立即揾来一条青藤，把狐狸绑好，拿出小刀，削了三条树枝插入狐狸屎窿，然后把狐狸挂在碓头上，托起碓返屋企去了。妻子菊花见丈夫托着一粮碓，并挂着一只狐狸返来，非常高兴，问道：“这粮碓哪里捡来的？是父亲送给你的？那么狐狸又是谁送的呢？”思广无把事情经过讲给妻子听，便开玩笑说：“是我射死的。”“怎么射的呢？”“这个你唔好多问，劏开狐狸你就知道了。”菊花忙把狐狸劏开，发现狐狸屎窿有三支削尖的树枝，误认为丈夫学得到一手好箭法，心里讲唔出的高兴。

几个月后，菊花去探父亲，见父亲写告示说：“鱼塘的鱼花被钓鱼郎食了大半。谁人能把钓鱼郎抓住，奖白银五十两。”菊花向父亲说：“如果我丈夫抓到钓鱼郎有银奖吗？”“照样有奖。”菊花急忙返屋企把事情告诉丈夫。思广埋怨说：“我怎么能抓到钓鱼郎呢？”“狐狸你能射死，钓鱼郎你一定能射死的。”思广本来无射箭的本领，便搵借口说：“狐狸大只，钓鱼郎细个[1]嘛，怎同呢！我射唔中的。”“大同细，一样可以射。奖白银五十两呀。去啦！快去啦！”思广想了一下，便背上刀笼，硬着头皮去了。万金见思广来了便问：“你抓钓鱼郎有本事吗？”“大的本事就无，不过我可以试一试。在鱼塘边搭一间小草棚，我住在那里。等钓鱼郎一来，我就把它抓住。”万金立即吩咐家人搭起草棚。思广就住进草棚里，观察钓鱼郎的动向。第二日凌晨五点左右，钓鱼郎果然来了，一飞就飞到鱼塘中间的一条木柱上，站着吊鱼食。思广初步掌握钓鱼郎规律。食过早饭后，办法想了出来。他立即脱下衣服，下塘把木柱拔掉，又另削了一枝竹竿子，等候钓鱼郎飞来。次日凌晨五点钟，他提前下塘，走到原来木柱地方，口含竹管子作潜水呼吸，举起右手作木柱。钓鱼郎飞来了，正好站在思广的手心上，思广便一手把钓鱼郎抓住了。回到草棚里，照样削三条竹尖，插进钓鱼郎的屎窿里，丢在鱼塘水边，然后瞓大觉。天刚亮，万金又来问思广：“喂！有抓到钓鱼郎吗？”“昨晚钓鱼郎来了，我放了三支箭，唔知有无射中，你派人去检查一下吧！”万金立即派人四处搜查，发现一只钓鱼郎浮在水面，果然钓鱼郎屎窿有三支竹尖。高兴万分，立即拿五十两银奖给女婿。思广便拿着银子急忙跑返屋企向妻报喜。这件事很快传出去了。邻近有两个小偷准备去偷他的银。小偷甲说：“偷他的银子唔容易，因为他会射屎窿箭，百发百中。”“我哋可以在屎窿上背上铁镬挡住他的箭。”半夜，小偷两人背上铁镬，拿着锄头到思广家，两人七手八脚把他的墙挖了个洞。正想钻入时，听到菊花叫丈夫起床点灯给小孩小便，但思广瞓得蒙眬，说：“唏吔，唔使点灯，随便射吧！”两个小偷一听“随便射”马上退出来直跑。由于小偷的腰间带着一串用铁线制的锁匙，跑起来锁匙不断地打在铁镬上，发出叮当叮当的响声。小偷认为是他射中铁镬发出的响声，越想越慌，跑得越快，声音就越响。他俩唔敢回头睇，一直跑返屋企里。小偷甲拿起铁镬仔一睇，大惊失色说：“你睇，箭箭都中这一个地方。”小偷乙松口气说：“唏！今晚好得背上了铁镬，否则就有命去无命回啰。”第二日，菊花担柴上墟卖，卖完到铺头买些日用品，发现铺门口有很多人围着观睇一张告示。钻进去打听，问旁边一个老大爷：“老大爷，这张告示讲什么的呀？”“衙门告示：蟠龙石迳发现一只老虎，经常出来伤害人畜生命。各阶层人等，如能把老虎打死，奖白银一百两。”菊花一听，连东西也唔买，揭下告示，急忙跑返屋企去。众人感到出奇：妇道人家竟敢撕下皇榜？一时议论不绝。

菊花回到家对丈夫说：“我哋发财的机会又到了。”丈夫莫名其妙：“有什么财可发呀！”“你睇过就知。”菊花把告示递给他说。他打开一睇，大食一惊：“你太大胆了，你撕这张告示会杀头的。”“你有无睇错[2]呀？讲打老虎的嘛，怎么会杀头呢！”“这我知道。但如果打唔死老虎，就是欺骗知县。降罪下来，就要杀头。”“睇来老虎你打唔死，但可以用箭射死它嘛，你怕什么？”“唉呀，讲射死我更冇把握。”“什么冇把握，狐狸、钓鱼郎你都能射死，何况老虎这么大，你肯定能射死的。”“老虎是会食人

[1] 细个：方言，小只。

[2] 睇错：方言，看错。

的，怎能同钓鱼郎相比呢？”菊花说：“是就是。不过你能射死老虎，就有一百两银子奖，今后我哋就唔用打柴过活了。”“如果我打得死它还可以。若打唔死的话，你就要守寡啦！”“事到如今，如何是好？”思广想了一下说：“好，去又死，唔去又死，只有硬着头皮去试一试吧！如果我打死老虎就马上返来。万一打唔死，被老虎食掉，你就唔好嫁人，要养大孩儿守好家。”说完立即背上大刀就走。菊花含泪送丈夫出门去了。

思广到蟠龙石迳，天将黄昏。刚一坐下休息，一只白额老虎便从草丛中跳出来。思广一见，十分惊怕，急忙爬上树上。老虎向他扑去，他一闪，老虎被树丫卡住了头。思广一见，立即取出柴刀，往老虎的头上猛斩。老虎被他斩死后，顺势把老虎推下地。他用柴刀削了三条松树枝，打进老虎的屎窿，然后返屋企。回到半途，觉得精疲力竭，便在路边瞓大觉。第二日早上，知县派几个差役去察睇打虎的究竟。来到半路，见他还在路边瞓大觉，就大声喝道：“老虎你打死无？”思广醒过来便说：“打老虎使打的么，昨晚我放了三箭，老虎肯定会被我射死的。你哋抬返去交差吧！”“欺骗大老爷会杀头的！”“唔会杀头的，你叫你大老爷准备一百两银子给我吧！”差役半信半疑，果然发现一只老虎死在一棵大松树下，确有三条松树枝插在老虎屎窿里，便七手八脚地把老虎抬起来，同他一起去见知县老爷。知县连声赞道：“好箭法！”马上奖给“神箭手”一百两白银。思广拿到白银，急忙返屋企向妻子报喜：“菊花贤妻，我返来了。不但我无死，还得知县大老爷奖白银一百两。”菊花高兴得笑到眼泪直流。

思广射死狐狸、钓鱼郎、老虎的事很快就传到了京城。皇帝信以为真，立即传旨下来，召神箭手上京参战杀敌。思广感到大祸临头，这回肯定无命，只得告别妻子和孩子，跟随来人上京报到。皇帝令思广三日后，要把敢来侵犯的敌人全部射死。思广一听，很惊慌。若照实讲明，怕受欺君之罪；如唔讲，又怎能射死来侵之敌呢？他急得满头大汗。忽然他情急计生，启奏皇上：“小人要求皇上给我买五丈黑布，缝面大旗，白布二丈剪成‘屎窿箭’三个大字，贴在旗上面，升上城楼上。如敌人来侵，你哋按兵不动，一切由我安排。”皇上听了点头说：“好，一切照办。”第二日，敌人发起攻城。敌兵领将见无人应战，只见城楼上面有三个大字的大黑旗，唔知何意，便问军师：“今日为何无人应战？城楼上的黑旗字，是什么意思？”“据了解，京城来了一个神箭手，曾把狐狸、钓鱼郎、老虎射死，箭法高超。大旗上写着‘屎窿箭’三字，是专箭屎窿的，且百发百中，名不虚传。因此，今日他们无须出兵，靠他一个迎战，来犯者必屎窿中箭而死。我睇这里不是久留之地，望将军三思。”大将暗暗吃惊，便说：“好吧，我哋唔能死于此地。”敌人被吓退后，皇帝便重重赏他一笔黄金，并求他久居京城，为皇上护城。

讲述者： 相启召，男，45 岁，汉族，春城镇黎湖人，农民，初中毕业
采录者： 柯圣梧
采录时间： 1987 年 4 月 6 日
流行地区： 阳春县春城镇
原载本： 《中国民间故事集成·广东卷·阳春县资料本》

异文：宝弓

在增城市朱村镇，流传着这样一个故事。

清代末年，有对夫妇，平时勤劳工作，经过一年的努力，终于“含辛茹苦”地把一只猪拉扯大，并卖得个好价钱。抱着侥幸心理的丈夫想一过赌瘾，于是，骗妻子说他自己去收钱，让妻子先返屋企休息。

但这次，一向好运气的丈夫竟然把卖猪的钱全赌光了。

他心想：“这次惨了，怎么向老婆交代呢？如果告诉她我把钱全赌光了，非骂死我唔可！”他心急如焚，唔停地摸着光光的脑袋。

“有了！”诡计多端的他马上想到“妙招”！于是，他便揾来竹枝，自己做成了一个弓箭。

回到家后，妻子问道：“钱呢？”

他便拿出那把弓箭，说：“睇！这是一把宝弓，我把

卖猪的钱全花到这把宝弓上了！”

妻子睁大眼，吃惊地说：“你这个蠢人！怎么把卖猪的钱全花这烂弓箭上呀！快！拿去换回钱来！”

丈夫不慌不忙地说：“老婆子！先别急，先别忙，睇清楚，这是一把难得一见的宝弓。它啊，百射百中，一点偏差都无。而且啊，专揾别人的眼珠射呢！”

妻子早已气得脸紫唇白。

过后的那几日，村上的人都说，那家夫妇啊，把卖猪的钱全买百发百中的宝弓呢！

整条村子，传得沸沸扬扬。

有位老官员解甲归田，在大群随从的陪同下，运着一大箱的金银珠宝经过该村。

突然，老官员发现前面草丛中躲藏着一只凶猛的老虎，正龇牙咧嘴地伸着懒腰。于是，一大群人停下了脚步，唔敢前进。

这时，有人说：“村里有一养猪户，买得一把宝弓，百发百中，话唔定可帮您射中老虎！”

官员大喜，立马使人唤来养猪户，说道：“如果你能帮我把老虎射死，那我就赏你金银百两！”

养猪户不禁心寒。自己原本只想蒙混过关，可无想到所谓的“宝弓”要派上用场。最后，把心一横，顶着头皮，上就上吧！

养猪户胡乱射一通后，竟然真射中了老虎的眼睛。老虎呻吟一声后便倒地。

官员十分感谢养猪户，履行了当初的承诺——赏赐他金银百两。养猪户不禁有些许后怕，又由衷地感到幸运。

话分两头，当地有一以拦路打劫为生的贼帮，原本想在该官员身上捞一把，可无想到半路杀出个程咬金，于是心存妒忌，便把矛头指向了养猪户。

入夜，贼蹑手蹑脚地潜入养猪户家。为防止他用宝弓射到自己，贼头用一个铜盘绑到自己的屁股上。准备撬开门锁时，却突然听到妇人说：“射吧！射吧！”

贼头心里一慌，想：他一定是发现我了，准备用宝弓射我！快跑！三十六计走为上计！贼头转身就跑，其他贼一见，也慌忙逃跑。贼头屁股上的铜盘不断发出“碰！碰！”的响声，以为是箭射到铜盘上发出的响声。于是，便一直跑啊跑。

跑了许久，贼们终于停了下来，喘着粗气，自言自语道：“哎哟……可……真够累啊！不过万幸！绑了个铜盘，要不然……要不然被他那宝弓射到屁股……可就惨啦！”

但贼哪里知道，妇人说的“射啊！射啊！”只是她催促儿子撒尿时说的话。而铜盘上的响声，也只是他绑在腰间的钥匙碰到铜盘所发出的声音而已。最重要的是，那把所谓的“宝弓”，不过是养猪户随手弄来的竹枝而做成罢了！

讲述者： 姚枚桂
整理者： 周淑钧
搜集时间： 2008 年 2 月
流传地区： 广州市增城市朱村街道
原载本： 《广东民间故事全书·广州·增城卷》

附记

该故事类型在广东粤语地区流传广泛。除了本篇之外，还流传有吴川市的《射屁股箭》、佛山市三水区芦苞镇的《专射屁股》、德庆县九市镇的《做贼心虚》、封开县的《做贼心虚》、罗定市围底镇的《烂赌二打虎》等异文。

211

鞋匠斗禅师

从前有两间寺门，遥遥相对。其中一间小寺，有两个和尚，香烟鼎盛，收入可观；而对面山坳那一间大寺，有二十多个和尚，但很少有人去烧香拜佛。大寺的老方丈日夜忧愁。因为年年入不敷出，觉得无法维持落去，于是召集本寺大小和尚，商量解决日后生活问题。但意见众多，却也无一个妥善办法。忽然有一个小僧献出一条计谋来，提出要对面小寺两个和尚前来谈佛法。若是他俩佛法高超，道行够深，就由他们继续主持那间小寺；否则，赶出寺门，拆平小寺，逼他们还俗。到那时拜佛求神的善男信女，自然地就要到大寺来，那时大寺的灯油火蜡和僧众生活的一切开销都可解决了。众和尚认为这个办法可行，是上上计策，于是即时发出文书，约定某日要对面山那两个和尚到来对谈佛法，并声明如唔依期而来，就绝不留情等等。可怜那两个和尚接到文书之后，日忙夜忧。如果应约前去，大寺有个老方丈，佛法高超，怎能胜得过他呢？唔去嘛，他们肯定唔会白白放过。来这一招，分明有意赶绝二人，这是人多欺少的霸道行为，真是无法无天了。自此之后，两个和尚，相对无言，满怀悲愤。

有一个补鞋匠，名叫阿德，每日上街补鞋，必经小寺。收工返屋企时，又必到寺内和两位和尚聊天，有时还到寺内食顿斋饭。两年多来，成了习惯，三人结为好友。一日下午，阿德依旧又到小寺歇息，察觉两个和尚愁眉不展，不同往日。阿德觉得事有蹊跷，问道："两位大师点解整天垂头丧气？如有为难的事，尽可说明。我能帮你的，就算赴汤蹈火，也甘愿为你哋出力！"两个和尚只是摇头不语，愁眉苦脸。经阿德再三动问才说出一句话来："唉，你是有心无力呀！很难帮得着我哋的。"阿德更是心急难安，要追问到底。和尚不得已说出真情，并且说今后大家无这机会见面了。阿德料定事出有因，非同小可，毅然说："去他的！谈什么佛法？分明是欺负你哋！佛法！佛法！他有计，我也有计对付他们。我现在就去！"两个和尚上前拦住他说："你唔去得呀，真的唔去得！你是佛门门外汉，又怎懂佛法呀？不去为好！"阿德更怒火冲天，说："咳，我一定要去，睇他们怎样！"两和尚知拗他唔过，只好由他前去罢了。阿德马上挑着担子，走到对面山坳大寺门前，睇个究竟。只见有几个和尚，交头接耳，好像在小声讲大事，呢呢喃喃又向外望望，好像等待着什么。有个和尚说："时间到了，还无人来。"另一个和尚又说："他们自知斗唔过我哋，怎敢来呢？我哋准备去拆平他们的寺院吧！"阿德听闻，壮着胆子，向那和尚说："大师！我是对面小寺的两个和尚派我做代表来谈佛法的。"众和尚打量一下，哈哈大笑说："你是一个补鞋佬，怎懂佛法呀？"阿德说："无错，我是个补鞋的。但我日日都到对面小寺一坐，已有两年多了，所谓近朱者赤嘛，佛法我是略懂一些。"众和尚见他这个模样，抿嘴偷笑，另一个和尚入内禀报老方丈。不一会儿，邀请阿德入寺。阿德眼见经堂之上，众和尚围成一个大圈，坐在地面合十念经；中间坐在蒲团上的是一个八九十岁的老和尚，可能是老住持，正在闭着眼数珠，口中呢喃。阿德上前说道："拜见大师！"老方丈见来的竟是一个凡夫俗子，心想，这小子胆敢做代表，真是可笑之极！老方丈说："你是代表前来谈佛法么？"阿德答："是。"老方丈忙说："好吧。"即请阿德坐在对面，说明这次谈佛法是默会，只用动作，不用对话。阿德点点头，谈佛法开始了。老方丈指一指自己头顶，意思是以头顶三十六度天罡；阿德连忙用脚一顿，老方丈将其理解为阿德用脚踏七十二层地煞相对。一来一往，老方丈将阿德视为内行人。老方丈再伸出两个手指，意思出哼、哈二将；阿德即伸出四个手指，老方丈将其理解为阿德用四大金刚挡住。老方丈指一指西方，暗示西方有个如来佛祖；阿德连忙用左手大拇指和食指合拢起来成个圆圈，另用右手食指伸出穿过左手个圆圈，形成一个“中”字。老方丈暗里吃惊，将阿德的动作理解为中国圣人。那个老方丈想：“这人不可欺负。对面两个和尚的代表——一个补鞋匠，都这样非凡，那他们的道行就可想而知，一定是佛法更高超的了。难怪他们寺里香火鼎盛，不得不服。”老方丈即说：“善哉！善哉！”宣布这次谈佛法就此结束。老方丈对阿德说：“阿德，我哋佩服你佛法高超，以后我哋唔再搅扰你哋。烦你代我哋向两位大师转达，以后安心住持吧！”阿德怀着胜利的心情急急返去，禀报两位和尚。

两位和尚见阿德满面笑容返来，觉得奇怪，忙问究竟。阿德说：“那个老和尚专门攞采[1]，想揾我笨[2]！用手指一指个头，我连忙用脚踏一下地。”和尚追问：“这是什么意思？”阿德说：“他问我会唔会补帽，我答他我是补鞋佬嘛。他伸出两只手指，表示问我两角钱替他补鞋，我便伸出四个手指，要四角钱才肯替他补。他当堂发火了，用手讨我便宜，我连忙用手势对[3]住他。他知我识穿他的诡计，马上宣告结束。师父！以后你哋安心住持这间寺门，他们说过今后唔会再来搅扰你哋的了。”

两位和尚听了，觉得好笑但又非常感激。

讲述者： 邝灿，男，79岁，狮岭镇罗洞村邝庄，上过五年小学，农民

搜集整理者： 卢大棠

整理时间： 1987年8月29日

[1] 攞采：方言，大意是看人家出丑。

[2] 想揾我笨：方言，想占我便宜。

[3] 对：读上声，借用。

流传地区： 花县

原载本： 《广东民间故事全书·广州·花都卷》

异文：凑巧而成

从前，大沟圩海头村有座庙，叫作“第一山”庙。庙寺住持法号静参，还有两名和尚。庙中香火旺盛，善男信女，来往不绝，收入颇丰。此外，还有寺庙租食百一担。

那年，鼎湖寺和尚增多，收不及支。大法师无计可施，便要求第一山小寺每年缴纳几十担租谷给鼎湖寺作为日用。静参拒绝他们的无理要求，任鼎湖僧几次索问，终无结果。鼎湖大法师大怒，便决定在端午节，派高僧到第一山面试静参佛经。设若唔合格，就要免除其庙寺住持。

静参闻讯后，惊慌失措，生怕这件袈裟难披，日夜加紧翻阅新旧经典，以作应付。

正好一日，常来“第一山”寄宿的补鞋匠，静参的老友——李庚养又来寄宿。交谈中，庚养觉察静参满怀心事，甚觉奇怪，便问个详细。静参一一细说后，庚养出于好奇，定要充当弟子应试。静参知其对佛经是擂桨棍吹火[4]，唔肯同意。但在他的央求下，只好应允下来。

端午节这日早上，庚养身穿黑袍，在门外打扫，见一鼎湖高僧念着阿弥陀佛而来。他正想打招呼，那高僧一声不响地坐到寺门外小手位的门墩上。庚养大吃一惊，知道这步棋被人将军了：客坐小手位是佛规谦让的第一步。庚养大位自居，也唔作声。两人面对面坐着，沉默一阵。高僧用手指点点自己头部，庚养想，莫非他问我是剃头的么？庚养指一指脚上的鞋表示回答：不是剃头的，是补鞋的。那和尚愣了一下，随即流露出钦佩的神情。一会儿，那和尚又举出三只手指来。庚养暗道：他叫我三文钱给他补吗？不，我要五文钱才补。他慢慢地推出五只手指。高僧见状，暗自叫苦，想：难道静参能教出这等高道行的弟子？待我再考一考他。高僧又用手拍一拍胳膊。庚养点点头，暗想：他叫我用牛的膊皮和他补？不，股皮比膊皮好

[4] 擂桨棍吹火：一窍不通。

得多。然后，庚养轻轻拍拍屁股。那高僧脸色骇然，起身要走。庚养忙呼："鼎湖师父，请入饭茶！"那高僧摇头道："免了免了，贫僧无颜入贵寺！"

庚养不知何故，入文武殿问静参。静参连忙翻书，叹道："今日不是你，我就是想钻地也无门了。他今日来考的全是佛经中最深奥的无声对经呀！"

庚养不解，要问个中理由。静参解释道："他指头，是佛联的'头顶天上日月'；你指脚，答联是'脚踏地下龟蛇'。他举三只指，是'日、月、星'；你推五指，是'金、木、水、火、土'。他拍胳膊是'膊托天上玉皇大帝、天兵、天将'，你拍屁股是'股坐水下龙王、鱼精、虾卒'。"

大家听后，哈哈大笑。真是有咁啱得咁啱[1]，盲二撞盲三，百般凑巧而成。

讲述者： 李美归
记录整理者： 李京尤
整理时间： 1987 年
流传地区： 阳江县
原载本： 《中国民间故事集成·广东卷·阳江市资料本》

附记

该故事类型在广东粤语地区流传广泛。除了本篇之外，还流传有清远市清城区的《醉猫吴大闹飞来寺》、佛山市高明区三洲街道的《佛偈奥妙》、信宜市的《和尚和补鞋人》、廉江市的《道行高的补鞋佬》等异文。

[1] 有咁啱得咁啱：方言，凑巧。

212

两封睇唔通的家信

从前，有个人到海外谋生。有一日，他接到家人的来信，喜出望外。拆开一睇，内容简单，只是写了几个数目字。信是这样写的：

夫：

一二四，一二四，一二四。

妻付

为夫的睇了又睇，读了再读，总是丈二金刚——摸不着头绪，只好拿着家信去求人解说。邻居有个同乡拿来一睇，便明白了，说："信中是叫你寄点钱返屋企买衫。""怎么见得？"收信人半信半疑地问同乡。"你睇，这些数目字是一、二、四，就是无'三'。'三'是衫的谐音，意思是说：家里无钱买衫。""啊！明白了。"

这个人，后来又收到一封家信，一睇，不禁失声叫嚷："惨了！惨了！"原来信上写道："父：我哋家昨晚被明火抢劫，家财失去一半，知其出不知其入，知其姓不知其名。儿子上。"

他将家信给邻居的同乡睇，同乡却哈哈大笑，说："你妻子昨晚又添丁了。"他惊奇地问："那么为啥说'家财失去一半’？”同乡说：“他们兄弟俩将来分家还不是各人一半？”他又问：“那怎么说‘知其出不知其入’？”“小婴昨晚出生尽人皆知，但什么时候进去的，他唔知道了。”他才一下子明白了，说：“‘知其姓不知其名’是姓什么当然知道，但婴儿尚未满月，还无名字呢！”他心头放下一块石，但心里总觉儿子太恶作剧了。

讲述者： 黄海，男，75岁，梯面三队人，农民，上过四年私塾

搜集整理者： 马和贵

整理时间： 1987年8日10日

流传地区： 花县梯面镇

原载本： 《广东民间故事全书·广州·花都卷》

附记

该故事类型在广东粤语地区流传广泛。除了本篇之外，还流传有肇庆市的《儿子寄来的家书》、龙门县的《一封鸡毛信》等异文。

213

猜谜结账

从前有三位先生，都是少年时候的同学，一向友好。后来各做一行：一个是堪舆先生（即风水先生），一个是教馆先生，另一个是行医先生。由于职业唔同，居住分散，很少一起聚会。

一日，三人恰巧在圩场相遇。大家都很欢喜，互相问好之后，一齐同去茶居饮茶，畅谈心事。谈了三个多钟头，竟无一个提出要离场结账。到了黄昏时候，赶集的人群都纷纷各自归家，圩场一片静寂，铺主亦已准备关门休息。三人仍是谈长论短，全无返去的打算。掌柜上前对三人说道：“请三位先生原谅，时候唔早了，小店已准备收市，请明日再来光顾吧！”说完就动手执拾茶壶杯碟，这明明是一个逐客的举动。那时三人各怀鬼胎，自知无钱结账，唔敢告勇先行。掌柜察觉三人窘境，便说：“三位先生，不必难过。一时忘记带备银两，不足为奇。这样吧，我出一个哑谜，若能猜中的，就……”三人未经掌柜说完，便争着要掌柜出题。各人都以为很有把握，实[1]能猜

[1] 实：方言，肯定。

中。掌柜用手指天指地，指左指右，指前指后，伸出三个指头，然后摊开手掌，拍下心胸，就作谜面。教馆先生抢先揭谜，摇头摆脑吟诵起书篇来："天之尊，地之卑，左顾交于左，毋顾交于右，光于前，垂于后，我熟读三五典，永铭于心。"掌柜说："唔对！"风水先生说："我猜中了，请听着：天来龙，地结穴，左青龙，右白虎，前朱雀，后玄武，葬后三年生五子，福地讲心田。是吗？"掌柜摇摇头说："猜唔中！"医生想了一会，心想得了，我这回一定猜中，便说："指天冬，地骨皮，左羚羊，右犀角，前柴胡，后枳朴，三碗水煲埋五分，食过心知凉咯！"掌柜仍是摇摇头说："你三个都猜唔中！"那时三位先生，面红耳赤，觉得无地自容，要求揭出谜底。掌柜叹了一口气说："上天无路，入地无门，前无去路，后有追兵，你哋三个人食了我五钱银东西，问你哋于心何忍？"三人听罢，十分难过，请求掌柜多多包涵，明日定来结账。

讲述者： 邝灿，男，79 岁，狮岭镇罗洞村邝庄，上过五年小学，农民

整理者： 卢大棠

整理时间： 1987 年 8 月

流传地区： 花县狮岭镇

原载本： 《中国民间故事集成·广东卷·花县资料本》

附记

该故事类型在广东粤语地区流传广泛。除了本篇之外，还流传有东莞市莞城街道的《"趿烂鞋"饮茶的故事》、台山市的《对联免费饮茶》、高州市的《赌老板与刁顾客》等异文。

214 吟诗买菜

古时候，清和乡有个老农，他培育的菜心很出名。摘开菜的茎口，白嫩嫩的色泽像沙梨，清甜可口，且有肉质感，因此远近闻名。他每日只挑一小篮菜心到圩场卖，十分抢手。

这日，老菜农还像往时一样，天未光[1]就收了一小篮菜心来到圩场，却已经有三个人在等着买：一个是胖头大耳的和尚，一个是瘦骨伶仃的秀才，一个是唔高唔矮、唔肥唔瘦的小婢女。三人一见菜农来到，蜂拥而上，手执菜篮唔放，齐叫："我买下我买下！"

菜农为难了，唔知卖给谁好。忽然睇见前面茶楼有"天地香"招牌。当时朝野上下，个个都会吟两句诗，风气极甚。菜农心生一计，说："睇谁吟诗好，我便卖给他。"

规定各人以"天地香"中一字作拆字诗一首，头尾句最后一个字要相同。谁作的诗好，菜就卖给谁。

三人毫无难色，欣然说妙。

[1] 天未光：方言，天还没亮。

和尚先说："我拆个天字：

"一大便是天，拐李问何仙；

"洞宾何处去？昨日去游天。"

吟罢，洋洋自得。

秀才接着说："我题个地字：

"土也便是地，张飞问刘备；

"关羽去何方？镇守荆州地。"

咏完也旁若无人。

婢女不慌不忙地说："我来唱个香字：

"禾日便是香，张生问红娘；

"莺莺何处去？后花园留香。"

三人所吟，各有千秋，难分伯仲。老人听罢，啧啧赞好。但菜应该卖给谁？还是唔好办。抬头睇见河边有座桥，名叫"清和桥"。心中一喜：有了！便对三人说："再用'清和桥'三字拆字吟诗，以菜字押尾，如何？"

三人齐说："妙！妙！妙！"

和尚还是捷足先登："我拆个'清'字：

"有水既是清，无水也是青。

"清字去了水，加争便是静。

"清清静静谁不爱？和尚打斋需用菜。"

吟完接口说："今天是寺庙旦期，我定买下此菜。"说罢伸手欲拿菜篮。

"且慢！"秀才笑道，"且听我吟个'和'字：

"有口既是和，无口亦是禾。

"和字去了口，加斗便是科。

"科科举子谁不爱？大宴琼林需用菜。"

吟毕接口说："今天是科场放榜，书友叙会，我定买下此菜。"说完自以为胜一筹，伸手欲拿菜。

"别急！"婢女成竹在胸，悠然说，"听我唱个'桥'字：

"有木既是桥，无木也是乔；

"桥字去了木，加女便成娇。

"娇娇女子谁不爱？奴奉主命来买菜。"

吟毕也说："今天是我家小姐出嫁，我定买下此菜。"

老菜农听得目瞪口呆，半晌才道："你等三人不得食此菜，留回老夫自己爱。"言罢，提着菜篮一溜烟回头跑了。

讲述者： 朱活林，男，65岁，理发工人

整理者： 朱彬岳

整理时间： 1987年5月

流传地区： 广州番禺县、佛山顺德县

原载本： 《中国民间故事集成·广东卷·广州市海珠区资料本》

附记

该故事类型在广东粤语地区流传广泛。除了本篇之外，还流传有佛山市三水区的《吟诗买菜》、台山市的《驳秀才》、化州市的《青木桥》、茂名市的《靓过阿娇》等异文。

215

夫妻猜哑谜

在更楼一带，流传着一个有趣的故事。

解放前，某村有一户农民，兄弟俩，大哥结婚后往广州谋生，细佬傻二和大嫂在家种田。大哥两夫妇都有才学，夫妻俩在家经常猜哑谜，傻二站在旁边笑。

一年晚造插完秧，傻二对嫂嫂说："嫂嫂，大哥两年未归，我想去广州睇望他，好吗？"

"好，你去时顺便帮我带一些东西给你大哥。"

第二日早晨，傻二准备出门，嫂嫂用信封装着一些东西交给傻二说："你将这些东西交给你大哥，他就会给钱你带返来[1]的。"

傻二接过东西就出门去了。他一面走一面想："嫂嫂叫我带些什么东西给大哥呢？"他好奇地打开一睇，原来是一条十厘米长的洋遮骨，一条两厘米长的火炭，一个铜钱的一半。傻二唔知道其中的秘密，正在左猜右猜，刚好睇见路边有条二十厘米长的腊肉绳。傻二顺手将绳仔捡起来，装在信封里。

[1] 返来：回来。

一到广州，他将东西交给大哥。哪知大哥接过东西一睇，吓得脸色大变，出一身大汗。傻二觉得唔对路[2]：大哥点解一睇东西就心惊肉跳呢？家里无出什么事呀。于是问："大哥你怎么啦？睇了东西唉声叹气。嫂嫂在家很好呀！"

大哥解释说："很好？你睇这些东西，意思是说：丈夫在外，很久未返，长遮（嗟）短炭（叹）。家里一个铜钱都无了，只剩半个铜钱，再唔寄钱返去她就要上吊自杀。这不是吊颈绳吗？"

傻二连忙分辩说："大哥唔好错怪嫂嫂，这条绳仔是我放进去的。"

大哥吁地松了一口气，埋怨道："胡来。"

傻二在广州逛了一个星期。这日，他对大哥说："大哥，广州无什么好玩的，我明日返屋企吧。"

"好吧，你嫂嫂正急等你返去哩！这两年我左悭右俭，积了点钱。这二十元给你，这一百元带返去给你嫂嫂，还有一封信。"

傻二由广州返来，途中休息，他将信掏出来一睇，信封口是开的，打开信观睇。谁料信里一个字也无，只有一幅图画，画了一个八卦，四只狗，两只羊向着一条小村庄。傻二睇唔明，傻笑着说："原来大哥叫我带幅画给嫂嫂，又无写上一百元。让我骗骗嫂嫂，只给她六十元，睇嫂嫂知唔知道。"

傻二回到家里，对嫂嫂说："嫂嫂，我返来了。"

"呵，二叔这么快返来，带什么返来呢？"

傻二笑着说："有，带返六十元，还有一封信。"

嫂嫂睇完无字家书，笑着说："二叔，你骗了我四十元。信里写的是一百元。"

傻二傻了眼：这封信明明一个字都无写，嫂嫂怎么说写了呢？

"嫂嫂，让我睇睇，是不是写着有一百元钱。"

"你睇唔明的。我告诉你，这个八卦，八八六十四元；四只狗，四九三十六元。六十四加三十六，不就是一百元吗？""那两只羊向着一条村又讲什么？""这你就

[2] 唔对路：方言，不对劲。

别问，快拿钱来。”“你唔告诉我，我唔给你。”嫂嫂无法，只好含羞地说：“你大哥九月重阳返屋企。”傻二高兴地跳起来：“原来大哥重阳返来，好嘢……”

搜集整理者： 彭平
整理时间： 1987 年 4 月
流传地区： 高明县更楼镇一带
原载本： 《中国民间文学集成·广东卷·高明县资料本》

附记

该故事类型在广东粤语地区流传广泛。除了本篇之外，还流传有中山市沙溪镇的《四“狗”三十六》、韶关市乐昌市九峰镇的《八个王八和四条狗》等异文。

216

为富不仁得恶报

明末，会城仁寿路有个姓张的商人，做谷栏生意，特制了一把水银称，每买卖谷米一担，就可多得几斤。靠奸狡欺骗发家后，更是乘人困难，高息放债，盘剥了穷人唔少孽钱。他广置田产家业，成了城中一大富商。他年过半百，无得一男半女。他怕断了后代，无人继承家业，到处寻医求神，去奶奶庙瞓梦。他的第二个妾侍，于夜间见一扫把星横空飞过，果然受孕。十月怀胎，产下一个男孩，全家欢天喜地。满月那日，取名张麟。

张麟自呱呱落地出生日起，尽管父母视作宝贝，他只会“哇哇”啼哭，从唔开口笑过一声。有一次，家婢失手跌破了一只瓷碗，张麟突然一笑。他的父亲，不但无责备婢仆，还亲自拿瓷碗摔在地上，儿子也果然咧咀一笑。摔一个，笑一声；摔二个，笑二声，屡试灵验。一年间，为了逗取儿子一笑，所摔的瓷碗，浪费的金钱，不计其数。

张麟到了童年，虽唔再终日啼哭，但每遇到有不如意的事，便大吵大闹，大哭唔止。这时，用摔瓷碗的方法，已经无效。一日，晴天霹雷，一场豆大的雨点打在瓦面，正在大哭唔止的张麟突然大笑起来。雨过天晴，他又哭声不断。做父母的便叫人撒沙在瓦面，以造雨打瓦面的声音，却是无效。母亲说撒沙声音唔够响亮，父亲便拿来一包珍珠，撒上瓦面，儿子果然哈哈大笑起来。从此之后，每逢儿子大吵大闹大哭不止时，就用撒珍珠的办法博取儿子的欢心。

张麟长大后，无心读书，专同父母作对。你说三，他道四；你要他向东走，他偏要向西行。唔听劝导，又不务正业，终日沉迷在赌场和鸦片烟馆中。因此，家境日渐破落。父亲积郁成疾，卧床不起。临终时候，他叫张麟到床前，嘱咐说："你已经成人，不务正业，家财花了唔少，将来有困难时，你无思量要有思量（梁），无想象要有想象（像）。现在我有两穴坟墓，坐落在五显坑，一穴在上，一穴在下。风水先生说，上穴是吉地，下穴是绝山。我死了之后，你把我葬在上穴吧！"其实，他父亲素知儿子唔受教训，常反父亲而行，便把上下两个墓穴好坏相调，料想自己死后，儿子定会将自己尸体葬在下穴。不料父亲死后，张麟竟仰天自责："我一生都唔听父言语，今父亲已死，所留遗言，当该遵从，以尽孝道。"便把父亲尸体，葬于那个不祥穴地。

过了不久，张麟仍不事生计，本性难移，又赌又吹。良田百顷，逐渐变卖一空。一日，他赌败返屋企，烟瘾大发，呆坐在仅留四壁的大厅中，注视着其父亲的木塑神像，呆若木鸡。忽然想起父亲说过"要思量，要想象"的遗言，于是拿起绳索，把神像绑住拖走，用贱价卖掉。他无想到，这座神像中间是空的，内藏黄金白银，暗示其后人在生活无着时，要想象（像），从像内拿出金银来应用。

张麟的父亲，还把大量金银藏于屋梁之内，亦曾嘱咐说："无思量要思量（梁）。"其意是后世子孙在家道破落、生活无着时，应想到梁上的金银，拿来救贫济穷。而张麟却不顾一切，每遇到赌败或烟瘾起时，便返屋企把屋梁逐条拆卖。而屋梁中的大量金银，亦随着贱价卖掉。

张麟到了晚年，财产化卖殆尽。为了生活，只得替街道巡夜打更。最后由于饥饿和鸦片烟瘾所迫，在一个寒冬的夜晚，把身体夹在尚书坊的旗杆石之间活活冻死了。

邑城中一代豪门富户，竟被这个扫把星一样的败家子一扫而空。而张麟一生衣绸穿缎，最后也穿着"石背心"而亡。邑人讥笑他们为富不仁，恶有恶报。

整理者： 杨子常、黎安

整理时间： 1988 年[1]

流传地区： 新会县

原载本： 《中国民间故事集成·广东卷·新会资料本》

附记

该故事类型在广东粤语地区流传广泛。除了本篇之外，还流传有封开县的《"肉球"扔碗》等异文。

[1] 原出处并无采录整理时间，但原书成书于 1988 年。

217

工多手熟

从前，我哋乡有一个财主，请了一个厨师。这厨师制得好菜肴，人缘又好，很合财主心意，所以把他当自己人来睇待。

厨师在厨房四面墙上钉满了大铁钉。每当切完肉菜，将那个安有铁环的砧板向上一抛，便挂在墙上的一口铁钉上，跟着又随手一挥，菜刀又黏在砧板上了。

他每次做完饭，木镬盖、汤壳、镬铲[1]，都是顺手一抛，那些带环的厨具就一一挂在墙上的铁钉上了。经过很长的时间，他闭上眼睛都唔会失手。

一日，财主放厨师一日假。他为了散心，就到江门逛逛。行到一处地方，见一堆人围着一个卖药的江湖佬，那人正在舞枪弄棒，并大吹大擂说什么他学得少林正宗功夫，能拳砸沧海，脚踢华山，赢得许多人鼓掌。厨师在人圈外睇，随口说："这有什么，只不过是工多手熟罢了。"这话被江湖佬听见了，气得吹须碌眼。但他还压住火气说："先生这么说，必定是一位会家[2]了。来，我哋比试比试！怎么样？"厨师唔紧唔慢地说："悉听尊便。"江湖佬说："我哋明日就在这里决斗吧！"厨师还是不紧不慢地说："悉听尊便。"

晚上，厨师回到财主家将情况说了。财主听了大惊说："你有什么本事去和人家比武？唔好去了。"厨师说："大丈夫一言既出，驷马难追。如果我输给他，大不了一个'死'字。何况我唔一定只有一个'输'字呢。"财主百般劝阻，厨师还是坚持一定要去。财主无奈，只好嘱咐他要事事小心。第二日，用好酒好菜招待他，为他壮胆。

厨师食完饭，挑着一套厨具来到昨日的地方，江湖佬早就在那里等了。厨师安好风炉放好镬，盖上镬盖，烧起火来。砧板菜刀放在另一边。江湖佬睇唔明，心想："这肥佬搞什么鬼呢？"便问："什么时候开始比武？"厨师头也唔回说："随你便吧！什么时候进招都可以。"江湖佬早就按耐唔住了，便大喝一声冲了过来。

谁知还未等江湖佬明白是怎么一回事，一件东西飞到他的头上。他猛力一顶，将那东西顶穿了，原来是个镬盖。这样就成了"武松带枷"的样子了。气得他哇哇大叫。叫着叫着，又一个东西飞到他身边，他用手一夹，腋下夹住了一块砧板。跟着是一道寒光，砧板上多了一把菜刀。江湖佬被这气势吓得魂飞魄散，以为自己遇上高手了，连忙跪地求饶。厨师懒懒地睇他一眼，淡淡地说："工多手熟是练成任何功夫的根本。师父功夫高、本领大，但你想过未，你的功夫、本领，不是躺在床上得来的吧？"几句话说得江湖佬面红耳赤，十分惭愧，便抱拳说："多谢先生指教，后会有期！"说完就走了。

厨师收拾好厨具，挑起回到财主家去。

讲述者： 欧阳兆宗，60 岁

采录时间： 1987 年 7 月

流传地区： 江门市环市乡篁庄村

原载本： 《中国民间文学集成·广东卷·江门市郊区资料集》

[1] 汤壳、镬铲：汤勺、锅铲。

[2] 会家：方言，高手。

附记

该故事类型在广东粤语地区流传广泛。除了本篇之外，还流传有信宜市的《工多艺熟》、吴川市吴阳镇的《骄傲的下场》等异文。

218

邝瑞龙踢刀

小濠涌乡过去在祠堂里一直保存着一张关刀。这关刀重一百二十斤，杆是铁造的，竹杠一样粗大；刀口无刃，木板般厚。

关刀，名字来源关云长。睇过《三国演义》的人都知道，关王爷那张斩颜良、诛文丑的青龙偃月刀，八十二斤，够重啦。可这东西竟比关王刀还要厉害。到底是哪一位英雄的呢？嘿，这“笨重家伙”原来是邝瑞龙练武用的哩！

邝瑞龙是清代小濠涌乡人，后人尊称他做“符云公”。他力大无穷，武艺超群，清穆宗同治十年（1871 年），辛未科会试中个武进士。相传他在御前会试有一段很有意思的故事。

那年九月，在去年乡试中试的邝瑞龙，同其他武举人一道来到京师，在皇帝面前比武赛文。

朝廷规定：武科会试分内、外三场。首场马射，二场步射、技勇，都属外场；三场殿试策文，为内场。其中“技勇”要考“开弓”，设八力、十力、十二力的弓；再考“舞刀”，设八十斤、一百斤、一百二十斤的大刀；三考“掇石”，设二百斤、二百五十斤、三百斤的大石。考“技勇”，弓要开满，刀要舞花，石捧起要离地一尺。文武内、外三场，邝瑞龙都合式。中试是中试啦，只是在“舞刀”时出了个漏子，仅取个第四十九名进士。因他是二甲第四名，按例授“蓝翎侍卫”。

邝瑞龙考“舞刀”，八十斤的、一百斤的大刀舞过之后，便接过一百二十斤的大刀来舞。跟先头两次一样，刀一舞起来，但见银光闪闪，寒风飒飒，谁都睇唔清他的身影。谁知武举们正拍掌叫好的时候，邝瑞龙突然手一甩，大刀腾空飞去。原来这大刀的铁杆也是竹竿一样粗大，滑溜溜的唔好使。舞得过疾，很容易滑出手来。邝瑞龙暗自叫声“弊啦”。说时迟，那时快，只见他一个箭步飞上前去猛踢一脚。哈，那张将要插到地上的铁杆大刀，竟像花棍儿那样被踢了起来。紧跟着，邝瑞龙伸手一接，又龙卷风似的飞舞着，睇得个个眼花缭乱，喝彩声一阵高过一阵。邝瑞龙舞罢，同治皇帝载淳传他问道：

“举子，你这绝招叫什么名堂？”

“绝招？”跪在地上的邝瑞龙冷不防有此一问，唔知怎样回答。他略思考一下，便说，“启禀陛下，这叫‘魁星踢斗’。”

“魁星踢斗？妙，妙呀！”同治皇帝点头微笑。又问：“你这是常事吧？”

“不，陛下，是奇事，小人这是奇事！”邝瑞龙答道。

“奇事？”同治皇帝沉吟一下，说，“那么说，你不是故意卖个破绽，而是失手脱刀啦！”

“是，陛下！”邝瑞龙毫不隐瞒地答道，“确是小人失手脱刀！”

当晚，邝瑞龙踢刀那只脚肿得像条牛腿，靴也脱唔下来，只得用剪刀慢慢地剪呀剪呀……

后来有人对邝瑞龙说：“你也太憨直了，点解一定要说老实话呢？如果你唔说‘奇事’道‘常事’，凭老兄弓马之优、技勇之强，今科武闱，不是取个‘状元’，也得个‘榜眼’哩。唉，可惜，可惜呀！”

邝瑞龙笑了笑，答道：“如果我唔说老实话，道是‘常事’，皇上叫我再表演一番，我能又踢得起吗？我的脚又吃得消吗？恐怕那时我当场成了独脚仙铁拐李啦！”

邝瑞龙踢刀，自认是“奇事”，偶然碰巧，一直为乡人传为佳话。

记录整理者：邝金鼻

流传地区：珠海市斗门县斗门镇小濠涌

原载本：《中国民间文学集成·广东省卷·珠海市斗门县故事资料本》

附记

该故事类型在广东粤语地区流传广泛。除了本篇之外，还流传有广州市黄埔区的《“魁星踢斗”》、中山市石岐街道的《魁星踢斗》等异文。

219

遗嘱

从前，有个姓张的老板，生来一男一女。男的叫张一非，因为他是老大，村中的人都常叫他张一。张老板眼睇自己老了，惊死后亲手创出的家当败在儿子手上，所以整日对儿子说些生财之道。谁知这个张一非虽然已到而立之年，但对发家致富唔感兴趣，从早到晚在家勤奋读书。张一非确有个怪癖，他睇中了哪本书，任凭要多少银两，也要把它买下来。

张老板的女婿是个奸狡滑头之人，觊觎着岳丈大人的家财，所以常常用各种方式恭维张老，装得一副孝顺样子。

一年后，张老得了个不治之症，眼睇在世无多少日了。他怕死后家财败在张一非手上，便叫女婿和儿子到床前，对他们说："张一非，你虽是我的儿子，但唔成器；女婿行孝、恭顺，虽不是亲生，也是半边儿。我死后，所有家产都给女婿。张一非你读你的书，唔好来争占我的财物。"张老又怕死后，他俩相争起来。论起家规，女婿可能会欠理。便叫女婿端来笔砚，令儿子亲手记录。他说："张一非吾子也，所有家产尽给女婿，外人不得侵占。父嘱。"几刻钟后，张老咽了气。

丧事了却后，女婿请来了大挂车，要运走岳丈遗下的家产。张一非很客气地说："妹夫，父债子还，父业儿承，这是天经地义的，素来如此的。你唔好如此横蛮。"女婿便火了，大声骂道："岳丈临终之时，有言嘱咐，并立字为据。我才说你横蛮。"于是女婿大声骂，一非小声说，互相争吵起来，但争来争去都冇结果。双方决意来到县衙，请县官判断。

一到公堂，女婿下跪告禀："大老爷明察，小民的岳丈临终之前，立下此嘱说：张一非吾子也所有家产尽给女婿外人不得侵占。"说罢便呈上遗书。县官睇后，便大声责骂张一非。

张一非说："大老爷息怒，家父死前立此书是这样说的：张一非，吾子也，所有家产尽给。女婿外人不得侵占。"县官又再细睇，顿时拍下惊堂木，"啪"声一响，指着女婿，怒骂道："你这个刁民，女婿是外人，竟如此够胆，争占遗产。左右听令，赏他五十大板，拉出公堂。"原来，张一在记录父亲的遗嘱时，已按自己的意愿加上了标点。女婿自以为有了岳丈大人的遗嘱就可以把遗产弄到手，怎知偷鸡不到反而蚀把米，还挨了一场官司，眼泪只好往肚里流。

讲述者：简日开，男，83 岁，新兴县船岗镇龙村人，初小学历，农民
搜集者：叶孔荣，男，54 岁，新兴县船岗镇水湄村人，高中学历，教师
搜集时间：1987 年 4 月
流传地区：新兴县船岗镇
原载本：《中国民间故事集成·广东卷·新兴县资料本》

附记

该故事类型在广东粤语地区流传广泛。除了本篇之外，还流传有封开县的《遗嘱官司》等异文。

220

二两漆

传说从前罗定有个叫三爷的小财主，他狡诈善辩、爱占便宜，同他交往的人都很怕他。有一次，三爷去连州，经过古榄渡时，船夫问他要过渡钱。他搔头抓腮，装模作样地说："我很穷，免了吧！"

船夫说："唔得呀！你穷？我比你还穷！睇你的打扮唔算穷哩。"

三爷说："钱我确实无，只有二两漆，可以抵当吗？"

当时，二两漆值两角钱，船夫便答应了。三爷把二两漆交给了船夫。过河后，他便到官府里告船夫勒索了他的"三两银"。官人信以为真，马上派人传令船夫前来讯问。

官人问："你是不是得了三爷三两银？！"

船夫申辩说："冤枉呀，我只得他二两漆。"

三爷以攻为守："老爷，你听到了无？他又要骗我三钱呢！"

船夫说："我确实是只得了他的二两漆呀！我可以向天发誓！"

官人见船夫承认得了二两"漆"（七），跟这三两也差唔多。为了及早结案，便劝三爷说："算了吧，二两七就二两七，你食点亏算啦！”接着叫船夫签字认账。船夫是个文盲，便打了指模。

官人要船夫交出二两七白银。船夫如梦初醒，大呼冤枉！但已经按指模承认了！这回，三爷借用“漆”和“七”的谐音，敲诈了船夫的二两七白银。

讲述者： 黄权，男，54 岁，高小学历，罗定县罗平镇乌龙村农民

采录者： 陈树周，男，32 岁，高中学历，罗定县罗平镇乌龙村小学教师

采录时间： 1986 年 5 月

流传地区： 罗定县罗平区

原载本： 《中国民间故事集成 · 广东卷 · 罗定县资料本》

附记

该故事类型在广东粤语地区流传广泛。除了本篇之外，还流传有肇庆市的《敲诈二两七》等异文。

221

一字批文两则

（一）嫁

清同治年间，高州府有一位公正廉明的府官。凡是他做文章或批阅案卷，处处都力求文字精练。

有一回，城西一个年轻貌美的寡妇想再嫁，可又遭到家族的强行阻拦。寡妇无奈，决定赴衙告状，便请一位私塾先生写状纸。这位先生知道府官素来最厌恶冗文赘句，故而只写了四句：“夫君病故妻守寡，堂前公壮叔子大，瓜田李下难避嫌，叫我该嫁唔该嫁！”

府官阅罢状纸，拍案叫绝。当即挥毫批示：嫁！

（二）杀

高州城郊傅员外养了一条狼狗。这条狗很可恶，无论白天黑夜，无论好人坏人，只要有谁从它主人门前路过，都要被这条恶狗咬伤。

一日，一位从广潭村出城访友的年轻人，路过其门时，

被恶狗闪电似的扑上来咬伤了手腕。年轻人气愤至极，随即从地上拿起一条木棍向着恶狗猛劲打去，恶狗当即毙命。

恶狗被除掉，地方百姓拍手称快。可年轻人却惹来了麻烦：傅员外非要年轻人赔一千两银子不可。年轻人唔从，就被员外一行人拉扯到府衙见官。

到了大堂，傅员外就哗啦啦地闹开花。他从狗的出生讲到狗的死期，从有狗府宅平安讲到无狗盗贼四起……口若悬河，有理有嗦地唠叨不绝。这时，府官一拍惊堂木，喝道："闲言休谈！有话则长，无话则短。"

傅员外被一言镇住，才慢慢搜肠刮肚想了几句，重新申述道："我家有条狗，咬伤他人手。此狗非癫狗，药可治伤口，为何杀我狗？"

年轻人气愤极了，也出口成章，怒道："大人明察，大人明察。傅家恶狗太凶残，咬伤路人应负责。今日伤我被我杀，唔知当杀唔当杀？"

府官听后，即刻挥动朱笔判道：杀！

讲述者： 黎伯
搜集整理者： 黎裕权
整理时间： 2001年
流传地区： 高州市
原载本： 《广东民间故事全书·茂名·高州卷》

附记

该故事类型在广东粤语地区流传广泛，除了本篇之外，还流传有吴川市的《精要状纸》等异文。

222

老实人承家业

从前，新会县大泽圩有间"大泽锦米饭店"，店主是两个上了年纪的老夫妇。他俩平时勤俭、劳动，积蓄一笔钱财。无子无女，便开设饭店，想从食客中揾个老实人来继承自己的财产，将来有人办理自己的身后事。

大泽出产的麻包锦米是全县闻名的。两老口开设的锦米饭店，饭香菜美，价钱又定得很离奇。规定凡到店食饭的人，唔论你食几多饭菜，付账时，只要食客自报，是食全饱还是食半饱。报全饱的，收饭菜钱铜钱十文；报半饱的，收饭菜钱铜钱五文。

消息传开，中意占便宜的人，都来食便宜饭。饭店生意兴隆，宾客如云。但是，食客自报的都是半饱，付的饭菜钱一律是五个铜钱。老人从来无和食客计较半句话。食了便宜饭的人，反而讥笑老头发了疯。

半个月过去了，"大泽锦米饭店"照常做蚀本生意。一日中午，来了一个挑着一对大箩的后生仔，入店食饭。他食饱之后，来到柜台付账。老头问道："你食全饱还是食了半饱？"

后生仔爽快地回答："全饱！"

老头又认真地解释："真的食全饱吗？你唔好自己吃亏！全饱的要付十个铜钱，半饱的只付五个铜钱。你唔好亏了自己的钱包啊！"

后生仔郑重地说："老伯，我真的食个全饱的。你店收钱的规矩我都知道。但是，我唔愿为五个铜钱来说谎。"说完，他掏出十个铜钱放在柜台，转身想走。

老头高兴极了，一手拉住后生仔的手臂，笑着说："得来全不费工夫，我终于揾到讲老实话的人了！"他把后生仔带到账房里，把自己开饭店的意图，一五一十地告诉他。现在揾到诚实的人，委托代为营业。后生仔睇见老头态度诚恳，答应下来。老头立即吩咐老伴说："上铺门，生意做够了！"

搜集整理者：陈占标，男，60岁，县志办干部

整理时间：1988年[1]

流传地区：新会县

原载本：《中国民间故事集成·广东卷·新会资料本》

附记

该故事类型在广东粤语地区流传广泛。除了本篇之外，还流传有湛江市的《诚实得工作》等异文。

[1] 原出处并无采录整理时间，但原书成书于1988年。

223 财主『大废』的故事

（一）"大废"剃头

清朝道光年间，高岭村有个财主，花名叫作"大废"。这人其实唔废，因他做事别出心裁，叫人啼笑皆非，才得到这个绰号。

一日，他穿着一套唔多合身、既陈旧而又有点破烂的衣服到镇隆圩上，走进一间理发店剃头。进到店里，他唔声唔响地坐在理发椅上。理发师唔识他，见他土里土气的模样，不免睇小几分，便大手大脚拿起剃刀，三下五落二剃了个光头，又在脸上疏疏落落地随便剃几下胡须。总共唔到十分钟，就伸手向大废要钱。大废起来照照镜，摸摸下巴，立刻转身，二话无说，从衣袋里掏出二十个铜钱给理发师，便逛圩去了。理发师接过钱，眼大大的十分不解，以为这穷汉不晓数目，错给了多一倍的工钱。这时候，在旁有个认识大废的人开玩笑说："你唔知，这人就是高岭村有名的财主'大废'。今天你这样给他剃头，尚且多给一倍的工钱，如果下次能用心剃个光滑的头，说不定要多给呢！"理发师边听边点头，记住这句话。

过了一段时间，这回大废衣冠整齐，穿了长衫鞋袜，又到这个店剃头。理发师一见，恭敬以礼，连忙请坐递烟倒茶。等大废坐好后，就轻手轻脚、小心细致地剃了又剃，刮了又刮，面耳口鼻眼角处处剃得光光滑滑，特别殷勤。理发师心里暗想，这回唔捞他一百，少说也捞八十。但他一万个想唔到，大废只掏一个铜钱给他。理发师几乎发呆地问："怎么才给一个钱？"大废不紧不慢地说："按质论价嘛。这一个钱是前次的工钱，前次给的是这次工钱。懂吗？"说完，连镜都唔照便逛街去了。

讲述者：　麦老伯
整理者：　李玲
整理时间：　1982 年
流传地区：　信宜县各地

（二）"大废"担塘

相传，信宜镇隆地区有个姓梁的财主，连小孩子都知道他叫大废。至于他的真实姓名，也就很少人去过问了。

大废家财万贯，他的粮食是唔肯白借给穷人食的，但又唔忍心睇住人们活活挨饿。一句话，谁想食他的粮食，就得替他去干活；谁唔干活，就别想得到大废半粒米。所以人们说他心地基本是好的。

话说有一日，大废对着一群来借米的穷人们说："你哋无粮食食了吗？那就帮我挖鱼塘吧，这里有饭大家食。你哋先从我家左边的空地上挖，把土挑到右边去。"穷人见无法借到粮食，只好拖男带女，日日帮大废挖鱼塘。大家食饱饭后就去干活。挖呀，挑呀，眼睇鱼塘快挖好了。大废又吩咐说："你哋接着到我家右边空地来挖吧，把土挑在左边的鱼塘里。"穷人无粮食，为了活命，只好依照着去做，挖了左边填右边，挖了右边又填左边。挖了填，填了又挖。月复一月，年复一年。穷人究竟流了多少汗，食去多少粮食，大废毫唔在乎。

一次，大废又叫人扛来一条水桶般粗的大木，他要木匠将这条木刨成方形，后又要将木刨成圆形，接着又要方形、圆形，如此反反复复。最后，这条水桶般粗的大木只剩下酒杯大小了。木匠们奇怪地问："老爷，你要我哋刨这条木做什么使用呢？""我想将它制成一条手杖。"大废漫不经心地答。木匠们惊奇地说："哎呀呀，老爷唔早说，何必花这么大的工夫刨这条大木呢？"大废却说："如果我唔叫你哋刨木，你到哪去揾饭食？"

还有一次，大废带着仆人到高州大井收田租。他来到县城，睇到街道两旁摆满又肥又大、香喷喷的曹江香蕉，大废早已垂涎三尺，想掏钱买。当他的手伸进口袋时，却空空如也。原来大废仓促出门，竟一时忘记带钱。现在睇到这些香蕉哪里舍得离开。他在街上踱来踱去，心想揾个熟人暂借，但一时又无遇上。最后只好厚着脸皮，走到一个少年蕉农面前，恳求着说："细佬，我因一时疏忽，忘记带钱。如肯相信的话，请赊几条香蕉给我吧，改日一定如数奉还。"蕉农细心打量着眼前这位陌生人，可能一时匆忙忘记带钱也是有的。"拿去吧。"大废因未食饭，连食多条，随后说："以后如果你有困难，就到信宜镇隆揾大废吧。"

几年后，高州水灾，少年的母亲说："你不是说过有个人食了你的香蕉的事吗？我哋正遇难，你试揾一次他吧。"于是少年便按照大废所说，从高州大井一路来到信宜镇隆。他一路行一路询问大废的住址。到了大废家门口，问婢女："大废在家吗？"婢女骂他："你这个人不识抬举，胆敢叫我家老爷的花名。等会我告诉他，你骨头都会碎。"恰巧大废听到，不但无责骂，反而赶快招呼他进来，一连几日都好好招待他，但从未问及灾难的事。住上十来天，少年要返屋企，大废唔说什么。"要回就回吧。"少年唔好意思问他要钱要粮，闷闷不乐地返去了。

回到家里，母亲满面笑容，指着眼前一堆杉木和一包包稻谷说："这堆木材和谷子，是你走后第二日大废派人用木筏专程运来的。"

此时，少年才激动得热泪盈眶，左邻右舍亦纷纷赞叹不已。

讲述者：胡寿慰
整理者：胡为家
整理时间：1981 年
流传地区：信宜县各地
原载本：《广东民间故事全书·茂名·信宜卷》

附记

该故事类型在广东粤语地区流传广泛。除了本篇之外，还流传有阳春市的《人不可貌相》等异文。

224

仔劝父戒烟

解放前，外国的鸦片烟流入中国，许多国民吸毒成瘾，连边远山区里的山民也吸上了鸦片烟。大山脚下有户三口的人家，两夫妇和一个儿子。由于父辈遗留下一点产业，生活上总算过得去了。这家的男人因烟上瘾，人们管他叫“烟鬼”。

这个“烟鬼”，一日唔食饭，靠饮几口水就能度日。但一日唔吸烟，像疯了和死了一样。俗话讲“吸鸦压强赌”，“烟鬼”将父亲遗留下来的三间大屋、十多头牛和十多亩田地都花销在吸鸦片烟上去了，眼下只剩一座大屋、五亩地和一头牛。这还未过瘾，还要继续吸。

一日，他边吸烟边叫儿子去放牛，儿子顺从地去了。牛房就在他住的大屋隔壁，一会儿，在牛房里传来儿子喊牛声，连续地喊叫着。他觉得奇怪，往日儿子只喊一两声，牛就出屋了，今日喊这么久也唔见牛出来呢？“烟鬼”拿着鸦片烟筒边吸边去睇个究竟。发现儿子把穿着牛鼻子的绳从狗洞中拉出来，边拉边喊牛。这时老子生气了：“杂种仔，狗洞这么小，怎能把牛拉出来呢？点解唔从门口拉牛出来？”把儿子骂得狗血淋头。儿子手牵着牛绳，反问道："爹，狗洞大还是鼻孔大？"老子恼怒道："正傻仔，当然狗洞大啦！还用说？快放牛。"儿子无好气地回答说："你的鼻孔拉出了两间大屋、十头牛和五亩田地，难道我从狗洞里拉一头牛也牵唔出来吗？"说着，又使劲地边喊边拉黄牛。

老子听了儿子讲的话，想过去，睇现在，感到内疚、后悔。于是，举起鸦片烟筒用力地往墙角打去。

讲述者： 黎彩生，男，51岁，小学文化，农民，高良万星村人

搜集者： 黎沛清，学校教师

搜集时间： 1987年5月14日

流传地区： 德庆县

原载本： 《广东民间故事全书·肇庆·德庆卷》

附记

该故事类型在广东粤语地区流传广泛。除了本篇之外，还流传有吴川市的《劝父戒烟》等异文。

225

和尚为题

一个风和日丽、鸟语花香的春日，某省巡抚偕同藩台、总兵和师爷等僚属，清早便到郊外踏青。在风景区内凉亭上摆下酒宴，一面观赏春日桃红柳绿的明媚景色，一面饮酒赋诗。刚好见大路之上，两个解差押着一个披枷带锁的光头和尚缓缓迎面走来。巡抚见此情景，即时诗兴大发，便倡议以和尚为题，由四人联吟一首即景诗。巡抚领先吟道：

"知法还犯法。"

因为和尚也叫法师，首句起得不凡。藩台原是进士出身，毫不费力地紧接了第二句：

"出家又带枷。"

这句接得很好，不但意景浑成、情景逼真，而且对仗工整。第三句该轮到总兵了。他原来由行伍出身，是个大老粗，对于吟诗作对这些舞文弄墨的风雅事情实在是外行，一时抓耳搔腮，苦思焦虑唔知如何开口。正在翘首望天，见东边天上一轮火红的太阳，灵机一动，便信口胡诌一句：

"东边红日出。"

真是离题万丈，教人如何接得落去呢？这下可把该接吟第四句的师爷害苦了。因为在《绝句》里，第三句是“诗眼”，起着承上启下的关联作用。这句作岔了，结句就难作了。师爷虽然世故老辣，也很费思索才把结句续成：

“板上晒西瓜。”

他巧妙地把枷上的光头比作板上西瓜，不但非常形象，而且一个“晒”字，又把和尚同太阳紧紧联系起来，很自然地把做岔了的第三句救过来了。全首诗浑然一体，毫无斧凿痕迹。师爷真不愧为师爷，大家也都拍手称善。

讲述者： 李庚龙

整理者： 周钢寰，湛江市第五中学教师

流传地区： 湛江市一带

原载本： 《中国民间故事集成·广东卷·湛江市赤坎区资料本》

附记

该故事类型在广东粤语地区流传广泛。除了本篇之外，还流传有广州市花都区的《和尚担枷》等异文。

226

和尚菜

从前有个当官的人乔装成百姓样子，走到一条街上。他见人们三个一群、五个一堆，有蹲有坐的，在津津有味地拈着一样东西往嘴里送，“雪”一声啜一口，然后把一个硬壳往一只碟里“当”一声放落去，再呷一口酒。真美味可口，怡然自得。他奇怪地上前观睇，问店主。店主笑说是“和尚菜”。他要了一碟尝尝，觉得好好食。

其实这是炒田螺。这位官老爷三年任满，皇上一道圣旨，将他调往湖南。离任前，他念念不忘街上那味“和尚菜”，便问：“店家，这菜煮得美味可口，是如何炮制的？”店家答道：“先把‘和尚’捉来，用清水浸两日，让它把那些脏东西吐出来，然后把它的屁股在石上撞穿，过水洗净，再加些蒜蓉豆豉、盐油、苏叶捞匀蒸煮就成了。”这官老爷紧记在心。

走马上任，不觉已半月。这官老爷把交接事务忙过，闲中又记起那味“和尚菜”来。于是吩咐两个贴身衙差：“快与我去捉些和尚来。”那衙差“得令”一声，流星快马赶到和尚寺去，不问青红皂白，把一班和尚拘往府衙，随即回报：“禀大人，和尚捉到。”“捉来多少？”“满屋

子呢。”那官老爷喜上眉梢说：“一捉就这么多！好啊，慢慢消受它。”于是嘉奖衙差几句：“你哋办事快，尽力尽心。快把它们用水浸两日，把那脏东西从口里浸了出来，再来回话。”

衙差听令，到班房把和尚推落花园假山下面的金鱼池。和尚们无辜地在水里浸了两日两夜，又冻又饿，着凉生病，喷嚏连声，作呕反胃。衙差们见他们被浸得口水鼻水直流，忙返去复命：“禀老爷，和尚已浸两日，果然呕吐脏物了。”官老爷眉开眼笑，口水直流地吩咐：“快将它们的屁股往石上撞穿。”

衙差接令，把和尚从金鱼池提起来，带到上马石边，将和尚抱起就直往石上撞，撞得和尚鼻青脸肿、嚎叫悲啼，可屁股就是撞唔穿。衙差只好跑去对官老爷说：“回老爷，那和尚几乎被撞死了，屁股就是唔穿，一个个头破血流、鼻青脸肿。还反问他们犯了什么王法，要惨受这趟苦刑。”

官老爷一听，心中诧异：那“和尚菜”怎会出声？莫不是跑到寺院把和尚捉了来？慌忙问道：“那和尚在什么地方捉的？”“在和尚寺。”“你哋这班奴才真糊涂，谁叫你哋到和尚寺捉和尚的！”衙差被官老爷骂得更糊涂了，小心答道：“老爷，除了和尚寺，叫我哋到哪里捉和尚去呀？”一句话，问得他目瞪口呆。又放唔下面，更怕和尚上告，于是骂道：“饭桶，把和尚带来！”

衙差把和尚带到，那官老爷怒容满面：“你哋可知罪么？”和尚们有气无力地说：“小僧确实唔知，望大人明训。”

“哼，有人告你哋念经唔专心，偷睇女人。出家唔诚，俗念未灭，返去面壁思过吧。”

可怜和尚们糊涂地受折磨，都是那个糊涂官害的。

讲述者： 潘大满，男，42岁，高中学历，工人，天河区东圃人

整理者： 董瑞祯，男，43岁，高中学历，工人，钟落潭镇梅田村人

整理时间： 1987年

流传地区： 广州市白云区、天河区

原载本： 《中国民间故事集成·广东卷·广州市白云区民间故事集成》

附记

该故事类型在广东粤语地区流传广泛。除了本篇之外，还流传有吴川市的《无辜和尚》等异文。

227

阿奉斗盲佬

旧时，门前朗有班盲眼佬，专门故弄玄虚、诈人财物。一日，盲眼根打听得阿奉办田时捉了一尾生鱼，便扶着手杖摸到阿奉门口，煞有介事地摔了一跤，装作碰见了什么的样子，说："唉，弊啦！"奉婶在屋里瞧着他，忙应声问道："先生，什么事？"盲眼根伸出指头，神气十足地一边倒着手指一边"甲乙丙丁，子丑寅卯"地数起天干地支来。奉婶睇得发愕，呆呆地站着，只听盲眼根有声有色地说道："唔怪得，壬午属水，水属阴；龙生水，水来龙。大娘，刚才你见过什么煞气无？"奉婶听他"水呀，龙呀"的叨念，不知就里。见他问得离奇，慌忙说："你说的可就是阿奉捉返来的生鱼吧？"

"正是，正是。大娘，这是条'化骨龙'。"

奉婶听说是"化骨龙"，慌得面如土色，忙问："那该怎么办？"

"这个容易，只要花百钱斗米，我给你把它打发还西天，就可逢凶化吉。"盲眼根要出了花招。

奉婶听着他的摆布，忙捧出钱米，连同生鱼谢天谢地地给盲眼根带走了。

阿奉办田返来，气得两眼环睁、眉毛倒竖，捶胸发誓道："我非叫你……"

当晚阿奉连夜写了一张帖，请盲佬在北帝庙议事聚餐。这消息很快传给盲眼根，盲眼根又很快知会到一班盲佬。

这日，北帝庙左厢厨房早已浓烟缭绕，五六个盲佬乐滋滋地围坐在厅堂中央，听着镬铲翻炒沙沙地作响，都乐得龇牙咧嘴哩。

阿奉捡起木棍轻步走过来，先往盲眼根头上轻轻一戳。盲眼根不以为意，抓抓头皮，说："别心急，等会儿干杯！"阿奉又提起木棍，往盲眼有头上一戳，盲眼有忍受唔住，以为是盲眼根搞鬼，便拿起扶杖，朝着盲眼根打来，岂知打唔着盲眼根，反打了盲眼春。盲眼春无辜挨打，沉唔住气，索性拿起手杖，无头无脑地左右打开来了。这一下，五六个盲佬齐动干戈，你打我、我打他、他打你，棍棒交加，扭作一团。阿奉早已偷偷离开，睇着他们一个个脸青唇肿、头破血流，非常高兴！

一场斗殴终于在呻吟叹息中停下来，但再听唔到厨下炒镬的声响。他们痛定思痛，心里渐渐疑惑起来。

还是盲眼发先开腔："老根，那邀请是真的吗？"盲眼发一语挑起，几个盲佬就七嘴八舌地吵嚷开。你一言，我一语，齐声指责盲眼根无中生有，闯此大祸。盲眼根慌了，急忙夺门逃跑。不料大门反锁着。几个盲佬满肚怨气憋唔住，一齐跑上前去，把盲眼根揪住，按倒在地，几个拳头一起一落，把盲眼根打得死去活来，叫苦不迭。

阿奉在门外听着里面的演出，暗自高兴，估计盲眼根的皮肉已折磨够了吧，便一把拉开大门，故作同情的样子喝道："停手，你哋怎么打人？"几个盲佬怒气未消，异口同声说："这个，问他！"盲眼根自知作孽，低声说："都怪我心术不正，食了'化骨龙'。"

讲述者： 张国迟
采录者： 梁焕章
采录时间： 1987年5月
流传地区： 恩平县
原载本： 《中国民间文学三套集成·广东卷·恩平县资料本》

附记

该故事类型在广东粤语地区流传广泛。除了本篇之外，还流传有新兴县天堂镇的《“大食懒”戏盲公》等异文。

228

小脚大仙

从前有个秀才上京赶考，路过一条村庄时已经是傍晚，于是进村求宿。他走东家、串西家，家家都说无房子。后来他来到一家，屋主人说，屋是有一间，但要胆大的人才可以进去住。并且声明，唔理发生什么事，概不负责。秀才见天黑了，管不了那么多，便答应住了下来。主人把他带到这间屋后便慌忙走了。秀才把大厅扫干净，放下行李，食了干粮便瞓下。他一觉醒来，正好是三更时分，屋内外一片寂静，什么怪事也无发生，心里暗笑房主太愚蠢了，好好的一间房无辜地丢荒了。不料就在这时，怪事发生了。他听到楼上有“的笃，的笃”的脚步声，活像女人脚步。这声响一直来到楼梯口，接着又下了楼梯来到地下，向外走去。秀才觉得很奇怪，决心睇个究竟。大约等了一个更鼓，听到小脚女人从地面上楼的脚步声。由于屋厅太暗，秀才什么也睇唔见。到了五更时分，突然楼上传来一声巨响。响声过后，就什么也听唔到了。秀才大起奇心，即壮着胆子点起蜡烛上楼睇个明白。来到楼上，只见楼板上有一大堆泥，泥堆上的墙有个大窟窿。秀才心里顿时明白过来，便唔再疑心，回到楼下瞓大觉去了。

天亮后，房主人左等右等都唔见秀才出门，心慌了，断定秀才肯定和前几个求宿者一样被吓死了，赶忙叫了几个人来收尸。他们撬开了门，走到大厅一睇，只见秀才蜷缩在地上，以为他真的死了，便叫来人将“尸体”抬走。这下可把秀才弄醒了，他伸了个懒腰，打了个哈欠，坐了起来，把房主人吓坏了，失声呼叫起来。秀才一愣，方解其意，笑着对他们说：“你哋唔用怕，我还未死呢！”主人这才安心，走到秀才面前问道：“你昨晚无见到小脚大仙吗？”秀才笑了笑，把昨晚见到的听到的全说了出来，还带他们上楼去睇。他们在墙窿里挖出了一个鼠窝，发现其中一只大老鼠，尾巴上拖了一个大泥球。这时大家才明白晚上听到“的笃，的笃”的声响是怎么一回事。屋主也忆起这间屋以前是开油场的。原来这只老鼠用尾巴偷了油，粘了地泥。老鼠经常偷油，来回走动，尾巴上的泥日积月累，形成了个大泥球。老鼠晚上出来活动，便发出“的笃，的笃”的声响，人们以为是小脚大仙在作祟。住进这间屋里的客人，胆小的便被吓死了。

讲述者： 陈炳超，男，62 岁，已退休
整理者： 陈新
搜集时间： 1948 年
整理时间： 1987 年 5 月
流传地区： 三水县白坭区
原载本： 《中国民间文学三套集成·广东卷·三水县资料本》

229

老冯沃折服陈教头

北江河畔有一个小镇，这个小镇由于有间远近闻名、香火鼎盛的胥江祖庙，水陆交通又十分方便，每逢圩日，四方商贩云集，人来客往，镇中的买卖也着实热闹。清朝末期，这里的酒楼、妓寨、烟馆、赌场的生意也很兴旺。传说当时有间烟馆叫碧香居，格局不俗，还有清净的花厅，环境幽雅，颇受烟客们的欢迎。从早到晚，唔少人都在这里吞云吐雾，纵谈生意，漫议天下大事，店老板的荷包也随之涨满。他为了使烟馆生意更加兴隆，便收留了一个外乡来的老头在馆内帮手。这个年逾花甲的老冯沃在制作烟枪上手艺极好，大受顾客们的欢迎。由于他的手艺好，凡是到碧香居食烟的三山五岳人马都叫他一声沃伯。从来都无人问他何处人氏，他也慢慢地乐于在芦苞住了下来。

好景唔长。有一年，镇内一些爱好练武的人到省城请了一位颇有名气的陈教头来芦苞镇设馆授徒。这位教头在省城的徒弟实在唔少，功底也是相当的。岂料这个武馆刚好设在碧香居隔邻。每晚练武时，鼓声人声非常吵闹。时间一长，那些烟客好唔耐烦。因为这些人要安静的环境来谈天说地，度日神。这样一吵，他们之中便有人骂起武馆

来，也有些人数落起练武的人，并连带了那位陈教头的不是。

怎知道，在这些顾客中，也有人是陈教头的徒弟，便返去向师父添油加醋地说人家如何如何数落武馆、说师父的不是。有些徒弟还在旁边推波助澜，叫师父去教训教训碧香居的老板。当时陈教头认为自己功底厚、名堂响，也应当趁此机会在芦苞扩大一下影响，便叫个徒弟拿了自己的名帖送去碧香居的老板，相约三日后前来拜访。

碧香居的老板一接过陈教头的拜帖，心里十五十六，想着自己与他平日无什么来往，也无发生过什么瓜葛，这次突然来拜访究竟是什么葫芦卖什么药呢？这时，老冯沃知道了这件事，便对老板说，陈教头来访恐怕是与顾客们议论数落他的武馆有点关。店老板一想也有道理，但唔知如何是好。怎知这个消息很快就传到那班顾客中去，他们知道这次口轻轻惹了祸，吓得都唔敢上碧香居了。这样一来，生意当堂[1]清淡了许多。店老板眼睇这样，便考虑去请当地的头面人物来拍和，想息事宁人，了结此事。

老冯沃住在烟馆，眼睇老板愁容满面，想到那边练武的人和陈教头的唔讲情面，如果请人拍和也不是长久之计，便意味深长地对老板说："老板，请人拍和是暂时的。两馆相邻，人杂口杂，将来再出麻烦，再请谁来拍和呢？"老板想了一下，点点头，便问老冯沃："沃伯，你睇怎么办好？"沃伯认真地说："我在你处住了多年了，我准备要走了。你若相信我，到时等我帮你招呼一下吧。"老板急忙问他怎样招呼，他微笑着说："文武都可以。"这时老板才知道老冯沃是个懂武的，但又担心他能唔能折服那陈教头，久久望着他唔出声。老冯沃又接着说："到时，你唔好做声。你唔返来就是，我自有主意。"老板细想冯沃无本事是唔敢把自己的档口来作儿戏的，便决断地对冯沃说："沃伯，听你的。拜托你了。"店老板放下心便返屋企去了。

到了第三日，中午时分，碧香居静得有点可怕，只有几个唔怕事的常客仔在边食烟边闲谈。老板一早就无返来，只见老冯沃叫个伙计把幽静的花厅打扫干净，在关帝的神坛上点着了长明灯、龙凤香，又把厅角边的茶具收拾好，把劈柴用的大刀连同一点细小的柴草都搬到天井去，却搬来几个满是结节的硬树头，丢在花厅一边。又见他亲自把茶煲的茶和台上茶壶的茶统统倒了出来，静静地吩咐了那个伙计一番，自己便闲坐在花厅前，拿起竹烟筒慢慢地吸着熟烟，等待着陈教头的拜访。

不久，陈教头依约来了。这次的拜访他也唔敢莽撞，只是自己前来。冯沃一见便连忙上前招呼："陈师父，请坐。"陈教头略微点了点头，便一直走进花厅。四周一睇，只有寥寥无几的烟客，又再抬头一睇那个威严的神坛，便问冯沃："沃伯，老板呢？"沃伯一边招呼陈教头坐下一边说："陈师父请坐，老板等一下就来。"陈教头只得坐下等着。那几个唔怕事的烟客都偷偷地留心沃伯如何招呼陈教头。

这时，只见冯沃拿起茶杯走到台前，提起茶壶斟茶，无茶；走到茶煲前斟茶，又无茶；便大声叫伙计煲茶。那个后生便拿起个硬树头到处搵柴刀来劈柴，搵来搵去都搵唔到，自言自语地说："要劈柴煲茶又搵唔到柴刀。"接着便大声问沃伯见唔到柴刀，还故意在陈教头面前行来行去。陈教头一睇这个情况，心想这还不是要睇睇自己的硬功夫如何？心想事已到此不能不露一手了，便连忙起身拦住那个后生说："唔好搵了，我来帮你忙吧。"随手拿过那后生手上的结实的树头，双手紧握住一头，暗暗运了一下内力。只见陈教头大喝一声："开！"那块树头随之"啪"的一声被拉开了两块。紧接着连喝了两声，那块结实的树头便被拉开几块丢在地上。茶馆里的人都睇得食了一惊。那后生拾起了那些柴头连声说道："陈师父，麻烦了。"便急忙走去灶边点火煲茶，故意一连划了几支火柴都点唔着，又自言自语起来："无细柴，点唔着火，真麻烦。"这时有个烟客大声说："去天井取点草就得啦！"老冯沃却一声不响走到陈教头面前拾起丢在地上的一块柴头。只见他一手握着一头，好像拧手巾一样，微微用力一拧，那块柴头便"呖呖"作响。陈教头急忙定睛睇着冯沃手上的柴头。这时冯沃慢慢地说："陈师父，请多坐一会，老板就返来了。"他一边说一边用两只手指在柴头上撕下一条条细柴碎，一会儿便撕了一把，随手便丢给那个后生说：

[1] 当堂：方言，马上。

“拿去点火，快点煲茶。”陈教头一睇，那把柴花齐齐整整地落在灶边，心想沃伯这一手，如果无很深的内家功夫是唔得的。陈教头想到幸好自己无尽信徒弟之言，这次是文来，还好收场。又想到沃伯这样露一手，是给自己留点面子，好让自己知趣下台的，便连忙站起身来，朝着沃伯拱手行了个武家之礼，连声说：“沃伯领教了。请转告老板，陈某打扰了。”冯沃见他这样，知道他是自动和解了。也连忙行礼说：“陈师父，失敬了。”接着送陈教头走出了碧香居。

陈教头返去后，晚上练武时，告诫了他的徒弟一番，要他们今后千祈唔好随便惹事生非。第二日陈教头便辞馆回省城去了。陈教头一走，镇里的人都传说着老冯沃折服陈教头的事，大家都想向他拜师学艺；碧香居的老板更感恩不浅，也劝他自立门户来收徒练武，老冯沃都婉言谢绝了。过了几日，老冯沃同老板打声招呼就走了。他临走时说是要回乡落去。其实，当时谁也无问过他的家乡实在何处，谁都唔知冯沃是何处人氏。

讲述者： 梁培，男，已故

整理者： 忽如

搜集时间： 1959 年

整理时间： 1984 年 1 月

流传地区： 三水县芦苞区

原载本： 《中国民间文学三套集成·广东卷·三水县资料本》

230

秀才春联

相传从前有一个穷秀才，每次考举人都落第，只好在村里教蒙馆过日子。因为他写得一手好字，平时又肯帮助别人，村里无人睇唔起他。每到过年，总有很多人家叫他写春联，他都有求必应。

有一年，秀才在自家门口贴了一副意头很好的春联，贴出不久就给人悄悄撕走了，他只得再写一遍。以后，一连几年都是这样。秀才实在无法，便在有一年过年时，故意在门口贴上“福无重至，祸不单行”这副对联。大家一睇，很唔吉利，谁都唔去撕它，还议论说秀才是不是穷疯了。到了年三十晚交春前，穷秀才又在联下补贴上“今朝至”和“昨夜行”，才去拜神迎春。年初一早上，大家睇到秀才门口的春联却是：“福无重至今朝至，祸不单行昨夜行。”不禁异口同声叫好。

讲述者： 李辉，男，86 岁，农民

整理者： 李广惠

搜集时间： 1959 年

整理时间：　1987 年 5 月

流传地区：　三水县芦苞镇

原载本：　《中国民间文学三套集成·广东卷·三水县资料本》

231

邝百万兴亡史

明代，香山县黄杨山脚下有个小村子，叫斗门村。村里出了个大富翁邝百万。他本来唔叫“邝百万”，也无百万家财。他的这个名字和家财是怎样来的呢？

邝百万原来是个走私盐的贩子。那时候，大盗黄阿扁在黄杨山上立寨为王。他们出没在珠江口一带，拦河抢劫。过往大小船只，十有八九被洗劫一空。邝百万走了一两次水，把一点薄家底都赔了。

有一日，山大王黄阿扁闲坐无聊，独自下山游玩。走呀走呀，不觉来到了斗门村。此时，他觉得口干舌燥、饥肠辘辘，睇见一户人家敞开着门，便闯进去要食的饮的。

黄阿扁进的正好是邝百万的家。此时邝百万唔知跑到哪一村哪一庄借债去了。黄阿扁见招呼他的是母女两人，随口问道：“大嫂，当家的哪里去了？”

邝百万老婆一边给客人斟茶，一边答道：“我当家的运气唔好，好唔容易东求西借凑点钱走私盐，想唔到全被黄阿扁劫光了。如今欠下人家的贷，只好又低三下四地求亲友租借，再去碰碰运气。望老天爷开恩，别再被黄阿扁撞着，好捞它一两个铜钱糊口。”

邝百万老婆说到这里，记起客人肚子饿了，忙招呼女儿到厨房去做午饭。

小姑娘年岁唔大，却很会捉弄人。她见黄阿扁那张黑脸，除了根鼻，几乎都是络腮长胡子，暗暗好笑，便打定主意拿他开心。于是，她煮了一大盆糯米粉糖糊，端到黄阿扁的面前，说："请吧！唔好客气，穷人家里无什么好食的！"说罢，便站在一旁等好戏睇。

糯米粉糖糊，又黏又稠。小姑娘存心要黄阿扁来个屎粘鸡屁股，让糯米粉糖糊把他满脸的长胡子粘住。谁知黄阿扁是个见了糯米粉糖糊就眉开眼笑的人，为了食糯米粉糖糊，他特地请人做了一对黄金钩。这时，他见小姑娘请他的是他平生最中意食的东西，顿时心花怒放，马上从袖里掏出那对黄金钩，撩起长胡子，往耳朵上一挂，就拿起汤匙食起糖糊来了。

小姑娘偷望去，只见黄阿扁津津有味地大口大口地食着，一点糊沫也无沾到那像芒草似的长胡子上。

一大盘糯米粉糖糊，黄阿扁很快就食得干干净净了。他抹抹嘴角，摘下金钩，满脸堆笑地对在一旁睇呆了的小姑娘说："小姑娘，谢谢你请我食了一顿美餐！"接着又问道："小姑娘，你怎么知道我中意食糯米粉糖糊呀？"

小姑娘本想拿黄阿扁开心，无料到这个满脸长胡子的人，竟有办法食糯米粉糖糊，一时揾唔到话来回答，只是低垂着头。

黄阿扁以为她害羞，连忙掏出几锭金子和一面绣着"黄"字的号旗，放在台上，对邝百万老婆说："唔瞒大嫂，我就是黄阿扁。感谢你哋一家盛情相待，这几锭金子，就送给你当家的做本钱；这面号旗，你叫当家的插在船头上，包管来往无阻！"说完便走出门去。

当晚，邝百万返屋企依然两手空空。他见了黄阿扁留下的金锭和号旗，高兴得差点儿昏了过去。他照黄阿扁的话，又偷运私盐了。这面绣着"黄"字的号旗果然奏效。他在珠江口来来往往，竟无人敢向他一问。这样唔到三年时间，他就成了赫赫有名的大富翁，被叫作"邝百万老爷"了。

却说邝百万未发家之前，曾经为女儿许下过一桩婚事。女婿叫黄阿扁，荔山村人，是著名学者陈白沙先生的得意门生。当初，邝百万见黄阿扁勤奋好学、天资过人，想他将来必有出头之日，便托人说这门亲事。那时，因两家儿女年纪尚幼，未曾下聘。如今，"邝百万老爷"就唔把黄阿扁这个穷小子放在眼里了。

一日，邝百万正在家中闲生，忽然来了两个挑礼盒的人。邝百万一问，知是黄家派来下聘礼的，他气得脸都青了，指着来人的鼻子骂道：

"皇帝老子也要向我百万老爷借钱呢。滚，快滚，返去叫那个穷秀才撒泡尿照照自己的猴子相，睇他配唔配做百万老爷的女婿！"

那两个来人被推了出来，沮丧地回荔山村去，想唔到半路上天又下起大雨，淋成了"落汤鸡"。盒里的礼饼，也像在水里捞出来似的，烂成一团泥。两人返来将遭遇向黄阿扁诉说一番。黄阿扁听罢，气得直咬牙，恨不得把邝百万吞到肚子里去。可邝百万有财有势，奈何唔得他，这门亲事唔罢都要罢了。

邝百万自从发家以后，早晚都想在女儿身上捞一把。他撵走了黄家派来的人后，便到处托媒往各个大衙门里钻，想揾个大靠山，好攀龙附凤。谁知金龟婿还未揾到，他就被官兵捉去砍掉脑袋了。

原来，黄阿扁下聘礼碰钉之后，不久便上京考试，中了进士。回乡后叫人偷偷把一些武器沉进邝百万的鱼塘里，同时向朝廷诬告他图谋造反。朝廷派人一查，物证俱在，就把他杀掉了。邝百万直至头颅落地，还唔知祸从何来哩。

记录整理者： 邝金鼻
记录整理时间： 1981 年 5 月 2 日
流传地区： 佛山地区斗门县小濠涌
原载本： 《中国民间文学集成·广东省卷·珠海市斗门县故事资料本》

232

幽鬼锁

高要县水坑一带，有一个财主花名叫“幽鬼锁”。心肠特别坏，专做阴骘事，为了捉弄穷人而不惜一切代价。至于他的故事，多着呢。下面列举一些。

（一）买四两水缸

一日，有个小商贩挑着两只大水缸上街叫卖。刚好在离幽鬼锁家唔远处与几个人讨价还价。幽鬼锁听到了，就开门出来，拨开众人对小贩说：“喂，我买水缸，你帮我送返屋企去。”说完就转身走了。众人见幽鬼锁买水缸，就唔做声各自散了。小商贩高兴地挑着水缸跟着他走。走呀走！谁知从东村走到西村，又绕过西村转回东村，还未到幽鬼锁的家。小贩顶唔住了，放下水缸朝前喊：“老爷，你的家在哪？”

“快啦，就在前面唔远。”幽鬼锁唔耐烦地说着，又朝前走。小贩听着睇着，无法子，只好又挑着重重的担子紧跟上去。这样来来去去，老实的小贩跟幽鬼锁走遍了水坑村的巷道，最终才来到幽鬼锁的家。小贩如释重负，揩了汗水等收钱。幽鬼锁喝着茶，慢吞吞从屋里走出，说：“辛苦你了，称四两水缸给我吧。”水缸个个都很沉重，哪有按一两两卖的？小贩以为听错了。等听清楚后，不禁气得直跺脚，指手画脚大骂幽鬼锁阴公，绝子绝孙。但骂也无用，只有出出气。最后只好挑起沉重的水缸火爆爆离去了。而幽鬼锁手捧茶杯哧哧发笑。

（二）捉弄勒鼓佬

一日，有个勒鼓佬挑着担子，打着“浪浪鼓”上街叫卖女人饰品。当他经过幽鬼锁的家门时，幽鬼锁拉开一扇小门，伸出一只手递钱出门，学着女人声：“我买红头绳。”勒鼓佬以为又是一个怕羞的妇女买东西，正要接钱问买多少，幽鬼锁突然尖声大叫：“勒鼓佬摸人手掌啊！”又乘机冲出捉住勒鼓佬，又正色喊着：“勒鼓佬调戏女人呀，打死他。”邻近一些唔明真相的人，尤其是男子汉，以为勒鼓佬真的调戏妇女，唔分青红皂白，对勒鼓佬动起手脚。把这个勒鼓佬打得焦头烂额，瘫痪在地上动弹不得。幽鬼锁洋洋得意地称赞众人一番，众人还以为自己是个见义勇为、为民除害的好汉。

（三）包你今晚打老婆

冬天的时候，寒风习习，有钱人家总是聚在一起消遣时光。男人中意聊天、抽烟，女人却死瘾打麻雀。幽鬼锁因为闲得慌，闷得无聊，很想揾件事干干，寻求开心。

一日，他坐在房中抽烟，眉头一皱，又想出一条屎坑计，于是出门到邻近的几户穷人家串门。每到一家，都赞当家男人锡（疼爱）老婆。忽又把话一转：“老弟，我包你今晚打老婆。”邻居的男人莫名其妙，又以为他在说玩笑，只好一笑了之。

幽鬼锁回到家里，刮了一大堆锅底灰，用花生油搅匀，回到卧房，把屎塔口的边沿抹得厚厚的。一切做妥，便雇了一个盲公来唱戏。又叫老婆请邻居的妇女来听戏文，自己捧出事先煲好的巴豆粥来款待她们。大家食了巴豆粥，无几久，一个两个不是肚屙就是尿急，陆续不断地走进他的卧室寻方便。就这样，每人的屁股都被屎塔口的边沿印了一个黑圈，但是谁也无发觉。

是晚瞓觉时，都被丈夫发现了屁股的黑圈。丈夫不禁无名火起三千丈，以为老婆做了见唔得人的事，质问来由，但谁也蒙在鼓里，支支吾吾答唔出话来。于是被丈夫动起手脚，打得叫苦连天。

幽鬼锁听到哭喊声，忍唔住发笑起来。

（四）炒“石春”

春夏之间雨水多，田里要挖排水渠，幽鬼锁贴街招雇短工。应招者多的是，但幽鬼锁早已菩萨有喜——怀鬼胎了。他精心挑选了三十六个单左眼的、三十六个单右眼的男人。

开工这天，七十二个单眼佬面面相觑，左眼对右眼，旁人见了直发笑。短工们干了一整天，幽鬼锁设宴款待大家。大家围坐好，无几久，每席便上了两个菜。大家睇着这小小的菜，心里很唔高兴，只好添饭食了。

这时，幽鬼锁从厨房走出来说：“各位慢慢食，边食边等，还有一个靓菜未上。”说完又走进厨房。单眼佬侧耳细听，果然厨房内传出“劈劈啪啪”的炒炸声，香气阵阵。大家内心欢喜，便慢慢食着，耐心地等着。过了相当长的时间，夜已很深很深了，里面还是“噼噼啪啪”响着。有人食饱了饭，坐着打瞌睡；有人等得唔耐烦，什么龙肝凤脑也唔食了，拍拍屁股返屋企瞓觉去了。

那煎声直到最后一个离席才停止。原来，幽鬼锁为了捉弄那些单眼佬，事先捡来很多“石春”（鹅卵石），用蒜头、豆豉、花生油，起红镬炒起来。石春发出“噼噼啪啪”的响声，蒜头油发出阵阵香气，这些单眼佬哪有唔上当呢？

幽鬼锁睇着一个两个走清光了，才捧腹大笑。

（五）掉“封包”

大年初一，人人早起，家家喜庆。孩子们更是蹦蹦跳跳，笑逐颜开。清早起来，第一件事就是向大人要封包、讨吉利。

幽鬼锁连这个喜庆日子也要利用利用，要他的鬼把戏。他把一个封包丢在地上，无几久，有一对父子一前一后走来。儿子眼利，睇见路上有一个封包，捡起来叫道：“阿爸，我捡到一个封包。”

大清早捡到封包确实吉利，做老爸当然高兴，忙叫儿子解开睇睇多少钱。点知解开封包却露出一张白纸，上面写着：恨（想）死容易，恨（想）钱难。老爸脱口而出：“大吉大利。”气愤愤吐了一啖口水，把封包踩进泥里。

幽鬼锁从门缝睇见，笑唔停。

（六）餐饱餐饥

幽鬼锁有一个很大的柑橘园，经常雇工管理。这天，他雇了七八个人为他除草培土。刚开了工一会儿，他便叫家人送上很丰富的糕点美食，还有茗茶来款待大家。食完后唔到一个钟头，他又叫家人送上牛肉粥，招呼大家食了粥才做。到了午饭时，他又亲自送上八九碟好菜来，乐得大家见牙唔见眼。临收工前又发足工钱。雇工们都问明日还请唔请人。幽鬼锁回答说：“请，越多越好。”雇工们返去，把工作轻松、待遇优厚的事向亲朋好友说了，还动员他们明日一齐去。还左叮右嘱千祈唔好食早餐去：如果食饱了，到时候好菜食唔落，只得眼福无口福了。第二日，帮幽鬼锁除草培土有三四十人。他们谁也无食早餐，一心等着幽鬼锁的热情款待。谁知到了大半天，仍未见早餐到来，大家只好一边做一边等。等呀等，眼睇太阳正顶，仍未有什么送上来，一个个的肚子饿得咕咕叫。一直挨到日头偏西，幽鬼锁才叫人送午饭来。大家以为有顿丰盛的美餐，谁知每一位都送来了一碟咸鱼蒸豆豉。大家食罢，咸得口干颈渴，正要想饮茶，幽鬼锁却抱拳作揖地说：“好对唔住，忘记送茶来。”说完就走。弄得大家真似哑仔食黄连——有口难言。

（七）睇戏、散场

水坑村有上万人口，每逢过年过节，必大搞排场，聘请有名气的戏班来演出。不但本村热闹非常，连远近的村民也踊跃前来睇戏。

永安莲塘姓谢的人也唔少，原与水坑谢姓同一宗族。每逢演戏，总是请他们的父老前来睇戏，并安排在祠堂住宿。

幽鬼锁为了捉弄他们，当睇戏散场时，他领一些人，手提着写有“谢”字的灯笼，对那些莲塘父老说：“姓谢的族亲兄弟，我哋送你哋返去。”各人睇着谢姓灯笼，十分感激族亲的关照，于是欢天喜地跟着灯笼走。幽鬼锁在前，把他们引到水坑村大院背，遍地是簕竹塞住出口。因为天黑，遍地是簕，有的人心急乱窜，被簕竹钩得手伤脚伤脸皮也伤。欲走不得，只好叫苦连天，整夜被困到天光，幽鬼锁却洋洋得意。

莲塘谢姓的父老，误会是水坑族亲故意捉弄他们。自此，水坑每逢演戏，三番四次请他们也唔来了。

（八）请客

幽鬼锁为捉弄那些请客的人（红白事上门派帖请酒的专业人员），一次，他说自己设宴请客，写了很多请帖，叫那些请客人挨家挨户送去。但每个请帖上的某村某户某人，其实并无此人，弄得他们东查西访，疲于奔命，徒劳往返。因为幽鬼锁有权有势，他们也唔敢发恶气。

（九）戏弄尼姑

幽鬼锁讨厌尼姑到他家中化缘。为了要戏弄她们，一次，他买了一些泥鳅返来养着。这天，尼姑又到他家门前了，他便将泥鳅捞起来，用元宝纸包上，用手捧着来到尼姑跟前。

这时，尼姑以为幽鬼锁施舍什么给她，急着想接，谁知滑溜到地上。

（十）明知故问

一日，幽鬼锁路过山田村的村边。他明知山田村全是姓谭的，睇见有一人在那里煺（当地说“谭”音）狗毛，他便故意发问：“你煺的是猫吗？”那人应声答道：“不是煺猫，是煺狗。”他当即发问：“你就是谭狗？”弄得那人无言可答，幽鬼锁却呵呵地笑着离去了。

讲述者： 谢南福
整理者： 李廷芳
采录地点： 广利镇水坑村
采录时间： 1984 年 3 月
流传地区： 高要县广利区水坑村一带
原载本： 《广东民间故事全书·肇庆·高要卷》

233

悔不当初

"妹代姐嫁状元郎"在吴川县传为佳话。本来，姐姐和林召棠订立了婚约。临嫁时，姐姐唔肯上花轿。因为姐姐嫌林召棠住农村，又贫穷。妹妹认为姐姐在临婚时反悔唔合情理，就代替姐姐嫁了穷书生林召棠。

谁知后来林召棠上京赴考高中状元，家境也日渐富了起来。姐姐嫁了梅菉城的商人，后来因为经商亏本，破了产，家境日渐贫穷，三餐难挨。

姐姐想起了妹妹，打算到妹家求周济，但又觉得羞愧。后来又想：妹妹成了状元奶[1]，其他人无亲无故都去攀亲；姐妹毕竟是姐妹，手足情深，串门探访人之常情，我为何唔走一趟！

姐姐到了林召棠家，妹妹惦念旧情，热情招待不在话下。姐姐本想求借，但又唔好意思开口；妹妹也听说姐姐生活艰难，但也唔好意思启齿。姐妹俩都把话儿蒙在鼓里。

姐姐辞行了，妹妹赠送了一罐咸虾酱。过去吴川人生活苦，用盐腌小虾放在陶器小罐里，叫作虾酱。穷人可以用虾酱送粥，一罐能食好些日子。

姐姐是个裹脚[2]，提着这罐虾酱走路十分艰难，越走越觉得罐子重，真是"远路鸡毛挑成铁"。把虾酱丢掉吗？觉得可惜。好唔容易才走到塘尾，到了河边，上了渡船，已经累得上气唔接下气了，坐在船沿直喘大气。好几个过客上了船，就开始摆渡了。

撑渡了，过客就闲谈起来了。话题自然都离唔开这罐虾酱。有的说，路程这么远，挑这么一罐虾酱唔够工本钱。有一位好心的过客觉得这位大姐可怜，就说："大姐，我愿给你一块光洋[3]，你把这罐虾酱卖给我。你空手好赶路，回梅菉再买一罐不是方便得多吗？"姐姐听了如获救星，就谢天谢地接过这块白花花的大洋，把这罐虾酱卖掉了。

姐姐返屋企后，过了几日，接到了妹妹的一封信。信中写道："姐姐，我把一生积累的三百块大洋放在装虾酱的罐子里。你离我家时不便当面说清楚，一是怕你谦让唔肯接受；二是怕我公婆、叔婶们有意见，就背着丈夫把三百两银放在虾酱罐子里。"

姐姐睇完了信，后悔得昏迷过去了。这是第二次昏迷了，因为姐姐知道妹夫高中状元时已经昏迷一次了。

讲述者：	谭六安，男，52 岁，坡头人
采录者：	许和达，男，53 岁，干部，湛江梅菉人
采录时间：	1984 年 3 月
流传地区：	吴川县梅菉山脚
原载本：	《中国民间文学三套集成·广东卷·吴川县资料本》

[1] 状元奶：方言，状元妻子。

[2] 裹脚：缠足、包脚。

[3] 光洋：大银。

234

全在一把胡子

采录时间：1985 年 3 月
流传地区：高要区、端州区
原载本：《广东民间故事全书·肇庆·高要卷》

某公社有个生产队的建筑队，建筑技术十分高超，但队里的成员全部都是后生仔，最小的只有十八岁，最大的也是二十二岁。建屋主因此认为：他们嘴上无毛，办事不牢。谁都唔请他们搞建筑。

建筑队的队长心急了。怎么办呢？后来，他们想出了一个办法来：他们回到村里，请了一个满脸胡子的拾粪老汉来参加建筑队。虽然这个猪屎佬连砖刀也无拿过，但出外搞建筑时，人家都尊他老师傅。什么工也不用他做，他只要在旁边冒充内行，东量西量两指指就行了。屋主顿时另眼相睇，对猪屎佬奉烟敬茶，左师傅右师傅，唯恐招待不周。

从此，这个建筑队的营业蒸蒸日上，真是应接不暇，为生产队挣了唔少收入。

讲述者：梁福
整理者：梁驱
采录地点：新桥

235

智辩知县

从前，有个叫阿牛的人，他勤劳俭朴，以种田为活。但不幸的是，那年春天，家中唯一的老黄牛却被人偷去了。他唔认得字，唔识写状子，只好央求房东马秀才给他写状子。

那个马秀才，谁都知道他是个最爱作弄人的斯文败类。见阿牛聪敏过人，早就有心要作弄他一番，使他的名声扫地，借此抬高自己。如今见阿牛来求自己写状子，于是，马秀才在状子上写道："吾有带胎黄牛牯一头，贼人赶至山冈，从松树头上，又从松树尾下，经水田无踪无迹，过大石面时脚迹分明。西村阿牛禀告。"

阿牛唔认字，唔知状子写的是什么，他跑到县衙把状子呈上。知县睇了状子，大发雷霆，叫左右捉拿阿牛问罪。阿牛一时莫名其妙，慌了手脚。待状子读完之后，阿牛心中暗暗叫苦，心里直骂那个写状子的马秀才。

拍过几声惊堂木之后，只见那知县大声喊道："你的状子怎么写带胎黄牛牯的？这不是存心要捉弄我吔？"这时，只见阿牛不慌不忙地回答："大人有所不知，带胎黄牛牯是我那头牛的名字，因当日买回那母牛是带胎的。它生出来的是一头牛牯，因此便叫作'带胎黄牛牯'了。"

知县又问道："那么，你的牛怎么能爬树？"阿牛答道："是这样的，因山冈上砍下一棵松木，挡住去路，贼人赶牛从树头上再沿树尾下，这不就爬树了？"

知县眨了眨眼，又接着问道："怎么经水田都无影无迹的？"阿牛道："田水很深，又养着浮萍。牛走过后，浮萍合拢，所以无踪无迹。"

知县见阿牛对答如流，接着又问："怎么走在石面上脚迹却分明呢？"他以为这一问一定难倒阿牛了。但阿牛稍一沉思，便答："经水田过时，牛脚沾上泥，走上石面上不就留下脚迹了吗？"

知县无言以对，愿办结案。从此，阿牛智辩知县的故事便流传开了。

讲述者：李耀新
整理者：罗木森
整理时间：1986 年
流传地区：信宜县各地
原载本：《广东民间故事全书·茂名·信宜卷》

236

大义锄奸，智谋制胜

化吴边境，有一人家，家中有三兄弟。大哥身材短小，大嫂年轻貌美，远近闻名。二弟、三弟都是秀才，单身未娶，外出教书。邻村有个横行霸道的花花公子，千方百计去勾引此家的大嫂。大嫂与花花公子好上后，她便毒死丈夫，暗中与他通奸。此家二弟、三弟得知大哥被害，非常愤恨，但大嫂娘家和奸夫父兄都权大势恶，控诉无门，遂成不白之冤。

一日夜里，花花公子又窜入此家与大嫂鬼混。这次适逢二弟、三弟在家，一怒之下，二人持刀把奸夫淫妇当场杀了。锄奸后，他们想，如死者亲属向官府告发，二人必有杀身之祸。怎么办呢？他们知道邻村洪仕镜很有文才，一向憎恨丑恶，于是便星夜赶路，登门求救。洪仕镜想了一下，说："有办法。你哋以'为奸杀嫂代嫂杀奸'这八个字作中心，赶写状文，天一亮就向官府报案。并在乡中宣传为奸杀嫂、代嫂杀奸，便可消除灾难。"此家二弟、三弟连夜返屋企照此办理。

第二日，大嫂的父亲接到丧报，虽然悲愤，但觉得女儿反抗奸污被奸杀害，保持贞节，不辱家门。奸夫已死，故唔起诉。花花公子的父兄听到"为奸杀嫂代嫂杀奸"的议论，无词以对；更恐淫妇娘家势力，也不便报官。花花公子平日作恶多端，一命呜呼，群众叫好。当时官府认为两位死者血系亲属俱无起诉，案情既是奸夫杀嫂、其叔代嫂杀奸，一命已偿一命，此案便作了结。

讲述者： 洪三
搜集整理者： 洪标文
搜集地点： 化州县
搜集时间： 1986 年
流传地区： 化州县
原载本： 《广东民间故事全书·茂名·化州卷》

237

抬轿佬做县长

明朝世宗皇帝时，明城濠基村有个秀才姓谭名耀齐，父母早亡，兄妹二人相依为命、扁担生涯。只因年纪尚少，力气唔多，且兼书生出身，体衰力微，无法支持生活，逼得将年仅十岁小妹合兰卖去邻村岗头一富户作婢女，改名秋喜，每日要替主人做饭洗衣及冷热茶水等服侍工作。一有不足，便要受主人鞭笞。唔好小睇秋喜小小年纪，她很有念头。为了减轻兄长生活担子，怎样受苦受累也能坚忍落去。到十六岁那年，主人贪财爱势，便将秋喜嫁给一个三十多岁的官员，广西贺县人，姓石名有衡。婚后两年，有衡被调到广西桂平府任府尹，家眷等同时搬迁。

谭耀齐用卖妹的血泪钱，摆了一个卖瓜菜的小摊档，收入颇稳。无几年，好了伤疤忘了痛，结识了一班赌棍及烟客。唔够半年，血本尽光，生活无着，只好同赌友去抬轿度日。一日，有位客商要往广西购货，雇请耀齐抬轿前往。耀齐满口应承，就在次日直抵广西桂林。客商付了工钱，各揾客店休息。耀齐手上有点钱，就想在这多玩几日。怎料两人赌兴大发，烟瘾又生，唔够半日又将钱全部花光。当时人地生疏，饥寒交困，借贷无门，只好用便宜工价去抬一些短途旅客，暂维两餐。

光阴似箭，转瞬又将两月。有一晚，耀齐和一个同伴在桥下过夜，被差人[1]盘问之间，知道了妹妹的下落。第二日早晨，差人进见府尹太太，说起昨晚巡更之事。夫人惊喜交集，立刻束装，唔等车轿，便随差人前去。来到相约地点，兄妹相见，热泪盈眶，抱头痛哭。随即令差人打道回府，兄妹详叙离情。有衡因公事外出还未回府。这日下午，有衡公满回府，亲戚互相握手请坐。客气完毕，有衡提出要大舅在府管理家事，耀齐求之不得。过了半年，耀齐将府内管理得整整有条。有衡很高兴，睇出耀齐是个人才，有心给他揾一份职员工作。事有凑巧，平南县长即将任满，有衡即修文保举。过了两月，省府有文下达，平南县长任期已满，批复谭耀齐某年某月接任。耀齐到任平南县后，即柬请地方绅士座谈，会面相识。两月后，年逢大旱，耀齐毫无官架，化装成百姓样，带一警卫到苦旱区了解民意，观察旱情。睇见河溪滚滚急流，田地却干旱爆裂。耀齐发现问题，掌握了基本情况，立即回衙商量办法，把明城附近大坪村如何将河水引进稻田的办法介绍给大家。大家一致赞妙，立刻分工分头组织抗旱力量。又令秘书起草文书，派人连夜赶送明城附近的周田大坪村，请乡亲们大力帮忙。乡亲们睇信后都觉愕然：一个抬轿佬会做了县长？大家都有点怀疑。幸喜来人带来大笔盘费及文信中盖上了四方大印，大家才消疑虑。于是迅速串连了六十人，改日立刻登程。其他县衙干事又分别到苦旱区去组织割山草、斩松椿、截大竹筒等……一星期刚过，民工到达了，就立即开工。有的领导打椿，有的领导耕坝，有的织扎车陂。分工合作，人多力广，县长亲自动手，仅仅半月时间，河溪流水就在大车陂轮转动下跑进了稻田，数千亩耕地很快就全部插上秧苗。旱情已消，当年便获特大丰收，群众笑逐颜开、喜气扬眉，都踊跃争纳爱国公粮，并慰劳了大批牲口等物资给县衙，异口同声称赞谭县长是真正的父母知县。

[1] 差人：方言，官兵。

238

洪仕镜的故事

讲述者：温柏平，已故

搜集整理者：陈泽深，男，58岁，明城格江村

整理时间：1986年7月

流传地区：佛山市明城镇

原载本：《中国民间故事集成·广东卷·佛山市区资料本》

（一）巧讽富豪

清朝光绪年间，在化州县长岐村，有个文人，姓洪名仕镜。他才学高深，但厌恶科举考试。后投军入伍，立有战功，因而出任白河县知县。他办事公正，百姓敬爱他。任满离衙，告别时，民众依依不舍。但县城里豪绅富户，因他平时不与同流，现已离职无权，十分藐视他，皆闭门不出送行。

过了三年，洪仕镜复任白河县知县。城里那班豪绅富户，有点惶恐。仕镜到任那天，富豪们便阿谀奉承，凑钱演戏，大摆酒席，热烈欢迎。席间豪绅富户请知县写戏台对联，他挥笔疾书：

一下楼时，改色换容，人人背面皆忘我；

再上台时，高声大唱，个个昂头又识君。

对子贴出，字句工整，意义双关，给那班豪绅富户以极大的讽刺，百姓个个叫好！

（二）一字平风波

以前，在广州有一商行，叫义和堂，老板是一奸诈小人，恃财气盛，目中无人，常常和一些贪官污吏勾结在一起，欺压良善。有一次，他装一轮船货物，价值白银一万多两，运往海口出售。船在海口东面海中被海盗抢掠一空。义和堂老板认为海盗是海口人，便向海口道台控诉。状文要点是写义和堂一轮船货物价值白银万多两，在海口被海盗抢掠，要海口人赔偿失物。道台是一位昏官，得了好处之后偏袒商行，当即责令海口绅商、里正查缉海盗，追回赃物。绅商、里正感到冤枉，也非常惊恐。他们知道化州县有位洪仕镜绰号“劲共”[1]，足智多谋，善于诉讼，便请他前往帮办此案。

洪仕镜到海口后，了解案情，定下计策，叫绅商们出钱在道台衙门附近开设一间鸦片烟馆，引诱衙门差役、官员到馆吸烟，借此结成朋友。经过两个月，时机成熟，洪仕镜托一位相好的官员把义和堂的诉状秘密拿出。洪仕镜细睇，暗中在“海口”被海盗抢掠句中的“口”字，用笔轻轻加多一竖成为“中”字，并无涂改痕迹。状文即时交还官员带回衙门。

第二日，洪仕镜发动全海口地方官绅、里正及老百姓一千多人到衙门击鼓鸣冤，齐说：“义和堂货物在海中被海盗抢掠，要我海口人赔偿失物，实在冤枉！”道台慑于群众气势，连忙翻阅原告状文，确实写着“在海中被海盗抢掠”，不得不传令义和堂老板到堂，作出判决：“义和堂货物在海中被抢，不能要海口人赔偿失物，应待查缉。”义和堂老板取回原状一睇，气得哑口无言，懊丧而去。这场官司海口人胜利了。因而“一字平风波”至今为人传诵。

讲述者： 洪三
搜集整理者： 洪标文
搜集地点： 化州县
搜集时间： 1986 年

[1] 劲共：方言，做事能力强。

流传地区： 化州县
原载本： 《广东民间故事全书·茂名·化州卷》

239

歌乡轶事

（一）

民国年间，永固乡有个雇工去宁洞（今桥头镇）打长工。因一家几口人平时全靠他来维持生活，所以每月的工钱早已经从东家处领完了，年末也无剩余。一年除夕，他身无分文，走着返屋企。当行到苍岭山石梯路时，听见永固垌各个村庄响彻除旧迎新的爆竹声。他触景生情，想起自己的困境，倍感悲伤，随口唱起山歌道：

人屋[1]纸炮响连天，
我今身中无分钱；
白米无升肉无两，
有乜[2]心机[3]拜新年。

[1] 人屋：方言，别人。
[2] 乜：方言，没有、什么。
[3] 心机：心思。

歌声悲怆凄凉，十分动人。人们听了，觉得他唱的是肺腑真情，所以一直流传到今天。

（二）

光绪年间，永固乡地方有个绅士，生来左脚跛又加上驼背。他经常中意穿上长衫坐着轿外出。一日，一场大雨把他淋得好像落汤鸡一样。一个农村少妇见了他这副模样，就随口唱起山歌道：

远处看你真够威[4]，
近处看你像落汤鸡；
背脊更像乌龟壳，
左脚又像马抽蹄。

绅士听她唱出了自己的丑态，又怒又羞，但又想唔出山歌对答，只好忍气吞声问道："你是何处人氏呀？"少妇一听，立刻又唱道：

我屋就在双龙寨，
我夫名叫植广辉；
屋顶是盖大块瓦[5]，
屋边便用竹篱围。

绅士听了，转怒为喜，呵呵大笑，连声赞道："农妇不曾读书，脑子却如此才思敏捷，真聪明，真聪明！"

（三）

民国年间，永固乡有个财主，娶了三个老婆，都无生过一个孩子。一日因事外出，身穿白衫蓝裤，脚穿凉鞋凉

[4] 威：方言，威风。
[5] 指杉树皮。

袜，斯斯文文地从一条山路走过。这时对面山上有个砍柴的姑娘，见他这副打扮，歌兴即起，唱道：

暖了暖啊暖了暖，
你家金钱一堆堆；
三个老婆唔生仔，
问你阴功何处来。

姑娘唱完又大声喊，要他对答。歌词刺痛了财主的心窝，但他觉得姑娘唱的句句都是事实。平时自己虽然也附庸风雅，这次却怎么也想唔出一句山歌去对答姑娘。返屋企后，一连苦思了几日，越想越气愤，结果还是想唔出一句适当的歌词来。最后自己觉得无能为力了，就暗中对家里的一个长工讲出这件事的经过，而且还声明：谁人能替他想出一首针锋相对的山歌回答这姑娘的，奖一石谷、一斤酒、一只三斤重的公鸡。长工听完，想了一会说："我能替你想出一首山歌来，你也能照数奖赏给我吗？"财主听了，连忙点头说："照数酬谢，照数酬谢。你尽管放心。"长工说："好，我用顺歌头截歌尾的办法答唱，你睇好吗？"于是唱了起来：

暖了暖啊暖了暖，
我家金银一堆堆；
唔得姑娘咁命好，
未曾出嫁就怀胎。

财主听了拍掌叫好，立刻走到姑娘平时砍柴的这个山头，唱答给姑娘，返屋企后又照数酬谢了长工。后来长工传出了这件事，一直流传到今日。

（四）

清朝时候，永固乡有个秀才，一日外出，天刚好下过一场大雨，河水逐渐上涨。他睇见一个少妇卷起了裤脚，露出雪白的双腿过河。秀才见了这副情景心中一动，歌兴即起，唱道：

一双银筷浸落河，
一幅罗裙水面拖；
保佢[1]河水涨三尺，
恰好浸到月亮婆。

过河的少妇听了，心里很唔服气。到了对岸，就用山歌答唱给秀才：

先生为人真儿戏，
见娘过水就题诗；
鸬鹚飞上鱼笼面，
眼中得见肚中饥。

少妇唱完就赶路去了。秀才也不得不称羡这少妇聪明伶俐，娇娆可爱。

讲述者： 植茂林
搜集整理者： 植才旭
搜集时间： 1987 年
流传地区： 肇庆地区怀集县永固乡
原载本： 《广东民间故事全书 · 肇庆 · 怀集卷》

[1] 佢：它。

240

要唔要眼眉

有个专爱占便宜的老财主，请人理发从来唔付钱。

有个理发匠想出一个办法，用来惩治一下这个专占便宜的财主，好让他大出洋相。

新年快到了，老财主要理个发，修一修胡子，装扮一下，好去拜年。老财主揾来那个理发匠，坐在安乐椅上合上眼就让理发匠理发。剪完发，剃脸时，理发匠问老财主："老爷，要唔要眼眉？"老财主随口答："要。"话音未落，理发匠"嚓、嚓"两刀把老财主的一边眉毛剃下，放在手上递给老财主："啱，眼眉，老爷拿着。"

老财主见理发匠剃了他的一边眼眉，就骂："你怎么把我的眼眉剃了？"

"老爷不是说要眼眉吗？所以我就剃下来给你。"

轮到剃另一边眼眉了，理发匠又问："老爷，还要眼眉唔要？"老财主恐怕理发匠再把那边眼眉也给剃了，忙说："唔要了，唔要了！"理发匠又剃下老财主另一边眼眉朝地下一扔，说："唔要，我就把它扔掉。"就这样，理发匠把老财主的两条眼眉也都剃掉了。

老财主是留着两撇八字胡子和一撮下巴胡子的。轮到剃胡子时，理发匠又问："老爷留龙须还是留猫须？"财主答："梗系[1]留龙须啦。"理发匠又把老财主的两撇八字胡子剃去，仅留着下巴的羊咩须了。

从此这个老财主的姓名也无人叫了，只叫他"老羊牯"。

讲述者： 魏会庭
搜集整理者： 江辉
搜集时间： 1987 年
流传地区： 广州市增城县福和镇新围村
原载本： 《广东民间故事全书 · 广州 · 增城卷》

[1] 梗系：方言，肯定是。

241

射橄核

从前，怀城有一个小孩，他家是开杂货店的。他每日上学前，都在店里拿几粒咸橄放入衣袋，准备在路上食。

上学堂的途中要经过一处烧香的地方，这里供着一尊石菩萨，当地人叫土主公。他每次食完橄后，都把橄核瞄准石菩萨扔去；后来干脆将橄核用手指夹着，向菩萨射去。时间长了，不知不觉练成了百发百中的本领。

他十六岁那年，一日，有一人在他家的杂货店附近卖功夫。只见一个粗壮大汉在表演飞刀。在离大汉两丈多远处立着一块靶，靶上画了只大老虎头。大汉一抬手，一把把飞刀准确地插入了老虎的五官，大家都拍掌叫好。这时有一把刀稍为飞偏了点，大家也一样叫好。小孩唔服气地大声说道：“差了点嘛，你哋还叫好。”大汉一听，脸色立变，立即叫他出来当众比武，他吓得唔知如何是好。

有人把事情告知了他父亲。他父亲一听，马上走出来，请大汉念小孩无知，不必计较，大汉唔肯。大家知小孩从未习过武功，比武是白白去送死，于是大家都替他向大汉求情，大汉硬是要比。他睇到这样，不禁也动了气说：“比就比吧！”于是双方约定时间和地点，并声明生死各由天命。

大家很担心小孩，有人问他有什么本领与人比武。小孩说：“我会射橄核。”他当场立一板，画上标志，做了表演。见他有手绝技，大家才稍微放下心来。

第二日比武，自然有许多人观睇。这小孩衣袋里备了很多橄核，而且还口含、手夹着几颗橄核。大家面对面站着。大汉问他用什么器械，因他口已含着橄核，唔可以做声。大汉见他唔出声，又见他握着拳，以为他要比拳，便运足气，亮出一个准备进攻的样子，说：“来吧！”这小孩一听，就双手一挥，同时射出两颗橄核。大汉惨叫一声，双手捂着脸。他的眼已被射盲了。

讲述者： 周长青
搜集整理者： 周凌云
搜集时间： 1987 年
流传地区： 肇庆地区怀集县怀城镇
原载本： 《广东民间故事全书·肇庆·怀集卷》

242

蜈蚣案

讲述者：吴一善
搜集整理者：周凌云、罗少山
搜集时间：1987 年
流传地区：肇庆地区怀集县蓝钟乡
原载本：《广东民间故事全书·肇庆·怀集卷》

有一个山村，住着一对年轻夫妇，他们靠租种财主的田地来度日。生活虽然困难，但他们依然相亲相爱，和睦相处。一日，丈夫大清早就去犁耙田。妻子体贴丈夫，做了香气扑鼻的煎蛋包糯米饭给丈夫送去。去到田垌，丈夫尚未收工，她便将饭箩挂在田边的一棵大树上。丈夫做完工后，就拿下饭来食。谁知食后不久，肚子便痛了起来，而且越痛越厉害，不一会就死了。

丈夫的兄弟知道这事后，认为是她有意谋害亲夫，于是将她送去官府。公堂上，她怎么也唔承认自己谋害亲夫，还大叫冤枉。审判官见她这样，认为其中必有原因，就详细地审问了事情的经过。然后又叫她做了煎蛋包糯米饭，又将饭箩挂在树上，他在旁边观察。过了唔知几久，只见一只大蜈蚣爬到箩里的饭面上，一会儿就撒了尿。蜈蚣走后，审判官立即叫人将饭拿去喂狗，狗食后不久就死去了。

于是，真相大白。原来蜈蚣闻到蛋香味，便来撒了尿；尿是有毒的，人畜食了都会死亡。于是，审判官认为她丈夫是误食身亡，与她无关，便判她无罪。

243

无福享受

以前，梁村镇有个孤寒财主。父亲临死前把他叫到床前嘱咐道："你要记住我的话：人生处世要紧记一个'悭'字，保存家业要用一个'计'字。我留给你十多亩田产，只准你兴家，唔准你败家啊！"儿子含泪点头答应，老子合眼安心死去。

他接管了家产之后，牢记着父亲的遗训，专心经营了二十多年后，竟然发了点孤寒财，田产由原来十多亩增加到二三十亩。平时穿的是补丁衣服，不是过年过节家里从来唔买肉食，捏着指头整天计算着如何用悭出的钱去放高利贷。就这样心安理得过着日子。可惜，有一件事使这对夫妻伤透了心，那就是自己的儿子唔争气，十八九岁了还吊儿郎当的。近年来更加唔像话，日日上茶楼饮饮食食。这真比挖他们的心肝肉食还要痛呀！

儿子大了，孤寒老子骂他只当耳边风，有时甚至还顶起嘴来说："世界做来睇，银圆揾来使[1]，难道留着带入棺材么？"孤寒老子被激得差点当场晕了过去。当晚他唉声叹气地同老婆商量说："唉！真是好心唔得好报，好柴烧烂灶。我哋悭家悭计辛苦了半世，还不是为了这个不孝的畜生？他日日大鱼大肉，睇来这份家产难保了。"他老婆说："这个败家仔，我哋连衣服也冇一套像样的，我睇以后的日子就更难过了。"两老越说越气，最后决定明日买点好菜返来也大食一顿，来消消火气。

第二日，孤寒财主一早便到了梁村圩，在圩场上走来走去，不是嫌肉贵就是嫌鱼瘦。直到过了中午，才忍痛花了几文钱称了一斤腌榄角返屋企，对老婆说："你把它全部蒸了，我哋一餐食完，半个都唔留，今晚好好享受享受。"这晚儿子又是唔返屋企食饭，两老背地里骂了一阵后，就食起晚饭来，一斤腌榄角竟让他们食得一个唔剩。谁知刚放下碗筷，麻烦事就来了：两人都觉得喉咙火辣辣的，口渴得要命。这一夜，夫妻两人轮流起床去水缸舀水饮，把水缸里的水舀得一滴唔留。第二日更麻烦的事跟着又来了：大便稀稀糊糊，忍唔住，连什么时候流出来都唔知道，搞到一日换了几条裤，连门口也唔敢走出半步。这样一连挨了好几日，肚拉得筋疲力尽、元气大伤，直到成了皮包骨头的样子才停了下来。最后两人调养了半个多月，才勉强可以上街走动。他逢人就诉说："唉，你睇我家这头畜生，日日大肉大鱼食了无事，我两人只食了一斤腌榄角，差点连命都保唔住。注定是这个败家仔有口福，我哋无福享受啊！"

讲述者： 梁荣新
搜集整理者： 范文桥
搜集时间： 1987 年
流传地区： 肇庆地区怀集县梁村镇
原载本： 《广东民间故事全书·肇庆·怀集卷》

[1] 世界做来睇，银圆揾来使：方言，意思是世界造出来是用来欣赏的，钱赚回来是用来花的。

244

万福拾银

从前有一个名叫万福的穷汉子。一日，他挑着一担柴赶集，在十字路口一间厕所大便。走出门口时，发现地上有一小布袋，万福随手拾了起来。解开一睇，原来是二十两银子！他想，丢了银的人一定会来揾的。于是，万福连柴也无卖，索性坐在地上等着失主。

等了一会，只见一个人慌慌张张跑来，上了厕所，又出来，好像要揾什么似的。万福迎上去问："你在揾什么？"这个人说："我到了圩上发现银子唔见了，中途就是在这里上过厕所。"万福老老实实地告诉他："我拾到有二十两银子，是你的？"那个人一听，露出笑脸，但无做声，乘机一想，不如借此机会骗他一次，便说："是的，我的银子是四十两的。"万福回答："是二十两！""唔对！我四十两银子的。你一定骗了我，从中拿走了二十两。"两人你一言我一语争了起来。

赶集的路人听到争吵，个个都围上来睇热闹。大家听了，都说万福做得对，如果是骗你银子的，何必把这二十两银子又送给你。那个人因话已出口，硬说万福骗了银子。这时有人主持公道说："那么到县公堂说理去！"

到了县衙，三通鼓后，县官出到堂来。他照例地重申三则："一、本府理事，万民赞同；二、本官办案，公正严明；三、惊堂木响，反悔无效。"接着问道："何事？"万福答道："小人担柴卖，路经十字路，大便时拾到银子二十两。这个人硬说是四十两，逼我还他！实无此情。"县官问那人："你是不是丢了四十两银子？"那人说道："是的，望大老爷做主！"啪的一声惊堂木响，对那人怒道："岂有此理？他拾到的是二十两，你丢的是四十两，不是你的。扰乱公堂有罪，重打四十大板，退堂！"

讲述者：邓叟
搜集整理者：邓益波
搜集时间：1987 年
流传地区：肇庆地区怀集县甘洒乡
原载本：《广东民间故事全书·肇庆·怀集卷》

245

戴糠铛[1]

清朝年间，冷坑观塘有个青年，虽然身高力大，但无事可做。哥哥帮人打长工，他只是帮助嫂嫂料理家务。村里人都睇唔起他，说他好食懒做，是个懒惰精，见了他都远远避开。他感到很苦恼，只有嫂嫂理解他的心情。外出务工时他总是抢着做重的活，原因是他饭量大，怕东家嫌他好食懒做。但雇工的东家仍觉得唔抵[2]，每处都是帮做了几日就被辞退了。嫂嫂睇见小叔这样苦恼，就经常安慰他、开导他。他很尊敬嫂嫂，立心以后一定要好好报答她。

那年，南兴王陈金釭在怀集称王立国，这年轻人觉得机会到了，就拜别了哥嫂，去投奔陈金釭。临走前他对嫂嫂说："要是我哋的人马进村，你唔好惊，到时候你往头上盖一个锅头。我会事先告诉弟兄们，盖锅头的人是我嫂嫂，叫他们唔揾你的麻烦就是了。"年轻人到了怀城后，陈金釭见他身高力大、眉露豪气，心里十分中意。当场考问了一番后，就拨了二十名兵丁叫他带领。

一日早上，这年轻人的嫂嫂正在家里煮猪食，忽然听到外边人声嘈杂。有人喊着："陈金釭的兵马入村了，大家快走啊！"她赶快熄了灶火，准备跟大家一起逃走。刚走出门口，心里立刻想起小叔临走时说过的话，她便停下脚步，重新返回灶屋，听候外面的动静。过了不久，村里人喧马叫，陈金釭的人马到了。她连忙将猪食铲到糠槽里，然后拿着铛耳把铁铛往头上一扣。须知这铁铛还是滚烫辣热的，霎时头皮红肿了一大片，痛得她眼泪直流，但又唔敢将铁铛放下，只好硬顶着坐在灶屋，耐心等候。大约过了半刻钟工夫，一阵咚咚的脚步声由远而近，年轻人推门进来，见嫂嫂头戴一只冒烟铁铛，脸色通红，泪眼汪汪。开头他唔知是发生了什么事。当嫂嫂把铁铛放下，见她头顶红肿隆起，有的头发已被烫焦了，才明白是怎么一回事。他扑通一声跪在嫂嫂面前说："嫂嫂，是我唔好，害你受了这么大的苦。"嫂嫂连忙将他扶起身说："阿叔你别这样说。这点伤过几日就会好。你在那边好吗？"接着叔嫂便坐下来谈起分别后的情况。这时门外边响了第一通号角，年轻人唰地站起来，从身上取出一包银圆，双手交给嫂嫂说："我跟南兴王过得很好，食得饱，穿得暖。这是我几个月来留下的一点钱，你叫哥哥唔好再去打工了，用这点钱两人另揾一门活计。军令在身，我先走了。"说完再次别了嫂嫂。

年轻人随队伍走了，一去不复返。但这个故事一直流传到今天。

讲述者： 范绵豪
搜集整理者： 范文桥
搜集时间： 1987 年
流传地区： 肇庆地区怀集县冷坑镇
原载本： 《广东民间故事全书·肇庆·怀集卷》

[1] 铛：方言，铁锅的一种。
[2] 唔抵：方言，不划算。

246

当『当铺老板』

在一个圩镇上有间当铺，老板贪婪好色，时时寻花问柳。离当铺唔远处有一个后生仔，妻子挺漂亮，但因家里穷，生活过得很困苦。当铺老板时时想勾引这少妇，却无下手的机会。这年年三十晚，这对夫妇仍然身无分文。明日是正月初一了，怎么办？丈夫忽然想出一条妙计，与妻子商量好，然后在床前放一个大柜。

当铺老板一心想勾引这少妇。他走到少妇家门前，嬉皮笑脸地说："娘子，请我进屋坐坐，如何？"少妇说，她丈夫今晚唔返来了，请他晚上再来。当晚，当铺老板来到少妇家。刚关上门不久，外面传来了几下咳嗽声。少妇慌张地对当铺老板说："弊啦，我丈夫返来了。"她指着床前的大柜，叫当铺老板进去躲藏。当铺老板只好钻了进去。

丈夫入屋进房，对妻子说："咦，这柜无上锁，东西被偷了怎办呢？"于是，揾了把锁，把柜锁上了。

第二日，夫妇两人便抬着大柜到当铺去。他说里面是贵重物品，要当几百两银。当铺的总管说先打开睇睇是什么东西，他们唔肯，总管说唔当。在柜里焗了一夜的老板连忙大声叫道："当给他。"总管一听老板说当，而又唔见人，心想：反正老板说了算。于是将木柜当了几百银两。夫妻二人高兴地拿着银子走了。

讲述者：吴一善
搜集整理者：周凌云、罗少山
搜集时间：1987 年
流传地区：肇庆地区怀集县蓝钟乡
原载本：《广东民间故事全书 · 肇庆 · 怀集卷》

247

游侠儿智取不义之财

话说，从前有两个龙门游侠儿，打听到附近有个靠鱼肉乡邻致富的财主。他既多疑又迷信，把掠取来的银圆铸成几十斤的银人，锁在卧室的高柜里，除了冲凉[1]、上茅厕，日夜守护着。他俩商量出一个妙计，要取这不义之财。

这日晚上，财主冲凉返来，见柜锁照常，就躺在安乐椅上休息。突然，高柜里传出蹬踢破门欲出的声音，隐约还夹有说话声："要命或要钱，听由君挑选。要命让我走，要钱命归天。"财主听了大惊：莫非贪财失义，神灵怪罪？他赶快开锁打开柜门查睇。突然，有一银白的人儿闪出来，趁他惊魂未定，夺门而去。他无了银人儿，既感到痛惜，又庆幸保住了一条狗命。他哪里知道，是游侠儿使的计谋。

原来，那日晚上，两个游侠儿预先伏在财主屋侧，等财主入冲凉房后，便攀墙入屋，开了门锁、高柜锁，一个人穿戴着银衣银帽躲进高柜里，一个人取走银人儿，重新锁上柜门、房门，越墙离去。躲在高柜里的游侠，故意装神扮鬼传话，镇住财主，然后逃跑。

[1] 冲凉：方言，洗澡。

搜集整理者： 动草
搜集时间： 1987年
流传地区： 广州市龙门县
原载本： 《广东民间故事全书·惠州·龙门卷》

248

大仙题『诗』

光绪年间，恩平某地有个大商贾姓梁名有财。

有一年，他带着五个儿子到省城去开铺头[1]。开张不久就听说仙人吕洞宾打扮成乞丐模样，下凡到了羊城。有财心想：如果能请吕洞宾写个招牌，作一首诗，用来装点门面、招徕顾客，就太好了！于是，他日日打发五个儿子到街上去揾仙人。

有一日，果然见到一个衣衫褴褛、骨格清秀的老汉，左手提篮，右手托钵，一路行乞而来。梁老板的儿子见了，断定是吕洞宾无疑，连忙走上前去，恭恭敬敬施礼道："大仙，家父有请！"说完，几个人扶的扶、拉的拉，便把那乞丐请回店中。当晚，大排筵席，宾主大醉。

席间，有财对老汉说："大仙今日驾临敝店，老朽三生有幸！只因敝店开张多日，铺面未有招牌，铺内无字画陈设，很唔雅观。万望大仙挥毫，写个招牌，题诗一首，未知大仙意下如何？"说完又忙叩头。

乞丐听了，丈二金刚摸唔着头脑，但又食着人家的酒席，只好结结巴巴地说："老肯无才，无法当此重任。"

有财连忙说："大仙无需过谦！"他一边说，一边叫儿子取来文房四宝、诗桶等，送进书房，并送"大仙"进房安歇。

老乞丐无奈，只好任其摆布。但他只字不识，题什么诗？写什么招牌？只一心想今日白赚了一桌酒席，思量脱身之计。大约是由于暴饮暴食的缘故吧，不一会他就觉得肚子绞痛，接着雷鸣般响起来。他想上厕所，一推门，谁知门给有财在外倒锁了。内逼愈急，害得他在书房里乱跳脚。后来见了诗桶，以为是专门为他预备的便器，就唔理三七二十一，拉过来蹲下，拉了大半桶稀屎，用写字纸揩了屁股，盖在桶口上。唔等天明，到底让他弄开了窗门，溜之大吉了。

天刚亮，有财急于欣赏仙人墨宝，便叫醒大儿子，令他到书房去取诗、字。

那呆鹅走进书房，见"仙人"已踪迹全无。他见屋角诗桶用纸盖着，大喜，伸手就向诗桶里一掏，一手都是臭不可闻的稀屎。他把手使劲向后甩，一边喊道："一手屎！一手屎！"有财隔墙听见，高兴地说："好诗不用多，一首就足矣！"那大儿子气昏了，抱起"屎桶"就掼出门来："这里还有一桶呢！"

采录者：　朱金湘

采录地点：　良西镇

采录时间：　1987 年 4 月

流传地区：　恩平县良西镇一带

原载本：　《中国民间文学三套集成·广东卷·恩平县资料本》

[1]　铺头：方言，店铺。

249

十八爷戏阿三

清朝雍正年间，中印村有一名叫陈熑的人，考登拔贡生，自称九二居士。因九二一十八，所以世人称他为十八爷。

十八爷平时谐趣幽默，善于戏谑，还写得一手笔走龙蛇的草书，受人仰慕。

其时，在县城东边，有一个男人叫阿三。他开设了一间牛皮铺经营牛皮，人背后称他为“东门牛皮三”。因他善于经营，逐渐有了盈利。为日后的打算，他兴建了一间较宽敞的大屋，并想在大屋落成之时，聘请中印村的十八爷题一“屋名”或“堂名”，以添加光彩，好炫耀乡邻。

十八爷也是戏谑成性之人。这日，十八爷备了笔墨，稍加思索，就为这间大屋定名为“蘭（兰）波”。牛皮三见自己大屋的庐号很雅致，不禁满心欢喜。因为从字面上来睇，有草又有水。他把大腿一拍，连叫“好、好！”于是，即把它挂在门楣正中之上，觉得很得意。自搬进这大屋后，不论大人、小孩，熟悉他的或唔熟悉他的，都叫他“东门牛皮三”。阿三觉得好奇怪，心想：莫不是生意做大了，远近闻名？但他仔细想来，又觉得唔多像，因为他出外走时却无人这样招呼他，只有在屋里时，才听到其他人对他唔礼貌的称谓。一日，一个书生打扮的人在屋外高声叫道：“东门牛皮三在此吗？”阿三在屋内盘点生意，听到有人叫他的别号，心里很唔高兴，他一边走一边想好怎样教训这人。一出门口，阿三就粗声粗气地骂：“睇你唔似粗野之人，点解出言不慎？叫人就叫人，点解连人的别号喊出来？”那书生也唔示弱，他说：“老板，不是我中意怎样叫就怎样叫的，是你自己写得明明白白的。”阿三半信半疑地说：“我怎会这样做的呢？明明是你哋有意戏弄我。”书生打扮的人讲：“老板你唔好发火。唔信，你自己睇。”顺势把手往上指，指住那“蘭波”二字。原来，将“蘭波”二字拆散，“蘭”字上是草花头，以牛食草，实是“东门牛皮三”也。

最后，搞得阿三哭笑不得。

讲述者： 陈芳，男，69 岁，新兴县集成镇养古岗人，初小学历，农民

采录者： 冯树芬，男，67 岁，新兴县集成镇上洞村人，初师学历，教师

采录时间： 1987 年 4 月

流传地区： 新兴县集成镇

原载本： 《中国民间故事集成 · 广东卷 · 新兴县资料本》

250

生菩萨食祭品

接近解放那一两年，板村石街坊麦水盈每年每次去拜田头神，都把祭品食光而回，却对他妻子罗心好说是田头亚公食了。妻子哪肯相信，说：“几曾见过田头亚公会食东西的？一定是你贪馋的生菩萨食了，讲大话[1]骗我。”水盈唔肯服输，指手画脚去形容那田头神怎样狰狞，怎样怪声怪气，怎样大食；食完唔够，还伸出那对又粗又生毛的大手，张开血盆大口。“不是我逃得快，连耳朵都被他咬了下来。你若然不相信，到中秋时，你去拜一次，就知道我不是骗你了。”

转瞬之间，这年中秋又到，罗心好要去拜一次田头神，睇睇生菩萨怎样食祭品的。水盈心里慌张：他先前说了大话，是为了吓妻子，使妻子以后唔怪责他而已，谁料她居然提出自己去。不便反口，却说：“好是好的，不过你要小心。若被田头公吓坏，就莫怪我了。”心好说：“我唔怕。”于是挽起箩，徐步而去。心好去后，水盈想：若唔出条计仔对付她，今后一定被她嘲笑到我无地自容。于是他走近路，预先来到田间，身穿烂蓑衣，头戴鱼笱，用泥把手脚口面搽[2]黑，躲进禾林深处。一会儿，妻子从远而来。她点着香烟，烧过鞭炮，禀神说：“田头亚公、田头亚婆，你食就食，唔食我要冚馅箩[3]。”话尤未了，听得禾林深处，一声长声的“食”字，吓得她毛骨悚然。定睛一睇，只见一个怪物从禾林深处向自己走来。她吓得“哇”的一声，连鞋都唔顾，飞跑返屋企。水盈见妻子狼狈奔跑，哈哈大笑，洗净手脚口面，大做其生菩萨了。食完，扫扫肚皮，回头见妻子的鞋，连忙揣在腰间，返屋企而去。入门见妻子喘息未定，故意问道：“你返来了，怎么样呢？你睇大热天时，行到满头大汗，真是自讨苦食啊！”心好抹抹额头的汗水说：“我这汗哪是热汗呢，是被田头亚公吓出来的冷汗啊。田头亚公的尊容，真是可怕啊！”水盈说：“你还说我讲大话哩。不过你幸喜见到田头亚公。若是见到田头亚婆，你一定会妒死啊。”心好问：“田头亚婆怎么样？”水盈说：“穿花衫黑裤。”心好望望自己。“梳长大髻。”心好摸摸自己的髻。“稀疏的麻子。”心好摸摸脸孔，突然厉声说道：“她的声音是怎样的？”水盈说：“声若巨雷，似足河东狮吼。”心好企起[4]，顺手掴水盈一巴说：“还说不是你这馋鬼作怪。”水盈迅速在腰间取出心好的鞋子，挡住她的巴掌嬉笑说：“好一个泼辣的田头亚婆。”

搜集整理者： 麦旭和

整理时间： 1987年5月

流传地区： 高明县更楼镇一带

原载本： 《中国民间文学集成·广东卷·高明县资料本》

[1] 讲大话：方言，说谎。

[2] 搽：涂抹。

[3] 冚馅箩：盖上箩盖。

[4] 企起：方言，站起来。

251

教导梁上君子

相传在清朝中叶，住在县城南街的陈太邱之孙陈员外是一个知书识礼之人，平时对家人管束甚严。

有一晚，已近一更时分，他还在自己的寝室里细声吟诵李清照的词《醉花阴》。忽然间，他听到厅堂的瓦面上有“啪”的响声。开始他唔在意，以为是老鼠在屋顶走动发出的声音。他仍细声读着“帘卷西风，人比黄花瘦”的诗句。过了半个钟头，响声不但无消失，而且时不时夹杂着“噗噗”的声音。陈员外竖起耳朵静听了一会儿。他终于听清楚了，不是老鼠所为，也不是其他蛇虫作怪，而是有人爬上了屋梁。他想：此人必定是贼佬无疑。他起身想开门去叫人，但回心一想：“难道除了捉人就无其他办法惩戒他吗？好，我要奚落他一下，令他无地自容。”于是，他逐一到家人的住房去拍门。这时，正是二更时分，各人都瞓熟了，这下都被“卜、卜”的拍门声惊醒了。儿子、儿媳、女儿及孙子、孙女等人以为家中出了些什么事，神色慌张地走出厅来，一齐问父亲有何要紧的事，要在半夜三更叫孩儿们出来。

陈员外抬高头，对着屋梁大声说：“为父想起了做人处世一准则，以致夜不能眠。所以特叫众人出来。”

众人听了陈员外的话后，才松了一口气。大儿子忍唔住说：“父亲，有什么话就留待明日讲，何必非要在半夜三更呢？”

“是咯！”其他人一齐附和。他们巴不得早些回房瞓瞓觉。

陈员外也唔拖延，就高声说：“要知道为父年纪虽唔高，但也唔小，做人处世也略知一二。我无什么家产留给你哋，只希望你哋及你哋的子子孙孙勤奋读书、正经做人，日后好博取一份正当的职业。记住，千祈千祈唔好做‘梁上君子’，以致万代受辱，我就心满意足了。”众人听到父亲的话后都面面相觑，心想：父亲今晚是不是有些特别？半夜三更叫我哋出来，难道就是为了这些？

唯独在屋梁上蹲着的贼佬心知肚明。他听完陈员外讲的话后，羞愧满脸地窜出屋外了。返屋企后，当晚修了一书送到陈员外的府上。

书上写着：

金石玉言贯耳中，
胜过将我来绑送。
梁上君子不再做，
正经做人应遵从。

过了不久，这件事被陈员外的家人传出去。于是当地人惯把专做鼠窃狗偷勾当的人冠以“梁上君子”的称谓。

讲述者： 叶乃勋，男，81岁，稔村镇云礼村人，大学学历，干部

采录者： 陆秩明，男，30岁，天堂镇八楼村人，大专学历，文艺创作辅导员

采录时间： 1987年5月

流传地区： 新兴县新城镇

原载本： 《中国民间文学集成·广东卷·高明县资料本》

252

偷鸡唔成蚀把米

从前，有一对兄弟俩，各自成家后分了居。老大为人奸奸狡狡，靠偷盗为生，朝有煲晚有炒，日子倒也过得去。老二为人正直、善良，却经常无米下锅，日子过得相当艰难。有一年，年关已到，家中还无一粒米。妻子在旁唠唠叨叨："你正正直直，连屎都冇得食；睇你大哥，靠偷鸡摸狗，日子过得优优悠悠。你怎么也唔学他去偷？"老二经唔住妻子埋怨和责骂，迫于无奈，就答应去偷一次试试睇。

老二是个无偷惯东西的人，唔知偷盗的门路，更唔知怎样去偷。无办法，只好去请教大哥。当晚，老二抹黑了脸，趁黑夜上路了。走到一个山坳时，只见前面有两个人扛着一个大麻袋向自己走来。老二早已吓得胆战心惊，为了壮胆，只得大叫一声"杀"。点知这一声竟吓得那两个人丢下麻袋，拔腿就走。

老二见那两人走远后，才战战兢兢地走上前去。见了那个大麻袋后，又惊又喜；抱了抱，又觉得很坠手。于是，唔理三七二十一，扛起麻袋就返屋企。

妻子见丈夫去后不久，就偷得这么一大麻袋东西返来，满心欢喜，连声叫好。又出主意："先别动它，怕有人跟来。就放在床上，你我各瞓一边，把这袋东西放在中间，盖被瞓了，保证安全。"

老二一一照办。两夫妻就把这一麻袋东西放在床上夹在两人中间蒙头瞓觉了。四更过后，两人醒来，见无什么动静，估计无事的了，就起床打开麻袋，睇睇是金是银，还是其他财物。谁知打开麻袋一睇，竟是一具发了臭的男孩死尸。夫妻俩顿时吓得目瞪口呆。夫妻俩各自埋怨。无办法，老二只好趁天还未光，再扛起这袋死尸偷偷去埋掉。

谁知第二日一早，竟有几个官差气虎虎地闯进老二的家，不容分说，锁起老二就走。结果，老二得了个"拦路劫尸"的罪名，被打了四十大板。真是"偷鸡唔成反蚀了把米"。

讲述者：郑棠，男，74 岁，天堂镇竹郎堂村人，上过私塾，农民

采录者：郑显辉，男，35 岁，河头镇料坑村人，高中学历，农民

采录时间：1987 年 5 月

流传地区：新兴县天堂镇、河头镇

原载本：《中国民间故事集成·广东卷·新兴县资料本》

253

书生和黑蚁

从前有个书生，勤奋好学，为人慈善，富于同情心。有一次，他散步到村外，见许多小黑蚁在池塘的水面上挣扎，眼睇就要浸死。他想：人物皆同，一样皮肉一样痛苦；救出一命，胜造七级浮屠。于是他赶快搵来一块木板，把所有小黑蚁搭救上岸，然后才松了口气。人们都说他是大傻瓜，他却一笑置之。

三年后，这书生上京赶考。一路上晓行夜宿，很是劳累。这天黄昏，他到了京城，就搵了间旅店住下，准备养足精神明晨参考。但由于一路疲劳，第二日天光了还在熟睡，眼睇就有误考的危险。就在此时，唔知从哪里来了几只黑蚁，爬到他的面上，搔鼻孔、咬眼睛、爬耳朵，一会儿便把他"唤"醒了。他醒来一睇钟，大食一惊，慌忙梳洗装束。

当他赶到考场一睇——虽然还来得及，但是，唉，好险呀。他心里怦怦地跳个唔停。

论才学，他是唔错的。但因差点儿误了考试，心情紧张，使他搞错了些许。

批卷官批阅到他的试卷时，总有几只小黑蚁在他的眼镜前爬来爬去。当他睇到有个"义"字写漏了一点时，一只小黑蚁立即停在那适当的位置上。批卷官用嘴吹了，另一只小黑蚁立即补上。吹走了，又补上。批卷官想用手把蚁拨开，谁知一触到了那小黑蚁，黑蚁即化作一点墨水补在那字上。

批卷官仰天叹了口气："唉，天意难违，天意难违啊！"

结果，这位书生高中了状元。

讲述者： 何少勋，男，70 岁，凤村
搜集者： 龙伯雄，凤村镇龙须村
搜集时间： 1987 年 5 月 2 日
流传地区： 德庆县
原载本： 《广东民间故事全书·肇庆·德庆卷》

254

羞妻

从前，有个猪肉佬睇上了教书先生的老婆；教书先生的老婆贪小便宜，想食猪肉佬的猪肉。两人臭味相投，勾搭上了。

一日，教书先生的老婆对猪肉佬说："我这衰鬼老公一听到屋后树上的麻雀仔叫，就起床回学堂了。每日都是这样。"

猪肉佬说："我想早些去睇你，学雀仔叫能骗走他吗？"

"能，能。你明日早上在屋后的窗下叫就行了。"

第二日大清早，那猪肉佬果然来到窗下学雀仔叫。教书先生被吵醒，见外边月色朦胧，以为天已亮了，赶回学堂抹干净台椅，打开窗门。这时，月亮下山了，天渐渐又暗下来了。他自言自语："今日雀仔怎么乱叫呢？"他打了个呵欠，走返屋企去想瞓多一会儿。

他拿出锁钥想开门，大门、小门都在里面锁上，开唔到。他绕到屋后想从窗口叫醒老婆开门，却听到窗口传来一个男人的声音："你生得真靓，像一团粉，白白净净。"

教书先生听见自己的老婆说："你全身是肉，像冬瓜一样。我这个衰老公骨瘦如柴，像个黑鬼。"

教书先生知道自己的老婆在同猪肉佬鬼混，非常气愤，在窗帘写了一首诗：

昨晚雀仔把人惊，
返到学堂天未明，
转身移步归家去，
听见窗里有人声。
"冬瓜"藏进"粉团"里，
瘦骨如柴在外听。

一连十几日，教书先生对老婆都不理不睬。老婆问他："你有什么心事呀？整天唔出声。"

"窗帘的诗你无睇见吗？你唔识字，点解唔叫猪肉佬读给你听？"

吓得他老婆脸都白了。

第二日，猪肉佬又来了，教书先生的老婆急忙叫他读窗上的诗。

猪肉佬说："坏了，坏了，你老公连我哋讲的话都听到了，怎么办呢？"

教书先生的老婆见事情败露，对老公大献殷勤，想取得老公原谅。

教书先生说："你将猪肉佬的春[1]割下来，我才原谅你。"说着扔给她一把剃刀。

她又叫来猪肉佬，假意同他搞鬼，偷偷取出剃刀，割了猪肉佬的春，猪肉佬痛得昏死过去。教书先生两公婆把他扔进水塘里浸死了。

教书先生要老婆将猪肉佬的春吊起来腊干。

不久，教书先生的岳父做大生日，教书先生买了一包海参去贺寿。

岳父见女婿这么舍得花钱，很高兴，立刻叫厨师用木瓜叶发[2]海参。无几久，海参就浸得涨鼓鼓的，但有一条却怎么也浸唔涨。后来，又放到锅里煮，那条海参还是老样子。

岳父问女婿："真奇怪，你买来的海参有一条怎么也

[1] 春：方言，男人的生殖器。
[2] 发：用水泡发。

发唔起来？”

女婿说：“你问问你的女儿吧。”

教书先生的老婆一睇，原来这条海参是她割下来腊干的猪肉佬的春。她羞得投塘自尽了。

讲述者： 梁旺
整理者： 杨然华
整理时间： 1987年6月9日
流传地区： 肇庆地区
原载本： 《民间传说故事集成（广东肇庆市端州区）》

255

伤天害理嘅状棍

从前，睦岗乡龙塘村有个人叫莫咸仔。他老窦靠打柴为生，日日到皇禁附近斩柴。因为那里杂树又大又直，可以卖到好价钱。皇禁附近嘅山民见自己山地嘅杂树成日被他斩走，有一日便故意放火烧山，将他烧死咗。

咸仔去揾睦岗村嘅赵襄廷。襄廷问：“揾我有咩事？”

“阿襄哥，我老窦上山斩柴，被皇禁人烧死咗！”

“咁仲得了，你要同他们打官司！”

“我唔识写状词，请你帮我写张状词吧。”

“写状词？”襄廷摇头晃脑。

“我屋企有一只一百六十斤重嘅大猪，已经卖咗啦。”咸仔递上卖猪钱。

“好吧，我帮你写。”

状词写好了，咸仔说：“请你读俾我听。”

“吾父穷苦度日，上山斩柴。山民四边起火，烧死吾父……”

襄廷把状词交给咸仔：“听日你起路口等我，我同你一起到官府打官司。”

这晚，皇禁附近的一位教馆先生对放火嘅人说：“你咁做唔妥当，人哋会打官司，告你状。话唔定官府会派人来杀绝你哋全村人。”

“咁点算呢，先生？”

“你哋听讲过桂林头[1]有个状棍吗？被烧死者屋企人一定会请他写状词。如果你哋唔去请他帮手，肯定出事。”

“点样先可以令他帮我哋忙呢？”

“当然要用钱了！”

“唔知要几多钱才得？”

“咁我就唔知了。”

放火嘅人挨家挨户，要全村人凑咗两篮白银。教馆先生说：“快去揾状棍吧。”

“已经半夜了。”

“再夜你都要去。听朝他就要揾官府，到时你俾他几多钱都无用了。”

放火者叫一个人同他做伴，用布盖着两篮白银，挑到赵襄廷门口。

“嘭嘭嘭。”他们大力敲门。

“边个啊？半夜三更有咩事？”赵襄廷问。

“阿襄哥，我哋有件紧要事。”

赵襄廷叫妹仔[2]点灯开门。

那两个人入屋坐下说：“我哋山上嘅柴系唔俾斩噶。讲咗几次，他都唔听，系要来斩。今日放火烧山，将他烧死咗。”

赵襄廷皱着眉头说：“好难办，我已经帮他屋企人写好状词了。如果你哋肯用钱……”

“要几多钱？”

“四百两啦。如果你哋肯出四百两白银，我帮你哋想办法，睇下可唔可以挽回。”

那两个人揭开提篮上嘅布，露出白花花嘅白银。赵襄廷喜笑颜开：“好，好。既然你哋肯用钱，弯嘅我都想办法帮你拗[3]直。放心返去啦。”

第二日，赵襄廷来到路口，见莫咸仔嘅老母在等他，便说：“将状纸俾我睇下，昨晚天黑我好似写漏咗一个字。系啦，果然少咗一个字。”他拿出笔，将状词上“四边起火”嘅“四”字改为“西”字。

到咗官府，县官接过状词一睇，说：“西边起火？仲有三个方向可以走。自己唔跑，烧死系抵死！”结果，莫咸仔嘅官司打输咗。

赵襄廷咗状棍做咗唔少伤天害理嘅事，最后他只有一个仔，无孙，绝孙了。

讲述者： 赵金英
整理者： 覃志端
整理时间： 1987年6月20日
流传地区： 肇庆地区
原载本： 《民间传说故事集成》

[1] 桂林头：地名。
[2] 妹仔：方言，婢女。
[3] 拗：方言，扭、掰。

256

鹩哥与偷牛贼

从前，有个人养着一只会说话的鹩哥[1]。由于那时候盗贼很多，耕牛常常被盗；晚上，人们都把牛拉回屋里。这个养鹩哥的人却无把牛拉回屋，而是把牛拴在牛栏里。他把会说人话的鹩哥放到牛栏墙壁的竹钉上，一旦遇到有贼偷牛，鹩哥就报信给主人。

一夜，一个贼偷偷地来到这里，小心地开了牛栏门，正想牵牛。这时墙上的鹩哥说话了："有贼偷牛，有贼偷牛……"那贼一惊，以为是有人，慌张地跑了。过后唔见有人追来，而且那声音又唔太像是人发出的，心想一定是鹩哥了。于是他狠狠骂道："你这只死鹩哥，我要你死在我手上！"

第二晚，那贼借着淡淡的月光，摸到昨晚那只鹩哥站的地方，睇见一团黑黑的东西，以为是鹩哥，于是伸手就抓，想把鹩哥捏死。当他发现抓着一团稀糊糊的东西时，那只鹩哥在对面墙上说起话来："贼佬捏着牛屎，贼佬捏着牛屎。"那贼顿时火起，转身向对面墙猛扑过去，对准鹩哥站的地方，用力一掌打过去。只听得一声"哎哟！"主人闻声赶来，见那墙上鲜血淋漓。原来主人考虑到那贼第一次偷牛唔成，下次来必定会先害鹩哥，所以就磨尖了一口大钉子，反钉在墙上，让鹩哥站在上边，又在鹩哥原来站的地方糊上牛屎。那贼果然中计。

[1] 鹩哥：鹦鹉。

讲述者：李永才，男，55 岁，高良镇江南降涌村人
搜集者：李永雄，男，21 岁，高中文化，高良镇江南降涌村人
搜集时间：1987 年 6 月 30 日
流传地区：德庆县
原载本：《广东民间故事全书·肇庆·德庆卷》

257

学做懒虫

从前有个小木匠，夫妻恩爱和睦，勤劳持家。虽然无大财发，却手做口食，生活过得还算安乐。但小木匠觉得这种平凡的生活，日子久了，十分无聊；要想发财致富又无门路。听说“穷人莫思宝，思宝穷到老”，于是什么也唔想了，只埋头做木工。一日，这个木匠劈开一段木头，睇到里面瞓着几条小指般大的虫子，长得又胖又白。他想：这几条不是懒虫吗？它们瞓在木头里边，唔劳动也长得这般好。这分明是懒人有懒命啊，我何苦这样辛辛苦苦干活呢？干脆学做懒虫吧。于是他决意寻师学懒去了。

听说唔远的村子里有一个懒汉，此人衣唔换，屋唔扫，煲一餐食三日；坐下懒站起，站着又懒揾凳子坐；房门唔关锁，房子的尘土垃圾蜘蛛网比任何破落朝堂的都多。小木匠对这位懒汉佩服得五体投地，执意拜他为师。为了表明自己学懒的诚心，他一文钱的礼物也懒带，本来可半日就走完的路程，他故意慢慢踱了三日才到。到得懒汉门前，不用多查问，一睇便知里面是懒汉了。小木匠站在门前不假思索地对汉子说：“懒佬，我拜你为师。”懒汉说：“进来。”木匠说：“大门未彻底打开。”“那么你就等风吹开才进来吧。”等了唔到一个时辰，果然大门被风吹开了。木匠进去，懒汉闭目养神，自然唔会招呼他坐下。他站了半晌，呆若木鸡，初步尝到懒的滋味。懒汉说：“煲内有粥，昨日煲的，太冻了，你去煲热食吧。”木匠睇睇房顶是开的，太阳即刻会晒到煲上，于是说：“我等太阳晒热了再食就是了。”终于等太阳晒热粥了，他就去一碗一碗地舀来食，当然他食多少那懒汉是唔过问的。俗话说：“大食懒，大瞓笨。”自从小木匠开始学懒，他的胃口倒是很好的。他把懒师父今日同明日的粥都食得干干净净，一点唔剩。于是他回禀道：“师父，我把粥全食光了。”懒汉说：“趁手[1]把煲洗洗吧。”小木匠见一只饿狗坐在旁边，垂涎欲滴，便说：“让这条狗舔干净就行了。”懒汉听到这里，跳起来厉声说：“好了！你比我还懒，还用来向我学懒吗？！”于是这小木匠就算学懒修业期满。虽然无拿到什么纱纸文凭，但他成了名副其实的懒汉。

小木匠学懒归来，什么都唔做了，有如冬眠的青蛙。但毕竟还要食饭，这可急坏了他的妻子。他妻子苦口婆心地相劝，但怎么也无法使他回心转意。俗话说，“坐食山崩不如日做一文”，妻子为了把家活口[2]，抛头露髻，什么活也干。

一日，木匠的妻子上山打柴，无意中发现树丛中放着一缸白银。她很激动，想把白银全部搬返屋企去，但又搬唔动。即使搬得动，也怕让别人睇见。她决定返去劝丈夫乘夜把这缸白银搬返屋企中。回到家里，她对丈夫说：“懒人真有懒命，现在我睇见山上的树丛中有一缸白银，把它搬返屋企，够一辈子使用了，而且离家唔远，我同你去把它搬返来吧。”小木匠慢吞吞地说：“有食自然到，无需爬上灶；命里有时终归有，命里无时莫强求。如果是属于我哋的银子它自然跑进我哋家里来，不要去搬。”妻子听到这些，气得七孔生烟。眼见天黑下来了，一缸白花花的银圆到了明日唔知有谁取走无，于是急得又哭又骂。刚好这日傍晚有三个赌棍从她家房子旁边经过，听得他们夫妻吵闹，十分好奇；回头听得明白，异口同声地说：“事

[1] 趁手：方言，顺手。

[2] 把家活口：方言，养家糊口。

不宜迟，我哋先去搬银。”于是三个赌徒按偷听到的地点上山去揾。到了那里，果然发现树丛中那个银缸。他们争先恐后扑上前，揭开缸盖，谁知缸中几条毒蛇伸出头来，吐舌喷气，吓得这三个赌徒魂唔附体。惊慌之后，其中一个说，我哋打火再照照，或许缸子里面还有银子。于是他们再照睇一遍，并唔见缸中有银，只见缸中蛇头立立。其中一个道：“青竹蛇儿口，黄蜂尾上针，两般犹未毒，最毒妇人心。莫非是那妇人嫌丈夫学懒，而勾引男子想毒杀亲夫唔成？”其余两人纷纷点头，都说此话有理。那个还未发言的建议道：“量小非君子，无毒不丈夫。今晚被他们呃到这里吃了一惊，怎出得这口气呢？不如我哋一不做二不休，趁手把这缸蛇抬回他们那里倒进他们家中，让他们受下惊也爽快。”三人十分同意，忙把缸子缚好，抬到小木匠的门前。虽然已到二更时分，但那对夫妻仍在吵架。在门外，侧耳还听到那妇人在呜咽。这三个也够狠的，七手八脚把缸子搬上这个木匠的屋顶，从高处往下一推，这缸子如滚球一般，从天井掉下来。嘭的一声巨响，缸破了，听得白银在瞬间流动的叮声。妻子敛起愁容变笑容。睇见这堆银子，她满以为这回丈夫会来帮手搬了，怎知怎么也叫唔动他。妻子十分气怒，心想这等懒汉，怎生过世呢？天一亮她执拾了衣物和一些银两回娘家去了。

但是妇人的心肠软，过了十日，她想返屋企再劝丈夫改邪归正。不料她的丈夫已经饿死了，白银都唔见了。有人传说小木匠的遗体后来变成一条大懒虫，唔知爬到何方去了。

讲述者： 曾华南，50岁，茂南区高山人，高小文化
整理者： 曾景山
整理时间： 1987年9月
流传地区： 茂南区高山镇
原载本： 《中国民间故事集成·广东卷·茂名市资料本》

258

唐家六练武

清代，唐家乡出了一个武林高手，名叫唐家六，字圣周。他身材魁梧，力大无比，且精通十八般武艺。他见义勇为，为老百姓制服流氓烂仔的事迹传扬香山，威震广州。这里，仅说他练武的几个小故事：

（一）跳火堆

唐家六有六兄弟，他排行第六。他父亲请来师父烂头何教武。为了考验儿子学武的意志，就在花园里烧起一堆大火，对六个儿子说：“如果你哋真心想学武就跳过这个火堆。”为了表示自己的决心，大哥、二哥、三哥、四哥和五哥竟冒着熊熊烈火，跳了过去，灼伤也唔出声。五个兄弟都跳完，该轮到唐家六了。大家催促他跳，他只摇了摇头，说：“这么大的火怎样跳？我唔学你哋。”说完独自走开了。师父烂头何见这情景，对唐家六的父亲说：“就教阿六吧。这个孩子心地善良，唔像他兄长那么心狠，将来学成了也唔至于闯祸。”于是，他收下唐家六为徒弟，

精心指教。唐家六也专心学武，进步很快。

（二）学鬼脚

经过一段时间的刻苦习武，唐家六已把师父的武术学得差唔多了；但他知道师父还有一手绝招——无影脚。这一脚打出，会使人难以招架，甚至会把对方致于死地。于是，阿六苦苦央求师父教他，而烂头何始终唔肯。阿六知道师父要留一手，自知难求，便想出冒险偷师的计策。

有一次，在练武中阿六约师父对打。他年轻力强，越打越狠，使尽一切功夫，打得烂头何难以招架。烂头何喝令阿六停手，阿六就是唔听，反而尽力猛攻。烂头何怕被阿六打倒，一时急躁，便将无影脚一起，阿六即刻倒地不省人事。烂头何无奈使出这一绝招，怕唐老伯见责，决定告辞了。临走前，他在阿六口中放入一粒药丸，希望能救回阿六一命。烂头何收拾行李离开唐家，不料行至东岸附近遇见阿六父亲唐老伯。唐老伯追问情由，并苦苦挽留，烂头何才照实讲出原因。唐老伯听了，却不以为然地笑着说："无事，打死一个还有五个，返去教他们吧。"烂头何很感激，只好跟着唐老伯转回唐家。他一进门，便见阿六已醒过来。阿六一见师父急忙跪下，叩谢师父教会这无影脚。原来，他在被打倒那一霎间，已掌握了这一脚的运用。

唐家六学艺专心，学会了无影脚，又想学"消无影脚"。他知道师母会这一手，决心学会它。一晚，他知道师父未返屋企，就悄悄地走到师母门前叩门。当师母刚把门打开，阿六便一无影脚飞起，向师母打去！怎知脚未出完，就被师母将脚抓住。师母以为是烂头何，说："你这老鬼又搞什么？"阿六连忙叩头大叫："多谢师母！"师母见是阿六，唔好意思地说："你这苦心，太难为你了。不过你也用力太狠啊！"阿六连连请罪，恳求师母教消无影脚，师母答应了。

从此，烂头何夫妇的绝招无影脚的一打一消，都给阿六学会了。

（三）暗比暗学

应广州的一间武馆邀请，唐家六来到广州帮何师傅招徒教武。这时，他很有名气。一日，他来到一家小食店食饭。这家老板的小女儿也很懂武艺，对唐家六的武艺还有点怀疑，很想见一见唐家六的真功夫。当饭菜做好以后，老板女亲自送上阿六的面前，并用筷子夹了一块肉，闪电式地直送进阿六嘴里，疾劲非常。这一着使阿六避无可避，只好急忙张口把筷子咬得紧紧的。老板女见他咬得又快又准又紧，急将筷子放开，匆匆走入厨房。唐家六一眼撂过去，只见老板女的牙齿缺了一小点，再想刚才这一突然袭击，立即猜到这女子非同小可，其武艺功底不浅，值得一学。

（四）戥鱼石

唐家共乐园现存放着一块重两百多斤的石头，人们称它为"戥鱼石"。关于这块石有这样一个故事：

一日，唐家六闲来无事，自己一个人走到后环海边缯棚捞鱼。他捞得一条大呕鱼，二百来斤。因无其他运输工具搬运，只好搬来一块两百多斤的大石，解下缯棚的大绳绑着石头，一头挑起鱼，一头戥着石头担了返屋企。他将戥鱼返来的石头放在家门口，既作坐石，又作练武之用，把石头玩得光滑如蜡。

搜集整理者： 梁湖、胡华管

整理时间： 1987—1988 年[1]

流传地区： 珠海市香洲区

原载本： 《中国民间故事集成·广东卷·珠海市香洲区（资料本）》

[1] 原出处并无具体采录时间，但前言提及收录工作开展于 1987—1988 年。

三　民间笑话

（一）嘲讽笑话

259

五大『天地』

从前，某县有一个贪官，百姓对他恨之入骨。好唔容易熬了几年，这个贪官要调任了，大家决定出一口怨气。

贪官正在忙着收拾财物时，衙门外锣鼓喧天。差役报告说："百姓来送匾为你辞行了。"贪官真是喜出望外，立刻整衣正帽，出来接见。

贪官一睇匾上写着"五大天地"四个字，连忙问道："这是什么意思？"百姓立刻齐声回答："老爷刮了很多钱是金天银地；老爷在府上是花天酒地；老爷审堂时是昏天黑地；老百姓提起老爷都怨天恨地；现在老爷要走了，大家真是欢天喜地。"贪官听了，脸色突怒，但又唔可以发火，只好拂袖而去。

讲述者： 刘汉
搜集整理者： 刘人星
搜集时间： 1982 年
流传地区： 肇庆地区怀集县
原载本： 《广东民间故事全书·肇庆·怀集卷》

260

中央理发店

传说民国年间罗定县有间"中央理发店"。一日，店主戴老板接到县政府通知，说县长大人要理发，迅速派人带工具到县府等候。戴老板急忙吩咐他的舅兄——一位不久前从广西梧州理发店返来的史师傅前往。

这位史师傅五十多岁年纪，从事理发工作已有四十个年头，技术在店中算他最好。但这个人生得脾气古怪，待人冷淡，不喜言笑。史师傅接到店主通知，先按店中规矩，穿戴整齐。他身穿藏青色西装，雪白的衬衣衬着橘红色的领带，脚上穿着一对尖头黑皮鞋，然后提起专门给大官理发的小皮箱，来到了县政府门口。

持枪的门卫睇见有人前来，上前问道："先生，你揾谁？"

史师傅收起脚步，挺直了腰板，从牙缝中迸出两个字来："县长！"

"先生从哪里来？"

"中央。"史师傅神情严肃地说。

门卫一听，睁大了眼睛。见来人是个肥佬，方头斗口，天庭饱满，一身笔挺的西装，心想不是大官是什么！

门卫“啪”地来了个立正，并改换了口吻：“请长官稍等，卑职即刻禀报县长。”说完跑步进去。

县长是位干瘦的老头，平生最爱两样东西，一是鸦片，二是女人。此刻，他正在房内抽大烟，新娶的姨太太正给他烧烟泡。只见门卫上气唔接下气地跑来禀报：“报告县长，中……中……中央有人来！”县长老爷一听，吓得从烟铺上一蹦而起，慌慌忙忙随门卫出去迎接。

县长和门卫三步并作两步跑到大门口，只见史师傅仍然在原地直挺挺地站着。这时，门卫努力屏住气息敬了个礼：“长官，这位是我哋县长。”

“大人，请！”县长一个欠身，把来客迎入中堂，左右敬上茶来。

“近来可好？”县长毕恭毕敬地问候。

“好什么？一向是飞发[1]。”史师傅毫无表情地答。

“非法？”县长听来莫名其妙。他本是客家人，虽然能说几句广州话，但对“飞发”两字的含义，一时无法领会，只好赔笑连声说：“是……是非法，是……是非法。”

这时，史师傅双眼转到县长身上，“嘿”的一声冷笑。这一声冷笑吓得县长倒吸了一口冷气，额头猛地渗出豆大的汗珠。

史师傅更唔开口，两个沉默相对了半分钟。然后，还是县长心颤颤地问：“大人带几位随员？”

“戴老板说是一个人飞发！”

我一个人“非法”？县长一听，吓得面如土色。他想，这个“戴老板”莫非是戴笠？是不是我的所作所为已经被上司掌握了？这个人是不是奉命来捉拿自己的宪兵特务？县长正在胡思乱想，忽听来客说：

“大老爷，请飞发吧！”

县长抬头，睇见来客已经打开皮箱，拿出理发工具，才知道自己虚惊一场，来客原来是个理发佬。他虽立即板起脸孔，恢复了平日的威风，但为了县太爷的面子与尊严，也不可即时发作，照例只得压住心中怒火，让这位“中央来客”理完发。

事后，县长老爷终因被“中央”两字所戏弄而怀恨在心，不久便下令拆除这间“中央理发店”的招牌，并封闭停业。

[1] 飞发：方言，剃头理发。

讲述者：	章国栋，男，60岁，大学学历，肇庆市《西江报》副主编
采录者：	陈英林，男，32岁，大专学历，罗定县志办干部
	杜锦成，男，63岁，高中学历，罗定县苹塘镇供销社退休干部
采录时间：	1987年6月
流传地区：	罗定县、郁南县
原载本：	《中国民间故事集成·广东卷·罗定县资料本》

附记

该故事类型在广东粤语地区流传广泛。除了本篇之外，还流传有信宜市南部地区的《县官理发》等异文。

261

仍然是叫张姑丈

相传，明末清初时期，翟洞乡樟山吓村有个土秀才。他专门替人写书信，代作状词。

后来，这个秀才替人作状词的事叫当时的县令知道了。为了责备秀才胡乱代人写状纸，县令特地派人把秀才传到县衙。

县令："喂，你叫什么名字？快报上来！"

秀才："小人姓张，名姑丈。"

县令："什么！叫姑丈？真岂有此理，还唔快把真名报来！"

秀才瞟了县令一眼，慢慢地说："县令大人息怒，小人如实报上。真实姓名叫张𡃁。唔知大人认唔认识'𡃁'字呢？"

县令"嗯"了一声，眨眨眼，皱起眉头，渐渐地把脸转向身旁的衙差。那些随从也只是目瞪口呆。

县令见状，知道难下场，只好把脸转过来，对秀才说："你名叫'𡃁'字真是太难写了。哎呀，仍然是叫张姑丈吧！"

以后，此事传开，永和地区的人把此作为笑柄，一直相传至今。

讲述者： 张永权
搜集整理者： 杨多纯
搜集时间： 1997 年
流传地区： 广州市增城市新塘镇、永和镇
原载本： 《广东民间故事全书·广州·增城卷》

附记

该故事类型在广东粤语地区流传广泛。除了本篇之外，还流传有广州市黄埔区的《他的名字叫姐夫》等异文。

262

算死草的笑话

财主王善登是个出名的孤寒种。人人都说："王善登，鸡蛋摸过轻三分。"所以都叫他"算死草"。

（一）楼下要捉

一日，有人给"算死草"送来一份请帖，请他去茶楼食饭。

"算死草"自出娘胎，从来无上过茶楼。现在听说有人请他食饭，真是喜出望外，马上就去了。

他来到茶楼，刚站定脚，就听见跑堂的吆喝了一声："楼下要酒！""啊！楼下要走[1]？""算死草"心里一怔，暗自想道："既然楼下要走，那请我食饭的人一定在楼上。"于是，他就上楼了。

"算死草"刚走到楼梯顶，猛然又听到上面有人吆喝："楼上要汤！""什么？楼上要劏[2]？""算死草"大吃一惊，就连忙转身往楼落去。但他刚刚走到楼下，又听到有人大叫："楼下要粥！""哎呀，楼下要捉[3]？这可不得了啊！""算死草"吓得冒了一身冷汗，慌忙冲出茶楼，一口气跑返屋企。

老婆见他返来，就奇怪地问道："咦？你不是去赴宴了吗？"

（二）颗粒归肚

那一日，"算死草"从茶楼逃返屋企以后，向老婆说起了他的"惊险"遭遇，他老婆笑到肚痛。他一问，才知道是自己吓自己。"算死草"白白损失了一顿饭，返来又让老婆笑话了一番，真是又气又恼。他为了要争回这口气，就破天荒地去茶楼食东西。

第二日一早，他就去茶楼。他先是要了一碗白粥，饮了半碗，就连声说淡。伙计只好给他加了一点盐，他又说咸。伙计只好又给他添白粥。这一来他就买一碗食到了两碗。

接着，他又食"碌堆仔[4]"。"碌堆仔"炸得松化一些，有几颗芝麻掉在桌面上。他唔舍得，又唔好意思去拾。只见他眉头一皱，计上心头，灵机一动，便拿起筷子往嘴里一吮，然后装作写字的样子，把筷子在桌面上移来移去，筷子头上的口水便把芝麻粘住了，他拿起来就放进嘴里。但却有一颗胀鼓鼓的芝麻掉进木隙间。怎样才能把它弄出来食掉呢？"算死草"搔搔头皮，眨眨眼睛，有办法了！只见他伸出右手，装作思索什么东西南北，说声"对"，"啪"的一声打在桌面上，芝麻就从木隙间蹦了出来。

[1] 方言中"酒"和"走"发音相近。

[2] 方言中"汤"和"劏"发音相近。劏即宰杀。

[3] 方言中"粥"和"捉"发音相近。

[4] 碌堆仔：用面粉做的东莞特色小吃，表面沾着芝麻。

（三）枝枝划得着

一日，“算死草”拿起水烟筒正想抽烟，但却无火柴。于是，他就叫儿子去杂货铺里买盒火柴返来。他的儿子拿了钱正想出门，他又厉声喝住，吩咐道：“你买了火柴，要打开睇一睇，要支支都划得着火，懂吗？”“知道了。”他的儿子应了一声，就出门去买火柴了。

“算死草”的儿子到杂货铺里买了火柴，走出门外就划了起来。一根划着火了，又划第二根，无几久就把一盒火柴都划完了，的确支支都划得着。于是，他就把划过的火柴重新装回盒子里，高高兴兴地拿返屋企递给“算死草”说：“这盒火柴支支都划得着火。”

“算死草”打开火柴盒子一睇，气得碌眼吹须，半日也说唔出话来。

讲述者： 徐桂芳
搜集整理者： 袁树炎
搜集时间： 21 世纪
搜集地点： 东莞市

263

天高三尺

钱大人坐上高官宝座已经三年，嗜财如命的他自然唔会放过这个敛财机会。一日，钱大人搞了个热热闹闹的上任三周年庆典活动。果然，进贡者络绎不绝。礼品中，钱银珠宝、字画古玩，应有尽有。城中有个秀才，是个穷小官，为人正直，但清贫潦倒。秀才正愁无物可送，沉思间忽然想到，钱大人搜刮民财，贪得无厌，干脆送他两句话。于是，穷小官请了个名家，写了一帧书法条幅，马上送礼去了。穷小官是最后一个进贡者，他慢条斯理地向钱大人递上一帧书法条幅。钱大人接过条幅，打开欣赏，只见上面龙飞凤舞地写着“任职三载，天高三尺——赠钱大人”几个大字。钱大人问左右衙官如何。有位师爷赞道：“钱大人到此任职，天都高了。荣幸，荣幸！”钱大人得意地连声道：“好、好、好……”

这个昏官完全唔知穷秀才所写条幅的含义。其真正意思是由于钱大人任职三载，刮地三尺，所以天也就显得高了三尺。

搜集整理者：邓自坚
搜集时间：2012 年
流传地区：惠州市龙门县
原载本：《广东民间故事全书·惠州·龙门卷》

264

局长游街

“文化大革命”期间，信宜有个局长被打成“黑帮”。一日，一伙造反派要拉他游街。一名“干将”做了牌子，上面写着“黑帮”两个大字，要给他挂上。

一个造反头头睇了睇说：“唔得！还唔够突出，再给他挂一个！”那位“干将”又做了一个牌子，上面写着“牛鬼蛇神”四个大字，便问头头怎么个挂法。

“一个挂在前面，一个挂在后面，说明他浑身都是黑的！”

“还是司令想得妙！”那“干将”说完，便塞给局长一个铜锣，勒令他一面走，一面敲。

游街开始了，“干将”和一些造反尖兵在前头开路，那个头头和另一些造反尖兵在后面押阵。人们听见锣声，都沿着街边睇热闹，那头头便催促局长快喊口号。

“怎么个喊法？”局长故意地问。

“照牌子上写的喊，先喊前面的，再喊后面的！”

局长想了想，便一面使劲敲锣，一面高声喊：“我的前面是黑帮！后面是牛鬼蛇神！……”观睇的群众听了哈哈大笑起来，有的人还指着那班造反派说：“瞧，前面是黑帮，后面是牛鬼蛇神！”

那头头开始十分得意，后来便感到唔对路，喝令队伍停下，大声质问局长：“岂有此理，谁叫你这么喊？”

局长慢条斯理地说：“是你叫我照牌子上喊的嘛，先喊前面，再喊后面。唔这么喊，该怎么喊？”一句话顶得造反头头无话可说。

讲述者： 文众
整理者： 佚名
整理时间： 1988 年
流传地区： 信宜县东镇镇一带
原载本： 《广东民间故事全书·茂名·信宜卷》

265

食香鲤

相传清末簕竹圩有一间小食店，生意虽然唔大，但在铺内却经常聚集着一班官僚乡绅。他们一边在这里品茶，一边谈天说地。他们最中意谈论的话题是怎样抽丁勒索，多榨些民脂民膏入自己的荷包。有一日，簕竹圩有一位颇有名气的“文人”，在市场买了一条鲤鱼，路过小食店门前，遇见这班绅士又在里面高一声低一声地议论着发财门路。这位“文人”立刻联想起厕所的蛆仔，一阵恶心，头都无向铺内望多眼。这班绅士摆出一副敬重斯文的样子，笑嘻嘻地向那位“文人”打招呼：“先生，买条鲤鱼吗？”

“文人”爱理唔理地答道：“无错，我因腿上生了一个疮，里面有很多蛆仔，医生吩咐我把这条鲤鱼煎香，然后贴在腿上让这些蛆仔出来食香鲤，免得它们在里面‘搞脚’[1]。”

那班绅士听了这段话后，都面面相睇，想斥骂这“文人”，但又抓唔到话柄，只好强装笑容，支支吾吾地附和一番。

[1] 搞脚：方言，搞鬼。

原来“食香鲤”是他借用这几个字的谐音指桑骂槐地咒骂那班乡绅专门欺负乡亲梓里；“搞脚”也是指那班绅士像厕所蛆仔一样，专门“搞鬼”。

讲述者： 叶旺，男，66岁，新兴县簕竹镇红光村人，农民，初小文化

采录者： 李南，男，52岁，新兴县簕竹镇红光村人，初中文化，医士

采录时间： 1987年6月

流传地区： 新兴县簕竹镇

原载本： 《中国民间故事集成·广东卷·新兴县资料本》

266

念错字

古时候，有个县官，不论是睇文书还是睇案件诉讼书，往往念错字，闹了唔少笑话。

一日，他审讯一个名叫冉住俊的人。冉住俊一上堂，县官就叫他的名字：“再往后！”原来，县官把“冉”字读作“再”字，把“住”字念成“往”字，又因为“后”字的繁体字同“俊”字有点相似，所以把“俊”字读成“后”字。冉住俊一听县官叫“再往后”，就连忙后退了两步。这个县官一睇冉住俊无说话，又大声喊道：“再往后！”冉住俊一听，又再往后退了两步。县官见冉住俊还是唔说话，气得暴跳如雷，猛拍惊堂木高声叫道：“再往后，你聋了吗？”这时冉住俊已快要退到门口了，说：“老爷，再往后就出到门口了。”

讲述者： 黎华锐，男，60岁，初中学历，罗定县电影公司退休职工

采录者： 刘勇，男，40岁，高中学历，罗定县电影公司宣传员

采录地点：罗城镇
采录时间：1987年6月
流传地区：罗定县
原载本：《中国民间故事集成·广东卷·罗定县资料本》

267 农夫巧骂地主

从前，文冲村有一个地主闲着无事，经常出难题刁难人，以显示自己的本领。

一日，他戴着眼镜，身穿长袍，一只手撑着凉伞，一只手拄着自由杖在田边转，被一个正在耕田的农夫睇见了。农夫对着牛狠狠地骂道：

“你这盲了眼的瘟牛，点解东晃西荡的唔走正道呢！”说着就是一鞭子。地主听后觉得唔对味，心想：这明明是在骂我嘛！他站在地头唔走了，想等农夫耕返来时狠狠地骂他一顿解解恨。

“嗨！嗨！”农夫赶着耕牛过来了。快到地头时，农夫突然松了手上的犁，然后一手拉牢牛绳，一手抓起一团泥巴，用力往牛屁眼里塞。原本瞪圆双眼准备发作的地主，一睇农夫这意想不到的离奇举动，忍唔住笑了，便问：

“喂，你这是干什么呀？”

农夫回道：

“我算计它要放臭屁，所以先将它肛门塞住……”

讲述者：陆佐维
搜集者：陈绪生
搜集时间：2002 年
搜集地点：文冲村
流传地区：广州市黄埔区
原载本：《广东民间故事全书·广州·黄埔卷》

268

跌碎乌纱

话说明朝时，增城北面有个偏僻山区县，地瘦民穷，穷者大约有九成，富者不过一成。在此县为官，很艰难。

在任大老爷名李老三，穷进士出身。新任到此，唯有依靠几两俸银，每日食饭、饮酒、抽鸦片等，所以有时用典、当、押等办法救燃眉之急，甚至出现跌碎“乌纱”之奇事。

大老爷的事暂且唔提。城内有两个穷苦人，一个名叫阿六，一个名叫阿九，同住在一间破祠堂的玉右房。阿六在地下瞓一张旧床，阿九爬上小木阁，只瞓阁板，床铺都无。两人都以卖力为生。阿九嗜赌，阿六好吹大烟，彼此间是粮无隔宿，衣不蔽体，苦不堪言。

有一日，阿九赌输了，把棉胎也当了。讲到阿六，只穿着一条百补裤，其他好的都早已塞进烟斗了。阿六这裤日日穿，好污糟。唔清洗十分难受，洗了又如何是好呢？所谓“事紧马行田[1]”，人急计生，他将祠堂内的无底瓮缸用绳索捆好代作裤穿（等于现在的穿吊带裤形式）。搞

[1] 事急马行田：形容急切之下的无奈之举。

掂后一睇，说："妙啊！"

晚上，彼此瞓觉，阿六将底裤脱下放在床边，小心保管。夜深时候，突然起风。阿九觉得越瞓越冷，怎么办呢？阿九也想出一条妙计，立即将木梯抽上去，把木梯压在身上，以梯代棉被果然是好。熟睡之时，阿九转身，双脚一蹬，木梯跌落阁楼，"呯"一声响，刚好压正[1]阿六那条"裤"。阿六在梦中惊醒，爬起床点着火一睇，"裤"已打破了。越睇越气愤，大骂阿九靠害[2]，推倒张梯压烂他条"裤"。阿九说是无意，阿六却话有意。你一言，他一语，互不肯让，你拉我扯，定要到公堂评理。

话说知县大老爷在梦中惊醒，听到有人击鼓，忙起床穿好官服，准备升堂审理，但四面揾唔到那顶"乌纱"。猛然想起昨晚用它按了一鼎"烟"。这如何是好呢？有脚无头，有失体面。真是人急智生，他走进厨房把一个旧砂煲戴在头上，回房一照，心里暗笑，灯前火后，有此顶档[3]，无疏漏了。通传升堂。

大老爷升堂，几声鼓响，端坐堂上。两班衙役排列左右，十分威严，很快就把原告同被告一齐带到堂前。大老爷朝下望了一望，暗想，一个衣衫褴褛，一个身披烂毡，枯容鹤面；身上不但无油水，揾点渣[4]亦难，随便问两句就算了。"阿六，你告其何事？"阿六说："启禀大老爷，阿九佢[5]张棉被砸烂小人条裤。"大老爷唔听犹自可，听后当堂发火，说："无赖刁民，世间上哪有'棉被砸烂裤'之理？"阿六说："老爷，如若唔信，恳求老爷派人到场查勘，代小人做主……""混账，如此口硬。人来，拉下重打四十。"县老爷顿时怒气冲冲地将惊堂木一拍，头一摆动，把头上的砂煲摆脱了，"呯嘭"一声，头上乌纱跌碎了。此时阿六笑笑口地说："大老爷，乌纱尚且跌碎，棉被砸烂裤又有什么出奇呢？"县老爷被此一问，脸红耳热以袍袖掩面，说声："免打，退堂。"大老爷走后，衙役及有关人等，忍唔住哈哈大笑。

[1] 压正：方言，正好压在上头。

[2] 靠害：方言，特地陷害。

[3] 顶档：方言，代替。

[4] 揾点渣：方言，得到点渣滓，即揩油。

[5] 佢：方言，他。

讲述者： 社会流传

整理者： 吴柱良

整理时间： 2008 年春

流传地区： 广州市增城市北部

原载本： 《广东民间故事全书·广州·增城卷》

269

风水

财主请风水先生睇风水，风水先生自然赞财主风华水茂，令财主很开心。事完，财主心想，这先生深谙风水，他家一定好风水了，点解唔派人送他返去，也算是沾点好风水返来。于是，财主派管家送风水先生返屋企。

到了风水先生家，管家睇到风水先生只有两间残墙破屋。家中只有母子两人，七八十岁的老母亲正往家里担水，屋前小水塘里有两只母鸭。

食饭的时候，风水先生盛情地将自家母鸭下的两只蛋煮了款待管家，摆在面前的碗筷乌黑发亮，一台破旧的石磨板当作饭桌。

第二日，管家话别风水先生回财主家去了。财主一见管家返来，忙问道："风水先生是大户人家吗？" 聪明的管家早已有备而回，神秘地对财主道："老爷，那风水先生着实风光哩！他家七八十人去担水，两条艇仔去买菜，银打碗金镶边，筷子包乌金，饭桌台都是玉石转轮台。" 财主听罢，连声说："好风水，好风水。"

整理者：邓自坚
整理时间：2012 年
流传地区：惠州市龙门县
原载本：《广东民间故事全书·广州·黄埔卷》

270

日本仔食葡萄

日寇侵华期间，日军在中堂地区犯下许多令人发指的罪行，中堂百姓对其憎恨入骨。为吐怨气，当年坊间流传一个揶揄日军的"日本仔食葡萄"的笑话。

有一日，一群日本兵闯进一个乡村，见河边的葡萄架上结着很多白里透红的葡萄果，很是高兴，便把成熟的果子摘下来，一会儿便摘下了一大堆。可日本人无食过这种水果，唔知该点样食，便揾来一个乡民问话。无带翻译，就打手势比画着。那个被问话的中年农民很聪明，一下子就明白了。他做了个示范，把一个葡萄分成两份，肉一边，核一边；核放口里，肉则扔掉。日本兵照做，一会儿剥下一大堆葡萄核，大伙争先恐后食起来。这种木葡萄，果肉清甜爽脆，果核又硬又涩。一会儿，那帮日本仔个个食得龇牙露齿，才知道上当了。要揾那个农民算账，但那个农民早就溜走了。

讲述者：戴达林
搜集整理者：戴润林

搜集时间：2012 年
搜集地点：东莞市中堂镇
原载本：《广东民间故事全书 · 东莞卷》

271

『三平』唔够来『三乎』

有一个县官，读书唔多，这官职是用钱捐来的。

有一次，这县官宴客，来宾满座。他突然想起什么，便叫侍从过来说："快些叫人买三瓶茅台酒来。"

侍从知道这县官时常说了话唔认账，便拿了笔墨纸，请他写张买酒的条子。县官挥笔写了"茅台三平"。侍从附耳细声说："老爷，三瓶的'瓶'字，不是这个'平'哇！"

县官拿着条子，眼珠一转，用笔把"平"字中间的一竖加了个钩，对侍从说："就来个三'乎'（壶）[1]茅台更好！"

搜集整理：叶昭
流传地区：花县[2]
原载本：《中国民间故事集成 · 广东卷 · 花县资料本》

[1] 方言中"乎"和"壶"读音相近。
[2] 原载花县文化馆《菊花山》1981 年第 8 期。

272

何必悭家

从前，有个吝啬的财主，饮酒唔舍得用菜肴，只从河滩拣回几颗圆滑的石子，叫家人配些油、盐和香料炒好。每喝一口酒，就把一颗石子投进嘴里，含一会再吐出来。

有一次，财主正在饮酒，忽见管家匆匆来报："老爷呀！少爷今日在外面大饮大食，挥金如土，你还在这里安心饮酒么？"财主一听此言，如雷击顶。愣了一阵，气愤而又懊悔地说："罢了！罢了！横直无世界了。既然这畜生如此破费，我又何必为他悭家呢？老子也大食一餐！"于是他狠心把碟子上的石子一齐倒入嘴里……

搜集者： 李可升，男，54岁，阳江北山公园干部
采录时间： 1987年
流传地区： 阳江县
原载本： 《中国民间故事集成·广东卷·阳江市资料本》

（二）幽默笑话

273

三婆口

三婆，记唔清是哪朝哪年代的人了，只是有那么一个传说。她辈分高，在本族中数她年纪最大。有人说她九十有余，又有人说她年已过百。她年纪虽大，但仍耳聪目明，生活尚能自理。年轻时的三婆，曾有多个儿女，因老公走得早，孤儿寡母的，生活十分贫苦。儿女有病无钱治，渐渐地都夭折了，只剩下她单身一人过日子。好在她睇得开，身体硬朗，年老时有邻居婶母照应着，倒也相安无事。只是她平日口无遮拦，毫无顾忌，讲得出就讲，所以附近三村谁都知道："三婆口——臭！"

由于三婆辈分高，所以本族有什么喜庆、欢宴都少不了她。一日，有家人晚年得子，十分高兴。儿子满月，大排酒席宴客。这日，三婆在邻居二叔婆的陪同下照例到这家饮满月酒，主人家盛情接待，捧出一盆甜糟，每人盛了一碗。三婆刚食一口，立刻紧皱眉眉，龇牙咧嘴大叫："呀！酸！酸！酸死咯！酸死咯！[1]"主人家一听，满脸唔高兴。着人速去给三婆加糖。同来的二叔婆知三婆出言不逊，立刻圆场说："三婆，现在加了糖，快些吐口水重新讲句好话啦！"三婆边食边应："是咯！加了糖，当堂无晒酸[2]，无晒酸！"全场哑然。后来又有人办满月酒，三婆与其他婶母照旧参加宴会。临行前其他婶母再三叮嘱三婆："少言语，讲好话，以免讨人厌！"三婆唯唯喏喏，表示顺从。果然，席间三婆直缄其口，一句话都唔说，低下头猛食，唔与人言笑。人们都十分庆幸，三婆转了性。宴毕，主人送客，走到门口，三婆突然转身面对主人，表情十分严肃地说："你记住，我今日什么话都无讲啊！以后你孙子有什么冬瓜豆腐、三长两短死了，唔可以怪我啊！"此话一出，众皆愕然。

讲述者： 黄祥
搜集整理者： 黄隶光
整理时间： 2004 年
流传地区： 花都区各地
原载本： 《广东民间故事全书 · 广州 · 花都卷》

异文：酸死了

从前，有个财主很爱面子，平日中意别人吹捧自己。一日，财主的一个孙儿满月，他为了让客人多给自己的孙儿说些吉利话，特意请人到外地买了很多酸[3]菜返来，还特意嘱咐厨师上菜时要先出酸菜。厨师照着办。

大厅里，高朋满座。席间，有的客人大声说："这酸菜真好味，好酸，好酸啊！"财主听了大喜，叫厨师多出酸菜。有的客人睇见主人专出酸菜，早就唔高兴了，他们故意提高嗓门说："这酸菜真酸，酸死了，酸死了！"财主听到有人说这唔吉利的话，直气得眼睁睁，腮鼓鼓。这时，财主一位亲人睇见这情形，便赶来打圆场，示意那位

[1] 酸死咯：音与"孙死咯"同，所以主人不高兴。

[2] 无晒酸：广州话中"无晒酸"同"无晒孙"同音。"无晒"，广州方言，即全部都没有意思。

[3] 粤语"酸""孙"谐音。

说“酸死”的客人唔好再嫌弃了；而那客人偏偏领会错他的意思，再说一句：“那我说无酸吧。”这更唔吉利的话，真是气得财主七窍生烟、六神无主。

讲述者： 张少英
整理者： 黄奇波
整理时间： 1996 年
流传地区： 信宜市
原载本： 《广东民间故事全书·茂名·信宜卷》

附记

该故事类型在广东粤语地区流传广泛。除了本篇及已收录的一篇异文之外，还流传有广州市增城区的《倒霉的姜醋汤》，肇庆市的《捞好兆头》，吴川市梅菉街道、博铺街道的《搏彩》，德庆县的《张贵赴宴》，阳江市大八镇的《不吉利话》，廉江市红江农场的《嘴太毒》，吴川市吴阳镇的《不讲好话》等异文。

274

学乖

从前有个人家里很有钱，但所生的四个儿子都蠢过只猪。做父亲的哪个唔想儿子学乖？他想来想去，还是让每个儿子拿二十两银子到外面去碰碰，睇睇是不是可以学乖一点。

四兄弟从父亲那里拿到了钱，商量了一下，都觉得自己甚少出门，还是一齐去比较好。他们走了一程，睇见有个猎人在打雀，一提枪，“嘭”一声，打下了一只雀。大哥睇见了，想：“如果我有了这支枪，学会了打雀，父亲一定说我乖。”于是拿出二十两银子，从猎人手里把枪买了过来。四兄弟又继续赶路，又走了一程，睇见一个老人在替人占卦。他先让一只养熟了的雀在签筒里叼出一条签，然后按照签上那句语来解卦。二哥觉得这只雀会叼签，很乖。如果得到这只雀，父亲一定会说我乖。于是拿出二十两银，从占卦老人的手里把这只雀买了过来。四兄弟又继续赶路。又走了一程，睇见一个老人拖着个孙子行街，孙子哭着要买糖食。老人火了，用戴着玉戒指的手在孙子头上凿了两下，说：“哭什么？给你两个‘五指饼’吧！”孙子唔敢哭了。三哥觉得“五指饼”很有用，想父亲说自己已经学乖了，也用了二十两银子，向老人买了那只玉戒指。四兄弟又继续往前走，睇见有个人正在修木盆。原先那盆是漏水的，后来用一个铁圈箍上，就唔再漏水了。小细佬为了使父亲认为自己学乖了，也用二十两银子买下了那个铁圈。

四兄弟各自拿着买得的东西，回到家向父亲回话。大哥刚想说话，二哥用手掌托着买来的雀，高高举起，说："睇，我多乖，买了这宝贝！"刚说完，那只雀一受惊，拍拍对翼飞了起来。大哥连忙说："爸爸，请睇我的本事！"举枪"嘭"声开了一枪。本想打中那只雀，谁知唔识瞄准，一枪打中了父亲的头。好在打偏了一点，只伤了头皮，鲜血直流。父亲用掌掩住伤口，痛得哭了起来。三哥连忙走上去，用戴着买来的戒指的手指在父亲的头上凿了两下，说："老豆[1]，唔好哭，我有'五指饼'！"小细佬也抢上前，用铁圈向父亲的头猛套过去，说："老豆，唔好惊，打上个铁箍，血就唔会流了！"

父亲用眼瞪着这四只"蠢猪"，几乎被他们气死。

讲述者： 黄长贵
整理者： 黄国良
整理时间： 1987年2月
流传地区： 花县花东镇
原载本： 《中国民间故事集成·广东卷·花县资料本》

附记

该故事类型在广东粤语地区流传广泛。除了本篇之外，还流传有佛山市南海区九江镇的《留学》、珠海市香洲区的《三兄弟》、鹤山市鹤城镇的《三儿子学本事》等异文。

[1] 老豆：方言，父亲。

275

大炮友[2]

有一日，在长沙旅店一间房子里，住着三个旅客。他们来自唔同的地方，个个都说自己的家乡好、家乡美。他们各自根据本地一点突出的东西，就无限夸张，大吹牛皮。

来自佛山的那个旅客说："我哋佛山是以大佛像出名的。其中有个大佛像，是全世界最大的，要组织七七四十九个人搭棚，搭七七四十九天，才搭到他的耳头。把大佛的耳屎挖出来当作柏油，把整个佛山市的马路都铺过了。究竟这个大佛像有多大，谁也说唔出来。"

来自河北的那位旅客说："我哋河北的椰菜是非常出名的，又肥又大又好食。其中有一棵椰菜是全世界罕见的。据说曹操组织百万大军下江南，仅是用一块椰菜叶当船装下全部人马。究竟这块椰菜有多大，谁也说唔出来。"

来自洛阳的那位旅客说："我哋洛阳桥很有名，是世界上最高的桥。据说有一年端午节划龙舟，有一个老人家带着自己的孙子爬到桥上观睇划龙舟，孙子唔小心，从桥上跌落去。到第二年端午节划龙舟时，这孩子才跌到一只

[2] 大炮友：很会吹牛的人。

龙舟上，足足跌了一年长。究竟洛阳桥有多高，谁也讲唔出来。”

由于这三个都是大炮友，各人的把戏大家都明白，谁也唔相信谁，只是一笑罢了。

讲述者： 吴道纯，教师，已故
整理者： 关植初，男，县政府办公室副主任
整理时间： 1987年6月
流传地区： 开平县三埠镇
原载本： 《中国民间故事集成·广东卷·开平县资料本》

附记

该故事类型在广东粤语地区流传广泛。除了本篇之外，还流传有鹤山市龙口镇的《扯大炮》、德庆县的《四人说大话》、珠海市斗门区的《厨子、竹匠和铁匠斗大话》、罗定市的《占便宜》等异文。

276

三仔爷[1]

王某三仔爷染上赌博坏习。一日，三仔爷出外赌博，深夜返屋企叫门，王妻唔理。寒风呼呼，父子三人挨了一个更次。还是大儿子机灵，他眼睛一碌，想了个办法，便故意大声说：“爸爸，唔开门，我哋一起瞓在这条担竿[2]上。”二儿子领会哥哥的意思，也说：“我瞓这头，你瞓那头，爸爸瞓中间。”王妻在屋里听了，觉得奇怪，一条担竿怎能瞓得下三个人呢？她好奇地开门睇个究竟。三仔爷一下子涌进了屋内。

讲述者： 张素，70岁，水口镇联竹村人
整理者： 冯保卫
整理时间： 1987年9月
流传地区： 开平县水口镇
原载本： 《中国民间故事集成·广东卷·开平县资料本》

[1] 三仔爷：方言，父子三人。
[2] 担竿：方言，扁担。

附记

该故事类型在广东粤语地区流传广泛。除了本篇之外，还流传有罗定市的《父子合计》等异文。

277

青年音乐家

民国初年，有位不学无术，却自称新塘派的青年。他刚学会弹一下琴，就到处讲音乐，经常三更半夜都叮叮当当弹琴。他对门住着一个寡妇。每当那青年弹琴时，寡妇就抽咽哽泣，婉转哭啼。他的琴声居然能使寡妇感动得流下泪，于是他便自以为得意，到处宣扬自己。

一个深知他底细的同学，为此事情登门拜访。他自然又大吹大擂，并当场为同学弹了一曲。说也奇怪，琴声虽然听了使人眉头紧皱，但不久的确断断续续地传来寡妇的哭泣声。老同学觉得奇怪，就建议和他一起去访问那寡妇。“青年音乐家”觉得很有必要。于是两人就到了寡妇家。说明来意后，寡妇边擦眼泪边说：“我丈夫生前是弹棉花的，所以一听到这位先生像弹棉花似的琴声时，就思念起我那死去的丈夫，所以痛哭。”

“青年音乐家”一听，也唔顾得老同学了，独自羞愧地返屋企了。

讲述者：伍伟能
整理者：陈裕荣
整理时间：1995 年
流传地区：广州市增城市新塘镇
原载本：《广东民间故事全书·广州·增城卷》

附记

该故事类型在广东粤语地区流传广泛。除了本篇之外，还流传有阳江市江城区的《老牛拉破车》等异文。

278

蠢材

从前有个耕田人，望子成龙心切，把自己年纪还很小的儿子送到私塾读书。读了半年多，仍认唔到几多字。一日私塾放假，儿子跟着他去田里玩。他想：送你去读了半年书，等我考考你。他顺手拿起扁担在地面上划了一个很大的“一”字，问儿子是什么字。儿子一睇就说唔识。他气了，忍唔住一巴掌打在儿子头上，说：“衰仔，一字咁浅都唔识[1]！”他儿子笑着说：“先生教的一字无这么大的。”父亲更气了，骂起来：“写大个是一字，写小个也是一字。你父亲大个是人，你细个也是人。知道吗？”他儿子摸了摸脑瓜说：“唔知道，先生无这样教过我。”当场气得做父亲的连骂“蠢材”。

讲述者：李寿昌，男，已故，商人
整理者：忽如
搜集时间：1959 年 8 月
整理时间：1987 年 4 月

[1] 意思是傻儿子，一字这么简单也不认识。

279

皇上出布告

从前，某镇贴出一张催租的告示，围观者人头涌涌，里外三层。有个头戴毡帽唔识字的中年人，向站在身边的一位学者问："上面写的是乜嘢[1]呀？"那学者睇他一眼，知道他是文盲，便想撚化[2]他，念道："皇上出布告，专捉戴毡帽。"他一听要捉戴毡帽的人，马上把头上的毡帽摘下来，藏在背后。那学者瞟他一眼，继续念道："如有收藏者捉！"他想：戴要捉，藏要捉，不如丢掉。于是把毡帽抛在路边。学者又瞟了他一眼，念道："抛弃者捉！"他一听拾起帽子想走。学者大声念道："走又捉！"他马上站住唔敢动。学者又念："唔走也要捉！"吓得他面青唇白，两腿震震。旁边的人睇着他的狼狈相，忍唔住捧腹大笑起来。

[1] 乜嘢：方言，什么东西。

[2] 撚化：方言，捉弄。

流传地区： 三水县芦苞镇

原载本： 《中国民间文学三套集成·广东卷·三水县资料本》

附记

该故事类型在广东粤语地区流传广泛。除了本篇之外，还流传有德庆县的《一字不识》等异文。

280

打咳昭[2]

从前，有一个缸瓦佬，为了维持一家的生活，日日挑担下乡卖缸瓦，好卖时亦可挣回几个铜钱。

一日，这个缸瓦佬从东村走到西村，只卖了几只缸瓦。走到一个三岔路口，恰好遇上另一个挑担的，两人互诉几句苦衷，同病相怜便相识了。他们走了一段路程，那个挑担的“咳昭！咳昭！咳昭！”一连三次。再走一段路程，又是“咳昭！咳昭！咳昭！”缸瓦佬问挑担的：“点解你打这么多咳昭？”挑担的说：“我老婆在挂住[3]我，所以我打咳昭。佢越挂住我，我就越打咳昭！”缸瓦佬说：“我老婆都挂住我，点解我唔打咳昭？”挑担的说：“你老婆呃你。如果她真的挂住你，你一定会打咳昭的。”

回到家里，缸瓦佬坐在凳子上，肚里咕噜咕噜的。老婆同他打招呼，他都唔答理。过了很久他才粗声粗气地说：“我在外面卖东西，你在家里唔挂住我。”老婆说：“我是挂住你的，时刻都在挂住你。”“混账！”缸瓦佬说，

[2] 咳昭：方言，喷嚏的拟声词。

[3] 挂住：方言，想念。

讲述者：樊华恩
整理者：吴金喜
整理时间：1987—1988 年[1]
流传地区：珠海市香洲区
原载本：《中国民间故事集成·广东卷·珠海市香洲区（资料本）》

附记

该故事类型在广东粤语地区流传广泛。除了本篇之外，还流传有吴川市的《禁戴毡帽》等异文。

[1] 原出处并无具体采录时间，但前言提及收录工作开展于 1987—1988 年。

"同是挑担的，人家老婆在家整日挂住他，他一段路打一次咳昭。可我一次咳昭都无打过，你还说挂住我？"

当晚，缸瓦佬的老婆在想：点样使丈夫打咳昭呢？她想到一个办法：在丈夫的衫袖上涂些胡椒粉。第二日，缸瓦佬又挑担下乡。风凉一些，有小小鼻水，缸瓦佬鼻子沾到一些胡椒粉，于是打了一个咳昭。缸瓦佬很欢喜，想：今日老婆在家挂住我嘞！卖完缸瓦回到家里，他十分欢喜，唔需要老婆叫，连说三声："今日你真的在家挂住我嘞，我打了几个咳昭，成担缸瓦都卖完了。"老婆暗中偷笑，晚上继续在缸瓦佬的衫袖处涂胡椒粉。

第三日，缸瓦佬又挑担下乡。下午，天阴地暗，刮风下雨，一阵寒风吹来，缸瓦佬不停地流鼻水。于是他用衫袖揩抹，胡椒粉便沾在鼻子上。挑得重重的缸瓦，一直卖唔出去。在返屋企的路上，蹚水过小河、落斜坡，路又滑，他"咳昭！咳昭！咳昭！"打个唔停，连整担缸瓦都打翻了。缸瓦佬叨哏说："死老婆，早唔挂，晚唔挂，偏偏在这个时候挂！"

缸瓦佬一回到家里，不由分说就拿起扁担把老婆打翻在地。

讲述者： 曾纪成，男，73岁，农民
整理者： 曾纪赞
整理时间： 1987年4月
流传地区： 三水县芦苞镇
原载本： 《中国民间故事集成·广东卷·珠海市香洲区（资料本）》

附记

该故事类型在广东粤语地区流传广泛。除了本篇之外，还流传有阳江市的《挂起来就没完没了》等异文。

281

一半都紧要

过去，有一个教书先生，到了年三十晚，被东家留下过年。教书先生想到家里过年不如东家过年食得好，就答应了。他写一封信返屋企，讲给他老婆听。他写道："日头一出一点红，我东家留我过年冬。待等明年春色回，桃花初发便相逢。"

他老婆接到信，哭了，说："乞食佬[1]都有年有节，点解贪食就唔返屋企过年呢？"她满心不乐，生气地回信道："日头一出一点白，我夫君唔返我接客。一日接一十，十日接一百。"教师先生接到信，叫苦起来："哎呦，紧要[2]了，我唔返她就接客，一日接一十，十日接一百。"东家问道："先生，点解事这么难受啊？"教书先生把老婆的信给他睇。

东家睇完信，劝教书先生说："妇人的话信一半就好了。"

教书先生说："咳，东家啊，一半都紧要了！"

[1] 乞食佬：方言，乞丐。
[2] 紧要：方言，要命。

讲述者：刘付愈，汉族，72岁，石角镇人
采录者：谢小明、刘付仁禄
采录地点：石角镇
采录时间：1988年5月
流传地区：廉江县石角镇
原载本：《中国民间故事集成·广东卷·廉江县资料本》

附记

该故事类型在广东粤语地区流传广泛。除了本篇之外，还流传有信宜市的《信一半也不得》等异文。

282

快送医院

传说，从前大江镇有个巫婆，给别人治病，食饱饮足之后，胡吹起来："我是神仙附体，包治百病。医院医唔好的病，只要一经我手，包你药到病除。"说完，就疯疯癫癫地装神弄鬼。这时，有人急匆匆地对巫婆说："你儿子病了。"巫婆一听，忙对来人说："快送医院。"

讲述者：梁国标
整理者：麦有安
采录地点：大江镇
采录时间：2009年3月
流传地区：新兴县大江镇一带
原载本：《广东民间故事全书·云浮·新兴卷》

附记

该故事类型在广东粤语地区流传广泛。除了本篇之外，还流传有龙门县的《"活神仙"救不了自家人》等异文。

283

兜虾公[1]

某村有个叫阿德的人，讲话很搞笑。大家都说，他想呃你就肯定能呃倒你。偏偏有个叫阿福的唔服气，就唔信。他揾到阿德说："喂，听说你很会呃人，你就呃我吧，呃唔到我就是龟公。呃啦！呃啦！"阿德很唔耐烦地说："死开，冇你咁得闲[2]，我要去兜虾公，虾公发昏[3]了。"然后便匆匆忙忙地赶返屋企。阿福一听，哦！虾公发昏？我也要去兜虾公了。他一面走一面跟左邻右里打招呼，叫人家快去兜虾公。但是，当大群人来到塘边时，塘面静鹰鹰[4]，哪有什么虾公发昏？于是个个都骂阿福呃了他们。阿福被骂到火冒三丈，揾到阿德就骂："你个仆街[5]，呃死我了！"阿德滋滋悠悠地说："哈，还怪我？是你逼我呃你的，鬼才想呃你！"

[1] 兜虾公：方言，捉虾。

[2] 冇你咁得闲：方言，没有你那么空闲。

[3] 发昏：方言，晕。

[4] 静鹰鹰：方言，静悄悄。

[5] 仆街：方言，原意指跌倒在马路，后指骂人的话。

284

的确好计

古时，三江地区有一小童，名叫明仔。明仔人很精灵，计谋多多。兄长叔辈人等，有时也被明仔弄得束手无策。明仔的爷爷，对外面关于明仔智力过人的传说，一直唔相信，总想揾个机会考验明仔一番。

一日，明仔正在家里和妹妹做游戏。爷爷忽然对明仔说："乖孙，人家说你计仔多，大话[1]编得无半点疏漏，真有其事？"明仔漫不经心地答曰："哪有此事，孙儿唔敢对爷爷说谎。"爷爷又说："假如你真有此本领，能把我骗上楼阁，我就承认你是个叻仔[2]。"此时，明仔小眼珠骨碌一转，心中早已想好了谎话，紧接着爷爷的话尾便说："爷爷，骗您上楼我无办法。要是您在楼上，我却可以把您骗下来。"爷爷未经考虑便说："好，我就上去，睇你有何妙计把我骗下来。"爷爷匆匆步梯上楼，然后几次催促孙子用计。这时，明仔却仰着小脑袋，笑吟吟地对爷爷说："您刚才不是叫我骗您上楼吗？我才唔需要呃您下

[1] 大话：方言，谎言。
[2] 叻仔：方言，聪明人。

讲述者：邹运福
搜集整理者：朱佩坚
搜集时间：2009年
流传地区：广州市增城市
原载本：《广东民间故事全书·广州·增城卷》

附记

该故事类型在广东粤语地区流传广泛。除了本篇之外，还流传有信宜市的《车大炮》等异文。

来哩！”到此时，做爷爷的才恍然大悟，自知中计。

讲述者： 冯炳贵
整理者： 冯伯洪
整理时间： 1987 年
流传地区： 广州市增城县三江镇
原载本： 《广东民间故事全书·广州·增城卷》

附记

该故事类型在广东粤语地区流传广泛。除了本篇之外，还流传有德庆县的《精仔镜智斗扭纹柴》等异文。

285

斗忍耐

从前有三个小孩，他们当中一个头上生满鸡屎堆似的疥疮，令人睇到就作呕；一个是鼻涕流不断；一个全身长满癞，痒得手脚无时停。

一日，三人走在一起，大家斗忍耐。讲好头上长疮的任由苍蝇爬，唔准赶开；鼻涕直流的唔准抹；身上痒的唔准用手去挠。如果谁忍唔住，谁就输。唔知过了多少时间，生“鸡屎堆”的，头上被苍蝇叮得浑身唔舒服，又唔敢用手赶苍蝇，于是灵机一动，对二人说：“昨晚我做了一个梦，梦到一只老虎从我头上扑过。”顺手作了一个手势，用手将头上的苍蝇赶跑。

浑身生癞的故作惊慌地说：“妈呀，我实在惊呀！”也是趁机用力挠了几下身。流鼻涕这个说：“我才唔怕呢！我弯弓搭箭，一箭射过去。”顺手做个弯弓搭箭的动作，顺势用袖子抹去了鼻涕。

讲述者： 温德
搜集整理者： 周凌云、黎红日

搜集时间： 1987 年

流传地区： 肇庆地区怀集县怀城镇

原载本： 《广东民间故事全书·肇庆·怀集卷》

附·记

该故事类型在广东粤语地区流传广泛。除了本篇之外，还流传有怀集县汶朗镇的《四婿拜寿》等异文。

286

故事谜

一个教条主义信古不化的独居老人，废寝忘餐地读《三国演义》，一心想学些做人处事的东西。一日外出，因无人看家，他打开房门，贴上"无人在家，请盗"六个大字就安心地出去了。一个贼子想去盗窃他家的东西，一睇就知道这是个圈套，唔敢去盗。老人天黑返来，呵呵大笑说："孔明发明的空城计的确使得。"第二次老人又因事出外，又按照上次的办法贴上"无人在家，请盗"的字就逍遥地出去了。这次贼子知道是个空城计，把他家的财物一扫而光。老人返来一睇，大声哭诉："哎哟哟！孔明的空城计害得我好惨啊！"友人问他："孔明用了多少次空城计？"老人说："一次。"友人又说："你共用了多少次空城计？"老人说："我不过用了二次。"友人对老人说："空城计用两次那就唔灵了。"

搜集整理者：钟前非

搜集时间： 2012 年

流传地区： 惠州市龙门县永汉镇

原载本：《广东民间故事全书·惠州·龙门卷》

附记

该故事类型在广东粤语地区流传广泛。除了本篇之外，还流传有湛江市赤坎区的《空城计不能多用》等异文。

287 中意『老虎』

从前，有个财主，平时乐善好施，敬奉神佛。但天不如人愿，他养了几个女儿都不幸死去了，他很伤心。后来娶了个小妾，年晚得子，这个男孩生得眉清目秀，非常可爱。

他担心小儿像他姐姐一样遭遇不幸。为了保存这最后的一根苗，忍痛把才几个月的婴儿送去寺院，交给那里的主持和尚代为抚养，长大后由老和尚受戒出家当和尚。老和尚与财主交厚，也体谅财主的苦心，便将婴儿精心抚养。

这男孩在寺院长大了，生得清秀乖巧，聪颖过人，老和尚十分喜爱。为了唔让他沾染红尘，决意唔让小和尚与女香客见面。以致小和尚长到二九年华，仍唔知女人是何物，甚至连女人这个词也无听过。

有一日，一个年轻美貌的女香客在佛堂参拜完毕，欣赏寺庙四周的景致，好奇地来到寺庙后院，刚好小和尚从后经过，两人碰上了。小和尚睇见面前花枝招展、体态苗条的女香客，十分惊奇，心想：“我怎么从来无见过这东西？”那个女香客也同样感到惊奇，因为小和尚是一个美男子，心想："这里怎么有这样漂亮的小和尚？"两人目光相投，身不由己地走上前去要交谈了。这事被老和尚睇见，只见他一个箭步上前，一把拉住小和尚高声说："徒弟，快走！"拖着他回到寺院里去。小和尚正惊奇，被老和尚拖着走仍对女香客依恋不舍，一再回头观望，直到睇唔见为止。

回到房间，小和尚呆若木鸡，神态失常。老和尚见状，心殊不安。他想：这个女香客闯进后院来，现在事情既已发生，得想办法挽救才是。于是走到小和尚身旁，抚摸着他的头，慈祥地说："徒弟，你受惊了。"

傻乎乎坐在那里的小和尚一听这话，更觉奇怪：点解说我受惊呢？便问："师傅，刚才睇见的那个东西是什么？"

老和尚趁机庄重严肃地对他说："徒弟，你唔知，它是老虎，要食人的！"

小和尚听了，半晌不语。老和尚心里奇怪，点解听说会食人的老虎，他一点也唔惊？于是问："徒弟，你怎么啦？你唔怕老虎吗？"

小和尚刚想开口，又把话咽返去了。

老和尚说："你有什么话，尽管说嘛，点解吞吞吐吐的？"

小和尚终于鼓起勇气说："师傅，我中意老虎。"

老和尚一听，脸色马上变了，内心痛苦地说："阿弥陀佛，十八年的心血，竟毁于一旦，苦哉！"

搜集整理者： 沈立诗，男，78岁
整理时间： 1987年3月
流传地区： 广州市海珠区基立村
原载本： 《中国民间故事集成·广东卷·广州市海珠区资料本》

附记

该故事类型在广东粤语地区流传广泛。除了本篇之外，还流传有吴川市梅菉街道的《爱老虎》等异文。

288

大乡里[1]出城

在增城北部的山区里，有一个叫欣叔的人，解放前三代都替有钱人打牛牯[2]。由于家道贫寒，从未念过书。对农活耕作件件都能。从来未出过远门，未见过世面，只知埋头做农活。外界的灯红酒绿、花花世界，从未见过。

解放后，举国上下一片欢腾，农村中分田分地，实行耕者有其田，食有着落，生活有保障。有一年晚糙大丰收，他高高兴兴地向国家交了公粮、余粮、三超粮之后，家里有了一点宽裕之钱，便与家里的人商量："我活了一辈子都未去过省城，现在有钱了，我想去省城广州观光。"得到全家人的支持和赞成。

欣叔第二日就收拾简单行李，高兴地坐汽车到了广州。他睇到广州的繁华，大街小巷整日都人来人往，自言自语地说："广州日日都是当圩[3]，真系神仙放屁，不同凡响，与我哋乡下的人就是唔同。"很开心地到处玩了一日，晚上揾了一间旅馆住。因为旅馆用的是圆形蚊帐，上面一个圆圈把蚊帐吊住，又无开口，便自言自语地说：坐车时有企位[4]，唔算出奇呀，乜[5]嘢旅馆也有企位啊，真是百思不得其解啰。第二日到了百货商店买东西，心想自己一世人都未穿过皮鞋，今次一定要买一对像样的皮鞋回乡里，给那些未见过世面的人睇睇，倒也是一种威风吧。他走到店里卖鞋的地方，左睇睇，右睇睇，眼花缭乱，对对鞋都很靓，唔知买哪一对好，便问售货员。售货员介绍说，这些鞋有38码、40码、42码、45码，都一样价钱。欣叔想既然大小码都一样价钱，系人都拣[6]大的啦，便买了最大码的一对。返屋企以后，他在村中的榕树下人多的地方，把去了一趟广州的事，天花乱坠地大讲特讲，口水横飞。觉得自己已见过世面，非常威水[7]。那些听的人，觉得又好气又好笑。

到了新年，他穿着从广州买返来的大码新皮鞋，早上到厕所大便时，由于脚小鞋大，鞋尾多出一截来，屙屎时有一节屎跌进皮鞋里，自己也唔知。从厕所出来之后，身后有一只猪乸总跟着他，寸步不离，他走到哪猪便跟到哪。他觉得很威水，逢人便自我炫耀地说："呀这死猪乸，睇见我今日穿着新皮鞋都很红，行一步跟一步，真系讨厌。"知情的人告诉他："这猪想食你鞋里的屎，所以才跟着你。"他这时才恍然大悟，唔好意思地急忙返屋企把鞋换了。后人把欣叔这事传为笑话。

讲述者： 郭炳旺
整理者： 郭晃明
整理时间： 2008年春
流传地区： 广州市增城市石滩镇
原载本： 《广东民间故事全书·广州·增城卷》

[1] 大乡里：方言，农村人。
[2] 打牛牯：方言，当长工。
[3] 当圩：方言，集市。
[4] 企位：方言，站着的位置。
[5] 乜：方言，怎么。
[6] 拣：方言，选。
[7] 威水：方言，了不起。

附记

该故事类型在广东粤语地区流传广泛。除了本篇之外，还流传有信宜市的《买大鞋》等异文。

289

有钱父亲

有个穷家子弟，大食大花。他的父亲很生气，对他说："我以前连番薯都无得食，如今我做了几个钱，你就这样花了！"儿子笑笑回答说："哈！我有个有钱的父亲，你有么？"

讲述者： 南雁，汉族，52 岁，出生安铺镇，现居廉城镇，干部，高中学历
搜集整理者： 梁雁、肖宽兴
搜集时间： 1977 年 3 月
流传地区： 廉江县廉城镇
原载本： 《中国民间故事集成·广东卷·廉江县资料本》

290

包医驼背

一日，圩镇上来了一个自称医生的外乡人，他在租住的客栈门口挂出了一个令人惹目的招牌，上书："家传秘方，包医驼背。"

陈某睇到这个招牌，便高兴地跑返屋企，把驼背的老父亲带到客栈求医。那外乡人拍拍胸膛："我办事，你放心。你老父的病，我包保药到病除，腰杆挺直。"随后便吩咐陈某到门口稍候片刻，等待佳音。陈某转出门口后，外乡人便把老人带到内室，嘱咐其在木板上躺下，并用另一块木板盖在老人上面，再用绳子缠紧。老人见此情景，慌了神，问："我生来第一次见这样的医法。先生，我心里很慌。"外乡人答曰："老伯，你尽管放心吧。要记住，唔好紧张，唔好乱说乱叫。"说着便纵身跳到夹板上。老人当即痛得呱呱叫："求求你，先生，放下我吧，我支持唔住了。唉哟！唉哟！儿呀，快来人呀，我得的是什么罪，要来行这样的刑法！饶命吧！"外乡人顿了顿脚，唔高兴地说："儿戏不得。说医就医，说唔医就拉倒，江湖人最忌的就是你这些话，好像我是催命鬼似的。收起你这啰唆的臭嘴，我要揾食啦。"于是，腾空跃起，"啪"的一声，双脚重重地砸在木板面上。老人杀猪般地嚎叫起来，"咔嚓"一声，夹板断成两截。

陈某冲门而入，惊慌失措地问外乡人："我怎么听到像是劏猪似的叫喊声？"外乡人说："什么劏猪声？一切顺利。把你的老父领返去吧。"陈某走至内室一睇，"哗"地哭了起来。

陈某怒火冲天地指着外乡人："人命关天的大事，我就算倾家荡产也要与你打官司！"外乡人却慢条斯理地说："后生仔，冷静点，话要说清楚。我的招牌点明字眼'包医驼背'。我什么时候说过包人的死活？双方你情我愿，白纸黑字有书为证。你能把我怎么样？是吧？还愣着干啥，快把诊金给我！"

"你……"陈某气得说唔出声。

讲述者： 蔡家贤，男，45 岁，农民

整理者： 陆峰

搜集时间： 1978 年 8 月

整理时间： 1987 年 5 月

流传地区： 三水县芦苞镇

原载本： 《中国民间文学三套集成·广东卷·三水县资料本》

291

报复

搜集整理者：龙戈
采录时间：1980 年
流传地区：中山市
原载本：《广东民间故事全书·中山卷》

从前，二叔公有一个孙子已经十五岁了，但还唔肯用功读书，一日到晚很顽皮。二叔公虽然常常责罚他，却总是唔肯改过。但二叔公的儿子，却很宠爱自己的儿子，恐怕他的儿子受唔住祖父的打罚，话唔定会被打死。有一次二叔公责罚孙子的时候，他替儿子去说情，但是惹怒了二叔公，二叔公厉声说道："我为了教训你的儿子，费了多少心血，这难道还唔好吗？"因此，他把孙子责罚得更厉害，二叔公的儿子也无办法。一日下雪了，那个顽皮的孙儿，在雪地里捏着雪球抛玩，把窗纸打破了。二叔公睇见了，就把他孙子的衣服脱掉，叫他跪在雪地里。北风如刀，雪花似剑，冷得孩子不停发抖。二叔公的儿子睇得心痛了，但又唔敢去替儿子讨饶，于是他就自己脱了衣服，同他的儿子一同跪在雪地里。二叔公睇见了，很惊奇地问道："你的儿子犯了错，是应该处罚的，你点解也跪在雪地里呢？"二叔公的儿子哭着说："你要冻死我的儿子，那么我也冻死你的儿子！"

292

流传地区：中山市

原载本：《广东民间故事全书·中山卷》

撞钟

一群人观赏园林，在亭子间小憩时，睇到亭中悬挂一口巨钟。同行的一人手痒难耐，咨询了睇钟人撞钟的价格。睇钟的老人回答："撞钟一次两元钱，你就撞三次吧，三阳开泰好意头！"他把六元钱交到睇钟人的手里，然后运足力气用圆木撞钟。他每撞一次，钟声悠扬间，睇钟人跟着喊一声："一撞身体好……二撞保平安……三撞财运旺……"

心花怒放间，已经撞完三次钟的他，见睇钟人正与游人闲聊，便乘其不注意，多撞了一次。暗自窃喜时，睇钟人闻声喊道："撞钟怎么能撞四次呢？这个便宜是唔赚得的，你刚才撞那三次等于白撞了！"他一脸不解地问道："撞四次有什么说法吗？"睇钟人笑道："四大皆空嘛！"

围观的人都哈哈大笑起来，只有他讪笑着，面红耳赤地呆立一旁。

搜集整理者：龙戈

采录时间：1980年

293

书生祭文

从前有一个书生，娶了一个又懒又贪食的妻子。其妻活了无几年，就一病而亡。书生虽然觉得她唔好，但总算是夫妻一场，于是便写了一篇祭文来祭她。祭文曰：

"呜呼吾妻，行年三十有九！梳头不用梳，用手！切菜不用刀，一扭！天黑上床，早抖[1]！日上三竿，未转罗柚[2]！呜呼吾妻，今乃瓜斗[3]！尚飨！"

讲述者： 吴浩添
搜集整理者： 龙戈
采录时间： 1982 年
流传地区： 中山县红旗公社
原载本： 《广东民间故事全书·中山卷》

[1] 早抖：方言，早睡。
[2] 罗柚：方言，屁股。
[3] 瓜斗：方言，死亡。

294

穷爱面子

有一个人，他家里很穷。但他很爱面子，更怕人家说他穷，因而常说大话。

有一年，到年三十晚了，他穷得无米下锅，更谈唔上杀鸡杀鸭。但他大声对儿子说："大筷夹来食吧，食了有汤饮。"

正好，他的邻居丢了一只鸡，听了他的话，怀疑是他偷了，便大步走进他家察睇。原来这个穷人正在煲番薯叶食。

讲述者： 谢凤英
采录者： 谭树斌
采录地点： 营仔镇
采录时间： 1986 年 2 月
流传地区： 廉江县营仔镇
原载本： 《中国民间故事集成·广东卷·廉江县资料本》

295

考秀才

采录时间：1986 年 9 月

流传地区：阳江县大沟区、三山区、新洲区一带

原载本：《中国民间故事集成·广东卷·阳江市资料本》

从前，有四个酸秀才上京赴考。同行有一个道士见他们满口“子曰诗云”，就故意要考考他们，指着路边一个灰窑，要他们各吟一句诗。甲秀才抢先吟道：“远远望见一灰窑。”乙秀才接口道：“一条黑气冲云霄。”道士想这两人虽无深才，倒还近意，就点点头。丙秀才见了，急忙吟道：“谁人敢去踩一脚。”丁秀才摇头晃脑吟出最后一句：“保管烧得焦又焦！”四人吟罢问道士：“我哋才学怎样？”道士听了无回答，忽然捶胸大哭起来。四人觉得奇怪，忙问其故。道士说：“你哋四人的诗一个比一个好，连鬼都笑死了！我专门捉鬼的，今后无鬼捉了——呜呜——”

讲述者：李淮，45 岁，汉族，阳江县三山区良垌村人

采录者：李代文，36 岁，汉族，阳江县三山文化站干部

296

驼背佬同盲眼公食牛肉

很久以前，一个驼背佬同盲眼公一齐食牛肉。驼背佬整蛊这个盲佬，专门拣难食嘅牛肉到盲眼公嘅碗里。盲眼公食得很费力，每食一块牛肉，都要用牙紧咬，用手紧拉。拉着拉着，竟然重见光明！咁先明白系驼背佬嘅恶作剧。但眼睛能重见光明，盲眼公又非常感激驼背佬，就说："多得你俾我韧牛肉食，拉来拉去令我只眼重见天日。"但想起驼背佬刚才嘅整蛊，盲眼公忽然又冒火了，就一拳对住对方嘅驼背打过去，驼背佬嘅背竟然被他打直咗。驼背佬连声说："唔该！唔该！"

讲述者： 罗兆隐
搜集整理者： 杨士科
搜集时间： 1987 年
流传地区： 肇庆地区怀集县洽水镇
原载本： 《广东民间故事全书 · 肇庆 · 怀集卷》

297

鸡婆[1]三文糠十八

从前，有个既唔识字又无记性的汉子，娶了个还算贤惠和机灵的妻子。

一日，家里实在揭唔开锅了，妻子咬咬牙，打算把正在下蛋的老母鸡卖掉。但因有农活在身，妻子便叫丈夫拿母鸡和用来喂鸡的半袋子糠到圩上去卖。临走时，她反复交代丈夫说："母鸡卖十八文银，糠就卖三文银，换了钱就买点米返来。"

赶圩路上，这汉子生怕忘记妻子的话，就"鸡婆十八，糠三文"地不断念叨。尽管如此，到了圩场他还是把妻子的话忘了。当有人问价时，他摸了摸脑袋说："鸡婆三文，糠十八文。"母鸡很快被人买走了，那半袋糠直到天黑都无卖出。

妻子见丈夫垂头丧气回到家中，便问了个究竟。唔问还好，这一问却气她半死。

至今人们还提醒唔长记性的卖货人说："别鸡婆三文糠十八啊！"

[1] 鸡婆：方言，即母鸡。

讲述者：周锡祺
搜集整理者：周如坤
搜集时间：1987 年
流传地区：肇庆地区怀集县桥头镇
原载本：《广东民间故事全书·肇庆·怀集卷》

298

甲干

从前横洞村有个人，自小家里人便给他娶了一个童养媳。长大后，妻子怀孕了。按习俗，如唔“升字[1]”就算生得儿子，也是唔被人承认是族中人，是无法享受祖先传下的东西，甚至连祖先都唔准拜祭的，同时自己也唔被认为已经长大成人。

他心中十分苦恼。如今妻子已有身孕，而自己家境贫穷，无钱请酒“升字”，万一儿子出世无法享受与他人平等的权利怎么办？实在无办法就打算自己写个大号名挂上，而自己识得的字有限，于是便写了“士由”二字。年三十晚到了，族里人都去祠堂拜祭祖先，有人问他点解唔去拜祭，他只好撒谎说：“你哋先走一步，我家正在杀鸡。”等祠堂无人了，他才去拜，乘机将自己写好的字贴了上去。匆忙中将字贴倒了，也无发觉。

第二日正月初一，大家照例去拜祖先，发现了这张字。大家感到奇怪，谁人“升字”？再一睇，上面写着“甲干”，不禁哈哈大笑说：“昨晚谁人腊鸭干？”

[1] 升字：成婚时墙上挂上的大号名。

讲述者：温德
搜集整理者：周凌云、黎红日
搜集时间：1987 年
流传地区：肇庆地区怀集县怀城镇
原载本：《广东民间故事全书·肇庆·怀集卷》

299

『令尊』被『甲甴[1]』食咗啦[2]

从前有个小孩子，一日，正在门口玩泥沙，一位客人走过来向他问道："小细佬，令尊在家吗？"

小孩眨了眨眼睛说："无。"

客人一听就走了。

食晚饭时小孩告诉父亲说："爸爸，今天有个人问我令尊在家吗。""当时你怎么说？"孩子的父亲连忙问他。

"我唔知家里有无叫'令尊'嘅嘢，就话无啦！"儿子爽快地回答。

父亲瞪大了眼睛，怒喝道："蠢仔[3]，令尊就系我，以后要好好记住。"

"唔，我知道了。"儿子应了下来。

一次，客人又来了，刚好碰上小孩在门口玩，就躬着身问："小细佬，令尊在家吗？"这时小孩学着他父亲上次说话的架势，瞪着眼睛说："蠢仔，令尊就系我，以后

[1] 甲甴：蟑螂。
[2] 食咗啦：方言，吃掉了。
[3] 蠢仔：方言，傻儿子。

你要好好记住。”

客人讨了个无趣，念他是个小孩，只好又走了。

事后，小孩把事情经过告诉了父亲，他父亲气得七窍生烟地说：“你蠢到死！以后有人来揾我，你先入来睇睇，我在家你就将客人引入来。”说完他就拿纸过来用笔写上“令尊”两字对儿子说：“这两个字是‘令尊’，就代表我。你将它贴在床头，好好记住。”

“这次我明白了！”儿子又眨了眨眼睛说。

过了几日，客人又来了，照样问道：“小细佬，令尊在家吗？”

“你等一等，我入去睇睇。”小孩说完，就回到床头一睇，谁知这块纸是用米粥贴的，“令尊”二字已被甲由咬咗大半。他慌慌张张地跑出去对客人说：“弊啦，我令尊被甲由食咗啦。”

讲述者：　邓思远
搜集整理者：邓洊
搜集时间：　1987 年
流传地区：　肇庆地区怀集县凤岗镇
原载本：　《广东民间故事全书·肇庆·怀集卷》

300

一字之差

从前，诗洞有一个书生到广西念书，路经封川县江口时，丢了一把雨伞，就写信返屋企。信中写道：“封川江口失了命，家中如有命付命来，无命付钱来买命。”家人收到信一睇，知道他肯定是丢了雨伞，误将“伞”字写成“命”字，于是将钱付去并复信道：“可惜家中无容人，有容人笑死容人。”意思是说，可惜家里无客人，你将“伞”字写成“命”字，如果让客人睇见就成笑话了。但在复信中又将“客”字错写为“容”字。

讲述者：　李廷生
搜集整理者：冯炳钰
搜集时间：　1987 年
流传地区：　肇庆地区怀集县诗洞镇
原载本：　《广东民间故事全书·肇庆·怀集卷》

301

大富

传说有对夫妇，长年辛勤劳动，生活仍是很困苦。有一年到年三十晚，妻子想，自己生活这么艰苦，明日是新年初一了，如果有个好兆头，可能来日会变好点。于是，将一条大裆裤铺在灶头上，希望丈夫明日早上见了就说："谁放条大裤（富）[1]在这里？"这句话多吉祥啊！

初一早晨，有点傻气的丈夫起床后，睇见一条大裆裤铺在灶头上，竟说："谁放条大衩（差）[2]在这？"

讲述者： 吴一善
搜集整理者： 罗少山、周凌云
搜集时间： 1987 年
流传地区： 肇庆地区怀集县蓝钟乡
原载本： 《广东民间故事全书·肇庆·怀集卷》

[1] 裤和富在方言读音相近。
[2] 衩和差在方言读音相近。

302

痘、皮、佳

"文化大革命"时，工作组进村，召开群众大会，向群众讲工作组进村的任务、目的、意义。工作组长是山东人，农民对他的讲话只听懂一两成。他大声说："我哋这次来，主要是来抓'痘、皮、佳'。这个'痘皮佳'，是伟大领袖毛主席叫我哋来抓的……"

村里有个出过天花，一脸麻子的人就叫作"痘皮佳"。旁边的人用手碰碰他："他们是来抓你的。""痘皮佳"听说要抓他，还说是伟大领袖叫来抓的，吓到鼻哥窿都冇晒肉[3]，两公婆连夜跑出村外躲起来。

过了两天，才知道，工作组要抓的"痘皮佳"，原来是"斗批改"。

那时候，动唔动就斗争人，人们都像惊弓之鸟。

讲述者： 黄达超
采录者： 覃志端

[3] 鼻哥窿都冇晒肉：吓得鼻子都没肉。意为非常惊吓。

采录时间：1987 年 5 月 22 日
流传地区：肇庆地区
原载本：《民间传说故事集成》

303

『有嘢睇』

解放初期，山村里有位老农民当上了村干部。有一次他到县里开会，晚间见到吊在梁下的一件东西发光，照得四处亮堂堂，觉得很奇妙，心想："若我屋里有一只就爽。"到了散会那天，他偷偷割下一只带返来。

这位老农民回到村中后，逢人就讲："大家今晚到我家来，有嘢睇。"当晚村里人都到他家里来，他当即把那个从开会带返来的东西用绳子缚好，吊在正梁下，并神气地对大家讲："睇嘢睇嘢！这个嘢到天黑就放光。"全村男女老少就都在好奇地等待着。天渐渐黑了，这位农民着急地走出走进，一会儿望望天，一会儿又睇睇那个东西，不断对大家讲："再等一下就有嘢睇。"等呀等，一直等到深夜，那个嘢始终唔发光。这位老农就骂讲："这个白鸽眼[1]的嘢，在县城里就发光，到我哋山村就唔发光，真睇小人！"他一发火，就拿棍一扫，把那个嘢乒乓乓打得粉碎。

后来，大家才知道那只嘢是电灯泡，要有电才能发光。

[1] 白鸽眼：方言，用来比喻那些看不起人的人。

从此以后，大家就给这位农民安条外号，叫作“有嘢睇”。

讲述者：谭熙，50岁，现居青平中学，高中学历，教师
采录者：黄兴梓
采录时间：1987年
流传地区：廉江县横山镇一带
原载本：《中国民间故事集成·广东卷·廉江县资料本》

304

警察神算

民国初年，有一老人，人称“四叔公”。他一辈子埋头忙于农事，从来无到过广州。后来跟一亲友到广州游了几日，眼界大开。返来后他逢人便说：“这次游省城真是新奇，一上马路就遇见一个才智超群的警察。他神机妙算，能预知一切，薪水肯定很高。”众人问他何以见得。四叔公说：“我在街边观察了两个多钟头，那位警察先生竟能预知车辆去向。他指东，车就向东；他指西，车就向西。万无一失。”众人听后，皆捧腹大笑。

讲述者：梁果，男，退休工人
整理者：陆其昌
整理时间：1987年2月
流行地区：三水县西南镇高丰村
原载本：《中国民间文学三套集成·广东卷·三水县资料本》

305

傻二

从前，恩平有一位头脑古板的人，姓徐名二狗，外号叫“傻二”。他傻里傻气，时常受骗，还觉得自己已占尽便宜。他的妻子埋怨他说：“鸡无羽毛会冷死，人无学问就愚蠢。你睇我城里的表哥，人多聪明。你要是向他学习，准让你变得聪明！”

徐二狗说：“话唔可以这样说。他是不是聪明，我要试一试他才知道呢。”

第二日，傻二就赶到城里，好唔容易揾到表哥。进入门去，已是上灯时分，表哥问他说：“天已晚了，表妹丈是不是要在这里住宿一宵？”徐二狗想说句谎言，欺骗一回表哥，睇他能不能觉察出来，是不是真的聪明，自己才好向他请教，便说：“我午瞓过了，就唔想瞓了。我有夜晚踱步思量的习惯。”表哥听完以后，果然无觉察他在讲大话。吩咐家人备酒茶共酌，二人在客厅坐下聊天。到了半夜散席，表哥只好让他在厅中“踱步思量”，也唔安排床铺让他瞓觉了。徐二狗只好无精打采地在客厅踱来踱去。

天刚亮，傻二就不辞而别。回到家里，哈哈大笑着对妻子说：“你夸你表哥聪明，从来无被人呃过；昨晚我去他家，呃他说我瞓过午觉啦，他都相信呢！只是害得我好苦，一夜无瞓，真是困得要死！”

傻二连连打着呵欠，一头倒在床上，便像死猪般呼呼噜噜地瞓去了。他妻子摇头自语：“傻二呀，你骗人反骗己，几时才学得聪明呀。”

讲述者： 陈义
采录者： 郑庭悦
采录地点： 恩城
采录时间： 1987 年 4 月
流传地区： 恩平县
原载本： 《中国民间文学三套集成·广东卷·恩平县资料本》

306

三毛仔睇门

讲述者： 伍国初，男，60岁，新兴县稔村镇皮村人，上过半年私塾，农民

采录者： 伍志军，男，20岁，新兴县稔村镇皮村人，高中文化，工人

采录时间： 1987年4月

流传地区： 新兴县稔村镇一带

原载本： 《中国民间故事集成·广东卷·新兴县资料本》

从前，在一条村中，有一个叫阿彩的寡妇，她有一个儿子叫三毛仔。

一日，阿彩要到外村走亲戚，就把三毛仔叫到面前说："三毛仔，今日我去走亲戚，你就在家睇门[1]吧。"三毛仔点头应承。阿彩一走，三毛仔就把门拆了背在背上到外面玩去了。等到阿彩返回时，家中东西已被人偷得所剩无几了。阿彩火冒三丈，气冲冲地揾到三毛仔，指着他骂："你到哪里去了？家中的东西哪里去了？"三毛仔见母亲这样生气就说："妈，你别这样生气。你只叫我睇门，并无叫我睇家中的东西，我就背着门到外面去了。家中东西到哪去了，我怎会知道呢？"阿彩听了，当堂气得晕了过去。

当地人把这件事编成几句话："三毛仔睇门，不知母意。丢了家财，气晕母亲。"并以此教育后人。

[1] 睇门：方言，看门。

307

前面白食

很久以前，有个人离家外出做工。他走到半路时，非常肚饿，就到路边的饼铺买了一个烧饼来食。食了以后，仍觉饥肠辘辘，又买了一个烧饼食，还是未饱。于是，他接连食了七个。等到第八个只食了一半，就觉得饱了。

这时，他感到很后悔，狠狠地打了自己几个嘴巴，并责骂自己说："唉，我是多么蠢啊！先前的七个烧饼算是白食了。早知这半个烧饼就能食饱，我何唔先食它呢！"

讲述者：麦伙生，男，50 岁，新兴县洞口镇人，初中文化，工人

采录者：唐志忠，男，23 岁，新兴县洞口镇坡边村人，高中文化，工人

采录时间：1987 年 5 月

流传地区：新兴县洞口镇

原载本：《中国民间故事集成·广东卷·新兴县资料本》

308

十个光头九个富

以前，有一个人，历来都勤食懒做，整日想入非非。有一次，他听人说"十个光头九个富"，心里就暗想："我的头发有何用，不如早些剃光就好了，话唔定有发达之日。"他想到这里，立刻跑到圩上，把头剃得光秃秃的。返屋企后，便从食油瓶里弄出几滴花生油，涂在刚剃光的头顶上，在阳光的照射下，显得油光闪滑。于是，他便趾高气昂地在大街小巷上走来走去，心里自言自语："我很快便变一个大富大贵之人了。"时间一日日地过去了，他不但无改变穷境，而且越来越糟糕。于是，他又前前后后想了想，顿时拍手叫道："太笨！太笨了，可能是近来忘记把头弄光滑。哪个光头佬的头不是又光又滑的？要不然，财宝怎能到自己的头上呢？"

讲述者：盘亚六，男，66 岁，新兴县河头镇大伙村人，小学文化，农民

采录者：盘文坚，男，26 岁，新兴县河头镇大伙村人，初中文化，农民

采录时间：　1987 年 5 月
流传地区：　新兴县河头镇
原载本：　《中国民间故事集成·广东卷·新兴县资料本》

309

吹牛人的嘴

一日，甲对乙说：“我见有一个人，他走起路来头顶到天，所以连头上的头发也被云蹭光了。现在，他只好弯着腰走。”

乙听了，毫不在乎地说：“这有什么奇怪？我见有一个人，他的上嘴唇顶着天，下嘴唇贴着地。”

甲问：“那他的头脑呢？”

乙回答说：“他根本无头脑，他只有一张专吹牛的嘴。”

讲述者：　冯溢祥，男，65 岁，马圩镇东升村人
采录者：　冯子荣，马圩镇东升村人
采录时间：　1987 年 5 月 2 日
流传地区：　德庆县马圩镇境内
原载本：　《广东民间故事全书·肇庆·德庆卷》

310

二叔公食狗肉

讲述者：廖敬祥
采录者：程绮洛
采录时间：1987 年 6 月
流传地区：中山市小榄镇
原载本：《广东民间故事全书·中山卷》

小榄地区流传一句带讽刺性的话：二叔公食狗肉。这句话是有一段故事的。

从前，小榄有间李家祠堂，管祠堂的宗主[1]叫二叔公，乡人很尊敬他。有一日，族中有一班年轻人想食狗肉，但怕污秽家里，唔敢在家中煮食。想起祠堂是公众地方，就走去祠堂后边的厨房煲起狗肉来，狗肉煲起来香喷喷。刚好二叔公来到，见到这种情景，就瞪起双眼，说："你哋这样像什么样子，在这里煲狗肉食，污秽太公。马上走人！"二叔公说完之后就翘起双手，一步一步走出祠堂门口。那几个年轻人在他后边喊道："怎么，二叔公你走啦？喂，我哋预了你一份的啊。"二叔公听了后，想了一想，马上换了语气，答道："那么，你哋够唔够柴烧呢？如果唔够柴烧，里边那间屋有两个匾是无用的，斩了来烧吧！"

[1] 宗主：即管理祠堂的人。

311

悭吝又贪婪

讲述者：江祖森，男，市七中教师
整理者：吴汉林
整理时间：1987年9月
流传地区：茂名市茂南区金塘镇
原载本：《中国民间故事集成·广东卷·茂名市资料本》

有个佬仔又悭吝又贪婪。在乡下发了财，进城过夜，他从城东拣到城西，才住进便宜的客店大房，两元一张床位。

他瞓在床上算数——两元钱，要卖出七斤稻谷，或者三十斤白菜，或者一箩番薯，或者……“一张床位瞓一夜，要两元！贵出油啦！”心里越算越瞓唔着。

半夜，他见房里有床空着，就将空床移了过来拼成大床瞓下。“这下子一张床一元啦，还要瞓到晏[1]，揾回点着数[2]。”

第二日他离店时，服务员要加收他两元：“大佬，你瞓了两张床位啦。”

那个贪婪佬尴尬地说：“我怎么就无想到一人瞓两张床要给双倍房钱呢？”

[1] 晏：方言，迟一点。

[2] 揾回点着数：指占多点便宜。

312

父子比节俭

讲述者： 区盘根
采录者： 黄应丰
采录地点： 黄埔沙涌
采录时间： 1989 年
流传地区： 广州市黄埔区
原载本： 《广东民间故事全书·广州·黄埔卷》

从前村中有父子两人，以节俭出名。儿子老想青出于蓝胜于蓝，在节约上把父亲比落去。

一日，父亲从市上买了一把折扇返屋企，小心翼翼，准备放在柜子里。正好儿子从外面返来，睇见父亲新买的扇子，就想拿过去欣赏欣赏。父亲立即挪开扇子说："想欣赏扇子也得，不过先说我这把扇子怎样用法才耐用，唔容易损坏。"

儿子立即回答："这唔容易吗？把扇子小心打开，慢慢地、轻轻地摇，扇子就耐用了。"

父亲说："教了你这么多回，还是未到家。这不是最节俭的用扇法。"

儿子说："这么用还唔节俭，还唔耐用？什么样的用扇法才算是最节俭、耐用？"

父亲说："你把折扇轻轻地打开，把其对准鼻尖放好，扇子唔动，把头左右摇摆。这样扇子最耐用、最节俭了！"

儿子说："哇！还是老姜最辣！"

313

孤寒夫妇

传说很久以前，我哋村有个叫张三的，他夫妇是村里出了名的孤寒鬼。

一日，他出嫁的妹妹来他家做客。她正忙着帮嫂嫂干针线活，突然听到外面传来卖熟牛肉的叫卖声。他妹妹对张三说：

“哥，买斤熟牛肉吧！每次来你家净食白菜、豆腐！”

张三过意唔去，只好出去买熟牛肉。

不一会，外面传来哥哥和小贩讨价还价的声音：

“五块一斤得唔得？”

“唔得！”

“那就八块一斤吧？”

“都唔得！”

“十块一斤总行了吧？”

“唔得，唔得，一百块也唔得！”

无奈，张三进屋对他妹说：

“唔知点解！他就是唔肯卖给我。”

他妹只好自认倒霉。

到了晚上，张三老婆埋怨他道：

“你是犯傻了吧！为了让你妹能食上牛肉，人家五块一斤唔卖，你竟肯出到十块！”

张三连忙解释道：

“哪里是用钱买呀，我是拿放在廊檐下的砖头和他换！”

讲述者： 张新才
采录者： 陈绪生
采录地点： 下沙村
采录时间： 2002 年
流传地区： 广州市黄埔区
原载本： 《广东民间故事全书 · 广州 · 黄埔卷》

四　民间寓言

314

贪心不足蛇吞象

在一个小镇里，有一个寡妇带着一个独生子生活。寡妇有些积蓄，她希望儿子将来能出人头地，于是便把儿子阿象送到私塾读书。阿象聪明伶俐，读书很有长进，他又是一个孝子，平日很听母亲的话，寡妇自然满心欢喜。

有一日，阿象与同窗书友在私塾后面的山坡玩。在一个小洞里，他们发现了一颗白白的、圆圆的蛋。为了搞清那是什么蛋，阿象用茅草包住小蛋，并把它放在私塾自己座位的抽屉里。不久，小蛋的蛋壳破开一个洞，一条小青蛇从里面钻了出来。书友们都劝阿象把小蛇放掉，阿象觉得小蛇好可怜，决定把小蛇留下来把它养大。他要书友们替他保守秘密，这事绝对唔可以让老师及母亲知晓。

阿象每天都瞒着母亲和老师带些食物回私塾喂小蛇，平日也十分注意小蛇的冷暖。在他的精心养护下，小蛇一日一日长大，阿象亲切地叫它“小青”。小蛇很通人性，阿象叫它躺在抽屉里唔好乱动，它就真的乖乖地躺在抽屉里。由于书友们守口如瓶，这个秘密保守得很好，老师和母亲一直唔知道阿象在私塾里养了一条蛇。小青蛇慢慢长成了大青蛇，抽屉已装唔落它的身体，它的尾巴常常露了出来。

俗话说，纸终归包唔住火。阿象在私塾养蛇的事终于让老师发现了，惊慌失措的老师带着捕蛇人要将小青捉走。阿象见状，连忙打开抽屉让小青逃命。眼见捕蛇人就要出手，小青“嗖”的一声飞上了天空。大家都睇清了，小青原来是一条龙！小青在天空对阿象拜了三拜，然后就消失在茫茫天际。

光阴似箭，日月如梭，阿象慢慢长成一个青年后生仔。很多人都把阿象在私塾养蛇的事忘记了，只有阿象一直在心里惦记着他亲手养大的小青。有一日，阿象母亲突然觉得心口疼痛，阿象连忙请郎中为她诊治。郎中一番望闻问切之后，开出了一方药。郎中对阿象说，这药方需用龙肝做药引，否则，药效唔大，病人也就很难治愈。

到哪里去揾龙肝呢？阿象急得团团转。突然，他想起了小青，小青临走时不是变成一条龙吗？阿象走到自家房屋的天井里，对着天空大喊：“小青！小青！”喊着喊着，突然间，天上狂风大作，晴朗的天空中顿时涌出了大团大团的云块。云层开处，一条青龙摇摆着尾巴向阿象飞来。青龙降落在地，温顺地偎依在阿象的身上，阿象又惊又喜。他对青龙说：“小青，我妈病了，需要龙肝做药引，你能帮我吗？”小青对阿象点点头，然后张开了嘴巴。阿象爬进小青的嘴巴探身进去，用利刀割下一小块龙肝。出来时，阿象睇见，小青痛得眼泪直流。阿象的母亲食了用龙肝做药引的药，身体果然好了许多。阿象把郎中再一次请到家中给母亲诊疗。郎中说，要想彻底痊愈，还要再食几服药。当然，也少不了龙肝做药引。为了治好母亲的病，阿象只好又把小青喊来，割了一小块龙肝。这一次，小青痛得浑身发抖。

食过这一轮药后，阿象母亲的病全好了。事情本来到此便结束了，可这时候，阿象母亲却起了贪心。她想，龙肝真是好东西，多食一定能益寿延年。于是，她装出有点痛苦的样子对阿象说：“我的心口还有一点点痛，你再去揾小青，割一块龙肝返来。避免下次再去，这次可要割大块一点。”阿象知道每次割龙肝，小青都很痛苦。但他是个孝子，经唔起母亲唠叨，只好又对着天空喊小青。小青到来后，勉为其难张开嘴巴。虽然痛苦，但它要报阿象的养育之恩。阿象从小青的嘴巴探身进去，准备割下一块比前两次都大的龙肝。就在他挥刀割肝的一刹那，小青痛得大叫一声，把阿象整个身体都吞进肚子里面！

阿象割龙肝的时候，阿象母亲也在一旁睇着。她见小青吞了阿象，急忙操起厨房的菜刀向小青斩去。小青见阿象母亲挥刀斩过来，马上腾空走避。但由于屋子的天井太窄，自己的身体又长，尽管奋力腾空，最后还是被砍去了一节尾巴，变成一条“掘尾龙”。小青飞走了，阿象的母亲见失去独生儿子，心里十分悲痛。不久，便因伤心过度一病不起。临终前，她对前来照顾她的人说：“贪心不足蛇吞……吞象。”

第二年清明节过后不久的一日，阿象居住的村庄上空突然乌天暗地、狂风大作，跟着便下了一场大暴雨，村庄的大街小巷都被雨水冲洗得干干净净。第二日，有一个消息在村庄流传，说的是有人睇见“掘尾龙”小青在风雨过后出现在阿象母亲的坟前，对着山坟叩头拜祭。村民们都说，“掘尾龙”有情有义，它是代替阿象前来尽孝，为娘亲扫墓。说也奇怪，自那个时候开始，珠江三角洲一带的人都发现，每年的清明前后，总会有一日突然乌天暗地、暴雨倾盆。人们都说，那是“掘尾龙”返来拜山。

讲述者：　徐佩珩
采录者：　龙莆尧
采录地点：　黄埔夏园
采录时间：　2007年
流传地区：　广州市黄埔区
原载本：　《广东民间故事全书·广州·黄埔卷》

异文：人心不足蛇吞象

从前，有一个后生仔，名叫亚象，家有一个七十多岁的老母亲。他平时做工勤恳，但也喜钻营，爱财如命。

一日，亚象从田里归来，行至一段山路时，忽然见路边的一棵树上，一只老鸦叼着一条小蛇。这时又飞来一只老鹰，要抢它口中的猎物。老鸦心慌，口一松，小蛇掉了下来。亚象走近一睇，只见那条小蛇已遍体鳞伤，艰难地蠕动着。亚象觉得怪可怜的，就顺手捉它上粪筐，挑起就走。走了一段路后，他把小蛇放进溪边的草丛，让它逃生。说也奇怪，这条小蛇唔往草里钻，却爬上路来，蜷伏在亚象的脚边。亚象又把它放到草丛中，它又爬上来，如是有三四次。他还发现小蛇好像用乞求的眼光睇他，眼角淌着泪水，于是就决定带返屋企养起来。他每天到田里做工，顺便捉些小动物返来喂它。

原来，这条小蛇是山中一条修炼千余年的乌蛇精的儿子。这日，一个蝎精要夺乌蛇精的洞穴，于是两精斗法。后来，乌蛇精败北，丢下儿子就逃到北海的师傅那里学艺，打算日后报仇雪恨。因此，小蛇就被老鸦叼走了。它见亚象救了它，就唔想离开这个好心人了。

小蛇在亚象的精心饲养下，伤势很快好了。三年后，小蛇变成了大蛇。亚象唔但有点怕它，而且还担心它食量大。自己赡养老母亲都感到困难，现在还多了一个“饭桶”，实在难以支持。于是他就劝说小蛇自寻生路。但那条蛇却连连摇头。从此以后，它唔再待在家待喂了，而是出没无常，返来时总叼些野兔、狐狸之类的野兽交给亚象。亚象除了食用外，还拿去卖了换些钱来帮补家用，生活比过去好了。

再说，乌蛇精在北海学艺五年，得到玄武大帝传授的一些绝技后，回山打败了蝎精，重新夺回了洞穴。但心爱的儿子已失踪，它非常伤心，经常出洞揾。一日，它睇到一条乌蛇追赶一只狐狸，就上前帮忙。谁知竟是自己的儿子。母子相见，互诉衷情。小乌蛇将亚象如何救它，养了它几年的事告诉母亲。乌蛇精听了十分感动，决心要报答亚象。

亚象自从得到乌蛇的帮忙后，家中渐渐富了起来。特别是近来，他家中总是出现一些怪事：晚上他和母亲换下的衣服，天明时已被人洗干净晾起来了；缸里无水，唔知几时给人灌满了；家里想购物，已有人购回放在家里了；田里的农活，也有人给他做了。亚象总想揭穿这个秘密，但暗中窥探了半年，仍一无所获。因此总觉得有块心病，终日愁眉不展。

正在这个时候，亚象的母亲病倒了。他心更着急，四处求医问药，仍唔见好转，而且病情一日比一日重。一日早上，门外来了一个郎中打扮的人，声称能治愈他母亲的病。亚象一听，非常高兴，马上请他入屋诊治。郎中诊断后说："你母亲的病是肝病，必须食龙肝才能治愈。"亚象一听，低头沉思：龙肝往哪里取呢？这不是比登天还难？正想问问郎中，抬头一睇，郎中却唔知何时去了。案上留下一张字条，上面写着："我是乌蛇的母亲，感谢你救了它的命。为报答你的恩情，我已教育儿子唔好忘本，多为你做事。今闻你母亲有病，特下山相助。你要取得龙肝，只要去击三下乌蛇头，它就会张开口，让你进去割了。但切记唔可以贪得无厌，才能确保你平安。"

亚象高兴极了，就按纸条写的去做。他爬进蛇肚，割了一些蛇肝出来，熬给母亲食，食后果然灵验，病情减了一大半。一连食了三次，他母亲的病就好了。

"乌蛇肝能治肝病"的消息很快传开了。唔少人要求亚象卖些给他们，并愿意出好的价钱。亚象财迷心窍，一次又一次地钻进蛇肚里割肝换钱。其实，乌蛇让他割肝，是要忍受很大痛苦的，只是母亲暗中给药治疗，才免于一死。它这样做完全是为了报恩，是不得已的。但亚象此时对钱已入迷，还要割蛇肝给当地的一位员外，以换取他的千金小姐。乌蛇唔同意，亚象就骂它忘恩负义。乌蛇被他骂得狗血淋头，心里火烧火燎，决心同归于尽，于是张开嘴巴，让他爬进去后，两排牙一合，把口闭上。亚象在蛇肚中呼吸越来越困难，知是蛇要加害自己，于是挥刀乱砍，痛得乌蛇在地乱滚。亚象母亲见这情景，在旁边大呼"救命"。

乌蛇精闻声赶来，投以药石，使乌蛇慢慢醒来，立刻叫它张开嘴巴，把亚象拖出来。但因窒息过久，心脏已停止跳动了。亚象母亲见状，口吐鲜血倒地而亡。乌蛇精大怒，要杀死儿子。幸好玄武大帝及时赶来，指出乌蛇因一时恼怒而吞掉亚象固然有错，但亚象贪得无厌，置人生命安危不顾，更加唔对，而判处乌蛇斩尾巴的处罚，并吩咐埋掉亚象母子，然后同他们一起回山去了。

此后，每逢清明时节，乌蛇都返来祭祀亚象母子，以此赎罪。因此民间也有了"掘尾仔[1]"返屋企拜山的传说。

讲述者： 梁炽南
搜集整理者： 梁蔚泾
搜集时间： 1987 年 7 月
流传地区： 新兴县天堂镇
原载本： 《中国民间故事集成·广东卷·新兴县资料本》

附记

该故事类型在广东粤语地区流传广泛。除了本篇之外，还流传有广州市花都区新华镇的《人心不足花蛇吞贾象》、佛山市南海区桂城街道的《龙吞象》、江门市新会区的《人心不足蛇吞斋叔》等异文。

[1] 掘尾仔：方言，断尾龙。

315

人为财死，鸟为食亡

传说有一位农夫，孤身一人，很贫穷，食了上餐无下餐，深得大鹏鸟的同情。一日，大鹏鸟飞到农夫门前，对正在做工的农夫说："大哥，你劳碌了大半辈子，还是那么穷困，我帮你一把吧。你爬上我的背，我驮你到天脚下的一个岛去，那里有无数的金银财宝，你去拿点返来，帮补一下家用吧。但务必在天亮前离开那个地方，到时我接应你。"

于是，农夫爬上鸟背，闭上眼睛，随着大鹏鸟上了空中。只觉两耳生风，身体轻飘飘，有如腾云驾雾。一会儿，只听大鹏鸟说："下来吧，到了。一定要记住我的说话。"农夫答应了一声，就踏上了小岛。

前面金光闪闪，很诱人。他加快了脚步，眨眼工夫到了岛中心，只见遍地都是金银财宝。他欣喜若狂，趴在珠宝堆里，睇个唔停。他在岛上揾了很多袋子，拼命地装，装了一袋又一袋，但还觉得唔够，抓了金银珠宝，抓了珍珠还要翡翠。抓啊捡啊，但他仍唔知足，竟忘了大鹏鸟的再三叮嘱。不知不觉，天慢慢亮了，东方开始泛白；接着，太阳升起来了，射出了万道金光，洒遍了小岛。农夫还在捡珠宝，突然间火球飞来，顿时全身着火，农夫就这样被活活烧死了。

且说那大鹏鸟在空中盘旋、嬉戏，等农夫返来。眼睇着天黑了，还唔见农夫返来，于是趁着月色飞落在岛上揾。只见一袋袋金银珠宝丢在地上，可就是见唔到农夫。正在纳闷，忽闻到一阵阵香味。大鹏鸟顺香揾来，在一座钻石山脚下发现了一具烧焦了的尸体，这正是农夫。大鹏鸟闻着这香喷喷的烧肉，口水直流，不禁猛吞猛啄起来。啄啊吞啊，渐渐地也忘了时间。这时，太阳又出来了，大鹏也同样被烧死在岛上。这正是：人为财死，鸟为食亡。

讲述者： 庚盈高，男，63岁，北兴镇莘田村，农民，上过四年私塾

整理者： 庚锦才、庚秀红

整理时间： 1987年8月

流传地区： 花县

原载本： 《中国民间故事集成·广东卷·花县资料本》

附记

该故事类型在广东粤语地区流传广泛。除了本篇之外，还流传有广州市增城区南部的《一贪一害》、信宜市中南部地区的《人为财死，鸟为食亡》、肇庆市的《人为财死鸟为食亡》等异文。

五 俗语故事

316

后归婆[1]煮碌堆[2]

从前有一户人家建新房子，请来了木工和泥水工为家里上梁[3]。一位泥水工在工作的过程中，由于其站在房子高处，低头便睇到该户人家的老婆正在煮“碌堆”。该泥水工早前就已经听说，盖新房子的主人家老婆去世了，剩下一个孩子，而前不久又娶了一个老婆返来。泥水工睇到妇人正在灶旁煮碌堆，而在一旁的小孩嘴馋地睇着还无做好的碌堆，边哭边喊着想食上一口。此时，妇人睇着哭得厉害的孩子，十分心烦，于是就故意从锅里夹起一个刚刚煮好的碌堆，让孩子食。唔知情况的小孩马上被热碌堆烫得哇哇大哭。泥水工睇到此情形，一方面对该妇人的做法感到非常生气，另一方面，他想起了自己后来娶的第二任老婆，担心她是否也这样对待自己前妻的孩子。于是一日工作后，他立刻返屋企，不问青红皂白将他的后妻休了。

后来，歇后语“后归婆煮碌堆，有得食又哭，无得食又哭——狠心”就被用来形容一个人非常歹毒，心肠唔好。

讲述者： 社会流传
搜集整理者： 高埗文广中心
搜集时间： 20世纪初
流传地区： 东莞县
原载本： 《广东民间故事全书·东莞卷》

[1] 后归婆：方言，后妈。

[2] 碌堆：方言，煎堆。

[3] 新中国成立前建房礼仪非常讲究，大致上可分为选址、立中柱、上梁、立门、竣工等几项。其中，上梁仪式被人们视为建房过程中最重要的礼仪。“上梁”主要是安装建筑物屋顶最高一根中梁的过程。上梁时要举行非常隆重的仪式，乃期盼中梁支撑永保建筑物之坚实，民宅合境平安，并能香火旺盛，泽被苍生。尽管各地的习俗有所不同，但上梁仪式可分为祭梁、上梁、接包、抛梁、待匠等几个程序。其中上梁前祭梁必不可少。主人家需要准备各式各样的祭品拜祭。

317

用婆娶新抱——一分钱一分货

新中国成立前，望联有一妇女叫用婆。她有两个儿子，大儿子为人憨厚，二儿子精明能干。用婆先为老大娶媳妇，事隔三年，又为老二完婚。大媳妇容貌平庸，二媳妇端庄貌美，人见人赞，老大也羡慕细佬好艳福。一日，老大直率地问母亲："娘呀！为何当时唔为我娶一个漂亮的呢？"用婆见老大似有怨言，就解释说："当时你结婚，手头很紧，已经唔容易了，礼银少能娶到漂亮媳妇吗？一分钱一分货呀。"老大经母亲解释，无意见了。但"用婆娶新抱—— 一分钱一分货"很快传开了。

讲述者： 社会流传

搜集整理者： 望牛墩文广中心

搜集时间： 21 世纪初

流传地区： 东莞市望牛墩镇

原载本： 《广东民间故事全书·东莞卷》

318

道滘佬着[1]长衫——预后死[2]

"道滘佬着长衫——预后死"是一句流传较广的歇后语，里面有支"古"。

事情可以追溯到 20 世纪 20 年代。道滘永庆有户有钱人家，儿女长成，还未出嫁。原想揾个门当户对者做女婿，但女儿相貌不佳，又出过天花，满面"豆皮"[3]。多次提亲都唔能够成事，只好屈就，嫁给道滘西村的一个农户。农家有田、地、牛、船，家境还算殷实。

娶老婆后，就遇到岳父大人寿辰，做女婿的当然要前往祝寿。女儿深知亲友盈门、嘉宾满座的场面，千祈唔可以丢脸，所以，清早起床就着意为丈夫修饰打扮一番：在柜底翻出丈夫结婚时拜堂穿的长衫、马褂、毡帽、绒鞋，让他穿上。

老公虽然家境唔错，但毕竟是个老实农民。犁耙莳插、戽泥担尿都亲力亲为，平日穿着薯莨衫、牛头裤；田间劳

[1] 着：读"借"。

[2] 预后死：方言发音短语，"预"读"余"。大意是指虽然已经预料到事情的结果是不好的，但仍然去做。

[3] 豆皮：方言，麻子。

动有时赤膊上阵，甚至只围一条安巾[1]。现在，要将这装束套在他五大三粗、肤黑如炭的身上，实在不伦不类。

他觉得浑身唔自在，万分唔愿穿。但是妻命难违，只好穿了同老婆到外家。行到永庆石桥，碰到个熟人向他打招呼："哇！认唔出你来了，今日好排场！"

人家这样讲，他就干脆停下唔走了，想："我这身装束，现在路人都笑，到了岳父家，那么多有身份的亲戚朋友在场，岂不是更加惹人笑话！"

老婆劝他多次，他都唔去。老婆无奈，只好自行前往揾父亲。她父亲听闻这件事，就即刻派家人来催促，但无济于事。

最后，还是老婆返来劝："快开席了，我阿爸只见女儿唔见女婿，怎样向人解释？岳父生日，女婿唔来，我阿爸有何颜面？"

他咬紧牙，闭着眼，一蹬脚，答老婆："预后死了，去啦。"这样，他们才举步而行。

其实，这并非是上刀山、下火海、赴刑场，无非是一个宴席，但要"预后死"才去，可见当时讲排场、摆阔气的陋习，对一个勤朴老实的百姓是个多难受的折磨！

这件事一传开，道滘就有了"西村佬着长衫——预后死"这个歇后语。但传到外乡，外乡人不辨道滘地名，什么南城西村、永兴永庆的，干脆讲成"道滘佬着长衫——预后死"了。这歇后语通常在进退维谷，只好违背自己的心愿，硬着头皮上的情势时才用。

讲述者： 社会流传
搜集整理者： 叶泽南
搜集时间： 20 世纪
流传地区： 东莞市道滘镇
原载本： 《广东民间故事全书·东莞卷》

[1] 安巾：水乡男子光身下水干活，用来围着下身的布条。一般是白粗布，长约两米。

319

大布佬杀猪——让客

从前，杨梅大布村杀猪，人人懒动手，猪绑好了却无人杀。一瘦弱老先生便自告奋勇，捋衣挽袖，手握尖刀便向猪屁股刺去。猪"乙乙"狂叫，却唔死。旁观的人齐说："不是这样刺，不是刺屁股！"有沉唔住气、睇唔过眼的人便出来接过尖刀，向猪脖子刺去。老先生这一激将法真灵。很快，社猪便杀好，分发社肉了。由此，人们得出一句歇后语：大布佬杀猪——让客。

搜集整理者： 邓湛开
整理时间： 1986 年 3 月
流传地区： 高明县杨梅区
原载本： 《中国民间文学集成·广东卷·高明县资料本》

320

三个盲公食两条土鲮鱼

很久以前，三个盲公到茶楼开饭。伙计把一碟用蒜头、豆豉、姜片蒸好的两条土鲮鱼以及三碗饭捧上，说了声："你哋慢慢食吧！"就走开了。

三个盲公闻到了饭餸的香味都不禁流出口水。各人盛好了饭就起筷夹菜了。第一个盲公唔理三七二十一，一夹就夹了一条鱼上饭面。第二个盲公照板煮碗[1]也一夹，又夹了一条上饭面。其实，他们哪里知道只蒸了两条，而且这么一夹，竟"抵制"了第三个同伴呢！第三个盲公左夹右夹都只是那些蒜蓉、豆豉、姜片。

三个盲公都食得津津有味。

不一会，一餐饭食完了。

伙计一边收拾碗筷，一边问："今餐你哋食得怎样？"第一个盲公抢先说："都几够皮嘅[2]！"第二个盲公舔舔嘴唇说："我睇麻麻地啩[3]！"第三个盲公似有惋惜地说："我认为味是几好就真[4]！"

他们三人的答话都切合各自的实际。但他们因为睇唔见，先到的占了便宜，使后到的食了亏。那第三个盲公同去同归，而根本食唔到土鲮鱼，只食到味汁，但他们谁都唔知这个情况呢！

自此以后，但凡遇到同样劳动而分配唔公或是那些先来先拿，使后到的蚀底的事，狮岭地区的人都中意用"三个盲公食两条土鲮鱼"来比喻、形容。

讲述者： 林光，男，38岁，狮岭西头村人，初中文化程度，干部

整理者： 毕衍暖

整理时间： 1986年10月

流传地区： 花县狮岭镇

原载本： 《中国民间故事集成·广东卷·花县资料本》

[1] 照板煮碗：方言，有样学样。

[2] 意即份量够。

[3] 意即勉强够菜。

[4] 意即味道好，但无鱼。

321

且卫钓鱼

搜集整理者：何倬光
整理时间：1987 年 1 月
流传地区：高明县更楼镇
原载本：《中国民间文学集成·广东卷·高明县资料本》

从前，高明县更楼镇白石村有个名叫且卫的单身汉。这日早上，他从村前的大塘基走过，无意中发现塘边有一簇黑麻麻的小东西在浮动。他定神一睇，分明是一群出生不久的生鱼仔。他想：生鱼乸[1]护仔性强，好一个钓生鱼的时机。于是，他飞奔返屋企拿来钓竿，捉了一只青蛙做诱饵，在生鱼仔群的前后左右下钓。他晃动着诱饵，眼睛像针蜂锥似的盯着水面，等待着生鱼乸上钩。但从早上一直到晌午，生鱼乸还未上钩，却惹来了一大群嘻嘻哈哈的孩子。他沉唔住气了，钓竿猛然往水中一打，大声骂道："你唔食，我都唔食了！"

从此，"且卫钓鱼——你唔食，我都唔食了！"便成了村中一句笑话。后来一传十、十传百，竟成为更楼镇一带流传至今的口头禅。

[1] 仔：孩子。乸：母亲。

322

货不离人

流传地区： 阳江县塘坪镇

原载本： 《中国民间故事集成·广东卷·阳江市资料本》

有一次，一个外地人在塘围圩猪仔行买到了一头猪仔，然后在圩边一间小食店中食晏[1]。他把猪仔小心地放在脚旁，然后蹲在长凳上，大口大口地食。这时，一个骗子也在他的身边蹲下，买饭食。趁着买主唔注意时，偷偷地将猪仔笼带挂在自己的颈上。等到买主食完饭，起身拿猪仔走时，骗子大声道："你动我的猪仔干什么？"那外地客人很生气："这分明是我刚才买的猪仔呀！""你的猪仔？"那骗子大声道，"谁唔知，塘围的猪仔是挂颈的！这叫货不离人嘛。"买主虽有充足的理由，但说唔过他，一头好好的猪仔白白被骗子骗走了。

从此，便有了"塘围猪仔——货不离人"一句歇后语。

讲述者： 阮辅荣，男，58岁，塘坪镇干部

采录者： 林国庆，男，35岁，汉族，高中文化，塘坪文化站站长

采录时间： 1987年2月

[1] 食晏：方言，吃午饭。

323

老爷过了关村渡

埠场的新屋、白沙地那一带村庄，人们习惯上统称为关村。

从前，有个新郎去关村行门。岳父见女婿来了，很高兴，又是倒茶，又是递烟。新郎说自己唔识抽烟，只接茶饮。岳父心想，这女婿烟唔抽、酒唔饮，可想而知是个好后生，能选上这女婿唔错哇。想到这里，岳父随手把烟放在神位上，喜滋滋地出去了。

岳父刚出去，新郎就去拿烟。原来新郎是个烟鬼，他刚才唔接烟是由于爱面子。新郎取烟时，怕被岳父碰见，慌慌张张竟把神台弄崩了。响声惊动了正在切菜的岳母，她忘了放下菜刀，急忙走来问道："姑爷，出了什么事啦？"新郎睇见岳母手里的菜刀，惊得从屋里冲出去。新郎的岳母以为出了什么事故，也跟在后面边追边叫："慢走，慢走……"

你追我赶走了一会儿，新郎来到关村渡。新郎见渡船还在对岸，他等唔及叫艄公，慌忙游水过去。刚爬上岸，听见他的岳母在那边岸上喊道："姑爷，到底是发生了什么事？你快过这边讲清楚呀！"新郎说："哈哈，我还会那么傻，你想斩我，老爷我过了关村渡，爽过啰。"岳母睇睇手里的菜刀，明白了一切。从此以后，"老爷过了关村渡，爽过啰"这句话在阳江流传开去。

讲述者：黄定朗，男，56岁，汉族，高小文化，平冈镇个体户

采录者：黄大江，男，17岁，汉族，漠南中学学生

采录时间：1987年4月

流传地区：阳江县埠场乡、平冈镇

原载本：《中国民间故事集成·广东卷·阳江市资料本》

324

金郡打岳父——就众[1]

讲述者：李明才，男，60 岁，高良镇江南村
采录者：李永雄，男，高中文化，高良镇江南村
采录时间：1987 年 4 月
流传地区：德庆县高良镇
原载本：《广东民间故事全书 · 肇庆 · 德庆卷》

从前，有个人叫金郡，他的岳丈住在上村，他住在下村。这两个村经常因为农田用水问题发生争吵。

时值禾苗生势旺盛之时，金郡所在那个村的稻田因为在下段，无水灌田，禾苗旱得发黄；但上村的稻田却是水满四溢。金郡所在村的人，得知这个情况，火冒三丈，纠合二三十人到那里睇个虚实。当人们赶到那里，见一个人正在用铲子铲开小沟，让溢出的水流到河里，就是唔让下村有水。众人睇到这种情况，都非常恼火，唔问三七二十一，领头的揪住那个人的衣领，众人蜂拥而上，挥拳就打，那人叫苦不迭。众人出了口气，就放了那个人。那个人一身松弛下来，瞅瞅这个，望望那个。当目光转到金郡时，不禁惊叫："啊，你怎么也动手打我？"那个人不是别人，就是金郡的岳父。金郡搔搔头，竟冒出一句："就众嘛！"从此"金郡打岳父——就众"的笑话就流传于民间，至今还在德庆县广为流传。

[1] 就众：方言，意思是跟随大众主流做事。

325

金熙称竹斗

讲述者： 苏耀辉，男，78岁，新兴县稔村镇布辰村人，上过一年私塾，农民

搜集整理者： 伍志军，20岁，新兴县稔村镇皮村人，高中文化，职工

搜集时间： 1987年6月

流传地区： 新兴县稔村镇、东成镇一带

原载本： 《中国民间故事集成·广东卷·新兴县资料本》

从前，新兴县三角村有一个叫金熙的人。他是一个闲汉，经常到县城的街头巷尾消磨时间。睇到城中小贩用秤做交易很赚钱，于是，他就跟一个小贩学会了睇秤杆上的星数。然后就四处炫耀，说自己会使秤了。一日，他的一位邻居向另一位邻居借谷种，两人都唔识使秤，到处揾人帮忙。金熙见此，认为机会已到，想在众邻居面前露一手。于是，忙上前说自己会使秤。邻居听说他会使秤就叫他先称那个用来盛谷的竹斗的重量。金熙拿起秤来称，但他却让秤砣放在秤盘中，故当他把秤砣绳从第一粒星一直压到末尾的星数，秤还是秤尾朝天。邻居就问他竹斗有多重，金熙只好说："称来称去，这竹斗时重时轻，重时这秤都称唔起，轻时一两都无。"

从此"金熙称竹斗，时重时轻"就成了当地人们生活中的笑话，用来嘲笑那些唔懂扮懂，自以为是的人。一直沿用至今。

326

黄禄驱雀

从前东成地面内有一户农民，户主叫黄禄，在自己的稻田里种下了一块早熟种，以作晚造秧田之用。在他的精心管理下，禾苗长势喜人；到了扬花时节，更是人见人赞。谁知谷粒还未成熟，那些馋嘴的麻雀就“吱吱喳喳”地飞来啄食。那些麻雀精灵得很，人来就飞，人去又扑来。为了对付这些麻雀，他想了一个办法：扎了一个茅人[1]，穿上破旧的衣服，戴上烂毡帽，竖在田中。麻雀见了，果然唔敢向前，只是远远地干瞪眼睛。谁知过了几日，他到禾田一睇，这些麻雀，不但啄食谷粒，还若无其事地在茅人头上、肩上、手中戏耍。这可激坏了黄禄，他愤怒地用石子把鸟雀赶得老远。但正当他赶得大汗淋漓，气喘吁吁地在山边松荫下歇息时，又有一群麻雀飞来了，他又气冲冲地跑下田去驱赶。赶了又返来歇，刚坐下又去赶。他很生气。俗语讲：“情急生智。”他又想了一个办法：自己戴上茅人的破毡帽，穿上茅人的衣服，模仿着茅人的姿势——把手左右平伸，叉开五指——站在茅人原来的位置。不久麻雀又飞来了，照旧在“茅人”头上、肩上、手掌心戏耍、吮毛。这时，黄禄就以迅雷不及掩耳之势，五指一合拢，每只手上居然同时抓住了好几只麻雀。麻雀“呱！呱！呱！”地呼叫。黄禄愤愤地吼：“假！假！假！真人呀！”此事一传出，听者无不捧腹大笑。以后“黄禄驱雀——真的”就成为这一带群众的口头语。

讲述者：梁七嫂，女，68岁，新兴县东成镇东瑶村人，半文盲，农民

搜集整理者：李木莲，女，25岁，新兴县东成镇人，中师文化，教师

搜集时间：1987年6月

流传地区：新兴县东成镇

原载本：《中国民间故事集成·广东卷·新兴县资料本》

[1] 茅人：方言，稻草人。

327

请定『的打的』[1]

古时候，张溪乡有一个叫林国友的人，很有才华，但人很沙尘[2]。有一次，他去考状元，结果入了前三名。当朝皇帝想考察一下这名列前茅的三个人，于是就逐个召他们上朝问话。

林国友心中暗喜，想在皇帝面前露一手，显示一下自己的才华。当皇帝叫到“林国友”时，林国友得意地高声应道：“有！”当场把皇帝吓了一跳。皇帝心想：此人如此无礼，目空一切，如果让他中了状元，岂不是连我的皇位也坐唔稳？

林国友见皇帝都召见了他，以为肯定中状元，于是马上写了一封信返家乡，叫家乡人做好迎接他的准备。信中写道：

洗净祠堂地，请定‘的打的’。

落清榕树尾，以免扫大旗。

谁知后来皇帝并无御准林国友中状元，笑话流传至今。今日，当张溪人碰到尚未定准之事，都讲笑说：“切莫先落清榕树尾，请定‘的打的’呀。”

讲述者： 何国鹏
采录者： 李正思
采录时间： 1987年8月
流传地区： 中山市石岐镇
原载本： 《广东民间故事全书·中山卷》

[1] 的打的：方言，意为吹鼓手。
[2] 沙尘：方言，意思为自高自大，看不起人。

328

『乌利单刀』

从前，在石岐莲塘街，有一座“乌利将军”庙。这位乌利将军，是真有其人的。

宋朝灭亡后，蒙古侵略者的铁蹄踏遍了长城内外、大江南北。当时，镇守香山县城的元将名叫乌利，此人非常残暴。在一个月圆之夜，乌利乘着酒兴，跨骏马，挽大刀，只带了一名心腹跟随，悄悄地溜出了营盘。听得乌利进村，一刹时，鸡飞狗走。特别是大姑娘、小媳妇，纷纷躲藏和逃命。

有个名叫凤姑的姑娘，听见马嘶人叫，连忙丢开手中的针线，把剪刀往怀里一揣，推门就往外冲。“哎呀，隔壁的李大嫂哇，你怎么坐在街心，还唔快跑？”凤姑扶起吓瘫了的李大嫂时，“嘚嘚”的马蹄声已来到跟前，来唔及跑了。

冷汗冒上额头，凤姑倒反镇定了。她使劲把李大嫂向树影处一推，一咬牙，迎着乌利的马头冲过去。

马受了惊，一声长嘶，直立起来，差点把乌利掀翻在地。乌利好唔容易制住了马，扭头一睇，色迷迷的醉眼顿时堆满笑意。嗬！一位如花似玉的姑娘正朝村外跑去。

乌利忙跳下马，把缰绳丢给亲随，挽了大刀，拔腿便追。他的亲随把马拴在榕树下，也紧紧地从另一个方向抄过去。

乌利虽然喝醉，到底身高腿长，凤姑差点让他抓住了。还好，前面就是瓜田。凤姑急中生智，死命跃过河沟，钻进了瓜棚中。对快到嘴边的肥肉，乌利岂肯放过。他轻轻一跃，便过了河沟。他揉揉醉眼，认准瓜棚下那俊俏的小脸，猛地一扑。谁知用力太猛，“叭”的一声，摔了个狗抢屎。借着月光，仔细一睇，原来只是一个断了蔓的葫芦瓜。

他甩掉葫芦瓜，刚一抬腿，叭！又被一个很大很大的南瓜绊倒。

凉风吹拂着，躲在暗处的凤姑从慌乱中冷静下来。她突然想出了一个办法，便挺身站了起来。

乌利心中暗喜，唔顾得瓜畦坎坷、瓜蔓绊脚，一步一踉跄地朝姑娘扑过去。

凤姑一蹲，一闪，从乌利的腋下钻了出来。乌利扑了个空，收唔住腿，一个趔趄，只听“嘣”一声，乌利连同他那柄大刀，正好落进一人多深的屎凼[1]中去。

接着，凤姑唔等他清醒过来，便掏出雪亮的剪刀，向他胸膛狠命一扎，再加一腿。接着，手疾眼快地拖过盖板，把屎凼严严密密地扣上，再压上几块大石头。侧耳细听，起初屎凼里还咕噜噜地直冒气泡，再往后，就什么声音也听唔见了。

乌利不明不白地失踪后，他的部下搜索了三日三夜，得唔到任何线索，只得作罢。无可奈何，为挽回面子，只好诡称乌利已成了神，并盖了一间乌利将军庙。好长一段时间里，这间庙香火不绝。据大小官员们说，乌利将军还挺灵验哩！只是百姓们都在掩嘴笑，还编了两句俗语：“乌利单刀”和“屎凼关刀——文不得、武不得（闻不得，舞不得）”。至今，我哋仍然把那些办得糊里糊涂、不明不白的事情，比作“乌利单刀”；把那些无真本事的可笑角色叫作“屎凼关刀”。

[1] 屎凼：方言，即粪池。

采录者：　刘居上

采录时间：　1987 年 10 月

流传地区：　中山市

原载本：　《广东民间故事全书 · 中山卷》

329

县官判案

在阜沙一带流传着一句“十年生鸡如砒霜”的俗语。这句话原来有一段故事。

从前，有一对夫妻过着清贫的日子。有一年，丈夫上京考试，高中返来。妻子很高兴，要好好款待一下丈夫，就把家里养了十年都唔舍得食的生鸡杀了，煲了一锅香喷喷的鸡汤。汤煲好后，妻子先舀了一碗给丈夫。丈夫喝了鸡汤后，突然死了。妻子大哭，村人听见哭声赶来。有人怀疑那妇人与人通奸，谋杀亲夫，便报到官府。官府派人抓妇人去审问，问她为何谋杀亲夫。问来问去，妇人都唔肯认。县官派人四处查访，又揾唔到妇人有奸夫的证据。县官无法，这件事成了悬案。

过了很久，一次，县官微服出访，在那村子的大榕树下和一个老伯下象棋，在下棋之中交谈起来。老伯在讲食鸡的时候，讲到“十年生鸡如砒霜”这句话，引起县官的注意。县官向老伯请教，老伯说大凡生鸡养得时间长就唔宜食，有些人食了受唔住的。县官返去后，把以前那妇人案件的来龙去脉细细分析，得出结论，宣布那妇人无罪。

讲述者： 吴财辉

采录者： 程绮洛

采录时间： 1988 年 6 月

流传地区： 中山市阜沙镇

原载本： 《广东民间故事全书 · 中山卷》

附录

一

广府卷民间故事
常用粤方言对照表

A

挨	熬、撑

B

髀	腿
俾（畀、比）	给
煲	作名词时意思为锅；作动词时意思为煮
班	作量词时意思为群
鼻哥	鼻子
拜山	上山扫墓
弊啦（弊家伙）	糟糕了、不好了
白雪雪	白花花
卜卜斋	书斋
伯爷公	老爷爷

C

搽	涂抹
扯	拉扯、滚
睬	理睬
春（亲）	蛋、睾丸
穿窿	破洞
穿煲	穿帮
成身	全身
成日	整天、经常
侧侧	倾斜
臭档	坏事
冲凉	洗澡
除下	脱下
长气	啰嗦
趁圩（趁墟）	赶集
出年	来年、明年
出街	出门上街
差人	官兵、警察
车大炮	吹牛皮、说谎
嘈嘈闭闭	吵闹
扯三拉四	谈天说地
车天车地	胡说八道

D

啖	作量词意思为口
督	做动词时有戳的意思
睇	看见
睇地	看风水
睇牛仔	放牛的人
点	怎么
点解	为什么
对路	对劲
大佬	哥哥
多得	多亏
断尾	痊愈
得戚	神气
当堂	当场
当衰	倒霉
登对	匹配、相衬
吊颈	上吊自杀
顶档	代替
担竿	扁担
癫佬	疯子
豆皮	麻子
大姐仔	小姑娘
得人惊	让人害怕
打功夫	武功
打筋斗	翻跟斗
打咳昭	打喷嚏
打秋风	揩油
打牛牯	当长工
的打的	吹鼓手

E

恶	凶
呃	骗
屙屎	拉屎
屙尿	小便
呃神骗鬼	装神弄鬼

F

返来	回来
翻风	刮风、起风
翻生（返生）	死而复生
饭壳	饭勺
番鬼（番鬼佬）	外国人
封包	红包
飞发	剃头理发
反骨	忤逆
反骨仔	忤逆子、不孝子

G

咁	这么
估	猜测、估计
瓜	作动词有去世之意
滚	煮，作动词时有时表示沸腾、欺骗
滚水	开水、沸水
孤寒	吝啬、小气
搞掂	搞定
搞脚	搞鬼
够格	有资格、有本事
咕哩	苦力
古仔	故事
龟婆	老鸨，开设妓院的女人
过身（过咗身）	去世
挂腊鸭	上吊
隔离（隔篱、隔里）	隔壁
隔里邻舍	邻居

H

镬	锅
话	作动词时意思是说
好彩	幸好
好睇	好看
好嘢	厉害、好东西
火了	怒了、生气了
蛤乸	螃蟹
后生 （后生哥、后生仔）	年轻人
后仔乸	继母
横掂	反正

J

咀	嘴巴
焗	闷
精（精灵）	机灵、精明
夹硬	硬生生
家姑	丈夫的姐妹
计仔	计谋
紧要	要命
交关	厉害
脚踭	脚跟
架势	阵仗
激气	生气
浸死	淹死
讲古	讲故事
几多	多少
几时	什么时候
几毫子	几毛钱
讲大话	吹牛、撒谎
静鹰鹰	静悄悄
家嘈屋响	形容家里经常吵闹、发出声响

K

咳昭	喷嚏的拟声词
口花花	口甜舌滑，言语挑逗
可恼也	表示岂有此理

L

靓	漂亮、好看
脷	舌头
佬	男人
叻	厉害、聪明、乖巧
攞	捡、收割
老豆（老窦、老逗）	父亲
老母	母亲
了哥（鹩哥）	鹦鹉、八哥鸟
落雨	下雨
碌地	滚地
老同	拜把兄弟
漏夜	连夜
落力	努力、出力
罗柚	屁股
老搵佬	搬尸体的人
捞世界	赚钱
凉阵阵	凉飕飕

M

孭	背
妹仔	婢女、丫鬟
马骝	猴子
埋位	舞台术语，演员落座
孖仔	双胞胎

N

乜	没有、什么
乸	母的，如狗乸（母狗）
闹	骂
闹交	吵架
呢个	这个
女仔	女孩
扭计	想计谋
牛牯	水牛
捻化	用计来玩弄别人
泥溎	烂泥
泥水佬	建筑工
喃呒佬	民间道士

P

铺仔	小店铺
泡制	处理、对付
炮仗	鞭炮
拍档	合作

Q

佢	他、她、它
企	站
悭	节省
千祈	千万
倾计	聊天
起屋	建房子
乞嚏	喷嚏
契爷	干爹
契仔	干儿子
求其	随便
勤力	勤奋
乞食	乞讨
乞儿佬	乞丐
青啤啤	青绿青绿的

敲竹杠　敲诈勒索

R

人哋　人家、别人
入来　进来
日头　太阳、时辰、白天
稔仔　桃金娘
若果　如果
认低威　认输伏低

S

食　吃
餸　菜
甩　掉
傻仔　傻瓜、傻小子
屎坑（屎凼）　茅坑、厕所
屎紧　想大便
屎计　坏计谋
时兴　流行
蚀本　亏本
蚀底　吃亏
识得　知道、懂得
使钱　用钱
莳田　插秧
衰神　扫把精、麻烦鬼的意思
衰鬼　混蛋
似足　像极了
生果　水果
苏月　坐月子
苏虾仔　婴儿
事头　老板
事头婆　老板娘
食死猫　背黑锅
沙尘　意思为自高自大，看不起人
生面人　陌生人
收买佬　收破烂的人
生勾勾　活生生
算死草　形容一个人十分有心计，擅长算计他人
死牛一边颈　形容人顽固执拗

T

劏（劏）　宰杀
台　桌子
同年　兄弟
天光　天亮
剃头　理发
田余鸡　鹌鹑
叹世界　享受生活

W

唔　不
唔系　不是
唔该　谢谢、麻烦
唔使　不用
唔得闲　没空
唔肯过你　不放过你
晚黑　夜晚
（晚头、晚头夜）
威　威风
威水　威风、了不起
揾　找、赚
揾笨　占便宜
揾钱　赚钱
揾食　字面意思是找吃的，意思是工作、赚钱
揾来衰　即衰事是自己惹来的，也是自己害自己的意思
外家　娘家
外老　岳父
外母　岳母
污糟　肮脏
瓦坑　屋顶
稳阵　稳妥
无天装　伤天害理

X

系　是
瞓　睡觉
细　小
细佬　弟弟
细路（细路哥）　小孩子
心机　心思
行运　走运
新抱　媳妇
先至　才会
心淡　心灰意冷、失望
犀利　厉害
虾仔　孩子
咸湿　好色
雪条　冰棍
行　走

Y

嘢　东西
饮　喝
晏　迟一点
郁　动
曱甴　蟑螂
应承　答应
野仔　野孩子
烟通　烟囱
游水　游泳
阴功　缺德，凄凉、凄惨
阴湿　阴毒狡猾
一齐　一起
一阵间　一会儿
啱啱好　刚刚好、正好
眼光光　眼睁睁
眼坦坦　即眼珠一动不动，形容呆住了
洋古头　形容一个人愚钝、不会变通
易过借火　比借火还容易，形容很简单

Z

仔	儿子
仲	还、更加
朝	早上
（朝头、朝头早）	
遮	雨伞
斩	砍
着	穿着
装	作动词时经常表示放（装进）、盛（装饭）、上（装香）、偷窥（偷装）、设置（装机关）
贼佬	小偷
执	捡
执拾	收拾
中意	喜欢
捉棋	下棋
整蛊	捉弄
着数	划算
找数	结账
正形	像样的
斟茶	倒水
骤忌	不吉利
走单	跑单不结账
走鸡	错失良机的意思
阻住	阻挡了、阻碍
阻头阻势	碍手碍脚
揸主意	拿主意
照板煮碗	有样学样
整鬼整马	装神弄鬼

附常见方言后缀释义：

×仔：表示“小×”，如“盆仔”即“小盆”的意思。

×佬：表示怎样的男人或者做什么的男人，如“撑船佬”表示“以撑船为工作的男人”。

×乸：表示母的，如“鸡乸”表示“母鸡”。

×咗：表示动作完成了，如“讲咗”表示“讲了”。

二

故事资料本名录及封面图

1.
《广东民间故事全书·广州·黄埔卷》[1]
编：广东省文学艺术界联合会；广东省民间文艺家协会
出版社：岭南美术出版社
版次：2013年1月第1版

2.
《广东民间故事全书·广州·增城卷》
编：广东省文学艺术界联合会；广东省民间文艺家协会
出版社：岭南美术出版社
版次：2010年6月第1版

3.
《广东民间故事全书·广州·花都卷》
编：广东省文学艺术界联合会；广东省民间文艺家协会
出版社：岭南美术出版社
版次：2009年8月第1版

4.
《广东民间故事全书·东莞卷》
编：广东省文学艺术界联合会；广东省民间文艺家协会
出版社：岭南美术出版社
版次：2019年8月第1版

5.
《广东民间故事全书·中山卷》
编：广东省文学艺术界联合会；广东省民间文艺家协会
出版社：岭南美术出版社
版次：2009年8月第1版

6.
《广东民间故事全书·肇庆·封开卷》
编：广东省文学艺术界联合会；广东省民间文艺家协会
出版社：岭南美术出版社
版次：2013年7月第1版

7.
《广东民间故事全书·肇庆·怀集卷》
编：广东省文学艺术界联合会；广东省民间文艺家协会
出版社：岭南美术出版社
版次：2011年11月第1版

8.
《广东民间故事全书·肇庆·德庆卷》
编：广东省文学艺术界联合会；广东省民间文艺家协会
出版社：岭南美术出版社
版次：2011年5月第1版

9.
《广东民间故事全书·肇庆·高要卷》
编：广东省文学艺术界联合会；广东省民间文艺家协会
出版社：岭南美术出版社
版次：2010年9月第1版

10.
《广东民间故事全书·茂名·化州卷》
编：广东省文学艺术界联合会；广东省民间文艺家协会
出版社：岭南美术出版社
版次：2011年3月第1版

11.
《广东民间故事全书·茂名·信宜卷》
编：广东省文学艺术界联合会；广东省民间文艺家协会
出版社：岭南美术出版社
版次：2017年7月第1版

12.
《广东民间故事全书·茂名·高州卷》
编：广东省文学艺术界联合会；广东省民间文艺家协会
出版社：岭南美术出版社
版次：2014年9月第1版

[1] 附录后的封面图序号与此目录序号相对应。

13.
《广东民间故事全书 · 惠州 · 龙门卷》
编：广东省文学艺术界联合会；广东省民间文艺家协会
出版社：岭南美术出版社
版次：2015 年 1 月第 1 版

14.
《广东民间故事全书 · 惠州 · 博罗卷》
编：广东省文学艺术界联合会；广东省民间文艺家协会
出版社：岭南美术出版社
版次：2009 年 8 月第 1 版

15.
《广东民间故事全书 · 清远 · 清城分卷》
编：《广东民间故事全书 · 清远 · 清城分卷》编委会
时间：2016 年

16.
《中国民间故事集成 · 广东卷 · 广州市海珠区资料本》
编：广州市海珠区民间文学三套集成编委会
时间：1988 年 10 月

17.
《中国民间故事集成 · 广东卷 · 花县资料本》
编：花县民间文学三套集成工作领导小组
时间：1987 年 7 月

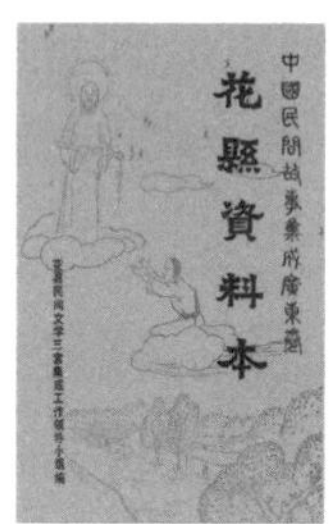

18.
《中国民间故事集成 · 广东卷 · 广州市东山区资料本》
编：广州市东山区民间文学三套集成编辑委员会
时间：1987 年 11 月

19.
《中国民间故事集成 · 广东卷 · 越秀民间故事传说》
编：越秀区民间文学三套集成工作领导小组
时间：1987 年

20.
《中国民间故事集成 · 广东卷 · 广州市白云区民间故事集成》
编：广州市白云区民间文学三套集成领导小组
时间：1987 年 12 月

21.
《广东民间故事全书 · 云浮 · 新兴卷》
编：广东省文学艺术界联合会；广东省民间文艺家协会
出版社：岭南美术出版社
版次：2015 年 1 月第 1 版

22.
《中国民间文学集成 · 广东省卷 · 珠海市斗门县故事资料本》
编：斗门县文化馆
时间：1988 年 5 月

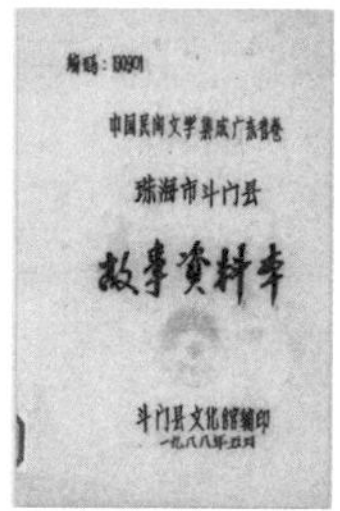

23.
《中国民间故事集成 · 广东卷 · 珠海市香洲区（资料本）》
编：香洲区民间文学三套集成工作领导小组
时间：1988 年 1 月

24.
《中国民间故事集成 · 广东卷 · 中山市选本》
编：中山市民间文学三套集成编委会
时间：1988 年 12 月

25.
《罗湖区民间文学三套集成资料本（第一集）》
编：深圳市罗湖区民间文学三套集成办公室
时间：1987 年 8 月

26.
《中国民间故事集成 · 广东卷 · 韶关分卷 · 韶关民间故事集成》
编：韶关民间文学三套集成编辑委员会
时间：1988 年

27.
《中国民间故事集成 · 广东省广州市清远县分册》
主编：清远县民间文学三套集成编委会
时间：1986 年 9 月

28.
《中国民间文学三套集成 · 广东卷 · 南海县资料本》
主编：南海县民间文学三套集成编委会
时间：1988 年 10 月

29.
《中国民间文学三套集成 · 广东卷 · 三水县资料本》
主编：三水县民间文学三套集成编委会
时间：1987 年 11 月

30.
《中国民间文学三套集成 · 广东省卷 · 顺德县资料本》
主编：顺德县民间文学三套集成编委会
时间：1988 年 8 月

31.
《中国民间故事集成 · 广东卷 · 佛山市区资料本》
主编：佛山市区民间文学三套集成编委会
时间：1987 年 8 月

32.
《中国民间文学集成 · 广东卷 · 高明县资料本》
主编：高明县民间文学三套集成工作领导小组
时间：1988 年 3 月

33.
《中国民间故事集成 · 广东卷 · 阳春县资料本》
主编：阳春县民间文学三套集成编委会
时间：1988 年 9 月

34.
《中国民间故事集成 · 广东卷 · 阳江市资料本》
主编：阳江市民间文学三套集成编委会
时间：1989 年 11 月 10 日

35.
《阳山县民间故事、谚语、歌谣选编》
主编：广东省阳山县《三套集成》编辑小组
时间：1987 年 7 月

36.
《中国民间文学集成 · 广东卷 · 江门市郊区资料集》
编：广东省江门市郊区民间文学“三套集成”编辑委员会
时间：1987 年 12 月

37.

《中国民间文学集成·广东卷·台山县资料集》

编：台山县民间文学集成编委会

时间：1987 年冬

38.

《中国民间故事集成·广东卷·新会资料本》（上下）

主编：新会县民间文学集成编辑委员会

时间：1988 年 4 月

39.

《中国民间文学三套集成·广东卷·恩平县资料本》

主编：恩平县民间文学"三套集成"编委会

时间：1987 年 12 月

40.

《中国民间故事集成·广东卷·开平县资料本》

主编：开平县民间文学三套集成编委会

时间：1987 年冬

41.

《中国民间文学三套集成·广东卷·鹤山县资料本》

主编：鹤山县民间文学"三套集成"编委会

时间：1989 年 3 月

42.

《中国民间文学三套集成·广东卷·吴川县资料本》

主编：吴川县民间文学三套集成编委会

时间：1989 年 9 月

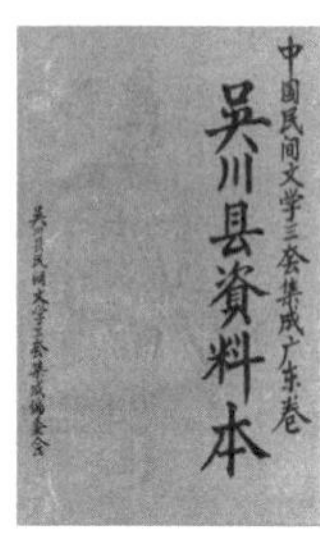

43.

《中国民间故事集成·广东卷·廉江县资料本》

主编：廉江县民间文学三套集成办公室

时间：1989 年 3 月

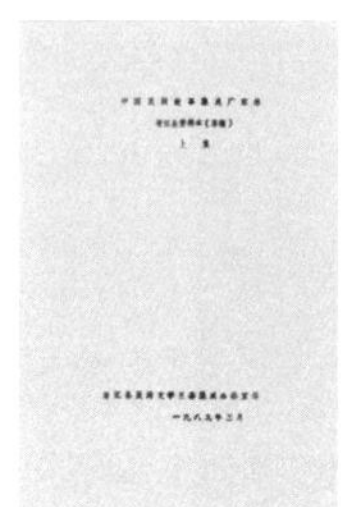

44.

《中国民间故事集成·广东卷·湛江市赤坎区资料本》

主编：湛江市赤坎区民间文学三套集成办公室

时间：1989 年 4 月

45.

《中国民间故事集成·广东卷·湛江市霞山区资料本》

主编：湛江市霞山区民间文学三套集成办公室

时间：1988 年 12 月

46.

《中国民间故事集成·广东卷·新兴县资料本》

主编：新兴县民间文学三套集成编委会

时间：1987 年

47.

《中国民间故事集成·广东卷·罗定县资料本》

主编：罗定县民间文学三套集成领导小组

时间：1988 年

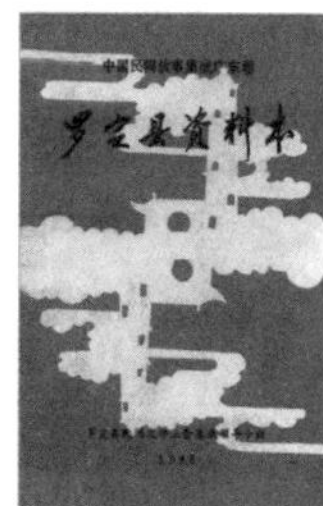

48.

《中国民间故事集成·广东卷·茂名市资料本》

主编：茂名市民间文学三套集成办公室

时间：1988 年 10 月

49.
《民间文学三套集成·信宜民间故事》
主编：信宜县民间文学三套集成编辑室

50.
《高州民间故事、民间歌谣、民间谚语集成》（资料本）
主编：高州县民间文学三套集成编纂机构
时间：1988 年 1 月

51.
《民间传说故事集成（广东肇庆市端州区）》
主编：肇庆市端州区民间文学三套集成工作组织机构

52.
《中国民间故事集成·广东卷·封开县资料本》
主编：封开县民间文学三套集成编委会
时间：1988 年 5 月

53.
《怀集民间文学作品选》
主编：怀集县民间文学三套集成编委会
时间：1990 年 4 月

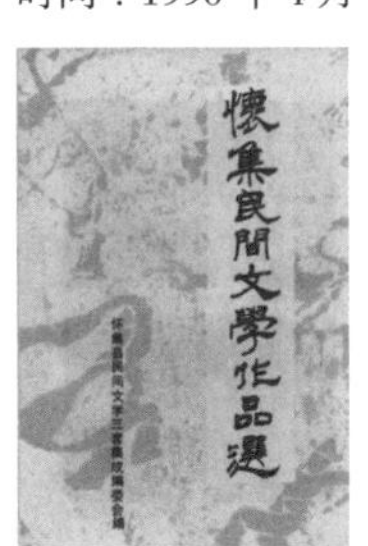

54.
《广宁民间故事集（一）》
主编：广宁县民间文学三套集成办公室
时间：1987 年

55.
《广宁县民间故事集（二）》
主编：广宁县民间文学三套集成办公室
时间：1987 年

三

流传地区所涉行政区划名变更对照表

原行政区划名	现行政区划名（更名年份）
花县	广州市花都区（2000年5月21日）
花县新华镇（区）	广州市花都区新华街道（2005年）
花县北兴镇	并入广州市花都区花东镇（2005年）
花县新华镇广塘村	广州市花都区新雅街道广塘村（2013年）
广州市海珠区二龙街	合并为广州市海珠区龙凤街（1998年7月）
广州市白云区萝岗镇	广州市黄埔区萝岗街道（2018年8月）
广州市白云区龙归镇	广州市白云区龙归街道（2020年7月）
广州市增城市	广州市增城区（2014年2月12日）
广州市增城市福和镇	并入广州市增城市中新镇（2004年2月）
广州市增城市三江镇	并入广州市增城市石滩镇（2004年2月）
广州市增城市沙埔镇、仙村镇、永和镇	并入广州市增城市新塘镇（2004年2月）
广州市增城市朱村街道	广州市增城区朱村街道（2014年）
广州市东山区	并入广州市越秀区（2005年4月）
从化县（从化市）	广州市从化区（2014年2月12日）
三水县	佛山市三水区（2002年12月8日）
三水县青岐镇	并入三水区西南街道（2002年）
三水县金本街道	并入三水区西南街道（2003年）
三水县六和镇	并入三水区大塘镇（2003年）
高明县	佛山市高明区（2002年12月8日）
高明县更楼镇	合并为佛山市高明区更合镇（2005年5月27日）
高明县三洲镇	并入佛山市高明区荷城街道（2005年5月27日）
高明县西安镇	并入佛山市高明区荷城街道（2005年5月27日）

(续表)

原行政区划名	现行政区划名（更名年份）
高明县杨梅镇	并入佛山市高明区杨和镇（2005年5月27日）
南海县	佛山市南海区（2002年12月8日）
顺德县	佛山市顺德区（2003年1月8日）
顺德县大良镇	佛山市顺德市大良街道（1993年）
顺德县容奇镇	佛山市顺德区容桂街道（2003年1月8日）
顺德县勒流镇	佛山市顺德勒流街道（1993年）
南海县罗村镇街道	并入佛山市南海区狮山镇（2013年3月）
中山市石岐区	中山市石岐街道（2000年5月）
中山市张家边村	中山市火炬开发区张家边小区（2002年4月）
珠海市斗门县	珠海市斗门区（2001年4月）
宝安县	深圳市宝安区、龙岗区（1992年）
信宜县	信宜市（1995年9月11日）
信宜县东镇镇	信宜市东镇街道（2005年）
化州县	化州市（1994年）
高州县	高州市（1993年6月）
茂名市电白县电城区	并入茂名市电白电城镇（1987年）
江门市环市镇	江门市环市街道（2004年）
江门市江海区外海镇	江门市江海区外海街道（2004年8月25日）
江门市江海区滘头区	并入江门市江海区江南街道（2015年）
新会县	江门市新会区（2002年6月22日）
开平县	开平市（1993年1月5日）
鹤山县	鹤山市（1993年11月8日）

（续表）

原行政区划名	现行政区划名（更名年份）
鹤山县鹤城区	鹤山鹤城镇（1987年）
鹤山县龙口区	鹤山龙口镇（1986年）
恩平县	恩平市（1994年2月28日）
台山县	台山市（1992年4月17日）
台山县田头镇	并入台山市赤溪镇（2001年9—10月）
台山县台城镇	台山市台城街道（2006年8月）
台山县三八镇	并入白沙镇、水步镇、台城镇（2006年5月）
台山县海宴中镇、海宴东镇、海宴西镇	台山县海宴镇（1986年）
肇庆市端州区水上区	肇庆市端州区城南街道（1991年）
德庆县古有乡（镇）	并入德庆县莫村镇（2002年）
高要县（高要市）	肇庆市高要区（2015年4月）
高要县广利镇	肇庆市鼎湖区广利街道（2002年2月）
曲江县	韶关市曲江区（2004年5月）
乐昌县	乐昌市（1994年）
乐昌县罗家渡镇	并入乐昌市坪石镇、梅花镇（2002年4月）
罗定县	罗定市（1993年4月8日）
罗定县双东镇	罗定县双东街道（2009年）
新兴县里洞乡	新兴县里洞镇（1993年）
新兴县水台乡	新兴县水台镇（1993年）
新兴县洞口镇	并入新兴县新城镇（2003年12月）
新兴县环城乡（镇）	并入新兴县新城镇（1994年6月）
新兴县集成镇	新兴县六祖镇（2004年2月27日）

（续表）

原行政区划名	现行政区划名（更名年份）
新兴县船岗镇	并入新兴县集成（六祖）镇（2003年12月）
阳春县	阳春市（1994年5月5日）
阳春县春城镇	阳春县春城街道（2004年5月）
阳江县	阳江市（1988年1月7日）
阳江县新洲区	阳江市阳东区新洲镇
阳江县三山区、大沟区	阳江市阳东区雅韶镇
阳江县埠场乡	阳江市江城区埠场镇（1993年）
阳江县塘坪区钓月乡	阳江市红丰镇钓月村
阳江市海陵镇	划入阳江市江城区
吴川县	吴川市（1994年5月）
吴川县中山镇	并入吴川市黄坡镇（2003年）
吴川县板桥镇	并入吴川市塘缀镇（2003年）
吴川县梅菉镇	吴川市梅菉街道（1996年）
廉江县	廉江市（1993年12月）
廉江县廉城镇	廉江市罗州街道（2004年）
廉江县河堤镇	廉江市安铺镇（1997年）

四

广府历史民俗文化相关论文

广府民俗源流及其特征[1]

叶春生

广府民系是广东三大民系中最能代表广东特色的民系。广府民俗也是最能体现广东民俗特点的民俗。所谓“广府”，泛指整个操粤方言的地区，过去习惯上又分为“上四府”与“下四府”。上四府包括：南（海）、中（山）、番（禺）、顺（德）。下四府包括：台（山）、开（平）、恩（平）、新（会）。其实，操粤方言的还有肇庆、湛江、合浦（过去属广东管辖）和广西的南宁、梧州等地区。其中以珠江三角洲为中心，以广州的西关（今荔湾区）话为粤方言的正宗；但最近又有学者考证，粤方言发祥于西江中游的岭南文化古都封开县（古称“广信”），广东广西的分界及广州的得名，亦本于此。[2]而在人们的心目中，粤方言即广东话，又称广州话，可见其在广府的地位。

广州是一座已有2200多年历史的文化名城。早在公元前九世纪时，周朝的属国楚国就统辖了这个地区，把它列为一个行政单位。至今绿树掩映的越秀山麓还有一块石碑，刻着“古之楚庭”四个大字，作为后人对古代创立者的纪念。秦始皇统一中国后，把中国分为36郡，广东称为“南海郡”，广州就是当时的郡治。不过那时不叫“广州”，叫作“番禺”。“广州”这个名字正式出现在三国时代，孙权分交州为交（趾）广（州）二州，新州治因从广信（今封开县）迁来，取名广州。而实质上广州建城，则始于秦始皇三十三年（公元前214年），当时南海郡尉任嚣所筑的番禺城，史籍上称之为“任嚣城”。在州治从广信迁来之前，此地已有城池，所以计算起来，广州建城已有2210多年的历史了，而广州这一名称的出现，也有1700多年了。隋唐以后，广州对外贸易十分发达，外国客商云集，光塔路一带“蕃汉万家”，形成了著名的“蕃坊”。五代十国时，广州为南汉都城。清朝“五口通商”前，广州是我国唯一的对外贸易口岸和海上丝绸之路的起点。近代以来，广州反帝反封建革命斗争风云迭起，1840年鸦片战争在此拉开了我国近代史的序幕，1911年辛亥革命又发轫于广州；“五四”以降，特别是第一次国共合作期间，广州成了大革命的中心，北阀战争的大本营，在革命史上写下了许多可歌可泣的篇章。近年，广州成为我国改革开放的中心城市和窗口，中央赋予她许多“特殊政策”和“灵活措施”，经过十多年的努力，现已成为全国瞩目的一座拥有600多万人口，充满生机与活力的现代化大都市。这一切，使广州凝聚了不同时代历史文化的遗迹与艺术珍品，铸造了广府民俗开放兼容，实利重商，活泼明快的品格。

今日的广州，交通方便，公路、铁路四通八达，与国内主要大城市均有直达快车相通，内河航行可达东、西、北江各港口，海运可达世界100多个国家和地区的众多大港，空运有全国三大国际机场之一的白云机场和设备先进的深圳、珠海国际机场。通信设备先进，拥有30多万门程控电话，与国内400多个城市和世界154个国家可以直拨通话，是我国第一个实现市话程控化的城市。市内拥有1100多个金融机构，世界已有23家银行在广州设有办事处。广州现为我国对外贸易的重要口岸和商埠，自1957年起，每年春秋两届出口商品交易会都在这里举行，每年成交百亿美元以上，集市贸易亦居全国十大城市首位，这里商品信息灵通，商业门类齐全，服务周到快捷。全市有50多家星级酒店，其中五星级豪华型6间，为全国之冠。还有各种茶楼酒馆、食街、大排档，风味特异，品味超群，素有“食在广州”之美誉。近年还新辟许多大型游乐场所，如东方乐园、太阳岛乐园，世界大观等，还开设了内地第一座跑马场。各种舞厅、卡拉OK厅、酒廊、保龄球馆等，应有尽有。每年秋、冬，还举办颇有特色的民间欢乐艺术节，使之成为最有岭南民俗风情特色的都会。

一、广府民俗的形成和发展

（一）中原移民对广府民俗的影响

西汉时期，岭南地区人烟相当稀少，据元始二年（公元2年）的人口统计，最发达的南海郡才有94253人。西汉末年，王莽篡权，中原战乱不息，长达17年，人们为避战乱纷纷南逃，至东汉顺帝永和五年（公元140年），南海郡人口已增至250262人。东汉末年，群雄并起，黄巾起义，战乱的时间更长。两晋时期，北方匈奴大举南侵，第一次移民高潮达到顶峰，不仅平民百姓，而且许多“衣冠望族”也举家南来，他们财雄势大，地位显赫，到岭南后占籍各郡，聚族而居，左右当地政治、经济，对文化的发展自然也产生了深远的影响。明嘉靖黄佐修《广东通志》载：“自汉末建安至于东晋永嘉之际，中国之人，避地者多入岭表，子孙往往家焉，其流风遗韵，衣冠气

［1］ 叶春生：《广府民俗源流及其特征》，《广东民俗》，1998年第3期第41—44页。

［2］ 见广东《参事文萃》1996年第1期。

习熏陶渐染，故习渐变而俗庶几州。”

第二次移民高潮在两宋期间，先后出现两次浪峰：第一次浪峰在北宋灭亡、大批难民随康王赵构一起南逃之时；第二次浪峰在元军攻陷南宋京城临安之后，大批江南移民越五岭进入岭南，多者日达万人。加上南宋度宗皇帝的妃子胡妃被贬为女尼后隐匿南雄珠玑巷，嫁给商人黄万贮，使原来聚居了不少中原移民的珠玑巷遭到浩劫，大批移民散落珠江三角洲一带，成为广府地区的主要居民。第三次移民高潮在明代末年，当时广东的商品经济比较发达，明亡后部分遗臣逃到广东，号召反清复明，建立小朝廷，后虽相继失败，但带来了大批移民。这三批大移民，改变了岭南地区的人群结构，对岭南社会和民俗都带来了深刻的影响。

（二）粤方言的形成

语言是民俗事象乃至分别民族的重要标识。广东三大民系的区分，主要就是以语言为依据的。粤语的形成主要是中原移民大批涌入，古越族人主动吸收中原古汉语的结果。秦汉时期，岭南地旷人稀，超过 50 万人的州郡极少，秦始皇在征服百越的战事告一段落之后，就派了 50 万人到西江中部驻戍，使中原汉语首先得以在西江中部传播，然后向东扩展，逐渐成为西江流域至珠江三角洲一带的通行语言。语言是文化的载体，随着语言的传播，文化、风俗亦得以沟通，故此“百粤衣冠，几同中州”。至今粤语中仍较多地保存了魏晋年间中原汉语的面貌。唐代诗人张籍在《永嘉行》诗中说“南人至今能晋语”，说的就是这件事。又据清代阮元编修的《广东通志》载，西汉惠帝时，番禺人张买“能为越讴，时切谏讽”，说明当时番禺、南海一带，已有一种用越语唱的歌谣。东汉扬雄编的《方言》一书中，就收入了至今尚流传的广州方言“睇”字，说明当时粤方言已经形成，但“当广州话已经形成了具有自己的某些语言特点，但又大体同于汉语的一支有一定流通范围的方言之后，它便停止了接受北方汉语的进一步同化，甚至对这种同化产生抗拒作用。这时，它从原来的‘求同’（受中原汉语的影响，接受它的同化）转而向‘求异’（自身的演变）的方向变化了”。特别是后期古百越语对它的影响是难免的。加上入粤之后，交通不便，远离中州，他们使用的汉语也就逐渐偏离了中原汉语而形成了自己的体系。这就是粤语的雏形。[1]

（三）人文地理的因素

语言如此，民俗的形成和发展也如此。广府地区自秦朝开始，就有中原人迁入，西晋以后，南迁的中原人更多，两宋时期，北方战乱，大批中原人度岭南来，寄寓粤北南雄珠玑巷，后散落珠江三角洲，成为珠江三角洲的主要居民。他们与越人杂处，既保留了中原的文化习俗，也受粤地土著和环境的影响，形成自己的特色。这些中原移民，离开了自己世代生息的家园，到了一个陌生的江河湖海遍布的新地方，特别是面对那茫茫的大海，以为是到了天的尽头；现实迫使他们必须开拓进取，勇于创业，建立自己新的家园。在中原政治斗争中的失意和遭受的迫害，使他们淡泊政治，厌惧斗争，追求安定和平的生活。历次迁徙的艰辛不但锻炼了他们的意志，也开阔了人们的眼界，白手兴家创业增长了他们的才干，在创业实践中排斥了守旧和空谈，认识到唯有实干才能增强自己的经济地位，有了经济便有了基础，这就是他们千百年来特殊的经历所形成的民俗观念，而广东濒临南海的地缘又给他们提供一条向外拓展的生机，商品经济的发展使广府民俗表现出一种与完全自然经济基础上的封闭的中原民俗迥然不同的色彩。从迁徙移民走向商品市场的珠江三角洲人，较早地孕育了商品意识，使之成为广府民俗文化的最大特点。

由于珠江三角洲气候温和，土地肥沃，水网纵横，人们在此种稻、种果、种蔗，利用水塘养鱼，又用塘基种桑、养蚕，发展多种经营。种养业的发展又带动了手工业、运输业、纺织业的兴旺，为社会提供了大量的商品，丰富的商品孕育了市场，市场的形成和扩大又进一步促进了商品的多元化和第三产业的发展，人们开拓进取的精神与求财致富的心理得到了很好的统一，许多富有民俗特色的专业市场应运而生。早在明末清初，东粤四市已相当有名，屈大均在《广东新语》中已有记载，即罗浮山之药市，东莞之香市，广州之花市，廉州（合浦）之珠市，四市所在，皆操粤方言之广府地区，另外还有一年一度的阳春高留怪圩，实际是竹器专业市场；广州的玉器圩，树仔圩（盆景）等，专业市场发育较早，加上交通方便，信息灵通，各种风情不断向外辐射，奠定了它在广东民俗中的核心地位。

[1] 李新魁：《论广州方言形成的历史过程》。

二、广府民俗的地域特征

广府地区以珠江三角洲为核心，但操粤方言的远不止这上四府、下四府，还有东至惠州，北至清远、韶关的一些县市，西至肇庆、湛江，乃至现在的广西合浦、钦州（过去属广东）、梧州、南宁的部分地区，地域相当广泛。据史籍记载，唐代贞观元年（627年）曾把全国分为10个道，其中岭南道下设广州、邕州五个都督府；广州都督府下辖广州、韶州（今韶关）、循州（今惠州）、冈州（今新会北部）、贺州（今广西贺县）、端州（今肇庆）、新州（今新兴）、康州（今德庆）、封州（今封开东南部）、泷州（今罗定南部）、恩州（今恩平北部）、春州（今阳春）、高州（今高州市及阳江市西部）、藤州（今广西藤县东北部）、义州（今广西岑溪东部）、窦州（今信宜南部）、勤州（今阳春东北部）等117个州，州治在广州。以上各地，至今仍操粤方言，一般都集中在江河的两岸，多是山清水秀的水网地带。丰盈的江水滋润了人们的经济和文化生活，纵横交错的水网沟通着四乡的信息，使得广府民俗文化明显带有江河水乡特点。那“出水色”的浪漫场景是内陆地区闻所未闻的；那龙舟竞渡的盛况，趁景、斗标，历时十数天，每天一景，亦非水乡所不能为；对水利的观念非但体现在农业生产中，“有水便有财”已成为一种民俗信仰；对水神的崇拜，龙母、龙王、龙潭比比皆是，一切都集中到一个“水”字。广府文化实质就是一种水文化，这也是稻作文化的一个重要特征，正好和五羊衔稻穗降临楚亭的神话相呼应。

进入广州城，首先进入你眼帘的是满目五羊的城徽，人们娓娓动听地向你讲述五羊仙的神话：周夷王时，有五位仙人，骑着五色仙羊，穿着五彩仙衣，手持一茎六出的稻穗，降临“楚亭”，把稻穗献给当地人们，并祝愿此地永无饥荒，然后飞升而去。至今广州尚有五仙观，观内岩石上尚留有“仙人拇迹”，因此人们便把广州称为“五羊城”，简称为“穗”。这是一则史前拓殖神话，反映了广州先民自北方携带牲畜、良种南来，落籍岭南和种植水稻的历史，对了解广州的人文环境有重要意义，这正好是稻作文化发祥的佐证，传说中的五位仙人，被奉为五谷神，那五只仙羊，实际上就是弗雷泽所谓的“谷精”。稻作文化的中心就是水。广州作为稻作文化的发祥地，还可以从语言中找到痕迹：“广州方言称稻株为禾，称稻为谷，称大米为米。稻的拉丁学名 Oryza 实为广州话禾粒籽（仔）的变音。英文 Rice 是广州话粒籽（仔）的变音。印尼语称稻为 Padi（读为巴里）源于广州话‘百粒’，称稻米为 Beras，源于广州话‘白粒’……日本称稻谷为 Kome，源于广州话‘谷米’，日本称稻为 Ho，源自广州话的‘禾’。印度语称稻为 arishii，源自广州话‘禾粒籽（仔）’。”可见，它的影响已远远超出岭南的范围，这一稻作文化区正是操粤方言的水网地带。

美丽富饶的水乡为人们提供了丰富的鲜活食品，四季常绿鲜嫩的蔬菜、生猛的海鲜河鲜，在这个基础上形成了清淡鲜活、讲究色香味的粤菜系列，以及人们食不厌精和讲究烹调技艺的饮食风格，加上经济的发展和人们社会交往的需要，茶楼文化应运而生，以至胡朴安在《中华全国风俗志》中亦惊叹道：“广东之酒楼，可谓冠绝中外。其建筑之华美，陈设之幽雅，器具之精良，装潢之精致，一入其中，辉煌夺目，洵奇观也。”[1] 军政要员，富商巨贾，出入其中，饮酒听歌作乐，洽谈生意；文人学士，借此雅集，吟诗作对，慨叹人生；平民百姓省亲会友，或忙里休闲，憩点片刻，来此叫上一盅两件，促膝倾谈，亦一乐也。广府民系的市井风情，茶楼可见一斑。

岭南山川之灵秀，海外风情之熏染，远离中原内核文化之监控，使得广府文化表现了一种大胆追求的精神和宽松自由的风格，民俗风貌亦偏于自然清新。岭南诗歌与岭南画派独树一帜，以其自然清新灵秀的艺术风格，反映了珠江三角洲经贸发展所带来的勃勃生机。广东音乐那轻快婉转的曲调，正是珠江三角洲“桃红柳绿水道弯”的写照。这一切都使广府民系风情打上了明显的地域烙印。概而言之，广府民俗风情之特点有三：

（一）丰富多彩，古老而又年轻。南北文化的交融，中西文化的荟萃，是这一特点形成的主要原因。这里边有历史的因由，也有得天独厚的地理条件，包括温和的气候，富饶的物产和占尽八面来风的地利。广州风俗中至今保留着许多古老的习俗，如传统节日的气氛特别浓烈，饮食方式、娱乐竞技等亦有许多古风遗韵，吸收外来民俗习尚亦很快捷。在广州，可以看到人们一面热热闹闹地过春节，行花街，亦可看到不少人在过圣诞，迎圣诞老人，过情人节，给情人送玫瑰花；他们一面食蛇、烹狗、焗禾花雀，又一面吃汉堡包、日本寿司、喝鸡尾酒；一面舞龙舞狮出飘色，又一面跳迪斯科、探戈，唱卡拉 OK；一面复兴旗袍、香云纱，又一面穿牛仔裤、超短裙；一面烧香拜佛供财神，又一面操着电脑预测股市风云……这些强烈的反差，正是古今民俗交融，中古文化撞击的结果，使广府的民俗既显得古朴、幽雅，而又善变多姿。

（二）活泼明快，充满南国水乡的浪漫情调。这是广府民俗的另一特点，也是由广州特殊的人文结构和地缘条件所决定的。山清水秀的自然环境，培育了人们清丽活泼的性格；桃红柳绿的缤纷花园，本身就是一幅多姿多彩的

[1]　《中华全国风俗志》下编“广东之宴会”。

画图；濒临大海的浩渺景象，激发人们的联想遐思，鼓舞着人们开拓、创业的精神。你看赛龙夺锦那奋勇拼搏的场面，舞醒狮时催人振奋的鼓点，出水色时那浪漫的情怀，舞醉龙、舞鳌鱼时那投入的神情，都会使你沉浸在一种热烈的奋进的氛围之中。在饮食风俗方面，清新淡雅的粤菜，讲究意头的菜谱，生猛肥美的海鲜，奇特多样的食品，给人一种食艺相彰的享受。年晚花街上那融融的春光，那甜美轻快的广东音乐，七夕乞巧节展出的纤巧的工艺，不但令人感到轻松、舒坦，又催人奋发、进取，去迎接更加美好的明天。这就是广府民俗的主旋律。

（三）兼容的情怀和温存的生活方式。这和广州人文气质密切相关。广州人不大善于表露感情，没有北方人那种热情豪爽的性格；但他们比较温存，有许多可敬可爱的形象，大多不是广州人，如神仙太守鲍靓，是山西上党人。他为政清廉，任用贤才，深受广州人的爱戴；他的女儿鲍姑，是一位心地善良的神医，至今还被供奉在三元宫中；他的女婿葛洪，江苏句容人，原是他手下的一位贤才，精通炼丹术，广州人称之为葛仙翁，至今罗浮山还有他的食庙。方士安期生，山东琅琊人，在白云山下行医济世，广州的郑仙诞就是为纪念他的，至今白云山蒲涧还有郑仙寺。还有清官吴隐之，名将林则徐，大作家韩愈、苏东坡等，都不是广州人，但他们为南北文化交流，为拓展岭南的基业作过贡献，为广州人民做过好事，广州人民怀念他们，特地设置一些诞会、寺庵，以寄托感念的情怀。直到近年改革开放中，凡是为广州建设作过贡献的，不管是港澳同胞还是外国友人，贡献突出者还被广州市人民政府授予荣誉市民称号。广州华侨爱国爱乡的赤子之心亦处处可见，广州人生活中的人情磁场亦相当浓重，“人情”开支比重不小；婚丧寿诞不用说，平常探亲访友，也得带点“手信”。广州的茶楼，与其说是饮食的天堂，还不如说是人情交往的“大观园”。

但亦不能忽视封建文化，以及西方文化对广府民俗的负面影响。粤人笃信鬼神，“其风俗事佛尤谨”。“俗尚巫，凡有病，或使妪持衣燎火，而招于门；或延道家逐鬼，角声呜呜，自宵达旦。谚云：禾黄鬼出。”（《中华全国风俗志》上编，广东章，广州目）民间信仰杂神特多，能列出名目的就有600多位，随之而来的驱邪赶鬼、避邪、镇符、禁忌等手段也相当复杂，语言的忌讳也相当多，“干杯”叫“饮胜”，“猪肝”叫“猪膶”，“猪舌”叫“猪脷”。甚至一些消失已久的陋俗，近几年又沉渣泛起，如七月施孤撒水饭，打小人，问米、占卦、起凡、看风水等，一些人经不起商海的浮沉而盲目礼拜，不少商店、大厦也请进了武财神关公，刮起了一阵现代迷信之风；也有的人铤而走险去赌博，从传统的买大小到现代的老虎机，应有尽有，与现代精神文明实不相衬，理应列入综合整治之列。认识这些特点，整治就有了依据；抓住这些特点，治理才能治到点子上。

三、广府民俗在岭南文化中的地位

广府民系人口众多，幅员广大，整个珠江三角洲并西江、北江、东江流域的大部分地区，乃至广西的钦州、梧州、南宁等地区，都是操粤方言的，其人口占广东人群结构的百分之七十以上。其中心地带，从秦汉时代的岭南文化古都封开，到后来渐次东移至肇庆、南海、番禺即现今的广州，在政治、经济、文化等方面，在整个岭南文化中都处于统治和领先的地位，所以广府民俗最能体现岭南民俗的风格；而它对中原文化的承继、对西方文化的交融、辐射，对友邻的客家民系、福佬民系都有重大的影响，因此它在岭南文化中的地位不容忽视。

(一) 历史传承地位

广府传统的民俗是中原传统民俗的一部分，它是在大量吸收中原民俗的基础上发展起来的，有的甚至是中原文化的直接再现。特别是宋代的中原人大举南迁，珠玑巷的后裔和跟随南宋末代皇帝南逃的几十万军民，大部分散落珠江三角洲，成为广府民系的主干，使得这一带的风土民情，几同中州。然而，由于地缘、人群结构（中原移民加土著和后来的华侨等）、语言、经济发展等因素，使得广府民俗又出现了一些特殊形态：它善于吸收外来民俗的影响，在衣食住行等方面都表现出一种企图超越传统导向的意识，“顾食不顾穿”的广州人，后来也变得“要靓唔要命”，不断引进千姿百态的时装，来领导全国服装的新潮流；在十大菜系中最后崛起的粤菜，也是由于博采中西饮食之长，集天下蒸、煮、炆、焗、煎、炸、炒、炖、泡、灼、扒、扣等技法，使广州美食名扬四海；居住方面，广州的花园式洋房，骑楼建筑，都是引进的结果。实利重商的进取意识，使他们打破了当时中央政府的海禁政策，发展对外贸易，使清代的广州和佛山就已成为岭南地区外向型手工业和商业中心。在这两个商埠的周围，相继兴起了九江、石岐、江门、石湾、大良、陈村、龙山等十五个圩市，全部坐落在广府地区内。明清时代广东的四大名镇，省（广州）、佛（佛山）、陈（陈村）、龙（石龙）；四大名园，顺德的清晖园、佛山的梁园、东莞的可园、番禺的余荫山房也都在珠江三角洲。当时这些地方，“香珠犀象如山，花鸟如海，番夷辐辏，日费数千万金，饮食之盛，歌舞之多，过于秦淮数倍”。这不但对本地区的文化生活社会心理产生重要影响，而且会以它在广东的政治、经济优势和便利的交通向外辐射，波及整个岭南。在岭南民俗中占有重要位置的醒狮舞，就缘发于佛山和鹤山，都是广府地区，现全省要舞的狮子，亦多为醒狮，而很少北方狮。

（二）交通辐射地位

广府文化处于中外文化的交汇点，民俗也不例外。民俗文化的相互交流和影响不是对等的，兼收并蓄的。一般来说，是从“文化位差”较高的向“文化位差”较低的扩散。岭南地区为古之蛮荒，开发较晚，早期主要吸收中原文化的养分，到了近代，西方文化的影响改变了其文化位差。从艺术上看，岭南画派和广州音乐都受西方文化的影响。“在国内画坛上独树一帜的岭南画派，就是在继承国画优秀传统技法的基础上，借鉴吸收外国的摄影、透视等方法和东、西洋画的优点而形成的。广东音乐则在民族乐器的基础上大胆采用了外来乐器，以其音域宽广丰富和音韵优美嘹亮而为人们喜爱，并在海内外享有盛誉。”西方的文化入侵，改变了广州的文化位差，使它从原来吸收中原为主转向往内地辐射。西方衣食住行，婚丧嫁娶的许多风俗，经过广府地区传入内地，如饮食方面，广州是最先开设西餐厅、咖啡馆，引进西式面点的商业城市，什么“荷兰水”（汽水）、“冰淇淋”等一概引入；在娱乐方面，歌舞厅、夜总会次递而来；衣着方面，西装、领呔、燕尾服、荷兰帽、“是的棍”（手杖）也逐渐推开，婚嫁时用的花车接新娘，披着婚纱等时髦排场，亦非罕见；语言中夹杂几句洋话，如“打波”（打球）、“恤衫”（衬衣）、“的士”（出租车）、“士多”（商店）、“士担”（邮票）等，先是省城，后至偏远内地，多有仿效。

（三）表率典范地位

由于广府地区经济繁荣，文化发达，人文素质较高，广州又为历代郡治、州治、省会所在，成为全省政治、经济、文化的中心，它是吸收中原传统文化和西方外来文化的第一站，又是向岭南各地辐射的源发点，广府地区的器物、艺文以及风俗习尚，均为整个岭南地区所效仿和追求，许多地方都以“广州有什么，我们也有什么”为自豪，广府民俗成为岭南民俗的表率和典范。如中山的小榄、封开的都城，甚至广西的梧州、云南的河口都以“小广州”自称。广州“饮早茶”的风俗，早已普及整个珠江三角洲；由孙中山先生在广州始创的中山装，也早已成为我国的“国服”；广州的年晚花市，中山小榄、佛山、江门、湛江、梧州都有举办；还有广州人的运吉风范，拜年封个“利是”，入门带点“手信”，年礼上放三个大红橘子，取意新春大吉，清明拜山，重阳登高，买个风车“转运”，东西两翼都有效仿，哪怕是痼习陋俗，如“取彩求运”，供奉个武财神关公，求神问卜，打小人等，都有拥趸。总之广府民俗中偶有一点“新鲜东西”，不管好坏，都会很快便为其他地区所吸收，可见它在岭南民俗中的地位。[1]

[1] 《广州的文化风格》第26页。

五

故事采录相关图片及音频

《杜鹃鸟》
讲述者谭群英2018年近照

采集整理者
谭丽芳2018年近照

《烂大门画木美人》
讲述者林文斌2018年近照

《木美人》长41.5cm×高160cm
(新会博物馆 供图)

新会司前天等天后宫
(林福杰 摄)

新会天等瓦冈《李氏族谱》
的故事记载
(林福杰 摄)

部分广府故事在线音频
(是《烂大门画木美人》《杜鹃鸟》
《陈梦吉改名"陈梦柑"》)

后记

2000年9月，我从湛江转赴广州的暨南大学工作。记得好像是2001年的某一天，曾经在广东省群众艺术馆工作过的广东民俗文化研究会会长刘志文先生，召集他的丰顺同乡，深圳宝安区委党校的曾祥委教授，以及省文化馆的蓝海红女士等，在广州文德路的中山图书馆商议《中国民间歌谣集成·广东卷》的后期编纂工作，我也忝列其中。鉴于资料繁杂，编纂任务紧急，急公好义的曾祥委教授自告奋勇解决文字的电脑处理工作。如今，《中国民间歌谣集成·广东卷》早已出版，而刘志文先生、曾祥委教授都已成故人。2017年，中国民间文艺家协会启动《中国民间文学大系》的编纂工作，没想到十几年之后，我也有幸参与这一盛大的文化工程，接续上世纪八十年代的十大文艺集成，负责《中国民间文学大系·故事·广东卷·广府分卷（一）》的统筹编纂工作。不过，至于本卷的编纂，我本人所做的事情实在是乏善可陈，其中作出实际贡献的，是多位参与编纂工作的中山大学中文系民俗学专业的博士、硕士研究生以及汉语言文学专业的本科生。贺翊昕等7位同学将原始资料扫描，转换成word文档，一一校对，总共3500篇，350多万字；程肖力博士在此基础上对文字进一步校对修订，将故事分类合并，最终确定正式收录作品329篇，形成了本卷的基本构架，并独立撰写前言；钟慧娴同学最终完善故事的相关背景信息、方言词汇及其注释；暨南大学文学院的侯兴泉教授对故事的语言特色提出了修改建议。文稿最终由我审阅定稿。没有他们的共同努力，就我个人的力量，根本无法完成这一繁杂的编纂工作。

需要说明的是，本卷不以地域意义上的“广东粤语方言地区”为界线，而以语言意义上的“广东粤语故事”为选材范围，参照粤语使用者主要聚居地，力求在对象相对明确的前提下选取故事文本。本卷以《广东省志·方言志》[1]为参考资料界定主要粤语地区，同时辅以故事文本中反映出来的粤方言语法词汇、习俗背景等进行佐证，剔除了客家方言与潮汕方言等非粤语讲述的故事，再以统一故事类型标准对粤语故事进行重新分类、排列，

[1] 广东省地方史志编纂委员会编：《广东省志·方言志》，广州：广东人民出版社，2004年版。

对故事进行最终的筛选。

耗时三年多的编纂任务最终完成了，不过还是有所遗憾。项目开展之初我曾经有个念想，希望能够借此挖掘更多的活态故事，由于种种原因，这一想法只好空余惆怅了！！

刘晓春

2022年2月14日